荀子集釋

李滌生著

臺灣學生書局印行

荀子集釋序

先秦諸子，儒家者以荀子爲難讀。論語孟子皆簡易順適，須訓詁者不多。而荀子則每篇皆須訓詁校刋以順通其章句。王先謙作荀子集解，集淸儒解荀子者之大成。諸重要而顯明難解者大體皆得其解，而尤以王念孫貢獻最大。其餘諸家雖或有可取，而不必盡能如王氏之明通。民國以來解荀子者繁多，人各一義，自標新解。然因時風磽薄，學失其統，所謂新解者實大抵皆憑胸臆，逞浮辭，于義理訓詁兩無取焉。是故荀子集解而後，仍須吾人繼續努力，彌縫其細節，以使荀子一書爲較接近於更完整之可解可讀之境。

吾友李滌生先生雅好荀子。二十餘年來「鍥而不舍」。誠如荀子所說「眞積力久則入」，「君子知夫不全不粹之不足以爲美也，故誦數以貫之，思索以通之，爲其人以處之。」每篇每段每句反覆誦讀如此其久，焉得不貫？其所訓詁注解，反覆思索屢易其稿，焉得不通？二十餘年來以此課諸生未嘗廢輟，學如其人，人如其學，非「爲其人以處之」乎？嘗告予曰：一字未安，輒不能寐；一字得解，怡然心喜：如此學思趣味盎然。朱子謂如嚼橄欖，如飲醇酒。非積久者不能知其美也。故吾嘗謂爲學法荀卿，悟道尊孟軻。此亦尊乾而法坤之古義也。焉有荒腔走調，不有眞積力久之學，而可以至全粹之美者乎？

讀古典必先通章句，不可望文生義，隨意馳騁遐想。先通句意，然後再由句意浮現出恰當之觀念，以明義理之旨歸。通句意有法度，明義理亦有法度，皆不可亂。伊川云：「大賢以上不論才」。人品如此，爲學亦然。眞至有法度之學亦不論才。非不論才，乃才融於學，學以實其才。才發洞見，學以實之。非學，則恍惚之見耳。如蟲食木，偶爾成字，非眞能字也。積學既久，則不但實其見，且亦擴其見而引發其新見。滌生先生此書於義理則多引而不發，蓋亦重在通句意，立基礎，不欲人隨意遐想也。

吾稍學義理，訓詁非其所長。然講原典，則必先通句意。遇有字句不明者，則必參閱訓詁之的當者以助之，非敢離句意而妄發義理也。吾講荀子，必先閱王先謙荀子集解。今而後，則必先閱滌生先生書。吾以此意供給於來者，亦以此書推薦給來者，期夫凡爲學者必納於正軌，始足以立。孔子不云乎？「興于詩，立于禮，成於樂。」爲學納於正軌亦「立于禮」之意也。學絕道衰，非私智穿鑿，即恍惚遊蕩，皆衰亂之象也。世之隆替亦繫乎學之正邪。剝復之機端在學人之自勵。是爲序。

民國六十六年春牟宗三序於九龍

自序

先秦典籍，多賴漢儒箋注以傳，獨荀子直至中唐元和間楊倞始爲之注，楊倞去古既遠，而荀書又多古訓，加以「編簡爛脫」，衍奪竄譌，錯雜於行間，故楊注未爲盡善。而此外別無注本，有宋儒者尊孟抑荀，而治之者尠也。

有清乾嘉以降，經師輩出，多以餘力，兼治諸子，光緒中葉，長沙王先謙氏裒輯諸家之說，而爲荀子集解一書，至今學者，推爲善本。

清儒考訂，固極精審，然其無當於荀書之旨者有之，注或原文不誤而以爲誤者有之，糾誤其說亦誤者有之，衍奪竄譌而未校正刪補者亦有之。艱辭奥義，索解爲難，初學覽之，每不終篇。

故自清末迄今，訂補是書者，無慮數十家。至於專以發明荀子思想，而有助於考訂文字，詮釋義理者，著述尤多。惟各自爲書，搜求難備，或散見羣籍，輾轉尋閱，曠日費時。

余不揣謭陋，乃以荀子集解爲藍本，更采近賢及東土之校釋，著爲此書。於衆說紛紜之中，摭其精英，屏其繁蕪，欲以補集解之不逮。如近賢未及，管窺偶得，亦妄附其末。惟集解所采衆說，徵引繁博，一字訂正，動輒百言，初學之士，望而興歎。今所采擷，皆略其徵引，而取其結論。艱深之句，予以語釋；精粹要旨，輒加疏解。欲使初學讀之，旣明其章句，復通曉其義理。至若字句之難以索解者，而衆說又多穿鑿附會，不足采信，則暫作存疑，以待博雅。

第學疏願奢，力不逮心，一字一語之疑，恒數日躊躇不決。故鑽研有年，屢易其稿，而疑難猶所在多有。卽其深信不疑者，謬誤亦恐正多。惟望耆宿碩彥，糾其謬而繩其疏，實所幸焉。

余之硏治荀子，始於民國四十四年。時余執教臺中農學院，牟宗三先生執敎於東海大學，先生每週必下山相聚，相聚必以荀子請益。迨其轉香港十數年間，函牘往還，大半以論荀子。故此書之成，先生之助爲多。玆又承作序爲介，益增欣感。用贅數語，以致謝忱。

民國六十七年雙十節李滌生書於石門

凡例

一、本書以王先謙氏荀子集解爲藍本，更就近賢及日人之校釋中，擇善而從。凡所采摭，不論清儒近賢，皆略其徵引，而取其結論。務求簡而能明，約而能當，以便初學之瀏覽。若欲探源竟委，可於原書中求之。

一、所采各家之說，其原著名稱，未列於書末所附「參考文獻」者，**屬於清儒部份，皆摘自「荀子集解」。屬於近賢部份，皆摘自梁啓雄氏「荀子約注」**。

一、篇次仍依楊倞舊規。篇目下皆附以題解。如勸學、天論、性惡、解蔽、正名、禮論、樂論等篇，皆荀書中之重要篇章，則題解亦較詳細。俾讀者對此一問題，由題解先有粗略之瞭解，然後再讀正文，易於把握重點。

一、每篇分段亦仍楊倞，偶有更易，必於注釋中說明理由及根據。段之過長者，再分爲若干節。段與段之間原空一行，以資識別。嗣以排版關係，一律不空行！遂致段節不分，有失原意。幸每節之末一注釋，多附語以明節旨；每段之末一注釋，附語說明本段共若干節，其主旨爲如何。讀者可由此推知楊倞分段之原貌。

一、原文衍、奪、竄、譌之處，所在多有，清儒訂正已多，近賢更時有發現，凡信而有據，據以改正之後，確屬曉暢易明，而又符合荀旨者，則衍者刪，奪者補，竄者移，譌者改。其衍、竄、譌之應刪者，皆於原文加方括弧〔　〕，而補、移、改者，皆小字跨邊。

一、據羣書所引，雖與荀書不同，然不改字仍可通者，則不改字，但加說明。

一、遇有難通之句，而衆說又多不足采信，則暫作存疑，以待博雅。

一、本書采擷各家之說，凡次數較多者，但記姓，不記名，如王念孫只標一「王」字，楊倞注只標一「注」字。玆列表如下：

注——楊倞注	盧——盧文弨	王——王念孫
劉——劉台拱	郝——郝懿行	兪——兪　樾
孫——孫詒讓	梁——梁啓超	鍾——鍾　泰
于——于省吾	久保——久保愛	豬飼——豬飼彥博

其餘各家，皆書全名。

一、重要參考文獻附列書末。又施之勉先生「荀子年表」一篇，亦附於末，以供參考。

荀子集釋 目錄

勸學篇第一 (一)

荀子主性惡，而重視後天經驗之學，性惡篇曰：「人性惡，其善者僞也。」「僞」者、人爲，卽指爲學而言。所以學是通向善的惟一途徑。

荀學以禮義爲依歸，合於禮義的就是治，就是善；不合於禮義的就是亂，就是惡。故荀子之道就是禮義；禮義却不具於人性，而是外在的。故必須強學才能認識並實踐禮義。認識禮義則智明，實踐禮義則行修。智明行修是荀子爲學的兩大目標，也是本篇主旨之所在。故第一節卽揭示此義曰：「博學而參省乎己，則知（讀智）明而行無過矣。」從這一論點，也可以反映出荀子是以「智」成德的。此於孔孟之以「仁」成德者以外，又開闢了另一條路子。

本篇共四段，每段又分若干節。前兩段（自首至「安有不聞者乎。」）採入大戴記，言「假物」之義與「積漸」之義，強調爲學的功效，目的在「勸」。第三四兩段言爲學之道，最爲詳盡而具體，目的在「學」。爲學最高的境界，是「通倫類」，「一仁義」。學至於此，便是能定能應的成人了。

君子曰：學不可以已。㈡青、取之於藍，而青於藍；㈢冰、水爲之，而寒於水。木直中繩，輮以爲輪，其曲中規，雖有槁暴，不復挺者，輮使之然也。㈣故木受繩則直，金就礪則利，㈤君子博學而日參省乎己，則知明而行無過矣。㈥故不登高山，不知天之高也；不臨深谿，㈦不知地之厚也；不聞先王之遺言，不知學問之大也。干、越、夷、貉之子，生而同聲，長而異俗，教使之然也。㈧詩曰：「嗟爾君子，無恒安息。靖共爾位，好是正直。神之聽之，介爾景福。」㈨神莫大於化道，福莫長於無禍。㈩

㈠荀子各篇篇題有有義者，有無義者，如仲尼、哀公、堯問皆取首句中二字爲題，無義。宥坐亦爲無義之題，但與上例不同。（因首段記孔子觀於魯桓公之廟，見欹器，曰宥坐之器，故以「宥坐」名篇；但全篇雜記孔子言行，非篇名所能包舉，故亦爲無義之題。）此外各篇，題均有義，與論語、孟子標題不同。

㈡「君子曰」、假設君子之言，以爲發端。「已」、止也。言人之爲學求道，終身不可廢止。案：下文云：「爲之人也，舍之禽獸也。」故此云：「學不可以已。」

㈢「青」、青色。「藍」、植物名，可製染料，俗名靛青。言青顏色是取自藍草，但比藍草的顏色青的多了。加工後的顏料便不同於原料，以喻人之爲學便勝於未學。下句「冰、水爲之」，意同此句。

㈣「木直中繩」句：「中」、去聲，合也。「繩」、工匠所用的墨線。「輮」，借爲「煣」，音柔上聲。加熱使木變直或曲。「輪」、圓如車輪。「有」、讀爲「又」。「槁」、枯也。「暴」、同「曝」。「槁暴」、曬乾。「挺」、直也。言木性本直，與繩相應，若以人力屈爲圓輪，也可與規相合；雖至枯乾，終不復直。以喻後天的人爲（「人爲」、卽性惡篇之

「僞」），可以改變先天之本性。不苟篇云：「長遷而不反其初，則化矣。」此卽所謂「化」也。

㈤「金」、金屬，謂刀劍。「礪」、磨刀石。言刀劍磨過，才會鋒利。

㈥「參」、參驗。「省」、音醒，省察，反省。「知」、讀爲「智」。言君子博學，而常以所學察驗自己的言行，則心智日明，而言行也不至有過失了。案：此句切須注意，此正表現荀子的重「智」精神與爲學目的。

㈦「深谿」、深谷。

㈧「干、越」，猶言吳越。吳、干先爲敵國，後干倂於吳，此指吳國。「貉」、音陌（ㄇㄜ），字又作「貊」，古北方種族名。「子」、嬰兒。「同聲」、謂啼聲相同。言無論南方吳越，北方的夷貉，初生小兒，哭聲相同。等長大成人，則習俗迥異，這是敎育使之如此。

㈨所引詩爲小雅小明篇第六章。「無恒安息」、戒之不要常常貪戀安逸。「靖共」：「靖」、朱子謂同「靜」。「共」、同「恭」。「靜恭」、敬愼之意。「位」、職位。「好」、愛好。「正直」：毛傳：「正直爲正，能正人之曲曰直。」「聽之」、察而知之，「介」、助也。「景福」、大福。此以感歎語氣勗勉君子不可常懷安逸之心；如能安靜而恭以守其位，又好此正直之道，則神明察知，必賜以大福。引此詩以喻勸學化道，則必智明而身安。

㈩注：爲學則自化道，故神莫大焉；修身則自無禍，故福莫長焉。案：「神」、儒家道德修養最高的精神境界，有人不能測之意。「化道」：荀子之道，以禮義爲實質，「化道」，卽化於禮義。此二句近承詩言，遙承上文「知明而行無過」言。言人如爲學，則智明而化於道，自然達到人不能測的神明境界；人如修身，則言行無失，自然遠離災禍；遠離災禍，就是人生最大的幸福。「長」、亦大之意。此言學之功效，與西哲「知識卽道德」之義正合。

吾嘗終日而思矣，不如須臾之所學也。吾嘗跂而望矣，不如登高之博見也。㈠登高而招，臂非加長也，而見者遠；順風而呼，聲非加疾也，而聞者彰。㈡假輿馬者，非利足也，而致千里；假舟檝者，非能水也，而絕江河。㈢君子生非異也，善假於物也。㈣

㈠「跂」、通「企」，舉踵也。詩衛風河廣：「跂予望之。」言舉踵遠眺，不如登高視野寬博。

㈡「招」、招手。「疾」、壯也，謂聲音宏大。「彰」、清楚。

㈢「假」、借助。「利足」、腿脚輕快。「致」、到達。「檝」、同「楫」，船槳。「能水」、猶善游。「絕」、渡過。言借助車馬的，腿脚並不輕快，卻能遠達千里；借助舟楫的，不會泅水也可渡過江河。王念孫（以下簡稱「王」）曰：「江河」、本作「江海」。「海」與「里」爲韻，作「河」，卽失其韻。

㈣「生」、王讀爲「性」，大戴記作「性」。言君子本性與一般人同，惟善借助於學問，所以成就了他高尙的道德人格。

南方有鳥焉，名曰蒙鳩，以羽爲巢，而編之以髮，繫之葦苕，風至苕折，卵破子死。巢非不完也，所繫者然也。㈠西方有木焉，名曰射干，莖長四寸，生於高山之上，而臨百仞之淵，木莖非能長也，所立者然也。㈡蓬生麻中，不扶而直；白沙在涅，與之俱黑。㈢蘭槐之根是爲芷，其漸之滫，君子不近，庶人不服。其質非不美也，所漸者然也。㈣**故君子居必擇鄉，游必就士，所以防邪辟而近中正也。**㈤

㊀「蒙鳩」、小鳥名，即鷦鷯。「苕」、音條，葦花，此言蘆葦之梢。注云：「今巧婦鳥之巢至精密，多繫於葦竹之上，是也。」此喻託非其所。

㊁「射干」、植物名，一名烏扇，可入藥，花白莖長，生於高地。「射」、音夜。此喻生得其地。

㊂「白沙」二句，今本無，據王說補。論衡率性篇及程材篇均有此二句，惟字句小異。「涅」、黑泥。言蓬草生在麻中，不用扶持自然長得挺直；白沙混在泥中，自然和泥一般汚黑。此即「近朱者赤，近墨者黑」之意。王云：「善惡無常，惟人所習。故「白沙在涅」與「蓬生麻中」，義正相反。

㊃「蘭槐」、香草名，其根名「芷」。「其」、猶「若」也。「漸」、讀平聲，浸漬。「滫」、音修上聲，臭水。「服」、佩戴。言若把芳香的蘭芷，浸過臭水，有地位的君子就不接近它，一般的老百姓也不佩戴它，它的本質不是不美，只因浸漬了臭水，遂爲人所棄。

㊄「僻」、亦邪也。言有道的君子，居家必選擇風俗醇厚的鄉里，出外交遊必親近學博行潔的賢士，爲了防閑姦邪的誘惑，而親近中正的薰炙啊！案：學爲化性起僞的內在因素，環境爲外在因素，荀子兼重之。

物類之起，必有所始。㊀榮辱之來，必象其德。㊁肉腐出蟲，魚枯生蠹。怠慢忘身，禍災乃作。㊂強自取柱，柔自取束。㊃邪穢在身，怨之所構。㊄施薪若一，火就燥也，平地若一，水就溼也。㊅草木疇生，禽獸羣〔焉〕居，物各從其類也。㊆是故質的張，而弓矢至焉；㊇林木茂，而斧斤至焉；樹成蔭，而衆鳥息焉。醯酸，而蚋聚焉。㊈故言有招禍也，行有招辱也，君子愼其所立乎！㊉

㈠「物類」、各類事物。「始」、原始因素。言任何事物之發生，必有其原因。

㈡「象」、類也，似也。言一人榮辱之至，必類其德行，善行則榮至，惡行則辱至。孔子曰：「小子聽之！淸斯濯纓，濁斯濯足矣，自取之也。」

㈢「忘身」、不顧利害，一意孤行，如忘其身。言人如怠忽傲慢，不顧利害，自必惹上災禍。

㈣「強自取柱」二句：王引之云：「柱」、當讀爲「祝」；「祝」、斷也。「強自取柱」，謂太剛則折也。大戴記正作「強自取折。」鍾泰（以下簡稱「鍾」。）曰：「柱」、卽「拄」。強者可取以拄物，如竹木是也。柔者可取以束物，如皮韋是也。而自竹木與皮韋言之，皆所自取也。案：大戴記之「折」，據劉師培考證，亦「拄」字之訛。王說不如鍾說。

㈤「構」、集結。言人有邪惡汚穢之行，怨恨自然集結到他的身上。

㈥「施」、布陳。言把薪柴同樣的擺在那裏，火總是向乾柴燒去。同樣的平地，水總是向濕處流去。易乾：「子曰：『同聲相應，同氣相求，水流濕，火就燥。』」卽此文所本。

㈦「疇」、與「儔」同，類也。「羣焉」、據劉臺拱（以下簡稱「劉」）據大戴記校，改爲「羣居」。言草木同類者叢生在一地，鳥獸同類者羣居在一起。生物大都各從其類的。

㈧「質」、射侯，箭靶。「的」、正鵠，箭靶圓心。言箭靶設在那兒，弓箭就向它射來了。此卽所謂「召禍也」。

㈨「醯」、音希，醋。「**蜹**」、音芮，蚊類。

㈩言語不愼，就召來災禍；行爲不檢，就召來恥辱，所以君子立身行己十分謹愼。「所立」、楊注：「謂學也。」可備一說。易：「言行君子之樞機，樞機之發，榮辱之主也。故君子愼之。」（久保愛說，以下簡稱「久保」）（以上四節爲第一大段，言爲學則智明行修，致榮遠辱，用以說明爲學之功效及其對人生之重要。）

積土成山，風雨興焉；積水成淵，蛟龍生焉；㈠積善成德，而神明自得，聖心備焉。㈡故不積蹞步，㈢無以致千里；不積小流，無以成江海。㈣騏驥一躍，不能十步；駑馬十駕，功在不舍。㈤鍥而舍之，朽木不折；鍥而不舍，金石可鏤。㈥螾無爪牙之利，筋骨之強，上食埃土，下飲黃泉，用心一也。㈦蟹〔六〕八跪而二螯，㈧非蛇蟺之穴，無可寄託者，用心躁也。㈨是故無冥冥之志者，無昭昭之明；無惛惛之事者，無赫赫之功。㈩行衢道者不至，(十一)事兩君者不容。(十二)目不能兩視而明，耳不能兩聽而聰。螣蛇無足而飛，(十三)梧鼠五技而窮。(十四)詩曰：「尸鳩在桑，其子七兮。淑人君子，其儀一兮。其儀一兮，心如結兮。」故君子結於一也。(十五)

㈠「淵」、深水。言積少量的土，慢慢地成爲高山，便能變化氣候，與風降雨。積少量的水，慢慢地成爲深淵，便能生長蛟龍。以喻爲學積少成博，便可爲聖爲賢，故下文云云。

㈡「積善」、卽「積學」。「積善成德」，卽「智明行修」之意。（積學成德表示荀子之以「智」成德，與孔孟之以「仁」成德者不同）「而」、猶「則」。「神明」、指智慧超越尋常，達到人不能測的境界。「自得」、謂自得於己。「聖心」、卽解蔽篇「大清明」之心。此言一個人如積學不息，成就了高尚的道德人格，就可以得到超越尋常的大智慧，也就具備了大清明的聖心了。性惡篇云：「積善而不息，則通於神明，參於天地矣。故聖人者，人之所積而致矣。」可與此文互相發明。

㈢「蹞」、與「跬」同，音愧上聲（ㄎㄨㄟˇ），半步也。說文作「趌」。

㈣「江海」、盧文弨（以下簡稱「盧」）謂元刻作「江河」，王先謙謂治要作「河海」。

㈤「十駕」、十日之程。晨受駕，暮脫駕，故一日所行爲一駕。（劉說）。修身篇曰：「夫驥一日而千里，駑馬十駕，則亦及之矣。」王先謙以爲「十駕」下亦應有「則亦及之」一句。此言駿馬雖然跑的快，但一躍不能超過十步，也須一步一步地跑。駑馬雖然跑的慢，但一日百里，十天也可行千里，成就和駿馬一樣。它的成功就在前進不息。「舍」、同「捨」。此喻爲學之功在積、在有恒。中庸曰：「人一能之己百之，人十能之己千之。」

⑥「鍥」、音妾（ㄑㄧㄝˋ），刻也。「鏤」、音漏，雕刻。言用刀刻物，如半途而廢，雖朽木也不能折斷；如不停地刻，雖以金石之堅，也能雕刻成花紋。此亦「功在不舍」之義。

⑦「螾」、與「蚓」同，蚯蚓也。「黃泉」、地下泉水。「一」、專一。

⑧「六跪」、爲「八跪」之誤，據盧校改。「螯」、蟹首第一對大足，形如鉞。言蟹有八隻足兩隻螯。

⑨「虵」、即「蛇」字。「蟺」、與「鱓」同，亦作「鱣」，俗作「鱔」。鱣形似蛇，故稱「蛇鱣」。「躁」、浮躁。言蟹足雖多，卻經常寄託在蛇鱣的洞穴裏，因爲心氣浮躁，不能專一，所以不能自己造個穴。

⑩「冥冥」、「惛惛」，皆「專默精誠」之意。「昭昭」、明且達也，見老子註。「昭昭之明」、謂心智清明通達。「赫赫」、顯盛貌。「赫赫之功」、謂功業顯赫彪炳。言爲學治事如不能精誠專一，他的智慧便不能清明通達，他的事業便不能出類拔萃。

⑪「衢道」、猶言「歧路」。王謂荀書皆以「兩」爲「衢」。「不至」、不能有所至。言徘徊在歧途上的人，永遠不能到達目的地。

⑫同時侍奉兩個國君的，那一方面也容不下他。下「兩視」，「兩聽」句，皆言心不可二用。

⑬「螣」、音騰。「螣蛇」，爾雅郭璞注云：「龍類，能興雲霧而遊其中。」

⑭「梧鼠」、當作「鼫鼠」。爾雅郭注：「鼫鼠狀似蝙蝠，肉翅，亦曰飛生。」正韻：「五技

鼠也。」說文以鼫鼠爲五技鼠，楊注從之，非是。鼫鼠是害稼的田鼠，不能飛。顏氏家訓省事篇云：「鼫鼠五能，不成伎術。」正作「鼫鼠」。西京賦「摕飛鼯。」玉篇：「鼯鼠能飛，或爲鼫。」皆鼯鼠能飛之證。「五技」，謂能飛不能上屋，能緣不能窮木（會爬樹卻爬不高），能游不能渡谷，能穴不能掩身，能走不能先人。見說文。「五技而窮」，注云：言技能雖多，而不能如螣蛇專一，故窮。

㊄詩曹風鳲鳩篇第一章。「鳲鳩」，卽布穀。「鳲鳩之養七子，旦從上而下，暮從下而上，平均如一。」（毛傳）「淑人」，善人。「儀」，儀度。「一」，專一。「其儀一兮，心如結兮」，言善人君子「行有規矩，事有準繩，一德不易」，有如鳲鳩之始終專一。「結」，有固而不解之義，此指心之堅固專一。「君子結於一」，言君子不論爲學治事，其心都是固結於專一上。解蔽篇云：「自古及今，未有兩而能精者也。」爲學在「積」，「專一」所以成積。

昔者瓠巴鼓瑟，而流魚出聽；㊀伯牙鼓琴，而六馬仰秣。㊁故聲無小而不聞，㊂行無隱而不形。㊃玉在山而草木潤，㊄淵生珠而崖不枯。㊅爲善不積邪，安有不聞者乎！㊆

㊀「瓠巴鼓瑟」句：愼子外篇作：「瓠巴鼓瑟而潛魚出聽。」太平御覽五十九：「大周正樂曰：『瓠巴、六國時人也，工琴好古。因夏日俯於池亭鼓之，感魚躍潛藻而聽焉。』」「瓠」、「匏」古通。（論語：「吾豈匏瓜也哉！」御覽茹菜部及藝文類聚後集並作「瓠瓜」。是「瓠」、「匏」通用之證。）故瓠巴、卽匏巴，六國時人，或云生於楚，善鼓瑟。「流魚」、應從大戴記作「沈魚」，上引愼子作「潛魚」，「潛」亦「沈」也。魚沈伏水

底，因聞瑟聲而浮出水面來欣賞。

㈡「伯牙鼓琴」句：伯牙、伯、姓，牙、名，或作雅，亦楚人。見呂覽本味高注。「六馬」、天子路車之馬。「仰秣」、言正在低頭吃草的馬，聽到伯牙的琴音，竟仰起頭來傾聽。以上二事喻學有專精，自能感物，而況於人。

㈢「聲無小」句：文選吳都賦李善注引作「言無小而不聞。」「聲」、亦「言」也。此言言出於口，不論如何細小，亦必爲人所聞。

㈣「行無隱」句：「形」、謂有形可見。此言行出於身，不論如何隱秘，亦必爲人所見。以上兩句喻爲學不論多少，都不會沒有效用。

㈤玉藏於山，連草木都特別潤澤。

㈥「崖」、岸。「枯」、燥。言珠生於淵，連崖岸都不枯燥。以上兩句喻有學問的人，自然氣度不同於常人。

㈦「邪」、猶「也」，非疑詞，見經傳釋詞四。言一個人除非他不肯去積學修身，積學修身哪會沒有人知道？（以上兩節爲第二大段，說明爲學之功在「積」，專一有恒所以成積。積學不息，自然實至名歸。又荀子主性惡，故論學重積習；孟子主性善，故論學重擴充。）

學惡乎始？惡乎終？㈠曰：其數則始乎誦經，終乎讀禮；㈡其義則始乎爲士，終乎爲聖人。㈢眞積力久則入。㈣學至乎沒而後止也。㈤故學數有終，若其義則不可須臾舍也。㈥爲之人也，舍之禽獸也。㈦故書者、政事之紀也；㈧詩者、中聲之所止也；㈨禮者、法之大分，類之綱紀也。㈩故學至乎禮而止矣。夫是之謂道德之極。⑪禮之敬文也，⑫樂之中和也，⑬詩書之博也，⑭春秋之微也，⑮在天地之間者畢矣。

㈠ 假設請教。言治學究以何者爲始？何者爲終？

㈡ 分兩層作答。首言其「數」，「數」、謂治學的程序、步驟。「經」、卽下文所謂詩、書、禮（此狹義之禮）、樂之類。「禮」、卽解蔽篇之「王制」，卽典章、禮制之類，所謂「經世致用」之學也（廣義的禮）此言：就治學的程序說，以諷誦經書爲初階，而以研讀禮法爲終極。案：此卽論語「博文」「約禮」之義。

㈢ 次言其「義」。「義」、謂治學的意義，目的。「爲士」、「爲聖人」、荀子分讀書人爲士、君子、聖人三等。此言：就治學的意義說，以修身爲士爲初階，次爲君子，而以完成個人道德人格爲聖人爲終極。

㈣ 「眞」、眞誠。「積」、積學。「力」、力行。「久」、不息。「入」、入聖域。此言：如能眞誠地積學並努力地實踐，經久不息，自然優入聖域。

㈤ 「沒」、同「歿」。言人之求學，有生之年，一天也不可怠忽的。

㈥ 所以治學的程序有結束的時候，在治學的意義上，卻不容有片刻的怠惰。（言所學必須終身篤行）

㈦ 「爲之」、謂爲學。荀子主性惡，「眞積力久」始足以化性起僞，成就道德人格，故曰：「爲之人也。」「舍之」、謂不學。不學而任其性之自然發展，便與禽獸無別，故曰：「舍之禽獸也。」此所以「學至乎沒而後止也」。

㈧ 此以下言六經之義。言尚書是記載古代政事的。

㈨ 詩、三百篇皆古之樂章（詩、樂或分言，或合言，此合言。）「中聲」、中和之聲。「止」、存也，歸也，集結之意。言詩經是醇正和平所歸的樂章。

㈩ 此句分作兩句解釋：「禮者法之大分」：「法」、法度，於此用作動詞，爲創制法度。「大分」：王制篇云：「聽政之大分：……公平者，聽（原爲「職」字）之衡也，中和者，聽之繩也。」是「大分」有準繩、原則之意。性惡篇云：「禮義生而制法度」。是創制法度必以禮爲根據。故此云：禮是創制法度的準繩。其次解釋「（禮者）類之綱紀」句：禮是人類社會各類事物的具體規範，大而國家的典章制度，小而個人言行的準則，都是禮之事。這些規範的制訂，都有它義理的根據；規範所要表達的，也無非此義理。以喪禮言，其種種儀文，無非表達「哀敬」的情意。「哀敬」就是喪禮的義理之所在。規範中所潛蘊的義理荀子名之曰：「類」；從各類具體規範中，去推求其潛蘊的抽象義理，是謂「明類」。明類之後，對同類事物的處理，就有客觀的原則了。爲什麼不謂之「理」（有時謂之「義」），而稱之「類」呢？亦有其原因：㈠「類」作爲名詞，表示它是同類事物的共同原則原理（亦可稱謂條理或條貫）。㈡作爲動詞，則爲推類（推理），所謂「觸類而長」也。推類要根據同類事物的共理。基於以上兩種原因，所以稱「類」，而不稱「理」。物類是由共理所形成的，共理也是由類才顯出來。所以有類就有共理。共理有統領貫通同類一切事物的作用，所以又名曰「統類」、「道貫」（見天論篇末），或簡稱「統」、「貫」。統貫於歷代因革損益之典章法度中永遠不變的共理，荀子謂之「禮義之統」。類有時又稱作「倫類」。「倫」、卽解蔽篇「聖者盡倫」之「倫」，謂物理也。「倫」與「類」連用，是一個兩字同義的複合詞，沒有特殊的意義。讀禮的人，從各類事物的具體規範中，去體察其潛在抽象義理，就可慢慢地會通而成就大智慧，荀子稱謂「通倫類」（見下文），通類也就知道的意思。學至於此，就可以濟「法敎之所不及，聞見之所未至」（儒效篇）（觸類而長），既可以處常，又可以應變了。所以荀子以知類的爲大儒爲聖人。這番爲學的過程，很像朱子所稱的「格物」，又和孔子「下學而上達」之義相通。「類」是荀書中一個極重要的特用字，讀者切須細心體會。

「綱紀」、本爲秩序規律，於此亦準繩之意。「類」在此句也是作動詞用。「（禮者）、類之綱紀」、言禮是推類事理的準繩。兩句合起來：先王的禮是創制法度的原則，是推類事理的準繩。創制法度根據禮，是根據禮之類，不是根據禮之文。所以不明類的人，不能創制修訂法度。又案：解蔽篇末云：「傳曰：『天下有二，非察是，是察非』。謂合王制（禮）不合王制也。天下不以是（王制）爲隆正（標準）也，然而猶有能分是非，治曲直者耶？」（荀書除王制篇外，「王制」二字皆謂「禮」）。此言：禮是分是非治曲直的客觀標準，不以禮爲標準，便不能分是非辨曲直。正可與「禮者……類之綱紀也」句，互相發明。

⑫ 禮是人類知識的總滙，是人文世界的最高道德準繩，它統攝一切理論，綱紀一切行爲，而百變不離其宗。故禮論篇曰：「禮者、人道之極也。」又言其效曰：「故（聖人）厚者，禮之積也；大者、禮之廣也；高者、禮之隆也；明者、禮之盡也。」

⑬ 「敬文」：禮有周旋揖讓的節文，藉以表示心中的敬意；又有車服等級的文飾，藉以表示人在社會上的地位（別異）。案：此指狹義的禮。狹義的禮與詩、書、樂、春秋對。上文「學至乎禮而止矣」，廣義之禮也。廣義之禮，則詩、書、樂、春秋皆在其中。（鍾說）

⑬ 「中和」、醇正和平，能使人得中和悅。

⑭ 詩廣記風土、人情、鳥獸、草木。（此與樂分言）書廣記古代歷史，帝王政令。

⑮ 春秋褒貶善惡，以極簡單的文字，而寓深遠的意義。

⑯ 荀子以詩、書、禮、樂、春秋爲人類文化之精華，故曰：「在天地之間者畢矣。」案：儒家宗仲尼，以六藝——詩、書、禮、樂、易、春秋、爲基本教材，荀子勸學只舉其五（儒效篇同），獨不及易，而特重禮。又荀子爲文，善引經以助成其說，計全書引詩者八十三次，引書者十五次，引易則止非相一次，大略兩次，共三次。似於易不甚重視，此與其重實用而不

喜純理的思辨之態度怕有關係。

君子之學也，入乎耳，著乎心，布乎四體，形乎動靜。㊀端而言，蝡而動，一可以爲法則。㊁小人之學也，入乎耳，出乎口；口耳之間，則四寸耳，曷足以美七尺之軀哉！㊂古之學者爲己，今之學者爲人。君子之學也，以美其身；小人之學也，以爲禽犢。㊃故不問而告謂之傲，㊄問一而告二謂之囋。㊅傲、非也，囋、非也；君子如嚮矣。㊆

㊀「箸」、同「著」（ㄓㄨˋ），存也，積也。「箸乎心」，牢記在心中。「布」、表現。「四體」、卽四肢。「布乎四體」、謂舉手投足都有威儀。「形乎動靜」、謂日常行動合乎道德標準。

㊁「端」、注讀爲「喘」，微言也。「蝡」、音軟，微動也。「一」、皆也。言君子小小的一言一動都足以爲人楷模。臣道篇作「喘而言，蠕而動，一皆可以爲法則。」

㊂「則四寸」之「則」，注謂韓愈說當作「財」，與「纔」通。上言君子爲學在篤實踐履，此言小人爲學則道聽途說。「曷足以美」句，言所學無益於身心。

㊃「禽犢」、謂禽獸之小者，注云：「餽獻之物也。」新序載墨子對齊王問曰：「今之學者，得一善言，務以悅人。」「務以悅人」，卽「以爲禽犢」之意，言小人自炫其學以取譽於人，猶餽人禽犢，以取悅於人。此與上文「小人之學也，入乎耳，出乎口」，正相呼應。

㊄「傲」、兪樾謂卽「躁」之叚字。論語季氏：「言未及言之而言，謂之躁。」言心氣浮躁。

㊅「囋」、音贊，謂言語煩瑣無節。

㊆「嚮」、注云：「與響同。」指回聲。言君子對問學的人，問一句，答一句，不多不少，如

響之應聲一般。禮記學記：「善待問者如撞鐘，叩之小者則小鳴，叩之大者則大鳴。」（此節言爲學在變化氣質，不在博取名利。）

學莫便乎近其人。㊀禮樂法而不說，㊁詩書故而不切，㊂春秋約而不速。㊃方其人之習君子之說，㊄則尊以徧矣，周於世矣。故曰：學莫便乎近其人。

㊀「其人」、通經之賢師。言作學問，再沒有比親近賢師益友爲方便的了。
㊁禮樂有具體的成法（如禮有條文，樂有聲譜之類），而沒有詳細的解說。
㊂詩書所載，多古代故事，而未必切合當前實際情況。
㊃「約」、簡約。「速」、速解。春秋言詞簡約涵義深微，不易一目瞭然。
㊄「方」、倣效。「其人」、卽上文之「其人」，謂賢師也。「君子」、謂隆禮篤行之先師。「君子之說」、謂君子對於禮樂詩書春秋之說。「尊」、謂其人格；「徧」、謂其學識。倣效賢師之習先君子之說，則通於禮樂詩書春秋之義，非僅得其一體，故可養成尊貴之人格與廣博之學識。以此應世，則無不周到。故曰：「周於世。」此言：經之難通如此，惟有親近賢師友，相與講習先君子之經說，俾徧得其傳，而養成高貴博達之人格；然後出而應世，就沒有不周之處了。案：此卽隆師法義。

學之經莫速乎好其人，隆禮次之。㊀上不能好其人，下不能隆禮，安特將學雜識志，順詩書而已耳。則末世窮年，不免爲陋儒而已。㊁將原先王，本仁義，則禮正其經緯蹊徑也。㊂若挈裘領，詘五指而頓之，順者不可勝數也。㊃不道禮憲，以詩書爲之，㊄譬之猶以指測河也，以戈舂黍也，以錐飡壺也，不可以得之矣。㊅故隆禮，雖未明，

法士也；㈦不隆禮，雖察辯，散儒也。㈧

㈠「經」、王讀爲「徑」，即今文所謂「蹊徑」。「好其人」、謂對賢師益友衷心悅而誠服，較「近其人」，更進一層。「隆禮」、重視禮，實踐禮。言爲學的途徑，莫速於得賢師友而心悅誠服地事奉他，其次就是以禮法來檢點約束自己。

㈡「安」、荀書或作「案」、語助詞，或作「則」字用。「安特」、猶言「則但」，與下文「已耳」語氣呼應。「學雜識志」、據王引之說，應刪「識」字。「學雜志」、「順詩書」，皆三字爲句。「雜志」、謂雜記之書，百家之說。「順」、謂順誦其文字，或謂叚爲「訓」，謂講講說說，亦通。此言：若爲學，上而不能尊賢者爲師法，下而不能以禮法約束自己，那只有學到一些雜博的知識，順誦詩書之文字而已。（謂不知其義）「末世」、解蔽篇作「沒世」。「末」、「沒」通用。言到死不免爲陋儒。案：修身篇云：「治氣養心之術，莫徑由禮，莫要得師，莫神一好。」語意略同此文。

㈢「經緯」、涂也，見周禮考工記匠人注，是「經緯」與「蹊徑」意同。言學者欲窮究先王之道，探討仁義之本，則由禮入手正是最正確的途徑。意謂王道之所出，仁義之所成，皆由於禮。

㈣「絜」、音妾（ㄑㄧㄝˋ），舉起來。「詘」與「屈」同。「詘五指」、抓緊之意。「頓」、頓挫，抖擻。言如同提著皮襖的領子，抓緊它抖擻抖擻，皮襖的毛沒有不順序的了。以喻由禮入手治學，則知識都有條理而不雜了。

㈤「道」、由也。「禮憲」、禮法也。言不由禮法而以詩書治學。

㈥「以指測河」、以手指探測河水深淺。「以戈舂黍」，以戈尖擣米。「以錐飡壺」：「飡」、同「餐」。「壺」、古代用以盛食物。此言以錐代箸。三事皆喻勞而無功，故曰：「不可以得之。」言不可以得先王之道與仁義之本也。案：荀子勸學以明「類」爲最終目的，此惟於禮法中求得之。詩言情，書記事，皆不足以言「統類」。若治學而止於此，終必勞而無功，徒爲「聞見雜博」之陋儒已。此卽「隆禮義而殺詩書」（儒效篇）之義。

㈦「未明」、謂未明禮之統類。「法士」、遵守禮法之士。惟禮可與現實生活相結合，故隆禮雖不能明類而能實踐，仍不失爲守法之士。

㈧「察辯」、明察善辯。「散」、謂不自檢束。莊子人間世以無用之木爲散木。「散儒」與「法士」爲對，謂不守禮法無用的讀書人。案：上節言「重師法」，此節言「隆禮義」。

問楛者，勿告也；㈠告楛者，勿問也；說楛者，勿聽也。有爭氣者，勿與辯也。㈡故必由其道至，然後接之；非其道則避之。㈢故禮恭，而後可與言道之方；辭順，而後可與言道之理；色從而後可與言道之致。㈣故未可與言而言，謂之傲；可與言而不言，謂之隱；不觀氣色而言，謂瞽。㈤故君子不傲、不隱、不瞽，謹順其身。㈥詩曰：「匪交匪舒，天子所予。」此之謂也。㈦

㈠「楛」、與「苦」同，惡也。「問楛」、謂所問非禮義。儒效篇云：「諸侯問政，不及安存，則不告也；匹夫問學，不及爲士，則不告也。」可與此相發明。

㈡「爭氣」、爭辯而意氣用事。

㈢君子接人有道，求教的如果以禮請見，就接待他；否則，廻避他。

㈣「禮恭」、禮貌恭謹。「方」、治學方向，此指儒道。「辭順」、言辭謙遜。「理」、理論，此指儒道的內容。「色從」、表情心悅誠服。「致」、極致。「禮恭」、「辭順」、「色從」皆「好其人」者之表現，故可以與言道矣。孔子曰：「不憤、不啓，不悱，不發。」又曰：「可與言而不言，失人；不可與言而言，失言。」

㈤「傲」、爲「躁」之叚字，見前。「隱」、有意藏私。「瞽」、盲目。論語：「侍於君子有三愆：言未及之而言，謂之躁；言及之而不言，謂之隱；未見顏色而言，謂之瞽。」

㈥「謹順其身」：郝懿行（以下簡稱「郝」。）云：「身」、猶人也。此謂君子言與不言，皆順其人之可與不可，所謂「時然後言，人不厭其言」也。案：言君子依據求教者的態度，而施教，故不急躁，不隱私，不盲目。

㈦詩小雅采菽篇第三章。鍾曰：「交」、通「絞」，急也。「匪交匪舒」、言不絞急，不舒怠也。「傲」與「瞽」皆失之絞急，「隱」則失之怠舒。「予」、嘉許。（以上四節爲第三大段，說明爲學之道。首言治學之程序與目的兼及五經之內容；次言重師法、隆禮義之意義；末復論列接待求教者應有之態度。間接表示求教者應有之態度。）

百發失一，不足謂善射；千里蹞步不至，不足謂善御；倫類不通，仁義不一，不足謂善學。㈠學也者，固學一之也。㈡一出焉，一入焉，涂巷之人也；㈢其善者少，不善者多，桀紂盜跖也；全之盡之，然後學者也。㈣

㈠「通倫類」，注云：謂雖禮法所未該，以其等倫比類而通之；謂「一以貫之」，「觸類而長」也。「一仁義」、注云：謂造次不離，他術不能亂也。案：「倫類」之解釋，見上「禮者法之大分，類之綱紀也」句。「倫類不通」，言讀禮而不能明類，故不能觸類旁通，舉一反三。非相篇：「聖人以己度者也；故以人度人，以情度情，以類度類，以說度功。」此即所謂「等倫比類而通之」，「觸類而長也」。此指「知」說。「仁義不一」，此指「行」說。「一」、一切，完全。仁義以禮為實質，「仁義不一」，謂言行不能完全合於禮義。上文「端而言，蝡而動，一可以為法則」，即「仁義一」之實例。「倫類通，仁義一」，是智明行修的具體表現，若智而不能通類，行而不能全一，為學不能算到家。

㈡言為學的目的：就是要言行全一於仁義。這是「知」以後的，儒效篇：「學至於行之而止矣，行之明也。」

㈢「涂」同「途」。「涂之人」，謂普通人。「一出焉，一入焉」，謂有時行仁義，有時不行仁義。這是「不知」之「行」。

㈣「全之」，謂所學周全，此指其廣度。「盡之」、謂所學透徹，此指其深度。學至於此，自然「倫類通，仁義一」。

君子知夫不全不粹之不足以為美也，㈠故誦數以貫之，㈡思索以通之，㈢為其人以處之，㈣除其害者以持養之。㈤使目非是無欲見也，㈥使口非是無欲言也，使心非是無欲慮也。及至其致好之也，目好之五色，耳好之五聲，口好之五味，心利之有天下。㈦是故權利不能傾也，羣衆不能移也，天下不能蕩也。㈧生乎由是，死乎由是，夫是之謂德操。㈨德操然後能定，能定然後能應。㈩能定能應，夫是之謂成人。⑪天見其明，地見其光，君子貴其全也。⑫

㈠「粹」、精純，即上文之「盡」。此言：君子知道學而不周備，不精粹，學問不能算到家。

㈡「誦數」、猶「誦說」，指反覆誦讀。「數」、讀上聲。言反覆誦讀，把所學的文字貫串起來。

㈢深思熟察，把所學的內容貫通起來。此指思想，猶中庸之「愼思」、「明辨」。案：「誦數」、「思索」是方法。「貫之」、「通之」是效果。**「貫」、「通」皆條理之謂。條理具則「倫類通，仁義一」矣。**大略篇：「誦數以貫之，全也；思索以通之，粹也。全而粹，則倫類通，仁義一矣。」「全而粹」與「全之盡之」義同。

㈣「爲」、效法。「其人」、指古聖先賢。「處」、設身處地。郭嵩燾云：此猶言：設身處地，取古人所已行者，爲之程式，而得其所處之方也。案：此猶中庸之「篤行」。

㈤「持」、亦「養」意。「持養」、培養、修養。四「之」字皆指所學言。此言：把足以妨害學業的事都除掉，把學問細心的修養起來。

㈥「是」、猶「此」，謂學也。言使眼睛除此之外，什麼也不要看。下三句仿此。論語：「非禮勿視，非禮勿聽，非禮勿言，非禮勿動。」

㈦「致」、極也。「目好之五色」，卽「目之好五色」。下同。言好學之極，如目之好五色，耳之好五聲，口之好五味，心之利有天下之富一樣。孟子曰：「禮義之悅我心，猶芻豢之悅我口。」與此同義。

㈧「傾」、傾移。「移」、移易。「蕩」、動搖。言學者至於全粹之後，權勢利祿都不足以傾移他的志意。下二句仿此。孟子曰：「貧賤不能移，富貴不能淫，威武不能屈。」與此同義。

㈨「操」、音糙去聲，節操。「德操」、謂守道不移之節操。「生死乎由是」之「是」，謂所學，禮也。言固執禮法生死不渝。

⑩ 此「操」字，動詞，持也。「定」、大學「知止而后能定」之「定」，指堅定不移的意志、看法。「應」、肆應、適應，指對事物的處理說。言操持此德（有了如此修養），對事物自有正確的定見；有了正確的定見，自然對事物的處理曲得其宜。

⑪ 內而有所定，外而能應物，乃爲成德之君子。案：此卽上文「積善成德，……而聖心備焉」之義。

⑫ 「見」、兪以爲「貴」字之缺訛。「明」、王謂大也。「光」、「廣」，劉台拱謂古通用。此先舉天地以引發君子。言天之可貴在其大，地之可貴在其厚，君子之可貴在其學養之全粹。（以上兩節爲第四大段。首言爲學的最終目的在全盡（通倫類，一仁義）。其道在專心致志，精思熟察。末後以全盡後的德象作結。）

修身篇第二

修身成德爲孔門共守之通義。本篇敎人化性起僞之方法，結論歸於隆禮而尊師。

見善，修然必以自存也；見不善，愀然必以自省也。㈠善在身，介然必以自好也；不善在身，菑然必以自惡也。㈡故非我而當者，吾師也；是我而當者，吾友也；諂諛我者，吾賊也。故君子隆師而親友，以致惡其賊。㈢好善無厭，受諫而能誡，雖欲無進，得乎哉！㈣小人反是：致亂而惡人之非己也；致不肖而欲人之賢己也；心如虎狼，行如禽獸，而又惡人之賊己也。㈤諂諛者親，諫爭者疏，修正爲笑，至忠爲賊，㈥雖欲無滅亡，得乎哉！詩曰：「噏噏呰呰，亦孔之哀。謀之其臧，則具是違；謀之不臧，則具是依。」此之謂也。㈦

㈠「修然」、整飭貌。「存」、察也，見爾雅釋詁，又省也，見周禮春官注。「愀然」、憂懼貌。言見人有善行，必定要謹嚴地來省察自己是否也有此善行。見人有不善，必定要儆懼地來省察自己是否也有此不善。案：此與論語「見賢思齊，見不賢而內自省」之義相近。

㈡「介然」、堅固貌。「菑」、借爲「滓」，見說文通訓定聲。「滓然」、沾汚貌。言身有善行，必定固執地善自愛惜；身有不善，必定視如沾汚一般地痛自厭惡。

㊂「隆」、尊盛。「致」、極也。下文「致亂」、「致不肖」之「致」字義同。「以致惡其賊」、猶言：而極惡其賊。案：荀子以爲修身必以禮義，禮義傳於師法，成於積習，而不出於性，故主隆師而親友。

㊃好善而不厭倦，受勸而能儆戒，就是不求進步，也不可能。

㊄「賊己」、劉師培以爲是「賤己」之誤，義長。

㊅言小人對諂諛的就親近，對諫諍的就疏遠，對修身正己的就譏笑，對最忠誠的就傷害。「爲」、猶「則」。「爭」，同「諍」。

㊆詩小雅小旻第二章。毛詩「噏」作「潝」，「呰」作「訿」。「潝」、音吸。「訿」、音紫。「潝潝」、相和也。「訿訿」、相詆也。「潝潝訿訿」、言小人對諂諛的就相和，對諫諍的就相惡。「亦孔之哀」、言大可悲哀。「謀之其臧，則具是違。」言謀之善者，就一概拒絕。「具」、通「俱」。「違」、背也。「謀之不臧，則具是依。」言謀之不善者，就一律採用。「依」、從也。（此段言君子好善而親師友，小人惡善而近邪僻。君子、小人人格之異，關鍵在此。）

扁善之度——㊀以治氣養生，則後彭祖；以修身自〔名〕強，則配堯禹。㊁宜於時通，利以處窮，禮信是也。㊂凡用血氣、志意、知慮，由禮則治通，不由禮則勃亂提僈；㊃食飲，衣服、居處、動靜，由禮則和節，不由禮則觸陷生疾；㊄容貌、態度、進退、趨行，由禮則雅，不由禮則夷固、僻違、庸衆而野。㊅故人無禮則不生，㊆事無禮則不成，國家無禮則不寧。詩曰：「禮儀卒度，笑語卒獲。」此之謂也。㊇

㈠「扁善」：「扁」、王讀爲「徧」。「徧善」、無往而不善也。「度」、法度，謂禮信。言禮信是無往而不善的法度。此四字是標題。

㈡此四句，外傳作「以治氣養性，則身後彭祖；以修身自強，則名配堯禹。」茲據以改「名」爲「強」字。「彭祖」、堯臣，名鏗，封於彭城，經虞夏而商，壽七百歲。言以此法度治氣（血氣）養生，則身可後彭祖而死；以修身自強，則名可配堯禹而久。案：言禮信可以養生，又可以養譽。

㈢「時」、亦處也。「於」、「以」互文。言此法度宜於處通達之時，又利於處窮困之時，所謂法度就是「禮信」。

㈣「勃」、與「悖」同。「勃亂」、即「悖亂」。「提」、「怠」一聲之轉。「提僈」、即「怠慢」。言大凡一個人血氣的調養，志意的脩治，智慮的運用，依禮而行，就條理通達；不依禮而行，就悖亂怠慢。案：言禮是行爲的規範，也是思想的準則。

㈤「和節」、猶「和適」。言吃飯、穿衣、起居、動靜，依禮而行，就和順調適；不由禮，就抵觸陷禍，發生毛病。

㈥「雅」、嫻雅。「夷固」、猶「夷倨」。「僻」、「違」，皆邪也。「夷固僻違」猶言倨傲僻邪。「庸衆而野」、猶言凡庸而粗野。案：言禮爲容止的規範。

㈦「生」、生存，與論語「三十而立」之「立」義近。

㈧詩小雅楚茨第三章。「卒」、盡也。「獲」、得也。言禮節威儀都合法度，言談歡笑都得其宜。（此段言禮是人生一切活動的規範。）

以善先人者謂之教，以善和人者謂之順；㈠以不善先人者謂之諂，以不善和人者謂之謏。㊁是是非非謂之知，非是是非謂之愚。㊂傷良曰讒，害良曰賊。㊃是謂是，非謂非曰直。㊄竊貨曰盜，匿行曰詐，易言曰誕。㊅趣舍無定謂之無常。㊆保利弃義謂之至賊。㊇多聞曰博，少聞曰淺。多見曰閑，少見曰陋。㊈難進曰偍，易忘曰漏。㊉少而理曰治，多而亂曰秏。㊁

㊀「先」、導也。「和」、胡臥反，下同。言以善言善行誘導人的叫做「敎」，以善言善行附和人的叫做「順」。

㊁言以不善之言行誘導人的叫做「諂」，以不善之言行附和人的叫做「謏」。案：「諂」「謏」、分用有別，連用無別。

㊂上「是」字「非」字，動詞。「知」、讀爲「智」。言以是爲是，以非爲非的叫做「智」；以是爲非，以非爲是的叫做「愚」。

㊃「傷良」、謂以言語毀傷善良。「害良」、謂以言行陷害善良。

㊄是就說是，非就說非的叫做「直」。

㊅隱匿眞行的叫做「詐」，說話輕易隨便的叫做「誕」。「誕」、妄也。

㊆「趣」、借爲「趨」。「常」、常法。「無常」、沒有常法（原則）。言趨捨沒有一定的標準的叫做「無常」。注：不恒之人。

㊇「保利」、保全個人利益。「弃義」、捨棄正義。「弃」、古「棄」字。言爲了保全個人利益而捨棄正義的叫做「至賊」。「至」有極惡之意。

㊈「閑」、習也。謂能習其事，則從容不迫。

⑽「偍」、借爲「怠」，見上節。學業難以上進的叫做怠惰，學業易於忘記的叫做遺漏。

㈡「秏」、王讀爲「眊」。「眊」、亂也。作事能把握要點而有條理的叫做「治」，作事繁瑣而雜亂的叫做「秏」。（此段是荀子爲君子小人各種行爲和學養所下的定義。荀子是個理性主義者，故善下定義，而能作天論正名。）

治氣養心之術：㈠血氣剛強，則柔之以調和；㈡知慮漸深，則一之以易良；㈢勇膽猛戾，則輔之以道順；㈣齊給便利，則節之以動止；㈤狹隘褊小，則廓之以廣大；㈥卑溼重遲貪利，則抗之以高志；㈦庸衆駑散，則刦之以師友；㈧怠慢僄弃，則炤之以禍災；㈨愚款端愨，則合之以禮樂，通之以思索。㈩凡治氣養心之術，莫徑由禮，莫要得師，莫神一好。㈡夫是之謂治氣養心之術也。

㈠這是本段標題；言變化氣質，涵養心性的方法。

㈡臣道篇：「調和、樂也。」注：「調和、不爭競也。」此句亦當以此義解釋。血氣剛強的人，好與人爭，故以調和之德來柔順他。

㈢「漸」、王讀爲「潛」。「潛深」、謂城府深沈。「易」、平易、坦率。「良」、通「諒」、忠直。智慮深沈的人，就以率直之德一其志意。

㈣注：「膽」、有膽氣。「戾」、忿惡也。此性多不順，故以道順輔之。郝曰：「膽」字疑誤，外傳二作「勇毅強果」。俞曰：「順」、當讀爲「訓」。「道順」、卽「導順」也。案：「順」、理也，見說文。「道順」、卽「道理」。勇猛暴厲的人最易衝動，故以道理輔導他，使其冷靜。

㈤「齊」、疾也。「齊給」、「便利」，皆捷速之意。「動止」、擧止。言語行動過於敏捷的人，就以安詳徐緩的舉止節制他。

㈥器量狹隘褊小的人，就以廣大的胸襟來開廓他。

㈦「卑濕」、意志卑下。「重遲」、性情迂緩。「貪利」、苟得。「抗」、舉也。志意卑下，性情迂緩，貪利苟得的人，就以高遠的志趣來鼓舞他。

㈧「庸衆」、見上。「駑」、駑劣卑下。「散」、不自檢束。「刦」、奪去。庸俗駑下而不自檢束的人，就以師友夾持奪其舊性。

㈨「僄」、音標（ㄅㄧㄠ），輕也，謂自輕其身。「僄弃」、卽暴棄之意。「炤」同「照」，于讀爲「昭」，曉喻。言怠慢不謹，自暴自弃的人，就以災禍曉喻他，使有所警惕。

㈩「通之以思索」，外傳無此五字，俞謂衍文。「款」、誠款。愚誠端愨的人，多無文彩，故以禮樂來和合他。注：此皆言修身之術，在攻其所短也。

(十一)「徑」、捷速。「神」、神明。「一好」、專一所好。言治氣養心之道，莫速於由禮入手，莫要於得賢師友，莫神於專一其所好。案：此卽荀子論學，「隆禮義」，「重師法」，「貴專一」之義。（此段承第二段「扁善之度」，而具體言之。言禮是損有餘，益不足，裁制之以歸於正的。）

志意修則驕富貴，道義重則輕王公；內省而外物輕矣。㈠傳曰：「君子役物，小人役於物。」此之謂矣。㈡身勞而心安，爲之；利少而義多，爲之；事亂君而通，不如事窮君而順焉。㈢故良農不爲水旱不耕，良賈不爲折閱不市，士君子不爲貧窮怠乎道。㈣

㈠志意修美就瞧不起功名富貴，尊重道義就瞧不起王公貴人；內心着重在人格修養的省察，自然對身外之物就不加重視了。

㈡「傳曰」：荀書凡言「傳曰」，皆舊所傳聞之言。「矣」、猶「也」，古逸叢書本作「也」。言君子支配物，小人爲物所支配。

㈢「通」、通達，得位。「順」、得行其道。「窮君」、小國受威脅之君。言事大國暴亂之君而顯達，不如事小國勢窮之君而得行其道。

㈣「折」、損也。「閱」、減也。「閱」、「減」音近義通。言好農夫不因天有水旱之災而不耕種，好商人不因物價有折損之時而不交易，士君子不因生計貧窮而怠於向道。（此段言君子守道，而不役於物。）

體恭敬而心忠信，術禮義而情愛人；橫行天下，雖困四夷，人莫不貴。㈠勞苦之事則爭先，饒樂之事則能讓，端慤誠信，拘守而詳；橫行天下，雖困四夷，人莫不任。㈡體倨固而心〔執〕埶詐，術順墨而精雜汙；橫行天下，雖達四方，人莫不賤。㈢勞苦之事則偷儒轉脫，饒樂之事則佞兌而不曲，辟違而不慤，程役而不錄；橫行天下，雖達四方，人莫不棄。㈣

㈠「人」、王引之讀爲「仁」。「愛仁」、猶言「仁愛」，二字平列。「橫」、王引之讀爲「廣」。言體貌恭敬而心存忠信，學崇禮義而情在仁愛；這樣的人，可以廣行天下，雖窮困於沒有文化的四夷，卻沒有人不尊貴他。

㈡「饒樂之事」、謂足以改善生活而致富裕安樂的事。「拘守而詳」，謂守道勿失而詳明於事理。「任」、信任。案：以上正面說法，謂尊儒術者。

㈢「倨」、傲也。「固」、鄙陋。「執詐」、據王引之據議兵篇校，改爲「埶詐」。「埶」、

「詐」義近。「順墨」；「順」、叚借爲「慎」；「慎」、謂慎到，法家。「墨」、謂墨翟。「精」、「情」，通用。言體貌倨傲而心存姦詐，術宗法墨而情駁雜汚穢。

㈣「偸」、苟避於事；「儒」、懦弱畏事，皆懶惰之義。「轉脫」、宛轉求免，逃避。「兌」、與「銳」同。「佞兌」、即「佞銳」。「佞」、口才捷利；「銳」、亦利也。「不曲」、無所委曲，毫無顧忌。「辟」、讀爲「僻」。「僻」、「違」，皆邪也。「程」、劉師培謂當作「逞」。「程役」、即「逞欲」，猶言快意。「錄」、檢束。言勞苦之事，就懶惰畏懼，宛轉逃避；饒富樂利之事，就捷疾進取，毫無顧忌。心術僻邪而不誠謹，逞欲快意而不知檢束。這樣的人，縱然廣行天下，達於四方，大家都瞧不起他。案：以上反面說法，謂尊雜家者。（此段承上段言君子守道，體恭而術正，利不苟趨，害不苟避；小人反是。）

行而供冀，非漬淖也；行而俯項，非擊戾也；偶視而先俯，非恐懼也。㈠然夫士欲獨修其身，不以得罪於比俗之人也。㈡

㈠「供」、恭也。「冀」、當爲「翼」，敬也。「淖」、音鬧，泥也。「擊戾」、猶「抵觸」。「偶視」、兩人對視。言君子行路端恭翼如，不是怕泥淖沾汚而斂其容啊；行路低頭曲項，不是怕有所抵觸而躲避啊；兩人相視，就先低下頭，不是於對方有所恐懼啊。

㈡「然」、乃也。言士之恭敬如此，乃欲自修其身，不欲因是開罪於流俗之人啊！（此段言君子自修，恭敬之狀。）

夫驥一日而千里，駑馬十駕，則亦及之矣。㈠將以窮無窮，逐無極與？其折骨絕筋，終身不可以相及也。㈡將有所止之，則千里雖遠，亦或遲、或速、或先、或後，胡爲乎其不可以相及也！㊂不識步道者，將以窮無窮，逐無極與？意亦有所止之與？㊃夫「堅白」、「同異」、「有厚無厚」之察，非不察也，然而君子不辯，止之也。㊄倚魁之行，非不難也，然而君子不行，止之也。㊅故學曰遲。彼止而待我，我行而就之，則亦或遲、或速、或先、或後，胡爲乎其不可以同至也！㊆故蹞步而不休，跛鱉千里；累土而不輟，丘山崇成。㊇厭其源，開其瀆，江河可竭。㊈一進一退，一左一右，六驥不致。㊉彼人之才性之相縣也，豈若跛鱉之與六驥足哉！⑪然而跛鱉致之，六驥不致，是無它故焉，或爲之，或不爲爾！道雖邇，不行不至；事雖小，不爲不成。其爲人也多暇日者，其出入不遠矣。⑫

㊀「十駕」、一日一駕車，「十駕」、卽十日。駑馬日行百里，十日亦可千里。

㊁「窮無窮」：上「窮」字動詞，盡也。「無窮」、形容詞，謂無盡之路。「極」、終極。「逐無極」與「窮無窮」意同。言駑馬追驥，若於無盡之路，無止之境，則骨折筋斷，至死不可以相追及。

㊂「有所止之」、卽有止境，有終點之意。言若有止境，則千里之遠，雖抵達之遲、速、先、後有所不同，怎麼不可以相追及呢？

㊃「步道者」、謂行路的人。「意」、讀爲「抑」。言不知行路的人（以喻學者），將以窮盡無盡之路，無止之境呢？抑或有個終點呢？

㊄「堅白」：公孫龍堅白論：『「堅、白、石三，可乎？」曰：「不可。」「二、可乎？」曰：「可。」謂目視石，但見其白，不知其堅，則謂之白石。手觸石，則知其堅，而不知其白，則謂之堅石。是堅白終不可合爲一也。』「同異」：惠施理論。莊子天下篇：「大同而

與小同異，此之謂小同異。萬物畢同畢異，此之謂大同異。」例如：松與柏是「大同」，松與薔薇是「小同」，這都是小同異。一切科學的分類，只是這種「小同異」。從哲學方面看來，便是「萬物畢同畢異」。萬物各有「自相」，例如：一棵樹上生不出兩朶完全相同的花。有「自相」，所以「萬物畢異」。萬物雖各有「自相」，卻都有一些「共相」。例如：男女雖有別，卻同是人；人與禽獸雖有別，卻同是動物……有「共相」，故萬物可說「畢同」。畢同畢異，「此之謂大同異」。一切同異都不是絕對的（胡適之先生說）。「有厚無厚」、亦惠施理論。莊子天下篇：「無厚不可積也。」言幾何學上的面是沒有厚度的，所以不可積。「止之」、與上文「意亦有所止之與」相應。故「止之」，即「有所止之」之省。言名家「堅白」、「同異」、「有厚無厚」，這些理論並不是不明察，但如窮無窮之路，逐無極之境，終身研究也不會有結果，所以君子不去辯論它。君子之辯是有所止的。案：不苟篇云：「君子……說不貴苟察……非禮義之中也。」名家皆苟察之說，不合於禮義。君子之辯是止於禮義的。

㈥「倚」與「奇」通。「魁」、叚爲「嵬」。「奇嵬之行」，即狂怪高蹈之行。不苟篇：「君子行不貴苟難……非禮義之中也。」言狂怪高蹈之行，不謂不難，然而君子不行。（君子之行是止於禮義的。）

㈦注：「學曰」、謂爲學者傳此言也。「遲」、待也。案：此句「曰」字似爲語詞，無義。言學問是等待人去追求的。它停止而等待我，我起而追求它，追到它，不過有個遲速先後，怎麼（人人）不可以同樣地追到呢！

㈧「崇」、終也。言半步半步不停地走，跛鼈可致千里；土沙不停地堆，丘山終會堆成。

㈨「厭」、爲「垔」（音因）之同聲叚借。說文：「垔、塞也。」「瀆」、水竇。言塞住源頭，決開水竇，江河雖然水大，也可流盡。

㈥六驥駕車，或前進，或後退，或向左，或向右，步調不一不能致遠。

㈦榮辱篇曰：「材性知能，君子小人一也。」「縣」、同「懸」。

㈧「多暇日」、遊閒不事事。「出入」、王以爲「出人」之誤。言爲學而多閒暇之時，其學問的造詣必出人不遠。案：自「道雖邇」以下六句，集解屬下段，增注自爲一段，約注從浙局本連上段。尋繹文義，連上段者是，兹從之。（此段卽勸學篇爲學重積之義。）

好法而行，士也；㈠篤志而體，君子也；㈡齊明而不竭，聖人也。㈢人無法，則倀倀然；㈣有法而無志其義，則渠渠然；㈤依乎法，而又深其類，然後溫溫然。㈥

㈠「法」、禮法。言愛好禮法而實踐禮法的是士人。

㈡「篤」、固也。「體」、王讀爲「履」。言志意堅定以實踐禮法的是君子。案：篤志於禮法者，較愛好禮法者更進一層，故爲君子。

㈢「齊」、智慮敏速。非相篇：「不先慮，不早謀，發之而當，成文而類，居錯遷徙，應變不窮，是聖人之辯者也。」「不先慮，不早謀，」卽此文「齊明」之義。「居錯遷徙，應變不窮」，卽此文「不竭」之義。言智慮明敏，肆應不窮的是聖人。聖人明類，故明敏不窮。

㈣「倀倀」、無所適貌。言人無禮法，便倀倀然不知所措履。論語：「不學禮，無以立。」與此同義。

㈤「志」、識也。「義」、理也，謂禮法之統類。「渠渠」、陳謂猶「瞿瞿」，無守之貌。言但拘守禮法文字，而不明其理（統類）的，則「法教之所不及，聞見之所未至」（儒效篇），將渠渠然無法應付。

㊆「深其類」，謂深明禮法之統類。此文之「類」，即上句之「義」。學而明類，即勸學篇所謂「全盡」之學。「溫溫」、有潤澤之貌。言遵守禮法，而深明禮法之統類，然後才能溫溫然而有潤澤（肆應從容）。（此段言人格等第，以對禮法修養之程度爲準。）

禮者、所以正身也，師者、所以正禮也。無禮何以正身？無師吾安知禮之爲是也？㊀禮然而然，則是情安禮也；師云而云，則是知若師也。情安禮，知若師，則是聖人也。㊁故非禮，是無法也；非師，是無師也。㊂不是師法，而好自用，譬之是猶以盲辨色，以聾辨聲也，舍亂妄無爲也。㊃故學也者，禮法也。㊄夫師、以身爲正儀，而貴自安者也。㊅詩云：「不識不知，順帝之則。」此之謂也。㊆

㊀ 禮是用以端正身行的，師是用以端正禮法的。沒有禮怎麼端正身行？沒有師我怎麼知道禮是眞理？

㊁ 「情安禮」：注：「謂若天性所安。」案：「情安禮」是情性化於禮法（道）之象。「安」、即不苟篇「長遷而不反其初則化矣」之「化」。「師云而云」，不是鸚鵡學話，而是眞切瞭解。師弟所云，都是有關禮的問題。上句「禮然而然」，是就「行」說，此句「師云而云」，是就「知」說。言禮怎麼規定就怎麼作，便是情性化於禮；師怎麼說就怎麼說，便是智慮等於師。情性化於禮，智慮等於師，便是聖人了。案：荀子之「師」，具有聖人人格，故「知（智）若師」，即具有聖人之德。

㊂ 所以以禮爲非的，行爲就沒了標準；以師爲非的，有師就等於無師。

㊃ 「不是師法」之「師法」，謂「師」與「禮」，承上言，是兩事。言不以禮與師爲是，而好

自用其智的，好比瞎子辨色，聾子辨聲，除了亂妄以外沒有別的了（所爲都是亂妄的）。

㊄言爲學就是要學着如何認識禮法，如何實踐禮法。

㊅「正儀」、端正的儀範。言師以自身爲學者之模範，學者效法他的實踐禮法，要如性之所安，不假勉強，這是最重要的。

㊆詩大雅皇矣第七章。「帝」、天帝。言文王不識不知之中，已順從上天（自然）的法則。引詩以喻學者實踐禮法貴於自安。（此段承上段，言學禮修身，師法的重要。）

端愨順弟，則可謂善少者矣；㊀加好學遜敏焉，則有鈞無上，可以爲君子者矣。㊁偷儒憚事，㊂無廉恥而嗜乎飲食，則可謂惡少者矣；加惕悍而不順，險賊而不弟焉，則可謂不詳少者矣，雖陷刑戮可也。㊃老老而壯者歸焉，不窮窮而通者積焉，㊄行乎冥冥而施乎無報，而賢不肖一焉。㊅人有此三行，雖有大過，天其不遂乎！㊆

㊀「順弟」、卽「遜悌」。「少」、少年。言端正、誠謹、遜順、敬悌，可說是個善良少年了。

㊁注：既好學遜敏，又有鈞平之心，而無上人之意，則可以爲君子矣。案：「有鈞無上」四字不得其解，或曰衍文。

㊂「偷儒憚事」，謂懦弱、怠惰、畏懼勞苦之事。

㊃「惕」、同「蕩」。「惕悍」、放蕩兇悍。言再加放蕩兇悍而不遜順，陰險賊害而不敬悌，可算一個不祥少年了，雖受刑罰誅殺也是應該的。「詳」、「祥」通用。

㊄「窮」、「通」，兪謂以賢不肖言。「不窮窮」者，不強人以所不知不能，中庸所謂「矜不能」也。「積」、鍾謂聚集。言敬重老者，少壯者就來歸服；不窘迫才能窮盡的人，才能通

達的就來聚會。

㊅行善事而不求人知，施恩惠而不求報答，賢不肖就共同願慕而歸服他。

㊆「過」、兪謂當爲「禍」。「遂」、于讀爲「墜」。言有此三種善行，雖遇大禍，天也不會隕墜他的。（此段言少年應戒應勉之行及待人接物之道。）

君子之求利也略，其遠害也早，其避辱也懼，其行道理也勇。㊀君子貧窮而志廣，富貴而體恭，安燕而血氣不惰，勞勌而容貌不枯，怒不過奪，喜不過予。㊁君子貧窮而志廣，隆仁也；富貴而體恭，殺埶也；㊂安燕而血氣不衰，柬理也；勞勌而容貌不枯，好交也；㊃怒不過奪，喜不過予，是法勝私也。㊄書曰：「無有作好，遵王之道。無有作惡，遵王之路。」㊅此言君子之能以公義勝私欲也。

㊀「略」、疏略。「懼」、論語「必也臨事而懼」之「懼」，敬謹之意。「道」下「理」字，或謂衍文。言君子謹於避辱，勇於行道。

㊁「安燕」、安息。「勌」、同「倦」。「枯」、王讀爲「楛」。「楛」、楛慢、苟且。「奪」、削除。「予」、賜予。言君子雖貧窮而志氣廣大，雖富貴而體貌恭謹，安息的時候而血氣不懈惰，勞苦的時候而容貌不苟且，怒而削奪，喜而賜予，都適當而不過分。

㊂「隆仁」、尊崇仁德。「殺埶」、卑下權勢。言君子貧窮而志氣廣大，由於尊崇仁德；富貴而體貌恭謹，由於卑視權勢。

㊃「柬」、方苞謂與「檢」同。「理」、禮也。（王說）言安息之時而不懈怠，由於檢束於禮文。「交」、王曰當爲「文」。「文」、亦禮也。凡荀書言「文」言「理」皆謂禮。言勞苦

之時而不苟且隨便，由於愛好禮文。

㊄「法」、龍宇純謂當作「公」。以公滅私，所以賞罰得中。

㊅書洪範之辭。正義曰：「無有亂爲私好謬賞惡人，動循先王之正道。無有亂爲私惡濫罰善人，動循先王之正路。」（此段言君子之持身。）

不苟篇第三

本篇教人以禮義爲準繩，審度事理，而爲適當之因應。其中「養心莫善於誠」一段，應與解蔽篇言「壹」有關章節合參。

君子行不貴苟難，說不貴苟察，名不貴苟傳，唯其當之爲貴。㈠故懷負石而投河，是行之難爲者也，而申徒狄能之；㈡然而君子不貴者，非禮義之中也。㈢「山淵平」，「天地比」，「齊秦襲」，「入乎耳，出乎口」，「鉤有須」，「卵有毛」，是說之難持者也，㈣而惠施鄧析能之。㈤然而君子不貴者，非禮義之中也。盜跖〔吟口〕貪凶，㈥名聲若日月，與舜禹俱傳而不息；然而君子不貴者，非禮義之中也。故曰：君子行不貴苟難，說不貴苟察，名不貴苟傳，唯其當之爲貴。詩曰：「物其有矣，惟其時矣。」此之謂也。㈦

㈠　「苟」，苟且。匡謬正俗八：「苟者，媮合之稱。所以行無廉隅，不存德義，謂之苟且。」下文「非禮義之中」，即「苟」字之正解。凡不合禮義的行爲，雖然艱難，謂之苟難；不合禮義的言論，雖然明察，謂之苟察；不合禮義的聲名，雖然傳世，謂之苟傳，皆非君子所貴；君子所貴是要合乎禮義的。

㈡「懷」、劉師培謂爲衍文。「申徒狄」、殷時人，恨道不行，憤而負石自沈於河。此荀行之例。

㈢「中」、（ㄓㄨㄥˋ）合也。卽上文「唯其當之爲貴」之「當」，「當」，去聲，亦合也。注云：禮義之中，時止則止，時行則行，不必枯槁赴淵也。楊子雲非屈原曰：「君子遭時則大行，不遇則龍蛇，何必沈身！」

㈣「山淵平」：莊子天下篇：「山與澤平」。山高淵低本不平，而云一樣平。「天地比」：莊子天下篇：「天與地卑。」「比」接近。天與地本相距極遠，而云相接近。「齊秦襲」：「襲」、合也。齊在東，秦在西，相去甚遠，而云可合爲一國。「入乎耳，出乎口」：見勸學篇，或爲衍文。「鉤有須」、兪以「鉤」爲姁之叚字。「姁」、音煦，嫗也。「須」、「鬚」之本字。嫗無鬚，而謂之有鬚。「卵有毛」：卵之中有羽毛之性在，故曰：「卵有毛。」此皆荀說之例。這些學說都是很難以成立的。「持」、守也。「難持」、猶言「難守」，卽不能成立之意。

㈤「惠施」、戰國時宋人，梁相，與莊子同時，善辯。漢志名家有惠子一篇，已佚。莊子天下篇存惠施十事。「鄧析」、春秋鄭國大夫，與子產同時。漢志名家有鄧子二篇，已佚。今所傳，後人僞託。析長於智辯，故後人推爲名家之祖。

㈥「盜跖吟口」：郝曰：說苑作「盜跖凶貪」。此本必作「貪凶」，轉寫形誤。案：茲據郝說改。

㈦詩小雅魚麗第六章。言雖有物，亦須得其時。以喻「當」之爲貴。（這一段是本篇總論，言行爲、言論、聲名皆當以禮義爲標準。以下卽據此以論君子各方面的修養。）

君子易知而難狎，㊀易懼而難脅，㊁畏患而不避義死，欲利而不爲所非，㊂交親而不比，言辯而不辭，㊃蕩蕩乎其有以殊於世也。㊄

㊀「知」、交接。「狎」：狎暱。君子樂易，故易交接；君子不比黨，故不易狎暱。論語：「君子易事而難悅。」

㊁君子小心謹愼，故易恐懼；但志不可奪，故難以威脅。

㊂「利」、福利。「所非」、所認爲不義的。言君子雖然畏懼患難，卻不逃避正義之死；君子雖欲得到福利，卻不作自己認爲不對的事。案：禮記：「見利不虧其義。」荀子不以欲利爲非，惟當以「義」爲取捨準繩。

㊃「親」、謂仁恩。「比」、阿黨。「辯」、言辭辯捷。「辭」、多費文辭。言君子與人相交雖然親切，卻不阿黨；言辭雖然辯捷，卻不多言。

㊄「蕩蕩」：論語泰伯：「蕩蕩乎民無能名焉。」集解包曰：「蕩蕩、廣遠貌。」言君子氣度恢宏，是不同世俗之人的。（此段言君子行誼，不同於流俗。）

君子能亦好，不能亦好；小人能亦醜，不能亦醜。君子能則寬容易直以開道人，不能則恭敬縛絀以畏事人；㊀小人能則倨傲僻違以驕溢人，不能則妬嫉怨誹以傾覆人。㊁故曰：君子能則人榮學焉，不能則人樂告之；㊂小人能則人賤學焉，不能則人羞告之。是君子小人之分也。㊃

㊀「道」、與「導」同。「易直」、平易正直。「縛絀」：劉師培以爲「樽節」之轉音。「絀」與「屈」同。「節」、「屈」雙聲，義亦相近。案：「樽節」、抑制，謙抑之意。「畏」、

敬也。言君子有才能，就器量寬宏，態度平易，而開導人；無能，就體貌恭敬，態度謙卑，而敬事人。

㊁「驕溢」、驕慢、矜誇。「僻違」、奸邪，見修身篇。言小人有才能，就態度傲慢，心術奸邪，而驕矜人；無能，就心懷嫉妬，口出怨誹，而傾陷人。

㊂「焉」、「之」互文。言君子有能，則人皆以向他學習爲榮幸；無能，則人皆樂於指導他。

㊃言小人有能，則人皆以向他學習爲鄙賤；無能，則人皆羞於告訴他。這就是君子小人之不同處。「分」、異也。（此段言君子小人待人接物之異。）

君子寬而不僈，廉而不劌，㊀辯而不爭，察而不激，㊁〔寡〕直立而不勝，㊂堅彊而不暴，柔從而不流，㊃恭敬謹愼而容。㊄夫是之謂至文。㊅詩曰：「溫溫恭人，惟德之基。」此之謂也。㊆

㊀「僈」、與「慢」同，怠惰。「廉」、棱角。「劌」、音貴（ㄍㄨㄟˋ）利傷也（以利刃傷物）。禮記聘義：「君子比德於物焉，廉而不傷。」疏云：「言玉體雖有廉稜，而不傷割於物。」言君子雖容止寬緩而不怠惰，雖行有廉隅而不傷人。

㊁雖言辭辯捷而不爭勝負，雖事理明察而言不激切。

㊂「寡立」、王謂當爲「直立」，據改。「勝」、王讀爲「升」，陵也。言君子雖特立獨行而不以陵侮人。

㊃言君子治事雖態度堅強而不狂暴，與人相處雖然柔順而不隨波逐流。禮記：「君子和而不流」。

㊄「容」、王訓裕。言君子持身雖恭敬謹愼而氣度卻不局促。

㈥「至文」、最有禮文，言這是最有修養的。

㈦詩大雅抑第九章。「溫溫」、寬柔貌。「惟」、非十二子、君道及毛詩均作「維」。俞曰：言溫溫之恭人，其德則有以自立。（此段言子寬柔以立德。）

君子崇人之德，揚人之美，非諂諛也；正義直指，舉人之過，非毀疵也；㈠言己之光美，擬於舜禹，參於天地，非夸誕也；㈡與時屈伸，柔從若蒲葦，非懾怯也；剛強猛毅，靡所不信，非驕暴也；以義變應，知當曲直故也。㈢詩曰：「左之左之，君子宜之；右之右之，君子有之。」此言君子以義屈信變應故也。㈣

㈠「義」、王引之讀爲「議」。「指」指摘。「舉」、抉發。「疵」、段爲「訾」、口毀曰「訾」，音子（ㄗˇ）。言君子尊崇人的德性，讚揚人的好處，這並不是諂諛；公正地議論，正直地指摘，舉發人的過錯，這並不是毀訾。

㈡「夸誕」、張大虛妄，不符實際。「夸」通「誇」。言君子說自己之光輝美德，可比於舜禹，功德可與天地相參，這並不是誇誕（實有此光美，然後言之，故非誇誕）。

㈢「信」、讀爲「伸」，下同。言君子或屈或伸，隨時制宜，有時像蒲葦一般的柔順，卻不是畏怯；有時剛強猛毅，無所不伸，卻不是驕暴。因爲他是以「義」爲準，來變通應事，知其當曲而曲，當直而直的啊！「曲直」、即「屈伸」。論語：「無適也，無莫也，義之與比。」

㈣詩小雅裳裳者華第四章。言君子能以義變通應事，故左右皆得其宜。（此段言君子正直無私，而與時屈伸，以義應變。）

君子小人之反也：君子大心則敬天而道，小心則畏義而節；㈠知則明通而類，愚則端愨而法；㈡見由則恭而止，見閉則敬而齊；㈢喜則和而理，憂則靜而理；㈣通則文而明，窮則約而詳。㈤小人則不然：大心則慢而暴，小心則淫而傾；㈥知則攫盜而漸，愚則毒賊而亂；㈦見由則兌而倨，見閉則怨而險；㈧喜則輕而翾，憂則挫而懾；㈨通則驕而偏，窮則弃而儑。㈩傳曰：「君子兩進，小人兩廢。」此之謂也。⑪

㈠「則」下「敬」字，據王據外傳校，補。「大心」謂環境順利，可以放手作事的心。「小心」、謂環境拂逆，須謹慎應付的心。此可由下文小人之「大心」、「小心」比照得之。「節」、樽節，謙抑。言君子大心之時，就敬天而守道；小心之時，就畏義而謙下。言君子不管環境如何，無時不以禮自持也。

㈡「類」、謂知禮義之統類。知類就能把握原則，推類事理。言君子智則明通而知統類，愚則端誠而守法度。

㈢「由」、用也。「止」、禮也。詩小旻箋及廣雅釋言皆云：「止、禮也。」「閉」、閉塞，道不得行。「敬而齊」，注云：「謂自整齊而不怨也。」言見用得行其道，就恭敬而有禮；不見用，道不得行，就恭敬而齊肅。注以「不怨」訓「齊」，蓋「肅」之引申義。

㈣外傳四作「和而治」。「理」、謂不失其道。言喜歡的時候，和樂而不失禮；憂愁的時候，安靜而不失志。仲尼篇云：「福事至則和而理，禍事至則靜而理。」與此文義極近，言憂喜皆不失其持身之道。

㈤「文而明」，注云：「有文而彰明也。」言通達的時候，就展其文彩而彰明於世；窮困的時候，就隱約其身而詳明其道。如孔子之泗上設教。

㈥「淫」、不正。「傾」、不平。言小人和君子恰相反：大心的時候，就傲慢而狂暴；小心的時候，就淫邪而傾陷。

㈦「攫」、音矍（ㄐㄩㄝˊ），奪取。「漸」、詐欺。「毒」、害也。言小人智則攫盜而詐欺，愚則毒害而暴亂。

㈧「兌」、與「銳」同，謂捷利也。言小人見用，則銳進而倨傲；不見用，則怨恨而險邪。

㈨「翾」、「儇」義同，輕薄之意。言小人喜歡的時候，就輕佻而儇薄；憂愁的時候，就失志而畏懼。

㈩「偏」、劉師培謂當作「褊」。「褊」、即局量褊淺之義。「弃」、自棄。「儑」、爲「溼」之變體，失意沮喪之意。言顯達就驕倨而不能容衆（心驕量淺者必不能容）；窮困就自暴自棄而不能振作。

⑪「兩」、謂大心與小心，智與愚，由與閉，喜與憂，通與窮，皆一事的兩面。「廢」、退也。言君子不論大心、小心，智、愚、窮、通……都能上進，小人都是墮落。（此段言君子小人性行之不同。）

君子治治，非治亂也。㊀曷謂邪？曰：禮義之謂治，非禮義之謂亂也。故君子者，治禮義者也，非治非禮義者也。㊁然則國亂將弗治與？曰：國亂而治之者，非案亂而治之之謂也。去亂而被之以治。㊂人汙而修之者，非案汙而修之之謂也，去汙而易之以修。故去亂而非治亂也，去汙而非修汙也。㊃治之爲名，猶曰君子爲治而不爲亂，爲修而不爲汙也。㊄

㈠上「治」字，動詞，謂治理；下「治」字，名詞，謂平治之國。言君子治理治國，而不治理亂國。

㈡這是怎麼說呢？答道：以禮義治國的叫做「治」，不以禮義治國的叫做「亂」。所以君子是治禮義之治國，而不治非禮義之亂國的。議兵篇：「隆禮義者其國治，簡禮義者其國亂。」

㈢「案」：注云：「案、據也。據舊亂而治之也。荀子『安』、『案』多為語助，與此不同。」言國亂就不能治理了嗎？答道：國亂而去治理，不是依據舊亂（以非禮義之治術，所造成的混亂。）而加以治理的意思，乃是先去掉舊亂（廢止致亂之治術），而後加以禮義之治的。「被」、加也。

㈣譬如人有汚穢之行，而欲修潔為善，不是依據汚穢之行而加以修潔，乃是先除去汚穢之行而易之以修潔。所以去亂不是治亂，去汚不是修汚。「修之」、卽潔之。

㈤「猶曰」以下四「為」字，義皆同「治」。言「治」這個名的意義，就好比說：君子治治國而不治亂國，治修潔而不治汚穢啊（此段言君子治禮義，而不治非禮義。）

君子絜其〔辯〕身而同焉者合矣，善其言而類焉者應矣。㈠故馬鳴而馬應之，牛鳴而牛應之，非知也，其埶然也。㈡故新浴者振其衣，新沐者彈其冠，人之情也。㈢其誰能以己之潐潐，受人之掝掝者哉！㈣

㈠「辯」、據盧據外傳一校，改作「身」。「絜」、同「潔」，修整也。「焉」、猶「之」。「同焉者」、猶「同之者」。言君子修整其身，而同之者就來與他結合，善其言論，而類之者就會千里響應。「類」、亦同也。易乾卦文言九五：「同聲相應，同氣相求。」

㈡據盧據外傳校，補「牛鳴而牛應之」六字。言馬鳴馬應，牛鳴牛應（言外馬鳴牛不應，牛鳴馬不應），牛馬非智，而相應如此，只因勢爲同類啊。「知」、讀爲「智」。

㊂ 言新沐浴的人，必振衣彈冠，去其灰塵，這是人之常情。注：潔其身者，懼外物之汙也。猶賢者必不受不賢人之汙者也。

㊃「潐」、音醮（ㄐㄧㄠˋ）。「潐潐」：注謂明察貌，高謂潔白貌，茲從高說。「掝」、注及王先謙皆以爲當作「惑」。「掝掝」：注云惛也，高謂汙黑也，茲亦從高說。言誰願意以自己的潔白，去接受別人的汙黑！（此段言君子惟與君子相合相應。）

君子養心莫善於誠，致誠則無它事矣。㊀惟仁之爲守，惟義之爲行。㊁誠心守仁則形，形則神，神則能化矣。㊂誠心行義則理，理則明，明則能變矣。㊃變化代興，謂之天德。㊄天不言而人推其高焉，地不言而人推其厚焉，四時不言而百姓期焉。㊅夫此有常，以至其誠者也。㊆君子至德，嘿然而喻，未施而親，不怒而威：㊇夫此順命，以愼其獨者也。㊈善之爲道者，不誠則不獨，不獨則不形，不形則雖作於心，見於色，出於言，民猶若未從也；雖從必疑。㊉天地爲大矣，不誠則不能化萬物；聖人爲知矣，不誠則不能化萬民；父子爲親矣，不誠則疏；君上爲尊矣，不誠則卑。⑪夫誠者，君子之所守也，而政事之本也，⑫唯所居以其類至。⑬操之則得之，舍之則失之。⑭操而得之則輕，⑮輕則獨行，獨行而不舍，則濟矣。⑯濟而材盡，長遷而不反其初，則化矣。⑰

㊀「誠」、眞實。「致」、極也。言養心之道沒有比眞誠更重要的，眞誠之極則專一其事，而無它事以分其心。

㊁ 兩「爲」字，語詞，故治要引作「致誠無他，唯仁之守，唯義之行。」言君子至誠無它，惟

有守仁行義。

㈢ 此與中庸「誠則形，形則著，著則明，明則動，動則變，變則化。唯天下至誠爲能化」之義同。「形」，卽「誠則形」之「形」，朱注云：「形者，積中而發外。」「神」、卽中庸「至誠如神」之「神」。「化」、卽孟子盡心「所過者化」之「化」，謂遷善也。言君子誠心守仁，則德無不實，而形著於外；形著於外，則人望如神明，而自遷於善（化）。

㈣ 程子曰：「在物爲理，處物爲義。」言君子誠心行義，則行爲必合乎事理；合乎事理，則是非分明；是非分明，則人不敢欺，而自改其惡（變）。

㈤ 注：馴致於善，謂之「化」。改其舊質，謂之「變」。案：「化」、承上「誠心守仁」而言。「變」、承上「誠心行義」而言，君子以守仁行義爲本，則能化能變；變化交替著發揮作用，就是天德。天道陰陽運行以「化」萬物，春生冬落以「變」萬物。變化是天德。君子能變能化，與天一般，故亦謂之天德。

㈥ 「期」、預期，謂知其時候。言天不言其高，而人推其高；地不言其厚，而人推其厚，四時不言其時候，而人預知其節季。

㈦ 「有常」，卽天論篇「天行有常」之「有常」，謂永常不變。「至」、極也。言天地四時所以永常不變之如此者，由於極其誠之故。中庸云：「至誠不息」。與此同義。

㈧ 「嘿」、同「默」。言君子有至誠之德，足以化人，故不用說話人就明白，不用施惠人就親近，不用發怒人就敬畏。

㈨ 「愼」、誠也。「獨」、專一，「無它事」。「愼其獨」、謂誠心於專一，卽上文「唯仁之爲守，唯義之爲行」。言人所以順從君子之命之如此者，由於君子誠心專一於守仁行義之故。

⑳「善之爲道者」，猶言善於爲道（治國）的。此「道」由下文看，似指治國之道。「不誠則不獨」、言不能誠心守仁行義，便不能專一於守仁行義。「不獨則不形」、言不能專一於守仁行義，其德不實，便不能有所表現於外。「作於心」，猶言起於意。「若」、然也。此文大意：善於爲道（治國）的，深知不誠就不能專一；不能專一就無所表現於外；無所表現於外，雖然起於心意，現於顏色，出於言語，人民依然不順從；縱然順從，也是疑慮不安。

㉑天地可算偉大，不誠就不能化育萬物；聖人可算睿智，不誠就不能化育萬民；父子可算親近，不誠就疏遠；君上可算尊貴，不誠就爲在下所卑視。

㉒誠是君子養心之所必守的，而又是爲政治國的根本。

㉓「所居」、所止也。唯其所止至誠，則其效果以類自至。謂天地誠則化萬物，聖人誠則化萬民，父子誠則親，君上誠則尊。

㉔「操」、操持。誠心守仁行義是自己事，且是自己能把握得住的事。故曰：去把握它就得到它，放棄它就失掉它。

㉕以至誠之心求而得之，實踐起來輕而易舉。

㉖輕而易舉，就會專一不二，專一不二地力行不息，就會有所成就。

㉗既有成就，則材性自盡。長遷於善（仁、義）而不返於性之自然，就是性化於仁義了。禮記學記：「九年知類通達，強力而不反，謂之大成。」「強力而不反」，即「長遷而不反其初則化矣」之義。案：解蔽篇言養心以「虛壹而靜」，「壹」者，專一，尤爲荀子所強調。此文言養心以「誠」；誠則「獨」，「獨」、亦專一之意。彼文以壹心知道盡道，此文以誠心守仁行義。所謂仁義，就是道，也就是禮。此二文，字面雖不同，精神卻是一致的。

君子位尊而志恭，心小而道大；所聽視者近，而所聞見者遠。是何邪？則操術然也。㈠故千人萬人之情，一人之情也。㈡天地始者，今日是也。㈢百王之道，後王是也。㈣君子審後王之道，而論百王之前，若端拜而議。㈤推禮義之統，分是非之分，總天下之要，治海內之衆，若使一人。㈥故操彌約，而事彌大。㈦五寸之矩，盡天下之方也。㈧故君子不下室堂，而海內之情舉積此者，則操術然也。㈨

㈠「術」、道術，指下文「禮義之統」。言君子勢位雖尊而志意恭謹，用心雖然細微而操持之道卻遠大；所聞見的事物雖限於眼前，而所知之事物卻很廣遠。這是什麼原因？他所操持的道術使其如此。

㈡人情相去不遠，故由一人之情，可以推知萬人之情。案：此爲邏輯中歸納推理由特殊推知普遍。（此以下言推理的作用）。

㈢由當前自然界的形象，可以推知自然界的原始形象。案：此爲類比推理，由特殊推知特殊，下句同。

㈣「後王」、劉王皆謂指文武而言。案：非相篇云：「欲知上世，則審周道。」周道盛於文武，惟文武可以代表周道。故「後王」、謂文武無疑。孔子曰：「殷因於夏禮……周因於殷禮。」百王之道，一脈相承，故把握其條理（統類），由後王之道（禮憲、法度），可以推知百王之道。

㈤「拜」、王謂「秆」之訛。「秆」、卽今「拱」字。「端拱而議」、謂正容斂手，從容不勞。言君子精審於集前代之大成的後王之道，而論百王之前的道，若「端拱而議」，從容不勞。

㈥「禮義之統」，卽君子操持之道術。「禮義」，卽後王之道。「統」、統類。「分是非之分」、上「分」字動詞。下扶問切，名詞。言由後王之禮義（道）中，推求其統類（解蔽篇：「法其法以求其統類。」由禮憲發展之跡中，把握其條理。），用以分辨事理之是非便各當其分，總持天下政治之樞要，治理四海以內的民衆，就如同役使一個人一樣的簡易。

㈦「操彌約」承上「推禮義之統」言。「推禮義之統」，承上「君子審後王之道」言。「事彌大」承上「分是非之分」以下四句言。言君子所操持的道術，極爲簡單，運用起來，卻法力無邊。

㈧「矩」、曲尺（三角板），正方工具。言小小的曲尺，可以量盡天下之方。此卽大學所謂「絜矩之道」。

㈨「擧」、皆也。言君子雖足不出戶，而四海以內的情形，如聚在眼前一般的淸楚，就是操持的道術使他如此。老子：「不窺牖，見天道；不出戶，見天下。」（此段言君子推禮義之統，而肆應無窮。）

有通士者，有公士者，有直士者，有慤士者，有小人者。上則能尊君，下則能愛民，物至而應，事起而辨，若是則可謂通士矣。㈠不下比以闇上，不上同以疾下，㈡分爭於中，不以私害之，若是則可謂公士矣。㈢身之所長，上雖不知，不以悖君；身之所短，上雖不知，不以取賞；長短不飾，以情自竭，若是則可謂直士矣。㈣庸言必信之，庸行必愼之，畏法流俗，而不敢以其所獨甚，若是則可謂慤士矣。言無常信，行無常貞，唯利所在，無所不傾，若是則可謂小人矣。㈥

㈠注：物有至則能應之，事有疑則能辨之。「通」者，不滯之謂也。案：儒效篇曰：「所未嘗聞也，所未嘗見也，卒然起一方，則舉統類而應之，無所儗（疑）㤰（怍）……是大儒也。」「物至」、「事起」、卽「所未嘗聞也，所未嘗見也，卒然起一方」之意。「而應」、「而辨」、卽「舉統類而應之，無所儗㤰」之意。「物至而應」，言其於物無不能肆應。「事起而辨」，言其於事無所疑惑。此謂知統類者；知統類則肆應無窮，故曰通士。注是。

㈡「比」、比周、結黨。「疾」與「嫉」同，害也。言不結黨於下以蔽上，不苟合於上以害下。

㈢「於」、猶「之」。言於事之中有紛爭的，不循阿比之私，而害是非之正，所以謂公正之士。

㈣「悖」、怨懟。言君雖不知其長，也不怨懟；君雖不知其短，也不用以取賞；長短不加文飾，皆以實情自舉，所以謂正直之士。「情」、實也。「竭」、舉也（郝說）。

㈤「庸」、常也。「法」、效也。「甚」、王謂當爲「是」。「愨」、誠謹。言一句平常的話，必求信實；一件平常的事，必求謹愼；不法流俗之行，卻也不敢行其所獨是。易乾卦：「庸言之信，庸行之謹。」

㈥「貞」、定也。新書道術：「言行抱一謂之貞。」「傾」、盡也。言行沒有原則，唯利之所在，無不傾盡全力以求。案：此段所言之「士」，指在官者而言。以其品格分爲五等。起句「有小人者」，謂有小人之士。

公生明，偏生闇，㈠端愨生通，詐僞生塞，㈡誠信生神，夸誕生惑。㈢此六生者，君子愼之，而禹桀所以分也。㈣

㈠存心公正就會明智，存心偏私就會昏闇。

㈡言行端嚴誠謹就會通達，言行姦詐虛僞就會窮塞。

㈢誠信之至就通於神明，矜誇妄誕就昏亂迷惑。

㈣這六事因果相生，賢愚由此而分，故君子愼之。

欲惡取舍之權：㈠見其可欲也，則必前後慮其可惡也者；見其可利也，則必前後慮其可害也者，而兼權之，孰計之，然後定其欲惡取舍。㈡如是則常不失陷矣。凡人之患，偏傷之也。㈢見其可欲也，則不慮其可惡也者；見其可利也，則不慮其可害也者。是以動則必陷，爲則必辱，是偏傷之患也。㈣

㈠此本段標題，言欲惡取捨的權衡。

㈡「孰」、同「熟」。解蔽篇云：「離道而內自擇，則不知禍福之所託。」兼權必須以道爲準繩，然後才能辨別利害之所在。

㈢「偏」、謂所見不周。解蔽篇：「凡人之患，蔽於一曲，而闇於大理。」「偏」、即「一曲」之謂。

㈣此段言兼權之道，與議兵篇「無欲將而惡廢，無急勝而忘敗，無威內而輕外，無見其利而不顧其害，凡慮可欲孰而用財欲泰，夫是之謂五權」之義同。

人之所惡者，吾亦惡之。㈠夫富貴者，則類傲之；夫貧賤者，則求柔之。㈡是非仁人之情也，是姦人將以盜名於晻世者也，險莫大焉。㈢故曰：盜名不如盜貨。田仲史鰌不如盜也。㈣

㈠注：賢人欲惡之不必異於衆人也。

㈡「夫」、彼也。「類」、率也，皆也。「求」、務也。言彼富貴者，不論是非，皆傲慢他；彼貧賤者，不論賢不肖，務寬柔他。

㈢「仁人」之「仁」字，兪以爲衍文。「晻」、同「暗」。「險」、姦邪。言這不是人之常情，這是姦人用以盜取聲名於昏暗之世的，再姦險沒有了。

㈣「田仲」、齊人，處於陵，不食兄祿，辭富貴爲人灌園，號於陵仲子。「田」、「陳」古通用，田仲卽孟子之陳仲子。「史鰌」、衞大夫，字子魚，卽論語之史魚，孔子稱其直：「邦有道如矢，邦無道如矢。」外傳記其以尸諫。案：此段言不近人情者，皆欺世盜名的。田仲之廉，史鰌之直，皆非禮義之中，所謂苟難之類也，故斥爲姦人。

榮辱篇第四

論榮辱之來，皆由人所自取，故於榮辱之大分揭示最明。安危利害之別，亦可由此推之。

憍泄者，人之殃也；恭儉者，偋五兵也。雖有戈矛之刺，不如恭儉之利也。㊀故與人善言，煖於布帛；傷人之言，深於矛戟。㊁故薄薄之地，不得履之，非地不安也，危足無所履者，凡在言也。㊂巨涂則讓，小涂則殆，雖欲不謹，若云不使。㊃

㊀「憍」、同「驕」。「泄」、同「媟」，嫚也，恭之反。「儉」、約也，不敢放侈之意。「偋」、與「屏」通，卻也。「五兵」：周禮司兵注：「戈、殳、戟、酋矛、夷矛。」國語齊語注：「刀、劍、矛、戟、矢。」穀梁傳范注：「矛、戟、鉞、楯、弓矢。」言驕恣侮慢之行是人類禍殃之源，恭敬儉約之德可以屏除五兵之厄。雖有戈矛之利刺，卻不如恭儉之德入人之深。

㊁「傷人之言」，王謂類聚及御覽均引作「傷人以言。」言以善言贈人，人心溫煖，勝於布帛；以惡言傷人，其入人之深，勝於矛戟。

㊂「薄薄」、注謂旁薄廣大貌；于讀爲「溥溥」。「危足」、側足也。「凡」、皆也。言廣大

之地，竟不能立足其間，不是地不安全，皆由言語不慎，害得容身無處。

㈣王曰：「殆」、讀爲「待」。言共行於道涂，大路可竝行則讓之；小道只可單行，則待其人過乃行也。案：此四語不可解，姑錄王說以備參考。（此段言驕慢之害與恭儉之利，也就是榮辱之所由，勸學篇：「榮辱之來，必象其德。」）

快快而亡者、怒也，㈠察察而殘者、忮也，㈡博而窮者、訾也，㈢淸之而俞濁者、口也，㈣豢之而俞瘠者、交也，㈤辯而不說者、爭也，㈥直立而不見知者、勝也，㈦廉而不見貴者、劌也，㈧勇而不見憚者、貪也，㈨信而不見敬者、好剸行也。㈩此小人之所務，而君子之所不爲也。

㈠「快快」、梁疑當作「快快」。趙金海從梁說，據廣雅釋詁釋「快」爲強。言強健而亡其身者，由於好怒。

㈡識力明察而被傷殘者，由於有忮害之心。

㈢言詞辯博而見窮蹙者，由於好毀訾人。

㈣「俞」、讀爲「愈」。言欲潔其身行，而反愈汚濁者，口說之過。此句與上句見大略篇末。

㈤「豢之」、梁啓雄謂養其尊榮。「交」、疑當讀爲「姣」。廣雅釋言：「姣、侮也。」言欲養其尊榮，而反愈卑下者，侮慢之過。

㈥「說」、讀爲「悅」。言辯論而不爲人所喜悅者，由於心有爭氣。

㈦不苟篇：「寡（直）立而不勝。」王讀「勝」爲「升」，陵也。言直立獨行而不爲人所知者，由於好陵人。

㈧「廉」、廉稜、廉隅。「劌」、利傷也，見不苟篇。言行有廉隅而不爲人所尊貴者，由於好刺傷人。

㈨勇敢而不爲人所畏憚，由於貪利而委曲求人。

㈩「剸」、與「專」同。「專行」、謂不度是非。言言行信實而不爲人所尊敬者，由於不度是非，專斷獨行。（此段言小人狹其長以驕慢，故欲榮而反辱，君子戒之。）

鬬者，忘其身者也，忘其親者也，忘其君者也。行其少頃之怒，而喪終身之軀，然且爲之，是忘其身也；㈠家室立殘，親戚不免乎刑戮，然且爲之，是忘其親也；㈡君上之所惡也，刑法之所大禁也，然且爲之，是忘其君也。憂忘其身，㈢內忘其親，上忘其君，是刑法之所不舍也，聖王之所不畜也。㈣乳彘觸虎，乳狗不遠遊，不忘其親也。㈤人也，憂忘其身，內忘其親，上忘其君，則是人也，而曾狗彘之不若也。

凡鬬者，必自以爲是，而以人爲非也。己誠是也，人誠非也，則是己君子，而人小人也；以君子與小人相賊害也，㈥憂以忘其身，內以忘其親，上以忘其君，豈不過甚矣哉！是人也，所謂以狐父之戈钃牛矢也。㈦將以爲智邪？則愚莫大焉；將以爲利邪？則害莫大焉；將以爲榮邪？則辱莫大焉；將以爲安邪？則危莫大焉。人之有鬬，何哉？我欲屬之狂惑疾病邪？則不可，聖王又誅之。㈧我欲屬之鳥鼠禽獸邪？則又不可，其形體又人，而好惡多同。㈨人之有鬬，何哉？我甚醜之。㈩

㈠「然」、猶「乃」。言爲了發洩一時的憤怒，而犧牲百年之生命，這是忘了他自己。

㈡注：當時禁鬬，殺人之法，戮及親戚。久保曰：論語所謂「一朝之怒，忘其身以及其親」也。

㊂「憂」、注謂或曰當爲「下」，誤爲「夏」，又轉誤爲「憂」。下同。
㊃「畜」、容也，見左傳杜注。
㊄「猗」、同「狗」。言哺乳之彘爲保衞其子而觸虎，哺乳之狗爲保衞其子而不遠行。「不忘其親」、謂彘狗不忘其子。
㊅「相賊害」，謂互相殘害。
㊆「狐父」、地名，出名戈。「钃」、音燭（ㄓㄨˊ），又音蜀，通作「斸」，斫也。「牛矢」、牛糞。舊有此語，喻以貴而用於賤。
㊇「屬」、音燭，託也。言欲歸之於狂惑之病人，聖王又誅戮他，是不可以爲病人。
㊈看看他的形體又是人，而好惡也多和常人一樣。
㊉其禍如此，何爲鬥也？（此段分二節，勸人戒鬥以免辱。）

有猗彘之勇者，有賈盜之勇者，有小人之勇者，有士君子之勇者。㊀爭飲食，無廉恥，不知是非，不辟死傷，不畏衆彊，恈恈然惟利飲食之見，是猗彘之勇也。㊁爲事利，爭貨財，無辭讓，果敢而振，猛貪而戾，㊂恈恈然惟利之見，是賈盜之勇也。輕死㊃而暴，是小人之勇也。義之所在，不傾於權，不顧其利，舉國而與之不爲改視，重死持義而不橈㊄，是士君子之勇也。

㊀狗彘勇於求食，賈盜勇於求財，小人勇於暴，君子勇於義。言勇有此不同。「賈」、音古。
㊁「辟」、讀爲「避」。「恈恈」、愛欲之貌。「飲食」上「利」字，王引之以爲衍文。言恈恈然惟飲食是求。

㈢「爲事利」、爲事及利也。「爲」于僞反。「振」、王引之以爲「很」（俗作「狠」）字之誤。「戾」、很也。言果敢而凶很，猛貪而暴戾。

㈣兼山曰：依前後例，「輕死」上似有脫文。

㈤「橈」、音鬧，與「撓」通，曲也。言義之所在，權勢不能傾移，不顧個人私利，就是把整個的國家給他，也不會改變他的目標。雖重視他的生命，而操持正義絕不苟活。這是君子之勇。案：此段論勇之等次，和論語「君子喻於義，小人喻於利」之義很相近。性惡篇言勇有上中下之別，與此文同義，可參看。

儵鮴者，浮陽之魚也，胠於沙而思水，則無逮矣。㈠挂於患而思謹，則無益矣。㈡自知者不怨人，知命者不怨天；怨人者窮，怨天者無志。㈢失之己，反之人，豈不迂乎哉！㈣

㈠「儵鮴」、魚名。「儵」、音稠。「鮴」音喬。「鮴」、王以爲「魾」字之誤，「魾」、即「魴」之異名。「魾」、音毗。「浮陽」、好浮於水面就陽。「胠」、俞以爲當作「阹」，遮攔也。「阹」，音祛。劉師培謂「胠」當作「需」。易需卦：「需於沙。」「需」、爲止而不進之義，引申之爲「滯」。「胠於沙」，謂止於沙也。案：劉說長。言儵鮴因浮水就陽而止於沙上，再思念水，已經來不及了。

㈡「挂」、通作「掛」，止也。言人亦猶魚，平日不謹，一旦遭遇禍患，再想謹慎，已經沒有用了。

㈢「志」、王讀爲「知識」之「識」。言不自修省，而責怪別人，必定處境窮困；不知命而怨天，那是沒有識見。

㈣「反」、責人。「迂」，遠也。言過在自己，而責怪別人，豈不迂遠而不切事情嗎！

榮辱之大分，安危利害之常體：㈠先義而後利者榮，先利而後義者辱；榮者常通，辱者常窮；通者常制人，窮者常制於人：㈡是榮辱之大分也。㈢材慤者常安利，蕩悍者常危害；㈣安利者常樂易，危害者常憂險；㈤樂易者常壽長，憂險者常夭折：是安危利害之常體也。㈥

夫天生蒸民，有所以取之：㈦志意致修，德行致厚，智慮致明，是天子之所以取天下也。㈧政令法，舉措時，聽斷公，上則能順天子之命，下則能保百姓，是諸侯之所以取國家也。㈨志行修，臨官治，上則能順上，下則能保其職，是士大夫之所以取田邑也。(一〇)循法則、度量、刑辟、圖籍，(一一)不知其義，謹守其數，愼不敢損益也；(一二)父子相傳，以持王公，是故三代雖亡，治法猶存，是官人百吏之所以取祿職也。(一三)孝弟原慤，軥錄疾力，以敦比其事業，而不敢怠傲，是庶人之所以取煖衣飽食，長生久視，以免於刑戮也。(一四)飾邪說，文姦言，爲倚事，陶誕突盜，惕悍憍暴，以偷生反側於亂世之間，是姦人之所以取危辱死刑也。(一五)其慮之不深，其擇之不謹，其定取舍楛僈，是其所以危也。(一六)

材性知能，君子小人一也；好榮惡辱，好利惡害，是君子小人之所同也；若其所以求之之道則異矣：(一七)小人也者，疾爲誕而欲人之信己也，疾爲詐而欲人之親己也，禽獸之行而欲人之善己也；(一八)慮之難知也，行之難安也，持之難立也，成則必不得其所好，必遇其所惡焉。(一九)故君子者，信矣，而亦欲人之信己也；忠矣，而亦欲人之親己也；修正治辨矣，(二〇)而亦欲人之善己也；慮之易知也，行之易安也，持之易立也，成則必得其所好，必不遇其所惡焉。是故窮則不隱，通則大明，身死而名彌白。(二一)小人莫不延頸舉踵而願曰：「知慮材性，固有以賢人矣。」(二二)夫不知其與己無以異也。則君子注錯之當，而小人注錯之過也。(二三)故孰察小人之知能，足以知其有餘，可以爲君子之所爲也。(二四)譬之越人安越，楚人安楚，君子安雅。(二五)是非知能材性然也，是注錯習俗之節異也。(二六)仁義德行，常安之術也，然而未必不危也；汙僈突盜，常危之術也，然而未必不安也。故君子道其常，而小人道其怪。(二七)

㈠「大分」，本書凡五見，大都隨文取義，此文似猶言「常道」。「常體」與「大分」對文，似猶言「常度」（不變的原則）。天論篇云：「君子有常體。」這兩句是本節標題。

㈡「先義」、重視正義。「後利」、輕視福利。「常通」、謂境遇常亨通。「常窮」、謂境遇常困窮。「制於人」，謂受制於人。

㈢注：其中雖未必皆然，然其大分如此矣。

㈣「材」、清儒多疑爲當作「朴」。王云：「樸」、「朴」、「璞」竝通。「朴愨」與「蕩悍」對文。「安利」、謂平安順利。「蕩悍」、謂放蕩兇悍。「危害」、謂危險禍害。

㈤「樂易」、快樂平易。「憂險」，謂憂懼危疑。

㈥注：亦大率如此。

㈦這是本節標題。言天生衆民，其君臣上下的職守，皆有以取之之道。

㈧「致」、極也。「修」、遠也，言志意極遠大（君道篇：「志意廣大。」），德行極醇厚，智慮極明察，這是天子用以取得天下之道。

(九)政令合乎法度，舉措得其時宜，聽政決事能夠公正無私，上而能順從天子的命令，下而能保護老百姓，這是諸侯用以取得國家之道。

(一〇)「修」、「修治」之「修」，與上「修」字不同。「志行修」，謂志意行爲能夠修潔。「臨官治」，謂臨民任事能夠治理。「順上」，謂順從上級命令。「保其職」，謂盡忠職守。「取田邑」，謂取得采地、封邑。

(一一)「循」，遵循，此字直貫下列四項。「度」，尺丈。「量」，斗斛。「刑辟」，刑法之書。「辟」，音璧。「圖」，謂模寫土地之形。「籍」，謂書其戶口之數。

(一二)「數」，法之迹，指法則、度量、刑辟、圖籍等之具體實物而言。「義」，法之理（類），指制定法則、度量、刑辟、圖籍等所根據之抽象原則而言。淮南子齊俗訓：「不法其已成之法，而法其所以爲法。」「數」，卽已成之法。「義」卽「所以爲法」。不知法之義者，只可謹守其數，而不能損益其數。君道篇云：「不知法之義，而正法之數者，雖博臨事必亂。」故此云：「愼不敢損益也。」

(一三)「持」，王訓爲「奉」，劉師培訓爲「佐」。「以持王公」，猶言以佐王公。後說長。劉並云：「據荀子此文，則曲技事上者，均世襲其職，卽左傳所謂『官宿其業』也。」「治法」，治國的法度。「官人」，列官之人。

(一四)「原」，同「愿」，謹也。「軥錄」，劉師培以爲卽「劬勞」之異文。詩毛傳：「劬勞，疾苦也。」「疾力」，努力勞作。「孝弟原愨」，以行言；「軥錄疾力」，以事言。「敦」，勉也，見爾雅釋詁。「比」，本作「庀」，治也，見集韻。「敦比其事業」，猶言勤勉治理其事業。「長生久視」，見老子。「視」，活也，見呂覽高注。

(一五)「倚」，通「奇」。「倚事」，怪異之事。「陶誕」，欺詐，見新方言釋言。「陶」讀如「

掉」。彊國篇：「陶誕比周以爭與……汙漫突盜以爭地。」「突」、淩突不順，侵淩。「汙漫突盜」又見王霸篇。「愓」、與「蕩」同。「憍」與「驕」同，見上。「反側」、不安分。

⑯「楛」、苟且。「僈」與「慢」同。言他的思慮不深入（不正確），他的選擇不謹愼，他對事物之取捨，決定地苟且粗疏。

⑰「知」、同「智」。言君子小人先天之材能相同，好榮惡辱，好利惡害之心理也相同，只以求榮利去辱害之道不相同，所以形成人格之差異。

⑱「疾」、猶「力」也。言小人努力去作荒誕的事，而要別人信任他；努力去作詐僞的事，而要人親近他；行爲如同禽獸，而要人說他好。「禽獸之行」之「之」字，劉師培以爲衍文。

⑲注：「慮之難知」、謂人難測其姦詐。「行之難安」、言易顚覆也。「持之難立」、謂難扶持之也。案：正名篇云：「故知者之言也，慮之易知也，行之易安也，持之易立也，成則必得其所好，而不遇其所惡焉。」文法完整易明，可作此文參考。彼文「慮之」、「行之」、「持之」三「之」字指智者之「言」言，此文三「之」字指小人所行與所求（欲人）背道而馳的心理言。言小人這種邪僻的心理，是叫人想不明白的，行之是難得平安的，持之是難以站得住的，最後一定得不到他所希望的，而得到他所厭惡的（沒有好結果）。「成」、終也。

⑳「治辨」之「辨」，亦治之意。禮運注：「治者、去瑕穢，養菁華也。」「修正治辨」、謂志行修治地端正高潔。

㉑言君子忠信修治，縱然窮困也不能隱沒，通達了就顯揚於世，死後聲名更加彰明。「不隱」、謂人不能隱蔽。

㉒「願」、猶「慕」也。「賢人」、賢過於人。言小人莫不伸長頸項，擧其足踵而羡慕道：「

君子的智能生來就比別人好啊！」

㉓「夫」、彼也，謂小人。「注錯」、與「措置」同。「當」、謂合於禮義。言小人不知君子先天的智能和自己並沒有不同，乃是君子措置得當（志行合於禮義），而小人措置失當之過啊。

㉔「孰」、精審。言仔細觀察小人的智能，就會知道，是可以爲君子而有餘的。

㉕「雅」、王引之讀爲「夏」、謂中國。「安越」、謂安於越人的生活方式（習慣）。

㉖「俗」、習也，王謂見說文。「節異」，王先謙訓爲「適異」。案：「節」、非虛詞。禮文王世子：「其有不安節，則內豎以告文王。」注云：「節、謂居處故事。」此文「節」與彼「節」義同。「居處故事」，謂生活舊方式。言這不是先天的材智使之如此，是後天的措置習染的生活方式不同，以致於此。勸學篇、儒效篇均有相似相同句。

㉗「僈」、當爲「漫」。「漫」、亦汙也。「道」、由也。言仁義德行是常安之道，然而也未必不遭遇危險；汙穢侵凌竊盜是常危之道，然而也未必不徼倖平安。但君子總是行由常道，小人總是行由僻邪之道。（此段分三節：第一節言榮辱安危之常道；第二節言人各盡職才可得到安榮，末復言小人危辱之由；第三節言君子小人之異不由於先天之材智而由於後天之習染。全段主旨在分析君子小人之所以異，即安榮危辱之所由。）

凡人有所一同：飢而欲食，寒而欲煖，勞而欲息，㈠好利而惡害，㈡是人之所生而有也，是無待而然者也，是禹桀之所同也。目辨白黑美惡，耳辨聲音清濁，口辨酸鹹甘苦，鼻辨芬芳腥臊，骨體膚理辨寒暑疾養，㈢是又人之所常生而有也，是無待而然者也，是禹桀之所同也。㈣可以爲堯禹，可以爲桀跖，可以爲工匠，可以爲農賈，在（

埶〕注錯習俗之所積耳。(五)〔是又人之所生而有也，是無待而然者也，是禹桀之所同也。〕(六)為堯禹則常安榮，為桀跖則常危辱；為堯禹則常愉佚，為工匠農賈則常煩勞；然而人力為此，而寡為彼，何也？曰：陋也。(七)堯禹者，非生而具者也，夫起於變故，成乎修〔修之〕為，待盡而後備者也。(八)人之生固小人，無師無法則唯利之見耳。(九)人之生固小人，又以遇亂世，得亂俗，是以小重小也，以亂得亂也。(一〇)君子非得埶以臨之，則無由得開內焉。(一一)今是人之口腹，安知禮義？安知辭讓？安知廉恥隅積？亦呥呥而噍，鄉鄉而飽已矣。(一二)人無師無法，則其心正其口腹也。(一三)今使人生而未嘗睹芻豢稻粱也，惟菽藿糟糠之為睹，則以至足為在此也，(一四)俄而粲然有秉芻豢稻粱而至者，則瞲然視之曰：此何怪也？(一五)彼臭之而〔無〕嗛於鼻，嘗之而甘於口，食之而安於體，則莫不弃此而取彼矣。(一六)今以夫先王之道，仁義之統，以相群居，以相持養，以相藩飾，以相安固邪。(一七)以夫桀跖之道，是其為相縣也，幾直夫芻豢稻粱之縣糟糠爾哉！(一八)然而人力為此，而寡為彼，何也？曰：陋也。陋也者，天下之公患也，(一九)人之大殃大害也。故曰：仁者好告示人。告之、示之、靡之、儇之、鈆之、重之，(二〇)則夫塞者俄且通也，陋者俄且僩也，愚者俄且知也。(二一)是若不行，則湯武在上曷益？桀紂在上曷損？(二二)湯武存，則天下從而治，桀紂存，則天下從而亂。如是者，豈非人之情，固可與如此，可與如彼也哉！(二三)

(一) 這三項是生理的欲望。

(二) 這一項是心理的自然反應。

㊂「膚理」、肌膚之文理。「疾」、痛。「養」、同癢。這五項是感官的本能。以上所說三類九項是荀子對人性的界定，也就是人性的具體內容。

㊃「常生而有」之「常」字，王先謙以爲衍文。「無待」、不待學習。案：此言性之普徧性；然荀子所謂同者，皆就人類先天生理的本能而言。以此而言，豈唯禹桀所同，抑亦人禽所同。

㊄「注錯」上「埶」字，王以爲衍文。據删。「積」、積習。案：此言性之可塑性。言人格之異，在所積習。

㊅此二十三字，王以爲涉上文而衍，據删。

㊆「力爲此」、謂人努力爲桀跖，爲工匠農賈。「寡爲彼」、謂人很少求爲堯禹。「陋」、少見，謂不學也（鍾說）。言人皆力爲桀跖，而少爲堯禹，是什麼原因？因爲不學無知啊！

㊇「夫」、彼。「變故」、卽化性之謂。（此「故」與性惡篇「聖人積思慮，習僞故」之「故」不同。）「修修之爲」、兪謂中間「修之」二字衍，據删。「起於變故」，「成乎修爲」，相對成文。「待盡」、謂「變故」、「修爲」功夫到家，至於全盡。「而後備」，謂而後具備堯禹之人格（聖心）。勸學篇曰：「全之盡之，然後學者也。」儒效篇曰：「積善而全盡，謂之聖人。」言堯禹不是生來就具備聖人之人格的，他是起於變化其本性，成於修治其志行，直到「變故」，「修爲」至於全盡，而後具備聖人之人格的。

㊈人性惡，生來就是小人，若沒有師友禮法的化導，他的心目中就只有私利而已。

㊉人生來就具小人之性，又遇混亂之世，習混亂之俗，所以小上加小，亂上加亂。「重」、ㄔㄨㄥˊ。

⑪君子不得勢位以監臨小民，就無從開導他們接納善道。

⑫「今是」、猶言「今夫」。「隅積」、未詳。王先謙云：「隅」、道之分見者；「積」、道之

貫通者。「明明」（ㄖㄢˊ），噍貌。「噍」、嚼也。「鄉」、與「饗」通，「鄉鄉」、享用飲食之貌。言小民惟有口腹之欲，口腹怎知禮義、辭讓、廉恥、隅積之為美德？唯有明明然而大嚼，享受飽醉之樂而已。

(一三)「正」、陶以為「止」字之誤。此承上文「無師無法，唯利之見耳。」而言，「止」、正「唯」字之應。言既不以隆禮篤行之君子為師，又不以禮法為言行之規範，那麼他的心就止於口腹之欲的追求了。

(一四)「芻」、牛羊。「豢」、犬豕。言假使有人生來就沒見過牛羊犬豕之肉和稻粱之米，而只見過豆葉糟糠之類的粗食，就以為這些東西就是最高享受了。

(一五)「俄而」，一會兒。「粲然」、精潔貌。「秉」、執也。「瞲」、音血（ㄒㄩㄝˋ）。「瞲然」、驚視貌。言忽而有人端着精潔的牛羊肉大米飯，送到他的面前，就驚而顧之曰：「這是些什麼東西啊？」

(一六)「無」、王謂衍文。據刪。「嗛」、（ㄑㄧㄢˇ），快也。言聞起來鼻子裏香，嚐起來口裏美，吃起來肚子裏舒服，就沒有不棄此藿菽糟糠，而取彼芻豢稻粱了。

(一七)「仁義之統」，即禮義之統類。「持」、「養」同義。「藩飾」、藩蔽文飾。君道篇：「修官弁衣裳，黼黻文章，琱琢刻鏤，皆有差等，是所以藩飾之也。」「邪」、猶「也」。此文大意：先王之聖道，仁義之統類，可用以維持社會秩序，讓大家能夠和睦相處；在生活上，可使人人無虞匱乏；在社會上，可按其地位予以相當的藩飾；在心理上，可讓人人都有安全穩固的感覺。

(一八)「以夫」、猶「與彼」。「幾」，讀為「豈」。言以先王之道與彼桀跖之道相比，其相去之遠，豈止粱肉之懸殊於糟糠！

⑲「公患」，公共有此患害。

⑳「靡之儇之」、注云：「猶緩之急之。」「鈆」、與「沿」同，撫循。「重」、感動（王引之說）。言仁者是喜歡開導人的。仁者以禮義之道，告訴人，敎導人，有時緩之，有時急之，有時溫語撫循之，有時盛情感動之。

㉑「僩」、同「閑」，寬大。言思想閉塞的一下子明通了，胸襟卑陋的一下子寬大了，心智愚笨的一下子聰明了。

㉒此句近承「仁者好告示人」，遙承「君子非得埶以臨之，則無由開內焉」而言。「若是不行」，即不行告示開納之道。言在上的若不行告示開納之道（敎育），那麼湯武在上對天下有什麼好處？桀紂在上對天下有什麼害處？

㉓「可與」、猶「可以」。言人情可善可惡，端視敎化而定。〔此段承上段「材性知能君子小人一也」之義，而強調禮義師法（敎化）之重要性。人性無賢愚，只以積習而異。人性不知禮義，故政府必須負起告示開導（敎育）之責。〕

人之情，食欲有芻豢，衣欲有文繡，行欲有輿馬，又欲夫餘財蓄積之富也；然而窮年累世不知不足，是人之情也。㊀今人之生也，方知畜鷄狗猪彘，又蓄牛羊，然而食不敢有酒肉；㊁餘刀布，有囷窌，㊂然而衣不敢有絲帛；約者有筐篋之藏，然而行不敢有輿馬。㊃是何也？非不欲也，幾不長慮顧後，而恐無以繼之故也？㊄於是又節用御欲，收斂蓄藏以繼之也。㊅是於己長慮顧後，幾不甚善矣哉！㊆今夫偷生淺知之屬，曾此而不知也，糧食大侈，不顧其後，俄則屈安窮矣。㊇是其所以不免於凍餓，操瓢囊爲溝壑中瘠者也。㊈況夫先王之道，仁義之統，詩書禮樂之分乎！㊉彼固爲天下之大慮也，將爲天下生民之屬，長慮顧後而保萬世也。其流長矣，其溫厚矣，其功盛姚遠矣，非順孰修爲之君子，莫之能知也。⑪故曰：短綆不可以汲深井之泉，知不幾者不可與及聖人之言。⑫夫詩書禮樂之分，固非庸人之所知也。故曰：一之而可再也，有之而可久也，廣之而可通也，慮之而可安也，反鉛察之而俞可好也。⑬以治情則利，以爲名則榮，以羣則和，以獨則足，樂意者其是邪！⑭

夫貴爲天子，富有天下，是人情之所同欲也；然則從人之欲，則埶不能容，物不能贍也。⑮故先王案爲之制禮義以分之，⑯使有貴賤之等，長幼之差，知愚能不能之分，皆使人載其事，而各得其宜。⑰然後使〔慤〕穀祿多少厚薄之稱，是夫羣居和一之道也。⑱故仁人在上，則農以力盡田，賈以察盡財，百工以巧盡械器，士大夫以上至於公侯，莫不以仁厚知能盡官職。夫是之謂至平。⑲故或祿天下，而不自以爲多，或監門御旅，抱關擊柝，而不自以爲寡。⑳故曰：「斬而齊，枉而順，不同而一。」夫是之謂人倫。㉑詩曰：「受小共大共，爲下國駿蒙。」此之謂也。㉒

㊀「不知不足」、當爲「不知足」。言人有了芻豢、文繡、輿馬，又想有蓄積財富，然而窮年累世仍然不知足。這是人之常情。

㊁「方知」、元刻作「方多」。看看一般人的生活，才養雞狗猪彘，又養牛羊，生活已稍稍富足，然而吃仍不敢有酒肉。

㊂「刀」、「布」，皆錢也。刀取其利，布取其廣。「囷」、音窘，廩之圓者。「窌」、同「窖」，（ㄐㄧㄠˋ），地藏曰窖。

㊃「約」、儉嗇。「筐篋」、藏絲帛器。言儉約的人，箱籠裏已經有許多財帛，然而出門仍不敢乘車馬。

㊄「也」、讀爲「邪」。「幾不」、猶「豈非」。言這是什麼原因？不是不希望這些享受，豈不是爲長遠打算，生怕無法常久繼續的緣故嗎？

㊅「御」、制也。言於是節約用度，控制慾望，把財物收斂儲藏起來，以備日後長久使用。

㊆「幾」，亦讀爲「豈」。言這樣爲自己打算，豈不很好！

㊇「偷」，苟且。「大」、讀爲「太」，甚也。言苟且偷生，識見淺薄的人，連這個道理都不知道，生活浪費，全不爲長久打算，沒有多久就窮了。「安」、「焉」同聲通用。「屈安窮」、即「屈焉窮」。「屈焉」、窮貌。

㊈「瘠」、讀爲「胔」（ㄗˋ）。露骨曰骼，有肉曰胔（王說）。言這就是他不免於飢寒，拿著瓢囊討飯，而終爲溝壑中之屍骨的原因。

⑩「分」、扶問切，道也（注釋爲制）。言這種人生計尚不能知，何況先王之道，仁義之統，詩書禮樂之道呢？

⑪「汙」、古「流」字。「溫」、讀爲「薀」（俗作蘊），說文：「薀、積也。」「姚」、與「遙」同。「非孰修爲之君子」之「非」下，據王據禮論篇校補「順」字。「順孰」、即「馴熟」（鍾說）。「修」治也。「爲」、作也。言「先王之道，仁義之統，詩書禮樂之分」乃是爲天下設慮之最深遠的，是爲天下生民作最深遠之打算，而永保萬世的。它的流派長遠，薀積富厚，功業之盛甚是遙遠，不是修養馴熟的君子，是不會知道的。

⑫「綆」、索也。「不幾」、猶言「無幾」，少也。管子曰：「夫短綆不足以汲深井，知鮮不可以與及聖人之言。」「知不幾」與「知鮮」意同。言繩子短的不可用以汲深井之水，知識

淺薄的不可以和他討論聖人之道。

(一三) 所以說：詩書禮樂之道，研究了又可再研究，把握了而可久遠不廢，推廣之而可舉事通利，思慮之而可理安心得，反復沿循而審察之，就感覺它愈可愛好。「鈆」、與「沿」同，循也。「俞」、同「愈」。

(一四) 以詩書禮樂之道修治情性，則情性通利（順當）；以之求名則顯榮；以之善羣則和一不爭；以之處獨則知足少煩惱，使人永遠心意安樂的就是詩書禮樂之道。

(一五) 「然則」、猶「然而」。言然而順從人的欲望，則勢位不能容納，物資不能供給。

(一六) 「案」、乃也。禮論篇：「禮別異。」「別異」、即「分」之確解。言先王乃爲之制定禮義，以分別上下尊卑。此下卽列舉「分」之實跡及其功效。

(一七) 「知愚」，讀爲「智愚」。「載」、任也。言使人有貴賤的等次，長幼的差異，智愚賢能不肖的分別，使人人各任其事，而各得其宜。

(一八) 「慤」、據俞據王覇篇校，改爲「穀」。「之」、于謂猶「是」。「稱」、尺證反（ㄔㄣˋ）。言然後使他所享受的待遇之厚薄，要和職位相適當。這就是使社會人羣和睦團結之至道。

(一九) 「盡」、注謂精於事。「察」，注謂明其盈虛。說文：「有盛爲械，無盛爲器。」言仁人在位，各得其宜，故農人以其勞力好好地種田，商人以其精察好好地生財，工匠以其技巧好好地製造器械，各級官吏亦莫不以其仁厚之德、智能之具好好地供職服務。雖貴賤不同，但這卻是所謂最大的公平。

(二〇) 「監門」、監守門戶的。「御」、讀爲「迓」。「迓旅」、迎接旅客的。「抱關」、門卒。「擊柝」、打更的。言天子以天下爲祿，而自己不以爲過多。監門的，迓旅的，抱關的，擊柝的，皆知其分之所應得，而不以自己所得爲過少。

㊁「斬」、劉讀爲「儳」（ㄔㄢˋ）。說文：「儳、儳互不齊也。」舊有此語。言人在社會上，分位有貴賤，待遇有厚薄，雖若儳互不齊，乃其所以爲齊；雖若枉曲不直，而乃歸於順當（合理）；雖然所業不同，而乃殊塗同歸。這就是人事之常道常理。

㊂詩殷頌長發第五章。「共」、讀爲「拱」，法也。「駿」、大也。「蒙」、覆也，毛詩作「厖」，厚也。言湯受小事之法及大事之法於上帝，乃能爲諸侯的庇覆。兪曰：「小共大共」，謂大小皆有法度，卽上文所謂「貴賤之等，長幼之差」也。（此段分二節：首節言先王之道，詩書禮樂之分，爲生民保萬世之至術。次節言禮義之大用在明分，分爲羣居和一之至道。此段旨在論列禮義之功效：小則安榮遠辱，大則明分達治。）

非相篇第五

本篇篇名，是編錄者以首段闢相術之非，因取以爲名。楊注云：「相、視也。視其骨狀，以知吉凶貴賤也。妄誕者多以此惑世。故荀卿作此篇非之。漢書形法家有相人二十四卷。」此非本篇重要部分。重要部分在「人之所以爲人者何已也」一段。此段論人禽之別在有「辨」，因辨而「分」，因分而「禮」，因禮而「後王」。法後王爲荀子政治論中重要觀點之一，此須細讀。其後論「談說之術」亦甚重要，可與正名篇有關章節合看，以見荀子辨說論之全。

相人，古之人無有也，學者不道也。㈠古者有姑布子卿，今之世梁有唐擧，㈡相人之形狀顏色，而知其吉凶妖祥，世俗稱之。古之人無有也，學者不道也。故相形不如論心，論心不如擇術；形不勝心，心不勝術；㈢術正而心順之，則形相雖惡而心術善，無害爲君子也。㈣形相雖善而心術惡，無害爲小人也。君子之謂吉，小人之謂凶。㈤故長短小大，善惡形相，非吉凶也。古之人無有也，學者不道也。㈥

㈠「相」下「人」字，王謂元刻無。言相人之術，古人沒有，學者不曾談過。此言其於古無據。

㈡姑布子卿：「姑布」、姓。「子卿」、名，春秋鄭人。曾相趙襄子，見史記趙世家。外傳九謂相孔子。唐舉、亦作唐莒，戰國梁人。相李克曰：「百日之內，持國秉政。」見戰國策。又相蔡澤曰：「先生之壽，從今以往四十三歲。」見史記蔡澤傳。後皆驗。

㈢「心」是形骸的主宰，故曰：「相形不如論心。」又曰：「形不勝心」。「術」、道術（思想）。道是心知活動（意志）的標準，故曰：「論心不如擇術。」又曰：「心不勝術。」

㈣言選擇的道術是正確的，而又眞心信仰它，則長的雖然醜惡，而心知活動卻是美善的，便無害其爲君子。

㈤吉凶以人格決定，不以形相決定。榮辱篇云：「君子則安榮，小人則危辱。」

㈥注：再三言者，深非之也。案：荀子以禮義爲道之實質。以客觀之道，治主體之心，提形從心，提心從道，一一上提，不委於先天之形相而自足自限。

蓋帝堯長，帝舜短；文王長，周公短；仲尼長，子弓短。㈠昔者衛靈公有臣曰公孫呂，身長七尺，面長三尺，焉廣三寸，鼻目耳具，而名動天下。㈡楚之孫叔敖，㈢期思之鄙人也，突禿長左，軒較之下，而以楚霸。㈣葉公子高，微小短瘠，行若將不勝其衣然。㈤白公之亂也，令尹子西，司馬子期，皆死焉，葉公子高入據楚，誅白公，定楚國，如反手爾，仁義功名善於後世。㈥故事不揣長，不揳大，不權輕重，亦將志乎爾。㈦長短大小，美惡形相，豈論也哉！且徐偃王之狀，目可瞻馬。㈧仲尼之狀，面如蒙倛。㈨周公之狀，身如斷菑。㈩皋陶之狀，色如削瓜。⑪閎夭之狀，面無見膚。⑫傅說之狀，身如植鰭。㊂伊尹之狀，面無須麋。㊃禹跳湯偏。㊄堯舜參牟子。㊅從者將論志意，比類文學邪？直將差長短，辨美惡，而相欺傲邪？㊆

㊀「子弓」、卽孔子弟子仲弓（仲弓稱子弓，猶季路稱子路，其字也），名冉雍，魯人，以德行著稱，孔子稱其「可使南面」。仲弓欲推儒術於實用，與荀子所持之旨同。故本篇、非十二子及儒效等篇均以與孔子並稱。

㊁「焉」、盧以爲發聲之詞。劉師培謂白帖二十一及三十，御覽三百六十三及三百六十五引無「焉」字。初學記十九，御覽三百八十二引「焉」作「而」。或謂當作「眉」，或謂當讀作「頟」、「頞」、「顏」，皆不可從。「三尺」、「三寸」皆夸飾之詞，蓋極言公孫呂面之狹長。「鼻目耳具」，言鼻目耳皆具，而相去疏遠（注）。「名動天下」，言賢名傾動天下。

㊂「孫叔敖」、春秋楚人，蔿賈之子，亦曰蔿敖。（孫星衍問字堂集云：「蔿敖字孫叔。」）性恭儉，相楚莊王以霸。「期思」、楚邑名。故城在今河南固始西北。「鄙人」、郊野之人。

㊃「突」，注云：「謂短髮可凌突人者。」案：說文：「禿、無髮也。」「突禿」、疑爲無髮而頭頂突露之謂。諸宮舊事二謂孫叔敖「禿羸多能」。直謂之禿，亦無髮之證。「長左」、左脚長也。（「左」、疑爲「肱」訛。「肱」、省爲「厷」，訛爲「左」。）「軒」、曲輈而有藩蔽的車。「較」、車兩旁可以憑倚的橫木。「軒較」、大夫以上所乘的車。言孫叔敖形貌醜惡，周旋在軒車之間，不勞甲兵，而能以楚國稱霸諸侯。

㊄「葉公」、楚大夫沈尹戌之子。食邑於葉，名諸梁，字子高。楚僭王，其大夫稱公。「微」、細也。「葉」、音攝（ㄕㄜ）。言子高細小矮瘦，走起路來好像不能負荷衣著似的。

㊅「白公」、楚太子建之子，平王之孫。作亂事見哀公十六年左傳。「子西」、楚平王長庶子

公子申。「子期」、亦平王子，公子結。二人皆爲白公所殺。言子高入楚誅白公定楚亂，如反手之易，仁義功名永爲後世所稱譽。「善」、賞譽。

㈦「事」、宋本、臺州本皆作「士」，二字通用。「揣」、揣度。「揳」、與「絜」同，音妾，度量。「輕重」，體之輕重。「將」下，高亨云脫「論」字。此文大意，論士不當揣度他的長短、大小、肥瘦，惟當論其志意（心術）之如何而已。

㈧「徐偃王」、本爲徐國諸侯，子爵。水經注云：「偃王治國，仁義著聞，……得朱弓矢，以爲天瑞，自稱徐偃王，江淮從者三十六國。周王（穆王）聞之，遣使至楚，令伐之。偃王愛民不鬭，遂爲楚敗。」又史記及韓非子亦各有記述。「目可瞻馬」，注云：「言不能俯視細物，遠望纔見馬。」案：「馬」、盧謂元本作「焉」。王叔岷謂類纂本、百子本並作「焉」。高亨云：「焉」、借爲「顏」，額也。「目可瞻焉」、謂額頭突出，自己看得見。此說較注爲長。

㈨「蒙」、戴的意思。「倛」、音欺，亦作「䫏」，說文王注：「䫏、即今之假面。」「蒙倛」，戴著假面。

㈩「菑」、同「椔」（ㄗ），爾雅云：「木立死曰椔。」言周公身如一段木頭。

(十一)言面如削皮之瓜，作青綠色。「陶」、（ㄧㄠ）。

(十二)「閎夭」，文王臣，在十亂之中。言面多鬢髯幾乎看不到皮膚。「閎」（ㄏㄨㄥˊ）

(十三)郝曰：鰭在魚之背，立而上見，駝背人似之。然則傳說亦背僂歟？

(十四)「須」，爲「鬚」之古字。「麋」、與「眉」同。

(十五)禹患偏枯之病，舉步如跳。「偏」、半身不遂。鄭注尚書大傳：「湯半體枯」。

(十六)「參」、同「三」。「牟子」，即「眸子」。

㈦「從者」、學者。「比類」、比較類次。「差」、別也。言學者將根據一個人的志意，校次他的學問，以定其高下呢？還是只差別他的高矮，辨別他的醜俊，而互相欺騙驕傲呢？

古者桀紂長巨姣美，天下之傑也。筋力越勁，百人之敵也，然而身死國亡，爲天下大僇，後世言惡，則必稽焉。㈠是非容貌之患也，聞見之不衆，議論之卑爾。㈡今世俗之亂君，鄉曲之儇子，莫不美麗姚冶，奇衣婦飾，血氣態度擬於女子；㈢婦人莫不願得以爲夫，處女莫不願得以爲士，弃其親家而欲奔之者，比肩竝起；㈣然而中君羞以爲臣，中父羞以爲子，中兄羞以爲弟，中人羞以爲友；㈤俄則束乎有司，而戮乎大市，莫不呼天啼哭，苦傷其今，而後悔其始，㈥是非容貌之患也，聞見之不衆，議論之卑爾！然則，從者將孰可也！㈦

㈠「姣」、好也。「越」、注釋爲「過人」，王訓爲「輕」，于訓爲「疾」。「大僇」、王霸篇作「大戮」。正論篇與此同。「僇」與「戮」同。廣雅釋詁：「戮、辱也。」「大僇」、即「大辱」。「稽」、盧謂猶「歸」。「焉」、猶「之」。言桀紂身高而美，是天下最漂亮的；又筋力輕勁，可敵百人；然而身死國亡，爲天下之大辱，後世說到罪惡，必定想到他兩個。

㈡這不是容貌害了他，只以聞見不廣，議論（思想）卑下，遂致於此。

㈢「亂君」，俞疑本作「亂民」。「儇」、音宣（ㄒㄩㄢ）、慧也。「儇子」，輕薄巧慧的青年。「姚冶」、妖美。「奇衣」，珍異之衣。「婦飾」，婦人輕細之飾。言當今世俗之亂民，鄉里巧慧之青年，多英俊妖美，奇裝異服，神情態度，處處摹仿女子之柔弱便辟。

㈣「士」者，丈夫之通稱，見論語泰伯皇疏。（金巨山說）上言婦人，此言處女。言少婦少女皆願得到他以爲情郎，棄其父母家庭而追求他的，一個接一個。

㈤「中君」，中智之君。下仿此。

㈥「俄則」，猶「俄而」，一會兒。「大市」，周禮地官、司市：「大市日昃而市，百族爲主。」言不久犯了刑罰，被囚在官府，而見殺於刑場，這時候莫不呼天號哭，痛傷其當前之刑戮，而後悔其當初之所爲。

㈦問學者，形相與志意，那樣重要呢？（此段分三節：第一節言人之吉凶以心術論，不以形相論，以明時人惑於相術之非。這是此段主旨。第二節舉例爲證。言古聖先賢之長短醜陋，而不害其爲聖爲賢，以示學者吉凶只論志意（心術），不論形貌。第三節言姣美冶容者，無裨於國亡身戮，此爲第二節的反面例證。盧文弨氏謂本篇止於此，下爲榮辱篇錯簡。）

人有三不祥：幼而不肯事長，賤而不肯事貴，不肖而不肯事賢，是人之三不祥也。㈠人有三必窮：爲上則不能愛下，爲下則好非其上，是人之一必窮也；鄉則不若，偝則謾之，是人之二必窮也；㈡知行淺薄，曲直有以相縣矣，然而仁人不能推，知士不能明，是人之三必窮也。㈢——人有此三數行者，㈣以爲上則必危，爲下則必滅。詩曰：「雨雪瀌瀌，宴然聿消，莫肯下隧，式居屢驕。」此之謂也。㈤

㈠「事」、侍奉，「不祥」、謂必有禍災。

㈡「鄉」、讀爲「向」。「不若」，猶言「不如」。「偝」與「背」同。「謾」、詆毀。莊子盜跖篇：「好面譽者，亦好背而毀之。」「鄉則不若」，即「面譽」之意。言當著面，就恭維謙卑，自以爲不如；轉過臉，就詆毀起來了。這是第一種必然窮困的。

㊂「曲直」、猶「能、不能」。「有」與「又」同。「推」、推崇。「明」，尊崇。言智慮德行淺薄，能力又和人相去懸遠。然而對仁人他既不能推崇，對智士又不知尊敬。

㊃「三」、王引之謂衍文。「數行」，謂上文之「三不祥」、「三必窮」。

㊄詩小雅角弓第七章。「雨」、音「芋」，降也。「雨雪」，下雪。「瀌瀌」、盛貌。「瀌」、音「標」。「宴然」、爲「曣晛」之省文（宴、燕古通），日出煖氣。「聿」，語詞。「隧」、讀爲「隨」。「下隧」，謙下而隨從他人的意見。「式」、語詞。「屢驕」，常常驕慢。言雪雖然下得大，日出氣煖，自然消融。有人不肯謙下隨和，而常處於驕慢之狀態下，雖然位高勢盛，怎能常久？案：毛詩作：「雨雪瀌瀌，見晛曰消。莫肯下遺，式居屢驕。」與所引不同。（此段言三不祥及三必窮，舊屬下文，今別爲一段。）

人之所以爲人者何已也？㊀曰：以其有辨也。㊁飢而欲食，寒而欲煖，勞而欲息，好利而惡害，是人之所生而有也，是無待而然者也，是禹桀之所同也。㊂然則人之所以爲人者，非特以二足而無毛也，以其有辨也。今夫狌狌形〔笑〕相亦二足而無毛也，㊃然而君子啜其羹，食其胾。㊄故人之所以爲人者，非特以其二足而無毛也，以其有辨也。夫禽獸有父子，而無父子之親，有牝牡而無男女之別。㊅故人道莫不有辨。㊆

㊀「已」與「以」同。問人之所以爲人，而異於禽獸處，究在什麼地方？

㊁「辨」、辨別，辨別親疏、尊卑、是非、善惡、等，即孟子所謂之「智」。解蔽篇云：「心生而有知，知而有異。」心的作用曰意識，有意識才「有知」，「有知」才「有異」。「異」者、辨之謂也。辨別白黑美惡是感性之知，辨別是非善惡是理性之知。辨是心體的理性功能作用

而見諸於行事的，存於心就是判斷力，形於外就是辨說（辨通辯，包括語言、文字）。這是人類異於禽獸先天所獨具的特點。人性惡而能「化性起僞」者以此，荀子勸學所欲發揚者亦此。

㈢前三項是生理反應，後一項是心理反應（此反應不出於理智）。荀子以爲皆出於自然之性，且不問賢愚，人人皆然。案：此不獨賢愚所皆然，亦人禽所同然。

㈣宋羅願爾雅翼云：「荀卿曰：『今夫猩猩形相二足而無毛也。』既言二足，又言無毛，則去人不遠矣。」今據改「形笑」爲「形相」，「而毛」、爲「而無毛」。「狌狌」、即「猩猩」。猩猩不是身上無毛，只是面上如人無毛（王先謙說）。

㈤「胾」、音「自」，大塊的肉。禽獸沒有辨的作用，所以人類賤而啜其羹食其肉。

㈥言禽獸也有父子的關係，但沒有父子的恩情；有公母的不同，但不像人有男女的分別。

㈦所以人倫之道中，莫不有辨別的作用。

辨莫大於分，㈠分莫大於禮，㈡禮莫大於聖王；㈢聖王有百，吾孰法焉？㈣〔故〕曰：文久而〔息〕滅，節族久而絕，㈤守法數之有司，極禮而褫。㈥故曰：欲觀聖王之跡，則於其粲然者矣，後王是也。㈦彼後王者，天下之君也；舍後王而道上古，譬之是猶舍己之君，而事人之君也。㈧故曰：欲觀千歲，則數今日；㈨欲知億萬，則審一二；㈩欲知上世，則審周道；⑪欲審周道，則審其人所貴君子。⑫故曰：以近知遠，以一知萬，以微知明，此之謂也。⑬

㈠言辨的作用，莫大於辨明上下、親疏、貴賤、尊卑之名分。

㈡ 樂論篇：「禮別異。」「別異」即「明分」之義。禮的基本功能在明分，故明分莫大於根據禮。

㈢ 性惡篇：「禮義者，聖人之所生也。」禮是聖人創造的，所以說：要明禮莫大於法聖王。

㈣ 問：聖王至多，誰可爲法呢？

㈤ 「文」，謂禮文。「節族」，即「節奏」，謂制度。據王說刪「故」字，改「息」爲「滅」。言禮文久了就失傳，制度久了就廢絕。

㈥ 「法數」，謂禮法條文。「守法數之有司」，即謹守禮法條文，而不知其義（禮法之理）的官吏。「極」，久遠。「禮」、俞謂衍文。「褫」、（彳ˇ）廢弛。言只知禮法條文而不知禮法之義理的官吏，世代相承，迨年久代遠（極），對所守的法數，也廢弛不詳了。

㈦ 「聖王之跡」，謂聖王禮法之遺跡。「粲然」、明備之貌。「後王」，謂文王武王。「文武之政，布在方策」，故曰：粲然明備。此答上問，言要研究古聖王禮法之遺跡，就須要研究那粲然明備的，文武的禮法正是如此。按荀字「法後王」，即孔子「從周」（周、謂周文）之義。（此爲法後王的積極理由。）又案：荀子既法「後王」，何以又屢言「先王」？「先王」「後王」究竟有無區別（「後王」二字，本篇、不苟、王制、成相各一見，儒效二見，正名三見。）？按荀子法後王是爲反對言必稱堯舜（如孟子）或堯舜以前人物者（如道家），而提出的政治主張。以文武和堯舜或堯舜以前人物相比，自然是後王；若站在荀子所處之時代說，則又是先王了。所以「先王」「後王」皆指文武，並無分別。惟儒效篇說：「道過三代謂之蕩，法二後王謂之不雅。」以「後王」、「三代」對舉，則彼文「後王」兼指禹湯，本篇則單指文武無疑。

㈧ 「天下之君」，言中國至周，始有眞實的大一統之局面。「譬之」，猶言「譬如」。此指時人言必稱堯舜者而言，譏其舍本逐末。

㈨「數」，亦審察之意。不苟篇：「天地始者，今日是也。」由現在的情形，可以推知千歲之前的情形。這是類比推理（由特殊推知特殊）。

㈩不苟篇：「五寸之矩，可盡天下之方。」由少數可以推知多數。這是歸納推理（由特殊推知普偏）。

⑪不苟篇：「百王之道，後王是也。」言由周道（周禮）可以推知上世之道。子曰：「殷因於夏禮，……周因於殷禮。」上世禮法之遺跡，猶保存在周禮中，故由周禮可推知上世。此亦類比推理。

⑫「其人」，劉云荀卿自謂。「所貴君子」，謂其人所宗仰的後王。言要想認識周道，就要向我（荀子）所尊崇的文武之道去研究。（文武之政，布在方策。）

⑬「以近知遠」，此亦類比推理。「以一知萬」，以一理推知萬殊。這是演繹推理（由普偏推知特殊）。「明」，大也。「以微知明」，言由小者可以推知大者，此亦類比推理。（荀子以「知類」者爲大儒、聖人；知類而後才能推類（推理）；知類的根據，則在粲然明備的周禮。此段卽盛言其義。）

夫妄人曰：「古今異情，其所以治亂者異道。」而衆人惑焉。㈠彼衆人者，愚而無說，陋而無度者也。其所見焉，猶可欺也，而況於千世之傳也？㈡妄人者，門庭之間，猶可誣欺也，而況於千世之上乎？㈢聖人何以不可欺？曰：聖人者，以己度者也。㈣故以人度人，以情度情，以類度類，以說度功，㈤以道觀盡，㈥古今一〔度〕也。㈦類不悖，雖久同理，㈧故鄉乎邪曲而不迷，觀乎雜物而不惑，以此度之。㈨五帝之外無傳人，非無賢人也，久故也。㈩五帝之中無傳政，非無善政也，久故也。⑪禹湯有傳政而不若周之察也，非無善政也，久故也。（十二）傳者久則論略，近則論詳，略則舉大，詳則舉小。（十三）愚者聞其略而不知其詳，聞其〔詳〕小而不知其大也。是以文久而滅，節族久而絕。（十四）

㊀ 據王據外傳校，於「以」上補「所」字。言妄人說：「古今情形不同，其所以致治致亂之道也不同。」衆人聽了爲之迷惑。按「妄人」、殆指法家說。妄人反對荀子法文武之說，故倡此論，以下是荀子闢妄人之說。

㊁ 「說」、辨說。「無說」、外傳作「無知」。心有所知，而後口有所說，故「無說」卽「無知」之意。「度」、測度，邏輯所謂推理。言衆人愚笨無知，又卑陋不能推理。他親眼看見的事物，尙且可以欺騙他，何況千歲以前的傳聞呢？此言衆人易欺。

㊂ 僉謂「可」字衍，鍾謂「欺」字衍，皆可通。言門庭之間——眼前的事物——妄人還要騙人，何況千世以上的事物呢？此言妄人好欺。

㊃ 據王據外傳校「欺」上補「可」字。言聖人何以不能欺？聖人善以己意推度古人之意，所以不可欺。

㊄ 以今人之心，可以推度古人之心，以今人之情，可以推度古人之情；以同類的條理(共理)，可以推度同類的事物；以他的言說，可以推度他的功業。按以上皆是類比推理。

㊅ 「道」、禮義。勸學篇：「禮者……類之綱紀也。」「類」是推理的基礎，禮是類的綱紀，故此言以禮義之道可觀盡天下事物之理。按以上列舉，此句總括。此句是演繹推理，亦盛贊普偏道理的功用之偉大。

㊆ 據王據外傳校刪「度」字。言古今沒有兩樣，盡可以今度古，怎麼說古今情形不同呢？

(八) 理是成類的根據，天下之物，各有其類，只要類不乖悖，雖久而理同。「今之牛馬，與古不殊，何至人而獨異哉！」

(九) 「鄉」、讀爲「向」。言走向邪曲之路而不至迷失，觀乎紛然雜陳的萬物而不至迷惑，就是以推類之道而明之的。

(一〇) 「外」、謂以前。「無傳人」，謂其人事跡，後世無傳者。言五帝以前的賢人，皆湮沒無聞。

(一一) 「中」、中間。「五帝」：少昊、顓頊、高辛、唐、虞。

(一二) 「察」，著明，卽上文「粲然」之意。言夏禹商湯的政跡雖然也有傳下來的，但沒周代的明備。不是沒有善政，年久失傳了。

(一三) 「傳者」，作歷史的人。言時代久遠的就論說簡略，時代近的就論說（記載）詳明；簡略就只能舉其大端，詳明就能舉其細節。

(一四) 據王據外傳校改「詳」爲「小」字。言愚者不能以類推度，故不能由簡略而推知詳明，由細節而推知大端，所以禮法久遠了就失傳，制度久遠了就滅絕。（此段闢「古今異情」之說並盛贊推類之功效。自「五帝之外」以下爲法後王之消極理由。儒效篇：「言道德之求，不二後王，道過三代謂之蕩，法二後王謂之不雅。」與此同義。以上兩段可作一段看。孔子曰：「周監於二代，郁郁乎文哉！吾從周。」（論語八佾）又曰：「殷因於夏禮，所損益可知也；周因於殷禮，所損益可知也。」（爲政）又曰：「夏禮吾能言之，杞不足徵也；殷禮吾能言之，宋不足徵也。文獻不足故也；足，則吾能言之矣。」（八佾）皆荀子法後王之思想淵源。）

凡言不合先王，不順禮義，謂之姦言；雖辯，君子不聽。㈠法先王，順禮義，黨學者，然而不好言，不樂言，則必非誠士也。㈡故君子之於言也，志好之，行安之，樂言之，故君子必辯。㈢凡人莫不好言其所善，而君子為甚。㈣故贈人以言，重於金石珠玉；觀人以言，美於黼黻文章；聽人以言，樂於鐘鼓琴瑟。故君子之於言無厭。㈤鄙夫反是：好其實不恤其文，是以終身不免埤汙傭俗。㈥故易曰：「括囊無咎無譽。」腐儒之謂也。㈦

㈠ 大凡言論不合乎先王之道，不順從禮義之統的，就叫做姦言邪說，雖然巧言善辯，明理的君子也不接受。注云：「公孫龍、惠施、鄧析之屬。」

㈡ 「黨」、親比。言既法先王，順禮義，親近學者，即應好言、樂言先王禮義之道，以開導人；然而不好言、不樂言，則必非至誠好善之士。

㈢ 「言」、謂合先王順禮義之言。三「之」字皆「言」之代詞。言君子對於合乎先王禮義之言，心中喜之，行而安之，口中又樂道之，所以君子一定辯說（向人宣傳）。

㈣ 「所善」，謂自己所好所善的。言人沒有不喜歡談論他所喜歡的，而君子尤其如此。

㈤ 「觀」，音「貫」，示的意思。「黼黻文章」，皆色之美者。白與黑組成的花紋叫做「黼」；黑與青叫做「黻」；青與赤叫做「文」；赤與白叫做「章」。黼黻文章，美在顏色，故云「觀」；猶鐘鼓琴瑟，美在聲音，故云「聽」。言以善言贈人，比贈人黃金珠玉還貴重；以善言示人，比繡著彩色圖案的錦衣還美麗；以善言讓人聽受，比聽鐘鼓琴瑟之樂還快樂。所以君子之於言說永遠沒有厭倦。

㈥ 「實」、質實。「文」、文飾，表現。「恤」、顧也。「埤汙傭俗」，即「卑汚庸俗」，言鄙陋的人，恰和君子相反，他只好質實而不求表現（卽不好言），是以終身不免於卑汚庸俗。

㈦易坤六四爻辭，正義曰：「括，結也，囊所以藏物，以譬心藏知也。閉其知而不用，故曰括囊。功不顯物，故曰無譽。不與物忤，故曰無咎。」「腐儒」、腐朽無所用的讀書人。言易經說：「人而不言，如囊中藏物，閉而不用，旣無可批評，也無可稱譽。」就是這種腐儒。案：荀子重辯（或稱辯說，或稱談說，或單稱辯），其原因：「聖王沒，天下亂，姦言起，君子無埶以臨之，無刑以禁之，故辯說也。」（正名篇）與孟子「予豈好辯哉！予不得已也」，同一精神。

凡說之難，以至高遇至卑，以至治接至亂。㈠未可直至也，遠舉則病繆，近世則病傭㈡。善者於是閒也，亦必遠舉而不繆，近世而不傭，與時遷徙，與世偃仰，緩急嬴絀，㈢府然若渠匽檃栝之於己也㈣。曲得所謂焉，然而不折傷。㈤故君子之度己則以繩，接人則用抴。㈥度己以繩，故足以爲天下法則矣；接人用抴，故能寬容，因〔求〕衆以成天下之大事矣。㈦故君子賢而能容罷，知而能容愚，博而能容淺，粹而能容雜，夫是之謂兼術。㈧詩曰：「徐方既同，天子之功。」此之謂也。㈨

㈠勸說之難，在於以先王至高至治之道，說末世志意至卑至亂之君。「說」，音「稅」，下皆讀本音。

㈡不可直言逕入，必須援引古今以爲佐證；但遠舉上世之事，又怕他誤會爲謬妄，下舉近世之事，又怕他誤認爲庸鄙。「繆」，通「謬」，狂者妄言。

㈢「善者」，善說的。「閒」、中間。「遷徙」、「偃仰」，皆通權達變，以求適應之意。「

贏」、久保謂當作「贏」，謂多說。「絀」、讀為「屈」、謂少說。言善於辯說的，折衷在這二者之間，必定舉上世而不致被誤會為謬妄，舉近代而不致被誤認為庸鄙，他因時制宜，因地制宜，或徐緩，或急遽，或多說，或少說。

㈣「府」、與「俯」通，俯就，遷就之意。「匽」，通「堰」；「渠匽」、河堤，堤以制水。「檃栝」、正木的工具。此以「渠匽」、「檃栝」喻說者，水、木喻所說者。「渠匽檃栝之於己」，卽「己之如渠匽檃栝」之意。「於」、猶「如」。此句大意：他委曲俯就，如同河堤制水，檃栝正木一般。

㈤充分（曲）表達了自己的意見（所謂），然而並不因辯論而刺傷對方的自尊心。

㈥「抴」，音意（一），卽「枻」字，划船的槳，楫也。「言君子裁度己身就用準繩，接引人倫就用舟楫。謂律己嚴而容物寬。」（郝說）

㈦「求」，據王據注校改為「衆」字。言裁度自身用準繩，故足以為天下人的模範；接引人倫用舟楫，故能寬以容衆。因此能夠團結羣衆而成就天下的大事業。

㈧「罷」、通「疲」，疲弱不任事的人。「知」，同「智」。「粹」、精粹。「雜」、駁雜。「兼術」，兼容之道。言君子賢能而能包容無能的，明智而能包容愚拙的，學識淵博而能包容淺陋的，道術精粹而能包容駁雜的，這就是兼容並包之術。

㈨詩大雅常武第六章。常武是美周宣王自將伐徐而成功之詩。「同」、會同，卽不敢違命，會同來朝之意。言徐既來會同，這是天子的功德。「此之謂也」，就是說的這種兼容之術。意謂君子寬容衆人，如同天子之寬容徐方一般。（此段言辯說不可操切，應隨時制宜，以寬容的襟懷，迂迴曲折地引轉他。）

談說之術：㊀矜莊以莅之，端誠以處之，堅彊以持之，㊁〔分別〕譬稱以喻之，〔譬稱〕分別以明之，欣驩芬薌以送之，㊂寶之，珍之，貴之，神之。如是則說常無不受。㊃雖不說人，人莫不貴。夫是之謂〔爲〕能貴其所貴。㊄傳曰：「唯君子爲能貴其所貴。」此之謂也。㊅

㊀言談說的技巧。

㊁「莅」、通「涖」，臨也。諸「之」字皆指其說言。言談說者要態度莊重以臨其事（事、指談說），存心端誠以處其事，意志堅強以持其事。參看正名篇：「以仁心說，以學心聽，以公心辯」一節。以下言其術。

㊂「分別以喻之，譬稱以明之」，據王據外傳及說苑校，把「分別」、「譬稱」二辭互掉，改爲「譬稱以喻之，分別以明之」。「薌」與「香」同。「芬薌」、和氣。「驩」、與「歡」同。言要設譬稱說把事理講地明瞭，要分析區別把異同辨地清楚，而以愉快的心情，和樂的口吻向人言之。

㊃自己要寶愛其說，珍視其說，貴重其說，神奇其說。如果能夠如此，其說自常常爲人所接受。

㊄「說」、注讀本音，鍾讀爲「悅」，茲從後說。「爲能」之「爲」字，據王引之據外傳及說苑校，刪。言雖不取悅於人，但人莫不貴重其說，這就叫做能使人貴重他所貴重的。

㊅「傳曰」，古儒者傳記之言。

君子必辯。凡人莫不好言其所善，而君子爲甚焉㊀。是以小人辯言險，而君子辯言仁也㊁。言而非仁之中也，則其言不若其默也，其辯不若其吶也㊂。言而仁之中也，則好言者上矣，不好言者下也。故仁言大矣：起於上所以道於下，政令是也；起於下所以忠於上，謀救是也㊃。故君子之行仁也無厭、志好之、行安之，樂言之；故言君子必辯㊄。小辯不如見端，見端不如見本分。小辯而察，見端而明，本分而理；聖人士君子之分具矣㊅。有小人之辯者，有士君子之辯者，有聖人之辯者：不先慮，不早謀，發之而當，成文而類，居錯遷徙，應變不窮，是聖人之辯者也㊆。先慮之，早謀之，斯須之言而足聽，文而致實，博而黨正，是士君子之辯者也㊇。聽其言則辭辯而無統，用其身則多詐而無功，上不足以順明王，下不足以和齊百姓㊈，然而口舌之均，噡唯則節，足以爲奇偉偃卻之屬，夫是之謂姦人之雄㊉。聖王起，所以先誅也，然後盜賊次之。盜賊得變，此不得變也⑪。

㊀「所善」，謂所好也。言君子必定辯說。人沒有不喜歡談論他所喜歡的，而君子尤其如此。

㊁「險」、邪也。「仁」、忠愛。言小人辯說出於險邪，別有企圖；君子辯說出於忠愛，只在覺人。正名篇：「以仁心說。」

㊂「中」、（ㄓㄨㄥˋ）合也。「吶」、與「訥」同。言辯言如不合於仁道（忠愛），則辯說不如沈默，巧言不如木訥。非十二子篇云：「言而當，知也；默而當，亦知也。」「仁之中」，即「言而當」之意，謂合於先王禮義之道也。正名篇：「辯說也者，心之象道也。」亦正此義。

㊃「道」、同「導」。「正」，是「政」之省文。「謀救」、王謂爲「諫救」之誤，即諫止君

過之意。言合乎仁道的辯言功用可就大了。發於在上的，用以訓導在下的，就是政府所頒布的政令；發於在下的，用以盡其忠愛於上的，就是賢者諫止君過之言。

㈤「行仁也無厭」之「行」字，龍宇純以爲「於」字之訛。下文「行安之」，始言行也。言君子對於仁道沒有厭倦的時候，衷心好之，行而安之，口中樂道之。所以君子一有機會必定辯之。

㈥「故」下「言」字，王謂涉上文而衍。

「見端不如見本分」下「見」字，王引之謂衍文。注：「『分』、上下貴賤之分。『小辯』、謂辯說小事，則不如見端首；見端首則不如見本分。言辯說止於知本分而已。」案：「小辯不如見端」以下數語，會通下文「有小人之辯者，有士君子之辯者，有聖人之辯者」一節看去，才可明白。此以「察」、「明」、「理」爲辯說等第的標準，則辯說有全、不全、盡、不盡的分別。全而盡的，就「本分而理」。「本分而理」者，本於別異定分而終始條理的意思，下文「成文而類」，就是說的這一等；這是聖人的辯說。「端」、端緒（注云「端首」，亦可）。「見端而明」者，只見事理的端緒，而不能充其類，以至終始條理的意思。然「見端」就可算是明，明以「見端」定，不是最高境界。下文「先慮之、早謀之，斯須之言而足聽，文而致實，博而黨正」，就是指的這一等；這是士君子的辯說。「察」、即勸學篇「雖察辯，散儒也」之「察」，亦即「察察爲明」之「察」。「小辯而察」者，言其辯雖然明察，但是瑣瑣碎碎，不獨無統，並且無端，下文所謂「聽其言，則辭辯而無統」，就是指的這一等；這是小人的辯說。「聖人士君子之分具矣」，言人格等第具於其辯說。

㈦「文」、文理。「類」、禮義之統類。「居」、王讀爲「舉」。言或舉或錯，或遷徙。案：「遷徙」，謂轉移話題。言不必事先思考，不必事先謀畫，倉卒發言就能犂然有當，其言自成文理，而合乎禮義之統類。辯說中或舉而強調，或置而不論，或轉移方向，權宜制變，肆應不窮。這是聖人之辯。案：非十二子篇云：「多言而類，聖人也。」性惡篇云：「多言則文而類。」「類」、皆謂禮義之統類。聖人千言萬語，若同條共貫，總不違禮義的原理原則。荀子以明類者爲聖人，故此以言成文理而合乎統類者爲聖人之辯。

（八）「斯須」、猶「須臾」。「致」、王讀爲「質」，信也。「黨」、同「讜」，直言。言預先思考籌畫，須臾之間發言也可以聽。其言有文理而信實，且淵博而正直。這是士君子之辯。案：非十二子篇云：「少言而法，君子也。」「而法」，而合於禮法也。「致實」、「黨正」，皆「而法」一義之引申。

（九）聽他的話，言辭辯捷，而無統紀（沒有原則，謂不合禮義）；若用其人以任事，則多詐欺而沒有成就。上而不足以順事聖明之君，下而不足以安和齊一老百姓。「上不足以」句，似有脫文。

（十）「口舌之均」：俞云：「之」，猶「則」。「均」，調也。「噡唯」：王先謙云：說文：「詹、多言也。」俗加「言」作「譫」；從「言」之字又從「口」，故「譫」又作「噡」。「噡唯則節」者，或辯或唯皆中其節也。「奇偉」，注云：誇大。「偃卻」、猶「偃仰」、卽「偃蹇」。案：言言談則脣吻調適，或辯或唯則亦中節，這都足以表現其誇大傲慢的性格。這是姦人中的雄傑。非十二子篇云：「辯說譬諭，齊給便利，而不順禮義，謂之姦言。」與此節所言同。

（十一）盜賊可使改過自新，這種人是不可改變的。（此段論辯說與人格之關係，旨在勉人爲君子之辯，而斥小人之辯。以上四段皆論辯說，應與正名篇有關章句合看。）

非十二子篇第六

梁啓超曰：「本篇批評當時各家學派之錯誤，並箴砭學風之闕失。所述各派，實爲古代學術史之重要史料。」荀子論道，以「中」爲準。「曷謂中？曰：禮義是也。」（儒效篇）荀子卽據禮義之統建立其思想系統，亦以此爲評量各家學派之準據。此當與天論篇末段及解蔽篇「昔賓萌之蔽者」段合看。

又盧文弨曰：「韓詩外傳止十子，無子思孟子，此乃並非之，疑出李斯韓非所附益。」王應麟困學紀聞據外傳與盧說同。案：孟荀思想路數與人性觀點，有其基本上的差別，其相非難，無足爲異。外傳、盧說皆不可爲據。

假今之世，飾邪說，文姦言，以梟亂天下，㈠矞宇嵬瑣使天下混然不知是非治亂之所在者，有人矣。㈡

㈠　「假」、借也。「今之世」，謂戰國昏亂之世，聖王治世，則姦言無所容。「梟」、借爲

「撓」，擾也，見說文通訓定聲。言假借當今昏亂之世，文飾姦言邪說，用以擾亂天下人的思想。

㊁「矞宇嵬瑣」：「矞」與「譎」同，詭詐。「宇」、讀爲「訏」、夸大。說文通訓定聲云：「玉篇引說文：『齊魯謂大言曰訏。』字與誇略同。」「嵬」、借爲「怪」，怪異，見說文通訓定聲。「瑣」、瑣細。四字平列，各爲一義。「混然」、無分別貌。「存」、在也。「有人」、謂十二子。言其學說詭詐、夸大、怪誕、瑣碎，使天下人的思想昏亂，而不能辨別理之是非，事之治亂之所在的，正大有人在。（此總論邪說之興與爲害之烈。）

縱情性，安恣睢，禽獸行，不足以合文通治；㊀然而其持之有故，其言之成理，足以欺惑愚衆；㊁是它囂魏牟也。㊂

㊀「睢」、音揮（ㄏㄨㄟ），眼向上看，喻性情傲慢。「恣睢」、縱恣暴厲之意。「禽獸行」，言其不知禮義。「文」、禮文。「治」、治道。言縱任情性，恣意妄行，中心泰然，從不愧悔，其行爲簡直和禽獸一般。其學說不足以合於禮文，而通於治道。

㊁「故」、「故實」之「故」。「有故」、言其持論有本。「理」、條理。「成理」、言其持論很有條理。此言：然而卻有精細的論證，系統的說明，故足以欺騙迷惑愚陋無知的衆人。

㊂它囂、注云：未詳何代人。韓詩外傳作「范魏牟。」「范」、謂范睢。牟、魏公子，封於中山。漢書藝文志道家有公子牟四篇。班固曰：「先莊子，莊子稱之。」今莊子秋水篇載其以「埳井之鼃，不知東海之樂」，譏公孫龍所見之小。據此則與莊子同時。說苑敬愼篇述其勸穰侯「重生遠罪」。「殆樂生玩世，純任自然，而放浪形骸之外」者（孫詒讓子莫學說考）。

（此可謂謂縱欲主義）

忍情性，綦谿利跂，苟以分異人爲高，㈠不足以合大衆，明大分，㈡然而其持之有故，其言之成理，足以欺惑愚衆：是陳仲史鰌也。㈢

㈠「忍情性」、謂強抑其情性，而不能導之以禮義。「忍」與上文「縱」相反。「綦」、極也。「谿」、深也。「綦谿」、極其深峭嚴峻，此言其志。「利」與「離」同。「利跂」、違俗自潔貌，此言其行。此言：強抑其情性，不使其得到適當的抒發，志行深險違俗，苟求不同於衆人，以爲高行。

㈡「大衆」、羣衆。「大分」、謂貴賤上下之分。王制篇云：「人何以能羣？曰：分。」分明則羣和。「合大衆」、即「能羣」的意思。言這種行爲，不足以和合羣衆，彰明貴賤尊卑之大分。

㈢陳仲，不苟篇作田仲。「田」與「陳」古通。陳仲、即孟子之陳仲子。韓非子云：「田仲不恃仰人而食。」戰國策云：「於陵仲子上不臣於王，下不治其家，中不索交於諸侯。」是個絕世獨立，而主自食其力的人。故荀子斥其「苟以分異人爲高，不足以合大衆，明大分。」史鰌、即論語之史魚，孔子稱其直曰：「邦有道如矢，邦無道如矢。」後終遁世。（外傳稱其以尸諫）也是一個憤世疾俗，而離羣獨行的人。不苟篇云：「夫富貴者則類傲之，夫貧賤者則求柔之，是非（仁）人之情也……險莫大焉。故曰：盜名不如盜貨，田仲史鰌不如盜也。」曰「非人之情」，即此文之「忍情性」。曰「險」，即此文之「綦谿利跂」。（此可謂苦行主義）

不知壹天下建國家之權稱，㈠上功用，大儉約，而僈差等，㈡曾不足以容辨異，縣君

臣；㊂然而其持之有故，其言之成理，足以欺惑愚衆：是墨翟宋鈃也。㊃

㊀「壹」、齊一，團結。「壹天下」，謂齊一天下的意志。「權稱」、卽「權衡」，謂禮義也。「稱」、尺證反（ㄔㄥˋ）。王霸篇：「禮之正國也，猶權衡之於輕重也。」墨子以「天志」「尙同」齊一人心，而不以禮義，故荀子斥其不知齊一天下人心，建設國家的權衡。

㊁「上」、「大」、都與「尙」同義。「僈」、讀爲「曼」，無也。墨子論事物的善，專以效率之有無多寡爲衡，極端的功利主義也。故主張節用、節葬、非禮、非樂。宋鈃說秦楚罷兵曰：「我將言其利。」亦同此意，正所謂「上功用」。（梁說）富國篇曰：「墨子大有天下，小有一國，將蹙然衣粗食惡……將上功勞苦，與百姓均事業，齊勞苦。」正所謂「大儉約」，「僈差等」。又儒家主張「親親尊尊」，而墨子兼愛，亦無差等。故荀子既斥其「不知壹天下建國家之權稱」，又斥其重視功用，崇尙儉約，而又主張人無差等。

㊂「辨異」、卽「別異」，分別人倫間的貴賤、親疏。「縣」同「懸」。「縣君臣」，懸隔君臣上下。言人倫間既無差等，便不容分別貴賤親疏，區別君臣上下。

㊃「墨翟」：淮南要略：墨子初「學儒者之業，受孔子之術，以爲其禮煩亂而不悅，厚葬靡財而貧民，服傷生而害事，故背周道，而用夏政。」「宋鈃」：「鈃」、音堅。孟子作「宋牼」，莊子逍遙遊（天下篇作宋鈃與尹文並稱）、韓非子顯學作「宋榮子」，宋人，和孟子、尹文子、彭蒙、愼到同時，墨子之徒。（此可謂無政府主義）

尙法而無法，下脩而好作，㊀上則取聽於上，下則取從於俗，㊁終日言成文典，反紃察之，則倜然無所歸宿，不可以經國定分；㊂然而其持之有故，其言之成理，足以欺惑愚衆：是愼到田駢也。㊃

㈠荀子言法必以禮爲據，故曰：「禮者法之大分。」（勸學）又曰：「禮義生而制法度。」（性惡）愼到爲法家之祖，主張「棄知去己」，而學「無知之物」。與荀子隆禮尙智精神恰相反。故曰：「尙法而無法」，言愼到崇尙法治而不以禮爲據，實無法也。「下脩」、注云：「以脩立爲下。」謂不尙賢。王云：「下脩，當爲不循。」茲從王說。「不循而好作」，言不遵循先王之道，而好制作新法。

㈡「上則取聽於上，下則取從於俗」：注云：「言苟順上下意也。」王云：「取聽、取從，言能使上下皆聽從之。」茲亦從王說。言愼到之法，上而爲國君所聽信，下而爲社會所順從。

㈢「文典」、法度。「紃」、與「循」同。「倜然」、疏遠貌。「宿」、止也。言雖好作新法，且爲上下所信從，然反覆循察其所作，則疏遠百王禮義之道，而無所歸宿，故不可以經世治國，別異定分。

㈣「愼到」：史記孟荀列傳稱愼到「趙人，學黃老之術。」漢志法家有愼子四十二篇。自注云：「名到，先申韓，申韓稱之。」書已佚，今所傳五篇，乃後人輯本。衡之愼子遺言，蓋以道家爲體，而用於法家者。「田駢」：漢志道家有田子二十五篇。自注云：「田駢、齊人也。」又呂覽不二篇：「陳駢貴齊。」淮南人間訓：「唐子短陳駢子於齊威王。」陳駢、卽田駢。駢有辯才，故有天口駢之稱。呂覽又謂其「齊生死，等古今。」與莊子齊物論旨合。大概「學本黃老，大歸名法。」

不法先王，不是禮義，㈠而好治怪說，玩琦辭，甚察而不惠，辯而無用，多事而寡功，不可以爲治綱紀；㈡然而其持之有故，其言之成理，足以欺惑愚衆；是惠施鄧析也。

㊀不效法先王，不以禮義爲是。

㊁「治」、研治。「玩」與「翫」同，弄也。「琦」、讀爲「奇異」之「奇」。如「天與地卑」，「山與澤平」等說皆奇辭怪說。亦卽上文所謂「嵬瑣」之說。「察」、明察。「惠」、王謂爲「急」字之誤。「綱紀」、詩大雅棫樸：「綱紀四方。」箋云：「以罔罟喻爲政，張之爲綱，理之爲紀。」說文解字注箋：「如網罟，大繩其綱也，網目其紀也。」此文猶言「準則」，「綱領」。言好研治怪誕之說，玩弄奇異之辭。其言雖甚明察，而不急於世事（此卽不苟篇所謂「苟察」。），巧辯而不切於實用，浪費人力而少功效，不可以爲治國的準則。

㊂「惠施」、梁相，與莊子同時。其書五車，（久軼，引見莊子天下篇），其道舛駁。「鄧析」、鄭大夫。漢志皆列名家。詳見不苟篇首段注。

略法先王而不知其統，㊀〔猶〕然而猶材劇志大，聞見雜博。㊁案往舊造說，謂之五行，甚僻違而無類，幽隱而無說，閉約而無解。㊂案飾其辭，而祗敬之，曰：此眞先君子之言也。㊃子思唱之，孟軻和之。世俗之溝猶瞀儒、嚾嚾然不知其所非也，遂受而傳之，以爲仲尼子〔游〕弓爲茲厚於後世：是則子思孟軻之罪也。㊄

㊀「統」、謂先王禮義之統類。言雖法先王之禮義，但疏略而不知禮義之統類。案：荀子非思孟不在法先王，而在略而不知其統。

㊁「猶然而」、據郝據宋本校，乙爲「然而猶」。「材劇」、言其逞才囂張，殆指孟子之好辯說。孟子曰：「如欲平治天下，當今之世，舍我其誰？」（公孫丑）所謂「志大」，殆指此

類豪語說。「雜駁」、正「統類」之反。案：揆諸荀子言論，「材劇志大」，實所讚許，特不識統類，不足以經國定分，而猶「材劇志大」，故以爲譏耳。

(三)「五行」：注云：五常——仁義禮智信也。章太炎曰：尋子思作中庸，其發達曰：「天命之謂性。」鄭注：「木神則仁，金神則義，火神則禮，水神則智，土神則信。」孝經說略同此。是子思之遺說也。案：思孟五行之說，不見於中庸孟子，或其逸篇中有言之者歟？（漢志：「子思子二十三篇。」今所傳只中庸等四篇。又：「孟子十一篇」，今只七篇。）如「五行」卽「五常」，荀子自不能非之。注說之非甚明。太炎據鄭注卽認定爲子思之遺說，亦未免武斷。故思孟五行之說，終不得其確據。「僻」、「違」、皆邪也。「類」、統類。「約」、結也。「無解」、「無說」、皆說不出道理的意思。言思孟就前古之事，自造一說，謂之「五行」。這五行之說，極其僻邪而無條貫，幽隱閉結，自己也說不出一番道理來。（謂爲玄想）

(四)「案」、猶「乃」也。「祇」、音脂，亦敬也。「之」、謂其說。「先君子」、孔子。言乃文飾其辭，而推崇其說道：這眞正是孔子的遺說啊！

(五)「溝猶瞀儒」：「溝」、音寇，愚也。「瞀」、音茂，暗也。「溝瞀」、愚蒙無知。「猶」、王先謙據儒效篇「愚陋溝瞀」句，謂爲衍文。「嚾」、音歡。「嚾嚾」、喧囂貌。「子游」、據郭嵩燾據下文校，改爲子弓。「茲」、指子思孟子。「厚」、重也。言子思首倡此說，孟子繼起應和，世俗之愚蒙儒者，不能冷靜地省察其誤謬之所在，遂受而傳之，以爲孔子子弓之道，因子思孟子之發揚廣大而見重於後世。是則子思孟子之過也。案：此言孔子之道，因思孟而失其眞。

若夫總方略，齊言行，壹統類，而羣天下之英傑，而告之以大古，教之以至順，㊀奧窔之間，簟席之上，歛然聖王之文章具焉，佛然平世之俗起焉，㊁六說者不能入也，十二子者不能親也。㊂無置錐之地，而王公不能與之爭名，在一大夫之位，則一君不能獨畜，一國不能獨容，㊃成名況乎諸侯，莫不願以為臣，是聖人之不得埶者也，仲尼子弓是也。㊄一天下，財萬物，長養人民，兼利天下，通達之屬莫不從服，㊅六說者立息，十二子者遷化，則聖人之得埶者，舜禹是也。㊆

㊀「總」、領也。「方略」、道術，謂治國之大道。「統類」：注云：「統、謂綱紀；類、謂比類。大謂之統，分別謂之類。」「羣」、會合。「大古」、大道。外傳四正作「大道」。「大」、讀曰太。「至順」、至理。「順」、理也，見說文。言若夫總領治國之大道（此言其術），齊一個人之言行（此言其行），貫通禮義之統類（此言其智），會合天下之英傑，而告之以大道，教之以至理。案：自此以下為荀子之正面說法，蓋推禮義之統類而言也。

㊁「奧窔」：屋西南隅曰「奧」，東南隅曰窔（ㄧㄠˋ）。此謂室堂之內。「簟席」、竹製座席。「歛然」：王引之謂「歛」為「歙」字之誤。「歙然」、聚集之貌。「佛然」：「佛」、讀為「勃」。「勃然」、興起貌。外傳四作「沛然」。「聖王之文章」、謂聖王之禮義法度。「平世之俗」、謂平治之世俗。言一室之內，座席之上（教室），聖王的禮義制度就歙然具備，太平盛世的良善風俗就勃然興起。案：自「而羣天下之英傑」至此，言孔子泗上施教的內容和效果。

㊂「入」、竄入。「親」、近也。言以上所說的六種學說是不容存在的，十二子不允許進前的。

㈣言雖窮無立錐之地，而王公不能和他爭名。在一大夫之位，一君不能獨用，一國不能獨容。

㈤「成名」：兪謂「成」與「盛」通。「成名」卽盛名。「況」、孫謂與「皇」通，美也。言因爲他的盛名美於天下，列國諸侯都願意得到他以爲臣。這是聖人之不得其位的。仲尼子弓就是其人。「願」下當有「得」字，宋龔本有（王引之說）。

㈥「財」與「裁」同；成也。「通達之屬」、謂舟車所至，人力所通者。言齊一天下，裁成萬物，養育人民，天下無人不蒙其利，舟車所至，人力所通之處，沒有不慕化服從的。

㈦六說立刻息滅，十二子也遷善而從化。這是聖人得位者教化之效果。舜禹就是其人。

今夫仁人也，將何務哉？上則法舜禹之制，下則法仲尼子弓之義，以務息十二子之說。㈠如是則天下之害除，仁人之事畢，聖王之跡著矣。㈡

㈠當今仁人應該作些什麼？應該上而效法舜禹的典章制度（禮），下而師法仲尼子弓之義理（道），以務求息滅十二子之邪說。案：荀子以爲對姦言邪說，得勢的聖人應該禁，不得勢的仁人應該闢。「上則」、「下則」、只表時間，無價值意義。

㈡這樣便可除去天下思想上混亂之害，完成仁人應爲之事，聖王的治跡也可彰明了。案：此言「法舜禹之制」與「仲尼子弓之義」，係就禮義之統而言。荀子心目中之仲尼子弓自是偏重外王一面。（自篇首至此爲一段，共九節：第一節總冒；以下六節論列十二子之非。各就其說，以舉其失，雖立言各異，要皆以聖王之禮義爲批判的惟一標準。解蔽篇云：「不以是（王制）爲隆正，然而猶有能分是非治曲直者耶？」這是荀子所信守的。後二節是荀子的正面說法。）

信信、信也，疑疑、亦信也。㊀貴賢、仁也，賤不肖、亦仁也。㊁言而當、知也，默而當，亦知也，故知默猶知言也。㊂故多言而類，聖人也；少言而法，君子也；㊃多〔少〕言無法，而流湎然，雖辯，小人也。㊄故勞力而不當民務，謂之姦事，㊅勞知而不律先王，謂之姦心；㊆辯說譬諭，齊給便利，而不順禮義，謂之姦說。此三姦者，聖王之所禁也。㊇知而險，賊而神，爲詐而巧，言無用而辯，辯不惠而察，治之大殃也。㊈行辟而堅，飾非而好，玩姦而澤，言辯而逆，古之大禁也。㊉知而無法，勇而無憚，察辯而操僻，淫大而用之，好姦而與衆，⑪利足而迷，負石而墜，是天下之所弃也。⑫

㊀信可信者是信，疑可疑者也是信。案：此暗示仲尼子弓可信，諸子可疑。

㊁尊崇賢者是仁，鄙賤不肖也是仁。論語曰：「惟賢者能好人能惡人。」「貴賢」是「好」，「賤不肖」是「惡」，好惡得其正，故曰仁。

㊂「知也」、「亦知也」，二「知」字讀爲「智」。「知默」、「知言」，二「知」字讀本音。論語曰：「知之爲知之，不知爲不知，是知（智）也。」非相篇云：「言而非仁之中也，則其言不若默也，……言而仁之中也，則好言者上矣，不好言者下也。」此文之「當」（ㄉㄤˋ），卽彼文「仁之中」。言而中道，故譽之曰「智」。「非仁之中」，卽言不中道，自應默而不言；否則，則爲姦言。故應默而默，與應言而言，同爲智者。此語甚精，非智者不能道。

㊃「言」、言論（包括制作）。言雖多而皆合於禮義之統類的是聖人。（性惡篇：「千舉萬變，其統類一也。」易傳：「同歸而殊塗，一致而百慮。」）不敢自造言說，所言皆謹守禮法的是君子。案：此言而當且可信者。

㈤「少」、據盧據大略篇校，改爲「言」字。「而」、王謂猶「如」。「流」、讀爲「沈」。「湎」、亦沈也。「沈湎」、荒迷，陷溺。言言論雖多而不合禮法，如沈溺者然，一往不返，雖巧言善辯，也是小人。案：此應默而不默，其言之可疑者。以上言言論有此三等。

㈥「民務」、四民之事業。言勞其體力，而所爲不合四民之務的，謂之姦事（邪惡的行爲）。

㈦「律」、法也。言勞其心智，而所治不法先王之道的，謂之姦心（邪惡的思想）。

㈧「齊」、疾也。「給」、言辭捷給。「便利」、亦謂言辭敏捷。「順」、循也，從也。言辯說取譬稱喻，口給敏捷，而所言不循禮義的，謂之姦說（邪惡的言論）。以上這三姦是聖王所不許的。

㈨「知」、讀「智」。「爲」與「僞」通。「不惠」，應從王說作「不急」。言聰明而用心險邪，賊害而機警神奇，僞詐而手段巧妙，無用之言而言之甚巧，不急之辯而辯之甚精，這是治道上的禍害。

㈩「辟」、讀爲「僻」。「玩」與「翫」同，見前。言行爲僻邪而心志堅定，文過飾非而手段高明，玩弄姦邪而表面光滑，言辭巧慧而乖逆常理，這都是古時所厲禁的。案：宥坐篇：「心達而險，行辟而堅，言僞而辯，記醜而博，順非而澤。」略同此文，皆古傳孔子殺少正卯時，所宣佈之罪狀。家語始誅篇，淮南汎論篇，說苑指武篇皆有類此語。

㈡「知而無法」之「知」、讀「智」。「淫大」、俞讀爲「淫汏」。「用之」、爲「用乏」之誤，亦俞說。「與衆」、謂黨與衆多。言聰明而不知禮法，勇敢而無所忌憚，明辯聰察而操術僻邪，荒淫侈汏而財用困乏，心好姦事邪說而黨徒衆多。

㈢這兩句承上五句而言，雖句法相同，而意則不與上平列。言「知而無法，勇而無憚……好姦而與衆」的人，如利足而走迷途，其迷愈遠；如負石而墜深淵，其墜愈深。是天下之所共棄的。（此段示人以信信疑疑之道。言聖人之言有類，君子之言合法。凡不當民務，不法先王，不是禮義的，其言無類無法，雖察辯，要皆小人之姦說，當棄而不信。）

兼服天下之心：㊀高上尊貴，不以驕人；聰明聖知，不以窮人；齊給速通，不爭先人；剛毅勇敢，不以傷人；㊁不知則問，不能則學，雖能必讓，然後爲德。㊂遇君則修臣下之義，遇鄉則修長幼之義，遇長則修子弟之義，遇友則修禮節辭讓之義，遇賤而少者，則修告導寬容之義。㊃無不愛也，無不敬也，無與人爭也，恢然如天地之苞萬物。㊄如是，則賢者貴之，不肖者親之；如是，而不服者，則可謂訞怪狡猾之人矣，雖則子弟之中，刑及之而宜。㊅詩云：「匪上帝不時，殷不用舊；雖無老成人，尚有典刑；曾是莫聽，大命以傾。」此之謂也。㊆

㊀ 此句是本段總冒，論列令人人心悅誠服之道。

㊁ 「聖知」之「知」，讀爲「智」。「窮人」、窘迫人。「不爭先人」，王謂當依上下文作「不以爭人」。言不以位高勢尊而驕傲人，不以聰明聖智而窘迫人，不以言辭疾急，反應敏捷，而搶先爭勝，不以剛強勇敢而傷害人。

㊂ 不明白的就虛心求教，不能作的就努力學習，雖然能幹也必對人謙讓——必如此才能成就聖賢的德行。

㊃ 對國君就修治臣下忠誠之道，在鄉黨就修治敬長慈幼之道，對尊長就修治子弟恭順之道，對朋友就治禮節辭讓之道，對位卑而年輕的就修治告誡勸導寬容之道。

㊄ 「苞」與「包」同。「恢然」、廣大貌。言與人相處，無人不愛，無人不敬，不與人相爭，

寬宏大度，如同天地之與萬物，無所不包。

㊅「訞」與「妖」同。「雖則」，猶「雖在」。言修德如此，而猶有不從服者，就是妖怪狡猾之人了，這種人雖在家人子弟之中，亦宜刑戮及之，而況公法？

㊆詩大雅蕩之篇第七章。「匪」、同「非」。「時」、是也。「舊」、舊法。「老成人」、舊臣，指伊尹、伊陟之屬。「刑」同「型」、「典刑」、舊法。「曾」、乃也。言不是上帝之不是，但以紂王不用舊時法度，所以致亂。當時雖無老成的舊臣，但舊時法度仍然存在，乃不肯信從，一意孤行，國家遂致傾覆。案：引詩以喻先王禮法之重要。（前文批評十二子之說既竟，自此段至篇末，乃盛言士君子應有之志行、操守、容飾與儀態。）

古之所謂〔士〕仕士者，㊀厚敦者也，合羣者也，㊁樂富貴者也，㊂樂分施者也，㊃遠罪過者也，務事理者也，羞獨富者也。㊄今之所謂〔士〕仕士者，汙漫者也，賊亂者也，恣睢者也，貪利者也，觸抵者也，無禮義而唯權埶之嗜者也。㊅古之所謂處士者，德盛者也，能靜者也，修正者也，知命者也，箸是者也。㊆今之所謂處士者，無能而云能者也，無知而云知者也，利心無足，而佯無欲者也，行僞險穢，而彊高言謹慤者也，㊇以不俗爲俗，離縱而跂訾者也。㊈

㊀「士仕」、據王說，乙爲「仕士」，與下「處士」對文。下同。皆謂作官的士人。

㊁「敦」、勉也。「厚敦」、深自勉勵。「合羣」、和合羣衆。言古之所謂出仕之士，都是深自勉勵，志意遠大的，能團結羣衆，與其打成一片的。

㊂鍾曰：孟子曰：「中天下而立，定四海之民，君子樂之。」「樂富貴」者，非果以富貴爲

樂，亦樂其道能行於天下耳。中庸曰：「大德者，必得其位，必得其祿。」古人未嘗以富貴爲諱，以其不徒富貴也。後世無可以富貴之實，而顧徼富貴以自榮，其究反至賊害於天下，於是富貴乃爲汙惡之名。案：此言：古之士之仕者，是樂得其位以行其道的。

㈣「分施」、與下「貪利」對文，謂以俸祿分施於人也。古者入仕，必分俸以給所識貧乏者。故此曰：古之仕士是樂於以財物分施於人的。

㈤「遠」、喻勸切（ㄩㄢˋ），離去，疏也。言是謹言愼行，遠離罪過的；是愼思明辨，務明事理的；是羞於個人富厚，務使家給人足的。

㈥「漫」、亦「汙」也。「恣睢」，已解上。「觸抵」，謂行爲不檢，觸犯刑章。言當今所謂作官的士人，卻是志意卑下汚穢的，是危害社會人羣的，是暴厲縱恣的，是貪得無厭的，是行爲不檢觸犯刑章的，不知禮義爲何物，而只知貪戀權勢的。

㈦「處士」，不出仕者。易曰：「或出或處。」「出」謂出仕，「處」爲隱居。「能靜」、謂安時處順。「箸是」、劉謂疑當作「箸定」，與上「盛」、「靜」等字爲韻。言古之所謂處士，是道德隆盛的，是安時處順的，是修身正行的，是樂天知命的，是心有定守，不隨流俗轉移的。

㈧「云能」、注：自言其能也。戰國時以「言能」爲「云能」。「行僞」、劉師培云：卽「行爲」。言當今所謂處士，卻是本無所能而自誇爲能的，本無所知而自許爲有知的，貪得無厭而佯爲無欲的，行爲險邪汚穢而猶強顏高言謹厚誠愨的。

㈨「縱」、王謂爲「縰」之誤。「離縰跂訾」，疊韻字，大抵皆自異於衆之意也。案：以不合於世俗而自爲其俗，務求不同於衆人而自謂清高的。

士君子之所能不能爲：㊀君子能爲可貴，而不能使人必貴己；㊁能爲可信，而不能使人必信己；能爲可用，而不能使人必用己。㊂故君子恥不修，不恥見汙；恥不信，不恥不見信；恥不能，不恥不見用。㊃是以不誘於譽，不恐於誹，率道而行，端然正己，不爲物傾側：夫是之謂誠君子。㊄詩云：「溫溫恭人，維德之基。」此之謂也。㊅

㊀「士君子」、謂儒者。此本段總冒，言士君子所能作到的和不能作到的。

㊁「可貴」、謂道德人格。此卽孟子「天爵」、「人爵」之義。言君子能使自己道德人格尊貴，而不能使人一定尊貴自己。

㊂「可用」、謂才能。言能作到言行可以信任，而不能使人一定信任自己；能修養成個才能可用之人，而不能使人一定任用自己。

㊃「見汙」、「見信」、「見用」三「見」字，皆「被」也。「汙」、汙染，謂謗誣也。「見汙」、被謗誣，爲人所謗誣。此皆「君子求諸己」之義。

㊄「物」、外物，與道德人格無關的事物，如富貴貧賤等。言虛譽不能誘惑他，毀謗不能恐懼他，遵循大道而行事，端嚴正己而作人，操持堅定，不爲外物所移易。這就是眞誠之君子。

㊅詩大雅抑篇第九章。「溫溫」、寬厚貌，「基」、根本。解詳不苟篇中。

士君子之容：其冠進，其衣逢，其容良；㊀儼然，壯然，祺然，蕼然，恢恢然，廣廣然，昭昭然，蕩蕩然──是父兄之容也。㊁其冠進，其衣逢，其容愨；儉然，恀然，輔然，端然，訾然，洞然，綴綴然，瞀瞀然──是子弟之容也。㊂

㊀「進」、兪讀爲「峻」，高也。「逢」、大也。「良」、樂易也。此節言士君子之儀容。言

戴高冠，穿寬衣，容顏溫和平易，使人樂於親近。

㈡「儼然」、莊重矜持貌。「壯然」、不可犯貌。「祺」、祥也，吉也。「祺然」、安泰不憂懼貌。「蕼」、當為「肆」，寬舒貌。「恢恢」、「廣廣」，皆氣量寬宏有容貌。「昭昭」、明顯貌，或謂光明磊落貌。「蕩蕩」、恢夷貌，或謂坦率開朗貌。以上是年長作父兄輩的應具的儀容。

㈢「愨」、謹敬。「儉然」：注云：自卑謙之貌。鍾讀「儉」為「斂」，謂自斂約貌。「侈」、音紙（ㄓˇ），俞謂為「姼」之借字，美好貌。「輔然」、相親附貌。「端然」、端正貌。「訾」與「孳」同，柔弱貌。「洞然」、恭敬貌。「綴綴然」、與長者相依而不乖離之貌。「瞀瞀然」、不敢正視貌。以上是年輕作子弟的應具的儀容。

吾語汝學者之嵬容：㈠其冠絻，其纓禁緩，其容簡連；㈡塡塡然，狄狄然，莫莫然，瞡瞡然，瞿瞿然，盡盡然，盱盱然；㈢酒食聲色之中，則瞞瞞然，瞑瞑然；㈣禮節之中，則疾疾然，訾訾然；㈤勞苦事業之中，則儢儢然，離離然，㈥偷儒而罔，無廉恥而忍謑詢——是學者之嵬也。㈦

㈠注：說學者為嵬行之形狀。「嵬」、見上。「汝」、謂讀者。

㈡「絻」、注云：當為「俛」，同「俯」。「冠絻」、謂冠太向前而低俯。「纓」、繫冠的帶子。「禁」、注引或說讀為「紟」，腰帶。「纓禁緩」言纓大如帶而弛緩。「簡連」、傲慢不前貌。

㈢「塡塡然」、滿足貌。「狄」、讀為「趯」（音惕），跳躍之貌。案：此言其輕浮之態度。「莫」、郝云，大也；「莫莫」、矜大之容。案：「莫」、疑為「漠」之省文；「漠漠」、目中無人之貌。「瞡」、注引或云：與「規」同；「規規」、小見之貌。案：或云：此指瑣碎小器，處處注視之貌。「瞿瞿」、郝云：左顧右望之貌。「盡盡」、極視盡物之貌。「盱盱」、張目直視之貌。「盱」、音虛。

㈣「瞞瞞」、注云：閉目之貌。「瞑瞑」、注云：視不審之貌。謂好悅之甚，佯若不視也。案：「瞞」、音饅（ㄇㄢˊ）。劉師培云：「瞞瞞」，即「恈恈」，榮辱篇楊注云：「恈恈」、愛欲之貌。「瞑」、「泯」古通；「泯」、「湎」義同，即沈溺其中之義。上句顯其愛欲之情，下句則表其沈冥之態。案：此皆指耽於酒食聲色之醜態。

㈤「疾疾」、「訾訾」：郝云：謂苦於禮節拘迫，畏憚惰窳之容。案：怕禮節的拘束麻煩，就想苟且偷懶。

㈥「事業」、謂作業。「儢儢」、不勉強之貌。「離離」、不親事之貌。郝云：「儢儢」、「离离」，謂不耐煩苦勞頓，懶散舒脫之容。「儢」、音呂。案：怕工作煩苦勞頓，就逃避偷懶。

㈦「偷」、逃避苟免。「儒」，儒弱怕事。「偷儒」、謂苟免事之勞苦。「罔」、誣罔，謊言欺人。「偷儒而罔」，言遇勞苦之事，就苟且圖免而謊言欺人（爲圖免而謊言）。「謨」同「謑」，音溪。「訽」同「詬」。「謨詬」、辱罵。以上所述，都是不守禮法的學者，惡劣的行爲和儀態。

弟陀其冠，㈠神禫其辭，㈡禹行而舜趨：是子張氏之賤儒也。㈢正其衣冠，齊其顏色，嗛然而終日不言，是子夏氏之賤儒也。㈣偷儒憚事，無廉恥而耆飲食，必曰君子固不用力：是子游氏之賤儒也。㈤彼君子則不然：佚而不惰，勞而不侵，㈥宗原應變，曲

得其宜，如是然後聖人也。㈦

㈠「弟佗」：「弟」、或作「弟」，徒回反（ㄊㄨㄟˊ）。劉師培云：「弟」作「弟」，是也。「弟佗」即「委蛇」之異文。案：「委蛇」、亦作「委佗」。爾雅釋訓：「委委佗佗，美也。」「弟佗其冠」、言頭戴美冠。

㈡「神禫」、注云：當爲「沖澹」，謂其言語淡薄。鍾曰：前言士君子之容，皆上冠而下衣，無道其辭者。此「辭」字疑「衣」字之訛。若非言衣，無爲用「衣」旁之字。案：此說可供參考。

㈢「子張氏」：「氏」謂其學派，不是說他本人。下同。言頭戴美冠，言語無味，刻意摹仿禹舜行動。這是子張一派的賤儒啊！案：子張善修容，其徒效之，故荀子以爲言。

㈣「嗛」、音欠（ㄑㄧㄢˋ），說文：「口有所銜也。」言衣冠整齊，容顏莊肅，口中如有所銜，終日一語不發。這是子夏一派之賤儒啊！案：論語子張篇：「子夏曰：君子有三變：望之儼然，即之也溫，聽其言也厲。」此言但宗聖人之威儀而已。

㈤「耆」與「嗜」同。言懶惰儒弱而怕勞作，不知廉恥但嗜酒食，還強顏解嘲道：君子是不用勞力的啊！這是子游一派之賤儒啊！注：先儒性有所偏，愚者效而慕之，故有此敝。梁曰：荀子所斥，殆指戰國末年，依附三家門牆之俗儒，非逕詆三賢也。

㈥「佚」與「逸」通。「僈」同「慢」。言雖安逸而不懈惰，雖勞苦而不弛慢。

㈦「宗原」：王先謙曰：王制篇云：「舉措應變而不窮，夫是之謂有原。」注云：「原、本也。」「宗原」者，以本原爲宗也。應萬變而不離其宗，各得其宜，是謂聖人。案：君道篇曰：「並遇變態而不窮，……明達用（當爲「周」）天地，理萬變而不疑，……審之禮也。」

「宗原」，即「審之禮」之義。又哀公篇曰：「所謂大聖者，知通乎大道，應變而不窮。」天論篇曰：「百王之無變，足以爲道貫。……不知貫，不知應變。」儒效篇曰：「倚物怪變……卒然起一方，則擧統類而應之，無所儗㤰……是大儒也。」荀子以能應變的爲明達，爲聖人，爲大儒，對應變之重視可見。而應變所宗，曰「原」，曰「禮」，曰「道」，曰「貫」，曰「統類」，名雖不同，其實則一，所謂「禮義之統」是也。荀子以此概念建立其學術系統，亦以此概念爲批評諸子的惟一標準。

仲尼篇第七

「本篇多雜論，無甚精彩。」

仲尼之門〔人〕，㈠五尺之豎子，言羞稱乎五伯。㈡是何也？曰：然！彼誠可羞稱也。㈢齊桓五伯之盛者也，前事則殺兄而爭國；㈣內行則姑姊妹之不嫁者七人，閨門之內，般樂奢汏，以齊之分奉之而不足；㈤外事則詐邾襲莒，並國三十五。——其事行也若是其險汙淫汏也。彼固曷足稱乎大君子之門哉！㈥

㈠「人」、據王據下文及春秋繁露等校，刪，下同。

㈡「伯」通「霸」，諸侯之長。王霸篇以「齊桓、晉文、楚莊、吳闔閭、越勾踐」爲五霸。趙岐孟子章句以「齊桓、晉文、秦穆、宋襄、楚莊」爲五霸。

㈢上或問，此荀子答：是！五霸確有可羞稱之處。

㈣「前事」、謂爲君以前的事。「兄」、子糾。言齊桓公在五霸之中功業是最盛的了。他在爲君以前，襄公（諸兒）被弑，就與其兄公子糾爭國，而把他殺害。

㈤「內行」，謂閨門以內的事行。「般」、音盤，與「樂」同意。「汏」音太，奢侈，俗作

「汏」。「分」、半也。言齊桓公在家庭間的事行更可恥，諸姑姊妹不出嫁的有七人之多，淫樂奢侈，以全國賦稅之半供給他家庭之用，還不夠。

㊅「外事」、對外國之事。「詐邾」、無可考。「襲莒」、事見管子小問篇。桓公與管仲謀伐莒，未發，東郭牙先知之。「幷國三十五」、謂滅譚，滅遂、滅項之類。言桓公對外國則詐邾襲莒，倂吞小國三十有五。他的作爲，像這樣的陰險、淫汙、奢侈，何足以稱道於孔子之門呢！

若是而不亡，乃霸，何也？曰：於乎！夫齊桓公有天下之大節焉，夫孰能亡之？㊀倓然見管仲之能足以託國也，是天下之大知也。㊁安忘其怒，出忘其讎，遂立爲仲父，是天下之大決也。㊂立以爲仲父，而貴戚莫之敢妬也；與之高國之位，而本朝之臣莫之敢惡也；與之書社三百，而富人莫之敢距也；貴賤長少，秩秩焉，莫不從桓公而貴敬之，是天下之大節也。㊃諸侯有一節如是，則莫之能亡也；桓公兼此數節者而盡有之，夫又何可亡也！其霸也，宜哉！非幸也，數也。㊄

㊀「於乎」、讀爲「嗚呼」，歎美之詞。「大節」、注云：大節義。案：「大節」，謂過人的度量、襟懷。

㊁「倓」、音談（ㄊㄢˊ），兪云：叚爲「覢」，暫見也。「知」讀爲「智」。言桓公一見管仲、就知其才能，足以付託國家之重任，這是超人的知人之明。

㊂「安」，語詞。「出忘其讎」之「出」字，王謂衍文。「仲父」、父爲尊稱，仲其字也。（後世亦有以「仲父」爲尊稱者。）言旣知管仲之能，就忘了對他之忿恚和仇恨，（小白、卽桓

公，與公子糾爭國，管仲射小白中帶鉤。）卽立爲仲父，尊而用之，這是超人的果斷。

㈣「高國」：高子國子世爲齊上卿，今以其位給管仲。「本朝之臣」、舊臣。「書社」，以社之戶口書於版圖。周禮：「二十五家爲社。」「距」與「拒」同，敵也。「秩秩」、順序之貌。言旣尊立管仲爲仲父，而國之貴戚沒有敢妬其親密的；以高子國子世卿之位給管仲，而國之舊臣沒有敢憎惡的；以三百社戶口（七百五十家）賜給管仲，而被奪戶口的那些富人沒有敢抗拒的；（論語：「奪伯氏駢邑三百，飯疏食沒齒無怨言。」朱注以爲卽此事。）齊國人不論貴賤長幼，都一致服服貼貼地隨着桓公尊敬管仲。這是天下無人可及的節槩。

㈤「數」、理也。言諸侯有一於此，就足以保其社稷，桓公兼此數節而盡有之，怎麼會亡國？爲一世霸主是應該的；不是徼倖，而是理所當然。

然而仲尼之門〔人〕，五尺之豎子，言羞稱五伯，是何也？曰：然！彼非本政教也，非致隆高也，非綦文理也，非服人之心也。㈠鄉方略，審勞佚，畜積修鬪，而能顚倒其敵者也。㈡詐心以勝矣。彼以讓飾爭，依乎仁而蹈利者也，㈢小人之傑也，彼固曷足稱乎大君子之門哉！㈣

㈠「本政教」之「本」，王引之謂「平」字之誤。「致」、至極，謂盡力也。「隆高」、久保云：謂禮也。案：「隆高」，本篇一見王制篇兩見，王霸篇，富國篇各一見。楊倞在前兩篇無注，在王霸篇注曰：「如堯舜之崇高。」在富國篇注曰：「伉、擧也。擧崇高遠大之事。」本篇及王霸篇「隆高」均與「政教」、「文理」、「人心」並擧，在王制篇與「仁義」、「法則」、「賢良」、「百姓」並擧，在富國篇與「志意」、「身行」、「忠信」、「文理」並擧，並擧者皆爲名詞，則「隆高」似亦當爲名詞，注皆以形容詞釋之，未安。儒效篇云：

「先王之道，仁（人）之隆也。」言先王之禮義是人道中之最隆盛的（最高原則）。則隆高、謂禮也。久保說，是也。「非綦文理也」、注云：「非極有文章條理也。」案：「文理」、在富國篇王制篇，注皆訓爲「條貫」。在性惡篇「禮義」、「文理」連言，注云：「節文、條理」蓋謂禮義之節文條理也。言桓公治國，並沒有平治其政刑敎化，沒有積極推行禮義之道，不是極有節文條理的，不是足以服人之心的。

㈡「鄉」、讀爲「向」，趨向也。「方略」，方策謀略，與非十二子篇所言「方略」異，那是不變的大道，此是一時的權謀策略。「審勞佚」、謂審察用人之勞佚。「畜積」、謂畜積物資。「修鬬」、謂修治軍械。王霸篇作「謹畜積，修戰備」，王引之云，此當從之。言桓公心意所趨向的，惟在取敵謀略，而不在仁義。他審察用人勞佚，儲蓄軍需物資，修治作戰器械，而能傾覆他的敵人的。

㈢他是以欺詐之術取勝敵人。以謙讓之德掩飾爭奪之心，外依仁義而內實蹈利的。

㈣注：前章言五霸救時，故褒美之，此章明王者之政，故言其失。孟子曰：「五霸者，三王之罪人也。」案：孔子嘉許管仲的救時，而又批評他器小。荀子此論，正師其義。

彼王者則不然：致賢而能以救不肖，致彊而能以寬弱，戰必能殆之而羞與之鬭，㈠委然成文，以示之天下，而暴國安自化矣。㈡有災繆者，然後誅之。故聖王之誅也綦省矣。㈢文王誅四，武王誅二，周公卒業，至於成王，則安以無誅矣。故道豈不行矣哉！㈣文王載百里地，而天下一；桀紂舍之，厚於有天下之埶，而不得以匹夫老。㈤故善用之，則百里之國足以獨立矣；不善用之，則楚六千里而爲讎人役。㈥故人主不務得道，而廣有其埶，是其所以危也。㈦

㈠「致」、極也。「殆之」、使敵人危殆，即克之之意。言王者極賢能而能救正不賢者，極強大而能寬容弱小者，對敵人一定能擊敗他而羞與之戰，不欲以力服其人，而欲以義服其心。

㈡「委然」、王引之云：文貌，「委」、讀爲「綏」。（案：綏音綏，ㄙㄨㄟ）「文」、文治教化。「案」乃也。言以文彩爛然的德化昭示於天下，而暴國之君則自遷於善了。

㈢「繆」、音謬。「誅」討伐殺戮之總稱。言有災怪謬戾的，然後興兵誅之。所以聖王之興兵誅暴是極少的。「綦省」、極少。

㈣「文王誅四」，謂密、阮、共、崇。竹書紀年：殷紂十七年西伯伐翟，三十二年伐密，三十四年伐崇，三十六年伐昆夷。與上注說異（古屋鬲說）。「武王誅二」，俞以爲卽孟子「誅紂伐奄。」「周公卒業」、周公終王業，亦時有小征伐，謂三監（管、蔡、霍）、淮夷、商奄。「安以無誅」：「安」語詞。「以」、王謂衍文。言以周爲例：文王所誅不過四國，武王只二國，周公漸次完成王業，到了成王就一無所誅了（言其化行刑措）。禮義之道何嘗不可行！特人自不行耳。

㈤「載」、行也，顧謂其下當有「之」字。「載之」、「舍之」對文，二「之」字，皆指道言。言文王行道，以百里之地，而統一天下；桀紂背道妄行，雖有天下厚重之勢，而不得爲庶人壽終。

㈥「讎人」、秦也。楚懷王客死於秦，其子襄王又爲秦所制。言善用道，雖百里之小國，足以獨立於世；不善用道，如楚以六千里之大國而爲讎人所奴役。

㈦故人主不求力行禮義之道，而一味地擴張勢力，這就是他所以危亡之由。（此段分四節：第一節以桓公爲例，言五霸之不足稱；第二節言五霸救時（桓公有大節），故褒之；第三節言霸者之政不合王者之政，故貶之；第四節言王者之政。本段主旨在明王霸之辨。）

持寵處位，終身不厭之術：㈠主尊貴之，則恭敬而僔；主信愛之，則謹愼而嗛；㈡主專任之，則拘守而詳；㈢主安近之，則愼比而不邪；㈣主疏遠之，則全一而不倍；㈤主損絀之，則恐懼而不怨。㈥貴而不爲夸，信而不處謙，任重而不敢專。㈦財利至，則善而不及也，必將盡辭讓之義，然後受。㈧福事至則和而理，禍事至則靜而理。㈨富則廣施，貧則用節。㈩可貴可賤也，可富可貧也，可殺而不可使爲姦也：⑪是持寵處位終身不厭之術也。雖在貧窮徒處之埶，亦取象於是矣。夫是之謂吉人。⑫詩云：「媚茲一人，應侯順德，永言孝思，昭哉嗣服。」此之謂也。⑬

㈠ 論人臣處位，保持寵榮，可以終身行之而不厭之術。

㈡ 「僔」、與「撙」同，抑制。「嗛」、與「謙」同。言主上尊貴我，就恭敬而撙節；主上信愛我，就謹愼而謙卑。

㈢ 「拘守而詳」注：謹守職事，詳明法度。案：此數句「而」下一字，如「僔」、「嗛」、「邪」、「背」、「怨」皆指德言，不指智言，此句不當獨異。「詳」、似應釋爲安詳、祥和。爲主所專任者易於跋扈不遜，故此云：主上專任我，就謹守禮法而安祥恭順。修身篇有同句，注與此略同。

㈣ 「安」、善也，見國語晉語注。「安近之」：謂親近之。「愼比」、卽「順比」；「比」、和也。言主上親近我，就安和順從，而不諂佞回邪。

㈤ 「倍」、同「背」。「全」，久保讀爲「純」。言主上疏遠我，就心懷純一而無離貳之意。

㈥ 「絀」、讀爲「黜」。「損絀」、猶「貶黜」。

㈦ 「夸」、奢侈。「謙」、讀爲「嫌」。「專」、專輒，專斷妄爲。言爲主上所尊貴而不爲奢侈之生活；爲主上所信任，不處嫌疑間，使人疑爲擅作威福；爲主上所倚重，而不敢專斷妄爲。

㈧「善」上，王先謙云：謝本有「言」字。作「言善而不及也」。言財利臨前，則言己之善行不當得此財利，必盡辭讓之禮，然後接受。

㈨「理」、謂不失其持身之道。言幸福臨身，則和樂而不驕盈失禮；禍事臨頭，則安靜而不困迫失志。不苟篇有同句。

㈩富有時，就以財物廣施；貧窮時，就把生活節省。

⑪其身可殺，而不可使其違背良心而爲姦邪。

⑫「徒處」、徒行，貧賤之稱。「取象」、取法。言雖在貧窮卑賤之時，持身立志也應當取法於此。此卽所謂吉祥之人。

⑬詩大雅下武第四章。「媚」、愛也。「一人」、謂武王。「應」、當也。「侯」、同「維」，語詞。「昭」、明也。「嗣」、繼承。「服」事也。言天下皆愛戴武王，武王能當此順德。武王長存孝敬先祖之心，明哉！嗣行其先祖之事業。此詩在美武王之能繼承先德。引此以明臣之事君，亦猶武王之繼承祖考也。

求善處大重，理任大事，擅寵於萬乘之國，必無後患之術，莫若好同之，㈠援賢博施，除怨而無妨害人。㈡能耐任之，則愼行此道也；能而不耐任，且恐失寵，則莫若早同之，推賢讓能，而安隨其後。㈢如是，有寵則必榮，失寵則必無罪。是事君者之寶，而必無後患之術也。故知者之舉事也，滿則慮嗛，平則慮險，安則慮危，曲重其豫，猶恐及其旤，是以百舉而不陷也。㈣孔子曰：「巧而好度，必節；勇而好同，必勝；知而好謙，必賢。」此之謂也。㊄愚者反是：處重擅權，則好專事而妬賢能，抑有功而擠有罪，志驕盈而輕舊怨，以吝嗇而不行施，㊅道乎上爲重，招權於下以妨害人。㊆雖欲無危，得乎哉！是以位尊則必危，任重則必廢，擅寵則必辱，可立而待也，可炊而僨也。㊇是何也？則墮之者衆，而持之者寡矣。㊈

㊀「大重」、高位重責。「理」字，俞謂衍文，「處大重」、「任大事」相對。言要求處高位，掌大權，專寵於萬乘之大國，而必無後患之術，莫若善與賢人共同負擔國事。

㊁援引賢能而廣施捨，不念舊惡而不妨害人。

㊂「能耐任之」之「能」，才能，名詞。「耐」，借爲「能」，動詞。下「能而不耐任」，同。「此道」、素所抱負治國之道。言自度能力如能勝任愉快，就任其事，而愼行其道；如能力不能勝任，又怕失寵，就莫如趁早和人共同任之，推賢讓能，而心甘情願追隨其後（如鮑叔之與管仲）。案：王謂兩「能」字，皆衍文，此從鍾說。

㊃「知」、讀爲「智」。「滿」、足也，謂得意。「嗛」、通「歉」（ㄑㄧㄢˋ），不足，謂失意。「曲重」、周詳。「重」、除容切（ㄔㄨㄥˊ）。「旤」與「禍」同。言智者行事，得意時就顧慮到失意時，平順時就顧慮到艱險時，安定時就顧慮到危難時，日常如此周到地豫先防備，猶恐碰上災禍，所以一切行動都不致失敗。

㊄所引孔子的話，不見今論語。「巧而好度必節」，說苑雜言篇「節」作「工」，家語六本篇作「攻」，王肅注：「攻、堅也。」「勇而好同」，家語作「勇而好問」。「知而好謙必賢」，說苑家語皆作「知而好謀則成」。言巧者多淫靡，故巧而愛好法度的必有節制；勇者多陵物，故勇而好與人同的必能勝人；智者多逞才囂張，故智而好謙恭的必是賢者。

㈥愚者一旦處大位，擅重權，就專斷妄行，妒賢害能，有功的，抑制不進；有罪的，排擠以去；心滿意驕，輕忽舊怨，而不加防備。又吝惜財物，不肯捨施以濟貧。「𠫓」、與「吝」同。

㈦「道乎上爲重」，謂通於上以自重，即「狐假虎威」之意（劉師培說）。「爲重」上，或以爲脫「以」字。言上則假借國君以自重，下則招攬權勢，排除異己。

㈧「傹」、不見字書，郭慶藩讀作「竟」。「炊而竟」，猶言終食之間，謂不久也。

㈨「墮」、毀也。「持」、扶助。言何以如此？因墮毀者多，扶持者少啊。

注云：荀子生於衰世，意在濟時，故或論王道，或論霸道，或論彊國，在時君所擇，同歸於治者也。……又荀卿門人多仕於大國，故戒以保身推賢之術，與大雅「既明且哲」，豈云異哉！盧曰：推賢讓能，人臣之正道也，以此爲固寵之術，亦不善於持說矣。注曲爲之解，非是。案：解蔽篇云：「鮑叔甯戚隰朋：能持管仲，而名利福祿與管仲齊。召公呂望：：能持周公，而名利福祿與周公齊。」亦強調持賢讓能結果，爲個人可獲名利福祿。盧以注說爲非，是也。

天下之行術，以事君則必通，以爲仁則必聖，立隆而勿貳也。㈠然後恭敬以先之，忠信以統之，愼謹以行之，端愨以守之，頓窮則〔從之〕疾力以申重之。㈡君雖不知，無怨疾之心；功雖甚大，無伐德之色；省求多功，愛敬不勌：㈢如是則常無不順矣。以事君則必通，以爲仁則必聖，夫之謂天下之行術。

㈠「行術」、可行於天下之術。「仁」「人」古通。「立隆」：禮論篇：「立隆以爲極。」彼注云：「立隆盛之禮……」儒效篇：「先王之道，仁之隆也，比中而行之。曷謂中？禮義是也。」「隆」、謂隆盛之禮也。言以之事君則必通達，以之修身則必有聖智之名，在於立隆盛之禮而專一行之。禮就是可行於天下的道術。

㈡各句末「之」字，皆禮之代詞。「從之」二字衍文，據久保據元本，孫鑛本、標注本校，刪。「疾力」連文，「疾」，亦力也。「申重」、猶「再三」。此以下言行禮之道。禮以恭敬爲先，故曰恭敬以先禮。行禮必以誠，故曰忠信以統禮。謹愼以行禮，端誠以守禮，困頓窮苦之時，則尤加勤力而不敢怠於禮。

㈢「怨疾」、怨懟。「伐」、矜誇。「省」、減省，少也。「勌」、同倦。言少所求而多立功，愛敬之情永不倦怠。

少事長，賤事貴，不肖事賢，是天下之通義也。㈠有人也，埶不在人上，而羞爲人下，是姦人之心也。志不免乎姦心，行不免乎姦道，而求有君子聖人之名，辟之，是猶伏而咶天，救經而引其足也。㈡說必不行矣，兪務而兪遠。㈢故君子時詘則詘，時伸則伸也。㈣

㈠「通義」、通常之義法，爲人共守之原則。

㈡「埶」、勢位。「辟」、讀爲「譬」。「咶」與「舐」同。「經」，縊也。言志存姦心，行依姦道，而求有君子聖人之名，好比伏地舐天，而去天愈遠；救經者而掣其足，經必愈急。

㈢「說」、謂「埶不在人上，而羞爲人下」之「姦心」。「兪」、讀爲「愈」。言這種心理是行不通的。以這種心理去追求美名，越用力而距離越遠。

㈣「詘」、同「屈」。言君子與時俯仰，該屈的時候就屈，該伸的時候就伸。「勢在上則爲上，勢在下則爲下，必當其分。」（此節言尊尊親親天下古今不變之通義，與上節共爲一段，盛言禮之功效與不變義。）

儒效篇第八

本篇旨在爲儒者辯護，首舉周公孔子爲代表，以證儒術之大效。論儒之等第，以見學術造詣之境界。所謂大儒，卽聖人也。其中論「先王之道」及「隆性隆積」各段，皆荀子基本論點之切要語。

大儒之效：㈠武王崩，成王幼，周公屛成王而及武王，以屬天下，惡天下之倍周也。㈡履天子之籍，㈢聽天下之斷，㈣偃然如固有之，而天下不稱貪焉。㈤殺管叔，虛殷國，而天下不稱戾焉。㈥兼制天下，立七十一國，姬姓獨居五十三人，而天下不稱偏焉。㈦教誨開導成王，使諭於道，而能揜迹於文武。㈧周公歸周，反籍於成王，而天下不輟事周；㈨然而周公北面而朝之。㈩天子也者，不可以少當也，⑪不可以假攝爲也；⑫能則天下歸之，不能則天下去之，是以周公屛成王而及武王，以屬天下，惡天下之離周也。⑬成王冠，成人，周公歸周，反籍焉，明不滅主之義也。⑭周公〔無天下矣〕鄉有天下，今無天下，非擅也；⑮成王鄉無天下，今有天下，非奪也；變埶次序節然也。⑯故以枝代主而非越也；以弟誅兄而非暴也；君臣易位而非不順也。㊅因天下之和，遂文武之業，明主枝之義，抑亦變化矣，天下厭然猶一也。㊆非聖人莫之能爲。夫是之謂大儒之效。㊇

㊀「大儒之效」是分節標題。「武王崩」以下皆言周公大儒之效之事。（楊樹達說）「效」、功效、效驗。

㊁「屏」、（ㄅㄧㄥˋ）退也。注云：「屏蔽」，與下「及」義不合。「及」、繼也。公羊傳莊卅二年：「兄終弟繼曰及。」「屬」、統屬。「惡」、畏也。「倍」、借爲「背」，反也。此言：周公屏退成王而繼武王，以統領天下，是怕天下背離周室。

㊂「籍」、位也。言周公踐天子之位。

㊃「聽」、受也，治也。禮記樂記鄭注：「斷、猶決也。」言周公聽受天下的故事而決斷之。

㊄「偃然」、安然。言周公安然如合有其位一般，天下的人卻不說他貪。

㊅「管叔」、武王弟，名鮮，封於管（今河南鄭縣治），稱管叔。相紂子武庚，後挾武庚叛，王命周公討之，誅武庚，殺管叔。「虛」、讀爲「墟」。「墟殷國」、謂殺武庚，遷殷頑民於洛邑，使朝歌爲墟。「戾」、暴戾。

㊆左傳說武王克商，封其兄弟之國十有五人，姬姓之國四十人，共五十五人。史記漢興年表序也說封同姓五十五國，外傳四及本書君道篇均作五十三，與此同。漢書諸侯五年表作「五十有餘」。「偏」、偏私。

㊇「開導」、開通、導達。「諭」、明白。「揜」、襲也。言周公教導成王，使他明瞭治國的大道，而能承襲文王武王的功業。

(九)「反」同「返」，歸還。言周公乃以天下歸還給成王（注以爲周公讓位回到他的采邑周地），把天子之位還給他，列國諸侯不因政權的轉移，改變他們的態度，而仍然擁護周朝。

(一〇)周公北面稱臣而朝見成王，以明攝政不是爲了自己。

(一一)天子任重不可以年輕人承當的（此指周公之屏成王）。

(一二)天子之位也不可以長期攝代的（此指周公歸政稱臣）。

(一三)成王既弱冠成人，周公歸還政權，表明不滅主之義。

(一四)「無天下矣」四字，據豬飼彥博說刪。「鄉」、讀爲「向」。「擅」與「禪」同，禪讓也。言周公以前有天下，現在沒有天下，不是禪讓了。

(一五)「節然」、猶「適然」，「適」、當也、宜也。言成王以前沒有天下，現在有了天下，不是奪取的；權變之情勢與正常之次序是應該如此的。

(一六)「枝」、枝子（旁枝）。周公、武王弟，故曰枝。主、成王。「越」、僭越也。「誅兄」、指殺管叔。言周公以旁枝代替正主不算僭越，以弟誅兄不算殘暴，君臣易位不算不順當。

(一七)「變化」、指周公由臣而君，又由君而臣。「厭然」、安貌，字本作「懕」。「猶一」、謂雖變如未變。言因天下之和諧，完成文武之功業，還表明了旁枝正統的意義，變化可算多端，而天下太平和沒有變化一樣。

(一八)不是聖人作不到。這就是大儒的功效。「大儒」、就是聖人。（此段以周公爲例，言大儒之效，在與時權變而不固執。不苟篇說：「以義應變」，論語說：「義之與比」，都是這種意思。又荀子言儒效，全就外王一面著眼，此亦其例。）

秦昭王問孫卿子曰：「儒無益於人之國。」(一)

孫卿子曰：「儒者法先王，隆禮義，謹乎臣子而致貴其上者也。㈡人主用之，則埶在本朝而宜；㈢不用，則退編百姓而愨；必爲順下矣。㈣雖窮困凍餧，必不以邪道爲貪。㈤無置錐之地，而明於持社稷之大義。㈥〔嗚〕嘄呼而莫之能應，然而通乎財萬物，養百姓之經紀。㈦埶在人上，則王公之材也；在人下，則社稷之臣，國君之寶也；㈧雖隱於窮閻漏屋，人莫不貴之，道誠存也。㈨

㈠「問」、告也。「孫」「荀」音近，通用。孫卿子，卽荀子。

㈡「致」、極也。言儒者取法先王，崇尚禮義，謹守臣子之道，而極尊貴其君上的（案：此卽荀子尊君之義。）

㈢「埶」、勢位。言國君如用儒者，儒者在朝廷之位，則政事無不合宜。

㈣「編」、編戶。不用他，就退爲編戶中的誠實老百姓，也決不悖亂犯上。

㈤「餧」、亦作「餒」，飢也。「貪」、新序作「食」。雖然窮困飢寒，決不以邪道滿足貪欲。

㈥雖窮無立錐之地，而明於扶持國家的大道。

㈦「嗚」。王云：當爲「嘄」，「嘄」與「叫」同，呼也。「財」、同「裁」、成也。「經紀」、法度。言窮困之時，誰也不聽他的召呼，然而他明通裁成萬物，長養百姓的法度。

㈧位在人上，是爲王爲公之材。位居人下，則爲國家可信賴之賢臣，國君之寶也。

㈨「漏」、讀爲「陋」。「窮閻」「陋屋」同意，卽論語所說的「陋巷」。「人莫不貴之，道誠存也」，羣書治要作「人莫不貴，貴道誠存也。」言儒者雖隱居（於、居通用）陋巷，人莫不尊貴他，因爲可貴的治平之道寄託在他的身上啊！（下文「聖人也者，道之管也」，也是這個意思）。

「仲尼將爲司寇，㈠沈猶氏不敢朝飲其羊，公愼氏出其妻，愼潰氏踰境而徙，魯之粥牛馬者不豫賈，〔必蚤〕脩正以待之也。㈡居於闕黨，闕黨之子弟罔不分，有親者取多，孝弟以化之也。㈢儒者在本朝則美政，在下位則美俗。儒之爲人下如是矣。」

㈠「司寇」、魯司寇。

㈡家語：「初、魯之販羊有沈猶氏者，常朝飲其羊以詐市人；有公愼氏者 妻淫不制；有愼潰氏者，奢侈踰法；魯之粥六畜者，飾之以儲賈。」「粥」、通「鬻」、賣也。「豫」、誑也。「賈」，同「價」。「不豫賈」、市價皆實，不相誑欺。（王引之說）。「必」、衍文。「蚤」、「脩」字之誤。（兪說）言孔子將要作魯司寇，沈猶氏早晨不敢飲其羊，增加肉斤以騙人；公愼氏妻子淫亂，趕快把她休掉；愼潰氏生活奢侈，趕快離境遷到別處；魯國賣牛馬的都言不二價。這是因爲孔子脩己以待人，故人皆從化如此。

㈢「闕黨」、即「闕里」，孔子舊居。「罔」、古「網」字，用以取魚。「不」即「罘」之省文，「罘」音浮（ㄈㄨˊ）用以取獸。「罔不分」、即新序之「罔罟分」，「畋魚分」。言孔子居闕里，闕里的子弟，漁獵所得，一定平均分配，有父母的就多分些。這是孔子以孝弟之德感化了他們。（此以孔子在下則美俗，爲儒者效驗之例）。

王曰：「然則其爲人上何如？」

孫卿曰：「其爲人上也，廣大矣！㈠志意定乎內，禮節脩乎朝，法則度量正乎官，忠信愛利形乎下。㈡行一不義，殺一無罪，而得天下，不爲也。此〔君〕若義信乎人矣，通於四海，則天下應之如讙。㊂是何也？則貴名白而天下治也。㊃故近者歌謳而樂之，遠者竭蹶而趨之，四海之內若一家，通達之屬莫不從服。夫是之謂人師。㊄詩曰：『自西自東，自南自北，無思不服。』此之謂也。㊅夫其爲人下也如彼，其爲人上也如此，何謂其無益於人之國也！」

昭王曰：「善！」

㊀言儒者若爲人上（國君），德業就廣大極了。

㊁「官」、官府，與「朝」對文。「形」，現也。此言：他內心有堅定不移的意志，使朝廷人人修治禮節，使官府所訂的法則度量都能正確，使民間表現忠信愛利（愛人利人）的風尚。

㊂「君」、王云：當爲「若」之誤。「此若義」，猶云「此義」。「讙」、喧也，齊聲應和。言這種德義既爲人所信服，普及四海，則天下人就齊聲響應他。

㊃「貴名」、謂儒名可貴。「白」、明顯。顧千里說：「治」、當作「願」，猶慕也。案：下文「近者歌謳」四句，描寫百姓願慕之情，即承此「願」字而來。此言，這是什麼緣故？因爲他尊貴的聲名顯揚於天下，人人都仰慕他啊！

㊄「竭蹶」、勞苦不休之狀。「通達之屬」、謂舟車所至，人力所通之處。「人師」、人君。言近處的人歡欣鼓舞地歌頌他，遠處的人勞苦不休地跑來依靠他，四海之內如同一家，舟車所到的地方，沒有一個人不服從他。——這就是眞正的人民的君長。

㊅大雅文王有聲第六章。引此以明天下皆歸之。「思」、句中語詞。「無思不服」，即無人不服的意思。（本段分三節，首節言儒者法先王，隆禮義，爲大道之所存。次節舉孔子爲例，

言儒者居鄉則美俗。三節言儒者爲君，則隆禮正法，仁義信乎四海，天下莫不從服。本段主旨在明儒者功效的宏偉；關鍵則在「法先王、隆禮義」。）

先王之道，仁之隆也，比中而行之。㈠曷謂中？曰：禮義是也。㈡道者，非天之道，非地之道，人之所以道也，君子之所道也。㈢

㈠「仁」、通「人」。「比」、順也，從也。「中」、合理的標準。此言：先王之道，乃人道中之最隆盛的（最高指導原則），因爲它是順從中道而行的。

㈡什麼叫中道？禮義就是中道。

㈢「人之所以道」及「君子之所道」，兩「道」字均動詞，行也。言：所謂道，不是天道，不是地道，而是人所以行的道，君子之所行的道。案：荀子之道，即君子所行之道，亦即君道、治道，「禮義之統」是也。君道篇：「道者何也？曰：君道也。君者何也？曰：能羣也。」（此節最關重要，是荀子學說中心問題。）

君子之所謂賢者，非能偏能人之所能之謂也；㈠君子之所謂知者，㈡非能偏知人之所知之謂也；君子之所謂辯者，㈢非能偏辯人之所辯之謂也；君子之所謂察者，㈣非能偏察人之所察之謂也；有所〔正〕止矣。㈤相高下，視墝肥，序五種，君子不如農人；㈥通貨財，相美惡，辯貴賤，君子不如賈人；㈦設規矩，陳繩墨，便備用，㈧君子不如工人；不卹是非然不然之情，㈨以相薦樽，以相恥怍，君子不若惠施、鄧析。㈩若夫〔謫〕譎德而定次，㈡量能而授官，使賢不肖皆得其位，能不能皆得其官，㈢萬物得其宜，事變得其應，㈢愼墨不得進其談，惠施、鄧析不敢竄其察，㈣言必當理，事必當

務，是然後君子之所長也。(一五)

(一) 君子之所稱的賢者，不是徧能作到別人所能作到的，下三句仿此。
(二) 「知」、讀「智」。下句「徧知」「所知」兩「知」字讀本音。
(三) 「辯」、謂口才辯給。下句兩「辯」字，指「辯說」、「辯論」，動詞。
(四) 「察」、明察，形容詞。下句兩「察」字，動詞。
(五) 「正」、據治要改爲「止」字。「止」、「在止於至善」（大學）之「止」。朱注：「止者，必至於是而不遷之意。」謂有所專注（一定目標）。此文「所止」，謂止於禮義。此言：君子不是全能，他不能徧能、徧知、徧辯、徧察，他是有所專注的。
(六) 「相」、視也。「高下」、原隰也。「墝」（ㄑㄧㄠ）、薄田。「五種」、黍、稷、豆、麥、麻。「序」，不失次序，各當其宜。言相度土地的高下肥瘠，決定種植五穀的次序而各當其宜（指土宜、時宜），君子不如農人。
(七) 流通貨財，相度貨物的美惡，辨（通「辯」）別價錢的貴賤，君子不如商人。
(八) 「備用」、猶言「械用」。「便備用」、製造器械，以便應用。
(九) 「卹」、通「恤」；恤、顧也。「然不然」，本作「然不」；「然不」、卽「然否」。（王引之說）言不顧是非、然否之事實。
(一〇) 「薦撙」、當作「踐蹲」。「踐」、「薦」義同。「蹲」字，說文訓爲「踞」。「踐蹲」卽驕倨以臨人之義（劉師培說）。「怍」、慚也。言：不顧是非然否之事實，而以辯說驕倨凌人，羞辱愧人，君子不如惠施、鄧析（名家）。
(一一) 「謫」、「譎」之訛。「譎」、「決」古通。據王據下文及君道篇校，改。「譎德而定次」，按其才德之高下，而定其職位的次序。

⑫任使各當其才。

⑬「事變得其應」，言任何事變皆得到適當地肆應（處理）

⑭「竄」、容也。言愼到、墨翟不得近其談說，惠施、鄧析不容其察辯。

⑮言論必定合乎治理，作事必定合乎需要，這才是君子之所長的呢。案：此卽論語：「言寡尤，行寡悔」之義。君子所學，不外治術。

凡事行，有益於理者，立之；無益於理者，廢之。㊀夫是之謂中事。㊁凡知說，有益於理者，爲之；無益於理者，舍之。夫是之謂中說。㊂事行失中，謂之姦事；知說失中，謂之姦道。㊃姦事、姦道，治世之所棄，而亂世之所從服也。若夫充虛之相施易也，㊄「堅白」「同異」之分隔也，㊅是聰耳之所不能聽也，明目之所不能見也，辯士之所不能言也，雖有聖人之知，未能僂指也。㊆不知無害爲君子，知之無損爲小人。㊇工匠不知，無害爲巧；君子不知，無害爲治。㊈王公好之則亂法，百姓好之則亂事。⑩而狂惑戇陋之人，乃始率其羣徒，辯其談說，明其辟稱，老身長子，不知惡也。⑪夫是之謂上愚，曾不如相鷄狗之可以爲名也。⑫詩曰：「爲鬼爲蜮，則不可得，有靦面目，視人罔極。作此好歌，以極反側。」此之謂也。⑬

㊀「理」、治理、治道。言行爲對治理有益的就去作，無益的就廢止。

㊁「中事」、正事，謂合於正道（禮義）的行爲。

㊂「知說」、言論。「中說」、正論，謂合於正道（禮義）的言論。

㈣「姦事」、邪行。「姦道」、邪說。

㈤「充虛施易」、「施」、讀爲「移」。「充」、是實體。「虛」、是虛空。物動時只是從這個地位，換到那個地位。故說「充虛之相移易」。墨辯釋「動」爲「域徙也。」（胡適之先生說）

㈥「堅白」、指公孫龍說。其說：『「堅白石，三，可乎？」曰：「不可。」「二、可乎？」曰：「可。」』謂目視石，但見其白，不知其堅，則謂之白石。手觸石，則知其堅而不知其白，則謂之堅石，是堅白終不可合而爲一。』這是說目視只見「白」而不知「堅」，只可說這是「白石」。手摸則只知「堅」而不知「白」，只可說這是「堅石」。是「堅」「白」終不可合而爲一。「同異」、指莊子說。其說：「大同而與小同異，此之謂小同異。萬物畢同畢異，此之謂大同異。」例如：松與柏是「大同」，松與薔薇花是「小同」，這都是「小同異」。一切科學的分類，只是這種「小同異」。從哲學一方面看來，便是「萬物異同畢異」。萬物各有「自相」，例如：一棵樹上生不出兩朶完全一樣的花。有「自相」所以「萬物畢異」。萬物雖各有「自相」，卻都有一些「共相」。例如：男女雖有別，卻同是人；人與禽獸雖有別，卻同是動物……有「共相」，故萬物可說「畢同」。畢同畢異，「此之謂大同異」。一切同異都不是絕對的（胡適之先生說）「分隔」、猶剖析。

㈦「僂」（ㄌㄡˊ）、疾也。「未能僂指」，不能疾速指陳。言姦事、姦道是治世所棄，亂世所從服的。例如「充虛移易」釋「動」之說，「堅白」、「同異」之分析，都是耳目聰明的人所不能聽不能見的，舌辯之士所不能言的；雖有聖人的智慧也不能疾速指陳的。

㈧「君子」與「小人」對文，指人格修養說。

㈨「君子」、卿大夫。言卿大夫不知，無害於治道。

⑳「法」、法度。「事」、事業。

㉑「戆」、音壯（ㄓㄨㄤ）、愚也，「辟」、音譬。「譬稱」、譬喻稱說。「上愚」、「極愚」。此言：而狂惑愚陋之輩，乃率領他的徒衆，為他們（惠施、鄧析）的學說辯論，為他們所譬所稱而加以說明，直至身老子長，還不覺悟而厭棄，這就叫做至愚。

㉒「相鷄狗」、古有相鷄狗之術，末技也。此言：信仰惠施、鄧析等的學說以求名，還不如學著相鷄狗可以成名呢！「為名」、求名。

㉓小雅何人斯第八章。「蜮」音域、短狐，江、淮水中皆有之。傳說能含沙以射水中人影，其人輒病。「則不可得」，言鬼蜮害人，人不能得見。「靦」音腆，面見人之貌，謂面對人也。「視人罔極」、視人無有窮極，言人相見無盡時，終必能相見。「以極反側」，「極」、究也。「反側」、反覆不定。言眞為鬼為蜮，其能害人，則人不得而見。若此人者，面對衆人之前，不自慚愧。然人之相見，無窮盡之時，彼終必與我相見，那時不知他何以為顏？因作此好歌，以究極其反覆無常之行為。（此段分三節：一節言道不是天道，不是地道，而是以禮義為實質的治道。（此義須切記。）次節言君子所長，在言必當理，事必當務，而不必盡能人之所能。三節言事有中事、姦事之分，言有中說、姦道之別。此段主旨，在明先王之道，禮義而已，君子行之，言必中理，事必當務，承上段而申說儒者「道誠存也」之義。由此段亦可見荀子的功用主義。）

我欲賤而貴，愚而智，貧而富，可乎？曰：其唯學乎。彼學者，行之，曰士也；敦慕焉，君子也；㊀知之，聖人也。㊁上為聖人，下為士、君子，孰禁我哉！鄉也混然涂之人也，俄而竝乎堯禹，豈不賤而貴矣哉！㈢鄉也效門室之辨，混然曾不能決也，㈣俄而原仁義，分是非，〔圖〕圓回天下於掌上，而辯黑白，豈不愚而知矣哉！㈤鄉也胥靡之人，俄而治天下之大器舉在此，豈不貧而富矣哉！㈥今有人於此，屑然藏千溢之寶，雖行貣而食，人謂之富矣。㈦彼寶也者，衣之不可衣也，食之不可食也，賣之不可僂售也，㈧然而人謂之富，何也？豈不大富之器誠在此也？㈨是杅杅亦富人已，㈩豈不貧而富矣哉！故君子無爵而貴，無祿而富，不言而信，不怒而威，窮處而榮，獨居而樂！豈不至尊、至富、至重、至嚴之情舉積此哉！㈡

㈠「士」上「曰」字，猶「則」也。（梁啓雄說）「敦」「慕」、皆勉之意。「焉」、猶「之」也。言能行之則爲士，行而加勉則爲君子。「行之」的「之」字，指所學（禮義）言。

㈡「知之」、謂通於學也。於事皆通，則與聖人無異也（楊注）。久保愛曰：「知之」，謂學而知禮也。案：法行篇：「禮者，衆人法而不知，聖人法而知之。」「法而不知」、即此文之「行之」。「法而知之」，即此文之「知之」。「行之」、行禮而不知禮之理（義）；「知之」、行禮而又通曉禮之理。此「知」之中兼攝著「行」。爲了強調「知」之重要性，只言「知」而不言「行」。荀子以學通禮義之統類的爲全盡，爲聖人，此「知之」就是「通統類」之義。言能行其所學之禮義的就是士，行而勤勉的就是君子，行而明通其理的就是聖人。

㈢「鄉」、音「向」。「混然」、無所知之貌。「涂」與「途」同。「涂之人」、一般民衆。「竝」、比也。言以前是個混然無知的老百姓，俄頃之間可與堯禹看齊，豈不是由賤而貴了嗎？

四「效」、考驗。「辨」、辨別。「效門室之辨」、考驗門室的分別。「決」、決定。

五「原」、本也。「圖」、爲「圓」（音旋）之誤字。廣雅釋詁：「圓、轉也。」「圓回」、猶「圓轉」。言天下之大可圓轉於掌上也（俞說）。言探究仁義的根本，分辨事理的是非，運轉天下於掌上，皆如分辨白黑一般的清楚容易，豈不是由愚昧而明智了嗎？「而」通「如」。

六「胥」、疏也；「疏」、空也。「靡」、無也。「胥靡之人」、空無所有之人。「大器」、大寶。「舉」、皆也。言治國的大寶（喻治國之大道）皆集於一身，豈不是由貧而富了嗎？（爲學是執政的準備工作。）

七「屑然」、楊注：「雜碎衆多之貌」。案：「屑」、今作「屑」。「屑」、古音與「介」雙聲通用。「屑然」疑猶「介然」，特異之貌。「行貣」（ㄊㄜ）」、行乞。「溢」、今作「鎰」、二十四兩。

八「僂售」、疾售。

九此言：那些寶物，不可衣、不可食，賣又不易賣掉，然而人們說他是個富翁，豈不是因爲他確有大富之寶器嗎？

一〇「杅杅」、即「于于」、大也。案：此句指學者說。言學之富如財之富，如所學已富雖不可以衣食，不可以疾售，卻也是個大大的富翁了。

一一「重」、威重。「嚴」、尊嚴。「至尊」、承上「無爵而貴」言。「至富」、承上「無祿而富」言。「至重」、承上「不言而信」言。「至嚴」、承上「不怒而威」言。「窮處而榮，獨居而樂」，承上四句言。「舉積於此」，皆積於君子之身。

故曰：貴名不可以比周爭也，㈠不可以夸誕有也，不可以埶重脅也，必將誠此然後就也。㈡爭之則失，讓之則至；遵道則積，夸誕則虛。㈢故君子務脩其內，而讓之於外；務積德於身，而處之以遵道。㈣如是，則貴名起如日月，天下應之如雷霆。㈤故曰：君子隱而顯，微而明，辭讓而勝。㈥詩曰：「鶴鳴于九皋，聲聞于天。」此之謂也。㈦鄙夫反是：比周而譽俞少，鄙爭而名俞辱，煩勞以求安利，其身俞危。㈧詩曰：「民之無良，相怨一方，受爵不讓，至于己斯亡。」此之謂也。㈨

㈠「比周」、阿黨營私。此言尊貴的聲名不可以結黨營私來爭取。

㈡也不可以矜夸妄誕而獲得，也不可以權勢威重來脅迫，必須眞誠的修養然後才能成就。

㈢王以「道」爲「遁」字之誤。「遵遁」、卽「逡巡」，卻退的意思。下同。此言競爭就要失掉（貴名），辭讓反而得到；謙退就自然委積，夸誕反而空虛。

㈣君子務內修其德而外行辭讓，務積德於身而處之以謙下。

㈤這樣，尊貴之名就如日月之升，羣衆應和之聲如雷霆之響。

㈥所以說，君子身隱而名顯，行微而譽大，辭讓不爭而反勝利。「明」、大。

㈦詩小雅鶴鳴第二章。「九」、比喻深遠。「皋」、澤也。「九皋」、深澤。「聞」、音問，聲之所達。此言「鶴鳴於深澤，聲音遠達於天上。」喻君子身隱而名著。

㈧「譽」、卽「與」字，黨與也。（王說）「俞」、讀爲「愈」。此言：卑鄙之輩恰與此相反：比周以結黨，而黨與愈少，卑鄙以爭名而其名愈辱，煩勞以求安樂而其身愈危。

㈨詩小雅角弓第四章。「一方」、言各據一面。此言：「人之無良心者，各據一面，互相怨怒，只知責人，而不知責己。遇爵祿之利，則爭奪而不謙讓。行爲如此，終於自身滅亡而已。」引此以明小人不責己而怨人。

故能小而事大，辟之是猶力之少而任重也，舍粹折無適也。㈠身不肖而誣賢，是猶傴伸而好升高也，指其頂者愈衆。㈡故明主譎德而序位，所以爲不亂也；㈢忠臣誠能然後敢受職，所以爲不窮也。㈣分不亂於上，能不窮於下，治辯之極也。㈤詩曰：「平平左右，亦是率從。」㈥是言上下之交不相亂也。㈦

㈠「粹」、讀爲「碎」。此言才能薄弱而擔當重任，譬如力量有限而負荷重擔，除了筋骨碎折以外，沒有其他的路子。

㈡「傴」、傴僂。「伸」、爲「身」之誤。此言本身不肖而妄以爲賢能，好比駝子而好登高，頭頂垂得更低，指其頂而恥笑的也更多。

㈢「譎」、通「決」。此言所以明主用人，必先衡量他的才能，然後銓敍他的職位。因此人人稱職，決不混亂。

㈣忠臣受命，必先衡量自己確有這份能力，然後才敢接受這份職務，因此勝任愉快，決不困窘。

㈤「辯」與辨通，卽非相篇「人道莫不有辨」之「辨」：別異定分之意（牟宗三說）。明分方能達治，故與「治」連言曰「治辨」，是荀子特別用語。此言在上的不亂敍職位，在下的人人勝任愉快，這是政治的極則。

㈥詩小雅采菽第四章。「平平」、讀如「便便」，辯治的意思。「左右」、指諸侯之臣。「率從」、循順的意思。鄭箋云：「諸侯之有賢才之德，能治辯其連屬之國，使得其所，則連屬之國亦循順之。」

㈦這就是說上下君臣之間，皆得其所而不相亂。「交」、俱也。（此段分三節：一節言爲學（儒學）就賤而貴，愚而智，貧而富。次節言君子積德而讓，故貴名起。三節言明主決德序位，忠臣量能受職，而國以治。本段主旨在明儒學足以修身、養譽、治國，亦卽所謂儒效。）

以從俗爲善，以貨財爲寶，以養生爲己至道，是民德也。㈠行法至堅，不以私欲亂所聞：如是，則可謂勁士矣。㈡行法至堅，好脩正其所聞，以橋飾其情性；㈢其言多當矣，而未諭也；其行多當矣，而未安也；其知慮多當矣，而未周密也；㈣上則能大其所隆，下則能開道不己若者：如是，則可謂篤厚君子矣。㈤脩百王之法，若辨白黑；應當時之變，若數一二；㈥行禮要節而安之，若生四枝；㈦要時立功之巧，若詔四時；㈧平正和民之善，億萬之衆而〔博〕摶若一人：如是，則可謂聖人矣。㈨

㈠以順從世俗爲善，以貨財爲寶，以維持自己生活爲要道，這是一般民衆的德行。

㈡「行法」、謂行有法度。「至」叚爲「志」。外傳作「志」。下同。此言實踐禮法，志意堅定，不以私慾而迷亂了所聞禮法之言，這樣，可以說是堅強的士人了。

㈢實踐禮法，志意堅定，好脩正他所聽到的禮法（言其日有進益），以矯正文飾他的情性。「橋」叚爲「矯」。

㈣「未諭」、謂未盡曉其義。「未安」、謂未能行得自然，不須勉強。「周密」、謂盡善。此言：他的言論多合於禮法，但不能盡曉禮法的意義；他的行爲多合於禮法，但不能從容中道，不加勉強；他的智慮多合於禮法，但不能盡善盡美。

㈤「大」、尊也。「其所隆」，他所尊奉的人。「大其所隆」，卽前所謂「致貴其上」。此言：上則能尊崇他所尊奉的，下則能開導不如他的。這樣，可以說是篤實敦厚的君子了。（由此可見荀子以「志」、「智」、「言」、「行」四者，爲人格修養的要目)。

㊅脩治百王的法度(禮義)，如辨黑白一般的精確(言其能創法訂制)；肆應當時的事變，如數一二一般的容易(創法訂制，應變不窮，惟有通禮義之統類的聖人能之)。

㊆「要」、約也。「節」、節文。「枝」、叚爲「肢」。「生」、外傳作「運」。此言：行禮約節而安之，如同四肢生於人身一般的自然。

㊇「要」(一ㄠ)邀也。「詔」、告也。外傳作「推」。此言：把握時機，建立功業，其巧妙如同自然昭示四時一般的準確。

㊈「正」、「政」通用。「博」爲「摶」字之誤。「摶」、即「專一」之「專」。(王說)此言：平治政事，和齊萬民，這種德政使億萬之衆和專如一人(精誠團結)。

井井兮其有理也，㊀嚴嚴兮其能敬己也，㊁分分兮其有終始也，㊂猒猒兮其能長久也，㊃樂樂兮其執道不殆也，㊄炤炤兮其用知之明也，㊅脩脩兮其用統類之行也，㊆綏綏兮其有文章也，㊇熙熙兮其樂人之臧也，㊈隱隱兮其恐人之不當也：㊉如是，則可謂聖人矣。此其道出乎一。㊀曷謂一？曰：執神而固。㊁曷謂神？曰：盡善挾治之謂神，㊂萬物莫足以傾之之謂固。神固之謂聖人。㊃

㊀「井井」、良易之貌。此言：待人接物，平易和善而有條不紊。

㊁「嚴嚴」、威嚴莊重之貌。「能敬己」，指律己甚嚴。此言：約束自己威嚴莊重，不敢稍有懈怠。

㊂「分分」、應作「介介」，堅固貌(王說)。此言作事固守原則，有始有終。

㊃「猒」、讀平聲（一ㄢ），「猒猒」、猶「安安」，寬和貌。此言：心地寬和，與世無忤，心情永保寧靜，故能長久。

㊄「樂樂」、猶「落落」，石貌。老子曰：「落落如石」。以其執道不殆，故以石形容之（俞說）。「殆」、同「怠」、懈怠。此言：操持大道，始終不懈，如石一般的堅固。

㊅「炤」、同「照」。「照照」、明見之貌。此言：善用其智，故所見甚爲明晰。

㊆「脩脩」、應作「條條」，行貌（王說）。「用」字衍文（王引之說）。「統類」、猶言「綱紀」。此言：行爲順理成章，合於禮法之綱紀，而不乖悖於事理。

㊇「綏綏」、安泰貌。「文章」、指人的豐采。此言：態度安詳，儀表非凡，而具有豐采。

㊈「熙熙」、和樂之貌。「臧」、善。此言：看到別人的好處，就感到高興。

㊉「隱隱」、憂戚貌。恐怕別人行事不當於理，就感到憂戚。楊注：此以上皆論大儒之德也。

⑪「一」、指專心一致，始終如一。言聖人所以能有此德象，其道乃由於專一於先王之道。下文云：「並一而不二，則通於神明。」

⑫操持先王之道神而固的，就是一。

⑬「挾」、讀爲「浹」。「浹」、周洽。「盡善」、全體皆善。「浹治」、全體皆治。言所事無一不善，無一不治的，就叫做神。

⑭「萬物」上，王引之以爲當有「曷謂固？曰」四字。案：上文「曷謂神」，可能原爲「曷謂神固」，此脫「固」字。「神固」連文，下文可證。言萬物不能傾移其所守的，就叫做固。神而固的就是聖人。勸學篇：「能定（固）能應（神），夫是之謂成人。」此與同義。

聖人也者，道之管也：㊀天下之道管是矣，百王之道一是矣。㊁故詩書禮樂之道歸是矣。㊂詩言是其志也，㊃書言是其事也，㊄禮言是其行也，㊅樂言是其和也，㊆春秋言是其微也，㊇故風之所以爲不逐者，取是以節之也，㊈小雅之所以爲小雅者，取是而文之也，㊉大雅之所以爲大雅者，取是而光之也，⑪頌之所以爲至者，取是而通之也。⑫天下之道畢是矣。鄉是者臧，倍是者亡；⑬鄉是如不臧，倍是如不亡者，⑭自古及今，未嘗有也。

㊀「管」、樞要(動力所在)。此言：聖人是大道的樞要。(這一句是本節的總冒，下皆承此而言。)

㊁「是」、指聖人（楊注以「是」指儒學。案上節言聖德，此節承上節言聖道，此兩「是」字似皆指聖人而言）。此言：天下的大道以聖人爲樞要，百王的大道全寄託在聖人身上（此以聖人代表中國歷史文化，而聖人之學就是儒學。）

㊂「之」下據劉校補「道」字，與上兩「之道」對文。此言：所以詩書禮樂之道，都歸結在聖人身上。

㊃詩經所講的是聖人的意志（詩言志）。

㊄書經所講的是聖人的行事（書記事）。

㊅禮經所講的是聖人的行爲（禮是行爲的規範）。

㊆樂經所講的是聖人的和樂（樂以道和）。

㊇「微」、微旨。一字爲褒貶，微其文，隱其義之類是也。案：此言：春秋以一字爲褒貶，這是聖人的微旨。

㊈「風」、國風。「逐」、流蕩。此指變風。詩序曰：「變風發乎情，止乎禮義；發乎情，人

之性也；止乎禮義，先王之澤也。」此言：國風言情，然而不致流蕩者，是取聖人之道（禮義）節制了它（情）啊！

⑩「雅」、正也。「文」、飾也。此言：小雅所述所以成其爲小雅者，是取聖人之道文飾了它啊！

⑪「光」、「廣」古通用。詩序所謂政有大小，大雅小雅是也（郝說）。此言：大雅所述所以成其爲大雅者，是取聖人之道廣大了它啊！

⑫頌之所頌所以成其爲聖德之極至者，此德是取聖人之道而通達的啊！

⑬「是」、指聖人。「鄉」、讀曰「向」。此言：天下之道都寄託在聖人身上。順著聖人之道走的，就會美善；違背聖人之道的，就會滅亡。

⑭兩「如」字，皆讀爲「而」（盧說）。（這一段分三節：一節言士、君子、聖人造詣的境界。次節言聖人的德象。三節言聖人是道（禮義）之樞要。本段主旨在強調聖人爲文化生命（儒術）之所寄託，故極贊之。）

客有道曰：孔子曰：「周公其盛乎！㊀身貴而愈恭，家富而愈儉，勝敵而愈戒。」

㊁應之曰：是殆非周公之行，非孔子之言也。武王崩，成王幼，周公屏成王而及武王，履天子之籍，負扆而〔坐〕立，㊂諸侯趨走堂下。當是時也，夫又誰爲恭矣哉！兼制天下立七十一國，姬姓獨居五十三人焉；周之子孫，苟不狂惑者，莫不爲天下之顯諸侯。孰謂周公儉哉！㊃武王之誅紂也，行之日以兵忌，㊄東面而迎太歲，㊅，至〔汜〕汜而汎，至懷而壞，㊆至共頭而山隧。㊇霍叔懼曰：「出三日而五災至，無乃不可

乎？」㊈周公曰：「刳比干而囚箕子，飛廉、惡來知政，夫又惡有不可焉！」(一〇)遂選馬而進，(一一)朝食於戚，暮宿於百泉，(一二)〔厭〕旦厭於牧之野。(一三)鼓之而紂卒易鄉，(一四)遂乘殷人而誅紂。(一五)蓋殺者非周人，因殷人也。(一六)故無首虜之獲，無蹈難之賞。(一七)反而定三革，偃五兵，(一八)合天下，(一九)立聲樂，(二〇)於是武象起而韶護廢矣。(二一)四海之內，莫不變心易慮以化順之。(二二)故外闔不閉，(二三)跨天下而無蘄。(二四)當是時也，夫又誰為戒矣哉！(二五)

㊀「盛」、言周公之德盛。

㊁「戒」、備也。此言消滅紂王之後而更加戒備。荀卿之時，有客說孔子之言如此。

㊂扆（一ˇ）、戶牖之間。「坐」、盧謂當作「立」。王曰：「古無坐見諸侯之禮。」茲據改。

㊃以上下文例之，「儉」下應該有個「矣」字。此言：周家的子孫，除狂妄迷亂者外，都封為天下的顯貴諸侯，怎麼說是周公儉約呢？

㊄武王出兵的那一天，是兵家所忌的日子。

㊅「迎太歲」、謂逆太歲。「太歲」、星名，約十二歲而一周天。尸子：「武王伐紂，魚辛諫曰：『歲在北方，不北伐。』武王不從。」案：左傳昭三十二年：「越得歲，而吳伐之，必受其凶。」杜注云：「歲星所在，其國有福，吳先用兵，故反受其殃。」此迎歲星出征，必受其凶之說。

㊆「氾」、當作「汜」，水名。「懷」、地名。劉師培曰：通典兵十五云：「周武王伐紂，師至汜水牛頭山，風甚雷疾，鼓旗毀折，王之驂乘，惶震欲死。」此即「至汜而汎」事也。御覽引六韜云：「武王伐紂，乘舟濟河，兵車出，壞船於河中。」此即「至懷而壞」事也。淮南兵略訓：「武王伐紂，東面而迎歲，至汜而水（高注云：汜、地名。水、有大雨水

也。）至共頭而山墜（高注云：共頭、山名，在河內。墜、隕也。）」亦與此文相同。案：「氾」與「汎」，「懷」與「壞」，音皆相近，觸犯忌諱，所以致此。

⑧ 「共」、音「恭」、河內縣名。共頭、在共縣之山名。「隧」、讀爲「墜」，謂山石崩摧。

⑨ 「霍叔」、武王弟。此言霍叔恐懼就勸武王道：「出兵才三日，就遇上五種災難，這次出兵怕不相宜吧！」

⑩ 「比干」、紂賢臣。「箕子」、紂叔父。「箕」、國名。「子」、爵。「飛廉」、「惡來」，皆紂之嬖臣。飛廉善走，惡來有力。

⑪ 兪曰：此「選」字。當訓齊。「選馬而進」，蓋戎事齊力之義。案：「選馬而進」、謂並驅而進。

⑫ 「戚」、衞邑，在頓丘衞縣西。「百泉」、近朝歌地名。

⑬ 「厭旦」、兪謂當作「旦厭」。「厭」、讀爲「壓」。茲據乙。此言：武王揮兵齊馳，到戚地早餐，到百泉宿營，第二天的黎明就兵臨紂都南郊的牧野。

⑭ 「易鄉」、反身而奔。「鄉」、讀「向」。此言：武王戰鼓一鳴，紂兵反身而逃。

⑮ 武王遂乘殷人反奔崩潰之勢而誅紂。「乘」，因也。

⑯ 大概殺紂的不是周人，可能是殷人反奔崩潰之際，自相誅殺的。

⑰ 所以周人沒有斬首俘虜之獲，也沒有蹈險犯難之賞。

⑱ 「定」、息。「偃」、仆也，皆不用之義。「三革」、犀、兕、牛。「五兵」：矛、戟、鉞、盾、弓矢。國語韋注：「三革：甲、冑、盾。五刄：刀、劍、矛、戟、矢也。」此言：返國之後，軍隊皆解甲歸田。

⑲ 「合天下」、會合天下諸侯，而歸於一統。

㉚「立聲樂」，建立聲樂，教化萬民（偃武修文之意）。

㉛「武象」，周武王克殷後樂名。「韶、護」，殷樂名。

㉜四海以內的民衆，都改變想法作法，爲武王所感化而順從。

㉝「闔」、門扇。此言大門都不用關。

㉞「跨」、越也。「蘄」、同「圻」；「圻」、卽「垠」字，邊界。此言普天之下都沒了疆界，如同一家一般。

㉟太平如此，誰復戒備！（此段言大儒周公的盛德，不似社會流俗之所傳。）

造父者，天下之善御者也，㊀無輿馬則無所見其能。㊁羿者，天下之善射者也，㊂無弓矢則無所見其巧。大儒者，善調一天下者也，㊃無百里之地，則無所見其功。輿固馬選矣，㊄而不能以至遠——一日而千里——則非造父也。弓調矢直矣，而不能射遠中微，則非羿也。㊅用百里之地，而不能以調一天下，制彊暴，則非大儒也。

㊀「造父」、周穆王的御者。

㊁「見」、讀「現」，表現，下同。

㊂「羿」、有窮之君，逐夏太康而簒位。後爲其臣寒浞所殺。

㊃「調一天下」、調和齊一（團結）天下。卽上文「平正和民」及非相篇「和齊百姓」之義。

（這也是由外王一面言大儒）

㊄「選」、訓善（劉師培說）。

㊅有調適的弓，又有挺直的箭，而不能射的遠，射中微小的目標，就不算是羿。

彼大儒者，雖隱於窮閻漏屋，無置錐之地，而王公不能與之爭名；〔在一大夫之位，則一君不能獨畜，一國不能獨容，成名況乎諸侯，莫不願得以爲臣。〕㈠用百里之地，而千里之國莫能與之爭勝；笞棰暴國，齊一天下，而莫能傾也。是大儒之徵也。㈡其言有類，㈢其行有禮，其舉事無悔，其持險應變曲當。㈣與時遷徙，與世偃仰，㈤千舉萬變，其道一也。㈥是大儒之稽也。㈦其窮也俗儒笑之；其通也英傑化之，嵬瑣逃之，㈧邪說畏之，衆人媿之。㈨通則一天下，窮則獨立貴名，天不能死，地不能埋，桀跖之世不能汙，㈩非大儒莫之能立，仲尼、子弓是也。

㈠ 盧、王皆以此三十二字爲衍文，外傳五所引無此數句，茲據刪。
㈡ 「傾」、危也。「徵」、驗也。
㈢ 「類」、統類。非十二子篇：「多言而類，聖人也。」與此句同義。此言他的言論都合乎禮義的統類（精神）。
㈣ 他的行爲都合乎禮法，他作事永遠沒有差錯，他扶持危局，應付事變，莫不曲得其宜。
㈤ 權變因應。解見非相篇「凡說之難」節。
㈥ 「其道一」，謂皆歸於治道。此言：他在政治上的任何活動，任何變化，總是合於治理的。
㈦ 「稽」、考也；考、成也。言這是大儒的成就。
㈧ 倍千人曰「英」，倍萬人曰「傑」。此言英傑之人，則慕而化之；狂怪之人，則畏而逃去之（嵬瑣之不化，非不可化，而在不肯受化——陳大齊先生說）。
㈨ 「媿」、或爲「貴」（楊注）。龍宇純說：「貴」、「媿」古同音，「媿」爲「貴」之聲誤。案：此言：倡邪說之人畏而避之，一般衆人皆尊而貴之。

㊉此三句言大儒的貴名永垂不朽。

故有俗人者，有俗儒者，有雅儒者，有大儒者。不學問，無正義，以富利為隆，是俗人者也。㊀逢衣淺帶，解果其冠，㊁略法先王而足亂世術，㊂繆學雜舉，㊃不知法後王而一制度，㊄不知隆禮義而殺詩書；㊅其衣冠行偽已同於世俗矣，然而不知惡〔者〕；㊆其言議談說已無異於墨子矣，然而明不能別；㊇呼先王以欺愚者而求衣食焉；㊈得委積足以揜其口，則揚揚如也；㊉隨其長子，⑪事其便辟，⑫舉其上客，⑬億然若終身之虜而不敢有他志：是俗儒者也。⑭法後王，一制度，隆禮義而殺詩書；其言行已有大法矣，然而明不能齊法教之所不及，聞見之所未至，則知不能類也；⑮知之曰知之，不知曰不知，內不自以誣，外不自以欺，⑯以是尊賢畏法而不敢怠傲：是雅儒者也。⑰法先王，統禮義，⑱一制度；以淺持博，⑲以古持今，⑳以一持萬；㉑苟仁義之類也，雖在鳥獸之中，若別白黑；㉒倚物怪變，所未嘗聞也，所未嘗見也，卒然起一方，則舉統類而應之，無所儗㤀；㉓張法而度之，則晻然若合符節：是大儒者也。㉔

㊀不求知識，沒有是非，以追求財富為目的，這是一般民衆（和上文「以貨財為寶，以養生為己至道，是民德也」之意略同。）

㊁「逢衣」、寬大的衣服。「淺帶」、博帶。「解果其冠」、冠之中高旁下者（劉師培說）。此言：穿著寬大的衣服，繫着博大的帶子，戴著中高而旁下的帽子。（謂強為儒服，而無其實。）

㊂「略」、粗也。「世術」、治世之術。此言：效法先王的遺言，而粗略不知大體（不明類），

故足以淆亂治世之術。

㈣ 所學乖謬，所舉雜博。「繆」、通「謬」。

㈤ 「後王」、指文王、武王（詳見非相篇）。言俗儒不知遵照周道（文武之道）而統一制度。

㈥ 荀子以明類的爲聖人。禮義，百王累積之典憲，統類之所寄託，故荀子特別重視。詩言情，書記事，「故而不切」，雜博不足以言統類，故荀子看作次要。「殺」者，卑抑之意。「殺詩書」、不可過於重視詩書的意思。勸學篇：「將原先王，本仁義，則禮正其經緯蹊徑也。…不道禮憲以詩書爲之，…猶以指測河…不可以得之。」參看非相篇。

㈦ 「衣冠」，即上文「逢衣淺帶」之比。「行僞」、即「行爲」。王以爲「者」字衍文。此言他的衣著行爲和世俗一樣，然而他不知厭惡。

㈧ 他的言論談說和墨子一樣（墨子同路人），然而他的聰明不能辨別其非。

㈨ 張口「先王」，閉口「先王」，以欺騙那些愚人，而求得衣食。

㈩ 「委積」、謂儲蓄。「揜」，（ㄧㄢˇ）塡滿。「揚揚」、得意的樣子。言若積蓄足以餬口，就揚揚得意了。

⑪ 「隨其長子」，即順從顯貴之人（劉師培說）。

⑫ 「便辟」、謂左右親信小臣。「便」、婢延反（ㄆㄧㄢˊ）。「辟」、讀「嬖」。言事奉貴者左右親信小臣。

⑬ 「舉」、王讀爲「相與」之「與」。言結交貴人的上賓以爲助。

⑭ 「僡」、王云：蓋「僡」字之誤。說文：「僡」、安也，從人𢡃聲。」通作「億」。「僡然」、安然也。言俗儒居人國中，苟圖衣食，安然若將終身，而不敢有他志也。「法後王，一制度」，言以文武的法度爲根據而調一制度。

⑮「齊」、讀爲「濟」。言法教所及，聞見所至，則明足以及之，而不能濟其法教之所未及，聞見之所未至也。所以然者，由其知不能類也（兪說）。「知不能類」之「知」，讀「智」。王制篇：「有法者以法行，無法者以類舉。」「能類」、卽能「以類舉」（以同類之理舉）的意思。言他的言行都能合於禮法，然而禮法沒有明文規定，自己又沒有經驗（聞見）過的事物，就沒有辦法了，這是因爲他的智慧還不能觸類旁通啊！（此「類」字作動詞用，卽「推理」。此數語極關重要，明類的目的在此，大儒雅儒之別亦在此。）

⑯「自」、用也。言知道就說知道，不知道就說不知道，內不用以自欺，外不用以欺人。

⑰因此尊崇賢哲，敬畏法度、而不敢怠惰傲慢：這是雅儒。

⑱「先王」、楊注謂當爲「後王」。「統」、本也。本後王之禮義，以調一制度。

⑲「持」、訓「制」。「制」、裁斷也，引申義爲「推度」、「推知」。此言以淺近可推知博大。卽不苟篇「五寸之矩，可盡天下之方」之義。

⑳「以古持今」、楊注謂當爲「以今持古」。案：不苟篇云：「百王之道，後王是也。」後王的法度中，保留著前代法度的遺跡。故可由今世法度而推知以前法度。

㉑以一理可推知萬殊。

㉒「仁義之類」、指善類。此言：鳥獸之中的善類，猶可如別黑白一般的分辨出來，何況人羣中的善類？案此言大儒之明。（此文難明，此採楊注意。）

㉓「倚」，奇也。韓詩外傳作「奇物怪變」。「儗」、讀爲「疑」，「㤰」與「怍」同。言奇物怪變，所未曾聽過的，也未曾見過的，猝然發生，大儒知其統類，舉以肆應，從容無所疑怍。久保愛以「㤰」爲「懘」字之誤，「懘」與「滯」同，也可講得通。

㉔「晻然」、同貌。此言拿法度來度量它，如合符節一般的脗合，而毫無差錯。案：此言大儒

智通統類，故持險應變而曲當。

故人主用俗人，則萬乘之國亡；㈠用俗儒，則萬乘之國存；㈡用雅儒，則千乘之國安；㈢用大儒，則百里之地，久而後三年，天下爲一，諸侯爲臣；㈣用萬乘之國，則舉錯而定，一朝而伯。㈤

㈠俗人不義而好利，用以執政，雖大國也不免滅亡。
㈡俗儒謬學雜舉，不知隆禮義，用以執政，雖大國也不過僅免於危亡。
㈢雅儒隆禮義，言行有法度，用以執政，雖小國也可安定。
㈣大儒明禮知類，用以執政，雖百里之地，至多三年之後，天下統一，諸侯臣服。
㈤「錯」、讀爲「措」。「伯」、讀爲「白」。「白」、顯著也。此言：若執大國之政，則舉措之間而安定四海，一朝之內而名顯天下。（本段分四節：一節言大儒善調一天下，然必有所憑藉始見其功。次節言大儒通則一天下，窮則立貴名。三節言儒者之等第，而盛贊通統類的大儒。四節承三節而言各種儒者之功效。本段主旨，闡明大儒之效，在於通禮義之統類。讀者於此切須留意。）

不聞不若聞之，聞之不若見之，見之不若知之，知之不若行之。學至於行之而止矣。㈠行之，明也；㈡明之爲聖人。㈢聖人也者，本仁義，當是非，齊言行，不失豪釐，㈣無他道焉，已乎行之矣。㈤故聞之而不見，雖博必謬；㈥見之而不知，雖識必妄；㈦知之而不行，雖敦必困。㈧不聞不見，則雖當，非仁也。㈨其道百舉而百陷也。㈩

㈠「聞之」、「見之」、「知之」、行之」這四個「之」字皆指所學言。亦卽有關禮義的知識。

㈡注：行之，則通明於事也。案：此語甚精，楊注甚確。

㈢注：通明於事，則爲聖人。案：上言：「行之曰士也，知之聖人也。」此言：「知之不若行之，學至於行之而止矣。行之，明也；明之爲聖人。」前後並不相矛盾。此「明之爲聖人」，卽上文「知之聖人也。」此行是「舉統類而應之」的篤行，猶中庸經學、問、思、辨、眞知以後的篤行，和「行之曰士」之「行」不同。

㈣聖人之德是以仁義爲根本，辨別是非極爲恰當，言行一致，不失毫釐。

㈤「已」、止也。此言：聖人所以能夠如此，沒有其他的途徑，在止於能行其所學而已。案：這是荀子對聖人的具體論述，也是荀子的篤行原則。此數語正申明「行之明也」一義，可與勸學篇「知明而行無過」之義互參。

㈥僅聽聞而沒見過，雖博聞必有謬誤。

㈦「識」、通「誌」，記也。此言：見而不知其意義，雖然記識必昧於它的指意。制氏就是例子（漢書禮樂志：「漢興，樂家有制氏，但能紀其鏗鏘鼓舞，而不能言其義」。）

㈧知而不能實行，雖知識豐厚，行事必至困躓。

㈨如不聞不見，雖行爲偶有所當，也不是仁人君子之通明於事理的。

㈩偶中之道，是不中用的，作起事來，事事失敗。

故人無師無法，而知則必爲盜，勇則必爲賊，云能則必爲亂，㈠察則必爲怪，㈡辯則必爲誕；㈢人有師有法，而知則速通，㈣勇則速畏，㈤云能則速成，察則速盡，㈥辯則速論。㈦故有師法者，人之大寶也；無師法者，人之大殃也。㈧人無師法，則隆性矣；有師法，則隆積矣。⑲而師法者，所得乎〔情〕積，非所受乎性。⑳性不足以獨立而治。㉑性也者，吾所不能為也，然而可化也。〔情〕積也者，非吾所有也，然而可為也。㉒注錯習俗，所以化性也；㉓並一而不二，所以成積也。㉔習俗移志，安久移質。㉕並一而不二，則通於神明，參於天地矣。㉖

⑪「云」、有也。言無師無法，而有能則必為亂；有師有法，有能則必速成（王說）。

⑫人無師無法，聰察則必作怪說，如惠施、鄧析。

⑬「辯」、口才捷給。言辯才捷給，則必然妄誕。如蘇秦張儀。

⑭有師有法，聰明的就很快的明通事理。

⑮勇敢的就很快的具有威嚴。

⑯聰察的就很快的盡於物理。

⑰「論」、決也。言有辯才的論事就能很快的決斷。

⑱師法是人生的大寶，沒了師法是人生的大禍。案：荀子重智，故重經驗；重經驗，必重師法；師法是經驗所累積的。此與孟子良知說恰相反。

⑲「隆性」、謂恣其本性之欲。「隆積」、謂重視積學，以化於善。

⑳「情」注以為「積」字之誤，據改。言師法是由積學而成；不是受於自然之性。

㉑「不足以獨立而治」上，王謂當更有一「性」字。言性不足以獨立而治，必待禮義師法積習以化之也。

㉒「情」、注云：亦當為「積」。案：性、稟之自然，人力無可奈何。「然而可化」，明其不固著於惡，是可以人力化導的。化性之道，在隆師法，重積習；積習不是我本有的，是透過

師法而積成的。故曰：「非吾所有也，然而可爲也。」「可爲」、言可能爲力，和上文「不能爲」相對。

㊂「注錯」、猶「措置」。錯、于故反。案：「措置」、猶「安排」。殆指生活方式說。此言：生活的安排，風俗的習染，就可以化性。

㊃「幷」、讀爲「併」。「併一」、「不二」，皆專一之意。性惡篇：「今使途之人，伏術爲學，專心一志，思索孰察，加日縣久，積善而不息，則通於神明，參於天地矣。」和此文同義。「幷一而不二」，卽「專心一志」的意思。禮記檀弓注：「幷、猶專也。」（「積習」、「積善」皆與「積學」同義）此言專心一志，就可以成積。

㊄習俗轉移人的志向，安之旣久就變化人的氣質。案：此卽不苟篇：「長遷而不復其初則化矣」之義。

㊅專一於師法，不二於異端，則智慧通於神明，與天地並列了。

故積土而爲山，積水而爲海，旦暮積謂之歲，㊀至高謂之天，至下謂之地，宇中六指謂之極，㊁涂之人——百姓，積善而全盡，謂之聖人。㊂彼求之而後得，爲之而後成，積之而後高，盡之而後聖，㊃故聖人也者，人之所積也。㊄人積耨耕而爲農夫，積斲削而爲工匠，積反貨而爲商賈，積禮義而爲君子。㊅工匠之子，莫不繼事，㊆而都國之民安習其服，㊇居楚而楚，居越而越，居夏而夏，是非天性也，積靡使然也。㊈故人知謹注錯，愼習俗，大積靡，㊉則爲君子矣。縱情性而不足問學，㊁則爲小人矣；爲君子則常安榮矣，爲小人則常危辱矣。凡人莫不欲安榮而惡危辱，故唯君子爲能得其所好，小人

則日徵其所惡。㉑詩曰：「維此良人，弗求弗迪；唯彼忍心，是顧是復。民之貪亂，寧爲荼毒。」此之謂也。㉒

㈠ 一天一天的積就成歲。

㈡ 「六指」、上下四方也。盡六指之遠，則爲六極。言積近以成遠。

㈢ 「積善」、卽「積學」。「全盡」學至「倫類通」，「仁義一」，卽爲「全盡」，參看勸學篇。

㈣ 「彼」、指聖人。「求之」、「爲之」、「積之」、「盡之」，四「之」字皆「善」之代詞。亦卽「學」之代詞。言他求學而後心有所得，爲學而後行有所成，積學而後成其人格的高大，積學而全盡然後就成爲聖人。案：「求」、「爲」、「積」、「盡」是治學的四個階層。

㈤ 聖人不是天生的，是由後天積學而成的。案：聖人是人格的極致。積善而全盡是人格的內容，此卽荀子之基本原則——天生人成。

㈥ 「積耨耕」、「積斲削」、「積反貨」、「積禮義」，四積字，皆「學」的意思，「反」、讀爲「販」。

㈦ 工匠的兒子沒有不繼承他父親的事業而作工匠的。

㈧ 「都國」、猶「都城」。「服」、謂服習的風俗習慣。此言都城中的民衆安於都城的習俗。以下各句同。

㈨ 楊注：「靡」、順也。順其積習，故能然。案：說文通訓定聲云：「『靡』、叚借爲『摩』。」「摩」、古音若「靡」，故與「靡」通。禮學記「相觀而善之謂摩。」春秋繁露天道施云：「積習漸靡，物之微者也，其入人不知，習忘乃為常然。」「積靡」、卽「積習漸靡」的意思。性惡篇云：「身日進於仁義而不知者，靡使然也。」注云：「或曰：靡、磨切也。」彼說是，此注恐非。言這不是天性自然如此，積習漸靡而使之如此啊！

⑳「大」、猶「隆」也。「大積靡」、卽「隆積」之意。

㉑「足」、重也。

㉒「徼」、與「邀」同，招也。一堯反。

㉓詩大雅桑柔第十一章。舊說為刺周厲王之詩。「迪」、進也。「忍」、殘忍。「顧」、念也。「復」、重復。此言厲王有此善人，不求進而用之。對那些忍心不仁之人，卻反復顧念他。此天下之人所以肆行貪亂，安心為荼毒所苦啊！（此段分三節：一節言聖人之行，通明於事理。次節言師法的重要，意謂篤行的聖人既可為師，又可為法。有師法就「隆積」；隆積就化性成德。三節強調「積」的功效。本段主旨在勉學者「隆師法」、「重積習」。又荀子「隆師法」，不是崇拜權威。聖是人羣中具有眞實生命的精英，湧發理想的源泉，學者怎可不尊崇他？）

人論：㈠志不免於曲私，而冀人之以己為公也；行不免於汙漫，而冀人之以己為脩也；㈡〔其〕甚愚陋溝瞀，㈢而冀人之以己為知也：是衆人也。志忍私，然後能公；行忍情性，然後能脩；㈣知而好問，然後能才；㈤公脩而才，可謂小儒矣。㈥志安公，行安脩，知通統類：如是則可謂大儒矣㈦。大儒者，天子三公也；小儒者，諸侯、大夫、士也；衆人者，工農商賈也。㈧禮者、人主之所以為羣臣寸尺尋丈檢式也。人倫盡矣。

㈨

㈠「論」、讀爲「倫」。「倫」、類也，謂人之等類。

㈡「汙」、穢也。「漫」、亦汙也。凡荀書言「汙漫」者竝同。「脩」、脩潔。

㈢「其」、是「甚」字之誤，「溝」音寇（ㄍㄡ），愚也。「溝瞀」、無知。「知」讀「智」。言極其愚陋無知，而希望人以爲自己聰明。

㈣「忍」、謂矯其性。案：「忍」、有勉強之意。言強忍其私心及情性，不使放縱，然後才能公正、脩潔。又「情」「性」二字，荀子有時分言，有時合言：分言有別，合言無別。合言就是性。

㈤智而好問，然後才有才能。

㈥志雖公，行雖脩，但出於勉強而不能安（自然）。智而才，但不能通統類，皆學猶未至，故曰小儒。

㈦「安」、不勉而中的意思。這是脩養純至的境界。「智通統類」，才可稱爲「全盡」，稱爲「智明」。惟大儒才可達此境界。（上文言「師法」，言「積靡」，所師所法者亦此。）

㈧大儒可作天子的三公，小儒可作諸侯的大夫、士。普通人只好作農工商賈。

㈨「尺寸」、「尋丈」，指上文「衆人」、「小儒」、「大儒」說。言人之有大小，如度之有長短。「檢」、「式」、皆法也。此言：禮是人主測度人臣的標準。人的等第全盡於此了。（本段論人格等第，皆從志、行、智三項着眼，參看前文「以從俗爲善」段。）

君子言有壇宇，㈠行有防表，㈡道有一隆。㈢言〔道德〕政治之求，不下於安存；㈣言志意之求，不下於士；㈤言道德之求，不二後王。㈥道過三代謂之蕩，㈦法二後王謂之不雅。㈧高之下之，小之〔臣〕巨之，不外是矣。㈨是君子之所以騁志意於壇宇宮廷也。(一〇)故諸侯問政，不及安存，則不告也。(一一)匹夫問學，不及爲士，則不教也。(一二)百家之說，不及後王，則不聽也。(一三)。夫是之謂君子言有壇宇，行有防表也。(一四)

(一)「壇」、堂基。「宇」、屋邊。「言有壇宇」，謂言有界域。卽下文「道不過三代，法不二後王。」

(二)「防」、隄防。「表」、標誌。「行有防表」，謂行有標準。

(三)「道有一隆」、謂守道要有所專重。

(四)「道德」、楊注以爲「政治」之誤，據正。言人有以政治來問（求）的，就以安存國家以上之事（言不止於安存）告訴他。

(五)人有以脩其志意來問的，就以爲士以上之事告訴他。

(六)「道德」、禮樂敎化。言人有以禮樂敎化來問的，就告訴他專一於文武。

(七)三代以上的治道是浩蕩（渺茫）難信的。非相篇云：「五帝以外無傳人，非無傳人也，久故也。五帝之中無傳政，非無善政也，久故也。……是以文久而滅，節族久而絕。」可作此語注脚。

(八)「雅」、正也。言禮法若不專重文武（周文），就不雅正。案：荀子雖言：「道過三代謂之蕩，法二後王謂之不雅。」然亦云：「上則法舜禹之制。」（非十二子篇）是則並無一定不可移者。惟要在「知統」。學以「知統」爲目標，則法舜禹，法三代，法文武，均無不可。惟知統之根據，總以粲然明備之後王爲宜，故荀子屢有此言。參看非相篇有關章句。

(九)「臣」、據楊注改爲「巨」。言不管所討論的問題是高是下，是大是小，總不出這個範圍。

(一〇)「宮」、卽室。「庭」、門屏以內。「騁志意」、馳騁其志意，謂思想活動，包括言與行。

言此君子所以馳騁其志意總不出此界域之外也。

㈡所以諸侯請問政事，而不及安存之道，君子就不告訴他。如衛靈公問陳（陣），孔子對以軍旅未學。

㈢一般人問學，而志不及爲士，君子就不敎導他。如樊遲問學稼學圃，孔子答以不如老農老圃。

㈢百家雜說，不及後王之道，而妄起異端，君子就不接受它。

㈣此之謂君子言論有一定的界域，行爲有一定的標準。（此段說篤行君子的言論、行爲、道術皆有一定的範圍和標準。這標準就是後王的禮法——周文。「是時百家異說，多妄引前古，以亂治術（是古非今）」，故荀子屢爲此言，以謀重建思想言論的正確準則。）

王制篇第九

本篇論王政，涉及方面很廣，然精神之所注，則在「隆禮尚賢」四字。此正儒家傳統思想所謂之仁政。又荀書所謂「王制」，都是指聖王之「禮」言，此篇名「王制」，而所論則爲聖王之「政」，名同實異，所當明辨。

請問爲政？曰：賢能不待次而舉，罷不能不待須而廢，㊀元惡不待教而誅，中庸「民」不待政而化。㊁分未定也，則有昭繆。㊂雖王公士大夫之子孫也，㊃不能屬於禮義，則歸之庶人。雖庶人之子孫也，積文學，正身行，能屬於禮義，則歸之卿相士大夫。㊄故姦言，姦說，姦事，姦能，遁逃反側之民，職而教之，須而待之，㊅勉之以慶賞，懲之以刑罰。安職則畜，不安職則棄。㊆五疾，上收而養之，材而事之，官施而衣食之，兼覆無遺。㊇才行反時者死無赦。㊈夫是之謂天德，是王者之政也。㊉

㊀「次」、官位次序。「罷」、通「疲」，弱不任事者，荀書多「賢」、「罷」對舉。「須」、須臾。正論篇及古逸叢書本皆作「頃」。言爲政之道，首在任賢，故賢而能者，可不以官位次序而擢升（如傅說起於版築而爲相），疲弱無能者，不待頃刻而廢斥。

㈡「元惡」、大惡。不教而誅謂之虐，唯元惡可不教而誅，如傳說孔子之誅少正卯。「中庸」、謂中等平常之人。其下「民」字，據王據外傳校，刪。「政」、謂刑賞（陶說）。言元惡教而不可化，故不待教而誅；平常的人，易與爲善，故教而可化，不待刑賞。

㈢「繆」、讀爲「穆」。父昭子穆，昭居左，穆居右，宗廟、葬墓皆以此爲序。劉師培曰：古崇宗法，分別昭穆，言用人者，當分未定時，亦可行此制。二語以下，當有脫文。言分定之後，此制不可行。蓋脫「分既定焉，則無昭穆」八字。案：此二語不與上下相接，（楊注亦難了解）如非脫誤，就是錯簡，置之可也。

㈣「子孫」下，據王先謙據臺州本校補「也」字。

㈤「屬」、音蜀，合也。荀子以禮義爲善，非禮義爲惡。言雖貴族之子弟，如言行不合於禮義，則降而歸之庶人；庶人之子弟，如積學成智，正身修行，能合於禮義，就升而歸之於卿相士大夫。（反對世祿的文官制度）

㈥「言」、「說」同意。「能」、「事」同意。此指不合禮義之言行。「遁逃」、不務正業。「反側」不安分之民。「須」、緩也。言姦言、姦說、姦事、姦能（言行乖謬），不務正業，反側不安之民，要使各當其職而教導他，慢慢地等他覺悟遷善。

㈦「慶」、亦賞也。「畜」、養也。「棄」、去也，投諸四裔之比。言再以慶賞勸勉他，刑罰懲戒他，如此，而安於其職分的就養着他，否則，就驅逐出境。

㈧「五疾」：瘖、聾、跛躄（音必ㄅㄧˋ）、斷者（肢體不全）、侏儒（矮子）。「事」、役使。「官施」、任用。言殘廢的，政府要收養他，各就其材而役使他，如瞎子可使修樂，聾子可使司火，總要使他殘而不廢衣食無缺，任何一個人都得到照顧。

㈨「才行」、才能行爲。「反時」、阻撓時政。如呂覽離謂所說鄧析刁難子產爲政之類。「

死」、殺也。

⑽「天德」、天覆之德。「王者」上，據王據外傳校，補「是」字與下文「是王者之人也」，「是王者之制也」，「是王者之論也」一例。（本段言王者之政，在任賢使能，不問出身〔此即春秋譏世卿之義，墨子尚賢亦同此義。〕，誅元惡，化姦邪，卹廢疾，兼覆無遺。）

聽政之大分：㈠以善至者待之以禮，以不善至者待之以刑。㈡兩者分別，則賢不肖不雜，是非不亂。㈢賢不肖不雜，則英傑至，是非不亂，則國家治。若是，名聲日聞，天下願，㈣令行禁止，王者之事畢矣。

凡聽：㈤威嚴猛厲，而不好假道人，則下畏恐而不親，周閉而不竭。㈥若是，則大事殆乎弛，小事殆乎遂。㈦和解調通，好假道人，而無所凝止之，則姦言竝至，嘗試之說鋒起。㈧若是，則聽大事煩，是又傷之也。㈨故法而不議，則法之所不至者必廢。⑽職而不通，則職之所不及者必隊。⑾故法而議，職而通，無隱謀，無遺善，⑿而百事無過，非君子莫能。故公平者，〔職〕聽之衡也；中和者，聽之繩也。⒀其有法者以法行，無法者以類舉，聽之盡也。⒁偏黨而不經，聽之辟也。⒂故有良法而亂者，有之矣，有君子而亂者，自古及今，未嘗聞也。傳曰：「治生乎君子，亂生乎小人。」此之謂也。⒃

㈠ 舊不提行，茲據盧說，別爲一段。此段論王者聽斷政事的原則。「大分」、勸學篇與「綱紀」並舉，王霸篇與「樞要」、「樞機」、「要守」並舉。按下文：「公平者，職（聽）之衡也……」正回應此句，是「大分」有準繩、原則之意。陳大齊先生釋「大分」爲「大道」，「道」、亦準則之意。

㈡「善」、善言。言臣下以善言進者，待之以優禮；以不善言進者，懲之以刑罰。

㈢這兩種情況——善與不善——能分別清楚，則人之賢不肖不雜，事之是與非不亂。

㈣「名聲日聞」、王謂應作「名聲白」，「白」、明也，言名聲顯著於天下。「願」、慕也。願立於朝，藏於市，耕於野，言人心普偏歸向他。

㈤此論聽斷政事時應有的態度，承上文而言其細目。

㈥「厲」、剛烈。「假道」、以寬和的態度假借誘導。「周」、密也，固也。言態度過於威嚴剛猛，而不肯稍稍寬假以誘導人，則臣下畏懼而不敢親近，固閉其情而不肯盡吐。

㈦「殆」、近也。「遂」、王讀為「墜」。言臣下畏懼不言，則百事墜壞，國君也不知道，所以大事近乎廢弛，小事近乎失墜。

㈧「和解」、寬和不拒。「調」、音條。「調通」、調和通達，猶俗言好脾氣。「凝」、定也。「凝止」、有一定的原則，定止事之可與不可。言寬和圓融，好假導人，而沒有原則決定其可與不可，則姦言邪說一起來了，借故試探你的話蜂擁而至了。「鋒」與「蜂」通。

㈨「聽大事煩」、謂所聽者多，事將不勝其煩。「傷之」、妨害政事。上言威猛之失，此言寬和之失，故曰：「是又傷之」。

㈩「議」、講論。講論禮法而後通曉禮法之理，即所謂「知類」。執法理以推類，則有法者舉，無法者亦無不舉。故下云：「有法者以法行，無法者以類舉。」「以類舉」者，即以同類之理舉也。若不加講論，則只知法之數（條文），而不知法之理（類）；不知法之理，則法無明文規定者，就沒有辦法了（必廢）。

⑪「**職而不通**」：周禮天官大宰：「三曰官聯，以會官治。」注云：「官聯、謂國有大事，一

官不能獨共，則六官共舉之。聯、謂聯事通職，相佐助也。」「職而不通」、卽各有所職，而不能「聯事通職」之意。言官吏各守其職，而不能聯事通職，互相佐助（卽所謂「本位主義」），則事爲各單位職掌之所不及者，必然墜廢。

⑫「無隱謀」、謂使臣下無情不達。「無遺善」、謂國君善言必納。

⑬「職」、據劉據注校，改爲「聽」字。「聽」、聽政。「衡」、所以知輕重。「繩」、所以辨曲直。「中和」、謂寬猛得中。「公平」，承上「以善至者待之以禮，以不善至者待之以刑」一節說。「中和」、承上「凡聽」一節說。言對善言不善言各有公平的處理，這是聽政的權衡，態度不猛不寬這是聽政的準繩。

⑭法有明文規定的，以法處理；法無明文規定的，以同類事物之共理推斷處理。聽政之道，盡於此矣。

⑮「黨」、比也，見爾雅釋詁，「偏黨」、偏私阿黨，謂不公平。「無經」、謂無常法。「辟」、讀爲「僻」。偏私阿黨而無原則，是聽政的邪門。（自「公平者職（聽）之衡也」至此總結上文爲本段主旨——言聽政的具體原則。）

⑯「君子」、具備公平、中和、知類的人格之聖哲。其人存則其政舉，其人亡則其政息。君道篇云：「禹之法猶存，而夏不世王。故法不能獨立，類不能自行，得其人則存，失其人則亡。」可與此互發。（重人而輕法，此荀子最異於法家而終爲儒者處。）

分均則不偏，㊀埶齊則不壹，衆齊則不使。㊁有天有地，而上下有差；明王始立，而處國有制。㊂夫兩貴之不能相事，兩賤之不能相使，是天數也。㊃埶位齊，而欲惡同，物不能澹則必爭；爭則必亂，亂則窮矣。㊄先王惡其亂也，故制禮義以分之，使有貧

富貴賤之等，足以相兼臨者，是養天下之本也。㈥書曰：「維齊非齊。」此之謂也。㈦

㈠「分均」、謂貴賤相等。「分」、扶問反。「偏」、王讀爲「徧」，高亨讀爲「辯」，說文：「辯、治也。」茲從高說。言人人分位平等，而無貴賤之別，國家就不可以治理。

㈡「埶」、同「勢」，勢位。「不壹」、意志行動不能齊一。言官吏勢位沒有差等，意志行動就不能一致；衆人身分沒有差等，就誰也不能役使誰。

㈢有天有地，就有上下之差，這是自然現象；明王始立，治國必建差等之制，這是人倫所當然。

㈣「天數」、自然之理。言兩貴不能互相事奉，兩賤不能互相役使，這是自然之理。

㈤「澹」、讀爲「贍」，足也。言地位相等，誰也不能約束誰；享用人所同欲，勞苦人所同惡，在此情勢下，必致生產不足，物資缺乏；物資缺乏，必致互相爭奪；爭奪則社會混亂，混亂則生產愈寡。如此惡性循環，必致同歸於盡。

㈥「兼臨」、在上位者兼制其在下者。言先王惡其亂，故制作禮義，按照人的才能，加以分別，使地位有貴賤，享用有豐嗇。在上位的足以兼制其在下的，使其不爭不惰，於是生產豐足，而享用不竭，這是養天下的根本。禮論篇云：「禮者、養也。」

㈦書呂刑。注：言齊一者，乃在不齊。以諭有差等，然後可以爲治也。（禮對社會的功用，曰「分」，曰「養」。此段言制禮明分爲養天下之本，即言其義。榮辱篇末段，富國篇、禮論篇首段皆盛言此封建的等級制度，可參閱。）

馬駭輿，則君子不安輿；庶人駭政，則君子不安位。㈠馬駭輿，則莫若靜之；庶人駭政，則莫若惠之。㈡選賢良，舉篤敬，興孝弟，收孤寡，補貧窮。㈢如是，則庶人安政矣。庶人安政，然後君子安位。傳曰：「君者、舟也，庶人者、水也；水則載舟，水則覆舟。」此之謂也。㊃故君人者，欲安、則莫若平政愛民矣；欲榮、則莫若隆禮敬士矣；欲立功名、則莫若尙賢使能矣。—是人君之大節也。㊄三節者當，則其餘莫不當矣。三節者不當，則其餘雖曲當，猶將無益也。㊅孔子曰：「大節是也，小節是也，上君也；大節是也，小節一出焉，一入焉，中君也；㊆大節非也，小節雖是也，吾無觀其餘矣。」

㊀駕車的馬，看見車就害怕，坐車的人就不安於車。老百姓不安於政府的政令，在位者就不安其位。

㊁「靜之」、不要鞭撻刺激它，靜靜地使它穩定下來。「惠之」、施予恩惠，讓他安居樂業。以下卽言「惠之」之道。

㊂「選賢良，舉篤敬」，是管之事。「興孝弟」，是敎之事。「收孤寡，補不足」，是養之事。管、敎、養是惠民之道。

㊃「則」、猶「能」也。御覽引作「水能行舟，亦能覆舟。」

㊄「欲安」、「欲榮」、「欲立功名」、皆指人君本身言。「平」、治也。「平政愛民」，謂平治政事，愛護民衆。承上「收孤寡，補貧窮」言。「隆禮敬士」、謂崇隆禮法，尊敬士人，承上「興孝弟」言。「尙賢使能」，承上「選賢良，舉篤敬」言。這是人君爲政的三大關節。「節」、與仲尼篇：「桓公有天下之大節」之「節」同義。

㊅「曲當」、無所不當。「曲」、有周徧義。

㊆言大節皆是，小節或得或失，不失爲中等之君。孔子此說，不知所出。

成侯、嗣公聚斂計數之君也，未及取民也。㊀子產取民者也，未及爲政也。㊁管仲爲政者也，未及修禮也。㊂故修禮者王，爲政者彊，取民者安，聚斂者亡。㊃故王者富民，霸者富士，僅存之國富大夫，亡國富筐篋，實府庫。㊄筐篋已富，府庫已實，而百姓貧：夫是之謂上溢而下漏。㊅入不可以守，出不可以戰，則傾覆滅亡可立而待也。㊆故我聚之以亡，敵得之以彊。㊇聚斂者，召寇、肥敵、亡國、危身之道也，故明君不蹈也。

㊀「成侯」、「嗣公」，皆衞君。韓非子內儲篇上：「衞嗣公重如耳，愛泄姬，而恐其皆因其愛重，以雍（案：同「壅」）己也，乃貴薄疑以敵如耳；尊魏妃（案：今韓子作魏姬）以耦泄姬。曰：以是相參也。」又使客過關市，而賂之以金。後召關市，問其有客過與汝金，汝回（案：今韓子作「因」。）遣之。關市大恐，以嗣公爲明察。此皆計數之類也（注）。案：成侯嗣公聚斂事，注未及。「計數」，按韓子所載，應爲權術之意。「未及」，謂其才能不及也。「取民」，取得民心。言衞之成侯、嗣君，都是榨取人民，玩弄權術的國君，其才智不足以瞭解取民之重要。

㊁禮記：「子產猶衆人之母，能食之，不能教之也。」孟子論子產：「惠而不知爲政。」「惠」、得民之事，非治民之事。言子產只知道以惠取民，而不知眞正爲政的道理。（如以坐車濟渡少數百姓，而不知修造橋梁以便大衆。）所以不能躋鄭於強盛。

㊂管仲治齊，通貨積財，富國強兵，深知爲政之道，卻不能修行禮義，以服天下之心。

㊃修行禮義的王天下，知爲政之道的強其國，知取民以惠的安其國，聚斂失民的亡其國。大學云：「財聚則民散。」

㈤「士」、卒伍。「筐篋」、音匡愜，皆盛貨財之器，猶今言荷包。「府庫」、藏貨財之所。

㈥「溢」、滿也。「漏」、同「漉」，或作「盝」，涸竭也。（王引之說）

㈦敵人來犯，境內不可守，境外不可戰，則亡國之禍就在眼前。

㈧我以斂財失民而亡其國，敵得吾財吾民而強其國。（仁政爲儒家傳統思想，隆禮，尚賢，平政愛民三者，就是仁政之具體內容。此段分二節：第一節卽言其義，第二節舉例以明爲政之優劣等次，強調聚斂之害。）

王奪之人，霸奪之與，彊奪之地。奪之人者臣諸侯，奪之與者友諸侯，奪之地者敵諸侯。臣諸侯者王，友諸侯者霸，敵諸侯者危。㈠

㈠「奪之」：淮南本經注：「奪、取也。」呂覽音初注：「之、其也。」「奪之」、猶言「取其」。「其」、謂其他國家。「人」、人心。「與」、與國、友邦。「臣諸侯」、謂使諸侯對我臣服。「友諸侯」、謂使諸侯與我爲友。「敵諸侯」、謂使諸侯與我爲仇敵。

用彊者：㈠人之城守，人之出戰，㈡而我以力勝之也，則傷人之民必甚矣；㈢傷人之民甚，則人之民必惡我甚矣；人之民惡我甚，則日欲與我鬬。人之城守，人之出戰，而我以力勝之，則傷吾民必甚矣；㈣傷吾民甚，則吾民之惡我必甚矣；吾民之惡我甚，則日不欲爲我鬬。人之民日欲與我鬬，吾民日不欲爲我鬬，是彊者之所以反弱也。㈤地來而民去，累多而功少，㈥雖守者益，所以守者損，是以大者之所以反削也。㈦諸侯莫不懷交接怨，而不忘其敵，㈧伺彊大之間，承彊大之敝，此彊大之殆時也。㈨

知彊大者不務彊也，㈠慮以王命，全其力，凝其德。㈡力全則諸侯不能弱也，德凝

則諸侯不能削也，天下無王霸主，則常勝矣：是知彊道者也。㊂

㈠此節言不知彊之道，而專以彊力勝人者。
㈡我以彊力去侵略人，入其境，則人堅守其城池，未入其境，則人出而抵抗。
㈢我以彊力戰勝他，傷害他的人民必然很多。
㈣人家堅守城池，或是出而抵抗，我以彊力戰勝他，自己的人民必然也傷害很多。
㈤這就是彊者轉而爲弱的原因。
㈥「累」、憂累。戰勝了敵國，土地開闢了，而民心卻失掉了；只增加了累贅，而功利卻小的很。
㈦「守者」、謂土地。「所以守者」、謂守地的人。言雖然所守的土地增加了，而用以守土地的人卻減少了。是大國之所以反削也。「是以」之「以」字，俞謂衍文。
㈧「懷交接怨」：鍾曰：「懷交」者，其素交好者則懷之。「接怨」者，其素怨隙者則接之。「接」者，謂交之已斷而復續者也。案：此四字解者紛紜，茲取鍾說。言諸侯之間，原有邦交的，交結更密切了，斷了邦交的復交了，大家團結一致，而監視其共同敵人（彊國）。
㈨「承」、借爲「乘」。窺伺彊國的間隙，乘彊國的困敝，只要一有機會就齊力進攻，這是彊國危殆的時候。
㈩「彊大」、王引之以爲「彊道」之誤。言知致彊之道的是不求以力勝人的。
⑪「慮」、計也，謀慮也（王謂「大氐」，不取）。「以」、用也。「慮以王命」、有所策畫，常用王命，表示不是專擅侵暴。「全其力」、保全他的實力。「凝」，定也。「凝其德」、凝定他的德望。「凝定」有培養至於深厚之意。不妄侵略，故實力全，德望凝。

㊂天下同時如無王霸之主，就可常操勝劵了。這是眞知致彊之道的。

彼霸者則不然：辟田野，實倉廩，便備用，㈠案謹募選閱材伎之士，㈡然後漸慶賞以先之，嚴刑罰以糾之。㈢存亡繼絕，衛弱禁暴，而無兼幷之心，則諸侯親之矣。㈣修友敵之道，以敬接諸侯，則諸侯說之矣。㈤。所以親之者，以不幷也；幷之見，則諸侯疏矣。㈥所以說之者，以友敵也；臣之見，則諸侯離矣。㈦故明其不幷之行，信其友敵之道，天下無王霸主，則常勝矣。㈧是知霸道者也。

㈠「辟」、通「闢」，開拓。「備用」、猶械用，器用，此指軍械。言霸者與彊者不同：它首先增加生產，充實府庫，修治軍械，以強國力。

㈡「案」、語詞。「謹」、嚴也。「募」、招也。「謹募」、猶重募也。「選閱」、揀擇。「材伎」、武藝過人者。言多多招募材伎之士而選擇其武藝過人者組爲軍旅。

㈢「漸慶賞」：鍾曰：「漸」、深也。深慶賞，猶言「重慶賞」，與下「嚴刑罰」對文。案：富國篇：「漸慶賞，嚴刑罰」，亦以「漸」、「嚴」爲對。「先」、進也，見說文。言然後以重賞鼓勵他前進，以嚴刑糾正他的過失。

㈣「存亡」、如狄人滅衞，齊桓公城楚丘以封之，是也。「繼絕」、如魯絕無嗣，桓公使高子存之，是也。「幷」、讀爲「併」。言在國際間，存亡國，繼絕世，衞弱小，禁強暴，絕不存兼併之心，這樣，諸侯就親附他了。

㈤「敵」、匹敵。「說」，讀爲「悅」。言以友好平等之道，恭敬之禮與諸侯相交接，諸侯就悅服他了。

㈥「見」、賢偏反。下「臣之見」同。諸侯之所以親附他，因爲他無兼併之心；兼併的跡象一顯露，諸侯就疏遠了。

㈦「臣之見」、臣服他的跡象，表現於外。

㈧所以表明沒有兼併之行，信守友好匹敵之道，天下同時如無王者霸者，他就可常操勝算了。王謂「王」下「霸」字衍，非。有王者固不能常勝，有二霸亦不能常勝，觀春秋晉楚並霸時可見（鍾說）。

閔王毀於五國，㈠桓公劫於魯莊，㈡無它故焉，非其道而慮之以王也。㈢

彼王者不然：仁眇天下，㈣義眇天下，威眇天下。仁眇天下，故天下莫不親也；義眇天下，故天下莫不貴也；威眇天下，故天下莫敢敵也。以不敵之威，輔服人之道，故不戰而勝，不攻而得，甲兵不勞而天下服，是知王道者也。㈤知此三具者，欲王而王，欲霸而霸，欲彊而彊矣。㈥

㈠「閔王」、卽湣王。史記：「齊湣王四十年，樂毅以燕趙楚魏秦破齊，湣王奔莒。」

㈡公羊傳：「柯之盟，齊桓公爲魯莊公之臣曹沬所劫。」

㈢齊閔王被毀於五國聯軍，齊桓公被劫於魯莊公，沒有別的原因，只以不行王者之道，而以計慮（權謀）欲收王者之功，此其所以國破身辱也。

㈣「眇」、高遠之意。「仁眇天下」、猶言仁高天下，下二句同。

㈤以無敵之威強，輔之以服人之心的仁義之道，不戰而勝，不攻而得，不勞軍旅而天下順服，這是瞭解王道的。

㈥「三具」：王道、霸道、彊道。「而」，則也。言彊、霸、王各有其道，於此三道如能洞曉，欲王則王，欲霸則霸，欲彊則彊矣。（此段分四節：首節爲本段總冒；次節言彊者之道，而先言不知其道者用彊必危；三節言霸者之道；四節言王者之道，而先言不知其道而妄想以智謀取天下者必危辱。本段主旨在明王道、霸道、彊道之不同。）

王者之人：㈠飾動以禮義，㈡聽斷以類，㈢明振毫末，㈣舉措應變而不窮，夫是之謂有原。㈤是王者之人也。

㈠此本段標題。言王者具備之人格修養。

㈡「飾」、王讀爲「飭」。言王者一舉一動，必以禮義自飭。

㈢「類」、卽上文「有法者以法行，無法者以類舉」之「類」，言王者聽斷政事，必以禮法之統類爲準則。

㈣「振」、舉也。言其明察，雖細微如毫末亦必能見。

㈤「原」、本也。謂其隆禮知類也。隆禮知類，是謂「全」「盡」。學至全盡，才能舉措應變而不窮，故曰「有原」，「有原」者，如源泉之混混不竭也。（言王者之政，必言王者之人，所謂「有治人，無治法」也。此根前第二段「有君子而亂者，自古及今未嘗有也」而來。荀子之異於法家者在此。又言「王者之人」何以如此其略？已詳儒效篇，故不再煩言——鍾說。）

王者之制：㈠道不過三代，法不二後王；道過三代謂之蕩，法二後王謂之不雅。㈡衣服有制，宮室有度，人徒有數，㈢喪祭械用皆有等宜。㈣聲、則非雅聲者舉廢，㈤色、則凡非舊文者舉息，㈥械用，則凡非舊器者舉毀，夫是之謂復古，㈦是王者之制也。

㈠此段言王者的制度。

㈡論治道，不超過夏商周三代，過則浩蕩無據；言禮法，不貳於後王——文武，貳則不雅正。說詳非相篇儒效篇。

㈢「人徒」、士卒、胥徒（給使役者）。言衣服有一定的制度，宮室有一定的規格，士卒、胥徒有一定的人數。

㈣「械用」、器用。「等宜」、皆有等級，各當其宜。言喪葬、祭祀所用的器物，按其身分，皆有等差，各當其宜。

㈤「雅聲」、正聲。「舉」、皆也。言聲樂，凡非雅正之音一律廢止。

㈥「色」、采色。「舊」、指三代「舊文」、正色，謂青、黃、赤、白、黑五色也。言彩色、凡非五色舊文都不得採用。禮記：「姦色亂正色。」

㈦「舊器」、三代器物。言器用、凡非三代舊物一律毀棄。復三代故事，就是復古，不必遠舉也。（此段即「法後王」之義。）

王者之論：㈠無德不貴，無能不官，㈡無功不賞，無罪不罰。朝無幸位，民無幸生。㈢尚賢使能，而等位不遺；㈣析愿禁悍，而刑罰不過。㈤百姓曉然皆知夫爲善於家，而取賞於朝也；爲不善於幽，而蒙刑於顯也。㈥夫是之謂定論。㈦是王者之論也。

㈠「論」、注云：謂論說賞罰也。

㈡無賢德的不予貴位，無才能的不予官職。案：此二語與篇首之義同，是上承孔子以德致位之理想，下開秦漢布衣卿相之風氣。

㈢「幸」、僥幸。「朝無幸位」二句，言政府的官吏人人賢能稱職，民間百姓個個盡力生產。這是荀子的理想禮治政治。

㈣「等位」、等級之位。「不遺」、沒有失誤。外傳三作「等位不踰。」言尙賢使能，各當其材，各級職位的銓敍沒有失誤。

㈤「析愿」：王曰：「析」、當爲「折」，制也。「愿」、讀爲「傆」、黠也，見說文。言制黠桀之民，使畏刑也。又下文「抃急禁悍」，「抃」、亦當爲「折」。「急」、卽「愿」之譌。案：王說於此文近是，然與下文「抃急禁悍……使暴悍以變」（見下「序官」段）則不合。仍從外傳改爲「折暴」爲是。

㈥百姓都深深地明白，行善於家，就取賞於朝，暗中作惡，就顯處（市朝）受刑。

㈦這就是不易的考覈原則。

王者之法：㈠等賦、政事、財萬物，所以養萬民也。㈡田野什一，㈢關市幾而不征，㈣山林澤梁，以時禁發而不稅。㈤相地而衰政。㈥理道之遠近而致貢。㈦通流財物粟米，無有滯留，使相歸移也，四海之內若一家。㈧故近者不隱其能，遠者不疾其勞，㈨無幽閒隱僻之國，莫不趨使而安樂之。㈩夫是之爲人師。㈡是王者之法也。

㈠「之」下，據王說補「法」字。此段言王者之財經政策。

㈡「等賦」、賦稅有差等。「政」、讀爲「正」、外傳正作「正事」。「財」、通「裁」、成也。言差等賦稅，正理民事，裁成萬物，是所以長養萬民。天論篇：「裁非其類以養其類」、卽「財萬物養萬民」之義。鍾謂「事」字衍，本作：「等賦政，財萬物」。亦可通。

㊂田野賦稅，十取其一。

㊃「關市」句：周禮天官，大宰疏云：「王畿四面，皆有關門及王之市廛二處。」「關市」、謂關門及市廛。「幾」、禮記作「譏」，古通，察也。言國之關卡及市廛，但稽察奸宄而不征稅（自由貿易）。「田野」、「關市」主張與孟子同。

㊄「山林」、木材產地。「澤梁」、魚鼈生處。「梁」、以石絕水爲梁，所以取魚。非時則禁，及時則發（開放）。禮記：「獺祭魚，然後漁人入澤梁，草木零落，然後入山林。」

㊅「相」、視也。「衺」、差等，初危切（ㄘㄨㄟ）。「政」、讀爲「征」。視土地之美惡及生產，以定賦稅之差等。

㊆「理」、分別地理。分別道路的遠近，而定其進貢之品類。「致」、致送。

㊇「歸」、讀爲「餽」。「移」、轉也。言流通財物粟米，不要有所滯積。彼此互相轉輸，沒有不豐足的，四海之廣，有如一家之方便（貨暢其流）。此爲孟子所無。

㊈「疾」、憎惡。言近處的人，竭其才力以爲趨使，遠處的人，不怕勞苦以供奔走。

㊉「無」、無論。「幽」、深也。「閒」、隔也。「幽閒」、遠隔。言不管怎樣幽遠隱僻之國，沒有不樂意供其趨使，而安樂其政教的。

⑪「人師」、猶「人君」。言爲政如此，才可稱謂人君。

北海則有走馬吠犬焉，然而中國得而畜使之。㊀南海則有羽翮、齒革、曾青、丹干焉，然而中國得而財之。㊁東海則有紫紶、魚鹽焉，然而中國得而衣食之。㊂西海則有皮革、文旄焉，然而中國得而用之。㊃故澤人足乎木，山人足乎魚，㊄農夫不斲削、不陶冶而足械用，工賈不耕田而足菽粟。故虎豹爲猛矣，然君子剝而用之。㊅故天之所覆，地之所載，莫不盡其美，致其用，㊆上以飾賢良，下以養百姓而安樂之。㊇夫是之謂大神。㊈詩曰：「天作高山，大王荒之；彼作矣，文王康之。」此之謂也。㊉

㊀「海」、荒晦絕遠之地，不必至海水（注）。「走馬」、善走之馬。「吠犬」、北地大犬。言北地之快馬大犬，中國得而畜養而使用之。此承上文「通流財物」之義，而強調貨暢其流在國民經濟中之重要性。下同。

㊁「翮」、大鳥羽。「齒」、象牙。「革」、犀、兕之革。「曾青」、銅之精，可繪畫及化黃金，出蜀山越嶲。「丹干」、丹沙。「干」、讀爲「矸」，音岸。「財」、通「材」。「財之」、作材料應用。

㊂「紫」、借作絺（ㄔ），細葛。「紶」、當作綌（ㄒㄧˋ）粗葛，皆可以爲衣（王引之說）。

㊃「皮革」：禹貢：「梁州貢熊、羆、狐、狸、織皮。」「織皮」、今之罽（音計）也。「旄」、旄牛尾。「文旄」、染之爲文彩者。

㊄「澤人」、居於水澤之人。木生於山，澤人有充足的木材可用。魚產於水，山人有充足的魚蝦可吃。

㊅虎豹猛獸，君子剝其皮而用之。言凡人生所需要的，就有人供給。

㊆天地萬物莫不盡其材之美而供人之用。

㊇「飾」、「藩飾」之「飾」，謂車服之類。「賢良」、謂在位君子。「養」、謂衣食之類。**言利用天地萬物，上而文飾賢良，下而生養百姓而使其安樂。**

㊈「大神」、謂大治。爾雅釋詁：「神、治也。」

㊉詩周頌天作篇。「作」、生也。「山」、岐山。「荒」、大也。「康」、安也。言天作此高山，使興雲雨，大王自豳遷焉，則能尊大之。彼大王作此都，文王又能安之。引詩以明苟盡人力，天地萬物「莫不盡其美，致其用」之義。（此節舊自爲一段，詳其脈絡，實緊承上節「財萬物」之義而來，而強調貿遷有無化居在國民經濟中之重要性，茲與上節併爲一段。）

以類行雜，以一行萬。㊀始則終，終則始，若環之無端也，舍是而天下以衰矣。㊁天地者，生之始也；禮義者，治之始也；君子者，禮義之始也；㊂爲之，貫之，積重之，致好之者，君子之始也。㊃故天地生君子，君子理天地；君子者，天地之參也，萬物之摠也，民之父母也。㊄無君子，則天地不理，禮義無統，上無君師，下無父子，夫是之謂至亂。㊅君臣、父子、兄弟、夫婦，始則終，終則始，與天地同理，與萬世同久，夫是之謂大本。㊆故喪祭、朝聘、師旅一也；㊇貴賤、殺生、與奪一也；㊈君君、臣臣、父父、子子、兄兄、弟弟一也；㊉農農、士士、工工、商商一也。㊁

㊀注：得其統類，則不患於雜也。案：不苟篇：「千萬人之情，一人之情也……推禮義之統，分是非之分，總天下之要，四海之內，若使一人。」又非相篇：「以近知遠，以一知萬。」又儒效篇：「以〔古〕今持〔今〕古，以一持萬。」大略與此同義，皆言統類之功效。「類」「一」、皆謂禮義之統類。言治道必以禮義爲本，把握禮義之統類（原則、原理），「有法者以法行，無法者（卽此文所謂「雜」、「萬」）以類舉」（觸類而長），就不患事物之紛雜了。此「行」字，與「舉」同義。

㊁王曰：「終」、「始」二字，泛指治道言，下文：「君臣、父子、兄弟、夫婦，始則終，終則始。」義亦同。案：王說是也。始終、終始，是指「以類行雜，以一行萬」言，而申明其效用之永無已時。此事就抽象的原則說，下文「君臣、父子」才落實到人倫上說。此言：禮義之統類的功效，如循圓環一般，始則終，終則始，永遠不變，永無已時，人類社會，自然世界，在禮義之治中，才有條理和秩序。非此天下就亂了。「衰」、初危反，音摧。

㊂「始」、本也。天地是生萬物（包括人）之本，禮義是治萬物之本，君子是生禮義之本。性惡篇：「禮義者，是聖人之所生也。」

㊃四「之」字，皆禮義之代詞。「爲之」，謂行禮義，「爲」、事也。「貫之」、謂習禮義。「貫」、習也。「積重之」、謂學使知識委積重多。「致好之」、謂至好禮義永不厭倦。「致」、極也、至也。言實踐禮義，學習禮義，豐富有關禮義的知識，至好之而永不倦怠，是成爲君子之本。

㊄天地生君子，君子生禮義，以禮義治天地萬物，天地萬物才有了條理。所以君子是與天地相參共成化育的，是萬物之總領，是人民之父母。

㊅沒有君子，自然世界（天地）失掉秩序，人文世界（禮義）失掉統領，於是社會家庭形成一片混亂，此之謂至亂。

㊆「始」「終」，謂君臣、父子等一世之終始。上是原則說，此是具體說。言君臣、父子、兄弟、夫婦之人倫大本，在君子禮義之治中，始則終，終則始，一代又一代，與天地同其理，與萬世同其久。「與天地同理」，言與天地同一持久之理。「同理」、即含「同久」意。故下句即言「與萬世同久。」（理、久是相順之對文）「大本」對「至亂」，一就正面說，一就負面說。

㈧以下明君子禮義之治。「一也」，卽上文「以一行萬」之具體表現。上文是虛說，此是實說。「師旅」二字，王引之以爲後人以意加之。此言祭祀賓客喪祭之事，而「師旅」不與焉。言君子爲制喪祭、朝聘之禮，事雖不同，其義則一，惟使人各當其分。

㈨爲制貴賤、殺生、與奪之禮（法度），事雖相反，其義則一，惟使人知所勸阻。

㈩「君君」、上「君」字名詞指人。下「君」字謂應具備之德行。下同。言爲制君臣、父子、兄弟人倫之禮，以別尊卑長幼，使人皆敦於恩義。

㈡「農農」，上「農」字指人，下「農」字指職業。言爲制禮以分工，使人皆安於職業。（此段言禮義的功效與君子的重要。）

水火有氣而無生，草木有生而無知，禽獸有知而無義，人有氣、有生、有知，亦且有義，故最爲天下貴也。㈠力不若牛，走不若馬，而牛馬爲用，何也？曰：人能羣，彼不能羣也。㈡人何以能羣？曰：分。㈢分何以能行？曰：義。㈣故義以分則和，和則一，一則多力，多力則彊，彊則勝物；故宮室可得而居也。㈤故序四時，裁萬物，兼利天下，無它故焉，得之分義也。㈥

故人生不能無羣，㈦羣而無分則爭，爭則亂，亂則離，離則弱，弱則不能勝物；故宮室不可得而居也，不可少頃舍禮義之謂也。㈧能以事親謂之孝，能以事兄謂之弟，能以事上謂之順，能以使下謂之君。㈨

君者，善羣也。㈩羣道當，則萬物皆得其宜，六畜皆得其長，羣生皆得其命。㈡故養長時，則六畜育；殺生時，則草木殖；政令時，則百姓一，賢良服。㈢

聖王之制也：(十三)草木榮華滋碩之時，則斧斤不入山林，不夭其生，不絕其長也。黿鼉魚鼈鰌鱣孕別之時，罔罟毒藥不入澤，不夭其生，不絕其長也。(十四)春耕、夏耘、秋收、冬藏，四者不失時，故五穀不絕，而百姓有餘食也。汙池淵沼川澤，謹其時禁，(十五)故魚鼈優多，而百姓有餘用也。(十六)斬伐養長不失其時，故山林不童(十七)，而百姓有餘材也。

聖王之用也：(十八)上察於天，下錯於地，塞備天地之間，加施萬物之上，(十九)微而明，短而長，狹而廣，神明博大以至約。(二十)故曰：一與一是爲人者，謂之聖人。(二十一)

㈠「氣」、形質。「生」、滋長，生機。「知」、性識，知覺。「義」、理性，解蔽篇：「人生而有知（理智）。」言水火有形質而無生命，草木有生命而無知覺，禽獸有知覺而無理性，人有質有生有知覺並且有理性，所以爲萬物之靈。尙書：「惟天地、萬物父母，惟人、萬物之靈。」

㈡「羣」、羣居，社會。荀子以「有義」、「能羣」爲人類之特色，與西哲所謂「人是理性動物，社會動物」之說正同。

㈢「分」、附問切，分位，謂上下親疏，尊卑貴賤之差。無分（權利、義務不淸）則爭，爭則不能羣，故使羣在明分。

㈣人類有理性，能思考，能推理，故對於事物能作合理的裁斷，這就是義。非相篇云：「分莫大於禮。」禮是明分的客觀準據，據禮以定親疏尊卑貴賤之等，是謂義分。此言：分何以能行得通？因爲根據禮所作的合理裁定。

㈤「一」、謂意志、行動齊一。物不能害，所以安居。此就消極方面言，下則言其積極面。

(六)「序四時」，言順四時之序以耕作。「裁」、成也。「裁萬物」、言裁成萬物以養人。「兼利天下」，讓人人享受安和樂利的生活。「得之分義」、這是據禮明分的結果。

(七)一人所需，百工所爲，社會是分工合作（孟子謂「通功易事」）的結合體，故人不能脫離社會而生活。

(八)「禮義」是「分義」的客觀準據，故上言「分」言「義」，而此言禮義。

(九)「能以」四句：「能以」下省去了「禮義」二字。前兩句就家庭中說，後兩句就國家社會說。表現上下尊卑，卽所謂「守分」。親親之殺，尊賢之等，莫不由禮。

(一〇)君是善於使人共營社會生活的。

(一一)「羣道」、卽治道，亦卽禮義。言國君若運用治道恰當，則萬物皆得其宜，六畜皆得其長，衆生皆得安其性命。案：此卽上文「君子理天地」之義。理天地之道在善羣，善羣之道在禮義。

(一二)「時」、謂有常。「殺生」、謂斬伐。「服」、效命。言養長有常時，則六畜多育；砍伐培植有常時，則草木繁殖；施政布令有常時，則百姓齊一，賢良效命。

(一三)此以下言聖王有關財經的制度，亦卽「序四時，財萬物」之具體措施。

(一四)「夭其生」、「絕其長」，謂夭折其生機，斷絕其生長。「別」謂與母體分別，卽生育之意。

(一五)「汙」、停水之處。言生產魚鼈之區，開放關閉要謹嚴，不得隨意濫捕。

(一六)「優多」、饒多也。「用」謂食足之外，可用以貿易。

(一七)「童」、山無草木。

(一八)此以下言聖王於治道（禮義）之運用。

⑲「錯」、通「措」、千古反（ㄘㄨˋ）。「備」、滿也，見楚語注。言聖王上察天時，下生地財，充塞天地之間，加施萬物之上，無非此道（禮義）之運用，而天地萬物皆以其道而得其宜。

⑳這四句言治道（禮義）之「體」與「用」。「微、短、狹、至約」言其「體」。「明、長、廣、神明博大」、言其「用」。言以禮義治國，所守者微小而短狹，而其用卻偉大而廣遠，禮義之用是神明博大的，而其道卻極爲簡單。「微而明」之「明」，大也。「以至約」之「以」，猶「而」也。

㉑「與」、王引之讀爲「舉」。「一是」、鍾謂卽大學之「壹是」、猶「一切」。「一舉一切」、卽所謂「以一行萬」也。案：此述聖王之用，與不苟篇「推禮義之統，分是非之分，總天下之要，治海內之衆，若使一人。故操彌約而事彌大」，持論略同。此文之「微而明，短而長，狹而廣，神明博大以至約」卽彼文之「操彌約而事彌大」。「一與一是」上「一」字，卽「以一行萬」之「一」，指禮義之統類而言。「與」、讀爲「舉」，卽「無法者以類舉」之「舉」。「一舉一是」，卽指「推禮義之統」而言。禮義爲治化之本，聖王守之，如操五寸之矩，可以盡天下之方。故此言：推禮義之統類以治萬事的就是聖人。這一句近以結束上文，遙與上段「以類行雜，以一行萬」相呼應。（此段主旨，在明有義爲人類之特色，禮義是治化的本源，聖王用之，以分以羣，而化成天下。）

序官：㊀宰爵知賓客、祭祀、饗食、犧牲之牢數。㊁司徒知百宗、城郭、立器之數。㊂司馬知師旅、甲兵、乘白之數。㊃脩憲命，審詩商，禁淫聲，以時順脩，使夷俗邪音不敢亂雅，大師之事也。㊄脩隄梁，通溝澮，行水潦，安水臧，以時決塞，歲雖凶敗水旱，使民有所耘艾，司空之事也。㈥相高下，視肥墝，序五種，省農功，謹蓄藏，以時順脩，使農夫樸力而寡能，治田之事也。㈦脩火憲，養山林藪澤草木、魚鼈、百索，以時禁發，使國家足用，而財物不屈，虞師之事也。㈧順州里，定廛宅，養六畜，閒樹藝，勸教化，趨孝弟，以時順脩，使百姓順命，安樂處鄉，鄉師之事也。㈨論百工，審時事，辨功苦，尚完利，便備用，使雕琢文采不敢專造於家，工師之事也。㈩相陰陽，占祲兆，鑽龜陳卦，主攘擇五卜，知其吉凶妖祥，傴巫跛擊之事也。(十一)脩採清，易道路，謹盜賊，平室律，以時順脩，使賓旅安而貨財通，治市之事也。(十二)抃急禁悍，防淫除邪，戮之以五刑，使暴悍以變，姦邪不作，司寇之事也。(十三)本政教，正法則，兼聽而時稽之，度其功勞，論其慶賞，以時愼脩，使百吏免盡，而衆庶不偷，冢宰之事也。(十四)論禮樂，正身行，廣教化，美風俗，兼覆而調一之，辟公之事也。(十五)全道德，致隆高，綦文理，一天下，振毫末，使天下莫不順比從服，天王之事也。(十六)故政事亂，則冢宰之罪也；國家失俗，則辟公之過也；天下不一，諸侯俗反，則天王非其人也。(十七)

㈠「序官」、謂王者序列官吏之法，——各級官吏的職掌。

㈡「宰爵」、官名，卽主爵之官。「知」、主管。「饗」、同「享」，燕享賓客。「犧牲」、祭祀所用之羊豕。「牢」、祭祀賓客之牲幷謂之牢，牛曰太牢，羊曰少牢。言宰爵掌管宴享賓客祭祀所用犧牲之牢數。

㈢「百宗」、百族也。「城郭」、謂大小也。「立器」，洪頤煊以爲是「任器」之譌。「任器」、謂賦稅之事。言司徒主掌百族之事及城郭大小賦稅之事。周禮：「大司徒之職，掌建邦土地之圖與其人民之數。」

(四)「師旅」、周禮：「二千五百人爲師，五百人爲旅。」「乘白」、卽「乘徒」。（「白」、「徒」，古通用，今俗「白手」爲「徒手」是也。）「乘」，謂士卒之御車者，「徒」，謂士卒之徒步者。言司馬主掌師旅、軍需，乘車或徒步士卒之數。周禮：「大司馬掌軍旅之事。」

(五)「憲命」、久保謂猶「憲令」，謂學宮之法令。周禮：「樂師掌國學之政。」「商」、王引之讀爲「章」。大師掌敎六詩，故曰：「審詩章。」「淫聲」、鄭衞之音也。「大師」、樂師之長。「大」、讀爲「太」。言脩訂法令，審定詩章，禁止淫亂之音，按時順之脩之，使蠻夷之邪音不致淆亂正聲，這是大師的職責。

(六)「梁」、橋也。「溝澮」、周禮鄭注：「溝、廣深各四尺。澮、廣二尋，深二仞。」皆田間水道。「行」、疏通。「潦」、積水。「水臧」、水庫。「艾」、讀爲「刈」。「司空」、掌水土之事。言脩治河隄橋梁，疏濬田間溝澮，通瀉低地積水，脩理水庫，旱則放，潦則存，不失其時，年景雖然凶敗水旱，使人民仍然能耕田收穫，這是司空的職掌。

(七)「墝」、苦交反（ㄑㄧㄠ），同「磽」，土地瘠薄。「五種」，黍、稷、豆、麻、麥。「樸力寡能」，王霸篇作「朴力而寡能」。注云：「但質朴力作，不務他能。」「治田」、注云：田畯。于省吾謂卽「司田」。言相度地勢的高下，觀察土質的瘠肥，指導播種五穀的順序，視察農功的勤惰，謹嚴蓄藏，按時脩治，使農人樸實力田而沒有外務，這是治田的職掌。

(八)「脩火憲」、脩定燒山的法令，不使非時焚山林。月令：「二月無焚山林。」「索」、朱駿聲謂爲「素」之借字。「百素」，卽「百蔬」。「以時禁發」，採取有定時，不得隨意濫採。「屈」、竭也。「不屈」、不匱乏。「虞師」，管理山澤的官。周禮有山虞、澤虞。

㊈「順州里」：「順」、注云：「使之和順。」豬飼彥博謂通作「巡」，管子立政篇作「行州里。」案：後說長。言巡行州里，調解糾紛。「定廛宅」：「廛」、市內百姓之居。「宅」、邑內百姓之居。言定其廛宅分界，使不相侵奪。「養六畜」、勸導百姓畜養六畜。「閒樹藝」：「閒」、王謂與「閑」同，習也。謂習樹藝之事。豬飼彥博謂當作「簡」，閱也，視察之意。案：後說長。「樹藝」，種樹及桑柘。「勸教化、趨孝弟」，勸導服從教化，督促敦勉孝弟。「趨」、讀爲「促」。「以時順脩」四句：按時修教，使百姓順從王命，各安本分，樂於居處鄉里。這是鄉師的事。周禮有「鄉師」之職，其爵下大夫，掌其所治鄉之教，而聽其治。

⑳「論百工」，評論工匠技術的巧拙。月令：「物勒工名，以考其誠，功有不當，必行其罪。」「審時事」，審度天時地氣所宜，以製器物。考工記：「天有時，地有氣，材有美，工有巧，合此四者，然後可以爲良。」月令：「監工日號，毋悖於時。」皆審其時之事。「辨功苦」：「功」、謂器之精好的。「苦」、濫惡的。言辨別所製器物的好壞。「尚完利」：「完」、堅固。「利」、便於使用，如車之利於轉動。言器物注重堅固便用。「便備用」。卽便器用。「專造」、私造。言使彫琢精細，文彩華麗的器物不敢私造於家。「工師」、工官之長。月令：「命工師效功。」

㊁「相陰陽」：「相」、視也。「陰陽」、數也。言觀察陰陽之數。「占祲兆」：「占」、占候，占卜。「祲」、音浸，陰陽相侵之妖氣。「兆」、萌兆，謂望雲物，知歲之吉凶。言占候陰陽相侵之妖氣和吉凶之萌兆。「鑽龜」、古卜法，以火爇荊菙灼龜甲。「陳卦」、謂揲蓍草布卦。「攘擇」。攘除不祥，擇取吉事。「五卜」、卽洪範所謂：雨、霽、蒙、驛、剋，言兆之形也。「擊」、讀爲「覡」，男巫，音昔。古以殘廢之人，主卜筮巫祝之事。

「傴」、背曲。「巫」、女巫。

(二二) 「脩採清」：「採」、俞以爲「埰」字之誤。方言：「塚、秦晉之間謂之埰。」「清」、厠所，字亦作「圊」。墟墓之間，清溷之處，皆穢惡所積聚，故必以時脩治之。「易道路」、言修治道路。「謹盜賊」、言嚴禁盜賊。「平室律」：郝疑「律」爲「肆」字之譌。「室」、謂廬舍，如市樓候館之類。「肆」，謂廛肆，如粟帛牛馬各有行。「平」、治也。言平治廬舍廛肆。「賓旅安，貨財通」：「賓」，王引之謂爲「𧶠」字之誤。說文：「商、行賈也，從貝，商省聲。」今通用「商」字。言按時修治，使商旅平安而貨財流通。這是治市的事。「治市」、周禮爲野廬氏之職，注以爲戰國時所設之官。于省吾以爲卽「司市」，見前。

(二三) 「抃急」、爲「折暴」之誤，見前。「五刑」：墨、劓、剕、宮、大辟。「司寇」，掌刑獄之官。

(二四) 「本政教」：「本」、王引之以爲「平」字之誤，說見仲尼篇。言平治政事教化。「正法則」，修正法度。「兼聽」句：「稽」，計也，考也。周禮大宰：「歲終則令百官府各正其治，受其會，而詔王廢置。三歲則大計。」言延接百官，聽取報告，而按時稽考其政績。「愼脩」，應爲「順脩」，與上文一律。「免盡」、王謂當作「盡免」、「免」與「勉」同。「盡勉」、皆勉也。「勉」與「偸」對文。言度量百官功勞，論定慶賞，按時順脩，使百官勉勵盡職，衆庶也不偸惰，這是冢宰的責任。「冢宰」、百官之長。周禮：「乃立天官冢宰，使帥其屬而掌邦治。」

(二五) 講論禮樂（發展教育），端正百姓身行，推廣教化，修美社會風俗，仁德普被全民而調和使其精誠團結，這是辟公的責任。「辟公」、諸侯也。

(二六) 「全」、全盡。「隆高」、謂禮也。「文理」、禮義之文理（法度）。二語見仲尼篇。「

振」、舉也。言全道德，隆禮義，極於禮義之文理，齊一天下之人心，在政事上雖毫末之微亦無不舉，使人人心悅誠服，這是天王的責任。

㈦「俗反」：久保謂「俗」爲「倍」字之誤，于謂通「欲」，見毛公鼎。茲從前說。言政事紊亂是冢宰失職，國家風俗敗壞是諸侯之過，天下人心離散，諸侯背叛是天王非其人。

具具而王，具具而霸，具具而存，具具而亡。㈠用萬乘之國者，威彊之所以立也，名聲之所以美也，敵人之所以屈也，國之所以安危臧否也，制與在此，亡乎人。㈡王、霸、安存、危殆、滅亡，制與在我，亡乎人。㈢夫威彊未足以殆鄰敵也，名聲未足以縣天下也，則是國未能獨立也，豈渠得免夫累乎？㈣天下脅於暴國，而黨爲吾所不欲於是者，日與桀同事同行，無害爲堯。是非功名之所就也，非存亡安危之所墮也。㈤功名之所就，存亡安危之所墮，必將於愉殷赤心之所。誠以其國爲王者之所亦王，以其國爲危殆滅亡之所亦危殆滅亡。㈥殷之日，案以中立，無有所偏，而爲縱橫之事，偃然案兵無動，以觀夫暴國之相卒也。㈦案平政教，審節奏，砥礪百姓，爲是之日，而兵剸天下勁矣。㈧案然修仁義，伉隆高，正法則，選賢良，養百姓，爲是之日，而名聲剸天下之美矣。㈨權者重之，兵者勁之，名聲者美之。夫堯舜者一天下也，不能加毫末於是矣。㈩

㈠「具具」、上「具」字猶言具備，下「具」字猶言條件。「而」、猶「則」。言具備王者之條件就王，具備霸者之條件就霸，下同。

㈡「與」、王讀爲「舉」，皆也。下同。「亡」、同「無」。「亡乎人」，不在於人。言治萬乘之大國，威彊之所以建立，名聲之所以美好，敵人之所以屈服，國家之所以安危好壞，關鍵皆在自己，而不在於人。

㈢或王、或霸、或安存，或危殆，或滅亡，關鍵皆在自己不在乎別人。

㈣國家之威彊未足以危殆鄰敵，名聲亦未足以懸衡天下，爲四海持平，則是國未能獨立自主，又怎得免於他人之累？「渠」、「詎」通用。

㈤「黨」，或也。「墮」，俞以爲「隨」字之誤，「隨」、從也。「日與桀同事」，卽指「吾所不欲」說。國既未能獨立自主，就不能免於他人之累，就不能不爲暴國所威脅，就不能不和他同行同事而爲吾所不欲爲之事，雖然如此卻無害於爲聖明之堯。何者？因爲這不是功名之所就，安危存亡之所從的關鍵。

㈥「愉殷」、國家愉樂殷盛之時。「赤心」、誠心也。「所」、與左傳：「不如早爲之所」之「所」同，謂處也。此文大意：國家功名之所就，安危存亡之所從，端視其愉樂殷盛之時誠心之所爲，誠心行王道就王天下，履危道就危其國，皆自求之，無關於人。

㈦「縱橫」、郝謂當爲「從衡」，古書皆然。「案」，乃也。「中立」，中立不倚。「案兵」，與「按兵」同，「按」，抑也，止也。「卒」、俞謂當作「捽」，音昨（ㄗㄨㄛ），又音崒。國語晉語韋注：「捽，交對也。」「交對」，謂交相抵觸。言當國家殷盛之時，乃中立無偏，不爲合縱連橫之事，安然按兵不動，坐觀那些暴國之互相衝突。

㈧「節奏」、法度也。「剸」、讀爲「專」，下同。「勁」上，王先謙謂當有「之」字，與下「名聲剸天下之美矣」，相配爲文。言乃平治政教，審明法度，砥礪百姓，這樣作的時候，而軍隊就獨強於天下了。

㈨「案然」之「然」，俞謂衍文。言乃修仁德，隆禮義，正法則，選賢良，養百姓，這樣作的時候，而名聲就專美於天下了。

㈩三「者」字，有「則」義（久保說）。「權者重之」，指上「無有所偏」，「偃然案兵無動」

言。言權勢則加重，士卒則加強，名聲則加美，彼堯舜之所以統一天下，無以加於此矣。「夫」，彼也。「堯舜者」之「者」字，猶「之」。

權謀傾覆之人退，則賢良知聖之士案自進矣。㊀刑政平，百姓和，國俗節，則兵勁城固，敵國案自詘矣。㊁務本事，積財物，而勿忘棲遲薛越也，是使羣臣百姓皆以制度行，則財物積，國家案自富矣。㊂三者體此而天下服，暴國之君案自不能用其兵矣。㊃何則？彼無與至也。㊄彼其所與至者，必其民也。其民之親我〔也〕歡若父母，好我芳如芝蘭，反顧其上則若灼黥，若仇讎；彼人之情性也雖桀跖，豈有肯爲其所惡，賊其所好者哉！㊅彼以奪矣。㊆故古之人，有以一國取天下者，非往行之也，脩政其所，天下莫不願，㊇如是而可以誅暴禁悍矣。故周公南征而北國怨，曰：「何獨不來也！」東征而西國怨，曰：「何獨後我也！」㊈孰能有與是鬭者與？安以其國爲是者王。㊉殷之日，安以靜兵息民，慈愛百姓，辟田野，實倉廩，便備用，安謹募選閱材伎之士，⑪然後漸賞慶以先之，嚴刑罰以防之，擇士之知事者，使相率貫也，⑫是以厭然畜積修飾，而物用之足也。⑬兵革器械者，彼將日日暴露毀折之中原；我將脩飾之，拊循之，掩蓋之於府庫。⑭貨財粟米者，彼將日日棲遲薛越之中野，我今將畜積并聚之於倉廩。材伎股肱健勇爪牙之士，彼將日日挫頓竭之於仇敵，我今將來致之，并閱之，砥礪之於朝廷。⑮如是，則彼日積敝，我日積完；⑯彼日積貧，我日積富；彼日積勞，我日積佚。君臣上下之間者，彼將厲厲焉日日相離疾也，我將頓頓焉日日相親愛也，以是待其敝。⑰安以其國爲是者霸。立身則從傭俗，事行則遵傭故，進退貴賤則舉傭士，⑱之所以接下之人百姓者則庸寬惠，如是者則安存。(一九)立身則輕楛，事行則蠲疑，進退貴賤則舉佞侻，之所以接下之人百姓者則好取侵奪，如是者危殆。(二〇)立身則憍暴，事行則傾覆，進退貴賤則舉幽險詐故，(二一)之所以接下之人百姓者，則好用其死力矣，而慢其功勞，好用其籍斂矣，而忘其本務，如是者滅亡。(二二)——此五等者，不可不善擇也，王、霸、安存、危殆、滅亡之具也。善擇者制人，不善擇者人制之。善擇之者王，不善擇之者亡。夫王者之與亡者，制人之與人制之也，是其爲相縣也亦遠矣。

(一)「知」、同「智」。言小人退，則賢良進。——此言進賢。

(二)「國俗」、社會風俗。「節」禮文王世子注：「節，猶禮也。」「詘」、叚爲「屈」，服也。言刑政公平，百姓和諧，風俗有節，則國強敵服——此言勁兵。

(三)「本事」、農桑。「忘」、梁啓雄謂當爲「妄」。「棲遲」、爲「委棄」之音轉。「辟越」、與「狼戾」古音雙聲，孟子滕文公趙注：「狼戾，猶狼藉。」又雙聲音轉爲「屑越」。言增加生產不要妄自耗散，使臣工百姓皆按規定行事，不得隨便浪費。——此言富國。

(四)「體」、行也，見淮南高注。「三者」、指進賢、勁兵、富國。言行此三者而天下服從，暴國之君自不能以兵侵略了。

(五)何以暴國之君不能以兵來犯？沒有和他一起來的。

(六)「也」字據梁啓雄據世德堂本及議兵篇同句校，刪。言他的人民之親近我如見父母之歡，喜歡我如聞芝蘭之芳，反過來看，對他的國君，如被火燒黥面一般的可怖，若仇敵一般的可恨，其人之性情縱然如桀跖，怎肯爲他所憎惡的，去賊害他所喜歡的呢！上句「彼其」，猶

「彼」也，謂暴君。

（七）「以」、通「已」。言他的人已爲我所爭取過來了。

（八）「莫不」上，據陶據榮辱致士及本篇上文校，補「天下」二字。言古有以小國而取天下的，不是到人家那裏去奪取，而是修政於其國，天下都願爲其民啊！

（九）尚書仲虺之誥以此爲湯之事，此以爲周公之事，詩曰：「周公東征，四國是皇」是也。（久保說）

（一〇）誰能和這樣的人作戰呢？治國如此者王天下。

（一一）舊於「選」字絕句，非，前有同句，楊注以「選閱」連文，義同平列，此句亦應從之。

（一二）由軍中選擇通曉軍事的，使相統領。

（一三）「厭然」，猶「安然」，見儒效篇。「物用之足」之「之」字衍（皆王先謙說）。言安然儲備物資，修治器械，而使之充足。

（一四）「拊循之」，富國篇有同句，郝謂「循」與「揗」同；「拊揗」、謂撫摩矜憐。於此文當引申爲「愛惜」之意。言我對所有軍需軍械，予以修治、裝飾、愛惜，而藏於府庫。

（一五）「挫頓竭之」之「竭」似衍。「閱」，容也。言他的士卒因天天作戰而挫折於仇敵，我將招徠他們，收容他們，砥礪他們於朝廷上。

（一六）「敝」、罷敝。「完」、修完。此指兵革器械。

（一七）「厲」、疾也，重言之曰「厲厲」。「頓」、讀曰「敦」；「敦敦」、相親厚之意。（皆王先謙說）言君臣上下之間，他們將互相憎惡而日加離散，我們則互相親厚而日加親愛，在如此情形下以待其困敝。

（一八）「傭」與「庸」同，常也。「故」、故事。言立身則循常俗，行事則遵常規，進退百官則舉庸常之士。

⑲「之所以」之「之」，猶「其」也。下同。「庸」、用也。言他對待百姓則寬和恩惠。這樣可免於危亡以安存。

⑳「輕」、輕佻。「楛」、楛僈。荀書「楛」、「楛僈」、「僈楛」，義均爲苟且。「蠲」、音涓，高亨曰：惑也。「佞侻」，王先謙以爲應作「佞兌」，即「佞銳」。「好取」，即巧取。言立身則輕佻苟且，行事則疑惑不定，用人則舉讒佞銳進之徒，對待百姓則巧取豪奪，如此者危殆。

㉑「故」、亦詐也。言用人則舉陰險姦詐之輩。

㉒「籍斂」、猶「稅斂」。「本務」、農桑。言好用百姓的死力，而輕忽其功勞，好用稅斂，而不務農桑，如此者滅亡。（本段共二節，旨在說明禍福自求，無與於人，勉有國者嚴守中立，而善行王道。又本段無注，盧云：（此段）文義淺雜，當是殘脫之餘，故不注耳。）

富國篇第十

本篇主旨在明儒家富國之道，並批判墨子尙儉非樂之過。前三段爲正面主張，言富國之道，首在明分使羣，次則以禮節用（以禮、謂用不過度），以政裕民（以政、謂取之有道）。四段以下論墨子及欲富而不得其道者之非。末二段與富國無關，疑係錯簡。第一段論社會國家之起源，以功利主義的觀點扣緊人性，而與禮樂制度以理論的根據，其義最精，可與榮辱篇「貴爲天子」段，王制篇「分均則不偏」段，「水火有氣而無生」段及禮論篇第一段參互印證，俾窺其全。

萬物同宇而異體，無宜而有用爲人，數也。㈠人倫竝處，同求而異道，同欲而異知，生也。㈡皆有可也，知愚同；所可異也，知愚分。㈢埶同而知異，行私而無禍，縱欲而不窮，則民心奮而不可說也。㈣如是，則知者未得治也；知者未得治，則功名未成也；㈤功名未成，則羣衆未縣也；㈥羣衆未縣，則君臣未立也。無君以制臣，無上以制下，天下害生縱欲。㈦欲惡同物，欲多而物寡，寡則必爭矣。㈧故百技所成，所以養一人也。㈨而能不能兼技，人不能兼官。㈩離居不相待則窮，羣居而無分則爭；㈡窮者患也，爭者禍也，救患除禍，則莫若明分使羣矣。㈢彊脅弱也，知懼愚也，民下違上，少陵長，不以德爲政：如是，則老弱有失養之憂，而壯者有分爭之禍矣。㈢事業所惡也，功利所好也，職業無分：如是，則人有樹事之患，而有爭功之禍矣。㈣男女之合，夫婦之分，婚姻娉內，送逆無禮：如是，則人有失合之憂，而有爭色之禍矣。㈤故知者爲之分也。㈥

㈠「形」、形體。「爲」、王讀爲「于」。「數」、理也，見管子法法篇注。言萬物同在宇宙之中，而形體各有不同；就萬物本身說，無所謂宜與不宜；對人而言，若善加利用，則皆足以富厚人類生活，這是自然之理。案：宜與不宜，不在於物，而在於人，譬如水火，可以利人，亦可以害人，故王制篇曰：「羣道（治道）當，則萬物得其宜。」

㈡「人倫」、人類。「竝處」、同居一地。「生」、王讀爲「性」。「同求」、「同欲」，皆指男女飲食而言。言人類聚族而居，構成社會，人人對生活上的要求相同，欲望相同；但滿足要求和欲望，所採取的方法，所利用的知識，卻因人而異，這是人性使然。案：「求」與「欲」、出於先天的本然（性），故同；「道」與「知」（智）、出於後天的人爲（僞），故異。此文「生（性）也」，只指「同求」、「同欲」說，不包括「異道」、「異知」；否則，便不可通。性惡篇云：「有聖人之知（智）者，有士君子之知者，有小人之知者，有役夫之知者。」可作此文「異知」之注脚。又榮辱篇云：「材性知能，君子小人一也，好榮惡辱，是君子小人之所同也，若所以求之之道則異矣。」含義略同此文，可以參看。

㈢解蔽篇云：「心生而有知，知而有異。」言人心生來就有認識（知）的作用，有認識的作用，就有判斷（可）的能力，這是不分智愚的。此文「可」、卽心以爲可之意，指心的判斷。言人人都有判斷的能力，沒有智愚的分別；但判斷的結果，卻有正確與不正確之異。正確的就是智，不正確的就是愚。故曰：「知愚分。」案：修身篇云：「是是、非非謂之知，非是、是非謂之愚。」這是智愚的定義。

㈣ 「埶同」、地位相同，沒有尊卑貴賤之別。「知異」、知識不相同，而有智愚之分。「禍」、患也。「窮」、困也。「奮」、奮起爭奪。「說」、讀爲「悅」，猶易兌卦：「說之大民勸矣哉」之「說」。言社會中的人羣，地位相同，而知識不齊，若縱欲行私，而無所忌憚（禍、窮），則民心奮起爭奪，而無法使他悅服（遵守社會秩序）。

㈤ 這樣（埶同），羣衆中的智者，就沒有機會行其治道（爲社會服務）；智者不得行其治道，就沒有機會建立其功績和名望。

㈥ 「縣」、同「懸」，懸隔，差等。有功名的居上，沒有功名的居下，然後人羣才有懸隔差別。若沒有功名，大家的地位一樣，就無法建立起君臣上下的政治體制。

㈦ 沒有政治體制——無君以制臣，無上以制下——誰也管不着誰，天下之害就生於人人之縱欲行私。

㈧ 「欲」、謂飲食男女。「惡」、謂貧苦死亡。言人之所欲所惡是相同的。人之所欲無窮，而生產的物資有限。若恣其所欲不受制裁，則有限的物資，自然難以滿足無窮的欲望；不能滿足，就必出於爭奪。

㈨ 「故」、語辭，無承上義。「技」、工也。言一個人生活所需，必待百工之所成（生產）。案：此與孟子非許行之義同。

㈩ 上「能」字，名詞，謂能力也。言一個人的能力不能兼通幾種技藝，一個人的時間也不能兼任幾種事業。

㈡「離居」、離羣索居。「不相待」、不依賴他人而獨立生活。「窮」、爲物資匱乏所困。言脫離社會而不互相依賴就生活窮困，共營社會生活而沒有上下之分就要爭奪。

㈢窮困與爭奪都是人生之禍患；要免除這兩種禍患，就莫如明定尊卑貴賤之分（權利義務畫分清楚），使羣衆和睦相處了。

㈢「懼」、恐嚇。「民」、久保愛以爲衍文。「德」、敎化。言強梁的威脅軟弱的，聰明的恐嚇愚魯的，在下的反抗在上的，年少的陵辱年長的。人情如此，政府如不施以禮樂敎化，那麼，老弱就有無人照顧之憂，壯者就有互相爭奪之禍了。

㈣「事業」、謂勞役之事。「樹」、立也。「患」、苦也。言勞役之事是人所厭惡的，勞役所得的成果（功利），是人所喜愛的。人情如此，如不使職業各有定分，那麼，人人就以樹立自己的事業（義務）爲苦，而有爭奪他人之功（權利）之禍了，

㈤「合」、配也。「分」、謂人各有偶也。「婚」、謂婦之父。「姻」、謂壻之父。「娉」、今作「聘」，問名。「內」、讀爲「納」，納幣。「送」、致女。「逆」、親迎。言男女的配合，夫婦的定分，婚姻問名、納幣、嫁娶，這些程序，如果不按禮的規定辦理，那麼，懦弱的就有喪失配偶之憂，強梁的就有爭奪女色之禍了。

㈥「知」、讀爲「智」。所以智者（聖人）爲之制禮以明分，而後才各安生理。「知者」二字切須注意，言人之所以能制禮明分以立羣者，只以有知識故，非人性中本有道德也（馮說）。（本段論社會國家的起源，以功利的觀點，針對人性，而與一切制度以哲學的根據，極精，應與禮論篇首段及榮辱王制等篇有關章句合看。）

足國之道：節用裕民，而善臧其餘。㈠節用以禮，裕民以政。㈡彼裕民，故多餘。

㊂裕民則民富，民富則田肥以易，田肥以易則出實百倍。㊃上以法取焉，而〔下〕以禮節用之，餘若丘山，不時焚燒，無所臧之。㊄夫君子奚患乎無餘？㊅故知節用裕民，則必有仁聖賢良之名，而且有富厚丘山之積矣。㊆此無他故焉，生於節用裕民也。不知節用裕民則民貧，民貧則田瘠以穢，田瘠以穢則出實不半；㊇上雖好取侵奪，猶將寡獲也。㊈而或以無禮節用之，則必有貪利糾譑之名，而且有空虛窮乏之實矣。㊉此無他故焉，不知節用裕民也。康誥曰：「弘覆乎天，若德裕乃身。」此之謂也。㊁

㊀「臧」、古「藏」字。王先謙說治要句末有「也」字。言富國之術，在節省用度，富裕民眾，而善藏所餘，不使損耗。案：「節用裕民」是荀子財經政策的總綱。

㊁「以禮」、謂用不過度。(猶今控制預算)「以政」、謂取之有道。言節省用度要按禮法規定，富裕民眾要施行善政。解釋見下。案：這是財經政策的實施辦法。

㊂「彼」、通「夫」。言實施裕民的善政，民眾富足，努力耕作，所以多有餘糧。

㊃「以」、猶「而」。「易」、治也。言施政裕民則民眾富足，民眾富足就有力量肥沃田地而善加耕耘。

㊄「法取」、謂十取其一。「以禮節用」，謂不妄耗費。「而下」之「下」字據鍾說刪。「以法取」，「以禮節用」，皆上之事，不當有「下」字。言政府依法取之於民，而按禮法支出以節省用度，餘糧將無處儲藏。

㊅以墨子憂不足，荀子暗斥之。王先謙云：治要句末有「也」字。

㊆政策正確，名實皆美。

㊇「穢」、與上「易」為對，謂草萊不治而荒蕪。貧則無力施肥並適時耕耨，故田瘠而穢，收

穫不得其半。

㈨「好取」，猶「巧取」，見王制篇末。言政府雖巧取豪奪，仍然所得不多。

⑩「或」、猶「又」。「無」猶「不」（均見釋詞）。「糾」、收也。「譑」、讀爲「撟」（音矯），取也（王說）。言又不以禮法節省用度，則必有貪利收取之名，而且有空虛匱乏之實了（名實皆乏）。

⑪尚書康誥文。「若」、順也。言庇覆弘廣，如天一般。又順於德，此所以寬裕你自身。（即「百姓足，君孰與不足」之義）

禮者，貴賤有等，長幼有差，貧富輕重皆有稱者也。㈠故天子袾裷衣冕，㈡諸侯玄裷衣冕，㈢大夫裨冕，㈣士皮弁服。㈤德必稱位，位必稱祿，祿必稱用，㈥由士以上則必以禮樂節之，衆庶百姓則必以法數制之。㈦量地而立國，計利而畜民，度人力而授事，㈧使民必勝事，事必出利，利足以生民，皆使衣食百用出入相揜，必時臧餘，謂之稱數。㈨故自天子通於庶人，事無大小多少，由是推之。故曰：「朝無幸位，民無幸生。」此之謂也。⑩輕田野之賦，平關市之征，省商賈之數，⑪罕興力役，無奪農時，如是則國富矣。夫是之謂以政裕民。⑫

㈠「輕重」、猶多少，對上文「長幼」說。「貧富」對上文「貴賤」說。「稱」、尺證反（ㄔㄥˋ），適當，相副。言禮的作用，是要貴賤有差等，長幼有分別，貧富多少，人人各當其宜的。案：禮的性能在明分，分的作用中，自有「稱」的功效。下文即縷述相「稱」之道。

㈡「袾」、古「朱」字。「裷」、與「衮」同，畫着龍的衣服。「朱衮」，以朱色爲質的衮服。「衣冕」、猶「服冕」。言天子穿朱袞戴冕旒。

㈢「玄裷」、上公之服。周禮：「公之服，自袞冕而下，如王之服。」言諸侯穿玄色的袞，戴冕旒。

㈣「裨冕」、衣裨衣而服冕旒，這是祭服。袞衣以下皆爲裨衣。

㈤「皮弁」、以白鹿皮作冠，取象於上古的質素。「服」、謂服素積。儀禮士冠禮：「皮弁服素積。」注：「積、猶辟也，以素爲裳，辟蹙其要中。」（案：於腰的兩旁爲辟積，即今衣摺。）釋名釋衣服：「素積、素裳也，辟積其要中使蹙，因以名之。」言士服白鹿皮冠穿素積裳。案：以上四句，由衣冠以別貴賤，這是禮制。

㈥才德必和職位相當，職位必和俸祿相當，俸祿必和用度相當。久保愛讀「用」爲「庸」。謂功勳。

㈦「法數」、法律條文。言士以上的官吏必用禮法來節制他的用度，一般民衆必以法律來限制他的用度。案：此亦「禮不下庶人，刑不上大夫」之義。

㈧估計土地的大小而建立國家。如王制：天子之縣內九十三國。計算土地的生產而畜養民衆。如周制：計一鄉地利所出，畜萬二千五百家。度量民力而授以職事。如一夫受田百畝。

㈨「百用」、雜用，養生送死之類。「揜」、同也，見爾雅，通「弇」。「出入相揜」、即出入相數。稱「稱數」、合度（鍾說）。

㈩上至天子，下至庶民，所爲之事，不論大小多少，都以「稱數」的原則去推求。所以朝廷上沒有無德而祿，僥倖得位的官吏；社會上沒有遊惰而食，僥倖生存的流氓。（自此以上言如何「以禮節用」，以下言如何「以政裕民」。）

⑪「平」、除也，關市自由貿易，不征任何稅用。「省」、減也。減少商賈，相對地增加農

夫。案：後文云、「工商衆則國貧。」荀子以土地爲財富的本源，故重農業而輕工商。

㊂ 這是「以政裕民」的具體實施辦法。（本段分二節，論富國之術。第一節言富國之術，在以禮節用（節流），以政裕民（開源）。第二節言節用裕民的具體法度。）

人之生不能無羣，羣而無分則爭，爭則亂，亂則窮矣。故無分者，人之大害也；有分者，天下之本利也；㊀而人君者，所以管分之樞要也。㊁故美之者，是美天下之本也；安之者，是安天下之本也；貴之者，是貴天下之本也。㊂古者先王分割而等異之也，㊃故使或美，或惡，或厚，或薄，或佚〔或〕樂，或劬〔或〕勞，㊄非特以爲淫泰夸麗之聲，將以明仁之文，通仁之順也。㊅故爲之雕琢、刻鏤、黼黻文章，使足以辨貴賤而已，不求其觀；㊆爲之鐘鼓、管磬、琴瑟、竽笙，使足以辨吉凶、合歡、定和而已，不求其餘；㊇爲之宮室、臺榭，使足以避燥溼、養德、辨輕重而已，不求其外。㊈詩曰：「雕琢其章，金玉其相，亹亹我王，綱紀四方。」此之謂也。㊉

㊀ 人羣紛爭，起於「無分」；社會之條理秩序，起於「有分」。故「有分」是天下根本之利。注以「本」爲「大」字之誤，似不必改字。

㊁ 「管」、主領。「樞」、戶樞。「樞要」、謂動力所在。「君者，羣也。」羣道首在明分。所以說：人君是管「分」的樞要。

㊂ 「美之」、「安之」、「貴之」，三「之」字，皆謂人君。「美之」、謂供給人君美好的宮室、衣服、飲食等。有分是天下的本利，人君是管分的樞要，美君、卽所以美天下之本。下二句倣此。

㊃ 「分割而等異之」、言分別人倫的貴賤尊卑，而等差他的生活享用及工作。

㈤「或佚或樂」，「或劬或勞」，據王據治要校各删下「或」字，改爲「或佚樂」，「或劬勞」。「美」、「惡」，指宮室衣服。「厚」、「薄」、指穀祿多少。「佚樂」、「劬勞」、指工作勞逸。

㈥「聲」字、俞以爲衍文，其上「之」字，俞以爲「也」之誤。原文應作「非特以爲淫泰夸麗也。」案：此承上文，申明「分割而等異之」的理由，不改字也可通。「淫」、淫逸。「泰」、優泰。「夸麗」、卽「誇麗」。「聲」、聲勢。「非特以爲淫泰夸麗之聲」，言不是特以爲淫逸、優泰、誇麗的聲勢而炫耀於人的。「仁」、卽儒效篇「仁之隆也」之「仁」，謂人道、人倫。（仁、直接說、卽「仁道」，實其意，則曰「人道」。）「明仁之文」者，彰明人倫之文理。以別貴賤。「通」、亦明之意。「順」、敍也，見爾雅釋詁。「通仁之順」者，通明人倫之順敍（彝倫有敍）。這幾句話的大意：先王分別人倫的貴賤尊卑而等差他們的工作享用，不是讓美厚的佚樂的以爲淫泰誇麗之聲勢，而炫耀於瘠薄的劬勞的啊，乃是爲了彰明人倫之文理，通明人倫之順敍，而後社會才有條理秩序啊。

㈦玉謂之「雕」，亦謂之「琢」。木謂之「刻」，金謂之「鏤」。——此指器物。白與黑謂之「黼」，黑與青謂之「黻」；青與赤謂之「文」，赤與白謂之「章」。——此指衣服。「觀」、美觀。言爲人君備金玉雕鏤之器，黼黻文章之衣，使足以辨別貴賤而已，不是爲了美觀。

㈧「餘」、過度作鄭衞之音。言爲備鐘鼓琴瑟之樂，使足以區別吉凶之禮，和合衆情之歡，安定性情之和而已，不是爲了過度享樂。

㈨「輕重」、謂尊卑。「外」、謂峻宇雕牆之類。言爲備宮室臺榭之居，使足以避免燥濕，涵養德性，辨別尊卑而已，此外卽非所求。

㊉ 詩大雅棫樸第五章。今詩「雕」作「追」。「章」、文彩。「相」、質。「亹亹」、(ㄨㄟˇ)，勸勉之意，今詩作「勉勉」。「綱紀」、治理。言金玉之質，已夠美好，而又雕琢上文飾，美之又美了。且又勉之不已，所以能綜理四方，使天下安樂。案：此詩美周王。引此以明周王之質與文皆不同於衆人（差別），所以能綱紀四方。（此節言有分爲天下之本利，故先王爲政，必分別貴賤而等差其享用。）

若夫重色而衣之，重味而食之，重財物而制之，合天下而君之，㊀非特以爲淫泰也，固以爲〔王〕一天下，治萬變，材萬物，養萬民，兼制天下者，爲莫若仁人之善也夫。㊁故其知慮足以治之，其仁厚足以安之，其德音足以化之，得之則治，失之則亂。㊂百姓誠賴其知也，故相率而爲之勞苦以務佚之，以養其知也；㊃誠美其厚也，故爲之出死斷亡以覆救之，以養其厚也；㊄誠美其德也，故爲之雕琢、刻鏤、黼黻、文章以藩飾之，以養其德也。㊅故仁人在上，百姓貴之如帝，㊆親之如父母，爲之出死斷亡而愉者，㊇無它故焉，其所是焉誠美，其所得焉誠大，其所利焉誠多。㊈詩曰：「我任我輦，我車我牛，我行既集，蓋云歸哉！」此之謂也。㊉

㊀ 「重」、(ㄔㄨㄥˊ)多也。「重色」、各色美衣。「重味」、各種美食。「重財物而制之」之「制」，趙金海謂爲「利」字之訛。「利」、養也。「而」、猶「以」（上下句同）。言以很多的財物奉養他，「合天下而君之」、言合天下之人擁戴他以爲君。

㊁ 「王」、據王先謙說改爲「一」。「材」，與「裁」通，成也。「兼制天下」王先謙以爲應作「兼利天下」。「爲莫若」、久保愛以爲「爲」字衍。言使國君生活優越，權重位尊，非

直讓他淫逸優泰啊，乃以爲團結天下的人民，治理多變的政事，裁成萬物，生養萬民，兼利天下，沒有比這位仁者再好的啊！

㈢「知」、讀爲「智」。「仁厚」、謂其德。「德音」、謂其聲望。言他的智慮足以治理天下，他的仁厚足以安定天下，他的德望足以化成天下，有他天下就太平，沒有他就混亂。

㈣百姓的確是依賴他的智慮的，所以相率爲他勞苦而讓他安逸，以養他的智慮。

㈤「出死」、出身致死。「斷亡」、決死。「覆救」、保衞。「厚」、仁厚。言百姓的確是贊美他的仁厚的，所以不惜犧牲性命來保衞他，以養他的仁厚。

㈥「藩飾」、藩衞文飾。「德」、德音。言百姓的確是贊美他的德望的，所以爲備雕琢刻鏤之器，黼黻文章之衣，來藩衞文飾他，以養他的德望。

㈦「帝」、天帝。

㈧「愉」、王據王霸篇及治要引，以爲應作「不偷」。言百姓皆死其君事而不偷生。案：不增改字亦可通，言人皆樂爲其君而犧牲。

㈨「其所是焉」、百姓以爲是的，卽百姓所認識的仁君之智慮、仁厚、德音。言百姓所認識的仁君誠然美，從他那裏所得到的幸福誠然大，從他那裏所獲得的利益誠然多。

㈩詩小雅黍苗第二章。「任」、負也。「集」、成也。「蓋」、與「盍」通。言行役的時候，我負物，我輓車，我駕車，我牽牛。此行任務業已完成，何不回家呢？案：此召穆公營謝城邑，功成而士役美之。引此以明百姓不畏勤勞以奉君上。（此節言仁君兼利天下，百姓尊之出於至誠。）

故曰：君子以德，小人以力；力者，德之役也。㈠百姓之力，待之而後功；百姓之羣，待之而後和；百姓之財，待之而後聚；㊁百姓之埶，待之而後安；㊂百姓之壽，待之而後長；㊃父子不得不親，兄弟不得不順，男女不得不歡。㊄少者以長，老者以養。故曰：「天地生之，聖人成之。」此之謂也。㊅

㊀君子（在位者——人君）以德撫下，百姓以力事上。用力的要受有德者之役使的。

㊁「待之」之「之」、君子之代詞，謂人君。言百姓的勞力，待人君而後有功；百姓之羣體（社會），待人君而後和睦；百姓之財富，待人君而後聚積。

㊂「埶」、形勢，此指生活環境。「安」、安定。

㊃因人君之德化，無爭殺而又厚生，故人得長壽。

㊄「不得」、謂不得人君之德化。

㊅古有此語，引之以明仁君德化的功效。（「天生人成」是荀子的基本原則，這一節就是說明此一意義。又荀子主張尊君，上節及本節皆言其由。學者當細察其不同於法家處。）

今之世而不然：㊀厚刀布之斂，以奪之財；重田野之賦，以奪之食；苛關市之征，以難其事。㊁不然而已矣：㊂有掎絜伺詐，權謀傾覆，以相顛倒，以靡敝之。㊃百姓曉然皆知其汙漫暴亂，而將大危亡也。㊄是以臣或弒其君，下或殺其上，粥其城，倍其節，而不死其事者，無他故焉，人主自取之。㊅詩曰：「無言不讎，無德不報。」此之謂也。㊆

㊀「而」、猶「則」。言今世之人君則不是這樣。

㊁「刀布」、錢也。「奪之財」「奪之食」之「之」字，與下文「難其事」之「其」字是互

文。「之」亦「其」也。「苛」、暴。「征」、亦稅也。「苛關市之征」，謂出入買賣皆有稅。「難其事」，刁難其事，使貨財不得流通。

㊂不唯此而已矣。

㊃「有」，讀爲「又」。「掎」（ㄐㄧˇ）、掎摭（摘取）其事。「挈」（ㄑㄧㄝˋ）、挈舉其過。「伺」、伺候其罪。「詐」、詐僞其辭。四者皆故意入人於罪之意。「靡」、散也。「敝」、凋敝。這幾句的大意：又用種種陰謀詭計來坑陷百姓，使民間靡散凋敝。

㊄「汙」、「漫」、皆穢行。言百姓都淸楚地知道他這種汚穢暴亂之行，是將要滅亡了。

㊅「粥」、同「鬻」。「粥其城」、謂以城降敵，以爲己利。「節」、忠節。「倍」、同「背」、「倍其節」、謂違背忠節。「不死其事」、言不爲國君之事而死。皆由上無恩德，下亦傾覆之。「取之」下，治要有「也」字。

㊆詩大雅抑第六章。「讎」、亦報也。（此節言當時之君，適仁君之反，故百姓棄之。可與正論篇「桀紂有天下，湯武弑而奪之」一段同看。荀子尊君，但亦贊成革命。）（本段分四節，上承第一段明分息爭之義，而言先王明分（別貴賤），以成萬物，養萬民，故天下尊之；尊其智、仁、德足以爲天下之本也。「天地生之，聖人成之」，是本段重點所在。）

兼足天下之道在明分：掩地表畝，刺屮殖穀，㊀多糞肥田，是農夫衆庶之事也。守時力民，進事長功，和齊百姓，使人不偸，是將率之事也。㊁高者不旱，下者不水，寒暑和節，而五穀以時孰，是天〔下〕之事也。㊂若夫兼而覆之，兼而愛之，兼而制之，歲雖凶敗水旱，使百姓無凍餒之患，則是聖君賢相之事也。㊃

㊀「掩地」、覆土之意。「表」、表明。「刺」、音泣，絕也。「屮」、古「草」字。言覆土

爲畔，以明經界；除去雜草，繁殖五穀。

㈡「率」、同「帥」，「將率」、卽州長黨正之屬。古之將率，平時卽州長黨正之官。此從其在軍之稱，正見內政軍令之可通。（兪說）言把握耕作時節，督促百姓努力工作，發展事業，增加生產，團結百姓，使人人奮勉，這是地方官的任務。

㈢「孰」、同「熟」。「天下之事」、王謂當作「天之事」。不旱不水，寒暑和節，此皆出於天，故曰：「是天之事。」

㈣「餧」、同「餒」。（富國在明分。本節言分，是職業上的分工。又荀子論政重相，此文君相並列，可見一斑。）

墨子之言昭昭然爲天下憂不足。夫不足非天下之公患也，特墨子之私憂過計也。㈠今是土之生五穀也，人善治之，則畝數盆，一歲而再獲之。㈡然後瓜桃棗李一本數以盆鼓；㈢然後葷菜百疏以澤量；㈣然後六畜禽獸一而剸車；㈤黿、鼉、魚、鱉、鰌、鱣以時別，一而成羣；㈥然後飛鳥、鳧、雁若煙海；㈦然後昆蟲萬物生其間，可以相食養者，不可勝數也。㈧夫天地之生萬物也，固有餘，足以食人矣；㈨麻葛繭絲、鳥獸之羽毛齒革也，固有餘，足以衣人矣。夫有餘不足，非天下之公患也，特墨子之私憂過計也。㈩

㈠「昭昭」、王曰：小也。或讀「昭」爲「怊」（ㄔㄠ），「怊怊」、憂貌。「公患」、公共之患。言墨子之言怊怊然爲天下人憂慮貧乏。貧乏大家不認爲是公害，不過是墨子個人的私**憂過慮而已。**

㈡「是」、此也。「益」、當時以益爲量。「獲」、讀爲「穫」。言土地生長五穀，善加耕種，一畝就生產數益，一年可收穫兩次。

㈢「然後」、謂除五穀之外，又有這些果實。「一本」、一株。「數以益鼓」，謂數度以益鼓量之。「鼓」、量也。廣雅釋器：「斛謂之鼓。」

㈣「葷」、辛菜。「疏」、同「蔬」。「以澤量」、以澤來計算，猶「谷量牛馬」。

㈤「剸」、與「專」同。言一獸就滿一車。

㈥「黿」上脫「然後」二字。「別」、謂生育和母體分別。「以時別」、謂按時生育，不夭其生。「一而成羣」、每一類皆得成羣。

㈦「若煙海」、遠望如煙之覆海，形容其多。

㈧除此之外，土地中又生長之昆蟲萬物，可以供人食用的，不可勝數。

㈨「食」、音寺（ㄙ）。言天地生產萬物，本來就有餘，足以供人食用。下句「衣人」之「衣」字，讀去聲。

㈩「不足」上「有餘」二字，王先謙以爲衍文。案：上文兩言「有餘」，此「有餘」正承上而言。言本來有餘而墨子以爲不足，特墨子之杞憂而已。重述上文，加此二字，更加重其語氣。

天下之公患，亂傷之也。胡不嘗試相與求亂之者誰也？㊀我以墨子之「非樂」也，則使天下亂；墨子之「節用」也，則使天下貧，非將墮之也，說不免焉。㊁墨子大有天下，小有一國，將蹙然衣粗食惡，憂戚而非樂。㊂若是則瘠，瘠則不足欲；不足欲則賞不行。㊃墨子大有天下，小有一國，將少人徒，省官職，上功勞苦，與百姓均事業，齊功勞。若是則不威；不威則罰不行。㊄賞不行，則賢者不可得而進也；罰不行，則不肖者不可得而退也。㊅賢者不可得而進也，不肖者不可得而退也，則能不能不可得而官也。㊆若是，則萬物失宜，事變失應，上失天時，下失地利，中失人和，天下敖然，若燒若焦，㊇墨子雖爲之衣褐帶索，嚽菽飲水，惡能足之乎？㊈既以伐其本，竭其原，而焦天下矣。㊉

㊀天下的公患是社會混亂的傷害。我們何不嘗試着去探求亂天下的是誰呢？

㊁我以爲墨子「非樂」之說，足以使天下亂；墨子「節用」（尙儉）之說，足以使天下貧。不是他要毀壞天下，是他的學說荒謬，不免至此。（以下申明其由）

㊂假設墨子大而據有天下而爲天子，小而據有一國而爲諸侯，他將神情蹙然而粗衣惡食，心懷憂戚而反對舉樂。「蹙然」、踧踖不安之貌。

㊃「瘠」、謂奉養菲薄。「不足欲」：「欲」者、願欲，此指安富尊榮而言。「不足欲」、謂不能滿足人們安富尊榮的願望。此文大意：安富尊榮，是人之所願。今人主生活如此，其所賞者當亦不過如此（粗衣惡食）；這樣的生活不能滿足人們的願望，故其賞賜失去了勸善的作用。

㊄「人徒」、輿隸之屬。「上」、讀爲「尙」。言他將減少僕役，省約官吏，崇尙事功，倡導勞苦，要和老百姓同樣從事勞作，同樣要求成績（君臣並耕而食，饔飧而治）。這樣沒上沒下（無貴賤之別），便建立不起威嚴；沒有威嚴，便罰不能行。

㊅賞所以進用賢能，罰所以斥退不肖，今賞罰不行，則賢不能進，不肖不能退。

㊆「官」、謂不失其任。言賢不能進，不肖不能退，則有能力的和沒有能力的都不能得到適當

的任用。

㈧「敖」、讀爲「熬」。言這樣，則萬物不能利用，事變不能肆應，上而不能把握天時，下而不能生產地財，中而不能和齊人羣，天下爲窮困所熬煎，將若燒若焦一般的痛苦。

㈨「衣褐帶索」、謂以粗布爲衣，繩索爲帶。「嚽」、同「啜」。「惡」、音烏。

㈩此句文義應在「若燒若焦」下，倒裝文法。（王先謙說）「以」通「已」。言墨子「非樂」、「尚儉」，則不尊不威，不足以爲政，以此富國，適所以伐本竭源，而焦天下，墨子雖自己刻苦，有什麼用呢？

故先王聖人爲之不然：㈠知夫爲人主上者，不美不飾之不足以一民也，不富不厚之不足以管下也，不威不強之不足以禁暴勝悍也，㈡故必將撞大鐘，擊鳴鼓，吹笙竽，彈琴瑟，以塞其耳；㈢必將錭琢刻鏤，㈣黼黻文章，以塞其目；必將芻豢稻粱，五味芬芳，以塞其口。㈤然後衆人徒，備官職，漸慶賞，嚴刑罰，以戒其心。㈥使天下生民之屬，皆知己之所願欲之舉在是于也，故其賞行；㈦皆知己之所畏恐之舉在是于也，故其罰威。㈧賞行罰威，則賢者可得而進也，不肖者可得而退也，能不能可得而官也。若是則萬物得宜，事變得應，上得天時，下得地利，中得人和，則財貨渾渾如泉源，汸汸如河海，暴暴如丘山，㈨不時焚燒，無所臧之。夫天下何患乎不足也？故儒術誠行，則天下大而富，使而功，㈩撞鐘擊鼓而和。⑪詩曰：「鐘鼓喤喤，管磬瑲瑲，降福穰穰，降福簡簡，威儀反反。既醉既飽，福祿來反。」⑫此之謂也。故墨術誠行，則天下尚儉而彌貧，非鬭而日爭，⑬勞苦頓萃，而愈無功，⑭愀然憂戚非樂，而日不和。⑮詩曰：「

天方薦瘥，喪亂弘多，民言無嘉，憯莫懲嗟。」此之謂也。(一六)

(一) 儒者所宗的先王聖人。

(二) 先王知道為人主上的，如生活起居不美不飾，不富不厚，就不能發生向心的作用而齊一人心，領導臣下，如權勢不威不強，就不能禁止強暴，制勝兇悍。

(三) 「塞」、充也，引申義為滿足。「以塞其耳」、以滿足聽覺的需要。下倣此。

(四) 「錭」、與「彫」同。

(五) 自「故必將撞大鐘」至此，列述人主安富尊榮的生活。與上文「衣粗食惡，憂戚非樂」對比。

(六) 「然後」、而又。「漸」猶「深」，「深」、猶「重」（鍾說）。而又設置衆多的僕役，完備的官吏，厚重的賞賜，嚴厲的刑罰，讓人人的心中先有所勸戒。案：此言人主之權重勢威，與上文「少人徒，省官職」一節對比。

(七) 「生民之屬」、猶言民衆。「願欲」、即上文「不足欲」之「欲」，謂安富尊榮。「皋」、皆也。「是于」、猶言「于是」。讓天下人人皆知他所願望的（安富尊榮）都在這裏了（皆可由此取得），所以賞賜就發揮了強大的勸善作用。案：此與上文「賞不能行」一義對比。

(八) 讓天下人人皆知他所畏懼的（貧賤死亡）都在這裏了（皆可加於其身），所以懲罰就發揮了威嚴的嚇阻作用。案：此與上文「罰不能行」一義對比。

(九) 「渾渾」、與「混混」同，水流貌。孟子曰：「源泉混混。」「汸」，讀為「滂」。「滂滂」、水多貌。「暴暴」（ㄅㄠˋ），卒起貌。

(一〇) 「大」、讀為「泰」，優泰。「使而功」、劉台拱、王念孫皆謂當作「佚而功」。言誠能施行儒家的治術，則天下優泰而富足，人人安佚而事業有功績。

(二) 儒家有「樂以導其和」之說。樂論篇亦云：「樂者天下之大齊也，中和之紀也。」故樂教行，君臣和敬，父子和親，少長和順。

(三) 詩周頌執競之篇。「喤」、音皇。「瑲」、音羌。「喤喤」、「瑲瑲」，皆狀聲音和諧。「穰」、(ㄖㄤ)、衆多。「簡簡」、大也。「反反」、謹重貌。「反」、覆也。言反覆而來，沒有休止。詩序云：「執競、祀武王也。」言鐘鼓喤喤和鳴，管磬瑲瑲集奏，作樂致祭，降福乃多，降福乃大。主祭者威儀謹重，神之受祭，既醉且飽，則福祿之來，反覆無休止。案：祭神以樂，神乃降福，以明樂之功效，暗斥「非樂」之非。

(三) 「非鬪」、即「非攻」。既上失天時，下失地利，則生產必寡，寡則雖「尙儉」而無濟於貧，雖「非攻」而日鬪爭。

(四) 「頓萃」、與「頓卒」、「頓頓」並同，困苦之意。案：禮記雜記：「張而不弛，文武弗能也；弛而不張，文武弗爲也；一張一弛，文武之道也。」儒家主張如此，而墨子「非樂」，「尙功勞苦」，不知娛樂活動，有助工作效率，故斥其「勞苦頓萃，而愈無功。」

(五) 「愀然」、變動貌。「樂合同」、樂有合和人情的作用，墨子憂戚非樂，人情將日愈不和。

(六) 詩小雅節南山第二章。「薦」、重也。「瘥」、音錯，病也。「喪亂」、禍亂。「弘」、大也。「嘉」、善也。「憯」音慘，曾也。「懲」、戒也。言天重降國家以禍，禍亂大而且多。人言皆無善慶之語，曾莫自戒自嗟。(此節言聖王爲政，適墨子之反，故萬物得宜，財用豐足。以上四節爲一段，旨在說明富國之道，首在明分，兼斥墨子「尙儉」、「非樂」之說之非。)

垂事養民，拊循之，唲嘔之，冬日則為之饘粥，夏日則為之瓜麩，以偷取少頃之譽焉，是偷道也。㈠可以少頃得姦民之譽，然而非長久之道也；事必不就，功必不立，是姦治者也。㈡傮然要時務民，進事長功，輕非譽而恬失民，㈢事進矣，而百姓疾之，是又〔不可〕偷偏者也。㈣徙壞墮落，必反無功。㈤故垂事養譽，不可；以遂功而忘民，亦不可。皆姦道也。㈥

㈠「垂」：俞謂猶「委」，孫疑為「舍」之譌；劉師培疑為「棄」之訛，於義似皆符苟旨，究不知何字之誤。「民」、梁據下文以為「譽」字之訛。「拊」與「撫」同。「循」與「揗」同。「撫揗」、謂撫摩矜憐。「唲」、音娃。「唲嘔」，小兒語聲。「饘粥」：厚曰「饘」，稀曰「粥」。「麩」、音去，麥飯，可以止渴解暑。言不務正業而以小惠養譽，撫摩他以示矜憐，作小兒語聲以示慈愛，冬天為備饘粥以禦寒，夏日為備瓜果麥飯以祛暑，用這些手法以釣取短暫的美譽，這是不正當的苟且之道。

㈡「姦治」、鍾曰：猶言「害治」。言苟且之道可以短暫地博得姦民的稱譽，但不是長治久安之道。事業必不能有所成就，功績必不能有所建立，這是足以妨害治道的。

㈢「傮然」、猶「嘈嘈」，紛雜之意，此指政令紛雜。「要」、（一ㄠ）「要時」、趨時。「務」、勉強。「務民」、謂以勞役強迫民眾。「非」、為「誹」之省文。「恬」、安也。言以繁雜的政令，強迫民眾，趨時勞役，但求開展事業，增加功利，不顧民眾的毀譽，而安於失掉民心。案：陶以「進事長功」之「進」為「遂」字之誤。「遂」者，專事之辭。

㈣「不可」、據王先謙說，刪。「偷偏」、苟且不正。言事業開展了，而民眾疾恨他，這也是苟且不當的。

㈤「徙壞」、毀壞。言專尚功利，功利雖有成就，但隨即毀壞墮落，必然反而無功。

㈥「遂功而忘民」、承上文「進事長功，輕非譽而恬失民」而言。言不務正業，但施小惠以邀美譽，不可；專尚功利，而不顧民衆疾苦，也不可。這兩者皆非治國之正道。

故古人爲之不然：使民夏不宛暍，冬不凍寒，急不傷力，緩不後時，事成功立，上下俱富；㈠而百姓皆愛其上，人歸之如流水，親之歡如父母，爲之出死斷亡而愉者，無它故焉，忠信、調和、均辨之至也。㈡故國君長民者，欲趨時遂功，則和調累解，速乎急疾；忠信均辨，說乎慶賞矣；必先脩正其在我者，然後徐責其在人者，威乎刑罰。㈢三德者誠乎上，則下應之如景嚮，雖欲無明達，得乎哉！㈣書曰：「乃大明服，惟民其力懋，和而有疾。」此之謂也。㈤

㈠「宛」、讀爲「燠」（音郁），二字古音同假借，熱也。「暍」、音喝，亦熱也。「宛暍」與下文「凍寒」爲對，皆二字同義平列。言古聖王役使民衆，夏不傷暑，冬不受寒，急切而不傷民力，寬緩而不失時宜，事成功立，政府民衆都很富足。

㈡「均辨」：王讀「辨」爲「平」。「平」、「辨」古通。「忠」與「信」，「調」與「和」，「均」與「辨」，皆同義。言民衆都愛戴他，歸向他，親敬他，而樂於爲他犧牲，所以如此者，沒有別的原因，只因他爲政忠信（不玩手法）、調和（不急不緩）、均平（不偏不倚）之極啊。

㈢「累解（ㄒㄧㄝˋ）」、兪謂殆猶「平正」。鍾謂「累解」與「急疾」爲對，作「寬緩」解爲是。茲從後者。「遂」、成也。「說」、讀爲「悅」。言爲國君治人民的，要想把握時機，建立功業，如和調寬緩以使民，則民衆響應速於躁急（以使之）；如忠信均平以使民，則民衆喜悅愈於慶賞；必先脩正自己，然後徐責於人的，威嚴勝於刑罰。「速乎急疾」及「威乎刑罰」下，王以爲應有「矣」字。「乎」、猶「於」。

㈣「三德」：和調累解、忠信均辨、正己而後責人。「景」與「影」同。「嚮」、讀爲「響」。言君上如誠心行此三德，則民衆響應他的號召，將如影之隨形，響之應聲。就是不願聲名顯達，都不可得。

㈤書康誥、注：「懋」、勉也。言君大明以服下，則民勉力爲和調而疾速，以明效上之急也。案：今書作「惟民其勑懋和，而有疾。」盧云元刻同今書。「和」字皆上屬爲句，與楊注異。「惟其民勑懋和」：傳云：「民既服化，乃其自勑正，勉爲和。」「而有疾」：傳云：「化惡爲善，如欲去疾。」正義亦訓「疾」爲「病」，楊注訓速。「而」、猶「若」也。

故不教而誅，則刑繁而邪不勝；㈠教而不誅，則姦民不懲；誅而不賞，則勤〔屬〕厲之民不勸；㈡誅賞而不類，則下疑俗〔儉〕險而百姓不一。㈢故先王明禮義以壹之，致忠信以愛之，尙賢使能以次之，爵服慶賞以申重之，㈣時其事，輕其任，以調齊之，潢然兼覆之，養長之，如保赤子。㈤若是，故姦邪不作，盜賊不起，而化善者勸勉矣。是何邪？則其道易，其塞固，其政令一，其防表明。㈥故曰：上一則下一矣，上二則下二矣。㈦辟之若屮木枝葉必類本。此之謂也。㈧

㈠「邪不勝」、謂邪民不化而爲善。言不先敎化，有罪就加誅罰，則刑罰繁重而邪民終不化而爲善。

㈡「屬」、據王據治要校，改爲「厲」。「厲」、奮也，見管子牧民注。言只有敎化而不加誅罰，則姦民不知懲戒；只有誅罰而沒有慶賞，則勤奮之民不知勸勉。

㈢「不類」、注云：不以其類，謂賞不當功，罰不當罪。「僉」、據王先謙據治要校，改爲「險」。「險」、謂徼幸免罪，苟且求賞。言誅賞如不恰當，則民衆疑惑，風俗險詐，而百姓不能齊一（羣）。

㈣「致」、盡也。「次之」、猶言等之，使有等列也。（鍾說）「申」、亦重也。「申重」、猶「尊重」。言先王首先彰明禮義之教以齊一民衆，盡忠信之義以愛護民衆，崇敬賢德，任使才俊，讓他們在政府中都得到相當的位次，更以爵位章服慶賞來顯榮他們。

㈤「時其事」謂使人應時治事。「輕其任」、謂量力而使。「以調齊 之」、謂調和齊一他們。「潢」與「滉」同。「潢然」、水大至之貌，此狀其德澤之盛。言德澤潢然廣被，無人不被覆育，無人不被長養，其覆育長養如保愛嬰兒一般。

㈥「則其道易」：「則」、猶「是」；「道」、同「導」；言是其導之使行的平易。此承上文「化善者勸勉」而來。「其塞固」：「塞」、杜也。言其杜之使不行的牢固。此承上文「姦邪不作，盜賊不起」而來。「政令一」、言政令簡單統一。（故其導民者平易可行。此前文「僡然」之反。）「防表明」、隄防、標表，明白易識。（故其杜塞姦邪之心者固。）天論篇云：「禮者、表也。」儒效篇云：「行有防表。」亦指禮說。

㈦「上一」、謂國君治國專一於道（禮義）。「則下一」、則民衆齊一和諧。「上二」、謂國君不專一於道。「則下二」、則民衆離心離德。

㈧「辟」、讀爲「譬」。「屮」、古「草」字，見前。言譬如草木，它的枝葉必同於它的根本。此以「本」比君，「枝葉」比民。（這一段分三節：第一節言「垂事養譽」與「遂功忘民」，皆不足以成事立功。第二節言聖王正己而以忠信、調和，均辨使民，則政事成功立，上下俱富。第三節言聖王以禮義爲政，政令一，防表明，而天下化。此承上節而申言之。本段主旨在明王道與姦道之不同。）

不利而利之，不如利而後利之之利也。不愛而用之，不如愛而後用之之功也。㊀利而後利之，不如利而不利者之利也。愛而後用之，不如愛而不用者之功也。㊁利而不利也，愛而不用也者，取天下者也〔矣〕。利而後利之，愛而後用之者，保社稷者也。不利而利之，不愛而用之者，危國家者也。㊂

㊀「不利而利之」：下「利」字，取也。「利之之利也」：下「利」字，便也。見周策注。言不利民而取民之利，不如利而後取之來的方便。不愛民而用民，不如愛而後用之來的有功效。

㊁墨經：「志以天下爲芬，而能利之，不必用。」呂覽貴公：「伯禽將行，請所以治魯，周公曰：『利而勿也。』」」皆與此同一道理。

㊂「取天下矣」，「保社稷也」、「危國家也」，據王據文選五等諸侯論注，改爲「取天下者也」，「保社稷者也」，「危國家者也」。（此段言利民愛民是爲政的根本，王霸安危皆繫於此。下一段卽暗承此義而詳加論列。）

觀國之治亂臧否，至於疆易而端已見矣。㊀其候徼支繚，其竟關之政盡察——是亂國已。㊁入其境，其田疇穢，都邑露——是貪主已。㊂觀其朝廷，則其貴者不賢；觀其官職，則其治者不能；觀其便嬖，則其信者不愨——是闇主已。㊃凡主相臣下百吏之〔俗〕屬，其於貨財取與計數也，〔須〕順孰盡察；其禮義節奏也，芒軔僈楛——是辱國已。㊄其耕者樂田，其戰士安難，其百吏好法，其朝廷隆禮，其卿相調議——是治國已。㊅觀其朝廷，則其貴者賢；觀其官職，則其治者能；觀其便嬖，則其信者愨——是明主已。凡主相臣下百吏之屬，其於貨財取與計數也，寬饒簡易；其於禮義節奏也，陵謹盡察——是榮國已。㊆賢齊則其親者先貴，能齊則其故者先官，㊇其臣下百吏，汙者皆化而脩，悍者皆化而愿，躁者皆化而愨——是明主之功已。㊈

㊀「易」、與「埸」同。「疆埸」、猶言「邊界」此謂國界。「端」、首也，苗頭。「見」、賢遍反。言觀察一個國家的治亂和國君的好壞，一到它的邊界，就可看出一點苗頭。

㊁「候」、斥候。「徼」、巡邏。「支繚」、支分繚繞。「竟」、與「境」同。「盡察」、言其苛細。言斥候巡邏支分繚繞，極爲嚴密（這證明多疑）。邊境上的關卡檢查商旅，非常苛細（這證明貪利）。這都是亂國之徵。

㊂「露」、敗壞。言進入國境，只見田野荒蕪，都邑破敗，這種民窮力竭的景象，是貪君之徵。

㊃「便嬖」、左右近習之人。「愨」、謹也。看看它的朝廷，顯貴之官都不是賢良之士；看看各個機關，負責辦事的人都是無能之輩，再看國君左右近習，他所親信的都不是謹愨之人，這是闇君之徵。案：「便嬖」、荀書不含邪佞意。「官職」、據周禮天官大宰注，謂六官之職。

㊄「俗」，據俞據下文校，改爲「屬」字。「取」、賦斂。「與」、賜予。「計數」、計算。「湏」字無義，據俞據禮論篇校，改爲「順」。「順孰」、精熟。「禮義節奏」、謂行禮義的節文。「禮義」上，脫「於」字。「芒」、昧也，或讀爲「荒」，言不熟習。「軔」、

柔也，亦怠惰之義。「優」、與「慢」同。「楛優」、苟且怠惰。言大凡國君宰相臣下百吏，對貨財之斂取或賜予，計算地精熟苛細；對禮義的節文，卻芒昧、怠惰、苟且、輕忽，（重利輕禮）這是必被凌辱的國家之徵。

㈥農人樂於耕作而不懈怠，戰士安於危難而不逃避，官吏愛好法，朝廷重視禮，卿相遇事協調商議（合衷共濟），這是治國之徵。

㈦「寬饒」、寬大饒厚，言不精刻。「寬饒簡易」與上「順熟盡察」，相反爲義。「陵謹」、嚴密謹愼。「陵謹盡察」與上「芒軔優楛」，相反爲義。「榮國」、受尊榮的國家。

㈧賢德相等，就先貴其親近的；才能相等，就先官其故舊。注：雖舉在至公，而必先親故，所謂故舊不遺，則民不偷。

㈨「躁」、王引之讀爲「剿」，音早，狡猾，與「愨」相反。

觀國之強弱貧富有徵驗：㈠上不隆禮則兵弱，㈡上不愛民則兵弱，已諾不信則兵弱，慶賞不漸則兵弱，將率不能則兵弱。㈢上好功則國貧，上好利則國貧，士大夫衆則國貧，工商衆則國貧，無制數度量則國貧。㈣下貧則上貧，下富則上富。㈤故田野縣鄙者，財之本也；垣窌倉廩者，財之末也。㈥百姓時和，事業得敍者，貨之源也；等賦府庫者，貨之流也。㈦故明主必謹養其和，節其流，開其源，而時斟酌焉。㈧潢然使天下必有餘，而上不憂不足。如是，則上下俱富，交無所藏之。是知國計之極也。㈨故禹十年水，湯七年旱，而天下無菜色者，十年之後，年穀復熟，而陳積有餘。㈩是無它故焉，知本末源流之謂也。故田野荒而倉廩實，百姓虛而府庫滿，夫是之謂國蹶。⑪伐其本，竭其源，而並之其末，㈢然而主相不知惡也，則其傾覆滅亡可立而待也。㈢以國持之，而不足以容其身，夫是之謂至〔貪〕貧，是愚主之極也。㈣將以取富而喪其國，將以取利而危其身，古有萬國，今有十數焉，是無它故焉，其所以失之一也。㈤君人者亦可以覺矣。百里之國，足以獨立矣。㈥

㈠ 注：「徵驗」。言其驗先見也。案：增注本「徵」下有「驗」字，梁啓雄謂崇文局本亦有「驗」字。楊注亦可爲證，據補。言一個國家的強弱貧富是有徵驗的。

㈡ 國君以禮義修政，以教化齊民，則民親附而效命，這是王者之兵，「人莫敢試」（議兵篇）；否則，兵無本統，則必弱。

㈢ 「漸」、深也，「深」、猶「重」也，見前鍾說。「率」、與「帥」同。

㈣ 上好功，民不得安業，故貧。上好利，必賦斂重，故貧。官員多，政府負擔重，故貧。工商衆，則農民少，生產者寡，故貧。「制數」、限制。「度量」、標準。對財物的消費沒有限制的標準，則必然浪費，故貧。

㈤ 百姓足，君孰與不足？

㈥ 「縣鄙」、四鄙之縣邑。「垣」、築牆四周以藏穀。「窌」（ㄐㄧㄠ）、掘地藏穀，窖也。「倉」、穀藏。「廩」、米藏。言都城以外的田野縣鄙是國家財富的根本（農桑是財源），政府存糧的倉庫是財富的枝末（本固則枝榮）。

㈦ 「時和」、得天之和氣，謂歲豐。「事業得敍」，謂上不奪其時，民衆的事業，皆得其次序（按時操作）。「等賦」、以差等制賦。「貨」、「財」皆錢穀通名。分別言之，粟米布帛是「財」；錢幣龜貝曰「貨」。上兩句主米穀，故曰「財」，曰「倉廩」。這兩句主錢幣，故曰「貨」，曰「府庫」。言百姓得天時之和氣，農產豐收，各種事業，皆得其次序，按時生產，這是國家貨財的源頭。賦稅之征收，府庫所儲藏，這是貨財的末流。

㈧「養其和」，謂培養民衆生產能力。「節其流」謂減輕民衆負擔。「開其源」、鼓勵民衆增產。「時斟酌」、謂賦稅的征歛，災難的賑卹，豐年荒歲，各有適當的規定。案：此卽古今理財原則「開源節流」四字之來源。

㈨「潢然」、見前。「交」、俱也。「無所藏」、言其多。「國計」、謂國家財政。這是最瞭 解理財之道的。

⑩「菜色」、食菜之色，飢色。「陳積」、謂積存的陳穀。言十年之後，水平年豐，而舊存米穀還有剩餘。

⑪「蹶」、音厥，傾倒。「國蹶」、國家覆亡的信號。

⑫「末」、謂倉廩府庫。「並之其末」，謂聚之於倉廩府庫。

⑬「惡」、烏故反（ㄨˋ），疾也，畏也。言君相還不知道儆懼，則其覆亡之日，就在眼前。

⑭「持」、載也。「貪」、據王先謙校，改爲「貧」。言以整個國家持載他，而不能容其身，這叫做至貧，這是最愚昧的人主。

⑮哀公七年左傳：「禹合諸侯於塗山，執玉帛者萬國。」「今有十數」，外傳作「今無數十。」言皆以貪失之。

⑯治國無道，雖大必亡；有道，雖小亦足獨立。（以上兩節爲一段，論列國家治亂強弱貧富之由與國君臧否明闇之徵，借以闡明治國理財的大道。）

凡攻人者，非以爲名，則案以爲利也；不然則忿之也。㈠仁人之用國，將脩志意，正身行，伉隆高，致忠信，期文理。㈡布衣紃屨之士誠是，則雖在窮閻漏屋，而王公不能與之爭名；㊂以國載之，則天下莫之能隱匿也。若是則爲名者不攻也。㊃將闢田野，實倉廩，便備用，上下一心，三軍同力，與之遠舉極戰則不可；㊄境內之聚也保固；㊅視可，午其軍，取其將，若撥麷。㊆彼得之，不足以藥傷補敗。彼愛其爪牙，畏其仇敵，若是則爲利者不攻也。㊇將脩大小強弱之義，以持愼之，㊈禮節將甚文，珪璧將甚碩，貨賂將甚厚，所以說之者，必將雅文辯慧之君子也。彼苟有人意焉，夫誰能忿之？㊉若是，則忿之者不攻也。⑪爲名者否，爲利者否，爲忿者否，則國安於盤石，壽於旗翼。⑫人皆亂，我獨治；人皆危，我獨安；人皆喪失之，我按起而〔治〕制之。故仁人之用國，非特將持其有而已也，又將兼人。⑬詩曰：「淑人君子，其儀不忒；其儀不忒，正是四國。」此之謂也。⑭

㊀ 大凡攻伐人的，不是求討罪征暴之名，就是求貨財土地之利；不然，就是以忿怒，從不出此三事。「爲」、去聲。

㊁ 「用」、爲也。「用國」、治國。「伉隆高」：王曰：「伉」、極也。「伉」、「致」、「期」，皆極也。案：「隆高」二字仲尼篇一見，王制篇兩見，王霸篇一見。（文同仲尼篇）及本篇此文一見。楊倞在前兩篇無注，在王霸篇注曰：「如堯舜之崇高。」此文：「伉、舉也。舉崇高遠大之事。」按仲尼及王霸兩篇「隆高」與「政教」、「文理」、「人心」並舉；王制篇與「仁義」、「法則」、「賢良」、「百姓」並舉；此文與「志意」、「身行」、「忠信」、「文理」並舉；凡所並舉，皆爲名詞，「隆高」、亦當爲名詞，楊注以形容詞釋之，似未可爲據。但從荀書中找不到明確解釋。久保愛謂「隆高」卽「禮」，未言

所據。從荀子觀點看，此說縱非荀子原意，相去總不甚遠，茲姑從之。「伉隆高」、卽「隆禮義」之意。「致忠信」：「致」、極也，盡也。「期文理」：「期」、當爲「綦」，極也。「文理」、條貫，條理。「期文理」、謂極有條理。此五事：前二事就持身行己說，後三事就治事接物說。

㊂ 「紃」、（ㄒㄩㄣˊ）條也。「紃屨」、麻鞋。「誠是」、實踐此五事。「漏」、讀「陋室」之「陋」。「窮閻」、「漏屋」同義。言布衣麻鞋之士誠能行此五事，雖居於窮閻陋巷，聲名也要超過當朝的王公。

㊃ 「載之」、行此五事。「以國載之」、以國君行此五事。「天下莫之能隱匿」、聲光遠被，天下無人不知。「爲名者不攻」，伐有道，必成惡名，所以爲名的不攻。

㊄ 「備用」、械用。「遠舉」、懸軍遠地。「極戰」、苦戰。言仁君治國，軍民上下精誠團結，糧食軍械充足完備；暴國遠道來侵，苦戰難勝，這是不合算的。

㊅ 「保固」二字，楊讀屬下句，今從王說，上屬爲句。「聚」、屯聚。「保」、安也。言國境以內，民衆屯聚自守，既安且固。此句言守，下句言攻。

㊆ 「覘可」、謂伺釁而動。「午」、逆也（郝說）。「午其軍」、迎戰敵軍。「麷」、炒過的麥子。炒麥，質鬆而輕，撥動甚易。言伺機出擊，迎戰敵軍，俘擄敵將，若撥麷麥之易。

㊇ 「藥」、猶「醫」。「藥傷補敗」句，言敵人縱有所得，不足以醫其所傷，補其所敗。敵人愛惜他的士卒，又懼怕他的仇敵，所以爲利的也不攻。

㊈ 「以持愼之」之「之」，爲上句「脩大小強弱之義」之「義」之代詞。下文「禮節」、「珪璧」云云，卽愼行此義之道。「以持愼之」：「以」猶「而」。「持愼之」，謂謹持此義。言仁君治國，將脩治以小事大，以弱事強之道，而且很謹愼地持行此道。

(二〇)「文」、謂敬事之威儀。「珪璧」，所用聘好之物。「碩」、大也。言奉事大國強國的禮節將很恭謹，聘問所用的珪璧將很碩大，餽送的貨財將很豐厚，所派前去游說的使節一定是文雅聰慧的君子。對方要是稍有人性，怎能生他的氣？

(二一)「忿之」、依上下文例，當作「爲忿」（王引之說）

(二二)「否」、不攻。「盤石」、卽「磐石」，言其穩固。「旗」、讀爲「箕」。「箕翼」、二十八宿名。言國命比於星宿。

(二三)「治」、據崇文本（梁啓雄說）及增注本改爲「制」。言人亂我治，人危我安，人人將要喪失他的國家，我乃起而制之。所以仁君治國，不但保持他已有的，又將兼併別人所有的。

(二四)詩曹風鳲鳩第三章。「儀」、儀容、態度。「忒」、音特，變也、差也。「四國」、四方之國。詩言賢人君子，他的容態是不變的。容態不變，四方之國取以爲法，乃得以正。引詩以明先正其己，然後能正人。（此段論列國紛爭之時，如何而可避免於侵略之道。）

持國之難易：㈠事強暴之國難，使強暴之國事我易。事之以貨寶，則貨寶單，而交不結；㈡約信盟誓，則約定而畔無日；㈢割國之錙銖以賂之，則割定而欲無厭。㈣事之彌煩，其侵人愈甚，必至於資單國舉然後已。雖左堯而右舜，未有能以此道得免焉者也。㈤譬之是猶使處女嬰寶珠，佩寶玉，負戴黃金，而遇中山之盜也，雖爲之逢蒙視，詘要撓膕，君盧屋妾，由將不足以免也。㈥故非有一人之道也，直將巧繁拜請而畏事之，則不足以持國安身。故明君不道也。㈦必將脩禮以齊朝，正法以齊官，平政以齊民；㈧然後節奏齊於朝，百事齊於官，衆庶齊於下。㈨如是，則近者競親，遠方致願，上下一心，三軍同力，名聲足以暴炙之，威強足以捶笞之，拱揖指揮，而強暴之國莫不趨使，

⑩譬之是猶烏獲與焦僥搏也。㊁故曰：事強暴之國難，使強暴之國事我易。此之謂也。

㊀論守國難易之道。

㊁「單」、借爲「殫」，盡也。言以財貨珍寶事奉強國，財貨珍寶用完了，而邦交也就不能維持了。

㊂「畔」、通「叛」。「無日」、言不過一天。言和強國締結盟約誓言信守，盟約才簽定就背叛了。

㊃「錙銖」：十黍爲「錙」，六錙爲「銖」。言零星割地以賂強國，它既得之後，又來索取，貪欲無厭。

㊄「煩」、外傳作「順」，義長。「國舉」、盡舉其國土以與之。言事奉它越恭順，它侵略越厲害，必至財貨國土都給了它才算完。雖左右都是聖人，未有以賂道事強而可免於滅亡的。

㊅「嬰」、繫於頸項。「負戴」、背負首戴，此謂携帶。「逢蒙視」、微視，不敢正視。「詘要」、卽「屈腰」。「撓」、曲也。「膕」、古獲反（ㄍㄨㄛˊ），膝後曲節處，俗稱膝彎。「詘要撓膕」：狀俯伏畏懼之甚。「君盧室妾」之「君」字，劉台拱疑爲「若」之訛。「盧」、當爲「廬」。「由」、同「猶」。言雖低眉微視，彎腰曲膝，若廬室中婢妾一般，猶不足以免於刼難。

㊆「一人」、團結上下人心，同力以拒大國。下文脩禮、正法、平政，卽所謂「一人之道」。「繁」、王引之讀爲「敏」。「巧敏」、謂便佞也。外傳作「特以巧敏拜請，畏事之。」「不道」、不由也。言如果沒有團結上下，同力抗敵之道，只以便佞討它喜歡，拜請求它憫憐，而怕它事奉它，就不足以保國安身，所以明君是不採取這種政策的。

(八) 明君將脩治禮義以齊一朝廷，脩正法度以齊一官吏，均平政事以齊一民衆。

(九) 「節奏」、禮之節文。言於是朝廷上下皆有禮文，百官所治之事皆有法度，民衆感恩戴德皆團結於政府領導之下。

(一〇) 「致」、極也。「遠方致願」，外傳作「遠方願至。」義長。言如此，則近者競相親近，遠者極願來附，聲名煊赫如日暴（音曝）火炙足以震懾敵人，國勢威強又足以鞭撻敵人，從容指揮，而強暴之國，便莫不爲我所趨使了。

(一一) 「烏獲」、秦之力士，能舉千鈞。「焦僥」、短小的人，長三尺。「搏」、鬪也。（此段論守國之道。言賂強不足以求安，精誠團結，方足以服暴。此亦爲時君說法。以上兩段皆與富國之旨無關。）

王霸篇第十一

本篇主旨，在明國家之王霸危亡，關鍵只在確立建國目標（立綦）及選取國相二事上——「義立而王，信立而霸，權謀立而亡。」「能當一人（相）而天下取，失當一人而社稷亡。」——而選相一義，則尤所側重。君主世襲時代，明主可遇而不可求，賢士則無世無之，故荀子於無可奈何之中，不得不寄望於此。

本篇舊分十段，結構雖似散漫，精神却始終一貫。首段（自篇首至「無一焉而亡，此之謂也。」）綜述明旨，強調立綦，取相爲王霸危亡之所繫，這是本篇重要部份。二段（「國無禮不正」段）言「禮」及七段（「治國者分已定」段）言「分」，爲次要部份。言「禮」所以爲「義立而王」的根據，言「分」所以爲人主任相恭己的根據。隆禮明分是荀子論政的基礎，故此義或隱或顯融貫於全篇中。其餘各段，皆就有關主題的各方面，而予以論列，其旨趣詳於各段末注釋後。

國者，天下之〔制〕利用也；人主者，天下之利埶也。㈠得道以持之，則大安也，大榮也，積美之源也；㈡不得道以持之，則大危也，大累也，有之不如無之；及其綦

也，索爲匹夫不可得也㊂，齊湣、宋獻是也。故人主天下之利埶也，然而不能自安也，安之者必將道也。㊄

㊀「制」、衍文，據楊注校，刪。「用」、器用。「埶」、勢位。言國家是天下最利的器用，人主是天下最利的勢位。

㊁「持」、守也，見呂覽高注。「之」、謂國與位。「美」、御覽七十六引作「善」。言得道以守其國與位，就可以得到最大的安全，最大的光榮，同時又是積善的根源。

㊂「綦」、極也。「索」、求也。言不得其道以守之，就招致最大的危險，最大的負累，有之反不如無。等到危累之極，求爲匹夫而不可得。

㊃「湣王」、卽閔王，又作愍王。齊湣王爲淖齒所殺。「宋獻」、宋君偃也，爲齊愍王所滅。呂覽云宋康王，劉師培以爲「獻」，卽「康」字之訛。

㊄「將」、猶「以」也。言人主雖處天下之利勢，然其身卻不能自安，欲求安必須守之以道。

故用國者，義立而王，信立而霸，權謀立而亡。㊀——三者明主之所謹擇也，仁人之所務白也。㊁挈國以呼禮義，而無以害之，㊂行一不義，殺一無罪，而得天下，仁者不爲也。㊃擽然扶持心國，且若是其固也。㊄之所與爲之者，之人則舉義士也；㊅之所以爲布陳於國家刑法者，則舉義法也；㊆主之所極然帥羣臣而首鄉之者，則舉義志也。㊇如是則下仰上以義矣，是綦定也；㊈綦定而國定，國定而天下定。⑩仲尼無置錐之地，誠義乎志意，加義乎身行，箸之言語，濟之日，不隱乎天下，名垂乎後世。⑪今亦以天下之顯諸侯，誠義乎志意，加義乎法則度量，箸之以政事，案申重之以貴賤殺生，使襲然終始猶一也。㈢如是，則夫名聲之部發於天地之間也，豈不如日月雷霆然矣哉！㈣故曰：以國齊義，一日而白，湯武是也。㈣湯以亳，武王以鄗，皆百里之地也，㈤天下爲一，諸侯爲臣，通達之屬，莫不從服，無它故焉，以義濟矣。——是所謂義立而王也。㈥

㈠「用國」、謂爲國、治國。「而王」「而霸」、「而亡」三「而」字，皆猶「則」。「義立」、謂以禮義爲立國的基本政策。言治國者以禮義建國就可以王天下，以誠信建國就可以霸天下，專任權詐詭謀就必亡國。案：「義」、「信」，即上文所謂「道」。

㈡「白」、明白此一道理。言此三者是明主所謹愼選擇的，是仁人所務求明辨的。

㈢「挈」、提舉，領導。「呼」、號召。言領導國人嚮往禮義，而不以其他事物危害禮義。

㈣行一不義之事，殺一無罪之人，而得天下，仁者是不肯作的。

㈤「擽」、讀爲「落」，石貌（形容堅定）。言仁人持心守國，不行不義，不殺無罪，落落然如石之堅固。案：此申「無以害之」之義。

㈥上句「之」字，猶「其」，下同。下句「之人」二字與上「者」字，義複，久保愛謂爲衍文。「舉」、皆也。言和他共同治理國家的官員都是義士（謂其言行合於禮義）。若伊尹、呂尙之流。

㈦「之所以爲」之「爲」字或謂涉上文而衍。言所宣布於國家的刑法，都是義法（合於禮義的法度）。如尙書呂刑所載周穆王訓夏贖刑之類。

㈧句首「主」字，王引之以爲衍文。「極」、郝云同「亟」，「極然」。猶「亟亟然」。言他所積極領導羣臣所嚮往的，都是義志（合於禮義的志向）。

⑨「綦」、劉訓「極」，猶言目標。言如是，則臣民皆以義行仰答於其上，這樣建國的目標就建定了。

⑩ 建國的目標定則國定，國定而天下定。

⑪「言語」、謂論說。言以仲尼爲例，他窮無立錐之地，郤志意誠於義，立身行事篤於義，言語論說以明義，及其成功之後，天下不能隱其名，後世不能沒其名。「濟」、成也，見左傳杜注。

⑫「申」、亦重也。「襲然」、合一之貌。言今以天下顯貴之諸侯，果能志意誠於義，法則、度量合乎義，再以義明著於政事，加之以貴賤生殺之威，使君臣上下襲然終始如一。

⑬「部」、「勃」雙聲，「部發」、即「勃發」之音轉。「勃發」、怒發也。言苟能如此，則名聲之勃發於天地之間，怎能不如日月雷霆一般地光耀響亮！

⑭ 以全國上下齊一於義行，一日之間而名顯於天下的、湯武是也。

⑮「亳」、湯之國都。「鄗」、與「鎬」同，武王京都。

⑯ 非有它故，但以義成就了他的事業。這就是義立而王天下的實例。

德雖未至也，義雖未濟也，㈠然而天下之理略奏矣，刑賞已諾信乎天下矣，臣下曉然皆知其可要也。㈡政令已陳，雖覩利敗，不欺其民；㈢約結已定，雖覩利敗，不欺其與。㈣如是，則兵勁城固，敵國畏之；㈤國一綦明，與國信之；㈥雖在僻陋之國，威動天下，五伯是也。㈦非本政教也，非致隆高也，非綦文理也，非服人之心也，鄉方略，審勞佚，謹畜積，脩戰備，㈧齺然上下相信，而天下莫之敢當。㈨故齊桓、晉文、楚莊、吳闔閭、越勾踐，是皆僻陋之國也，威動天下，彊殆中國，無它故焉，略信也。

——是所謂信立而霸也。㈩

㈠ 言霸者治國，德雖未至盡善，義雖未濟於人。

㈡ 「奏」、王讀爲「湊」、聚也。「諾」、允許。「已」、不許。「要」、約也，一堯反。言然而天下之治道略已具備；刑賞諸否已取信於天下，國內臣工也曉然知其可與相約而不欺。

㈢ 政令一經宣布，雖利害顯然可見，也不遽予變更以欺其人民。如左傳晉文公圍原，命士卒帶三日之糧，三日而原不降，文公遂退之類。

㈣ 「與」、與國，友邦。盟約一經簽定，雖利害顯然可見，也不隨便毀約以欺其友邦。如齊桓公許救魯衞，不遂滅之，以爲己利之類。

㈤ 不欺其民，民皆信而從之，故兵強城固，敵人畏之，不敢侵犯。

㈥ 「綦」、極也，見上，意爲目標，於此猶言政策，謂「信」也。言國人皆齊一於信，外交政策又明白不欺，故盟國信賴他。

㈦ 「伯」，讀爲「霸」。說文段注：「王霸」之「霸」，實「伯」之借字。言雖在僻陋之國，威強也足以震動天下，五霸就是如此。「五霸」、見下文。

㈧ 自「本政教」至此，見仲尼篇。言五霸治國，並沒有平治其政刑教化，沒有積極推行禮義之道，行事不是極有節文條理的，不是足以服人之心的。他心意所向惟在取敵的謀略，而不在仁義；審察勞佚，而善於用人；謹蓄軍需物資，修治作戰器械。

㈨ 「齺」、齒相迎也，音鄒。「齺然」、上下相親貌。言政府與民衆互相信賴，而天下莫敢與之相抗。

㈩ 「略」、取也，見廣雅釋詁。「略信」、猶言取信、立信。言五霸皆僻陋之國，威名震動天下，強盛危殆中國，此無它故，惟在立信而已。——這就是所謂信立而霸。

挈國以呼功利，不務張其義，齊其信，唯利之求，㈠內則不憚詐其民，而求小利焉；外則不憚詐其與，而求大利焉，㈡內不脩正其所以有，然常欲人之有。㈢如是，則臣下百姓莫不以詐心待其上矣。上詐其下，下詐其上，則是上下析也。㈣如是，則敵國輕之，與國疑之，權謀日行，而國不免危削，綦之而亡，齊閔、薛公是也。㈤故用彊齊，非以修禮義也，非以本政教也，非以一天下也，緜緜常以結引馳外為務。㈥故彊、南足以破楚，西足以詘秦，北足以敗燕，中足以舉宋。㈦及以燕趙起而攻之，若振槁然，而身死國亡，為天下大戮，後世言惡，則必稽焉。㈧是無它故焉，唯其不由禮義，而由權謀也。

三者明主之所以謹擇也，而仁人之所以務白也。善擇者制人，不善擇者人制之。㈨

㈠這一節論權謀者。「張」、開張、張大。「齊」、治要作「濟」；「濟」、成也。言好權謀者，領導國人，惟以功利相號召，不務開張禮義，也不求取濟信實，所求惟有功利。

㈡內而不惜欺其百姓以求小利，外而不惜欺其友邦以求大利。前者如左傳：梁伯好土功，亟城而弗處，民罷而弗堪，則曰：「某寇將至」。乃溝公宮，曰：「秦將襲我。」民懼而潰，秦遂取梁。後者如楚靈王以義討陳蔡，遂因而滅之。（楚滅陳詳昭公八年左傳。滅蔡詳十一年左傳。）

㈢「內」、顧千里以為衍文。「不」下、顧以為脫「好」字。「以」、通「已」。「所已有」、謂土地財貨。言他不好修治其已有的土地財貨，而常常貪欲別人所有的土地財貨。

㈣「析」、分崩離析。

㈤至其極則滅亡，齊閔王、薛公就是如此。「齊閔」、卽湣王，見前。「薛公」、孟嘗君田文，封於薛，故稱薛公。爲齊閔王之相。齊爲五國所伐，皆薛公使然，故同言之。

㈥「緜緜」、不絕貌。「結引」、謂結納與國（鍾說）。言閔王薛公用事於強齊，不以修禮義，不以平政教，不以團結天下，惟不斷地結納與國，以向外侵略爲急務。

㈦「破楚」：閔王二十三年，與秦敗楚於重丘。「詘」、同「屈」。「詘秦」：閔王二十六年，與韓魏共攻秦，至函谷軍焉。以上二事，均見史記齊世家。「敗燕」：燕噲三年，國大亂，閔王令章子將五都之兵，以伐燕。燕君噲死，齊大勝。見史記燕世家。「擧宋」：「擧」、謂擧其國而滅之。閔王三十八年伐宋，宋王死於溫。所滅卽宋康王。見史記田敬仲完世家。言當國家強盛之時，南破楚，西屈秦，北敗燕，中滅宋。

㈧「及以」、只是「及」字意（物茂卿說）。閔王四十年，樂毅相燕，率燕秦楚及三晉之兵，下齊七十餘城，獨卽墨及莒不下。「振」、擊也。「槁」、枯葉。言及至樂毅率燕趙諸國之兵攻之，如摧枯拉朽一般，身死國亡。爲天下所恥辱，後世言人之惡，必引閔王以爲例。「戮」、通「辱」。「稽」、計也（鍾說）。

㈨義、信王霸之道、權謀滅亡之術，此三者是明主所謹於選擇，仁人所必須明辨的。善擇者用義信就能制人，不善擇者用權謀就制於人。

國者、天下之大器也，重任也，不可不善爲擇所而後錯之，錯險則危；㈠不可不善爲擇道然後道之，涂薉則塞；㈡危塞則亡。㈢彼國錯者，非封焉之謂也，何法之道，誰子之與也。㈣故道王者之法，與王者之人爲之，則亦王；道霸者之法，與霸者之人爲

之，則亦霸；道亡國之法，與亡國之人爲之，則亦亡。㈤——三者明主之所以謹擇也，而仁人之所以務白也。㈥

㈠「所」、處所。「錯」、讀爲「措」，安置。言國家是大器，治國是重任，不可不愼擇其處而後措置之，置諸危險之處就危險（此句承「大器」言）。漢書賈誼傳：「今人置器，置諸安處則安，置諸危處則危。天下之情，與器亡以異，在天子之所置之。」

㈡下「道」字、動詞，行也，由也，下同。「薉」、與「穢」同。「塞」、閉塞，行不通。言不可不愼擇其道而後行之，道途荒穢就行不通。（此句承「重任」言）

㈢處境危險，行路阻塞，國家就會滅亡。故不可不愼於擇處擇途。

㈣「國錯」、王懋竑以爲當作「錯國」。「封」、疆界。「誰子」、何人。「與」、共爲之。言治國者不是畫畫疆界，君其位，子其民，就可安然無事，要看用什麼法度和什麼人去治理。

㈤此承上「何法之道，誰子之與」，而申言其義。韓非子曰：「與死人同病者，不可生也；與亡國同事者，不可存也。」

㈥荀子爲文多重敍前語，皆叮嚀之意。

故國者、重任也，不以積持之則不立。㈠故國者，世所以新者也，是憚，憚、非變也，改王改行也。㈡故一朝之日也，一日之人也，然而厭焉有千歲之〔固〕國，何也？㈢曰：援夫千歲之信法以持之也，安與夫千歲之信士爲之也。㈣人無百歲之壽，而有千歲之信士，何也？曰：以夫千歲之法自持者，是乃千歲之信士矣。㈤故與積禮義之君子爲之則王，㈥與端誠信全之士爲之則霸，與權謀傾覆之人爲之則亡。——三者明主之所以謹擇也，仁人之所以務白也。善擇之者制人，不善擇之者人制之。

㈠「積」、謂積久之法，卽下文所謂「千歲之信法」，謂禮義也。言治國是大責重任，若不以積久之信法持守之，就要傾覆。

㈡「世所以新者也」，劉師培謂治要無「所」字。「憚」、卽「禪」訛，傳位之意。「改王改行」：「王」、古「玉」字（郝說）。古代君尊臣卑，佩玉行步，均君臣不同。臣佩君玉謂之「改玉」，臣行君步謂之「改行」。「改玉改行」、卽君臣易位之意。言一個國家，國君是世代更新的，這是禪；禪、國不更制，不過臣易君位而已。「非變也」、卽正論篇：「國不更制」之意。

㈢「一朝之日」，謂今日之事，明日不同。「一日之人」、謂今日之生，明日不保，言人壽短促（均楊注）。「厭然」、王先謙云，猶「安然」。「固」，據治要改作「國」。言今日之人事明日不同，今日之生命明日不保，人世之多變如此，然而安然有千歲之國，何也？案：此卽俗語「鐵打的營盤流水兵」之意。

㈣答曰：用彼千歲不變之信法以治國，與彼千歲不易其操之信士以爲政也。「信法」、謂禮義，卽上文所謂「王者之法」，亦卽「義立而王」之「義」。「信士」、謂隆禮篤行之君子。

㈤以彼千歲不易之法來持身的，就是千歲不易之信士。千歲、不是以壽命來規定的。

㈥「積」、積習。「積禮義之君子」，卽上文所謂「信士」。

彼持國者，必不可以獨也，㈠然則彊固榮辱在於取相矣。㈡身能相能，如是者王，

㊂身不能，知恐懼而求能者，如是者彊；㊃身不能，不知恐懼而求能者，安唯便僻左右親比己者之用，如是者危削；㊄綦之而亡。㊅國者，巨用之則大，小用之則小；㊆綦大而王，綦小而亡，小巨分流者存。㊇巨用之者，先義而後利，安不卹親疏，不卹貴賤，唯誠能之求，夫是之謂巨用之。㊈小用之者，先利而後義，安不卹是非，不治曲直，唯便僻親比己者之用，夫是之謂小用之。巨用之者若彼，小用之者若此，小巨分流者，亦一若彼，一若此也。㊉故曰：「粹而王，駁而霸，無一焉而亡。」此之謂也。㊁

㊀ 治國是重任，必不可獨自一人把國治好。

㊁ 「彊固」連文，爲荀書所習用，惟此文「固」字，疑爲「弱」字之訛。君道篇：「爲人主者，莫不欲彊而惡弱，欲安而惡危，欲榮而惡辱，……要此三欲，辟此三惡，果何道而便？曰：在愼取相。」義同此文，正以「彊」「弱」「榮」「辱」對文並舉可證。（尊君選相同爲荀子政治論中之重要觀點，本篇對後者尤再三強調。）

㊂ 國君自身有才能，國相又有才能，這樣就可以王天下。如湯與伊尹，文王與太公。

㊃ 如燕昭王與樂毅。

㊄ 「便僻」，巧於媚悅的人，「僻」、爲「嬖」之借字。乃唯用左右便嬖親近之人，這樣就危殆削弱。若楚襄王與左州侯、右州侯。（見國策）

㊅ 國勢危削至極，就要滅亡。如第一節所引宋獻之類。

㊆ 「巨」、大之極也。國是利器，大用之就發揮大的作用，小用之就發揮小的作用。

㊇ 「小巨分流」、小巨各半，如水之分流。言大之極就王天下，小之極就亡其國，半大半小可以維持現狀。

⑨治事以是非（義）爲標準，不以利害爲標準；取人不問親疏貴賤，唯求眞有才能的，這就是大用其國的。

⑩大用其國的如前者，小用其國的如後者，半大半小的，就一半如前者，一半如後者。（治事、義利各半，用人、賢不肖各半。）

⑪「粹」、全也。「粹而王」、如舜擧皐陶，不仁者遠，即巨用之，綦大而王的。「駁」、雜也。「駁而霸」，如齊桓公外任管仲，內任豎貂，即小巨分流的。「無一焉而亡」、無一賢人，若厲王專任皇甫尹氏，即綦小而亡的。（自篇首至此爲一段，言王霸安危之所繫，惟在持國之基本政策，以及所與謀國之人：持國以禮義與積禮義之君子謀之，則王而固；持國以誠信，而與誠信之士謀之，則霸而彊；持國以權謀，而與權謀之人謀之，則危而亡。持國以道，道在取相，層層轉進，而後結穴，亦王制篇「治生於君子，亂生於小人」之義也。故下文屢言之。）

國無禮則不正。㊀禮之所以正國也，譬之：猶衡之於輕重也，猶繩墨之於曲直也，猶規矩之於方圓也，㊁既錯之而人莫之能誣也。㊂詩云：「如霜雪之將將，如日月之光明，爲之則存，不爲則亡。」此之謂也。㊃

㊀禮是建國的超越標準（猶憲法），國家無禮，則一切措施失去準據。

㊁此三語句法相同，以下二句例上一句，「衡」上似奪「權」字。唐律疏義注引正作「權衡」。大略篇：「禮之於正國家也，如權衡之於輕重也，如繩墨之於曲直也。」義同此文，亦以「權衡」、「繩墨」爲對。言禮之用以正國，就如同權衡之量輕重，繩墨之定曲直，規矩之正方圓。

㈢「錯」、設置。「誣」、欺騙。禮記：「衡誠設，不可欺以輕重；繩墨誠設，不可欺以曲直，規矩誠設，不可欺以方圓。」荀書禮論篇亦云：「繩墨誠陳矣，則不可欺以曲直；……君子審於禮，則不可欺以詐僞。」皆言禮是是非得失的準據，所以設置了禮，人就無法行其欺誣。

㈣逸詩。「將將」、郝云：大也。此以霜雪，日月比擬禮。言禮的作用廣大體備，如霜雪之無不周徧，如日月之無不照臨，爲禮則國存，不爲禮則國亡。（本段言禮是立國的最高準則，與上段隆禮之義相應。）

國危則無樂君，國安則無憂民。㈠亂則國危，治則國安。今君人者，急逐樂而緩治國，豈不過甚矣哉！㈡譬之是由好聲色，而恬無耳目也，豈不哀哉！㈢夫人之情，目欲綦色，耳欲綦聲，口欲綦味，鼻欲綦臭，心欲綦佚。㈣──此五綦者，人情之所必不免也。養五綦者有具。無其具，則五綦者不可得而致也。㈤萬乘之國，可謂廣大富厚矣，加有治辨彊固之道焉，若是則恬愉無患難矣，然後養五綦之具具也。㈥故百樂者，㈦生於治國者也；憂患者，生於亂國者也。急逐樂而緩治國者，非知樂者也。㈧故明君者，必將先治其國，然後百樂得其中。㈨闇君者，㈩必將急逐樂而緩治國，故憂患不可勝校也，⑪必至於身死國亡然後止也，豈不哀哉！將以爲樂，乃得憂焉；將以爲安，乃得危焉；將以爲福，乃得死亡焉，豈不哀哉！於乎！君人者，亦可以察若言矣。⑫故治國有道，人主有職。⑬若夫貫日而治詳，一日而曲列之，⑭是所使夫百吏官人爲也，不足以是傷游玩安燕之樂。⑮若夫論一相以兼率之，使臣下百吏莫不宿道鄉方而務，是夫人主之職也。㈥若是則一天下，㈦名配堯禹。之主者，守至約而詳，事至佚而功，㈧垂衣裳，不下簟席之上，㈨而海內之人莫不願得以爲帝王。夫是之謂至約，樂莫大焉。㈩

㈠「憂民」、顧千里以爲「憂君」之訛。言人君之憂樂，繫於國家之安危。

㈡人君急於追求安樂，而緩於治理國家，豈非大錯！

㈢「由」、同「猶」。「恬」、安也。「恬無耳目」，謂心安於沒有耳目。有耳目才能享受聲色之樂，好聲色而安於無耳目，豈不可哀！

㈣「綦」、極也。「臭」、香氣。「佚」、安樂。言人之情性是目欲最美之色，耳欲最美之聲，口欲最美之味，鼻欲最美之香氣，心欲最安逸之環境。

㈤「具」、即王制篇「具具而王」之上「具」字，猶言條件，謂道也。言這五種大欲是人情所不能免的。要滿足這五欲須有其道，不得其道，就無從滿足。

㈥「辨」、亦治也。（注訓「辨」爲分別事，非。荀書「辨」字有訓分別的，有訓治的，如不苟解蔽兩篇「事起而辨」之「辨」，是屬前者，此文及下文「曲辨」，則屬後者。）言萬乘之國，可以說廣大富厚了，再加以治理使其彊固之道，這樣，國君就衷心恬愉而無患難之憂，然後滿足五欲之道就具備了。「具具」下「具」字、具備。

㈦「百樂」、疑爲「安樂」之誤，下同。「安樂」與「憂患」爲對，觀上下文可證。君道篇亦「安樂」連文。

㈧「緩治國」之「緩」，治要作「忘」。言安樂生於治國，憂患生於亂國，急於追求安樂，而緩於治理其國的，是不知追求安樂之道的。

⑨ 安樂是得於治國之中。

⑩ 據治要臺州本及增注本於「君」下補「者」字。

⑪ 「校」、計校。言憂患多得無法計算。

⑫ 「於乎」，讀爲「嗚呼」。「若言」、此言，謂以上所說。言爲人君的可以深深地省察省察這番道理了。

⑬ 治國有正當的大道，人君有其一定的職守。

⑭ 「貫日」、猶「累日」也。「曲列」、當作「曲別」，言以累日之治，而辨之於一日也。(以上皆王說)案：「治詳」、謂不委人而自治百事。「曲別」、猶「曲辨」，謂治理地周洽。言日夜不休地躬親百事，一日之內就想把百事辨完。(言其勤奮)

⑮ 「夫」、彼也。這應是讓那些官吏們去作的，不足以勞動人君而妨游燕之樂。

⑯ 「論」、討論選擇。「率」、領導。「宿道」、止於道也。「鄉」、借爲「嚮」。「方」、正確的方向，謂義也、道也。言選擇一位國相，率領大小臣工以守道嚮義爲急務，這才是人君的職守。

⑰ 「一天下」上，王引之以爲當有「功」字，下文「功壹天下，名配堯禹」可證。

⑱ 「之主者」、是主也。宋本及治要「之」皆作「人」。這樣國君，所守治國之道最簡約，而成就最詳備；所事之職最安逸，而有大功績。

⑲ 「垂衣裳」，「不下簟席」，皆形容其安佚不勞之狀。

⑳ 這就是至約之道，而安樂卻無過於此者。

人主者，以官人爲能者也；匹夫者，以自能爲能者也。人主得使人爲之，匹夫則無所移之。㊀百畝一守，事業窮，無所移之也。㊁今以一人兼聽天下，日有餘而治不足者，使人爲之也。㊂大有天下，小有一國，必自爲之然後可，則勞苦秏顇莫甚焉。㊃如是，則雖臧獲不肯與天子易埶業。㊄以是縣天下，一四海，何故必自爲之？爲之者，役夫之道也，墨子之說也。㊅論德使能而官施之者，聖王之道也，儒之所謹守也。㊆傳曰：農分田而耕，賈分貨而販，百工分事而勸，㊇士大夫分職而聽，建國諸侯之君分土而守，㊈三公揔方而議，㊉則天子共己而已矣。⑪出若入若，天下莫不平均，莫不治辨，⑫是百王之所同也，而禮法之大分也。⑬

㊀「官人」、量才任之爲官。言人主是以善於用人爲能的，匹夫是以自己所能爲能的。人主有事，可以使人去做，匹夫有事就無可推移了。

㊁「事業」、耕稼。「窮」、盡也。譬如：百畝之田，一人守之，耕稼之事，要盡其一人之力就可窮盡（完全作的好），而無所移之於人。

㊂人君一人兼理天下之政，日有餘暇，而事不足治者，因爲不自躬親，而使人去做啊。

㊃「大有天下」，謂天子。「小有一國」，謂諸侯。「秏」、爲「耗」之本字。「顇」、顦顇。言大有天下而爲天子，小有一國而爲諸侯，若事必躬親然後心安，那將勞苦至於精神耗竭，形貌顦顇，這是何等的辛苦！

㊄「臧獲」、奴婢。「埶業」、勢位事業。言這樣，雖奴婢之賤，也不肯和天子換換崗位。

㊅「縣天下」、謂懸衡天下，爲四海持平。「四海」、謂統一四海。言以天子之尊，懸衡天下、統一四海之勢，爲什麼事必躬自爲之？事必躬自爲之，那是爲人所役使者之事，是墨子荒謬之說。（墨子主張天子與庶人同勞苦。）

㈦「施」、用也。「官施」、謂用人爲官，與上「官人」同意。禮記：「司馬辨論官材，論進士之賢者，以告於王，而定其論；論定，然後官之。」言考量人物的才德，而官之用之，是聖王治國之大道，是儒者所謹於守持的。

㈧「工」、工匠。「分」、分配。「勸」、勸勉其事業。

㈨「聽」、聽政。言士大夫各有職守而治其事，分地建國的諸侯各守其國而治其民。

⑩「三公」、周以太師、太傅、太保爲三公。「摠」、領也。「方」、方略。言三公總領天下的大計，而審奪百官所掌政事之當否。

⑪「共」、讀爲「恭」。「而已」下，據王先謙據虞王本校及古雋一引，補「矣」字。言天子得人以任衆職，就無爲而治，但恭敬其身而已矣。論語朱注：「恭己者，聖人敬德之容。」

⑫「出若入若」：此承上「傳曰」云云而言。「出入」、猶「內外」、「若」如此也。「出若」、謂外而百姓如此。「如此」、指「農分田而耕，賈分貨而販，百工分事而勸」而言。「入若」者，謂內而百官如此。「如此」、指「士大夫分職而治，建國諸侯之君分土而守，三公摠方而議」而言。故結曰：「天下莫不平均，莫不治辨。」「均」、亦「平」也。「辨」卽非相篇「人道莫不有辨」之「辨」，「別異定分」之意。明分方能達治，故與「治」連言曰「治辨」，是荀子特用詞。(牟宗三說)這兩句大意：天下事無一不當於理，天下人無一不當於分。

⑬「大分」：下文云：「是王者之所〔以〕同也，而禮法之樞要也。」義同此文，是「大分」猶「樞要」也。言百王之所同守，禮法之樞要，在任人各當其職分。

百里之地，可以取天下。——是不虛；其難者在人主之知之也。㈠取天下者，非負其土地而從之之謂也，道足以壹人而已矣。㈡彼其人苟壹，則其土地奚去我而適它？㈢

故百里之地，其等位爵服，足以容天下之賢士矣；其官職事業，足以容天下之能士矣；㊃循其舊法，擇其善者而明用之，足以順服好利之人矣。㊄賢士一焉，能士官焉，好利之人服焉，三者具而天下盡，無有是其外矣。㊅故百里之地，足以竭埶矣。致忠信，箸仁義，足以竭人矣。㊆兩者合而天下取，諸侯後同者先危。㊇詩曰：「自西自東，自南自北，無思不服。」一人之謂也。㊈

㊀注：所患在人主不知小國可以取天下之道。案：「人主之」下，似脫「不」字，應作「在人主之不知之也」。觀楊注可證。言以百里之小國，就可以取得天下。這話不是虛假的，所患在人主不知取之之道耳。

㊁「壹人」、使天下之人心，皆歸向於我。言所謂取天下者，並不是要其他國家負荷其土地，來而從我啊，是其道足以服人，使天下一心歸向於我而已。

㊂其他國家之人，如歸心於我，其土地將跑到那裏去呢？郝曰：此言「有人斯有土」也。

㊃「等位」、謂政府各級職位。「爵服」、謂爵位章服。「賢士」、道德高尚的人。「能士」、有才藝的人。言百里之小國，其各級爵位足以容納天下有德之賢士，其官職事業足以安置天下有才之能士。

㊄「舊法」、謂務本厚生之法。「好利之人」，謂庶民。「明用」、大用。言遵循務本厚生之舊法，擇其善者而努力推行，則必生產充裕，衣食豐足，足以順服好利之庶民。

㊅天下之賢士歸心於我，能士任官於我，好利之庶民又順服於我，三者具備，天下就盡歸於我，沒有自外於我的了。

㊆「竭」、盡也。所以就客觀條件言，百里之地，就足以竭盡天下之勢；就主觀人事言，推極

吾之忠信，明箸吾之仁義，就足以竭盡天下之人（使天下歸心）。「埶」、指等位、爵服、官職、事業說。「致」、卽大學「先致其知」之「致」，朱注云：「推極也。」

㈧「兩者合」、謂能盡勢、盡人。「天下取」、卽取天下。言兩者合而有之，天下就必爲吾所取，聲威所廣被諸侯紛紛來歸，後來的就要倒楣。易比所謂「後夫凶。」（正義：「親比貴速，……故在先者吉。若在後而至者，人或疏己，親比不成，故後夫凶。」）

㈨詩大雅文王有聲第六章，見儒效篇。言其道足以壹人，故天下皆歸之。（以上三節爲一段。第一節言追求安樂是人情之常，然安樂生於治國，而治國在選相。第二節承上節而重申之，言人君之責，在論德使能，不須事必躬親。第三節言小國得其道亦可以取天下。本段主旨在明治國之道，惟在選相使能，苟得其道，雖百里之地，亦足以有爲。）

羿、蠭門者，善服射者也；㈠王良、造父者，善服馭者也。㈡聰明君子者，善服人者也。人服而埶從之，人不服而埶去之，故王者已於服人矣。㈢故人主欲得善射——射遠中微，㈣則莫若羿、蠭門矣；欲得善馭——及速致遠，㈤則莫若王良、造父矣。欲得調壹天下，制秦楚，則莫若聰明君子矣。㈥其用知甚簡，其爲事不勞，而功名致大，甚易處而極可樂也。㈦故明君以爲寶，而愚者以爲難。㈧夫貴爲天子，富有天下，名爲聖王，兼制人，人莫得而制也，是人情之所同欲也，而王者兼而有是者也。㈨重色而衣之，重味而食之，重財物而制之，合天下而君之，飲食甚厚，聲樂甚大，臺謝甚高，園囿甚廣，臣使諸侯，一天下，是又人情之所同欲也，而天子之禮制如是者也。㈩制度以陳，政令以挾，官人失要則死，公侯失禮則幽，四方之國，有侈離之德則必滅，名聲若日月，功績如天地，天下之人應之如景響，是又人情之所同欲也，而王者兼而有是者也。⑪故人之情，口好味，而臭味莫美焉；⑫耳好聲，而聲樂莫大焉；目好色，而文章致繁，婦女莫衆焉；⑬形體好佚，而安重閒靜莫愉焉；⑭心好利，而穀祿莫厚焉。合天下之所同願兼而有之，睪牢天下而制之若制子孫，⑮人苟不狂惑戇陋者，其誰能睹是而不樂也哉！欲是之主，竝肩而存；能建是之士，不世絕；千歲而不合，何也？⑯曰：人主不公，人臣不忠也。人主則外賢而偏舉，⑰人臣則爭職而妬賢，是其所以不合之故也。人主胡不廣焉，無卹親疏，無偏貴賤，惟誠能之求？⑱若是，則人臣輕職業讓賢，而安隨其後。⑲如是，則舜禹還至，王業還起；⑳功壹天下，名配舜禹，物由有可樂，如是其美焉者乎！㉑嗚呼！君人者，亦可以察若言矣。㉒楊朱哭衢涂，曰：「此夫過舉蹞步，而覺跌千里者夫！」哀哭之。㉓此亦榮辱、安危、存亡之衢已，此其爲可哀，甚於衢涂。㉔嗚呼！哀哉！君人者，千歲而不覺也。

① 「蠭門」、即蠭蒙，學射於羿。「門」、「蒙」一聲之轉。「蠭」、音逢。（孟子揚子宋以後均作「逢」）「服射者」、使射者心悅誠服，言其射術之精。

② 「王良」、趙簡子之御。「造父」、周穆王之御。「馭」與「御」同。

③ 「埶」、權勢，勢力。「已」、止也。言羿、蠭門善於使射者悅服，王良、造父善於使馭者悅服，聰明君子善於使衆人悅服。人悅服權勢就從之而來，人不悅服權勢就隨之而去，所以王者之功止於服人而已矣。

④ 「射遠中微」、言射得既遠，而又能射中微小目標。

(五)「及速致遠」：「及」字，久保謂淮南子作「追」。言既能追及快車，而又能致遠途。

(六)「調壹」、調協齊一。秦楚強國，故首先制之。言要想團結天下諸侯，制服秦楚，則莫如聰明君子。

(七)君子所守者至約，故用智甚簡，爲事不勞，而功名卻至大，又極易相處，而極可和樂的。

(八)明君以任賢爲寶，爲之甚急；愚者以任賢爲難，憚而不爲。

(九)這是人情所共同欲望的，而王者兼有了這些。

(一〇)「重」、多也，直用反。穿各種美色之衣，吃各種美味之食，掌握着財經大權，合天下而擁戴他，飲食極豐厚，聲樂極壯大，臺榭極雄偉，園囿極廣濶，號令諸侯，統一天下，這又是人情之所同欲的，而天子之禮制就是規定如此其盛的。

(一一)「以」、同「已」。「挾」、通「浹」、義同「洽」。「要」、政令之要約（規定）。「失要」、卽違背政令，失職之意。「幽」、囚也。「侈」、借爲「誃」，亦離也，音「侈」。「景」、卽「影」字。「嚮」、宋本作「響」，古通用。言制度已經宣布，政令已經通洽，官吏失職的就處死，公侯失禮的就囚禁，四方之國若離心離德有乖離之行的就先滅亡，名聲如日月之明（無人不知），功績如天地之大（無人不被其澤），天下人嚮應其號召如影隨形，如響應聲，這又是人情之所同欲，而王者是兼有之的。

(一二)「臭」、氣味。言人之情，口好味，而王者所享之味再好沒有了。以下各句同。

(一三)「文章致繁」：「文章」、謂服飾的文彩。「致繁」、極繁多。「婦女莫衆」、謂其侍妾極多。

(一四)形體好安逸，而王者安重閒靜再愉快沒有了。

(一五)「睪牢」：後漢書馬融傳：「皋牢陵山。」注：「皋牢、猶牢籠也。」「皋」、俗作「皐」，亦轉爲「罜」。言王者牢籠天下之人而統制之，若制子孫一般的從容。

⑯「竝肩而存」，言其多。「不世絕」、謂不絕於世，亦言其多。言想得到上述種種享受的人主多的是，能爲人主建立這些享受的賢士也不絕於世，然而二者千歲而不能一相遇合，是什麼原因？

⑰「外賢」、疏遠賢者。「偏舉」、偏私而舉所愛。「爭職」、爭職位。

⑱「廣焉」、注謂開泰貌。「廣」、或讀爲「曠」。「誠能」、眞能。言人主何不以開明的胸懷，不論親疏貴賤，而惟眞實才能之是求？

⑲「輕職」下「業」字，王謂衍文。言人主若能大公無私，則臣下亦必輕其職位讓予賢者，而心安理得地追隨其後。如鮑叔之與管仲。

⑳「還」、音璿，速也。言如此，舜禹之聖名立至，王者之功業立興。

㉑「由」、同「猶」，見上。言論其功業而統一天下，論其名聲而媲美舜禹，天地間可樂之事，還有如此其美的嗎？

㉒「若言」、此言。言爲人君的，亦可以省察省察這番道理了。

㉓楊朱、戰國時人，後於墨子，其說在愛己，不拔一毛而利天下，與墨子相反。「衢途」、歧路。「覺」、知也。「蹞」、半步。「跌」、差也。「過舉蹞步」、謂走錯半步。「覺跌千里」、謂等到察覺，而已錯千里。言楊朱行至歧路，哭道：「此歧路如走錯半步，及至察覺而已錯千里了。」於是傷心地哭起來。

㉔「此」、謂求士，求誠能之士。求則榮，不求則辱，故如歧路一般。此以行者半步之誤，比喻人君一念之迷。半步之誤，及覺而已錯千里（空間），這已可哀痛！人君一念之迷，千歲（時間）而不悟，此其可哀，不尤甚於衢途嗎？（此段言王者之職，止於服人。若廓然大

公，唯賢士之求，則王業立興，永享尊榮。）

無國而不有治法，無國而不有亂法；無國而不有賢士，無國而不有罷士；㊀無國而不有愿民，無國而不有悍民；無國而不有美俗，無國而不有惡俗。兩者竝行而國在，上偏而國安，〔在〕下偏而國危；㊁上一而王，下一而亡。㊂故其法治，其佐賢，其民愿，其俗美，而四者齊，夫是之謂上一。如是則不戰而勝，不攻而得，甲兵不勞而天下服。故湯以亳，文王以鄗，皆百里之地也，天下爲一，諸侯爲臣，通達之屬，莫不從服，無它故焉，四者齊也。㊃桀紂卽〔序〕厚有天下之埶，㊄索爲匹夫而不可得也，是無它故焉，四者竝亡也。故百王之法不同，若是所歸者一也。㊅

㊀「罷士」、無行之士。

㊁「國在」、猶言國存。「在」、存也，見說文。「而」、猶「則」。「下偏」上「在」字，據王校，刪。先言「治法」，後言「亂法」，先言者爲「上」，猶常語所謂「前者」；後言者爲「下」，猶常語所謂「後者」。「偏上」、猶言偏於前者，謂治法多，亂法少之類。「偏下」、猶言偏於後者，謂治法少，亂法多之類。「兩者竝行」、謂治法、亂法、賢士、罷士竝行。

㊂「上一」、謂全是前者，卽下文：「法治」、「佐賢」、「民愿」、「俗美」。「下一」、反是。「上一」、「下一」與「上偏」、「下偏」對文。

㊃「鄗」、與「鎬」同。「四者齊」、謂前四項齊備。

㊄「序」、據王據仲尼、彊國等篇校，改爲「厚」字。

㈥「是」、猶「夫」，見釋詞九。「若是」、猶「若夫」。言百王之法雖然各有不同，若夫所歸依者則一。「一」、謂一於上。（此段言法治、佐賢、民愿、俗美則王，反是則亡，為古今之所同。）

上莫不致愛其下，而制之以禮。㈠上之於下，如保赤子，政令制度，所以接下之人百姓，有不理者如豪末，則雖孤獨鰥寡必不加焉。㈡故下之親上，歡如父母，可殺而不可使不順。㈢君臣上下，貴賤長幼，至於庶人，莫不以是為隆正；㈣然後皆內自省，以謹於分。㈤是百王之所〔以〕同也，而禮法之樞要也。㈥然後農分田而耕，賈分貨而販，百工分事而勸，士大夫分職而聽，建國諸侯之君分土而守，三公總方而議，則天子共己而止矣。出若入若，天下莫不均平，莫不治辨。是百王之所同，而禮法之大分也。㈦若夫貫日而治平，權物而稱用，㈧使衣服有制，宮室有度，人徒有數，喪祭械用皆有等宜，㈨以是用挾於萬物，尺寸尋丈，莫得不循乎制度數量然後行，㈩則是官人使吏之事也，不足數於大君子之前。⑪故君人者，立隆政本朝而當，所使要百事者誠仁人也，則身佚而國治，功大而名美，上可以王，下可以霸。⑫立隆正本朝而不當，所使要百事者非仁人也，則身勞而國亂，功廢而名辱，社稷必危，是人君者之樞機也。⑬故能當一人而天下取，失當一人而社稷危。⑭不能當一人，而能當千百人者，說無之有也。⑮既能當一人，則身有何勞而為？⑯垂衣裳而天下定。故湯用伊尹，文王用呂尚，武王用召公，成王用周公旦。卑者五伯，⑰齊桓公閨門之內，縣樂、奢泰、游抏之脩，於天下不見謂脩，⑱然九合諸侯，一匡天下，為五伯長，是亦無他故焉，知一政於管仲也，是君人者之要守也。⑲知者易爲之興力，而功名綦大。舍是而孰足爲也？⑳故古之人，有大功名者，必道是者也。㉑喪其國危其身者，必反是者也。故孔子曰：「知者之知，固以多矣，有以守少，能無察乎？愚者之知，固以少矣，有以守多，能無狂乎？」此之謂也。

㉒

㊀「致愛」、極愛也。言人君沒有不是一面愛護他的百姓，一面又以禮法制裁他的。下文「如保赤子」，言其愛，「政令制度」，言其禮。

㊁「不理者」、不合理的。「豪」與「毫」通。言政令制度是用來交接老百姓的，如有毫末之不合理，就是爲人所輕之孤獨鰥寡，也不加於其身。孝經曰：「不敢侮於鰥寡，而況於庶民乎！」

㊂「歡」、歡愛。言百姓之歡愛其君上，如同父母一般，雖欲使其不順而不可得。

㊃「是」、指「上愛其下」及「下親其上」而言。「隆正」、兼有標準及目標二義，此取後者。言君臣上下，貴賤長幼，以及全國的老百姓，莫不以「愛下」「親上」爲目標。

㊄然後皆以此（上愛，下親）省察其所爲，而謹守本分，不敢怠忽。

㊅「所以」之「以」字，據王校，刪。言百王皆以此愛民之道而得民心，而禮法的要領，亦卽在此。

㊆上愛其下，故下皆勸勉，而謹守其分。餘並解於上。

㊇「平」、兪據上文及君道篇謂當作「詳」。「貫日而治詳」，解見上文王說。「權物而稱用」，言權衡財物相當於用度，不使浪費或不足。

㊈「人徒」、胥徒、給徭役者。「械用」、器用。「等宜」、猶「等差」。言使衣服宮室有定

制，給事的差役有定數，喪祭所用器物，貴賤皆有等差。

⑩「用挾」、王以爲「周挾」之誤。「周挾」、卽「周浹」，亦卽「周洽」之意，「尺寸尋丈」，謂短長，此以喻小事大事。『「度」、丈尺也；「量」、斗斛也；「數」、百十也；「制」、布帛幅廣狹也。』（禮記鄭注）言因此，萬物周洽妥貼，無論大事小事莫不遵循法度的規定而後施行。

⑪「官人」、列官之人。「使吏」、所役使之吏。「數」、數說。「大君子」、謂人君。言以上這些事都是官人百吏的職掌，不足以數說於人君之前。

⑫「隆政」、爲「隆正」之叚借（郝說）。「要」、要約、約束。「要百事者」、謂相也，相總持國家政事。言人君在朝廷上所制訂的建國目標如果正確，所用以總持百官的國相果是仁者，則身佚國治，功大名美，上可以王，下可以霸。

⑬「人君」、注以爲當作「君人」。言立隆正，任賢相是人君治國的樞機。「樞」、謂戶樞。「機」、謂弩牙。「樞機」、制動之主。見易繫辭注疏。

⑭「一人」、謂相。「而」、猶「則」。言任相當則足以取天下，選相不當足以危及社稷。

⑮任相不當而能當羣臣百吏者，古今以來，未聞其說。

⑯「則身有何勞而爲」：「有」、久保讀爲「又」。「而爲」、注云：皆語詞。

⑰「卑者」、言功業卑於王者如五霸。「伯」、讀爲「霸」。

⑱「縣」、同「懸」，樂器，見曲禮鄭注。「縣樂」、泛言音樂。「抏」與「玩」同。言五霸之中如桓公，惟在閨門之中修治音樂、奢泰，遊玩之樂，並無修身之德見稱於天下。

⑲「一政於管仲」、把政事完全託給管仲。「要守」、守之要者，猶言「樞機」。言人君治國，要守惟在專任賢相。

⑳信任專，則智者易爲盡力而立大功。此外，人君還有什麼可作的？

㉑「道是」：「道」、行也。「是」、謂任賢。言古之立大功名的必定是行此任賢之道的。

㉒兩「知」字，皆音「智」。「有」、讀爲「又」，下同。「以」通「已」。「守少」、謂任賢恭己而已。言人君之智者，本已多智，而又守之以約，怎能不明察？愚者之智，本已短淺，而又自任百事，怎能不狂惑迷亂？尚書益稷：「元首明哉！股肱良哉！庶事康哉！……元首叢脞哉！股肱惰哉！萬事墮哉！」（本段言愛護民衆，信任賢相，恭己無爲，爲人君爲政的要點。）

治國者分已定，則主相臣下百吏，各謹其所聞，不務聽其所不聞；各謹其所見，不務視其所不見。㊀所聞所見誠以齊矣。㊁則雖幽閒隱辟，百姓莫敢不敬分安制，以化其上，㊂是治國之徵也。㊃

㊀「分」、職分。言人君治國，要在明分，職分已定，則人主、宰輔、羣臣、百吏各敬其業，而謹守分內應聞應見之事，而不求聞見其分外之事。

㊁「齊」、謂君臣上下各當其事，不相侵越。

㊂「閒」、讀爲「閑」。「辟」、讀爲「僻」。「敬分」、謹守本分。「安制」、安於國家的制度。「以化其上」：「以」、猶「而」；「其」、猶「於」。言在上的能各當其事，則在下的老百姓，雖幽僻之地，也莫不謹守本分，安於制度，而化於在上的教化。

㊃「徵」、驗也。言治國的徵驗在定分。（此段言分之重要性。分定，則上敬其業，下安其制。此與上段分工任職之義相應。）

主道治近不治遠，治明不治幽，治一不治二。㊀主能治近則遠者理，主能治明則幽者化，主能當一則百事正。㊁夫兼聽天下，日有餘而治不足者，如此也，是治之極也。㊂既能治近，又務治遠；既能治明，又務見幽；既能當一，又務正百，是過者也，過猶不及也。㊃辟之是猶立直木而求其影之枉也。不能治近，又務治遠；不能察明，又務見幽；不能當一，又務正百，是悖者也。㊄辟之是猶立枉木而求其影之直也。故明主好要，而闇主好詳；主好要則百事詳，主好詳則百事荒。㊅君者、論一相，陳一法，明一指，以兼覆之，兼炤之，以觀其盛者也。㊆相者，論列百官之長，要百事之聽，以飾朝廷臣下百吏之分，㊇度其功勞，論其慶賞，歲終奉其成功以效於君。當則可，不當則廢。㊈故君人勞於索之，而〔休〕佚於使之。㊉

㊀「近」、「明」、皆謂相。羣臣之中，相最近於君；最近故觀察最明白。「遠」、「幽」、皆謂離君較遠的臣工。「幽」、暗也。「治一」、治一人；「一人」、亦謂相。「不治二」、不治多人，謂相以外的臣工。言人主治國之道如此。

㊁「理」、猶「治」也。「當一」、謂人主任一相而當。言人主能治近者則遠者自治，能治明者則暗者自化，能取一相而當則事事辦地整齊。

㊂「聽」、治也。言人主兼治天下之政，時間有餘暇，而政事好像不夠辦的似的，其道就在此。這是治國的大原則。「極」、極則。

㊃這就失之太過了，過猶不及啊。

㊄這便是悖惑不明了。

㊅「好要」、喜守其要，謂任一相而委以政事。「好詳」、喜守其詳，謂不委人而自治百事。

如秦始皇「以衡石量書，日夜有呈」是也。「百事詳」、事事詳備。「百事荒」、事事荒廢。

㊆「論」、選擇。「指」、指歸，猶上言「隆正」，及首段「綦定」之「綦」，謂建國標準，施政方針。「炤」、同「照」。言人君是選擇國相，布陳法度，明示施政方針，而兼覆天下，照臨天下，以觀其成的。「盛」、讀爲「成」。

㊇「論列」、謂論其才德，置於列位。「長」、優劣。「要」、察也，一堯反。「聽」、治也，此謂得失。言國相是論列百官的優劣，考察百事的得失，正飭朝廷羣臣百吏使各盡其職分。「飾」、注訓修飾，鍾讀爲「飭」，茲從後說。

㊈「效」、致也。審度他們功勞的大小，論列他們應賞應罰的事實，年終，把他們的政績報告給國君，盡職的就留任，不盡職的就廢黜。

㊉「索」、求也。「休」、高亨據君道篇謂係「佚」字之誤，據改。君道篇「君人」下有「者」字。言人君之勞在於求賢相，人君之佚在於任賢相。（本段重申主道之要惟在選相一義。）

用國者，得百姓之力者富，得百姓之死者彊，得百姓之譽者榮。——㊀三得者具而天下歸之，三得者亡而天下去之；天下歸之之謂王，天下去之之謂亡。湯武者，〔循〕脩其道，㊁行其義，興天下同利，除天下同害，天下歸之。故厚德音以先之，明禮義以道之，致忠信以愛之，㊂賞賢使能以次之，爵服賞慶以申重之，㊃時其事，輕其任，以調齊之，潢然兼覆之，養長之，如保赤子。㊄生民則致寬，使民則綦理，㊅辯政令制度，所以接天下之人百姓，㊆有非理者如豪末，則雖孤獨鰥寡，必不加焉。是故百姓貴之如帝，親之如父母，爲之出死斷亡而不愉者，㈧無它故焉，道德誠明，利澤誠厚也。亂世則不然，汙漫突盜以先之，權謀傾覆以示之，㈨俳優、侏儒、婦女之請謁以悖之，㈩使愚詔知，使不肖臨賢，(十一)生民則致貧隘，使民則極勞苦。(十二)是故，百姓賤之如尪，惡之如鬼，日欲司閒而相與投藉之，去逐之。(十三)卒有寇難之事，又望百姓之爲己死，不可得也，說無以取之焉。(十四)孔子曰：「審吾所以適人，適人之所以來我也。」此之謂也。(十五)

㈠「用國」、猶言爲國、治國。「力」、勞力。「得民之力」、謂民衆願爲勞動。「死」、效死。「譽」、稱譽。

㈡「循」、王先謙謂虞王本作「修」。「修」、亦作「脩」，因訛爲「循」。據改。

㈢「德音」、好的聲望。「先」、導也。富國篇：「其德音足以化之。」與此文義同。言湯武厚其德望以化導人民，修明禮義以教育人民，盡其忠信以愛護人民。此三句言對人民的愛護。

㈣「賞」、當爲「尙」、「申」，亦「重」也。「申重」、即尊重之意。言尙賢使能序次他們的職位，再加爵服慶賞以示尊崇。這兩句是說對民衆中之才俊的器重。

㈤「時其事」、謂使人應時治事。「輕其任」、謂量力而使。「以調齊之」，而調和齊一他們。「潢」與「滉」同。「潢然」、水大至之貌，此狀其德澤之盛。言德澤潢然廣被，無人不被覆育，無人不被長養，其長養覆育如保愛嬰兒一般。案：自「明禮義以道之」至此，富國篇「垂事養民」段第三節有同文，可參看。

㈥生養人民的極其寬裕，役使人民的極合情理。

㈦「辯政令制度」之「辯」，疑爲衍文，上文有同句可證。「天下之人百姓」之「天」字，王以爲後人妄加。「人百姓」、謂衆百姓。

(八)「不愉」、注以爲「不」字衍，「愉」爲歡愉，郝以爲「渝」之形訛；王以爲「愉」即古「偷」字，皆可通，茲從王說。言人民皆願爲之犧牲而不逃避。此即上文「得民之死」之意。

(九)「突」、凌觸。「盜」、竊盜。言亂世之君則不然，他所誘導人民的，惟汚穢、侵凌、竊盜之行；展示人民的，惟權詐、詭譎、坑陷之謀。

(一〇)「俳優」、倡優。「侏儒」、矮人可戲弄者。「請謁」、以私事相請託。「悖」、亂也。言左右便嬖，惟倡優、侏儒、婦女之輩，這些人輒以私事相請託，以亂國家。

(一一)「昭」、教也，見莊子盜跖篇釋文。言使愚者教導智者，使不肖者監臨賢者。

(一二)「隘」、急也、窮也。生養人民者極貧窮，役使人民者極勞苦。

(一三)「偃」、注謂當爲「尫」，病人也。梁啓雄謂左傳杜注：「尫、女巫也。」茲從梁說。「司間」：「司」同「伺」，窺伺間隙。「投藉」：「投」、擿也。「藉」、踐也，謂投擲於地而踐踏之，言人民恨之深。所以人民賤之如女巫，惡之如惡鬼，大家天天找機會要一起把他揪在地下，踹上兩脚，然後驅逐出境。

(一四)從來研究政治的，沒有以此爲得計的。

(一五)上「適」字訓爲往；下「適」字訓爲是。言我之所以往，即人之所以來，不可不審也。見釋詞。（本段言人主欲富強尊榮，須修道愛民，以爭取民衆之愛戴。）

傷國者，何也？曰：以小人尙民而威，以非所取於民而巧，是傷國之大災也。(一)大國之主也，而好見小利，是傷國。其於聲色、臺榭、園囿也，愈厭而好新，(二)是傷國。不好〔循〕脩正其所以有，啖啖常欲人之有，是傷國。(三)三邪者在匈中，而又好以權謀傾覆之人，斷事其外，若是，則權輕名辱，社稷必危，是傷國者也。㈣大國之主也，不隆本行，不敬舊法，而好詐故，㈤若是，則夫朝廷羣臣，亦從而成俗於不隆禮義而好傾覆也。㈥朝廷羣臣之俗若是，則夫衆庶百姓亦從而成俗於不隆禮義而好貪利矣。君臣上下之俗，莫不若是，則地雖廣，權必輕；人雖衆，兵必弱；刑罰雖繁，令不下通。㈦夫是之謂危國，是傷國者也。

㈠「尙」、上也。言讓小人在上位而作威福，取民之財不以其道而很巧妙，這是損傷國家的大災害。「所」猶「道」也。見禮記哀公問鄭注。「非所」、猶言「非道」、「非法」。

㈡「愈厭而好新」：「厭」、讀爲「饜」、足也。言越求滿足越好新奇。

㈢「循正」、據盧校改爲「脩正」。「唊唊」、郝謂欲食之貌，其下，王先謙以爲應有「然」字，作「唊唊然」。言不用心去脩治他已有之土地財貨，而貪心不足常欲侵奪人之所有。

㈣「三邪」、謂上述見小利、好新、欲人之有。「匈」同「胸」。「其外」、猶言「於外」。言這三種邪惡的念頭橫亙在胸中，而又好用權謀傾陷之人斷決國事於外。若是，則權輕名辱，國家必危，這是損傷其國的。

㈤「本行」、正名篇：「正義而爲謂之行。」大戴記聖德：「能行德法者爲有行。」故「本行」、謂禮義也。「行」、讀去聲。「舊法」、先王之法，也是說的禮義。「不隆本行」、言持身不隆禮義。「不敬舊法」、言治國不守舊法（禮義）。下文「若是、則夫朝廷羣臣，亦從成俗於不隆禮義」云云，正承此而言，言上行而下效也。「詐故」、詐僞也。「故」、亦「詐」之意。（王說）

㈥人主如此，則朝廷羣臣起而效尤，不遵守禮義而好傾陷，漸漸成了風俗。

㈦ 刑罰雖然繁重，政令下達，依然行不通。

儒者爲之不然，必將曲辨：㈠朝廷必將隆禮義而審貴賤，若是、則士大夫莫不敬節死制者矣。㈡百官則將齊其制度，重其官秩，若是、則百吏莫不畏法而遵繩矣。㈢關市幾而不征，質律禁止而不偏，如是、則商賈莫不敦慤而無詐矣。㈣百工將時斬伐，佻其**期**日，而利其巧任，如是，則百工莫不忠信而不楛矣。㈤縣鄙則將輕田野之稅，省刀布之斂，罕舉力役，無奪農時，如是、農夫莫不朴力而寡能矣。㈥士大夫務節死制，然而兵勁。㈦百吏畏法循繩，然後國常不亂。㈧商賈敦慤無詐，則商旅安，貨通財，而國求給矣。㈨百工忠信而不楛，則器用巧便而財不匱矣。農夫朴力而寡能，則上不失天時，下不失地利，中得人和，而百事不廢。是之謂政令行，風俗美，以守則固，以征則彊，居則有名，動則有功。此儒之所謂曲辨也。

㈠「曲辨」：注：「辨」、理也。「曲辨」、委曲使歸於理也。案：言儒者治國卻不如此，自朝廷百吏至於農工賈莫不求其合於治理。「曲辨」、相當於「至平」，與上文「傷國」相反爲義。

㈡「敬節」、王引之據下文謂當作「敄節」，「敄」與「務」古字通。「務節」、謂以節操爲務也。「制」、注云：職分。言朝廷必定重視禮義之制，而明審於貴賤之別，如是、則士大夫知廉恥而務節死職。

㈢「秩」、祿也。其制馭百官，必將齊一其制度，厚重其官俸，如是，則百吏畏法守法而不貪汚。

㈣「幾」、察也，通譏，稽查。「質律」、即「質劑」、謂貿易之券據。因其可以為法，故稱質律。周禮小宰：「聽買賣以質劑。」鄭注：「兩書一札，同而別之，長曰質，短曰劑，皆今之券據也。」言關市但幾察姦宄，而不征稅。貿易用券據以禁姦人，而不偏聽一面之詞。如是，則商賈人人誠實敦厚而不詐欺。

㈤「將時斬伐」、按時砍伐樹木。「佻其時日」、展緩砍伐的時限。「佻」與「傜」同，緩也。「而利其巧任」、而充分發揮他們的技巧。「任」、俞云：能也。「楛」、謂器物粗惡而不堅固。言如是，則百工莫不忠於其職業，信於其主顧，而所製器物精良。

㈥「縣鄙」、邊邑。「刀布」、錢幣。「朴力而寡能」、但質朴力作，而不務他能。言專於其業。

㈦「然而」、注云：當為「然後」。

㈧「國常」、國之典法。國語越語：「無忘國常。」

㈨「貨通財」、王謂當作「貨財通」。「國求給」、國家所需皆給足。（本段分二節，前節言人君傷國之行，次節言儒家曲辨之道。）

君道篇第十二

本篇論君道，要點有三：一曰修己，二曰愛民，三曰任賢。首段言治人（包括人君及卿相輔佐）重於治法。此爲全篇總論，以下皆本此爲說。二段至四段（請問爲國），言人君爲治之源，源清則流清，故君子養源；養源須審禮；審於禮則仁智而聖，此爲修己部分。自五段（君者，民之原也）至八段（爲人主者莫不欲彊而惡弱），言民爲國本，故爲政以愛民爲先，愛民以得人修政爲要。厚其生養，所以愛民也；設官分職，論德定次，稱位制祿，所以得人也。二者備，則天下一，是之謂能羣；能羣而君道畢矣。得人要在取相，相必仁智而後可。此爲愛民任賢部分。九段（牆之外）言人君應具備之人材，末段言人材高下之標準，此皆得人一義之所涵，併入上段亦可。又本篇無注。

有亂君，無亂國；㊀有治人，無治法，㊁羿之法非亡也，而羿不世中；禹之法猶存，而夏不世王。㊂故法不能獨立，類不能自行；得其人則存，失其人則亡。㊃法者、治之端也；君子者、法之原也。㊄故有君子，則法雖省，足以徧矣；無君子，則法雖具，失先後之施，不能應事之變，足以亂矣。㈥不知法之義，而正法之數者，雖博臨事必亂。㈦故明主急得其人，而闇主急得其埶。㈧急得其人，則身佚而國治，功大而名美，上可以王，下可以霸；不急得其人，而急得其埶，則身勞而國亂，功廢而名辱，社稷必危。故君人者，勞於索之，而休於使之。㈨書曰：「惟文王敬忌，一人以擇。」此之謂也。㈩

㈠ 國之治亂，由於人爲，不由國之本身，故曰：有致亂的人君，沒有致亂的國家。

㈡ 「治人」、致治的君子。「治法」、致治的良法。「無治法」，不是指法度的本質說，而是指法度的效果說。致士篇：「有良法而亂者有之，有君子而亂者，自古及今未嘗聞也。」人能弘道，道不能自弘，故曰：有致治之人，無致治之法。案：法家重法而不重人，荀子重法而尤重人。

㈢ 「羿」：說文謂帝嚳射官，淮南子謂堯射官，或曰夏時有窮之君，其說不一，王先謙因云：是善射者之號。「中」、得也。見齊策韋注。言羿的射法雖未亡，然射術如羿者不世世得；禹之法度雖猶存，然至桀而亡國，禹之後不世世王天下。

㈣ 「類」、統類，謂具體的倫理規範（禮法）中，所含蘊的抽象義理——道。故荀書多「法」「類」並舉。言法不能自立，道不能自行，必待人維護推行，才能發揮作用，所以得其人則存，失其人則亡。「存亡」，皆指禮法之效用言。禮記：「文武之政，布在方策，其人存則其政舉，其人亡則其政息。」

㈤ 王制篇：「禮義者，治之始也；君子者，禮義之始也。」，所以禮法是治國之端始，君子是禮法的本原。「原」，今作「源」。

㈥ 「省」、簡略。「具」、完備。君子明禮知類，「有法者以法行，無法者以類舉，」故法雖省略，而足以周偏萬事。雖有完備之法，而無知類君子，則泥守法條，失先後施行之宜，不能適應事物之多變，反足以招致禍亂。

㊆「義」，卽上文之「類」、「法之義」、禮法含蘊的抽象義理。「數」、度數，猶言條款節目。言不明法之義理而修正法之條款者，縱然所知淵博，臨事也必迷亂。

㊇故明君所急在得賢人，闇君所急在抓權勢。王先謙謂「埶」爲勢位，非。位至人主，復何位之求？法家重權勢，故荀子非之。

㊈「休」、爲「佚」之訛，說見王霸篇末。言人君勞於求賢，而佚於用賢。

㊉所引爲尚書康誥篇。今本作「惟文王之敬忌，乃裕民曰：我惟有及，則予一人以懌。」與所引不同。就荀子以言荀子，蓋引此以明「君人者勞於索之，佚於使之」之義。「忌」、亦敬也。「一人」、賢人也。（就後文看，「一人」謂相。）言文王之所敬慎的，惟在擇賢。（本段言法不能自行，故治人重於治法。）

合符節，別契券者，所以爲信也；上好權謀，則臣下百吏誕詐之人乘是而後欺。㊀探籌、投鉤者，所以爲公也；上好曲私，則臣下百吏乘是而後偏。㊁衡石稱縣者，所以爲平也；上好覆傾，則臣下百吏乘是而後險。㊂斗斛敦槩者，所以爲嘖也；上好貪利，則臣下百吏乘是而後豐取刻與，以無度取於民。㊃故械數者，治之流也，非治之原也；君子者，治之原也。㊄官人守數，君子養原；原清則流清，原濁則流濁。㊅故上好禮義，尚賢使能，無貪利之心，則下亦將綦辭讓，致忠信，而謹於臣子矣。㊆如是則雖在小民，不待合符節，別契券而信，不待探籌投鉤而公，不待衡石稱縣而平，不待斗斛敦槩而嘖。故賞不用而民勸，罰不用而民服，有司不勞而事治，政令不煩而俗美。百姓莫敢不順上之法，象上之志，而勸上之事，而安樂之矣。㈧故藉斂忘費，事業忘勞，寇難忘死，㈨城郭不待飾而固，兵刃不待陵而勁，敵國不待服而詘，四海之民不待令而一，夫是之謂至平。㈩詩曰：「王猶允塞，徐方既來。」此之謂也。⑾

㈠「乘」、因也。「是」、指符節契券。言驗合符節，分別契券，是用以為信的，若國君喜歡玩弄權謀，則羣臣百吏中之姦詐者，就假借這些信物而後欺騙。

㈡「探籌」、削竹為書，令人探取，如今之抽籤。「投鉤」、慎子威德：「投鉤以分財，投策以分馬。」洪武正韻：「投鉤、猶云拈鬮。」「曲私」、不正直。「偏」、偏私不公。「百吏」下省「誕詐之人」四字。下同。

㈢「衡石」：禮月令：「鈞衡石。」注：「三十斤曰鈞，稱上曰衡，百二十斤曰石。」案：「衡」、即稱桿。「石」、讀為「擔」。「縣」、「懸」本字，稱所繫也。「平」、公平。「險」、險詐。

㈣「斗斛」、量米穀之器。「槩」、「杚」，平斗斛之器。「敦」、音（ㄉㄨㄟˋ），形似壺，受一斗二斤，「嘖」、王謂與「嫧」通，齊也，見說文。案：「齊」、亦「平」之意。言斗斛敦槩，這些器物，是用以取齊的，若國君喜歡貪利，則羣臣百吏中姦詐之徒，就假借這些器物，多取少給，而無限制的剝削民衆。

㈤「械」、械器，謂斗斛等。「數」、法數，謂法規條目。言械數是治國的末流，不是治國的本源，君子才是治國的本源呢。

㈥官吏守持械數，君子（國君）則培養本源（個人德操），源清則流清，源濁則流濁。

㈦所以國君愛好禮義，崇尚賢能，而無貪利之心，則羣臣百吏亦將極盡辭讓忠信之道，而謹於爲臣子之分了。「綦」、「致」、皆「極」之意。論語：「君子之德風也，小人之德草也。」

㈧象效在上的志意，勸勉在上的事業，安樂在上的政令。「勸」、盧謂元刻作「勤」。

㈨「藉斂」、猶言「稅斂」，見王制篇。「忘費」、不以爲費。言民衆樂於輸將，樂於服務，樂於效命。

㈩「飾」、久保讀爲「飭」、謂修治守備。「陵」、謂磨厲兵刃（王先謙說）。「勁」、銳利。「服」、敗也。「詘」、同「屈」。言城郭不待整飭而堅固，兵刃不待磨厲而銳利，敵人不待征討而屈服，四海之民不待命令而齊一。這就叫作至治。「至平」、猶言「曲辨」。

⑪詩大雅常武第六章。漢書引此二句，顏師古注：「猶」、道也（謝本作「猷」）。「允」、信也。「塞」、滿也。「旣」、盡也。言王道信充滿於天下，則徐方淮夷盡來服也。（本段重申上段之義，言法度乃治之流，君子乃治之源，故國君養源，養源之道在隆禮、尚賢、輕利。）

請問爲人君？曰：以禮分施，均徧而不偏。㈠請問爲人臣？曰：以禮〔待〕侍君，忠順而不懈。㈡請問爲人父？曰：寬惠而有禮。請問爲人子？曰：敬愛而致文。㈢請問爲人兄？曰：慈愛而見友。㈣請問爲人弟？曰：敬詘而不苟。㈤請問爲人夫？曰：致功而不流，致臨而有辨。㈥請問爲人妻？曰：夫有禮則柔從聽侍，夫無禮則恐懼而自竦也。㈦此道也，偏立而亂，俱立而治，其足以稽矣。㈧請問兼能之奈何？曰：審之禮也。㈨古者先王審禮以方皇周浹於天下，動無不當也。㈩故君子恭而不難，敬而不鞏，⑪貧窮而不約，富貴而不驕，並遇變態而不窮，審之禮也。⑫故君子之於禮，敬而安之；其於事也，徑而不失；其於人也，寡怨寬裕而無阿；⑬其〔所〕爲身也，謹修飾而不危；其應變故也，齊給便捷而不惑；㈣其於天地萬物也，不務說其所以然，而致善用其材；㈤其於百官之事伎藝之人也，不與之爭能，而致善用其功；㈥其待上也，忠順而不懈；其使下也，均偏而不偏；㈦其交遊也，緣〔義〕類而有〔類〕義；其居鄉里也，容而不亂。㈧是故窮則必有名，達則必有功，仁厚兼覆天下而不閔，明達用天地理萬變而不疑，㈨血氣和平，志意廣大，行義塞於天地之間，仁智之極也。㈩夫是之謂聖人；審之禮也。

㈠「分施」、見非十二子篇。言人君施惠以禮，均平普偏而不偏私。

㈡「待」、久保據元刻改爲「侍」，茲從之。言人臣侍君以禮，忠誠服從而不懈怠。

㈢「文」、郝謂外傳四作「恭」，義長。「致」、極也。言心存敬愛而體貌恭順。

㈣「見」、音現，示也。言心存慈愛而表現友善。

㈤「不苟」、盧謂元刻作「不悖」，義長。「詘」、同「屈」。言敬順而不悖慢。

㈥「致功」句：「功」、劉師培謂爲「和」字之訛。臣道篇：「調而不流。」「調」、亦和也。「流」、流淫，浪漫無檢束。言極其和樂而不浪漫。「致臨」句：「臨」、似親近之意。「有辨」、外傳作「有別」。「辨」與「別」通。言極爲親近而夫婦有別。

㈦「竦」、敬畏貌。言夫若有禮就柔順聽從，夫若無禮就恐懼而敬竦。

㈧「此道」、總括爲君、爲臣以及爲夫、爲妻人倫之道而言。「偏立」、謂立其道而不能兩面兼全。如立君道「分施」而不能「均偏」，立臣道「忠順」而不能「不懈」，立父道「寬惠」而不能「有禮」。「俱立」、謂兩面俱備。如君「分施」而「均偏」，臣「忠順」而「不懈」，父「寬惠」而「有禮」。言這些人倫之間的道理，都有一定的分際，若偏於一面，失其中正，就足以招致禍亂；若兩面俱立，得其中正，就足以得到安和。這是可以考驗而知的。「而」、猶「則」。「稽」、考也。

㊈「兼能」、卽「俱立」之義。問：如何才能兩面俱立呢？曰：推求於禮，就其道俱立了。

㊉「方」、郝讀爲「旁」。「旁」、「皇」，皆大也。「周」、「浹」，皆徧也。言古者先王窮究於禮，大智周徧於天下，一舉一動無不曲得其宜。

⑪「難」、王引之讀爲「戁」，音赧，恐也。詩：「不戁不竦。」「聳」、讀方言「蛩烘、戰栗也」之「蛩」。言君子明審於禮，對人恭而不懼，敬而不恐。

⑫「約」、久保謂屈約。「並」、王云：普也，徧也。言君子明審於禮，貧窮而不怯惑，富貴而不驕慢，徧遇事物之變態，而應付不窮。

⑬「徑」：枚乘諫吳王書：「徑而寡失。」李注：「徑、直也。」言君子對於禮，敬守不失而行之自然；處理事物，直捷了當而沒有失誤；對於人，不怨不尤，處處寬容，而不阿私曲從。

⑭「所」：久保謂元刻無「所」字，據刪。「爲身」、治身。「飾」與「飭」通。「危」、高也，卽論語「危言危行」之「危」。（鍾說）此言：君子治身，謹於修飭而不高傲；應付變故，迅速便捷而不迷惑。

⑮「不務說其所以然」，卽天論篇「惟聖人不求知天」之義。「而致善用其材」卽天論篇制天用天及富國篇「萬物……無宜，而有用爲（于）人」之義。言「天地萬物，造化之事，非人所知」（久保說），故君不求瞭解天地生成萬物之所以然之理，而善於利用天地生成之萬物。

⑯不與百官技藝之人爭能，而善於利用他們建立功績。

⑰「待」、爲「侍」之訛，見上。言其侍奉君上忠順而不懈，役使僚屬均徧而不偏。

⑱「緣義而有類」，盧謂元刻，郝謂外傳四均作「緣類而有義」，義長，茲據改。「容而不亂」，久保據臣道篇「柔而不曲，寬容而不亂」，疑此文「容」上脫「寬」字。「不亂」、不爲非也。言君子交遊，因其品類，推禮相接，而曲得其宜；其與隣里相處，寬厚有容，而不與爲非作歹。

⑲「不閔」：「閔」、憂也，外傳作「不窮」。「用天地」：王云「用」爲「周」字之誤。案：「周天地」，卽上文「方皇周浹於天下」之義。言君子窮困之時必有聲譽，通達之時必能建立功業，仁厚之德兼覆天下而不憂困，智慮之明周徧天地，處理萬變而不疑惑。

⑳「行義」句：言其人格崇高偉大充塞天地。「極」、極致。（本段盛言禮之功效：治國審之於禮，則彝倫有敍；治身審之於禮，則仁智而聖。暗與上段君子隆禮以養源之義相應，而爲下文人君以修身爲要之張本。）

請問爲國？曰聞修身，未嘗聞爲國也。君者儀也，民者景也，儀正而景正。君者槃也，民者水也，槃圓而水圓。〔君者盂也，盂方而水方。〕㊀君射則臣決。㊁楚莊王好細腰，故朝有餓人。㊂故曰：聞修身，未嘗聞爲國也。

㊀據盧王據廣韻及帝範注引校正，於「君者儀也」下，補「民者景也」句；「君者槃也」下，補「民者水也」句；「槃圓而水圓」下，删「君者盂也，盂方而水方」句。「爲國」、治國也。「儀」、儀表，日晷。「景」、卽「影」字。「槃」、同「盤」。

㊁「決」、儀禮鄉射禮注：「決、以象骨爲之，著右大擘指，以鉤弦。」周禮作「抉」。

㊂「莊王好細腰」，國策作「靈王好小腰。」又見韓非子二柄篇。「朝有餓人」，言朝臣有餓腹者。（本段言君爲民儀，故以修身爲要。承第二段「君子養原」之義而來，且暗與第三段

相應，亦大學修齊之義也。）

君者，民之原也；原淸則流淸，原濁則流濁。故有社稷者而不能愛民，不能利民，而求民之親愛己，㈠不可得也。民不親不愛，而求爲己用，爲己死，不可得也。民不爲己用，不爲己死，而求兵之勁，城之固，不可得也。兵不勁，城不固，而求敵之不至，不可得也。敵至而求無危削，不滅亡，不可得也。危削滅亡之情，舉積此矣，而求安樂，是狂生者也。㈡狂生者，不胥時而落。㈢故人主欲彊固安樂，則莫若反之民；㈣欲附下一民，則莫若反之政；㈤欲脩政美〔國〕俗，則莫若求其人。㈥彼或蓄積而得之者不世絕。㈦彼其人者，生乎今之世，而志乎古之道。以天下之王公莫好之也，然而〔于〕是子獨好之；以天下之民莫〔欲〕爲之也，然而〔于〕是子獨爲之。㈧好之者貧，爲之者窮，然而〔于〕是子〔獨〕猶將爲之也，不爲少頃輟焉。㈨曉然獨明於先王之所以得之，所以失之，知國之安危臧否，若別白黑。㈩是其人〔者〕也，⑪大用之，則天下爲一，諸侯爲臣；小用之，則威行鄰敵；縱不能用，使無去其疆域，則國終身無故。⑫故君人者，愛民而安，好士而榮，兩者無一焉而亡。詩曰：「介人維藩，大師爲垣。」此之謂也。⑬

㈠ 「親」下，阮廷卓謂外傳有「己」字。「親己」、「愛己」與上文「愛民」、「利民」相應。

㈡ 王謂此文本作「危削滅亡之情，舉積此矣，而求安樂是聞，不亦難乎！是狂生者也。」外傳可證。「狂生」：劉師培云：「狂生」、「狂夫」，即左傳之「狂夫」。古之所謂「狂夫」，均指方相氏言。左傳閔二年：「是服也狂夫阻之。」服注：「方相之士，蒙玄衣朱裳，主索室中毆疫，號爲狂夫。」方相氏以物蒙首，則于外物鮮所見，故于外物多所蔽者，其人亦稱爲「狂」。案：「情」、情事，因素。言危削滅亡的情事，都積聚於此了，而猶追求安樂，這便是以物蒙面，迷亂妄行的狂生。

㊂「落」、殂落，宋臺州本作「樂」，兩字通用。「胥」、須也，待也。言狂生不久就會滅亡。

㊃「反」、求也。禮記學記：「知不足，然後能自反也。」注：「自反、求諸己也。」「反之民」、猶言求諸民，謂愛民、利民。

㊄「附下」，令下民親服。「一民」，團結下民。「反之政」、求諸政事，謂行愛民、利民之政。

㊅「國」字據王據外傳及儒效王霸等篇校，改爲「俗」。「求其人」、謂求賢者以行愛民、利民之政。

㊆「彼」、指上文「其人」。言其人或蓄德積學而得治國之道者，不絕於世。

㊇三「于是」，據王據外傳校，改作「是子」。「莫欲之」據王據外傳校，改爲「莫爲之」。言這種人生當今世，而多嚮往古聖先王之治道。儘管天下之王公貴人不喜歡此道，而這種人獨好之；儘管天下之人不行此道，而這種人獨行之。

㊈「于是獨猶將爲之」，據王據外傳校刪「獨」字。「于是」改「是子」見上。好此道者常貧，行此道者常窮，然而這種人仍然行之，不肯頃刻停止。

㊉「得之」、「失之」，皆指天下。這種人深切明瞭先王用以得天下與失天下之道。國家治亂安危之故，他辨別得如黑白一般的清楚。

⑪「者」、據王據外傳校，刪。

㉒「大用」、重用。這種人如重用他，可以統一天下，臣服諸侯；小用他，威德也可達於隣敵；縱然不用他，也不要讓他離開國境，則終其身本國不被侵凌。如魏有段干木，而秦人不敢攻之類。「故」、變故。

㉓詩大雅板第七章。「介」、毛詩作「價」，訓善。「價人」、善人也，卽此文所謂「士」。「大師」、毛無傳，兪謂「師」當訓衆。「大師」、大衆也，卽此文所謂「民」。言善人是國之屏藩，大衆乃國之垣牆。（本段言治國以愛民利民爲要；愛民利民以得賢爲要。）

道者，何也？曰：君之所道也。①君者，何也？曰：能羣也。②能羣也者，何也？曰：善生養人者也，善班治人者也，善顯設人者也，善藩飾人者也。③善生養人者人親之，善班治人者人安之，善顯設人者人樂之，善藩飾人者人榮之。④四統者〔俱〕具，而天下歸之，夫是之謂能羣。⑤不能生養人者，人不親也；不能班治人者，人不安也；不能顯設人者，人不樂也；不能藩飾人者，人不榮也。⑥四統者亡，而天下去之，夫是之謂匹夫。故曰：道存則國存，道亡則國亡。⑦省工賈，衆農夫，禁盜賊，除姦邪：是所以生養之也。⑧天子三公，諸侯一相，大夫擅官，士保職，莫不法度而公：是所以班治之也。⑨論德而定次，量能而授官，皆使〔其〕人載其事，⑩而各得其所宜，上賢使之爲三公，次賢使之爲諸侯，下賢使之爲士大夫：是所以顯設之也。⑪修冠弁衣裳，黼黻文章，琱琢刻鏤，皆有等差：是所以藩飾之也。⑫故由天子至於庶人也，莫不騁其能，得其志，安樂其事，是所同也；⑬衣煖而食充，居安而游樂，事時制明而用足，是又所同也。⑭若夫重色而成文章，重味而成珍備，是所衍也。⑮聖王財衍，以明辨異，上以飾賢良而明貴賤，下以飾長幼而明親疏。⑯上在王公之朝，下在百姓之家，天下曉然皆知其所以爲異也，將以明分達治而保萬世也。⑰故天子諸侯無靡費之用，士大夫無流淫之行，百吏官人無怠慢之事，衆庶百姓無姦怪之俗，無盜賊之罪，其能以稱義徧矣。⑱故曰：治則衍及百姓，亂則不足及王公。⑲此之謂也。

㈠「君」下「之所」二字，據王據外傳校，補。問：道是什麼？曰：就是國君所行的治道。「所道」之「道」，動詞。儒效篇曰：「道者，君子之所道也。」義同此文。荀子之道，只是治道。

㈡王制篇曰：「君者，善羣也。」「能羣」卽「善羣」之意。言國君是善能和合羣衆的。

㈢「生」、亦養也。「生養」、興利除害，使民衣食豐足。「班」、讀爲「辨」，「辨」、亦治之意。「班治」、設官分職，奉公守法，以治萬民。「設」、用也。「顯設」、猶「顯用」，量才授職，使賢能各當其位。「藩飾」、藩衞、文飾，使各級官吏，車服器物各有等差，以別貴賤。問：何以能羣？曰：他是善於養人的，善於治人的，善於顯用人的，善於藩衞文飾人的。

㈣四「之」字，皆君之代詞。

㈤「統」、總要，要領。「俱」、據外傳改爲「具」。「四統」、卽「能羣」之道。言治國掌握了這四項要領，天下就歸服他，這就是能羣。案：就上文「愛民而安，好士而榮」二語看來，四統之中，生養、顯設二統，應爲荀子所尤重視。其餘二統，皆顯設一統所衍生。

㈥「不親」、不親敬他。「不安」、沒有安全感。「不樂」、不樂於爲他所用。「不榮」、不以作官爲榮。

（七）「道」、謂能羣之道——四統。

（八）「省」、減少。「衆農夫」、發展農桑。前二者增加生產，後二者除暴安良。言這是所以生養百姓的。

（九）「擅」、專也。「三公」、周以太師、太傅、太保爲三公。言天子設三公總理天下政事，諸侯設相總理一國政事，下設大夫專領一官之事，士謹守其職位，各級官吏莫不敬守法度而公正無私：這是用以班治人民之道。

（一〇）上「其」字，據王據榮辱及正論篇校，刪。「載」、任也。

（一一）這是用以顯用人才之道。

（一二）「修」、訂定法度。餘詳富國篇。這是用以藩飾百官衆吏之道。

（一三）「騁」、極也，盡也。言上自天子，下至庶人，沒有不竭盡其才能，滿足其志願，愛好其事業，這是人人（自天子至庶人）皆然的。

（一四）「事時」、謂作業適時。「制明」、謂制度分明，此似指民衆的負擔說。言衣食飽暖，生活安定，而有遊觀之樂，工作有定時，負擔有定制，而日用豐足，這又是人人所同的。

（一五）「珍備」二字無義，兪據正論篇校，謂此句本作「重味而備珍怪。」「衍」、饒足，有餘。言至於穿各色文彩之衣，食各種珍怪之味，都是人人的財力所饒足而有餘的。

（一六）「財」、讀爲「裁」。「財衍」、謂裁制其所餘，不准人人有過分的享受。「以明辨異」，以明上下貴賤之不同。言聖王裁制有餘，而依其地位，差別其享用，藉以表明上下貴賤之別。這樣，上而可以藩飾賢良（官員），以明貴賤；下而文飾長幼，以別親疏。

（一七）聖王這種差別的裁制，上自在朝的王公，下而在家的百姓，大家都明白這不是強分階級，乃是明分使羣，達於郅治，而使人人永享太平啊！案：此卽富國篇「以禮節用」之義。

⑱ 此句總括上文，似言舉國上下都能相稱於義了。

⑲ 國治幸福衍及百姓，國亂貧困及於王公。（本段言道卽君道，君道卽能羣之道，能羣之道在四統。末復強調別異明分，在政治上之重要性。）

至道大形：㈠隆禮至法則國有常，尚賢使能則民知方，㈡纂論公察則民不疑，賞克罰偷則民不怠，㈢兼聽齊明則天下歸之；㈣然後明分職，序事業，材技官能，莫不治理，㈤則公道達而私門塞矣，公義明而私事息矣：㈥如是，則德厚者進而佞說者止，㈦貪利者退而廉節者起。書曰：「先時者殺無赦，不逮時者殺無赦。」㈧人習其事而固，人之百事，如耳目鼻口之不可以相借官也。㈨故職分而民不探，次定而序不亂，兼聽齊明而百姓不留：㈩如是，則臣下百吏至於庶人，莫不修己而後敢安〔正〕止，誠能而後敢受職；百姓易俗，小人變心，姦怪之屬莫不反慤：夫是之謂政教之極。⑪故天子不視而見，不聽而聰，不慮而知，不動而功，塊然獨坐而天下從之如一體，如四胑之從心：夫是之謂大形。⑫詩曰：「溫溫恭人，維德之基。」此之謂也。⑬

㈠「至道」、治國之大道。「大形」、解蔽篇謂「大體」爲「大形」（人心譬如槃水……微風過之……則不可以得大形之正也。）此亦其意。「至道大形」、謂治道的大原則，這是本段標題。

㈡「至法」：大略篇：「隆禮尊賢而王，重法愛民而霸。」以「隆禮」、「重法」爲對。此以「隆禮」、「至法」爲對，「至法」應卽「重法」之義。「有常」、謂有常法、常道。「知方」、知所嚮往的方向，謂知道也。

㊂「纂」、集也。「纂論」、採集衆論。「公察」、公正審察。「克」、王云當爲「免」，「免」與「勉」同，外傳作「勉」。劉師培訓「克」爲能，亦通，但王說長（此以工作表現言，不以能力言。）言國君對國事能廣集衆論（輿論），公正審察，民衆就不懷疑他偏私；賞工作勤勉的，罰偸懶的，民衆就不怠惰。

㊃「齊」：修身篇：「齊明而不竭。」注：「無偏無頗曰齊。」「兼聽齊明」，謂視聽不偏不頗。上文「纂論公察」，卽所以「兼聽齊明」。言因君視聽不偏不私，一本大公，天下就歸順他。

㊄「材技」、謂論材以技，久保謂治要作「拔材」。「官能」、謂任官以能。言然後明定各級官吏分職的尊卑，序次各種事業的輕重，有技能的就用，有才智的就官，一切措施莫不合乎治道的條理。案：上言國君如何處己，此言如何處事。

㊅公道通達而私門杜塞，公義昌明而私事息止。

㊆「說」、音悅。「佞說者」、巧言以媚人的小人。

㊇書夏書胤征篇。引此以明人君刑罰之正。「先時者」、謂不待命而私爲事者。「不逮時者」，謂不用命而怠事者。

㊈「固」、堅定不移。言人人嫻習他的事業，而不見異思遷。人間百事，應各有專責，如耳目口鼻各有專司不能互相借用一般。案：此以五官各有所能，以喻人皆各有所長，應依其所長，任之以職而不可亂。

㊉「不探」、王謂應依外傳作「不慢」。潘重規曰：說文：「探、遠取也。」此言：民有定業，故無旁騖之情也。案：上文「人習其事而固」，「不探」二字正與「固」字相應，且與荀子明分守職之義合，潘說長。言人有定業就不旁騖，位有定次就倫序不亂，兼聽齊明任何

事物就不留滯。「留」、稽遲，留滯。

㊁「正」、據世德堂本及增注本，改爲「止」。「止」、位也。言這樣，百官莫不先修身而後安其位，誠有能而後敢受職，百姓移風易俗，小人洗心革面，姦怪之徒，莫不轉變忠厚，這就是政治敎化的極致。

㊂「塊然」、無爲貌。「胑」、同「肢」。（王懋竑說）言天子不視聽而見聞，不思慮而知曉，不行動而成功，無爲獨坐，而天下從之如一體，如四肢之從心。這就叫做大人。「大形」、天下如一人，故謂之大形體，大人。

㊂詩大雅抑第九章。「基」、基趾。言有此恭人，而後德化才可大行。（本段言治道在隆禮尙賢，兼聽齊明。）

爲人主者，莫不欲彊而惡弱，欲安而惡危，欲榮而惡辱，是禹桀之所同也。要此三欲，辟此三惡，果何道而便？曰：在愼取相，道莫徑是矣。㊀故知而不仁，不可；仁而不知，不可；既知且仁，是人主之寶也，王霸之佐也。㊁不急得，不知；得而不用，不仁。無其人而幸有其功，愚莫大焉。㊂今人主有〔六〕大患：㊃使賢者爲之，則與不肖者規之；使知者慮之，則與愚者論之；使脩士行之，則與汙邪之人疑之，雖欲成功，得乎哉！㊄譬之，是猶立直木而恐其景之枉也，惑莫大焉！㊅語曰：好女之色，惡者之孽也；公正之士，衆人之痤也；〔循〕脩〔乎〕道之人，汙邪之賊也。㊆今使汙邪之人，論其怨賊，而求其無偏，得乎哉！㊇譬之，是猶立枉木而求其景之直也，亂莫大焉。㊈

㊀「要」、同「邀」，求也。「辟」、同「避」。「便」、宜也。答曰：在愼求國相，再沒有

比此道更捷便的了。

㈡三「知」字，皆讀「智」。「不可」、謂不可爲相。案：荀子以「仁智」爲人格之全，故其取人皆以此爲準。

㈢上就相言，此就君言。言有此人而不急於求得，是人君不智；求得而不能任用，是人君不仁。沒有賢相相助，而希望疆固安榮之功，愚昧莫比。

㈣「六」、俞以爲「大」字之訛。阮廷卓謂經濟類編一引，正作「大」，據改。

㈤「則」字皆猶「而」。言使賢者治國，不能專任，而與不肖之人規正他；使智者謀國，而與愚者批評他；使脩潔之士爲政，而與汙邪之人疑惑他。這樣，永遠不能成功。

㈥「景」同「影」。此以直木喻賢者、智者及脩士。此三者所爲、所慮、所行，必然合乎治道，乃與不肖者、愚者、汙邪者規之、論之、疑之，而恐其有所不當，此猶立直木，而恐其影之曲枉，是最糊塗的了。

㈦「循」爲「脩」訛，據俞據元刻校，改。「乎」爲衍文，據王據治要校，刪。「孽」、王曰：害也。「好」、美也。「惡」、醜也。「痤」、癰也，見玉篇。「痤」、徂禾切（ㄘㄨㄛˊ）。言美女之色，醜婦視之以爲禍害；公正之士，衆人（同列羣小）視之如患腫癰；脩道之人，汙邪者視之如盜賊。皆喻必欲去之而後快也。

㈧旣人情如此，叫汙邪之輩，批評他所怨恨的人，而求其公正，怎麼可能呢！

㈨「枉木」、喻汙邪之人。「景之直」、喻論之無偏。

故古之人爲之不然：其取人有道，其用人有法。取人之道，參之以禮；用人之法，禁之以等。㈠行義動靜，度之以禮；知慮取舍，稽之以成；日月積久，校之以功，㈡故卑不得以臨尊，輕不得以縣重，愚不得以謀知，是以萬舉而不過也。㊂故校之以禮，而觀其能安敬也；與之舉措遷移，而觀其能應變也；與之安燕，而觀其能無流慆也；接之以聲色、權利、忿怒、患險，而觀其能無離守也。㊃彼誠有之者，與誠無之者，若白黑然，可詘邪哉！㊄故伯樂不可欺以馬，而君子不可欺以人，此明王之道也。㊅

㈠「參」、驗也。「禁」、限也。「等」、序也，卽今世所謂資格。言取人之道，在驗之以禮法；用人之道，在限之以資格。案：王制篇云：「賢能不待次而舉」，是就特殊人才而言，此則就一般用人而言。

㈡「義」、通「儀」。「度」、揆也。「稽」、考也。「成」、如周禮大宰「官成」，謂成績。「校」、考校。言以禮法揆度他的容止動靜是否與之相合，以工作成果稽考他對事物之謀慮取捨是否恰當，經過相當長的一段時間，考察他的功績是否可取。

㈢這三句言用人之法，承上節「使賢者爲之，則與不肖者規之」等三大害而言。「臨」、監臨。「輕」、「重」，喻賤者、貴者。言位卑的不得上臨位尊的，分量輕的不得高懸於重的，愚昧的不得謀議明智的，所以萬舉而無失。

㈣「流慆」、盧謂元刻「慆」作「陷」，無「流」字。書湯誥：「無卽慆淫。」傳云：「慆、慢也。」「流慆」、謂放縱懈弛。「慆」、音叨（ㄊㄠ）。言以禮法考驗他，看看他的舉止是否安和敬愼；讓他處理變化非常的事物，看看他的智慮是否能（以類）應付變局；讓他過過安逸燕樂的日子，看看他的生活是否墮落腐化；讓他接觸聲色之娛，權利之勢，忿怒之事，危難之境，看看他能否不失其操守。

㈤眞有修養的和沒有修養的，如白黑之易辨，是寃枉不了的。「詘」同「屈」。

㈥「伯樂」、姓孫名陽，秦穆公臣，善相馬。「明王」、疑爲「明主」之訛。自「校之以禮」至此，言取人之道。

人主欲得善射——射遠中微者，縣貴爵重賞以招致之。內不可以阿子弟，外不可以隱遠人，能中是者取之；㈠是豈不必得之之道也哉！雖聖人不能易也。㈡欲得善馭——及速致遠者，一日而千里，縣貴爵重賞以招致之。內不可以阿子弟，外不可以隱遠人，能致是者取之；㈢是豈不必得之之道也哉！雖聖人不能易也。㈣欲治國馭民，調壹上下，將內以固城，外以拒難，治則制人，人不能制也；亂則危辱滅亡，可立而待也。㈤然而求卿相輔佐，則獨不若是其公也，案唯便嬖親比己者之用也，豈不過甚矣哉！㈥故有社稷者，莫不欲彊，俄則弱矣；莫不欲安，俄則危矣；莫不欲存，俄則亡矣。古有萬國，今有〔數〕十數焉，是無他故，莫不失之是也。㈦故明主有私人以金石珠玉，無私人以官職事業，是何也？曰：本不利於所私也。㈧彼不能而主使之，則是主闇也；臣不能而誣能，則是臣詐也。主闇於上，臣詐於下，滅亡無日，俱害之道也。㈨夫文王非無貴戚也，非無子弟也，非無便嬖也，倜然乃舉太公於州人而用之，豈私之也哉！⑩以爲親邪？則周姬姓也，而彼姜姓也；以爲故邪？則未嘗相識也；以爲好麗邪？則夫人行年七十有二，〔齫〕齳然而齒墮矣。⑪然而用之者，夫文王欲立貴道，欲白貴名，以惠天下，而不可以獨也。⑫非于是子莫足以舉之，故舉是子而用之。⑬於是乎貴道果立，貴名果〔明〕白，⑭兼制天下，立七十一國姬姓獨居五十三人。周之子孫，苟非狂惑者，莫不爲天下之顯諸侯，如是者能愛人也。故舉天下之大道，立天下之大功，然後隱其所憐所愛，其下猶足以爲天下之顯諸侯。㊂故曰：唯明主爲能愛其所愛，闇主則必危其所愛。此之謂也。

㈠「隱遠人」、隱蔽疏遠的人。「能中是者」、謂能射遠中微者。「中是」、合於這個標準。
㈡雖聖人也不能改變這個辨法。
㈢「速」字上，據王據世德堂本及治要校，補「及」字。「及速」與「致遠」對文。「善馭——及速致遠」與上「善射——射遠中微」對文。「及速致遠」、謂善駕的能追及行速的車，而又能致遠道。
㈣「能致是者」、謂能合於及速致遠之要求的。
㈤「調壹上下」、謂和一上下。言要想治理國家，管理人民，團結上下，而內以鞏固城防，外以抵拒寇難，國治就能制人，人不能制我；國亂則危辱滅亡，可立而待，國事是何等重要。
㈥「便」、讀爲「駢」。「便嬖」、近習嬖幸之人。「比」、讀爲「畀」。「親比」、親附阿比。言然而求卿相輔佐之人，卻不如求善射善馭者之公而無私，乃唯近習阿比者是用，豈非大錯特錯！
㈦「數十」、據王據富國篇校，乙爲「十數」。外傳作「今無數十」。言古有萬國，今只有十數國，推原其故，都是失之於用人不公。
㈧明主有以金石珠玉與其私愛之人，而不與以官職事業，因爲這樣對其所私之人也是不利的啊。
㈨「誣能」、自以爲能。「俱害」、謂君臣同受亡國之害。「俱害之道」，言這是君臣同歸於盡之道。

⑩「倜」、郝謂超然遠也。外傳四作「超」。「州人」、俞謂當從外傳四作「舟人」。太公身為漁夫而釣於渭濱，故言「舟人」。「舟」、「州」古通。言文王不是沒有貴戚、子弟、近習等親愛的人，乃不囿常格舉太公於漁夫而用之，豈是對他別有私意！

⑪「夫人」、此人；「夫」、讀「扶」。「行年」、歷年。「齫」、據郝據外傳四校，改為「齳」，語粉切，音惲（ㄩㄣ），無齒也。

⑫文王要建立可貴的治道，要顯揚尊貴的聲名，因以加惠天下，這不是獨自一人所能作到的。

⑬不是這個人就不能達到這個目的，所以選取了他，而重用之。

⑭「明」、據顧千里據外傳四及荀書校，改為「白」。

⑮「隱」、王先謙謂私也。「所憐」二字，于省吾謂為衍文，錢氏考異謂「諸本無所憐二字」。「所愛」、謂周之子孫。言文王建立治天下之大道，統一天下之大功之後，這才私其所愛之人，就是才能卑下的猶封為顯名天下的諸侯。（本段分三節，討論卿相輔佐之重要，與取之用之之道。）

牆之外，目不見也；里之前，耳不聞也；而人主之守司，遠者天下，近者境內，不可不略知也。㈠天下之變，境內之事，有弛易齵差者矣，而人主無由知之，則是拘脅蔽塞之端也。㈡耳目之明，如是其狹也；人主之守司，如是其廣也；其中不可以不知也，如是其危也。然則人主將何以知之？㈢曰：便嬖左右者，人主之所以窺遠收衆之門戶牖嚮也，不可不早具也。㈣故人主必將有便嬖左右足信者，然後可。其知惠足使規物，其端誠足使定物，然後可；夫是之謂國具。㈤人主不能不有遊觀安燕之時，則不得不有疾病物故之變焉。㈥如是，國者，事物之至也如泉原，一物不應，亂之端也。㈦故曰：人主不可以獨也。卿相輔佐，人主之基杖也，不可不早具也。㈧故人主必將有卿相輔佐足任者，然後可。其德音足以塡撫百姓，其知慮足以應待萬變，然後可；㈨夫是之謂國具。四鄰諸侯之相與，不可以不相接也，然而不必相親也，故人主必將有足使喻志決疑於遠方者，然後可。⑩其辯說足以解煩，其知慮足以決疑，其齊斷足以距難，不還秩，不反君，然而應薄扞患，足以持社稷，然後可，夫是之謂國具。⑪故人主無便嬖左右足信者，謂之闇；無卿相輔佐足任使者，謂之獨；所使於四鄰諸侯者非其人，謂之孤；孤獨而晻，謂之危。國雖若存，古之人曰亡矣⑫。詩曰：「濟濟多士，文王以寧。」此之謂也。⑬

㈠「里之前」、謂一里之外。「守司」、謂人主所守所司。言人主聞見，不及牆外里前，而所掌理至繁，遠而天下之事，近而國境以內之事，不可不有個大概的瞭解。

㈡「易」、慢易，輕忽。「弛易」、猶言懈怠。「齵」、音虞，齒不正也。「齵差」、謂參差不齊一。「差」、讀如「雌」（ㄘ）。「拘脅」、猶「脅持」。言天下的變化，國內的事物，難免不有懈怠不齊一的，若人主無從瞭解，便是爲姦臣所脅持蒙蔽的根源。

㈢「其中」、謂「廣」與「狹」之中也（王說）。言人主耳目之聞見是如此其狹，而人主所掌理又如此其廣，在如此情形下，而天下之變，國內之事，又不可不知；不知便有被脅持蒙蔽的危險。那麼，人主將以何術而知之呢？

㈣「便嬖」、見上。謂近習，不謂邪佞，諸子之書皆然（鍾說）。「收衆」、收集衆人情報。「嚮」與「向」同，說文：「向、北出牖也。」「具」、具備。答曰：人主的左右近習是他用以窺探遠方，收集衆情的門戶窗牖，不可不及早具備啊。

㈤「惠」通「慧」。「國具」、猶言「國器」。言左右近習，其智慧必須足以規畫事物，其端正誠愨必須足以安定衆情，然後才可勝任，這種人就叫做國器。

㈥「則」、猶「亦」。言人主不能沒有遊觀安燕之時，也不能沒有疾病物故之變。「物故」、謂死亡。

㈦「如是」、指人主不能治事之時。或曰：其下有缺文。國事紛繁，如源泉之不絕，一事處理不當，就是禍亂之端。

㈧「基杖」：「基」、似爲「几」之借字。禮曲禮：「謀於長者，必操几杖以從之。」疏云：「杖所以策身，几所以扶己。」「几」、是倚的意思。「杖」、是仗的意思。卿相輔佐爲人主之所倚仗，故此文取以爲喻。此言：所以說：人主是不可以一人治國的。卿相輔佐，好比人主之几杖，是不可不早日具備的。

㈨「德音」、即「德望」。「塡」即「鎭」字，元刻作「鎭」。「鎭撫」、謂鎭定安撫。言他的德望必須足以鎭撫百姓，他的智慮必須足以應付萬變，然後才可以勝任。

⑩和鄰國相處，不能不互相往來，然而不必都是友好之國，所以人主必須具有辯才足以表明意志，智慮足以決斷疑難於遠方的外交人才，然後才可以。

⑪「解煩」、解脫國家之所煩苦。「齊」、疾也，見非十二子篇楊注。「齊斷」、謂敏捷果斷。「距」、借爲「拒」。「拒難」、謂抵拒危難。「薄」、與「迫」通。「應薄」、謂應付偪迫。「扞患」、謂扞禦外患。「不還秩，不反君」、謂不待回國請命於君。「秩」者、職也。「還」、「反」同義。（鍾說）王謂「秩」爲「私」誤。「還」讀爲「營」。言不營私，不叛君。案王說和下文「然而」之語氣不合，不取。言這種外交人才，他的辯說足以解除國家煩苦，他的智慮足以決定疑難問題，他的敏捷果決足以抵拒國家危難，不用回國述

職，不用返國請示，（態度有似專擅），然而他之應付鄰國的偪迫，扞禦敵國的侵凌，在在足以維護國家的獨立與尊嚴。有這樣的人才才可以。這種人才叫做國器。

㉜「晻」、同「闇」。言人主孤獨而闇，國家就危險，雖若存在，古人說這已是亡了。

㉝詩大雅文王第三章。「濟濟」、衆多貌。言文王有衆多的賢士，國家得以安寧。（本段言人主須具備明慧端誠之近習以為耳目，仁智之卿相輔佐以為基杖，智辯果敢之士以使諸侯。）

材人：㊀愿慤拘錄，計數纖嗇，而無敢遺喪，是官人使吏之材也。㊁脩飭端正，尊法敬分，而無傾側之心，㊂守職〔循〕脩業，不敢損益，可傳世也，而不可使侵奪，是士大夫官師之材也。㊃知隆禮義之為尊君也，知好士之為美名也，知愛民之為安國也，知有常法之為一俗也，知尚賢使能之為長功也，知務本禁末之為多材也，知無與下爭小利之為便於事也，知明制度，權物稱用之為不泥也，是卿相輔佐之材也，未及君道也。㊄能論官此三材者而無失其次，是謂人主之道也。㊅若是則身佚而國治，功大而名美，上可以王，下可以霸，是人主之要守也。人主不能論此三材者，不知道此道，安値將卑埶出勞，併耳目之樂，而親自貫日而治詳，一〔內〕日而曲辨之，㊆慮與臣下爭小察而綦偏能，自古及今，未有如此而不亂者也。㊇是所謂視乎不可見，聽乎不可聞，為乎不可成，此之謂也。㊈

㊀「材人」、本段標題，論人主因材授職（任用人才）之道。

㊁「拘錄」、榮辱篇作「軥錄」，劉師培謂為「劬勞」之異文。「計數」、猶「計算」。「纖嗇」、猶「細吝」。「官人」、任一職之人。「使吏」供役使之吏。言謹愿誠慤，勤勞供

職，計算財利纖細不遺，而不敢有所浪費，這是官人使吏（中下級公務員）之材。

㊂「脩飭」、盧謂元刻作「脩飾」。「脩飭端正」，言其人品修養。「專法敬分」、尊尚禮法，敬守本分。此言其服務態度。「傾側」、猶言「傾邪」。「而無傾側之心」、言其存心正直。

㊃「循業」、據盧據元刻校改爲「脩業」。「官師」、機關首長。言對所守之職，所修之業，惟謹惟敬，不敢有所損益，可以永世相傳，而不可使其稍受侵奪，這是士大夫官長之材。

㊄「隆禮……尊君」：禮重尊尊，故隆禮就必尊君。「常法……一俗」：國有常法，則民知嚮方，故風俗齊一美善。「長功」、建立功業。「務本禁末」、重農桑，省工賈。「材」與「財」通。「多材」、謂增加生產。「便於事」、謂便於建立事功。「明制度，權物稱用」、謂明著法度，嚴格遵守；權制財物，使稱於用。「權物稱用」，見王霸篇，楊倞注。「稱」、尺證反。「泥」、拘泥。言瞭解：隆禮是爲了尊君；好士是爲了美名；愛民是爲了安國；國有常法是爲了齊一風俗；尙賢使能是爲了建立功業；重農桑，省商工是爲了增加生產；不和下民爭奪小利是爲了便於建立事功；明著制度，權制財物，使當於用，而不是拘泥不化。這是卿相輔佐之材，還談不到人君之道。

㊅「論官」、選擇任用。「三材」：官人使吏之材，士大夫官師之材及卿相輔佐之材。「三材」是分別人才的標準，也是「論德而定次，量能而授官」的細目。言選擇此三材者，授之以職，而不失其高下之位次，這才是人主之道。

㊆「道此道」上「道」字，動詞，由也，謂行此道也。「値」與「直」同。「出勞」、二字不詞，于省吾讀爲「屈勞」，謂竭其勞力。「併」與「屛」同，棄也。「貫日而治詳」二句見王霸篇。「一內」作「一日」，據改。「貫日」、累日。「曲辨」、周洽治理。言人主不能

選擇此三材，不能行此論官之道，乃但卑其勢位，竭其勞力，屏棄聲色之樂，而親自累日不休地去治事，又不厭其詳，一天要把所有的事情辦完。盧云：「不知道此」下三十二字，元刻無。

㈧「慮」、大凡。「綦」、極也。「偏能」、一偏之能，言其不識大體。言大凡和臣下爭小聰明，不識大體，極力表現一點偏才的，自古及今，未有如此而不亂其國的。

㈨這就是所謂視其所不可見的，聽其所不可聞的，作其所不可成的，這是最大的錯誤。（本段言材分三等，人主之道，在官此三材而不失其位。）

臣道篇第十三

本篇共八段：第一段論人臣等第，以其才德分爲態臣、篡臣、功臣、聖臣四等。人臣以「從道不從君」爲原則所以苟合取容的，謂之國賊；爭諫輔弼的，謂之國寶——這是爲國君說法。第二段以下爲人臣說法。君有聖、中、暴之分，事之之道亦因之而異：事聖君則順從爲志，事中君則剛直端慤爲心，事暴君則和而不流，以時啓沃而化易之。事君必以德，故以德覆君，謂之大忠；以德調君，謂之次忠；諫而怒之，謂之下忠；偷合苟容，謂之國賊。事君以利國利民爲本，倘君爲桀紂，民陷水火，權衡輕重，捽而去之，澤被生民，功參天地，固聖者之業。

人臣之論：㈠有態臣者，有篡臣者，有功臣者，有聖臣者。——內不足使一民，外不足使距難，㈡百姓不親，諸侯不信；然而巧敏佞說，善取寵乎上，是態臣者也。㈢上不忠乎君，下善取譽乎民，不卹公道通義，㈣朋黨比周，以環主圖私爲務，是篡臣者也。㈤內足使以一民，外足使以距難，民親之，士信之，上忠乎君，下愛百姓而不倦，是功臣者也。㈥上則能尊君，下則能愛民，政令教化，刑下如影，㈦應卒遇變，齊給如響，(八)推類接譽，以待無方，曲成制象，是聖臣者也。(九)故用聖臣者王，用功臣者彊，用篡臣者危，用態臣者亡。(一〇)態臣用則必死，篡臣用則必危，功臣用則必榮，聖臣用則必尊。故齊之蘇秦，(一一)楚之州侯，(一二)秦之張儀，(一三)可謂態臣者也。韓之張去疾，(一四)趙之奉陽，(一五)齊之孟嘗，(一六)可謂篡臣也。齊之管仲，晉之咎犯，(一七)楚之孫叔敖，(一八)可謂功臣矣。殷之伊尹，周之太公，可謂聖臣矣。——是人臣之論也，吉凶賢不肖之極也。必謹志之！而愼自爲擇取焉，足以稽矣。(一九)

(一) 「論」、爲「倫」之借字。「人臣之論」、謂人臣才德之等第。

(二) 對內不足以使他和齊百姓，對外不足以使他抵拒寇難。「距」同「拒」，見君道篇。

(三) 「巧敏」、言其才思。「佞說」，言其言語態度；「說」，音悅。這是以佞媚爲容態的人臣。

(四) 「卹」、通「恤」，顧也。「公道」、共同遵行的大道。「通義」、通常人所共守的義法（規範）。言上而不忠於君，下而巧於邀譽於民，作事不顧公道和正義。

(五) 「比周」、阿黨營私。論語：「君子周而不比。」「周」、密也。「比」、阿黨。「環」、王讀爲「營」，「營」、惑也。「營」、「環」古同聲通用，字亦作「還」，見君道篇王說。言與同類結合，日以營惑人主圖謀私人的利益爲急務，這是篡奪人君威權的人臣。

(六) 民衆親附，士類信賴，然後建立功業，故曰「功臣」。

(七) 「刑」、「刑於寡妻」之「刑」、法也。言上而隆禮尊君，下而勤政愛民，政令敎化爲民所法，如影隨形，沒有一點停滯。

(八) 「卒」、音「猝」。「應卒」、「遇變」，同意。「齊」、疾也。「給」、捷也，見論語皇疏。倉猝之變，人所遲疑難決，他隨機因應，捷疾如響之應聲。

(九)「推類」，卽「擧統類而應之」，「無法者以類擧」之義，謂推理也。「接譽」、亦「擧統類」之義。「譽」、讀「與」、「與」亦類也，見儒效篇王說。「接」、持也。故「接譽」猶言「持類」，與「推類」同意。「以待無方」、以待非常之事。「無方」、猶「無常」。「曲成制象」、委曲皆成制度法象（範例）。儒效篇云：「倚物怪變，所未嘗聞也，所未嘗見也，卒然起一方（無方），則擧統類（推類接譽）而應（以待）之，……則晻然若合符節，是大儒（聖臣）者也。」與此文正同。此言：明禮知類，善於推理，肆應非常之變，無不曲得其宜，而且足以垂爲制度法象的，這是聖臣。這幾句是「應卒遇變」進一步的說明。

(一〇)這四句就國家說，下四句就人君說。言態臣甚於簒臣者，因爲當時國君多用佞媚變詐之臣，欲深戒之，故極言之。

(一一)「蘇秦」、初相趙，後仕燕，終死於齊，故曰：「齊之蘇秦。」

(一二)「州侯」、楚襄王佞臣。戰國策：莊辛諫襄王曰：「君王左州侯，右夏侯，輦從鄢陵君……與之馳騁乎雲夢之中，不知穰侯方受命於秦王，塡黽塞之內，而投己乎黽塞之外。」

(一三)「儀」、或作「祿」。

(一四)「張去疾」、注云：蓋張良之祖。

(一五)「奉陽」、趙肅侯之弟奉陽君，爲趙相。戰國策：蘇秦說趙王曰：「奉陽君妬，大王不得任事，是以外賓客游說之士，無敢盡忠於前。」

(一六)「孟嘗」、名田文，相齊，號孟嘗君。後歸老於薛，湣王欲去之，乃往魏。魏昭王以爲相，西合於秦趙與燕共伐破齊。後齊襄王立，孟嘗中立無所屬，襄王畏之，與之連合。見史記。

(一七)「咎」、與「舅」、同，晉文公之舅狐偃。「犯」、是字。

(一八)「孫叔敖」、楚之賢相。見非相篇。

(一九)「極」、極則，標準之意。「志」、記也。「稽」、考也。言這是人臣之等類，也是賢不肖的準則，人君必謹記此四等人臣之分別，而愼自擇取，用人便有個稽考的標準了。

從命而利君謂之順，從命而不利君謂之諂；逆命而利君謂之忠，逆命而不利君謂之篡；不卹君之榮辱，不卹國之臧否，偷合苟容以持祿養交而已耳，謂之國賊。㊀君有過謀過事，將危國家隕社稷之懼也；㊁大臣父兄，有能進言於君，用則可，不用則去，謂之諫；㊂有能進言於君，用則可，不用則死，謂之爭；有能比知同力，率羣臣百吏而相與彊君撟君，君雖不安，不能不聽，㊃遂以解國之大患，除國之大害，成於尊君安國，謂之輔；㊄有能抗君之命，竊君之重，反君之事，以安國之危，除君之辱，功伐足以成國之大利，謂之拂。㊅故諫爭輔拂之人，社稷之臣也，國君之寶也，明君之所尊厚也，㊆而闇主惑君以爲己賊也。㊇故明君之所賞，闇君之所罰也；闇君之所賞，明君之所殺也。伊尹箕子可謂諫矣，㊈比干子胥可謂爭矣，㊉平原君之於趙可謂輔矣，(一一)信陵君之於魏可謂拂矣。(一二)傳曰：「從道不從君。」此之謂也。故正義之臣設，則朝廷不頗；(一三)諫爭輔拂之人信，則君過不遠；(一四)爪牙之士施，則仇讎不作；(一五)邊境之臣處，則彊垂不喪，(一六)故明主好同而闇主好獨，(一七)明主尚賢使能而饗其盛，闇主妬賢畏能而滅其功，(一八)罰其忠，賞其賊，夫是之謂至闇，桀紂所以滅也。

㊀「養交」、劉師培云：「即養客。荀子之時，爲臣者莫不養士，不獨四公子爲然也。」言不顧人君之榮辱，不顧國家之利害，偷合苟容只圖保持個人的祿位，廣交賓客而已。

㈡「過謀過事」、謂錯誤的計畫，錯誤的事物。「之懼」、猶是懼。

㈢「父兄」、同姓大夫。「不用則去」、曲禮：「爲人臣之禮，不顯諫；三諫而不聽，則逃之。」

㈣「比」、合也。「知」、讀爲「智」。「彊」、勉也，其丈反。「撟」與「矯」同，治要作「矯」。言有能結合衆智衆力，領導百官一同勉彊人君矯正他的錯誤，君雖心懷不快，而不能不聽。

㈤「成」、終也。言終於使人君尊榮國家安定。如平原君。

㈥「抗」，拒也。「伐」、戰功。「拂」、讀爲「弼」。「弼」、輔正弓弩之具。言有能抗拒人君之命令，竊取人君之重權，違反人君之行事，以救國家之危殆，免人君之恥辱，其功績足以成國家之大利，謂之拂。

㈦「明君」下，據王先謙據治要及臺州本校，補「之」字。「尊厚」，猶言「尊重」。

㈧「主惑」二字，盧以爲衍文。

㈨「伊尹」、諫太甲。「箕子」、諫紂。

⑩「比干」、紂叔父，諫紂不去者三日，紂怒曰：「吾聞聖人心有七竅。」遂殺之，剖視其心。「子胥」、卽伍員。父兄爲楚平王所殺，奔吳，說吳王闔閭伐楚，入郢，遂報父兄之仇。後爲太宰嚭所讒，夫差賜之劍，自殺。「爭」與上「諫爭」之「爭」字均同「諍」。

⑪「平原君」、趙武靈王子，惠文王弟，名勝。惠文王時，秦圍邯鄲急，用毛遂與楚定從約，又求救於魏信陵君，卻秦存趙。率羣臣彊君矯君事，未聞。

⑫「信陵君」，魏安釐王異母弟，名無忌。秦圍趙，平原君以夫人爲信陵君姊，乃求救於魏王及信陵君。魏王令晉鄙將十萬衆救趙，旣而畏秦強，使人止之。信陵君用侯嬴計奪晉鄙軍救

趙卻秦。秦伐魏，信陵君率五國兵歸救魏。大破秦兵，至函谷關。

⑬「設」、用也，見君道篇。「頗」、邪也。

⑭「信」、讀爲「伸」，謂得行其道。「遠」，大也。言正義之臣見用，朝廷就不會傾邪；諫諍輔拂之臣得伸其道，人君就不會有大錯。

⑮「爪牙之士」、謂勇力之臣。「施」、用也。「作」，起也，仇人不至爲害。

⑯「邊境之臣」、謂材堪守疆禦侮之臣。「處」、設置。「垂」、同「陲」。

⑰明君好接納忠言，昏君好自用其智。

⑱「饗」與「享」同。「盛」、成也。彊國篇：「大功已立，則君享其成。」言明君尚賢使能而坐享其成，昏君嫉賢畏能而掩沒其功。（本段分二節：第一節言人臣之等第，第二節言人臣事君以「從道不從君」爲原則。本段主旨在分析人臣之優劣，而勉人君之善擇。）

事聖君者，有聽從無諫爭；㊀事中君者，有諫爭無諂諛；㊁事暴君者，有補削無撟拂。㊂迫脅於亂時，窮居於暴國，而無所避之，則崇其美，揚其善，違其惡，隱其敗，言其所長，不稱其所短，㊃以爲成俗。㊄詩曰：「國有大命，不可以告人，妨其躬身。」此之謂也。㊅

㊀聖君無失，爲人臣的只有聽從，不須諫諍。

㊁中君有得有失（若齊桓公），諂諛則遂成闇君，所以有諫諍而無諂諛。

㊂「補削」、王引之曰：「謂彌縫其闕也。削者、縫也。」「撟拂」、謂違抗其意旨。「撟」、謂屈其性。「拂」、違也。言暴君多乖戾，只宜彌縫其闕失，不可違抗其意旨，以免殺身之禍。

㈣「違」、王讀爲「諱」。「諱」、避也。「惡」、惡行。「敗」、敗德。言生當亂時，身被脅迫，窮困於暴國，而無地可避，只好推崇其美，稱揚其善，避諱其惡行，隱藏其敗德，稱說其所長，不言其所短。

㈤「以爲成俗」：注：「言如此而不變，若舊俗然也。」案：「成俗」、猶言「成習」、「成規」。言以此爲處暴國之常規，庶可免於災禍。論語曰：「邦無道，危行言遜。」此正其義。

㈥逸詩。久保曰：宋本韓本「妨」、作「防」。言天降大命，將亡此國，以此告人，則罪將及其身，宜緘其口，以防身害也。

恭敬而遜，聽從而敏，不敢有以私決擇也，不敢有以私取與也，以順上爲志，是事聖君之義也。㈠忠信而不諛，諫爭而不諂，撟然剛折端志而無傾側之心，是案曰是，非案曰非，是事中君之義也。㈡調而不流，柔而不屈，寬容而不亂，曉然以至道而無不調和也，㈢而能化易，時關內之，是事暴君之義也。㈣若馭樸馬，若養赤子，若食餧人。㈤故因其懼也而改其過，因其憂也而辨其故，因其喜也而入其道，因其怒也而除其怨，㈥曲得所謂焉。㈦書曰：「從命而不拂，微諫而不倦，爲上則明，爲下則遜。」此之謂也。㈧

㈠「敏」、捷疾。「決擇」、決斷選擇。恭敬而謙遜，承命而速行，不敢更私自決擇，不敢更私自取與，但以服從君命爲心，這是事奉仁智之聖君之道。

㈡修身篇曰：「以不善先人者謂之諂，以不善和人者謂之諛。」故「諛」爲「忠信」之反，「

諂」爲諫諍之反。「撟」、彊貌，禮記曰：「和而不流，強哉撟。」「剛折」，注云：剛直面折。「端志」、不曲邪。言忠信而不諛，諫諍而不諂，態度堅強，論事剛直，意志端正，而無傾邪之心，是就說是，非就說非，毫不回避，這是事奉中智之君之道。「案」、猶「則」。

㈢「曉然」之「然」，俞謂衍文。言事暴君者，當以至道曉之也。案：俞說與上文「事暴君有補削無撟拂」之義不合，因爲「曉以至道」就是「撟拂」。且與下文「若馭樸馬」云云，徐徐誘導之義亦不符。所以「然」字非衍。「曉然以至道」，承上文「不流」、「不屈」、「不亂」而言。「無不調和」，承上文「調」、「柔」、「寬容」而言，言事暴君，雖調和而不至同流合汙（沒有節度），雖柔從而不至隨歪就斜，雖寬容而不至和他爲非作歹，明明白白地以至道自持，而和暴君又無不調和。此就事暴君之消極面說，下文就積極面說。

㈣「關內」、通言於上曰「關」，「內」與「納」同。言以善言關通於君之心中，即書說命「啓沃」之義。此言：而能變化其暴戾之性，時時以善言啓沃他。以下詳言其道。

㈤「樸馬」、沒有訓練的馬。「赤子」、嬰兒。「餧」、亦作「餒」。「餧人」、即「餓人」，久餓，多食則死。言事暴君，如同服馭未經調馴的馬，如同養育無知的嬰兒，又如同調養久餓的人，必須慢慢地來，不可操切。（稍稍地以善道誘導他，不可遽告以禮義之正。）

㈥恐懼則思德，就乘其恐懼之時，而改正其過失；憂慮是遷善之機，就乘其憂慮，而改變（「辨」、讀爲「變」）其故習；喜悅之時多所聽納，就乘其喜悅，而引導於正道；憤怒之時處罰易過，就乘其憤怒，而除其所怨惡。（其怨、似指忠臣所惡之奸邪。）

㈦「謂」、猶「爲」。「曲得所謂」，言所爲皆委曲達到目的。「所謂」，指「改其過」以下四事。

㈧所引盧謂逸書。言事明君從命而不拂逆，事闇君微言幾諫而不倦怠，爲人上則明通，爲人下則遜順。（以上兩節，舊爲兩段，合併爲一段，言君有三等，事之之道各有不同。前一段爲人君說法，此以下爲人臣說法。）

事人而不順者，不疾者也；㈠疾而不順者，不敬者也；敬而不順者，不忠者也；忠而不順者，無功者也；有功而不順者，無德者也。㈡故無德之爲道也，傷疾、墮功、滅苦，故君子不爲也。㈢

㈠「不順」、不能順人君之志，而使他滿意。「不疾」、怠慢，不努力。言事君而不爲人君所滿意者，蓋由於不努力於工作。

㈡努力矣而不爲所滿意者，蓋由於禮之不敬；敬矣而不爲所滿意者，蓋由於心之不忠；忠矣而不爲所滿意者，蓋由於沒有功績表現；有功績而不爲所滿意者，蓋由於行之無德。

㈢「苦」、王謂「善」字之誤。「疾」與「功」已見上文。「善」、卽上文之「忠」「敬」。「傷疾」、「墮功」、「滅善」三辭，皆承上文說的。言無德的害處可就大了，它傷害了你的努力，墮毀了你的功績，沒滅了你的善行，所以君子不爲。

有大忠者，有次忠者，有下忠者，有國賊者：以德〔復〕覆君而化之，大忠也；㈠以德調君而〔補〕輔之，次忠也；㈡以是諫非而怒之，下忠也；㈢不卹君之榮辱，不卹國之臧否，偷合苟容以〔之〕持祿養交而已耳，國賊也。㈣若周公之於成王也㈤，可謂大忠矣；若管仲之於桓公，可謂次忠矣；若子胥之於夫差，可謂下忠矣；若曹觸龍之於紂者，可謂國賊矣。㈥

㈠「復」、據俞據外傳校，改為「覆」。二字本通。「覆」、即中庸「無不覆幬」之「覆」。言以德覆被其君，使自化於善的，是人臣之大忠者。

㈡「補」、據郝據外傳校，改為「輔」。言以德調伏君心，而輔助以成事功的是次忠。

㈢君有過失，以正道諫諍，而觸犯其怒，使有害賢之名的是下忠。

㈣「之」字、據久保據治要校，刪。上文有複句，亦無「之」字。

㈤「也」：以下三句句式例之，此「也」字疑衍，外傳四無。

㈥「曹觸龍」、紂臣，說苑謂桀臣，誤。（本段論「忠」之等次而以德為準，蓋承上事君以德之義而來。）

仁者必敬人。㈠凡人非賢，則案不肖也。人賢而不敬，則是禽獸也；㈡人不肖而不敬，則是狎虎也。㈢禽獸則亂，狎虎則危，災及其身矣。詩曰：「不敢暴虎，不敢馮河。人知其一，莫知其它。戰戰兢兢——如臨深淵，如履薄冰。」此之謂也。㈣故仁者必敬人。敬人有道，賢者則貴而敬之，不肖者則畏而敬之；賢者則親而敬之，不肖者則疏而敬之。其敬一也，其情二也。㈤若夫忠信端愨，而不害傷，則無接而不然，是仁人之質也。㈥忠信以為質，端愨以為統，禮義以為文，倫類以為理，㈦喘而言，臑而動，而一可以為法則。㈧詩曰：「不僭不賊，鮮不為則。」此之謂也。㈨

㈠鍾曰：孟子曰：「仁者愛人，有禮者敬人。」此云：「仁者必敬人。」蓋「仁」、「禮」一也。分而言之，則曰仁曰禮，合而言之，則一仁而已矣。

㈡「案」、語詞。大凡人不是賢者，便是不肖。賢人而不敬之以禮，就是禽獸。禽獸無知，不知敬賢。

㊂「狎」、輕侮。人不肖而不敬之以禮，就如同輕侮老虎，必被傷害。

㊃詩小雅小旻之第六章。「暴虎」、徒手搏虎。「馮河」、無舟渡河。「馮」、通「淜」。「戰戰」、恐懼。「兢兢」、戒愼。「如臨深淵」、怕墜溺。「如履薄冰」、恐陷沒。言人皆知暴虎馮河，立至於害，而不知小人爲害，更甚於此。

㊄「貴」、尊重，敬愛。敬人之道不同，賢者就尊而敬之，不肖者就畏而敬之；賢者就敬而親近之，不肖者就敬而疏遠之，表現於外的恭敬是一樣，而內在的心情卻不同。

㊅「質」、體也。雖恭敬之情不同，至於忠信端慤，而無傷害之心，則凡與其交接者，莫不皆然，這是仁人的本質。

㊆「統」、綱紀。「文」、文飾。「倫類」、禮義之統類。「理」、推理。言仁者接物以忠信爲質，處己以端慤爲本，以禮義修治其言行，以禮義之統類爲根據，而推知萬物之理。

㊇「臑」，與勸學篇「蝡」同，微動。「喘」、微言。言仁者一動一言，無不合禮，而皆足以爲人法則。

㊈詩大雅抑第八章。「僭」、差也。「賊」、害也。「則」、法也。言言行無僭差之失，賊害之意，就少有不足爲人模範的。

恭敬、禮也；調和、樂也；謹愼、利也；鬬怒、害也。㊀故君子安禮樂利，謹愼而無鬬怒，是以百舉而不過也。——小人反是。㊁

㊀「調和」、不爭競。言恭敬是禮的本質，調和是樂的效用，謹愼就利於行，鬬怒就害於身。

㊁「樂利」、王以爲「樂樂」之誤，鍾以爲「樂和」之誤，皆通。增注本標點作：「安禮樂，利謹愼，而無鬬怒。」不改字而義愜適，可從。言君子治身安於禮樂，言行利於謹愼，而無

鬬怒之情，所以舉措永無過失，而小人與此相反。（以上兩段泛論仁人君子持身接物之道，不獨指事君而言。）

通忠之順，㊀權險之平，㊁禍亂之從聲，㊂三者非明主莫之能知也。㊃爭然後善，戾然後功，生死無私，致忠而公，夫是之謂通忠之順，信陵君似之矣。㊄奪然後義，殺然後仁，上下易位然後貞，㊅功參天地，澤被生民，夫是之謂權險之平，湯武是也。過而通情，㊆和而無經，㊇不卹是非，不論曲直，偷合苟容，迷亂狂生，㊈夫是之謂禍亂之從聲，飛廉惡來是也。傳曰：「斬而齊，枉而順，不同而一。」㊉詩曰：「受小球大球，爲下國綴旒。」此之謂也。㊁

㊀ 人臣「從道不從君」，君有過事，不能不諫諍；君有亂命，不能不違戾；違戾、諫諍似乎逆，其實正是順，正是忠。「通」、通達，瞭解。「通忠之順」、謂瞭解忠順之道。

㊁ 「險」、謂殺其君，奪其位（革命）。殺君奪位，其行似險，其實正是平。「平」、謂合乎仁義。「權」、權衡。「權險之平」、謂評量險平之道。

㊂ 「從聲」、隨聲附和，逢迎君志之意。言君有所言，人臣隨聲逢迎，國家之禍亂將因之而生。

㊃ 以上這三種道理，非明智之人主不能知。

㊄ 諫諍君，然後能善；違戾君，然後立功；出身死戰，不爲私事，而歸於至忠至公。這樣就是所謂「通忠之順」。信陵君諫魏王，請救趙，不從，遂矯君命破秦，而魏國以安，故似之。「致」，至也。

㈥「奪」者、不義之名；「殺」者，不仁之稱；上下易位，則非「貞」。而湯武惡桀紂之亂天下而奪其位，是義；不忍蒼生之塗炭而殺之，是仁；雖上下（君臣）易位，而使賢愚當分，歸於正道，是貞。「貞」、正也。

㈦「通情」：于省吾謂錢氏考異云：「通情，諸本作『同情』。」言君既有過，而猶與之同情。

㈧「經」、常也。但和順上意，而無常守（沒有原則）。

㈨「狂生」、謂有所蒙蔽，見君道篇劉師培說。言迷亂蒙蔽其君，如飛廉惡來之於桀紂。

(一〇)引文解詳榮辱篇末。在這裏，大意是：忠臣事君，雖順逆不同，然其歸則一本於忠愛國家。

(一一)詩商頌長發第四章。「球」、美玉。「小球」、謂圭，長一尺二寸。「大球」、謂珽，長三尺。「下國」、諸侯。「綴」、猶結也。「旒」、旌旗之下垂者。言湯既爲天所命，受圭珽，以與諸侯會同，結定其心，如旌旗之旒之綴著一般。引此以明湯武取天下，權險之平，爲救下國者也。（本段言忠臣事君，通權達變，雖順逆異途，而公忠體國之義則同。又民主時代，君臣關係雖不復存在，然尊卑上下之分，卻不能廢，而尊卑上下相處之道也不能不研究，故本篇仍有其參考價值。）

致士篇第十四

「致士」論招致賢士之道。

衡聽、顯幽、重明、退姦、進良之術：㊀朋黨比周之譽，君子不聽；殘賊加累之譖，君子不用；㊁隱忌雍蔽之人，君子不近；㊂貨財禽犢之請，君子不許。㊃凡流言、流說、流事、流謀、流譽、流愬，不官而衡至者，君子慎之，㊄聞聽而明譽之，㊅定其當而當，然後士其刑賞而還與之；㊆如是則姦言、姦說、姦事、姦謀、姦譽、姦愬，莫之試也；忠言、忠說、忠事、忠謀、忠譽、忠愬，莫不明通，方起以尚盡矣。㊇夫是之謂衡聽、顯幽、重明、退姦、進良之術。㊈

㊀「衡聽」、謂不偏聽。「衡」、平也。「顯幽」、謂顯揚幽隱之人。「重明」、謂尊重明德之人。「重」、直用反。

㊁「殘賊」、謂賊害人。「加累」、謂陷害人。「譖」、加誣。言朋黨阿私之稱譽，君子不聽從；殘害誣陷之譖愬，君子不採用。

㊂「隱忌」、王謂卽「意忌」、謂妬賢。「雍」、通「壅」、塞也。「雍蔽」、亦作「擁蔽」。

言妬賢壅蔽之人，君子不接近。

㊃行賄賂之請求，君子不允許。

㊄「流」、沒有根源。「愬」、譖。「不官」、謂無主首。「衡」、讀爲「橫」。「橫至」、橫逆而至。言無根之言，……無根之譖愬，沒有主名，沒有道理，而到來的，君子謹愼處理。

㊅「譽」、久保愛疑當作「詧」、「詧」、古「察」字。言君子聞流言、流愬、則明察之，不遽相信。

㊆「而當」之「而」、劉師培以爲「不」字之訛。「士」、注云：「士」當爲「事」，行也。言定其言說之當與不當，然後用其刑賞，而予以應得之獎懲。

㊇注：「明通」、明白通達其意。「方起」、並起。案：「尙」、同「上」，進也。「盡」竭也。言忠言、忠說，……莫不明白通達地一齊盡獻於君上。

㊈王先謙曰：此言用人之術。

川淵深而魚鼈歸之，山林茂而禽獸歸之，刑政平而百姓歸之，禮義備而君子歸之。故禮及身而行脩，義及國而政明，能以禮挾而貴名白，天下願，令行禁止，王者之事畢矣。㊀詩曰：「惠此中國，以綏四方。」此之謂也。㊁川淵者，魚龍之居也，山林者、鳥獸之居也，國家者、士民之居也。川淵枯、則魚龍去之，㊂山林險，則鳥獸去之，㊃國家失政、則士民去之。無土則人不安居，無人則土不守，無道法則人不至，無君子則道不舉。㊄故土之與人也，道之與法也者，國家之本作也。㊅君子也者，道法之摠要也，㊆不可少頃曠也。得之則治，失之則亂；得之則安，失之則危；得之則存，失之則亡㈧，故有良法而亂者有之矣，有君子而亂者，自古及今，未嘗聞也，傳曰：「治生乎君子，亂生於小人。」此之謂也。

㈠「挾」、讀爲「浹」，浹洽，周洽之意。「禮」下、顧千里以爲脫「義」字。言能以禮義治國、教化周洽，則尊貴之名顯揚天下，人人願爲其民，令無不行，禁無不止，王者治國事盡於此矣。

㈡詩大雅民勞第一章。「惠」、愛。「中國」、京師。「綏」、安。「四方」、諸夏。言惠愛京師之人，以安四方之國。引此詩以明自近及遠之義。

㈢「枯」：周禮天官鄭注：「重枯不稅。」疏云：「山澤無水曰枯。」

㈣「險」、郝謂當作「儉」、二字古通。「儉」、如山之童，木之濯濯。

㈤「道」、謂禮義。「法」、謂法度。言無土地則人民不能生活安居，無人民則土地不能保守，無禮法則社會混亂，人皆不至，無君子則禮法不能自行。禮曰：「其人存，其政舉。」

㈥「作」，始也。「始」、亦「本」也。（王說）。「本作」、本始，根本之意。言土地、人民，道和法是國家的根本。

㈦「摠要」：王曰：「總」、亦要也。「總要」與「本作」對文。

㈧「之」皆指君子。（本節言國家待道法而治，道法待君子而舉，君子待人君隆禮義而後歸之。）

得衆動天。㈠美意延年。㈡誠信如神，㈢夸誕逐魂。㈣

㈠得到民衆的愛戴，就可感動上天。「天視自我民視，天聽自我民聽。」

㈡「美意」、謂心義美樂。心無憂患，則益壽延年。

㊂誠信則智明如神，人不能欺。

㊃「魂」、心神。「逐魂」，逐物意移，心動神疲（郝說）。言夸奢誕妄，則逐物心勞。（郝云：四句一韻，文如箴銘，而與上下頗不相蒙，疑或他篇之誤脫。）

人主之害，不在乎不言用賢，而在乎不誠必用賢。㊀夫言用賢者，口也；卻賢者，行也，㊁口行相反，而欲賢者之至，不肖者之退也，不亦難乎！夫耀蟬者，務在明其火，振其樹而已；㊂火不明，雖振其樹，無益也。今人主有能明其德者，㊃則天下歸之，若蟬之歸明火也。

㊀據王校「誠」上補「不」字。「不誠必用賢」，言用賢之不誠不必。

㊁無善行則賢者不至。

㊂「耀」、俗「燿」字，照也。「振」，搖也。蟬見火卽投，故照蟬的，要在明火搖樹。

㊃今本「德」下奪「者」字，據劉師培據中論校補。（本節言人主明德則賢士歸之，與第二節禮義備而君子歸之之義相應。自此以下頗似雜錄，而與題旨無關。）

臨事接民，而以義變應，寬裕而多容，恭敬以先之，政之始也。㊀然後中和察斷以輔之，政之隆也。㊁然後進退誅賞之，政之終也。故一年與之始，三年與之終。㊂用其終爲始，則政令不行，而上下怨疾，亂所以自作也。㊃書曰：「義刑義殺，勿庸以卽，女惟曰：未有順事。」言先教也。㊄

㊀「變應」卽「應變」之倒文。「先之」、進之。所謂「道之以德，齊之以禮。」言國君治理政事，接遇人民，而能以義應付變局，態度寬厚而能容衆，又廣施教化，以恭敬之禮進勉人

民，這是爲政之始。

㈡「政之隆」，王以爲卽「政之中」。言然後以中正和平之觀察判斷去輔導他，這是爲政之中。

㈢然後就其成就，而行進退誅賞，這是爲政之終。一年與人民共始而敎之，三年與人民共終而政成。

㈣如以終爲始——先誅賞而後敎化——則政令行不通，而上下怨恨，禍亂因而興起。

㈤注：書康誥。言雖義刑義殺，亦勿用卽行之，當先敎後刑也。雖先後不失，尙謙曰：「我未有順事，故使民犯法。」躬自厚，而薄責於人也。案：今書康誥與所引大有差異，宥坐篇亦引此文，注亦與此不同。（本段言爲政之序：先之以敎化，從之以輔導，終之以賞罰。亦康誥「明德愼刑」之義也。）

程者、物之準也，禮者、節之準也；㈠程以立數，禮以定倫；㈡德以敘位，能以授官。㈢凡節奏欲陵，而生民欲寬；㈣節奏陵而文，生民寬而安；㈤上文下安，功名之極也，不可以加矣。㈥

㈠「程」、度量之總名。「節」、法度，見禮記樂記注。言程是定物之數量的標準，禮是定國家之法度的標準。性惡篇：「禮義生而制法度。」

㈡注：言有程則可立一尺一丈一升一斗之數，有禮則可以定君臣父子之倫

㈢注：度其德以敘上下之位，考其能以授所任之官。若夔典樂，伯夷典禮。

㈣注：「節奏」、謂禮節奏。案：富國篇注云：「禮義節奏、謂行禮義之節文。」「陵」、謂嚴密（王說）。「生民」謂以德敎養生民（注）。「寬」、寬容，言人君自守禮之節文，要

謹嚴而不弛慢，對待人民要寬容而不迫切。

㈤「而」、猶「則」。言人君守禮之節文嚴謹則有文飾（文、有隆重意），對人民寬容則安居樂業。

㈥在上有文飾，在下能安定，就是功名的極點，不可以再加了。（本節言人君爲政，守禮要嚴，臨民要寬。）

君者、國之隆也㈠，父者、家之隆也。隆一而治，二而亂。㈡自古及今，未有二隆爭重，㈢而能長久者。

㈠「隆」、猶尊。君是國之至尊，父是家之至尊。

㈡二「則」字，亦猶「而」。言一尊則治，二尊則亂。

㈢「重」讀去聲。「爭重」，猶爭尊。（此卽荀子尊君義。）

師術有四——而博習不與焉：㈠尊嚴而憚，可以爲師；㈡耆艾而信，可以爲師；㈢誦說而不陵不犯，可以爲師；㈣知微而論，可以爲師：㈤故師術有四——而博習不與焉。水深而回，樹落則糞本，弟子通利則思師。㈥詩曰：「無言不讎，無德不報。」此之謂也。㈦

㈠「術」、「法」。「博習」，猶「博學」。「與」音豫。言有四德，可以爲人師，而博學不在其中。

㈡「憚」、敬。與下文「信」對文。持身尊崇嚴肅而又敬憚，可以爲人師。禮記：「師嚴然後道尊。」

㊂ 五十曰「艾」，六十曰「耆」，禮記曲禮疏：「髮蒼白色如艾也。」耆艾高年而又信實，可以為人師。

㊃ 注：「誦」、謂誦經。「說」謂解說。謂守其誦說，不自陵突觸犯。言行其所學。案：「誦說」，謂其所學。「陵」猶「犯」，「不陵不犯」，指對其所學言。此言：言行不違其所學，可以為人師。

㊄ 「知微」、知精微之理。「論」與「倫」通（郝說）。「倫」、類也。「知微而倫」猶不苟篇「明通而類」。言能知精微之理而通統類，可以為人師。

㊅ 「回」、流旋。「而」猶「則」。與下「則」字互文。「糞」、肥。「本」、根。言水深而湍急則多旋流，樹葉落則肥其根，弟子通達順利則思念師恩。上二句比喻第三句。

㊆ 詩大雅抑第六章。此言為善，則物報之也（注）。（此節論師道。）

賞不欲僭，刑不欲濫。賞僭則利及小人，刑濫則害及君子。若不幸而過，寧僭勿濫。與其害善，不若利淫。㊀

㊀ 盧曰：此數語全本左傳（案：見襄廿六年左傳）。荀子固傳左氏者之始祖也。

議兵篇第十五

荀子論兵，要在以政爲本。治國以禮，齊民以德，是謂王者之政。有王者之政，而後有王者之兵；王者之兵，天下莫敵。這是儒家的傳統思想。

全篇分七段：首段藉臨武君之辯難，申論用兵之要術。言「用兵攻戰之本，在乎壹民。」故兵之強弱，不在乎將而在於君。君禮義以修政，教化以齊民，則民親附而效命，其兵謂王者之兵。王者之兵「人莫敢試」。戰國諸侯之兵，「招近（延）募選，隆埶詐，尚功利」，是謂盜兵；盜兵勝負無常，代存代亡。五霸之兵，雖和齊，然不以仁義修政，兵無本統；無本統者，可霸而不可王。末復論將道與兵制，則連帶而及，不是重點所在。次段答陳囂問，三段答李斯問，申論兵以仁義爲本之由，而斥秦不行仁政，兵無本統。四段五段言甲兵、險固、刑令之不足恃，慶賞、埶詐、刑罰之不足盡人之力。六段七段言兼併必以德，而後不爲人所奪。這是「兵以仁義爲本」一義之所衍。（禮以仁義爲內涵，兩者名異而實同，故篇中參互言之。）

臨武君與孫卿子議兵於趙孝成王前，㊀王曰：請問兵要？㊁

臨武君對曰：上得天時，下得地利，觀敵之變動，後之發，先之至，此用兵之要術也。㊂

孫卿子曰：不然！臣所聞古之道，凡用兵攻戰之本，在乎壹民。㊃弓矢不調，則羿不能以中微；六馬不和，則造父不能以致遠；士民不親附，則湯武不能以必勝也。㊄故善附民者，是乃善用兵者也。故兵要在乎〔善〕附民而已。㊅

臨武君曰：不然。兵之所貴者埶利也，所行者變詐也。㊆善用兵者，感忽悠闇，莫知其所從出。㊇孫吳用之無敵於天下，豈必待附民哉！㊈

孫卿子曰：不然。臣之所道，仁者之兵，王者之志也。君之所貴，權謀埶利也；所行，攻奪變詐也；諸侯之事也。㊉仁人之兵，不可詐也；彼可詐者，怠慢者也，路亶者也，君臣上下之間，〔滑〕渙然有離德者也。⑪故以桀詐桀，猶巧拙有幸焉。以桀詐堯，譬之：若以卵投石，以指撓沸；若赴水火，入焉焦沒耳。⑫故仁人上下，⑬百將一心，三軍同力；臣之於君也，下之於上也，若子之事父，弟之事兄，若手臂之扞頭目而覆胸腹也，詐而襲之，與先驚而後擊之，一也。⑭且仁人之用十里之國，則將有百里之聽；⑮用百里之國，則將有千里之聽；用千里之國，則將有四海之聽，必將聰明警戒和傳而一。⑯故仁人之兵，聚則成卒，散則成列，⑰延則若莫邪之長刃，嬰之者斷；兌則若莫邪之利鋒，當之者潰，⑱圜居而方止，則若盤石然，觸之者角摧，⑲案角鹿埵隴種東籠而退耳。⑳且夫暴國之君，將誰與至哉？彼其所與至者，必其民也，㉑而其民之親我歡若父母，其好我芬若椒蘭，㉒彼反顧其上，則若灼黥，若讎仇；人之情，雖桀跖，豈又肯爲其所惡，賊其所好者哉！㉓是猶使人之子孫自賊其父母也，彼必將來告之，夫又何可詐也！㉔故仁人用國日明，㉕諸侯先順者安，後順者危，慮敵之者削，反之者亡。㉖詩曰：「武王載發，有虔秉鉞；如火烈烈，則莫我敢遏。」㉗此之謂也。

㈠「臨武君」，姓名不詳，注據戰國策謂爲楚將。「趙孝成王」、晉大夫趙夙之後，簡子十世孫，名丹，在位二十一年。（西曆紀元前二六五年——二四四年）「孫卿子」、卽荀子，「孫」、「荀」同音，語遂移易。在趙議兵事，疑在自齊（或楚）至秦歸趙之時。

㈡「兵要」、謂用兵的要術。

㈢「天時」、謂用兵必以吉日，如順太歲，反孤虛之類。（史記龜策書：「日辰不全，故有孤虛。」天干爲「日」，地支爲「辰」。六甲孤虛法：甲子旬中無戌亥，戌亥卽爲「孤」，辰巳卽爲「虛」。甲戌旬中無申酉，申酉爲「孤」，寅卯爲「虛」。乃至午未、子丑、辰巳、戌亥、寅卯、申酉、子丑、午未遞爲「孤」「虛」。）「地利」、若右背山陵，前左水澤之類。言臨武君道：上得天時，下得地利，觀察敵人的動靜，後發而先至。這是用兵的要道。

㈣「壹民」、齊一（團結）民衆。言用兵攻伐之本，在乎團結人民。

㈤「親附」，親愛接近。言士民若不與親近，雖湯武也不能必勝。

㈥「善附民而已」之「善」字，元刻、治要及外傳皆無，據刪。言善附民的才是善用兵的。所以用兵的要道，在乎附民。案：孟子曰：「天時不如地利，地利不如人和。」「附民」，親愛人民。親民而後民壹，此卽孟子所謂「人和」。

㈦「埶利」，乘勢爭利。「變詐」，謂奇計。言用兵所貴在乘勢爭利，所行在機變詭詐。

㈧「感忽」：「感」、古作「咸」、與「奄」聲近。「感忽」、卽「奄忽」：新序雜事引作「

奄忽」可證。「奄忽」、謂其速。「悠闇」：「悠」、遠也。「悠闇」、遠而闇，看不清楚，意爲神秘。言善用兵的，行軍迅速神秘，使人不知從何處而來。

(九)「孫」、謂吳王闔閭將孫武。「吳」、謂魏武侯將吳起。

(十)我所說的是仁者之用兵，是王者所存之志意。你所貴的是權謀勢利，所行的是攻奪變詐，是當今諸侯所行之事。

(十一)「路亶」：「路」、「露」、「潞」並通用，猶「羸憊」也。「亶」、「𤺺」、「癉」並通用，猶「勞病」也。「羸憊」與「勞病」義近。言仁者之兵不可詐欺，可詐欺的是紀律廢弛之兵，士卒羸憊之兵，以及君臣上下之間離心離德之兵。「滑」、據王引之據新序校，改爲「渙」。「渙」、離散貌。

(十二)「以指撓沸」、劉師培云：新序外傳均作「以脂澆沸」。「巧拙」二字，久保謂治要無。案：桀，代表暴君。堯，代表聖王。言以暴君之兵詐暴君之兵，還有巧拙僥倖的可能。以暴君之兵詐聖王之兵，就如同以卵投石，以指攪沸，又如同投身水火之中，入則必然燒死淹死。「入焉」之「焉」字，王謂猶「則」。

(十三)「仁人上下」，梁啓雄謂應作「仁人在上。」案：富國篇云：「仁人在上，百姓貴之如帝，愛之如父母。」義同此文，可爲梁說之證。

(十四)「先驚」、謂鳴鼓而攻之，使其有所準備。言如手臂保護頭目，掩覆胸腹一般地迅速勇決，詐而襲之和先驚擾而後擊之，同樣不能取勝。

(十五)「聽」，爲作耳目。下同。言仁人治十里之小國，因德化及於遠人，則百里之外的人，將爲充作耳目探聽消息。

(十六)「傳」，王謂「摶」字之誤。「摶」、卽「專一」之「專」。說見儒效篇。「而一」、如一也。「和搏而一」，言人無二心。此言：仁人若治千里之大國，則四海之人，皆將爲作耳目，必然聰明警戒，和專如一人。

⑰ 仁人之兵，訓練有素，聚集則自成卒伍，散開則自成行列。言其動必有備，永不怠慢。

⑱ 「延」、長也。「嬰」，今「攖」字，近也，觸也。「兌」、讀爲「銳」。「莫邪」、劍名。言列陣橫布而長，就像莫邪之長刃，以之迎敵，接觸者斷折；列陣縱深而銳，就像莫邪之利鋒，以之衝敵，當之者潰散。

⑲ 「圜居而方止」兩句，外傳作「圜居則若丘山之不可移也，方居則若盤石之不可拔也，觸之者摧角折節而退耳。」此文「方止」、卽彼文「方居」。言士卒紮營不動的時候，營壘不論是圓是方，就如同盤（大也）石一般之不可動搖，侵犯它的就要摧敗。「圜」、同「圓」。「角摧」、猶崩頹。

⑳ 「角」字，劉謂衍文。「鹿埵」（音朶）、「隴種」、「東籠」，郝云皆摧敗披靡之貌。日知錄云：「舊唐書竇軌傳：『我隴種車騎，未足給公。』北史李穆傳：『籠東軍士，汝曹主何在？』蓋「周隋時人，尙有此語。」

㉑ 彼暴國之君，向外侵略，統領着什麼人來呢？統領的一定是他的人民啊。

㉒ 他的人民親愛我如對父母之歡樂一般，喜歡我如同椒蘭之芬芳一般。

㉓ 「豈又」、王制篇及新序均作「豈有」。「有」、「又」通用。回顧他的君上，如畏灼黥，如對仇讎。就人情說，雖桀跖之殘暴，豈有爲其所憎惡的人，而去賊害他所喜歡的人呢！

㉔ 彼將先期來告，怎可得而詐襲？

㉕ 「明」、明察。兪訓爲盛，非。此承結仁者不可詐之義，故句首冠以「故」字。

㉖ 諸侯先順服的國安，後順服的國危，謀慮爲敵的地削，不服從的國亡。

(二七)詩商頌長發第六章。「武王」、湯也。「發」、讀爲「旆」。毛詩作「旆」。「虔」、敬也。「遏」、止也。「烈烈」、火之猛烈。言商湯建旆興師，本由仁義，雖用武持鉞，而猶以敬爲先。故勢如烈火，沒有敢遏止他的。（這一段論用兵之道，在國君之善於附民）

孝成王、臨武君曰：善！請問王者之兵，設何道何行而可？(一)

孫卿子曰：凡在大王，將率末事也。(二)臣請遂道王者諸侯彊弱存亡之效，安危之埶：(三)君賢者其國治，君不能者其國亂；隆禮貴義者其國治，簡禮賤義者其國亂；治者彊，亂者弱，是彊弱之本也。(四)上足卬則下可用也，上不卬則下不可用也；(五)下可用則強，下不可用則弱，是強弱之常也。(六)隆禮效功，上也；重祿貴節，次也；上功賤節，下也，是強弱之凡也。(七)好士者強，不好士者弱；(八)愛民者強，不愛民者弱；政令信者強，政令不信者弱；(九)民齊者強，民不齊者弱；(一〇)賞重者強，賞輕者弱；(一一)刑威者強，刑侮者弱；(一二)械用兵革攻完便利者強，械用兵革窳楛不便利者弱。(一三)重用兵者強，輕用兵者弱；(一四)權出一者強，權出二者弱，是強弱之常也。(一五)

齊人隆技擊，(一六)其技也，得一首者，則賜贖錙金，無本賞矣。(一七)是事小敵毳，則偷可用也，事大敵堅，則渙然離耳。(一八)若飛鳥然，傾側反覆無日，(一九)是亡國之兵也，兵莫弱是矣。是其去賃市傭而戰之幾矣。(二〇)

魏氏之武卒，以度取之，(二一)衣三屬之甲，(二二)操十二石之弩，(二三)負服矢五十個，置戈其上，(二四)冠軸帶劍，(二五)贏三日之糧，日中而趨百里，(二六)中試則復其戶，利其田宅，(二七)是數年而衰，而未可奪也，改造則不易周也，(二八)是故地雖大，其稅必寡，是危國之兵也。

㉙

秦人其生民陿阸，其使民也酷烈，㉚劫之以埶，隱之以阸，㉛忸之以慶賞，鰌之以刑罰，㉜使天下之民，所以要利於上者，非鬭無由也。㉝阸而用之，得而後功之，功賞相長也，㉞五甲首而隸五家，㉟是最爲衆彊長久，多地以正，㊱故四世有勝，非幸也，數也。㊲

故齊之技擊，不可以遇魏氏之武卒；魏氏之武卒，不可以遇秦之銳士；秦之銳士，不可以當桓文之節制；㊳桓文之節制，不可以敵湯武之仁義；有遇之者，若以焦熬投石焉。㊴兼是數國者，皆干賞蹈利之兵也，傭徒鬻賣之道也，未有貴上安制綦節之理也。㊵諸侯有能微妙之以節，則作而兼殆之耳。㊶故招近募選，隆埶詐，尙功利，是漸之也；禮義教化，是齊之也。㊷故以詐遇詐，猶有巧拙焉；以詐遇齊，辟之猶以錐刀墮太山也，非天下之愚人莫敢試。故王者之兵不試。㊸湯武之誅桀紂也，拱挹指麾，而彊暴之國莫不趨使，誅桀紂若誅獨夫。故泰誓曰：「獨夫紂。」此之謂也。㊹故兵大齊則制天下，小齊則治鄰敵。㊺若夫招近募選，隆埶詐，尙功利之兵，則勝不勝無常，代翕代張，代存代亡，相爲雌雄耳矣。夫是之謂盜兵，君子不由也。㊻

故齊之田單，㊼楚之莊蹻㊽，秦之衛鞅，㊾燕之繆蟣，㊿是皆世俗所謂善用兵者也，是其巧拙強弱，則未有以相君也。若其道一也，未及和齊也；(51)揣契司詐，(52)權謀傾覆，未免盜兵也。齊桓、晉文、楚莊、吳闔閭、越勾踐是皆和齊之兵也，可謂入其域矣，然而未有本統也，故可以霸而不可以王；(53)是強弱之效也。(54)

㈠「設」，用也。「道」、術也。「行」、行爲。孝成王見荀卿謂王者，以兵爲急，遂問道：王者之兵，採取什麼方略，怎樣去作才可以呢？

㈡「凡」，總括一切之辭。「率」與「帥」同。荀卿欲陳王道，因不答其問，故言總在大王之所務，將帥乃其末節。「所務」、謂教化。

㈢「道」，說也。「效」、驗也。荀卿因暢論湯武、五霸及戰國諸侯強弱存亡之效驗以及國家安危之情勢。

㈣君賢者國治，隆禮尚賢者國治，國治者強；反是者國亂，國亂者弱，這是強弱根本之所在。

㈤「卬」、古「仰」字。「不卬」，不足仰也。下託上曰「仰」（足以信賴）。能教且化而長養之，是足仰。「下可用」、謂下民樂爲政府所用。

㈥這是國家強弱之常道。

㈦「效功」、注訓「效」爲「驗」，謂不使賞僭。鍾訓「效」爲「致」。「效功」，謂致功也。茲取後說。「節」，忠義。言隆禮義、致求功效是上等；重祿位，貴忠義是次等；尚功利，輕忠義是下等。這是國家強弱之大凡。

㈧「士」、賢士。

㈨「信」、謂政令使民衆信而不疑。

(一〇)「齊」，齊力，謂民衆與政府一心一德。宋本「不齊」上無「民」字。

(一一)「賞重」、重視其賞，謂賞必有功，絕不濫賞。「賞輕」、謂輕易其賞。

(一二)「刑威」，刑當於罪，人皆畏懼，故威。「刑侮」、刑不當罪，人皆輕優，故侮。

(一三)「攻完」、猶言「堅固」。廣雅釋詁：「攻、堅也。」（高亨說）「窳」、器物有毛病。「楛」、濫惡。言器械兵革堅固便利的強，濫惡不堅固不便利的弱。

(一四)「重」、愼重。「輕」、輕忽、隨便。

(一五)本節論強弱之效，分四項平列：「強弱之本」，「強弱之凡」皆一見，獨「強弱之常」凡兩見，疑此兩「常」字必有一誤者。

(一六)「技擊」、搏擊敵人的技能。「隆」、崇尚。

(一七)「得一首者，賜贖錙金」，言賜給他八兩銀子，換取他所斬敵人之一頭。說文：「贖，貿易也。」「錙」、八兩曰錙。「本賞」，謂戰勝之後，大家一同所受之賞賜。今以得首爲功賞，不問戰爭之勝敗，故曰「無本賞。」

(一八)「毳」、讀爲「脆」。「偷」、苟且。「渙」、離散。言小戰役，敵人脆弱，這種戰術，還苟且可用；若是大戰役，敵人堅強，就渙然潰散了。

(一九)「飛鳥」、飛鳥無序。「若飛鳥」，謂其行伍散亂無紀律。因爲以得首爲功賞而無本賞，則各貪其功，而不顧全局。「傾側反覆亡日」，謂隨時有傾倒滅亡之憂。

(二〇)這和僱用市上傭作之人而使之戰，相去幾何呢？

(二一)「武卒」、選取勇武之士，編爲軍隊，號爲「武卒」。「度」、程也。（汪中說）下文所云是也。言魏國的武卒，用一套考驗的辨法來選取。

(二二)「衣」、於旣反。「屬」、之欲反。考工記鄭注：「屬，謂上旅下旅札續之數也。」案：「上」、謂腰以上；「下」、謂腰以下。「旅」、謂甲之札葉。「三屬之甲」、謂三重札葉之甲，厚甲也。

(二三)「弩」、弓之強勁者。「石」、衡石。古以一百二十斤爲一石。「十二石」，爲一千四百四十斤。此言有一千四百四十斤的氣力才能拉開的弩。

(二四)「服」，兪謂「箙」之叚字，說文：「箙，弩矢箙也。」言盛矢五十個於箙而負於背。荷戈於肩，戈之上半適在矢箙之上，故曰置戈其上。

㉕「軸」與「胄」同。

㉖「贏」、負擔。「日中」，自日出至於日中。言全副武裝，負荷如是之重，半日而跑百里之遙。

㉗「中試則復其戶」二句：漢書師古注：「復、謂免其賦稅也。利田宅者，給其便利處也。」言經考驗合格的，就編爲武卒，免其賦稅，田宅給他便利的地方。案：此即上文所謂「以度取之。」

㉘這些中試的武卒，不幾年而筋力衰，不可遞奪其優待，讓他怨恨。「改造不易周也」句：「改造」、更選也。「易」、更易。「周」、「圓周」之「周」。「不易周」、仍走老路子，故注曰：更選則又如前。

㉙優復既多，則稅收必寡，資用貧乏，國家必危。

㉚「陿阸」：「陿」同「狹」；「阸」通「隘」。「陿阸」、郝云：猶狹隘也。謂民生計窮蹙。「生」、養也。「酷烈」、謂刑罰嚴峻。言秦國生養人民者薄，而役使人民者嚴。商君書所謂：「民辱則貴爵，弱則尊官，貧則重賞」者也。

㉛「隱」、痛也，見詩柏舟傳。言以陿阸之境苦民，使之不得不從事於戰爭。（劉師培說）案：此二句承上二句而言。言劫之以威勢，苦之以窮困。

㉜「忸」與「狃」同。晉語：「不足狃也。」注：「狃、貪也。」「鰌」、爲「遒」之借字。說文：「遒，迫也。」言誘之以慶賞，迫之以刑罰。

㉝「天」，顧千里以爲不當有，此謂秦民，非謂天下之民。鍾謂爲「夫」字之誤，亦通。言使人民求利於上者，只有戰鬭之一途。「要」同「邀」。

㉞「阨而用之，得而後功之」，上句「而」下，豬飼彥博謂脫「後」字。「功賞相長」：鍾曰：「謂功與賞相持而長。蓋賞則有功，有功則益得賞，得賞益急於有功，是謂相長。」案：此三句大意：使民窮困然後用以作戰，戰有所得然後賞其功，功與賞相持而長。

㉟「甲首」、被甲的士卒之首級。言獲得五個敵軍的腦袋，就隸役鄉里之五家。

㊱陶曰：「衆彊」，對齊之「賃市傭而戰」言之。「長久」、對魏之「數年而衰」言之；「多地以正」對「地雖大其稅必寡」言之。「正」，當爲「征」。案：言秦國這種兵役制度，最能使士卒衆多，強盛維持長久，且有很多土地以供征稅。

㊲「四世」：秦自孝公變法，歷惠王武王昭王日益富強，侵陵諸侯。「數」、理也，道也。言秦國四代皆有勝利之功，並非僥倖，乃理所當然。

㊳「節制」、尙節安制之意。言以秦之銳卒，不可以當齊桓晉文尙節安制之師。

㊴「焦熬投石」：說文：「熬、乾煎也。」焦熬之物其質脆。以之投石，必然粉碎，故以喻仁義之師，天下無有能禦者。

㊵「兼」、同也。見廣雅釋詁。「兼是數國」，猶言凡此數國，指齊魏秦等國而言。「干」，求也。言齊魏秦之兵雖足以取勝，然皆求賞貪利之卒，和傭徒之人，賣力氣作工的一樣，沒有貴愛其上爲之效死，安於節制自不違犯，極於忠義心不爲非之理的。「綦」、極也。「節」、忠義。

㊶「微妙」、精盡也。「節」、仁義也。「作」、起也。「殆」、危也。言諸侯之中有能精盡於仁義之道的，就可起而消滅這些國家。

㊷「招近」，注謂當爲「招延」，謂引致之。「募選」、謂以財召之，而選其可者。此論齊之技擊。「隆埶詐」，謂以威勢變詐爲尙，此論秦。「尙功利」、謂有功則利其田宅，此論

魏。「漸」、王先謙曰：詐欺也。案：此言：齊之重募選，秦之隆勢詐，魏之尚功利，這些辦法，總不外漸詐之一途，不是正路；惟有禮義教化以治民，才是服人之心，齊人之力的大道。「禮義敎化」，卽上文「微妙之以節」之「節」。注以「仁義」釋「節」字，因爲禮是以仁義爲實質的。中庸：「仁者人也，親親爲大；義者宜也，尊賢爲大。親親之殺，尊賢之等，禮所生也。」正說明仁義是禮的內涵。所以言禮、言仁義，並無分別。本篇屢言「仁者之兵」，「王者之兵」，仁者、王者都是以禮治國的。

㊸「辟」、音譬。「墮」、毀也。「錐」，許唯反。言以詐兵遇詐兵，尙有巧拙之分，如以齊之技擊，不可當魏之武卒。以詐兵遇和齊之兵，譬如以錐刀去毀太山，非至愚之人莫有敢嘗試的。所以王者之兵是沒有人敢碰的。

㊹「挹」、王謂通「揖」，呂本作「揖」。「拱挹指麾」，言其作戰從容不迫。「獨夫紂」，今書作「獨夫受。」

㊺「治鄰敵」之「治」字，王讀爲「殆」，「殆」、危也。「殆」、「治」古通。言以禮義敎化大齊其國人的，其兵就可以兼制天下，如湯武。禮義敎化雖未能大備，也足以威脅他的鄰國，如五霸。

㊻「翕」、斂也。言至於招延募選，崇尙功利的詐兵，則勝負無常，有時弱有時強，有時存有時亡，互相爲雌爲雄了。凡是以詐力相勝的，就是稱作盜兵，君子是不用的。「不由」、謂不用也。

㊼田單、齊臨淄人。樂毅入齊，齊人東退，保莒及卽墨二城。卽墨人推單爲將。單夜用火牛計，大破燕軍，復齊七十餘城，迎襄王於莒而立之。襄王封爲安平君。見史記。

㊽莊蹻、楚莊王苗裔。楚威王使爲將，將兵循江而上，略取巴蜀及黔中以西地。蹻至滇池，以

兵威定二地，屬楚。欲歸報，會秦擊奪蜀黔中郡，道塞不通，因還，以其衆至滇，變服從其俗。見史記。

㊾ 衞鞅、秦孝公臣，封爲商君。嘗將兵圍魏安邑，降之。又破魏軍，虜魏將公子卬。見史記。

㊿ 繆蟣，注云：未詳。案：燕之善用兵者，莫如樂毅。古音「繆」、「樂」雙聲；「蟣」、「毅」叠韻，疑繆蟣就是樂毅。

(五一) 「相君」、盧謂元刻作「相若」。王叔岷云：類纂本，百子本同元刻。王先謙曰：「相君」、猶言「相長」。案：茲從元刻。言田單等四人是世俗所謂善用兵的，其用兵之巧拙強弱是不相同的，若其道皆不外變詐之一途，都未達到和齊之兵的境界。「和齊」、謂使人心和專齊一。

(五二) 「契」、注讀爲「挈」；「挈」、持也。「掎挈」、猶言「掎摭」。「司」、注讀爲「伺」。「詐」、欺詐也。案：此四字大意：窺敵觀變，乘機掩襲。

(五三) 「本統」，注：「謂前行素修，若湯武也。」案：言五霸皆和齊之兵，可以說已入王者之兵的領域，但是霸者爲政不修仁義，軍事沒有本源，故可以霸諸侯而不可以王天下。「統」、亦「本」之意。「未有本統」，即沒有本源之意。

(五四) 此句總結上文。言湯武以仁義而王，桓文以和齊而霸，魏齊以變詐而代翕代張，這是用兵強弱之效驗。

孝成王、臨武君曰善！請問爲將？

孫卿子曰：知莫大乎棄疑，行莫大乎無過，事莫大乎無悔，事至無悔而止矣，成不可必也。㈠故制號政令欲嚴以威，㈡慶賞刑罰欲必以信，處舍收藏欲周以固，㈢徙舉進退欲安以重，欲疾以速；㊃窺敵觀變欲潛以深，欲伍以參；㊄遇敵決戰必道吾所明，無道吾所疑：㊅夫是之謂六術。㊆無欲將而惡廢，㊇無急勝而忘敗，無威內而輕外，㊈無見利而不顧其害，凡慮事欲孰而用財欲泰：㊉夫是之謂五權。⑪所以不受命於主有三：可殺而不可使處不完，可殺而不可使擊不勝，⑫可殺而不可使欺百姓：夫是之謂三至。⑬凡受命於主而行三軍，三軍既定，百官得序，羣物皆正，則主不能喜，敵不能怒：夫是之謂至臣。⑭慮必先事，而申之以敬，慎終如始，終始如一：夫是之謂大吉。⑮凡百事之成也，必在敬之；其敗也，必在慢之。故敬勝怠則吉，怠勝敬則滅；⑯計勝欲則從，欲勝計則凶。⑰戰如守，行如戰，有功如幸，⑱敬謀無壙，⑲敬事無壙，敬吏無壙，敬衆無壙，敬敵無壙：夫是之謂五無壙。謹行此六術、五權、三至，而處之以恭敬無壙，夫是之謂天下之將，則通於神明矣。⑳

㊀「棄疑」、不用疑謀，即下文所謂「道無所明，無道吾所疑」。言不用疑謀，以圖僥倖，是智之大者。當理而行以期無過，是行之大者。慮必先事以免後悔，是事之大者。事至於無悔是已盡其道，也就可以無憾了，至於成功與否，那是難以定準的。

㊁「制號」：「制」、即下文所謂「軍制」、「號」、亦令也。「以」、猶「而」也，下同。言軍制號令以及行政命令，要嚴厲而威猛。

㊂「處舍」、謂營壘。「收藏」、謂庫藏。言居處營壘，收藏財物，要周密而牢固。

㊃「徙舉」、謂徙軍舉兵。言軍隊之進退移動，要安重而嚴整，要迅速而不失機宜。

㊄「潛」、亦深也。「參伍」、猶「錯雜」，謂彼此互相參證，以定眞僞。言觀窺敵人的變

動，要深入精細而不可疏略；對所得情報，要參合考驗，以定其眞僞。

(六)「道」、行也。言遇敵決戰，一定行吾所觀察清楚的，而不行吾所疑惑不明的。

(七)自「制號政令」至此共有六事，謂之六術，是爲將者之不可忽略的。

(八)勿貪將帥之權而患失之。「苟患失之，則無所不至矣。」（論語）

(九)「內」、謂士卒。「外」、謂敵人。威內則士卒不親，輕外則與敵以可乘之機。

(一〇)「孰」、「熟」古今字，謂精審。「泰」、謂賞功不吝。

(一一)「權」、機權。不苟篇云：「動則必陷，爲則必辱，是偏傷之也。」故爲將須明兼權之道，以免一偏之惑。

(一二)「完」、全也。見說文。「處不完」，處於不安全之地。「擊不勝」、攻擊不可勝的敵人。猶俗語：不打打不贏的仗。

(一三)「三至」、三項不變的原則。是爲將必須堅守的。

(一四)「行三軍」、統領三軍。「三軍」、就諸侯言。「百官」、軍之百吏。「得序」、各當其任。「羣物皆正」、一切事物都有正規。「主不能喜，敵不能怒」，有定力，有定見，喜怒一主於己，故主上不能使之喜，敵人不能使之怒。中心有所定主，不爲外物所動搖，便是至忠之臣。

(一五)「申」、重疊之意。言謀慮必在事先，而加之以敬愼，常懷戒懼，愼終如始，則必有大吉之福，而無覆敗之禍。

(一六)「敬」、敬愼、敬謹。「怠」、怠慢，疏忽。「滅」、毀滅。

(一七)「從」、求吉得吉，如願以償之意。見儀禮少牢饋食禮注。計謀（出於理智）勝過欲望（出於情感）的吉祥，欲望勝過計謀的凶險。

⒅交戰時如同防守，不務追逐；行軍時如同交戰，務警戒嚴整；戰而有功，視爲僥倖，不務驕矜。

⒆「擴」與「曠」同。「無擴」、言不敢須臾怠忽不敬。下同。

⒇這是並世莫及之將，他的智慧通於神明了。

臨武君曰：善！請問王者之軍制？㈠

孫卿子曰：將死鼓，御死轡，百吏死職，士大夫死行列。㈡聞鼓聲而進，聞金聲而退，順命爲上，有功次之；㈢令不進而進，猶令不退而退也，其罪惟均。㈣不殺老弱，不獵禾稼，服者不禽，格者不舍，犇命者不獲。㈤凡誅，非誅其百姓也，誅其亂百姓者也；百姓有扞其賊，則是亦賊也。㈥以故順刃者生，蘇刃者死，犇命者貢。㈦微子開封於宋，曹觸龍斷於軍，殷之服民，所以養生之者也，無異周人。㈧故近者歌謳而樂之，遠者竭蹶而趨之，無幽閒辟陋之國，莫不趨使而安樂之，四海之內若一家，通達之屬莫不從服，夫是之謂人師。㈨詩曰：「自西自東，自南自北，無思不服。」⑽此之謂也。王者有誅而無戰，⑾城守不攻，兵格不擊，⑿上下相喜則慶之，⒀不屠城，不潛軍，不留衆，師不越時。⒁故亂者樂其政，不安其上，欲其至也。⒂

臨武君曰：善！

㈠「軍制」、謂用兵作戰的法度。

㈡旗鼓是軍中的耳目，所以將帥至死不棄鼓而奔。「御」、駕兵車的。御者至死不棄轡，軍吏至死不棄職，士大夫至死不離戰陣行列。——這是說軍中上下皆盡忠職守。

㈢「金」、謂鑼。軍之所重在順命（服從），故有功則在其次。

㈣「惟均」、謂相均等。此「順命爲上」之例。言令之不進而進，猶令不退而退，均足以影響全局，故其罪相同。

㈤「獵」同「躐」，踐踏也。「服者」、謂不戰而退者。「不禽」、不追而擒之。「格者」、謂相抵抗者。「不舍」、不釋放他。「犇命者」、謂奔走來歸其命者。「犇」、同「奔」。「不獲」、不俘獲他。

㈥「扞」、捍衞。言誅伐不是誅伐老百姓，是誅伐禍害老百姓的賊子。百姓中有捍衞賊子的，也就是賊了，應該格殺。

㈦「順刃者」、謂刃之所指，偝之而走者。「蘇刃者」；「蘇」、讀爲「傃」；「傃」、向也。謂刃之所指，相向格鬬者。「貢」、劉師培謂爲「置」訛。滌疑爲「貰」訛。「貰」與「赦」同。言來奔聽命者赦而不俘。案：此三句與上「服者不禽」三句意複。

㈧微子、本名啓，紂之庶兄，殷亡歸周，封於宋。楊注謂蓋避漢景帝諱，劉向校書時改「啓」爲「開」。曹觸龍、紂佞臣，見臣道篇。「斷於軍」、謂斷頭於軍中。「殷之服民」句：言殷民之歸服於周者，周人生養他們和周人一樣，決不歧視。

㈨「竭蹷」、顚仆，猶言匍匐。「趨之」、來歸以效趨使。「無幽隱辟陋之國」句：謂不論怎樣幽隱僻遠之國，莫不來歸以供趨使而安樂其教化。「通達之屬」、謂舟車通達之處。「人師」、師長也。

(一〇)詩大雅文王有聲第六章。言無不服從。「思」、語詞。

(一一)「誅」、謂誅討有罪者。王者誅其君，弔其民，民皆悅而服從，所以沒有戰爭。

(一二)「不攻」、謂不攻擊。王者服人以德義，不以武力。城守者，兵格者皆德義未加，所以不服，故不攻擊。且恐傷我之士卒也。

㈢如敵人上下團結，君臣愛悅，則慶賀之不暇，怎能侵伐它呢！

㈣「不潛軍」、王者討伐不道，宜聲明其罪惡，不潛軍掩襲。「不留衆」、王者所伐，其民悅服，既克之，不須留衆兵以守。「師不越時」、出兵不過三個月。「時」、一時，三月。

㈤所以亂國之民，樂於王者之政，而不安其君上，盼望王師早日到來。（荀子和趙孝成王論兵，到此爲止。所論共分四段：第一段言用兵之要不在於將，而在於君。換言之，軍事應以政治爲基礎。君以禮義教化親附其民，則強莫能敵，此卽所謂王者之兵。次段論國家強弱之由及當時諸侯之兵，五霸之兵，湯武之兵，強弱之效。三段論將道，四段論軍制。所論皆以仁義爲根據。）

陳囂問孫卿子曰：㈠先生議兵，常以仁義爲本；仁者愛人，義者循理，然則又何以兵爲？凡所爲有兵者，爲爭奪也。㈡

孫卿子曰：非汝所知也！彼仁者愛人，愛人故惡人之害之也；義者循理，循理故惡人之亂之也。㈢彼兵者所以禁暴除害也，非爭奪也。故仁者之兵，所存者神，所過者化，若時雨之降，莫不說喜。㈣是以堯伐驩兜，㈤舜伐有苗，㈥禹伐共工，㈦湯伐有夏，文王伐崇，武王伐紂，此四帝兩王，㈧皆以仁義之兵，行於天下也。故近者親其善，遠方慕其德，㈨兵不血刃，遠邇來服，德盛於此，施及四極。㈩詩曰：「淑人君子，其儀不忒，其儀不忒，正是四國。」此之謂也。⑪

㈠陳囂、荀卿弟子。

㈡陳問：先生言兵，常以仁義爲根本（卽上文所謂「本統」）；仁者愛人，愛人就怕殺傷；義者循理，循理就不欲爭奪，那麼既是仁者義者爲什麼還用兵？大凡用兵都是爲了爭奪啊！

㈢「害之」、謂害其民；「亂之」、謂亂其民。

㈣仁者之兵，所存止之處，人皆畏服之如神明；所過往之國，莫不順從歸化。「說」、讀「悅」，喜也。

㈤驩兜、堯時人，和共工結黨爲惡。尙書堯典：「放驩兜於崇山。」

㈥有苗、卽三苗。舜時叛亂，命禹伐之。尙書大禹謨：「帝曰：『咨禹：惟時有苗弗率，汝徂征之。』」

㈦共工：書堯典鄭注：「共工、水官名，其人名氏未聞，先祖居此官，故以官氏也。」堯舜時之共工氏荒淫怠事，與驩兜有苗鯀稱四凶，舜言於堯滅四凶，流之幽州。此言禹，未詳。

㈧崇、商末侯國。「四帝兩王」：劉師培謂此文本作「兩帝四王」。兩帝謂堯舜。「四王」、謂禹湯文武。書鈔、御覽並引作「兩帝四王」。王叔岷云：元本、類纂本、百子本並作「兩帝四王」。

㈨「慕其德」之「德」字，王云御覽引作「義」，應據改。

㈩德化美盛於其國，就能施及四方極遠之處。

㈡據陳奐說，補「其儀不忒，正是四國」八字。引詩爲曹風尸鳩第三章。王曰：此正承上文遠方慕義而言，所引詩蓋本作「其義不忒」。今本「義」作「儀」者，後人據詩改之耳。（本段答陳囂問，言用兵爲了除暴，正是仁義之行。）

李斯問孫卿子曰：㈠秦四世有勝，兵強海內，威行諸侯，非以仁義爲之也，以便從事而已。㈡

孫卿子曰：非汝所知也！汝所謂便者，不便之便也；吾所謂仁義者，大便之便也。㊂彼仁義者，所以脩政者也；政脩則民親其上，樂其君，而輕爲之死。㊃故曰：凡在於軍，將率末事也。㊄秦四世有勝，諰諰然常恐天下之一合而軋己也，㊅此所謂末世之兵，未有本統也。㊆故湯之放桀也，非其逐之鳴條之時也；㊇武王之誅紂也，非以甲子之朝而後勝之也，㊈皆前行素脩也，㊉所謂仁義之兵也。今女不求之於本，而索之於末，此世之所以亂也。㊁

㊀李斯、荀卿弟子，轉爲法家，爲秦相。

㊁「四世」、見前。「便」、便利。便於所從之事而已，如上文「劫之以埶，隱之以阸，忸之以慶賞，鰌之以刑罰」是也。

㊂「不便之便」，謂以不便人爲便，便在一時。「大便之便」、謂以便利天下人爲便，便在久遠。大學云：「國不以私爲利，以義爲利。」此言：荀子道：此中道理是汝所不能瞭解的。汝所說的便，是與人不便以爲己便，利在一時；我所說的仁義，是大便天下人以爲便，利在久遠。

㊃所謂仁義，是用以修明政治的準據；政治修明，人民就親愛他的君上，喜歡他的君上，而樂於爲他效死。

㊄「軍」、清儒及近賢皆謂當爲「君」，以音訛。

㊅「諰」、漢書作「鰓」。蘇林曰：讀如「愼而無禮則葸」之「葸」，恐懼貌。「軋」、踐轢。言秦國四世常打勝仗，可是老怕天下人聯合起來攻擊他。

㊆「統」、亦本也。軍以政爲本，政以仁義爲本。秦政不修仁義，故謂其兵無本統。

㈧鳴條：湯放桀處。書序：「湯伐桀，升自陑，遂與桀戰於鳴條之野。」今山西省安邑縣北有鳴條岡，即其地。

㈨「甲子」、紂亡日。書曰：「甲子昧爽，受率其旅若林會於牧野。」

㈩「前行素脩」、謂湯武放誅桀紂之前，平素修行仁義之政。

⑪「本」、謂仁義。「末」、變詐，即李斯所謂之「便」。（兵以政為本，政以仁義為本；秦政不修仁義，兵無本統，至二世果亡。）

禮者、治辨之極也，強〔國〕固之本也，威行之道也，功名之總也，㈠王公由之所以得天下也，不由所以隕社稷也。㈡故堅甲利兵不足以為勝，高城深池不足以為固，嚴令繁刑不足以為威。由其道則行，不由其道則廢。㈢

楚人鮫革犀兕以為甲，〔鞈〕堅如金石；㈣宛鉅鐵釶，慘如蠭蠆，㈤輕利僄遬，卒如飄風；㈥然而兵殆於垂沙，唐蔑死。㈦莊蹻起，楚分而為三四，㈧是豈無堅甲利兵也哉！其所以統之者非其道故也。㈨汝潁以為險，江漢以為池，限之以鄧林，緣之以方城；㈩然而秦師至，而鄢郢舉，若振槁然，⑪是豈無固塞隘阻也哉！其所以統之者非其道故也。⑫紂刳比干，囚箕子，為炮烙刑，殺戮無時，臣下懍然莫必其命，⑬然而周師至，而令不行乎下，不能用其民，是豈令不嚴，刑不繁也哉！其所以統之者非其道故也。⑭

古之兵，戈矛弓矢而已矣，然而敵國不待試而詘；⑮城郭不辨，溝池不〔拑〕扣，固塞不樹，機變不張；⑯然而國晏然不畏外而〔明內〕固者，⑰無它故焉，明道而〔分」鈞分之，時使而誠愛之，下之和上也如影響，⑱有不由令者，然後〔誅〕俟之以刑。⑲故刑一人而天下服，罪人不郵其上，知罪之在己也。⑳是故刑罰省而威流，㉑無它故焉，由其道故也。古者帝堯之治天下也，蓋殺一人，刑二人，而天下治。傳曰：「威厲而不試，刑錯而不用。」此之謂也。㉒

㈠「辨」、別異定分。「治辨」，卽「明分達治」之義。說詳一三九頁注㈤及二四四頁注㈢，「極」、準則。「強國」、史記作「強固」，據正。「總」、合也，聚也。言禮義是治國的最高準則。以禮義治國，四方欽敬，無有攻伐，故爲強而且固之本。以禮義領導天下，天下悅服而歸之，故爲威行之道。強固威行而天下歸之，功名莫大於是，故曰功名之總（王先謙說）。

㈡「得天下」之「得」，盧謂元刻作「一」，史記禮書、外傳四同。「隕」、王先謙謂史記作「捐」。

㈢「由」、用也。「道」、謂禮義。「行」、效用，作用。「廢」、失去效用。言以禮義治國（由其道），則甲兵、城池、令刑都發揮效用（則行）；不以禮義治國，則甲兵、城池、令刑都會失掉效用。案：這仍是軍事以政治爲基礎之義。

㈣「鞈」、據王據史記外傳文選注引校，改爲「堅」。

㈤「宛鉅」：注云：「宛」、地名，屬南陽。「鉅」、剛鐵。孫貽讓疑爲兵器名。于省吾謂「鉅」應讀作「鋸」，「鋸」、雄戟也。此言以宛地所出之雄戟也。滌案：「宛鉅」、疑爲「匽戟」之同聲假借。方言九：「三刃枝、南楚宛郢謂之匽戟。」郭注云：「今戟中有小矛刺者，所謂雄戟也。」「鐵鉇」、鐵矛。「鉇」與「鍦」同，音施。「慘如蠭蠆」，言兵器中人之慘毒。

㊅「僄」、亦輕也。「遬」與「速」同。言楚人身手輕健趫捷，急如旋風一般。

㊆「殆」、危亡。垂沙、地名。史記：「楚懷王二十八年，秦與齊韓魏共攻楚，殺楚將唐昧。」「昧」與「蔑」同。

㊇莊蹻、初爲盜，後爲楚將。見史記索隱。言其起而爲亂後，楚遂分而爲四。

㊈「統」、制治。見彊國篇楊注。言其統制其國家者不得其道的緣故。

㊉汝潁、皆水名，劉師培謂外傳「汝」作「淮」。「鄧林」、北界鄧地之山林。「緣」、繞也。方城、楚北界山名。左傳杜注：「方城、在南陽葉縣南。」皆楚國險阻之地。

(一一)「舉」、謂奪取也。鄢郢、楚都。「振」、擊也。「槁」、枯葉。謂白起伐楚，一戰而舉鄢郢。

(一二)以上舉楚爲例，以證「堅甲利兵不足以爲勝，高城深池不足以爲固。」

(一三)「懍然」、悚栗之貌。「必」、保也。「莫必其命」，謂不知死日也。「殺人無時」、古者行刑必於冬月，「無時」、謂其隨意殺人，不待冬令。

(一四)以上舉紂爲例，以證「繁令嚴刑不足以爲威。」

(一五)「試」、用也。「詘」、服也。言敵國不待用兵就屈服。

(一六)「辨」、見上，治也。「拑」、當作「扫」，「扫」、古「掘」字，見正論篇。據楊注盧說改。「固」、四塞也，見說文。又國所依阻者也，見周禮掌固注。（王先謙說）「樹」、立也。「機變不張」，卽機括不發。「機括」、卽今所謂「弩機」。（于省吾說）言王者修政而不建軍，故城郭不修治，溝池不穿掘，固塞不建立，機括不發射。

(一七)「明內」、據史記刪「明」字，改「內」爲「固」字。「外」、謂敵國。言然而國家安然內而強固，外無敵國侵凌之憂者，非有他故。

⑱「道」、謂禮義。「明道」，謂對人民講明禮義之道。「分鈞」、據史記外傳乙爲「鈞分」。「鈞」與「均」通；「均」、均徧。「分」、附問反，職業。「鈞分」、謂使人人都有適當的職業。「明道而鈞分之」，謂對人民講明禮教而使人各有業。（如此就各安其分了。）「時使而誠愛之」，謂以時役使而誠心愛護他們。（如此就人親其上了。）案：此卽上文所謂「附民」之具體措施。

⑲「和」、胡臥反。「誅」、據外傳及史證改爲「俟」字；「俟」、待也。言下之從上如影隨形，如響應聲，其不遵守命令的，這才處之以刑。

⑳「郵」、與「尤」同，見漢書五行志下注。史記作「尤」。

㉑「威流」、史記作「威行如流」。彊國篇：「刑不用而威行。」與「刑罰省而威行」義同。

㉒「殺一人，刑二人」，未詳。「厲」、王曰：猛也。「錯」、置也；「置」、設也。言威雖猛而不試，刑雖設而不用也。（此段言禮之效，足以安內而攘外。）

凡人之動也，爲賞慶爲之，則見害傷焉止矣。㈠故賞慶、刑罰、埶詐，不足以盡人之力，致人之死。㈡爲人主上者也，其所以接下之百姓者，㈢無禮義忠信，焉慮率用賞慶、刑罰、埶詐，除阸其下，獲其功用而已矣。㈣大寇則至，使之持危城則必畔，遇敵處戰則必北，勞苦煩辱則必犇，霍焉離耳，下反制其上。㈤故賞慶、刑罰、埶詐之爲道者，傭徒鬻賣之道也，不足以合大衆，美國家，故古之人羞而不道也。㈥故厚德音以先之，明禮義以道之，致忠信以愛之，尚賢使能以次之，爵服慶賞以申之，時其事，輕其任，以調齊之，長養之，如保赤子。㈦政令以定，風俗以一，有離俗不順其上，則百姓莫不敦惡，莫不毒孽，若祓不祥；然後刑於是起矣。㈧是大刑之所加也，辱孰大焉！將以爲利邪？則大刑加焉，身苟不狂惑戇陋，誰睹是而不改也哉！然後百姓曉然皆知〔脩〕循上之法，像上之志，而安樂之。㈨於是有能化善、脩身、正行、積禮義、尊道德，百姓莫不貴敬，莫不親譽；然後賞於是起矣。(一〇)是高爵豐祿之所加也，榮孰大焉！將以爲害邪？則高爵豐祿以持養之；生民之屬，孰不願也！(一一)雕雕焉縣貴爵重賞於其前，縣明刑大辱於其後，雖欲無化，能乎哉！(一二)故民歸之如流水，所存者神，所爲者化。(一三)×××之屬爲之化而順，(一四)纍悍勇力之屬爲之化而愿，旁辟曲私之屬爲之化而公，矜糾收繚之屬爲之化而調，夫是之謂大化至一。(一五)詩曰：「王猶允塞，徐方既來。」此之謂也。(一六)

㈠ 上「爲」字讀去聲。「焉」、猶「乃」。言大凡人類的行動，目的在慶賞，存心只在利，那麼遇到有害而無利的時候，就止而不爲了。

㈡ 「埶詐」、猶言「權詐」。言所以慶賞刑罰權詐這類手段，不足使人爲他盡力而效死。

㈢ 「也」，或謂衍文。「百姓」、王謂當作「人百姓」，謂衆百姓也。

㈣ 「焉」、王謂語詞。「慮」、王謂大凡。「率」、亦大都之意。「除」、王謂當爲「險」，「險」與「陒」同義。言人主不用禮義忠信以化導其人民的，就大都用慶賞、刑罰、埶詐等辦法來迫蹙其人民，但求獲得他們的功用而已。

㈤ 「則至」、猶「若至」。「畔」通「叛」。「北」、敗走。「煩辱」、亦勞苦之意。「霍焉」、猶「渙然」。言大寇若至，用他們持守危城就必叛，遇敵交戰就必敗，勞苦煩辱就必逃，渙然潰散，在下的反而挾制其在上的。

㈥ 所以慶賞、刑罰、埶詐這些辦法，是傭工之徒，鬻賣之道，不足以合和大衆，強盛國家，所以古之人羞而不道。

(七)「德音」、善言。「先」、進也。「道」、讀爲「導」。「致」、極也。「次」、謂賢愚尊卑的位次。此作動詞用，謂使得其位次。「申」、重也。「事」、作業。「任」、力役。「齊」、讀爲「劑」。言厚其善言以誘近人民，講明禮義以化導人民，推致忠信以愛護人民，尊賢使能以序其位次，再加以爵服慶賞以示寵榮，時其作業，輕其力役，以調劑之，長養之，如保護赤子一般。

(八)「以」通「已」。「敦」、王謂與「憝」通。廣雅：「憝、惡也。」「毒」、害也。「孽」、亦害也，見君道篇王說。「祓」、除也。言政令已定而爲民間所熟知，風俗已一而爲民間所習慣，如有違俗背上的，則社會沒有不憎惡而視爲毒害的，就如不祥之物，必祓除之而後已。然後政府下徇公意而予以刑罰。

(九)「脩」、據王說改爲「循」。「循」、順也。「像」、通作「象」，見集韻。君道篇作「象上之志。」「象」、效也。言然後百姓皆深切知道遵循政府的法令，仰承政府的意志，而安樂的過日子。

(一〇)「親譽」、親愛讚譽。言慶賞亦出於公意，不過政府代爲執行而已。

(一一)「持」、亦養也。「願」、慕也。見榮辱篇。

(一二)「雕雕」、盧曰：猶「昭昭」。言明懸貴爵重賞於其前，又懸重刑大辱於其後，雖欲不化爲善也不可能。案：自「厚德音以先之」至此，言治國應以禮樂教化爲本，若慶賞刑罰乃輔助之具。

(一三)「存」、至也。言所至之處，畏之如神。凡所施爲，民皆從化——楊注。于省吾謂「所爲」爲「所過」之叚借。案：堯問篇及孟子盡心均作「所過者化」。似于說可從。

(一四)今本「而順」上有脫文，據汪中說補「之屬爲之化」五字，餘無可考。

㈤「旁辟」、王先謙謂猶「便辟」，「旁」、「便」雙聲通用。「矜糾收繚」、王云：皆急戾之意。「大化」、皆化也。「至一」、極一也。言兇暴強悍之徒因之化而謹愿，便僻阿私之徒因之化而公正，矜急繚戾之徒因之化而調順：這就叫做人人皆化而無一例外。案：此卽易之「人文化成」。

㈥詩大雅常武第六章。解見君道篇第二段末。（本段言「慶賞、刑罰、埶詐不足盡人之力，致人之死。」惟禮義忠信始足以「合大衆，美國家」。仍是兵以仁義爲本之義，皆針對時人而發也。）

凡兼人者有三術：㈠有以德兼人者，有以力兼人者，有以富兼人者。彼貴我名聲，美我德行，欲爲我民，故辟門除涂，以迎吾入。㈡因其民，襲其處，而百姓皆安。立法施令，莫不順比。是故得地而權彌重，兼人而兵兪強：是以德兼人者也。㈢非貴我名聲也，非美我德行也，彼畏我威，劫我埶，故民雖有離心，不敢有畔慮，若是則戎甲兪衆，奉養必費。㈣是故得地而權彌輕，兼人而兵兪弱：是以力兼人者也。非貴我名聲也，非美我德行也，用貧求富，用飢求飽，虛腹張口，來歸我食。若是，則必發夫掌窌之粟以食之，委之財貨以富之，立良有司以接之，㈤已朞三年，然後民可信也。㈥是故得地而權彌輕，兼人而國兪貧：是以富兼人者也。故曰：以德兼人者王，以力兼人者弱，以富兼人者貧，古今一也。

㈠「兼」、兼并。

㈡「辟」與「闢」同，開也。「除涂」、治其道途。言彼國人民尊仰我的名聲，愛慕我的德行，希望為我子民，所以開闢修路，以歡迎我。

㈢「比」、親附。「俞」、讀為「愈」，下同。因其人民之愛慕，襲取其土地，而人民皆安居樂業；建立法度，施行政令，莫不順從親附。所以得地而權勢越重，得人而兵力愈強：這是以德兼人的。

㈣不是貴我名聲，不是美我德行，只是畏我威力，迫我權勢，土地歸我所有，人民雖有離二之心，卻不敢有背叛之謀，這樣就須重兵駐守，耗費必多。

㈤「用」、猶「以」也，「為」也。「掌」、王引之謂「稟」字之誤。「稟」、古「廩」字。「窌」、同「窖」。「廩」、「窌」皆藏粟之所。言因貧而求富，因飢而求飽，空着肚子，張着嘴吧，來歸就食。這樣，就必須打開倉庫，拿出糧食給他們吃，拿出財物給他們用。還得派溫良的官吏去款接撫慰他們（怕他叛去）。

㈥「朞」、俞謂「綦」字之誤。「綦」、極盡也。言來歸之民並非慕化而至，這般優遇，也須三年之後，才可信賴。（本段言兼併必以德，若以力或富，則適足以為累。）

兼并易能也，唯堅凝之難焉。㈠齊能并宋，而不能凝也，故魏奪之。㈡燕能并齊，而不能凝也，故田單奪之。韓之上地，方數百里，完全富足而趨趙，趙不能凝也，故秦奪之。㈢故能并之，而不能凝，則必奪；不能并之，又不能凝其有，則必亡。能凝之，則必能并之矣。得之則凝，兼并無強。㈣古者湯以薄，武王以滈，㈤皆百里之地也，天下為一，諸侯為臣，無他故焉，能凝之也。故凝士以禮，凝民以政；禮脩而士服，政平而民安；士服民安，夫是之謂大凝。以守則固，以征則強，令行禁止，王者之事畢矣。

㊀「凝」、定也。言兼并他人土地不難，兼并而確實地掌握住卻很難。

㊁「齊并宋而魏奪之」：魏世家：「昭王十年，齊滅宋，宋王死我溫。十二年與秦趙韓燕共伐齊，敗之濟西，湣王出亡。」

㊂「上地」、上黨之地。「完全」、言城邑。「富足」、言府庫。王叔岷謂元本類纂本作「富具」，言府庫富備。「趨」、歸也。史記：「秦攻上黨，韓不能救，其守馮亭以上黨降趙。趙使馬服子（趙括）將兵拒秦。秦使白起破馬服於長平，坑四十餘萬，而奪其地，殺戮蕩盡。」

㊃「得之則凝」之「則」字、猶「而」（久保說）。言得其地而能凝定之，就沒有不可兼并的強國了。

㊄「薄」與「亳」同。「滈」與「鎬」同。王霸及正論均作「亳」作「鎬」（本段言兼并不難，而守之維難。必禮以服士，政以安民，才能守其已有而兼并人之有。這是「以德兼人」一義的引申。）

彊國篇第十六

本篇共八段：首段言劍不砥厲則不利，以喻治國不以禮義敎化則不強。結曰：「國之命在禮。」此全篇主旨之所在，亦荀子論政一貫主張。次段言威有道德、暴察、狂妄之別，惟「道德之威成乎安彊。」有道德之威的，也就是以禮義敎民愛民的。三段論子發辭賞之非，蓋他篇誤入。四段說齊相，言齊國強鄰環伺，都邑莫保，惟求仁厚君子，以禮義修政，庶可強固。五段答李斯問，六段答應侯問，旨趣同，可併作一段看。言秦雖威強地廣，民樸吏古，然憂患日深，去王業猶遠。惟黜威武（軍國主義），用儒術，才可成湯武之業。七段言政敎功名，「積微者速成」。八段言禮義忠信爲治國之大本，與首段「國之命在禮」相應爲結。綜觀全篇，荀子所謂彊，乃王者之彊；王者之彊，捨禮義而莫由。

刑范正，金錫美，工冶巧，火齊得，剖刑而莫邪已。㊀然而不剝脫，不砥厲，則不可以斷繩。剝脫之，砥厲之，則劙盤盂，刎牛馬，忽然耳。㊁彼國者，亦彊國之剖刑已。㊂然而不敎誨，不調一，則入不可以守，出不可以戰。敎誨之，調一之，則兵勁城固，敵國不敢嬰也。㈣彼國者亦有砥厲，禮義節奏是也。㈤故人之命在天，國之命在禮。㈥人君者，隆禮尊賢而王，重法愛民而霸，好利多詐而危，權謀傾覆幽險而亡。

㈠「刑」與「型」。「范」與「笵」同。「刑范」、鑄劍的模子。木質曰模，竹質曰笵，土質曰型，見說文段注。「金錫」、謂鑄劍的原料。「工冶」、謂鑄劍的技術。「火齊得」、謂熔冶的火候齊和得宜。「剖刑」句：言剖開刑范就是寶劍。「莫邪」、古之良劍。

㈡「剝脫」、謂刮去劍上生澀。「砥厲」、磨礪。「劙」、割也，音戾。「劙盤盂，割牛馬」，古用以試劍。戰國策：「趙奢謂田單曰：吳干將之劍，肉試則斷牛馬，金試則截盤盂。」「盤盂」、皆銅器。「忽然」、言其易。言剖刑之劍，加以剝脫磨礪，就可以割盤盂，斬牛馬，而極容易。

㈢「剖刑」、為「剖刑之劍」之省文，謂初剖刑范而未加剝脫磨礪之寶劍。剖刑之劍不加砥厲則不利，以喻國不施禮義教化則不彊，故曰：國家是彊國之初剖刑范。

㈣「不調一」、「不教誨」、謂於其人民，不加調和齊一，不加教育訓誨，「嬰」、通「攖」、觸犯。

㈤「砥厲」，於此為名詞，謂磨石。「節奏」、法度。言治劍須要磨刀石，治國也有磨刀石，禮義法度是也。

㈥「天」、指自然。言人的生命得自自然，國的生命來自禮義。案：天論篇有同語。（本段言以禮義教化治國，則舉國齊一而強固，故曰：「國之命在禮。」）

威有三：有道德之威者，有暴察之威者，㈠有狂妄之威者——此三威者，不可不孰察也。禮義則脩，分義則明，舉錯則時，愛利則形。㈡如是，百姓貴之如帝，㈢高之如天，親之如父母，畏之如神明。故賞不用而民勸，罰不用而威行，夫是之謂道德之威。㊂禮樂則不脩，分義則不明，舉錯則不時，愛利則不形；然而其禁暴也察，其誅不服也審，其刑罰重而信，其誅殺猛而必，㊃黭然而雷擊之，如牆厭之。㊄如是，百姓劫則致畏，嬴則敖上，㊅執拘則〔最〕冣，得閒則散，敵中則奪，㊆非劫之以形埶，非振之以誅殺，則無以有其下，㊇夫是之謂暴察之威。無愛人之心，無利人之事，而日爲亂人之道，百姓讙敖，則從而執縛之，刑灼之，不和人心。㊈如是，下比周賁潰以離上矣，⑩傾覆滅亡，可立而待也，夫是之謂狂妄之威。——此三威者，不可不孰察也。道德之威成乎安彊，暴察之威成乎危弱，狂妄之威成乎滅亡也。⑪

㊀「暴察」、謂暴急嚴察。

㊁「分義」：「分」、謂上下有分；「義」、謂各得其宜。「形」、郝曰：外傳作「刑」；「刑」者、法也。鍾曰：不苟篇曰：「不誠則不獨，不獨則不形。」此「形」與彼「形」同，謂見之於行事也。滌案：鍾說長。言修治禮樂，教化萬民；明辨上下之分，而各得其宜；政府舉措，皆合時宜；愛人利人的事，不徒託諸空言，而能見之於行動。

㊂百姓尊崇他（國君）如天神一般。案：道德之威指儒術說。

㊃然而取締暴亂之徒則明察，誅戮不順服之輩則明審，刑罰嚴重而信必，誅殺猛烈而果決。

㊄「黭」、與「奄」同。「奄然」、猝至之貌。（郝說）「而」與「如」古通。「厭」、讀爲「壓」。此二語形容其政令之暴烈。言於其人民，刑罰猝然而至如雷霆之下擊，如高牆之覆壓。

㊅「劫」、脅迫。「嬴」、猶「贏」、弛緩。（郝說）言百姓在淫威脅迫之下，則心生畏懼，

若稍一放鬆，就敖慢犯上。

㈦「最」、據郝據外傳校，改爲「冣」：「冣」、才句切，卽「聚」之借字。「間」、間隙。「中」、擊也，丁仲切。「奪」：潘重規曰：說文：「奪、手持隹失之也。」「奪」、乃「脫」落本字，相習爲爭「敓」之字，此依其本義釋之。滌案：暴察之威，以力劫人，人不悅服，故力能控制其百姓，百姓就聚而爲所用，若一得間隙，就渙然離散，若敵人來擊，就紛紛脫逃。

㈧「形」、謂居上制下。「埶」、謂以尊馭卑。「振」與「震」同，威也。言不以勢力劫持，不以誅殺威脅，就不能掌握其百姓。案：此暗指法家之政言。

㈨「讙」、喧嘩。「敖」、喧噪，亦讀爲「嗷」，謂叫呼之聲嗷嗷然也。言百姓如果喧噪表示不滿，就從而執縛起來，處以燒灼的刑罰。不知道應該如何去和一人心。

㈩「賁」與「奔」古字通。（郝說）。這樣，百始就結夥奔潰逃離其君上。

⑪「成乎」之「成」，終也。

公孫子曰：㈠子發將西伐蔡，㈡克蔡，獲蔡侯，歸致命曰：「蔡侯奉其社稷，而歸之楚；舍屬二三子而治其地。」㈢既，楚發其賞，㈣子發辭曰：「發誡布令而敵退，是主威也；徙擧相攻而敵退，是將威也；合戰用力而敵退，是衆威也。臣舍不宜以衆威受賞。」㈤

譏之曰：子發之致命也恭，其辭賞也固。㈥夫尙賢使能，賞有功，罰有罪，非獨一人爲之也，㈦彼先王之道也，一人之本也，善善惡惡之應也，治必由之，古今一也。㈧

古者明主之擧大事，立大功也，大事已博，㊈大功已立，則君享其成，羣臣享其功，士大夫益爵，官人益秩，庶人益祿。㊉是以爲善者勸，爲不善者沮，(十一)上下一心，三軍同力，是以百事成，而功名大也。今子發獨不然：反先王之道，亂楚國之法，墮興功之臣，恥受賞之屬，(十二)無僇乎族黨，而抑卑其後世，(十三)案獨以爲私廉，豈不過甚矣哉！故曰：子發之致命也恭，其辭賞也固。(十四)

(一) 公孫子、注以爲齊相，未知其名，或曰名忌。久保愛以爲公孫子卽其人所著書名，漢志有公孫尼子二十八篇，注云：「七十子之弟子。」疑卽是書。其人遠在荀子前。吳汝綸謂係「孫卿子」之誤。未知孰是。

(二) 子發、楚令尹。劉師培曰：子發、卽景舍。通典職官二大司馬注云：「景舍率軍伐蔡，蔡侯奉社稷而歸之楚，楚發其賞，辭曰：『發誡布令而敵退，是主威也；相攻而敵退，是將威也；戰而敵退，是衆威也。臣不宜以衆威受賞。』」則舍、卽景舍也。「將西伐蔡」：王曰：蔡在楚北，非在楚西，不得言「西伐蔡」。「將」、子匠反。「西」、當爲「而」，言子發將兵而伐蔡也。

(三) 蔡侯、劉師培據左傳以爲卽隱太子。「致命」、報命。舍、卽景舍，子發名。「屬」、付託委致之意。言子發既克蔡，俘獲蔡侯，不自以爲功，歸而報命於楚王道：「蔡侯自願奉其社稷（代表國家），以臣服於楚，我已付託兩三位臣下，安輯其民，而治理其地了。」

(四) 「既」、論功之後。「發」、行也。言楚王既論功而行賞。

(五) 「誠」、敎也。「徙」、徙軍。「擧」、擧兵。言發敎布令而敵退是人主的威力，擧兵進攻而敵退是將帥的威力，兩軍合戰，上下齊力而敵退是衆人的威力。今以衆人的威力滅蔡，臣不宜掠功而受賞。」案：此以上是公孫子美子發之辭。淮南子道應訓亦記子發辭賞事，而辭則異。

㈥「譏之」、荀子譏之。「固」、固執不達事理。

㈦尚賢使能，賞功罰罪，自古皆然，非獨楚王一人行之。

㈧賞罰是先王治國之大道，齊一人心之根本，彰善懲惡應有之報應。治國必用賞罰，古今沒有兩樣。

㈨「博」字於義難解，于省吾謂應作「尃」，卽今「敷」字。金文皆作「尃」。孟子滕文公：「舉舜而敷治焉。」注：「敷、治也。」「大事已敷」、謂大事已治也。

㈩「官人」、羣吏。「庶人」、士卒。「秩」、「祿」，皆謂廩食。

(十一)「沮」、止也。

(十二)人皆受賞，子發獨辭，是使興功之臣墮廢其志，受賞之屬恥慚於心。

(十三)「無僇」、王懋竑疑當作「無祿」。孫貽讓謂「無」乃「侮」之假字，言侮辱其族黨。滌案：「僇」通「聊」，說文段注：『「僇」、卽今所用「聊」字。「僇」、其正字，「聊」、其假借字也。』國策秦策：「百姓不聊生。」注云：「聊、賴也。」此言：子發辭賞，違反先王之道，淆亂楚國之法，使建功之臣墮志，受賞之人懷羞，又使族黨無以賴其勳業，後世子孫不蒙其光榮。

(十四)此段論子發辭賞之非，與彊國篇旨無涉，鍾泰疑爲正論篇之文，而誤入於此。

荀卿子說齊相曰：㈠處勝人之埶，行勝人之道，天下莫忿，湯武是也。㈡處勝人之埶，不以勝人之道，厚於有天下之埶，㈢索爲匹夫不可得也，桀紂是也。然則得勝人之埶者，其不如勝人之道遠矣！夫主相者，勝人以埶也，是爲是，非爲非，能爲能，不能爲不能，併己之私欲，必以道，夫公道通義之可以相兼容者，是勝人之道也。④今相國上則得專主，下則得專國，相國之於勝人之埶，亶有之矣。⑤然則胡不敺此勝人之埶，赴勝人之道，求仁厚明通之君子而託王焉，與之參國政，正是非！⑥如是，則國孰敢不爲義矣！君臣上下，貴賤長少，至於庶人，莫不爲義，則天下孰不欲合義矣！⑦賢士願相國之朝，能士願相國之官，好利之民莫不願以齊爲歸，是一天下也。⑧相國舍是而不爲，案直爲是世俗之所以爲，⑨則女主亂之宮，詐臣亂之朝，貪吏亂之官，衆庶百姓皆以爭奪貪利爲俗，曷若是而可以持國乎？⑩今巨楚縣吾前，大燕鰌吾後，⑪勁魏鉤吾右，西壤之不絕若繩，⑫楚人則乃有襄賁開陽以臨吾左，⑬是一國作謀，則三國必起而乘我。⑭如是，則齊必斷而爲四、三，國若假城然耳，⑮必爲天下大笑。曷若兩者孰足爲也！⑯夫桀紂，聖王之後子孫也，有天下者之世也，埶籍之所存，天下之宗室也，⑰土地之大，封內千里，人之衆數以億萬，俄而天下倜然擧去桀紂而犇湯武，反然擧惡桀紂而貴湯武。⑱是何也？夫桀紂何失？而湯武何得也？曰：是無它故焉，桀紂者善爲人所惡也，而湯武者善爲人所好也。⑲人之所惡何也？曰：汙漫、⑳爭奪、貪利是也。人之所好者何也？曰：禮義、辭讓、忠信是也。今君人者，譬稱比方則欲自竝乎湯武，若其所以統之，則無以異於桀紂，而求有湯武之功名，可乎？㉑故凡得勝者，必與人也；凡得人者，必與道也。㉒道也者，何也？禮義、辭讓、忠信是也。㉓故自四五萬而往者，彊勝非衆之力也，隆在信矣。㉔自數百里而往者，安固非大之力也，隆在脩政矣。㉕今已有數萬之衆者也，陶誕比周以爭與；㉖已有數百里之國者也，汙漫突盜以爭地；㉗然則是棄己之所安彊，而爭己之所以危弱也；損己之所不足，以重己之所有餘。㉘若是其悖繆也，而求有湯武之功名，可乎！㉙辟之，是猶伏而咶天，救經而引其足也。說必不行矣，愈務而愈遠。㉚爲人臣者，不恤己行之不行，苟得利而已矣，是渠衝入穴而求利也，是仁人之所羞而不爲也。㉛故人莫貴乎生，莫樂乎安；所以養生安樂者，莫大乎禮義。人知貴生樂安而棄禮義，辟之，是猶欲壽而歾頸也，㉜愚莫大焉。故君人者，愛民而安，好士而榮，兩者亡一焉而亡。詩曰：「价人維藩，大師維垣。」此之謂也。㉝

㈠ 此七字元刻無，宋本有。「荀卿子」，以全書文例校之，「荀」當爲「孫」。「齊相」、未知何人。據汪中年表及胡元儀荀卿別傳皆以爲當在湣王世。湣王晚年，矜功不休，百姓不堪，諸儒皆諫，湣王不聽，各分散。荀卿亦說齊相，卽此段云。

㈡ 居勝人之勢位，行勝人之大道，天下皆心悅誠服，湯武之得天下是如此。

㈢ 「不以勝人之道」、謂不用勝人之道。「厚於有天下之埶」、謂據有雄厚的天下之勢位。

㈣ 「併」、讀曰「摒」，棄也。「必以道」之「道」，由也。「通義」、通常的義法，猶言「常道」。言爲人主之相的，已處於勝人之勢位了。對事理的辨別，是就是是，非就是非；對人才之評騭，能就是能，不能就是不能。摒除個人的私慾，必取則於公道通義之可以兼容並包的，這就是勝人之道了。

㈤ 「亶」、誠也。言現在相國上則得齊王之專任，下則專齊國之政權，相國誠有勝人之勢位。

㈥ 「毆」與「驅」同。「託王焉」，託之以王，使輔佐之。言那麼何不運用此勝人之勢，施行勝人之道，訪求德行仁厚，知慮通明的君子，而以齊王託之，和他共參國政而正國是呢？

（七）「國孰敢不爲義」，言國人皆化於義。「天下孰不欲合義」、言天下人皆慕而來歸義。

（八）「願」、慕也。言賢士願意居於相國的朝廷，能士願意作相國的官吏，追求溫飽的人民皆願意以齊國爲歸宿，這就是統一天下了。

（九）「所以爲」之「以」，王先謙疑爲衍文。「案直」、猶言「乃但」。言相國捨勝人之道而不爲，但爲世俗所爲勝人之勢。

（一〇）三「之」字均猶「於」。「爲俗」，以爲風尚。「曷若是」句、言天下豈有如是而可保全其國家的呢！

（一一）「前」、楚在齊南，故曰「前」。「縣」同「懸」，聯繫之意。「後」、燕在齊北，故曰「後」。「鰌」、蹴也，迫也。言以目前齊國形勢而言，強大的楚國威脅於南，廣大的燕國蹴踏於北。

（一二）「右」、魏在齊西，故曰「右」。「鉤」、如鉤取物。言強勁的魏國牽制於西，西南邊疆，不絕如繩。

（一三）「楚人」、劉師培以爲「魯人」之訛。襄賁、開陽，均在今海州北境，本係魯邑。案：劉說與下文「一國作謀，則三國必起而乘我」之意合。襄賁（音肥）、開陽故城，皆在今山東臨沂縣境。「則乃有」、爲「則有」、「乃有」之疊言（鍾說）。言魯人則有襄賁、開陽二邑監視在東面。

（一四）四國之中，如有一國興謀伐我，其他三國必起而乘我之危。

（一五）「三」字、劉師培以爲衍文。言這樣，齊必被瓜分而爲四，齊國的城池好像借來的一般，不久當歸還給人家。

（一六）「曷若」二字，王謂涉上文而衍。「兩者」、謂勝人之道與勝人之勢；一則天下歸，一則天下笑，這兩者，那一種足以治國呢？

⑰「世」、繼世。「籍」、位也（王說）。「宗室」：王先謙以爲王室爲天下所宗，故曰「宗室」。高亨謂「室」當作「宔」。凡言「宗主」皆當作「宔」。（案：說文段注：經典作「主」，小篆作「宔」。主、古文也。）言桀紂是聖王之後的子孫，有天下之王者的繼世，有最高的勢位，爲天下宗主。

⑱「倜然」、注云：「高舉之貌。」非十二子篇注云：「疏遠貌。」「反」、音「翻」，「反然」、改變貌。言桀紂雖有如此優越的條件，但在位未久，天下的人皆倜然叛離而奔湯武，皆翻然厭棄他而尊湯武。

⑲言桀紂善於作人之所憎惡的事，湯武善於作人之所愛好的事。

⑳「汙漫」、注云：「謂穢汙不脩潔也。」或曰：「漫」、謂欺誑也。

㉑「辟」、讀爲「譬」。「稱」、尺證反。「譬稱」、謂設譬稱引。「比方」、猶「比擬」，「方」亦比也。「統」、制治也。言當今人君所譬稱比擬的，是要和湯武一般，而他所統制其國家的，卻和桀紂一樣，還想求得湯武之功名，怎麼可能呢？

㉒大凡得勝的，必是好賢的；大凡得賢的，必是好道的。

㉓「禮」下，據梁啓雄據臺州本校，補「義辭」二字。

㉔「而往」、猶言「以上」。言人口在四五萬以上的國家，強盛不在人眾之力，而強在崇尚忠信。

㉕「脩政」、王謂卽「脩正」，言自脩自正也。案：上句以人言，此句以地言。言地在數百里以上的國家，安固不在地大之力，而強在修正其身。陶鴻慶曰：此卽上文「處勝人之埶，行勝人之道」之意。

㉖「陶誕」、欺詐，見新方言釋言。「陶誕比周」爲「忠信」之反。「與」、黨與之國。言當

今已有數萬之衆的國家，還以爲不多，而以僞裝的親善爭取盟國。

㉗「突盜」、侵凌竊盜。「汙漫突盜」，見榮辱篇，彊國篇，此爲「禮義」之反。言當今已有數百里土地之國家，還以爲不大，而以卑鄙侵略的手段奪取土地。

㉘這是放棄自己原有之安強，而爭取自己所以危弱之道；損減自己原已不足之忠信禮義，而增加自己原已有餘之土地人民。

㉙「其」、猶「之」也。「繆」、讀「謬」。言行爲如此之悖謬，而求湯武之功名，怎麼可以呢！

㉚「恬」與「舐」同。「經」、縊也。言譬如伏地而舐天，去天愈遠；救縊而引其足，其縊益急。說必不行，將越追求而越遙遠。

㉛「不恤己行之不行」句，上「行」字，下孟反，謂行事也。下「行」字，通也。「渠衝」、亦作「距衝」，攻城的大車。攻城之法，或以車衝，或穴地以攻。渠衝是攻城利器，用以穴地則失其利。故以爲求利而不知其方者之喻。言爲人臣下的，不顧自己所行是否行得通，而只圖個人之私利，這有如以攻城之渠衝穴地而求利，屈大就小，務於苟得，是仁人之所羞而不爲的。

㉜「歾」、王讀爲「刎」。

㉝引詩見君道篇第五段末。（荀子說齊相，言強鄰環伺，「國若假城」，惟求仁厚明通君子以禮治國，庶幾安固。）

力術止，義術行，曷謂也？曰：秦之謂也。㊀威彊乎湯武，廣大乎舜禹，然而憂患不可勝校也。㊁諰諰然常恐天下之一合而軋己也，㊂此所謂力術止也。曷謂乎威彊乎湯武？湯武也者，乃能使說己者使耳。(四)今楚，父死焉，國舉焉，負三王之廟，而辟於陳蔡之間，(五)視可司間，案欲剡其脛而以蹈秦之腹，(六)然而秦使左案左，使右案右，是乃使讎人役也；(七)此所謂威彊乎湯武也。曷謂廣大乎舜禹也？曰：古者百王之一天下，臣諸侯也，未有過封內千里者也。(八)今秦南乃有沙羨與俱，是乃江南也。(九)北與胡貉為鄰，西有巴戎，(一〇)東在楚者乃界於齊，(一一)在韓者踰常山乃有臨慮，(一二)在魏者乃據圉津——即去大梁百有二十里耳！(一三)其在趙者剡然有苓而據松柏之塞，(一四)負西海而固常山，(一五)是地徧天下也。威動海內，彊殆中國，(一六)然而憂患不可勝校也，諰諰然常恐天下之一合而軋己也；此所謂廣大乎舜禹也。(一七)然則奈何？曰：節威反文，(一八)案用夫端誠信全之君子治天下焉，因與之參國政，正是非，治曲直，聽咸陽，(一九)順者錯之，不順者而後誅之。(二〇)若是，則兵不復出於塞外，而令行於天下矣。若是，則雖為之築明堂於塞外而朝諸侯，殆可矣。(二一)假今之世，益地不如益信之務也。(二二)

(一)「力術」、強力服人之術。「義術」，以禮義化人之術。「止」、謂功業止於此，不能再進於王霸。或問：「力術止，義術行」，這句話說的什麼？荀子答道：說的秦國當前的形勢啊。新序：「李斯問孫卿曰：『當今之世，為秦奈何？』孫卿曰：『力術止，義術行，秦之謂也。』」案：此本段總冒，下文即列述其由，而結曰：「然則奈何？曰：「節威反文。」「節威反文」即回應此二語。

(二)「校」、計校。言秦之威力比湯武強，土地比舜禹廣，然而憂患之多，不可勝數。

(三)「諰」、思里反，亦作「鰓」，恐懼貌。「軋」、踐轢也，見議兵篇。

㈣「湯武也者」上，王先謙援下文例，以爲當有「曰」字。「說」、音悅。言湯武只能使悅己者爲己所役使。

㈤「楚父」、謂楚頃襄王之父懷王。懷王爲秦所騙，死於秦。子頃襄王立，秦將白起伐楚，拔鄢郢，燒先王廟於陵夷。襄王兵散，東北保陳城。「廟」、主也。「辟」、讀爲「避」。言當今楚王之父爲秦所擄而死，國都也被攻下了，楚王只好背起三代的廟主，避到陳蔡之間去。

㈥「視可」、謂觀其可伐。「司」、音伺。「間」、隙也。「剡」、音餤，王謂起履貌。「脛」、脚也，見莊子駢拇成注。言楚人伺機觀變，一有間隙，就想舉起脚來以蹈秦之腹。

㈦兩「案」字皆猶「則」。「乃使讐人役」之「乃」字，梁啓雄謂臺州本作「能」。言秦役楚人叫他左就左，叫他右就右，是能使讐人爲他服役啊。謂楚頃襄王七年迎婦於秦，十五年與秦伐燕，二十七年復與秦平，而入太子質之類也。

㈧「封內」、謂封畿之內。古稱王者所封之地曰畿。

㈨「羡」、音夷。「沙羡」、漢書地理志屬江夏郡，故城在今武昌縣西南。言百王統一天下，臣服諸侯，封畿以內，未有超過千里的。今南方沙羡縣俱屬於秦，是秦已奄有江南了。

㈩巴、在西南。戎、在西。

⑪謂東侵楚地所得者乃與齊爲界。

⑫「慮」、音廬。臨慮、漢書地理志作隆慮，避殤帝諱，改作林慮，故城在今河南林縣。言東侵韓地已踰常山而據有臨慮。

⑬「圉」、當爲「圍」。漢書：「曹參下修武，度圍津。」顏師古曰：「在東郡。」此言：又侵魏地據有圍津，離大梁不過百二十里。

(一四)「剡」、朱駿聲謂叚借爲「倓」。案說文：「倓、安也。」玉篇：「倓、恬也。」又仲尼篇楊注：「倓、安也。」言秦侵趙地，安然而有苓，遂據有趙國松柏之塞。苓，地名，未詳所在。「松柏之塞」，蓋趙樹松柏與秦爲界。

(一五)「負」、背也。常山、本趙山，秦今有之。言秦背負西海，東向常山以爲固。

(一六)秦之威力足以震驚海內，秦之強盛足以危殆中國。「殆」、危也。中國、謂韓魏諸國。

(一七)「此所謂」句，兪謂應移「是地徧天下也」句下。

(一八)「節」、節制，損抑。「威」、威武。「反」、卽孟子「蓋亦反其本矣」之「反」。「文」、謂文德，仁義。此言：爲秦之計，莫如節制其威強之術，而反於仁義之道。

(一九)「全」、「全盡」之「全」，謂德備也。「聽」、治也。言選用端誠忠信德備的君子來治理天下，和他共參國政，端正是非，辨治曲直，而聽咸陽（秦）之政。

(二〇)服從的捨而不問，不服從的討伐之。「錯」、置也。

(二一)「明堂」、天子布政之宮。「於塞外」三字衍文，應刪。「殆」、庶幾。言若是，雖如古之王者，建立明堂，朝會諸侯，也不難了。

(二二)「務」、當時所急。「益地」、謂以武力拓展疆域，卽上文所謂「力術」。「益信」、謂行義術以立信，卽上文所謂「義術」，「反文」。言當今之世，用強以拓地，不如行義以立信之爲急也。

應侯問孫卿子曰：入秦何見？㈠

孫卿子曰：其固塞險，形埶便，山林川谷美，天材之利多，是形勝也。㈡入境，觀其風俗，其百姓樸，其聲樂不流汙，其服不佻，甚畏有司而順，古之民也。㈢及都邑官府，其百吏肅然，莫不恭儉、敦敬、忠信而不楛，古之吏也。㊃入其國，觀其士大夫，出於其門，入於公門；出於公門，歸於其家，無有私事也；㊄不比周，不朋黨，倜然莫不明通而公也，古之士大夫也。㊅觀其朝廷，其朝閒，聽決百事不留，恬然如無治者，古之朝也。㊆故四世有勝，非幸也，數也。是所見也。㊇故曰：佚而治，約而詳，不煩而功，治之至也，秦類之矣。㊈雖然，則有其諰矣。⑩兼是數具者而盡有之，然而縣之以王者之功名，則倜倜然其不及遠矣！⑪是何也？則其殆無儒邪！⑫故曰粹而王，駁而霸，無一焉而亡。此亦秦之所短也。⑬

㊀應侯、秦相范睢，封於應地。故城在今河南輔成縣境。「何所見」，觀感如何？

㊁「固」、亦塞也。言秦之邊塞險要，形勢便利，山林多良材，川谷便灌溉，物產豐厚，這是地理形勢好。

㊂「不流汙」、不邪淫汙濁，謂清雅也。「挑」同「佻」。「不挑」、不為奇異佻治之服。言進入國境，觀其風俗：百姓淳樸，聲樂清雅，服飾質素，人人畏懼政府而馴服，這是古代盛世之民。

㊃「及」、至也。「楛」、苟且。言至其縣邑廨署，只見所有官吏嚴肅謹慎，沒有一個不是恭儉敦敬忠信而認眞負責的，這是古代盛世之吏。

㊄「國」、國都。言進入國都，只見士大夫出於私門，入於公門；出於公門，歸於其家，一心奉公，不及私事。

㊅「比周」、結黨營私。「朋黨」、結黨成派。「倜然」、高遠貌。言不結黨營私，不組派系，人人志趣高遠，明通而公。這是古代盛世之士大夫。

㊆「閒」上據久保據宋本韓本校補「朝」字。「朝閒」、謂朝罷而退也。「閒」、古莧反。「恬然」、安閑貌。看看朝廷上，大臣們朝罷而退，聽決百事沒有積壓，朝中安閑，如無事可辦一般。這是古代盛世之朝廷啊！

㊇「四世」句，詳見議兵篇。「是所見也」，總結上文。

㊈「佚」同「逸」。此三語謂秦政能執簡馭繁。言雖人皆安逸而事無不治，雖所守省約而所治詳備，雖不煩勞而有成績，古之至治有如此者，秦今似之。

㊉「則有其諰矣」，盧云元刻作「則甚有其諰矣」。王叔岷云：類纂本百子本並與元刻同。「則」、猶「乃」。「諰」與「鰓」、「葸」通，畏懼也。言雖然如此，乃常懷恐懼。

⑪「縣」同「懸」，衡也。「倜倜然」，懸遠貌。言秦兼有這麼多的優點，然而以王者之功名來衡量，則相差太懸殊了。

⑫秦重法術，不用儒道，故曰「無儒」。

⑬「粹」、謂全用儒道。「無一」、爲「一無」之倒文。言全用儒道則王天下，雜用儒道則霸諸侯，全不用則亡其國。這是秦之所短。

積微：㊀月不勝日，時不勝月，歲不勝時。㊁凡人好敖慢小事，大事至然後興之務之，如是，則常不勝夫敦比於小事者矣。㊂是何也？則小事之至也數，其縣日也博，其爲積也大；㊃大事之至也希，其縣日也淺，其爲積也小。㊄故善日者王，善時者霸，補漏者危，大荒者亡。㊅故王者敬日，霸者敬時，僅存之國危而後慼之。㊆亡國至亡而後知亡，至死而後知死，亡國之禍敗，不可勝悔也。㊇霸者之善箸焉，可以時託也；王者之功名，不可勝日志也。㊈財物貨寶以大爲重，政教功名反是——能積微者速成。㊉詩

曰：「德輶如毛，民鮮克舉之。」此之謂也。㈡

㈠「積微」、謂積微成著。荀子論學重積，論政亦然。

㈡庶事以積而著，故以月計者不如以日計者著，以時（四時之時）計者不如以月計者著，以歲計者不如以時計者著。故須日日留心庶事，不可怠忽。

㈢「敖慢」、怠忽。「敦比」、勤勉之意，說詳榮辱篇。言大凡日常怠忽小事，直到大事發生才去興作，去下工夫，這樣，就常不如時時勤勉於小事的人了。

㈣「數」、音朔，頻數也。「縣」、音玄，謂懸繫的時日（事物的時間性）。「博」、寬博，多也。「積」、積滯，積壓。言小事常常地發生，程期寬緩，早辦晚辦都可以，積厭就容易多。

㈤「希」同「稀」，少也。「淺」、近也，促也。言大事發生的少，程期近促，來了就得辦，積厭就自然少。

㈥「善」、愛惜。「補漏」、補救遺漏。「大荒」、一切政事都荒廢不治。言愛惜一日之光陰的王天下，愛惜一時之光陰的霸諸侯，不能積功累業，至於敝漏然後補苴的危其社稷，荒廢一切的亡其國家。

㈦「敬」、重也，謂不敢怠慢。「時」、四時。「國」、國君。「僅存之國」、謂苟延殘喘的國君。「戚」、憂戚。

㈧亡國之君，直至國亡而後知亡，身死而後知死，亡國禍敗之事是悔也無益的。

㈨「託」字，俞謂「記」字之訛。言霸者之善，爲什麼明著？以其可以時記也。王者的功名，天天記都記不完的。「志」、通「誌」，與「記」同義。

㈩ 財物貨寶以大爲貴，政治、敎化、功業、聲名卻與此相反——能積微者速成。董仲舒曰：「盡小者大，盡微者著。」

(十一) 詩大雅蒸民第六章。「輶」、輕也。注云：引之以明積微至著之功。

凡姦人之所以起者，以上之不貴義，不敬義也。㈠夫義者，所以限禁人之爲惡與姦者也。今上不貴義，不敬義，如是，則天下之人百姓，皆有棄義之志，而有趨姦之心矣，此姦人之所以起也。且上者下之師也，夫下之和上，譬之猶響之應聲，影之像形也。故爲人上者，不可不順也。㈡夫義者，內節於人，而外節於萬物者也；上安於主，而下調於民者也；㈢內外上下節者，義之情也。㈣然則凡爲天下之要，義爲本，而信次之。㈤古者禹湯本義務信而天下治，桀紂棄義倍信而天下亂。故爲人上者，必將愼禮義，務忠信，然後可。㈥此君人者之大本也。堂上不糞，㈦則郊草不瞻曠芸；㈧白刃扞乎胸，則目不見流矢；㈨拔戟加乎首，則十指不辭斷；㈩非不以此爲務也，疾養緩急之有相先者也。(十一)

㈠「貴義」、貴重禮義。下文「故爲人上者，必將愼禮義，務忠信，然後可。」可證此文「貴義」爲禮義。「敬義」，愼行禮義。言上行下效也。

㈡「順」、注引或說，謂當爲「愼」。案：「順」、「愼」形音皆相似，古多通用。

㈢「節」、節制，注云：「謂禁限也。」言禮義是內而節制人之情性，外而節制對萬物之肆應的，是上而足以安主上，下而足以調一人民的。

㈣「情」、猶實也。言禮義之實，卽在內外上下皆得其節制。

㈤ 大凡治天下之要道，禮義爲根本而忠信次之。

㈥ 爲人主上的，必愼行禮義，務守忠信，然後才可把國家治好。

㈦ 此以下，今本提行，另爲一段，茲從鍾說併入上段。鍾曰：上云「義爲本，信次之。」所謂事有先後也。故此引疾養緩急相先之事以明之。文義相承，不得分也。

㈧ 「糞」、掃除。「芸」、借爲「耘」，除草。「瞻曠」二字，王謂不當有。言事當先其所急，而後其所緩，故堂上不糞除，不暇除野草也。

㈨ 「扞」、通「干」，犯也。謂白刃犯胸，就不暇顧流矢了。

㈩ 「拔」、郝讀少儀「毋拔來」之「拔」，疾也。言戟急加於頭，兩手自然去保護，就不避十指之斷了。

⑪ 「疾」、痛也。「養」與「癢」同。言非不以郊草、流矢、十指爲務，痛癢緩急有所先救者也。言此者，明人君當先務禮義，然後及它事也。

天論篇第十七

古代天道觀念，約有三變：由宗教的天，而爲道德的天（義理的天），由道德的天，而爲自然的天（物質的天）。

孔子的天是人生行爲的最高指導原理，故曰：「惟天爲大，惟堯則之。」但又說：「天生德於予」，「天喪予」，是於道德思想中，猶存宗教之觀念。孟子亦然。

墨家尊天志，主尚同，以天意爲一切行爲的準則，宗教的色彩最爲濃重。故與孔孟都主張敬天。

道家尊天道而黜人爲，道家的天是自然。

荀子的天是自然，却不尊不敬，要和它面對面地分工合作，而倡言「天人之分」。他認爲天的職分，是生萬物，人的職分在治萬物，人生的禍福不是天意，而在人爲。故主張善盡人事，利用自然，福厚人生。

他沒有征服自然的雄心，只是利用自然而已。征服自天，必先瞭解自然，而他是「不與天爭職」，「不求知天」的。因爲荀子的中心問題不是「天」而是「人」，所以他的思想方式是科學的，却沒有開出科學來。

天道觀念，在荀子思想系統中是重要觀點之一，與性論心論同是構成荀子的理智的人爲主義的基本因素。這篇文章在先秦諸子中，獨著異彩，對於它的作者，從來沒有懷疑的。

天行有常，㈠不爲堯存，不爲桀亡。㈡應之以治則吉，應之以亂則凶。㈢彊本而節用，則天不能貧；㈣養備而動時，則天不能病；㈤脩道而不貳，則天不能禍。㈥故水旱不能使之飢〔渴〕，寒暑不能使之疾，祆怪不能使之凶。㈦本荒而用侈，則天不能使之富；㈧養略而動罕，則天不能使之全；㈨倍道而妄行，則天不能使之吉。㈩故水旱未至而飢，寒暑未薄而疾，祆怪未至而凶——⑪受時與治世同，而殃禍與治世異，⑫不可以怨天，其道然也。⑬故明於天人之分，則可謂至人矣。⑭

㈠ 荀子宇宙觀中的天，沒有控制自然世界和人類社會的意志和能力，只是自然而已。所以荀子的天，不是宗教的天，也不是孔孟德化的天。「天行」、謂天體的運行。「有常」、謂有一定的規律。（自然法則）。

㈡ 堯、代表聖君。桀、代表暴君。「存」、「亡」，指天行之常言。言大自然的運行，不因聖君或暴君而按照或改變其正常的軌道。這表示人事不影響天道，易言之，天人沒有感應。

㈢ 「應」、適應，肆應。不苟篇云：「禮義之謂治，非禮義之謂亂。」「治」、合於禮義（合理）的行爲。「亂」，不合於禮義的行爲。言人君（人類）以治道去肆應它就幸福，以亂道去肆應它就凶災。這表示吉凶在人，不在天。以下即詳言其道。（以上五句全篇總綱。）

㈣ 「本」、農桑。如果加強農業生產，而節約用度，天就不能使人貧困。

㈤ 「養備」、謂使人衣食豐足。「動時」、謂勤力適時適度。如果養生所需，如衣食之類，充足完備，而一切活動又適時適度，天就不能使人生病。

(六)「脩道而不貳」：王云「脩」、當爲「循」之誤，「循」、順也。「貳」、當爲「貣」之誤，「貣」與「忒」同，「忒」、差也。羣書治要可證。案：「道」、謂禮義。言如果所行皆合於道而無差錯，天就不能使人遭遇災禍。

(七)「渴」字，據王據治要校，刪。「祆」與「妖」通。「祆怪」、指自然的怪異現象。三「使之」之「之」字，皆人之代詞。此承上文而言，言強本而節用，故水旱之災不能使人發生飢荒；養備而動時，故冬寒暑熱不能使人發生疾病；循道而不差，故怪異的自然現象不能使人遭遇災禍。（自「彊本而節用」至此，是「應之以治」的。）

(八)此二句和上文「彊本而節用」二句對文。言如果農業荒廢，而用度奢侈，天就不能使人富足。

(九)此二句和上文「養備」二句對文。「略」減少。「養略」、謂使人衣食不足。「罕」、希少。「動罕」、謂怠惰少動。「全」、保全。言養生所需既不足，而又怠惰少動，天就不能使人維持健康。

(一〇)此二句和上文「脩道」二句對文。「倍」、借爲「背」，違背。言不行正道（禮義）而胡作非爲，天就不能使人吉祥幸福。

(一一)此三句和上文「故水旱不能」三句對文。「薄」、迫也，侵襲。「祆怪未至」之「至」，治要作「生」。此承上文「本荒」、「養略」、「背道」等三句而言。言如果不盡人事，就是沒有水旱天災也會飢荒，沒有寒暑侵襲也會生病，沒有怪異現象也會倒霉。

(一二)「時」、天時。「受時」、所接受的天時，此指自然現象，「受時」上省去了「亂世」二字。言亂世的人所接受的天時，和治世沒有兩樣，但人民所遭遇的災禍卻和治世不相同。

㊂「道」、法術，俗語「作法」。言如此的作法，自然得到如此的結果，所以不可以怨天，應該怨恨自己。（自「本荒而用侈」至此，是「應之以亂」的。）（荀子所強調的，多用重複的字眼，如這一節「不能」二字。）

㊃「分」、讀去聲，職分。「至人」、聖人。能明白天和人是各有職分的，就是聖人了。（「天人之分」四字是全篇主旨。）

不爲而成，不求而得，夫是之謂天職。㊀如是者，雖深、其人不加慮焉；雖大、不加能焉；雖精、不加察焉，㊁夫是之謂不與天爭職。㊂天有其時，地有其財，人有其治，夫是之謂能參。㊃舍其所以參，而願其所參，則惑矣。㊄

㊀「不爲」、「不求」句：楊注：「四時行焉，百物生焉」，天之職任如此。案：「不爲」、「不求」，皆指天言，或謂指人，非。此卽老子「無爲而無不爲，」莊子天地篇「無爲爲之之謂天」之義。「天職」、天的職責。「職」、卽上文「天人之分」的「分」。言天不爲不求，而自然生成萬物，這就叫做天職。

㊁「其人」、卽上文所說的「至人」。「如是」、指上文「不爲而成，不求而得」言。「深」、「大」、「精」，指天生萬物的作用言。「慮」、思考。「能」、致力。（高亨讀「能」爲「態」。「態」、意也。「不加能」、謂不加意也。亦可通。）「察」、體察。此三字皆相當「研究」之意，指人言。「加慮」、「加能」、「加察」、卽求知天（認識天）之意。言天「不爲而成，不求而得」，大自然這種神秘的作用，雖然深遠、廣大、精微，聖人卻不去考慮，不去用心，不去體察。意謂聖人只注重人事（治道），不注意天道。

㊂聖人這種只重人事，不問天道的態度，就叫做不與天爭職。（因爲聖人「明於天人之分」。）

㈣「天有其時」、謂寒來暑往，春生夏長，秋收冬藏。「地有其財」、謂地生動植礦等物質。「人有其治」、謂人類因天時之所宜，而善用之。（以上皆梁啓雄說）「能參」、楊注：人能治天時地財而用之，則是參於天地。案：古代學者多以天地人三者並列。凡道德修養能與天地精神相配合的，叫做「與天地參」。荀子的「參」只是治的意思，不是精神的融合。王制篇：「天地生君子，君子理天地。君子者、天地之參也，萬物之總也……無君子則天地不理。」可以爲證。這三句的大意：天的職責是供給四時，地的職責是生產財物，人的職責是治理天地。人如果能治天時地財而善用之，就叫做「能參」。「能參」、也就是能治之意。

㈤「舍」、同「捨」，放棄。「所以參」、指人治、人事。「願」、願慕，盼望。「所參」、謂天時地財。言放棄人事方面的努力，而一味地盼望風調雨順，五穀豐登，那就是迷惑的表現了。

列星隨旋，日月遞炤，四時代御，㈠陰陽大化，風雨博施，㈡萬物各得其和以生，各得其養以成，㈢不見其事，而見其功，夫是之謂神。㈣皆知其所以成，莫知其無形，夫是之謂天功。㈤唯聖人爲不求知天。㈥

㈠「列星」、星之有列位的，二十八宿是也。「隨旋」、謂衆星相隨回旋。「炤」、同「照」。「遞炤」、互相交替着照耀。「御」、進也（或釋爲治，殆非。），即「四時行焉」之「行」。言衆星相隨旋轉在天上，日月交替着照耀大地，四時循環着御臨人間。

㈡「陰陽」、謂寒暑。「大化」、謂變化萬物。「博施」、普徧施與，無不沾被。言寒暑不停地變化萬物，風雨普徧地沾被萬物。

㈢「和」、指寒暑的調和。「養」、指風雨的滋潤養育。言萬物皆因天時的調和，風雨的滋養，而生長成熟。

㊃「其事」、天之從事操作。「其功」、天之成功，謂生成萬物。「神」、「陰陽不測之謂神」（易傳）。此指天之化生萬物，而無操作形迹，其間奧妙，不可捉摸，故稱之爲「神」。言人類看不見天生萬物的形迹，只看到生成萬物的結果，這是天道的神奇處。禮記哀公問：「無爲而成，是天道也；已成而明，是天道也。」可作此文註脚。

㊄「皆知其所以成」，承上文「萬物各得其和以生，各得其養以成」而言。「莫知其無形」，承上文「不見其事」而言。「天」下今本無「功」字，茲據楊注或說補。言人都知道萬物是得陰陽之和以生，得風雨之養以成的；但對於天生成萬物，毫無形迹可尋的作用（天道），卻是無從理解的。這種無從理解的作用，人就稱爲天功。

㊅「不求知天」、謂不求瞭解無形迹可尋的「天功」，亦卽不求知「不爲而成，不求而得」的「天職」。上文「不加慮」，「不加能」，「不加察」，卽此文之「不求知」。凡形而上的知識，荀子皆以爲無益於治理的不急之察，棄而不治。故此云：聖人不求知天。

天職既立，天功既成，㊀形具而神生，好惡喜怒哀樂臧焉，夫是之謂天情。㊁耳目鼻口形能各有接而不相能也，夫是之謂天官。㊂心居中虛，以治五官，夫是之謂天君。㊃財非其類以養其類，夫是之謂天養。㊄順其類者謂之福，逆其類者謂之禍，夫是之謂天政。㊅暗其天君，㊆亂其天官，㊇棄其天養，㊈逆其天政，㊉背其天情，（十一）以喪天功，夫是之謂大凶。（十二）聖人淸其天君，（十三）正其天官，（十四）備其天養，（十五）順其天政，（十六）養其天情，（十七）以全其天功。（十八）如是，則知其所爲，知其所不爲矣；（十九）則天地官而萬物役矣。（二十）其行曲治，其養曲適，其生不傷，（二一）夫是之謂知天。（二二）

㊀兩句大意：既有天職天功，於是化生萬物，而有人類。

㊁「神」、意識。「臧」、同「藏」。「天情」、所受於天之情感。這三句大意：人既具有形體，就有意識；既有意識，就蘊藏着喜怒哀樂等情感。情感是受之自然，故曰「天情」。

㊂「形能」之「能」，王以爲應作「態」，鍾以爲「本能」之「能」。茲從鍾說。「不相能」、言不能互相代替。兩句大意：人具有耳目口鼻形體等感官，感官都有能力和它相應的外物相接觸，以辨別它是什麼，如耳辨聲，目辨色，鼻辨臭，口辨味，形體（觸覺）辨痛癢寒熱；但不能互相代替。如耳不能辨色，目不能辨聲。這些感官是受之自然，故曰：「天官」。莊子天下篇：「譬如耳目口鼻，皆有所明，不能相通。」與此同義。

㊃「中虛」、名詞，指胸腔。「治」、統治。「天君」、天使爲形體之君（注）。言心居於中虛之處，是以統治五官的，它是形體的自然主宰，故曰：「天君」。

㊄「財」、同「裁」，荀書多借「財」爲「裁」：「裁」、裁制，引申有「利用」之意。「其類」、指人類。「非其類」、指人類以外的物類，可以爲人類生活之資者。言裁制人類以外的物類，如裁粟以爲食，裁麻以爲衣，裁木石以爲宮室，於是人類的生活得以維持。利用異類以養人類，是自然之道，故曰：「天養」。

㊅「順其類者」、謂能順應人類之需要的（注：謂能裁者。），也就是能生產異類以養人的。「逆其類者」、謂不能順應人類之需要的（注：謂不能裁者。），也就是不能生產異類以養人的。能生產的生活富足，故曰「福」；不能生產的生活貧困，故曰「禍」。這種禍福如自然的賞罰的政令一般，故曰：「天政」。以上並論天所置立之事，以下論人逆天順天之事。

㊆思想受了蒙蔽，不能保持心君的清明，而致昏暗迷亂。心君昏亂，是一切昏亂的根源。

㊇感官的機能，因聲色臭味等過度的消耗，而失其正常。

（九）不務養生之道，而又浪費過度。

（一〇）不知努力增產，以養其類。

（一一）好惡、喜怒、哀樂等情感，不能適度地節制。

（一二）總承上五句而言。言這樣的人生，必定喪失天地生養之功，而得不到正常發展，這便是大凶。

（一三）聖人思想不蔽，心君永保清明。心君清明是一切舉措合理的關鍵。

（一四）不使聲色過度，損壞感官機能。

（一五）具備養生之道。

（一六）努力增產，順應人類需要。

（一七）情感得到適度的抒發，而不使流放。

（一八）此總承上五句而言。言如此人生，就可保全天地生養之功，而得到正常發展。（此即所謂「天生人成」。）豬飼彥博謂「以全其天功」之「其」字衍。

（一九）「其所爲」、謂人職。「其所不爲」、謂天職。兩「其」字皆指人言。「知其所爲」，以盡人職；「知其所不爲」，不與天爭職。此即上文所謂「天人之分」，此義貫徹全篇。言由此看來，就可以知道，什麼是應該作的，什麼是不應該作的了。

（二〇）禮記樂記：「天地官矣。」疏云：「官、猶事也。」是「官」有「盡職」之意。言聖人盡力人事，就可使天地盡職，萬物供役，皆爲所用。暗示人是天地萬物（自然世界）的主宰，天不是主宰。

（二一）三「其」字，皆指聖人。「曲」、周徧。言聖人知其所爲，知其所不爲，故一切措施，無不合乎治道；其所養人之術，無不周徧適當；其生長萬物，沒有一點傷害。後二句與孟子：「仁民而愛物」之義頗相近。（盡心上）

㊂荀子的天有廣狹二義：上節是狹義的天——宇宙自然現象；這一節是廣義的天。廣義的天包括「宇宙的天」和「人生的天」兩大類。「天職」、「天功」是天之屬於宇宙者（科學的天），這是荀子不求知的。「天情」、「天官」、「天君」屬於人身；「天養」、「天政」屬於人事。這五項是天之屬於人生者（人文的天），是荀子所要求知的。所以上節所不求知的天，和這一節所要求知的天，內容並不相同，在文字上好像前後矛盾，在意義上卻並不衝突。此句大意：像聖人這樣的敬修人事，善用自然，就是知天。至於天地生物的奧秘，倒是不必過問的。君道篇云：「故君子……其於天地萬物也，不務說其所以然，而致善用其材。」可與此文互發。

故大巧在所不爲，大智在所不慮。㊀所志於天者，已其見象之可以期者矣；㊁所志於地者，已其見宜之可以息者矣；㊂所志於四時者，已其見數之可以事者矣；㊃所志於陰陽者，已其見〔知〕和之可以治者矣。㊄官人守天，而自爲守道也。㊅

㊀「大巧」、「大智」，皆指聖人。「不爲」，指不與天爭職。「不慮」，指不求知天。此承上文而言大巧、大智的聖人，只是專心致力於人事，對於天職、天功是絕對不越俎過問的。

㊁「志」，注訓記識，俞訓知，茲從俞訓。「已」，止也。「見」，同「現」，顯現、表現。以上三字下文同。「象」，象徵。「期」，預期、預測。「天行有常」，既見此一現象，就可預測下一現象。故此言：對於天所要知道的，只限於它所顯現的象徵，這樣就可據以預測節令、氣候的變化了。

㊂「宜」，土宜，指土壤適宜的農作物。「息」，蕃息、生長。這兩句大意：對於地所要知道的，只限於土壤所顯現的適宜的作物，這樣就可據以從事耕作了。

㊃「數」、次第，指春生、夏長、秋收、冬藏必然的自然規律。「事」、應時勞作。言對於四時所要知道的，只限於四時顯現的必然次第，這樣就可據以應時勞作了。

㊄「知」、爲「和」之誤，據注及王校，改。「和」、陰陽寒暑的應時調和變化。「治」、治理，指修治人事。言對於陰陽所要知道的，只限於它所顯現的寒暑調和變化，這樣就可據以修治人事了。觀象授時，以利民生，是古代有國者的要政。案：以上四者是承上文「夫是之謂知天」而言，然所知於天、地、四時、陰陽者，亦止限於與人事有直接關係的如此而已，且應委由專家司之。（見下）

㊅「官人」、指日官、星官、太史等天文專家。「自爲守道」、指國君——聖人言。「道」、人道、治道（禮義）。荀子此文蓋爲當時「營巫祝，信禨祥」（史記孟荀列傳）的國君說法，故此云：關於天的事，最好由專家負責，盡其職守，至於聖明的國君則但守人道而已。又劉師培云：「此句蓋總全節言之。「官人」者、執一不通之人也……此文言：執一之人，僅知守天，而自以爲守道。蓋荀子之意，以道在天外，……若迷於信天，以爲天外無道，此惟執一不通者則然耳。」此說可備參考。（以上五節爲第一段，重點在闡明「天人之分」一義。言天是自然，不是神，且與人事無關。它的作用只是「生」，人的職責則在「治」。故人類應敬修人事，善用自然，自求多福。不可迷信天命，依賴自然。」

治亂，天邪？㊀曰：日月星辰瑞厤，㊁是禹桀之所同也，禹以治，桀以亂；治亂非天也。

時邪？曰：繁啓蕃長於春夏，畜積收臧於秋冬，㊂是禹桀之所同也，禹以治，桀以亂；治亂非時也。

地邪？曰：得地則生，失地則死，㊃是又禹桀之所同也，禹以治，桀以亂；治亂非地也。詩曰：「天作高山，大王荒之。彼作矣，文王康之。」此之謂也。㊄

㊀有人問：人世間的治亂，是否天意？
㊁「瑞厤」、郝云：即「曆象」。韋日春曰：尚書堯典：「乃命羲和，欽若昊天，曆象日月星辰，敬授人時。」孔傳曰：「星、四方中星。辰、日月所會。曆象、其分節。敬記天時，以授人時。」日月星辰運行於天，人間節令即依之而定。運行之分節，即人間之節令。故「曆象」、即「節令」也。
㊂「繁」、多也。「啓」、萌芽。「蕃」、茂盛。「長」、成長。「畜」、同「蓄」。「臧」、同藏。言草木在春天繁盛地萌芽，在夏天茂盛地成長，秋天結實，是收割蓄積的時候。冬天寒冷，是收藏的時候。
㊃人類失去土地的憑藉，就無法生活。
㊄詩周頌天作篇。引此詩說明人爲的必要。「高山」、指岐山。「大」、讀爲「太」。「大王」、即古公亶父。「荒」、治也。「康」、安也。言岐山雖是天所生成，但經過太王由豳遷此之後的墾治，才有利於人。太王既已創業，文王又能安定下來，人民才有安定的居處。

天不爲人之惡寒也輟冬，地不爲人之惡遼遠也輟廣，君子不爲小人之匈匈也輟行。㊀天有常道矣，地有常數矣，君子有常體矣。㊁君子道其常，而小人計其功。㊂詩曰：「禮義之不愆，何恤人之言兮！」此之謂也。㊃

㊀「小人」下「之」字，據王先謙據治要校，補。「匈匈」、諠譁聲，與「詾詾」同，音凶。

「行」、下孟反（ㄒㄧㄥˋ）。天不因人類憎惡寒冷而不讓多天來臨，地不因人類憎惡道路遼遠而改變幅員的廣大，君子不因小人的吵鬧而改變他正義的行爲。案：前兩句說明天之自然義——天人沒有感應。第三句是本節主旨所在，意在勉勵有國者應力排衆議，破除迷信。

㈡「天有常道」，卽篇首之「天行有常」。言天體的運行有它不變的常道。「地有常數」：「數」、理也。言土地的生產有它不變的常理。「君子有常體」：淮南氾論注：「體、行也。」「常行」、猶「常道」。言君子的言行有他不變的原則。管子：「天有常象，地有常形，人有常禮。」與此文相近而易明。

㈢「道」、動詞，行也。「常」、常道。「計」、計較。「功」、眼前的小利害。言君子行其常道，原則永遠不變；小人只計較一時的功利，因物而遷。

㈣逸詩。上句五字原缺，據俞據文選答客難篇及本書正名篇引校，補。「愆」、差錯。「恤」、猶言「顧慮」。言君子守道不違，何必擔心別人的閑話！

楚王後車千乘，非知也；君子啜菽飲水，非愚也；是節然也。㈠若夫〔心〕志意脩，德行厚，知慮明，生於今而志乎古，則是其在我者也。㈡故君子敬其在己者，而不慕其在天者；小人錯其在己者，而慕其在天者。㈢君子敬其在己者，而不慕其在天者，是以日進也；小人錯其在己者，而慕其在天者，是以日退也。故君子之所以日進，與小人之所以日退，一也。㈣君子小人之所以相縣者，在此耳。㈤

㈠「後車」、國君扈從之車。「知」同「智」。「啜」、吃。「菽」、豆類，謂粗糧。「節然」、卽「適然」，猶言「偶然」，「湊巧」。言楚王出門，扈從之車千輛，富貴之極，並非因爲他是聰明啊。君子吃粗飲水，貧困之極，並非因爲他是愚蠢啊。人生富貴貧賤，都不過偶然的遭遇而已。

㈡「心」、據王據脩身榮辱等篇校，改爲「志」字。「行」、下孟反（ㄒㄧㄥˋ）。言君子斤斤計較的，不是境遇的好壞，而是修身立德。譬如志意如何修潔，德行如何敦厚，知慮如何清明，生於今世，而嚮往前賢往哲，這都要靠自己的努力了。

㈢「敬其在己者」、對自己應作的事嚴肅認眞。「慕其在天者」，心存徼幸，妄想借助於天命。「錯」、置也，放棄。「錯其在己者」，放棄自己應盡的責任。

㈣「一也」、注：皆有慕有不慕。案：言君子小人各有其所慕與不慕的一面。

㈤「縣」、同「懸」，懸隔，懸殊。言君子小人人格所以懸殊甚大原因就在於此。（以上三節原爲三段，今併爲一段。說明國家之治亂，人格之高下，皆與天無關，故君子應努力修治人事，而不可以依賴天命。）

星隊木鳴，國人皆恐。㈠曰：是何也？曰：無何也！㈡是天地之變，陰陽之化，物之罕至者也。㈢怪之，可也；而畏之，非也。夫日月之有蝕，風雨之不時，怪星之黨見，是無世而不常有之。㈣上明而政平，則是雖並世起，無傷也；㈤上闇而政險，則是雖無一至者，無益也。㈥夫星之隊，木之鳴，是天地之變，陰陽之化，物之罕至者也；怪之，可也；而畏之，非也。

㈠「隊」、古「墜」字。「星墜」、流星下墜，古人不明其故，以爲災異。「木鳴」、兪曰：古有社鳴之說，古文「社」從「木」，作「䄯」。「社鳴」、實卽「木鳴」也。案：「木鳴」之說，不詳，俞說亦牽強，姑錄以備考。

㊁「無何」、猶言「無故」（顏師古說）。

㊂「罕」、少也，見上。「至」、出現，發生。言星墜木鳴等現象，是天地陰陽的變化（常態中的變態），事物之中少見的情況；但並非人事之所招，所以可怪而不可畏。

㊃「黨」、王謂古「儻」字，或然之詞。「見」、賢徧反。「常」與「嘗」通。言日蝕月蝕，風雨不調，怪星偶然出現，這些現象什麼時候都會發生的。

㊄「上明」、國君明察。「政平」、政令平治（公平合理）。「是」、指日月之蝕等現象。「並世起」、同時發生。案：此卽篇首「祆怪不能使之凶」之義。

㊅「闇」同「暗」。「上闇」、國君昏瞶。「險」、邪也。「政險」、政令酷虐。案：此卽篇首「祆怪未至而凶」之義。

物之已至者，人祆則可畏也：㊀楛耕傷稼，〔耘〕楛耨失〔薉〕歲，政險失民；㊁田薉稼惡，糴貴民飢，道路有死人：夫是之謂人祆。㊂政令不明，舉錯不時，本事不理，㊃勉力不時，則牛馬相生，六畜作祆：夫是之謂人祆。㊄禮義不脩，內外無別，男女淫亂，則父子相疑，上下乖離，寇難並至：夫是之謂人祆。㊅祆是生於亂。㊆三者錯，無安國。㊇其說甚爾，其菑甚慘。㊈〔勉力不時，則牛馬相生，六畜作祆〕可怪也，而〔不〕亦可畏也。㊉傳曰：「萬物之怪書不說。」⑪無用之辯，不急之察，棄而不治。⑫若夫君臣之義，父子之親，夫婦之別，則日切瑳而不舍也。⑬

㊀「祆」同「妖」。「人祆」、指人事中的怪異現象。言在歷史上已發生的事物，以人祆為最

可怕。以下即述人祆。劉師培說：外傳二「則」作「最」，「也」下有「曰：何謂人祆」五字及「曰」字此疑脫。

㈡「楛耕」、謂耕種粗惡不精。「耘耨失薉」、清儒以為應作「楛耘失歲」，茲據鍾說及外傳改作「楛耨失歲」。「耨」、除草。「歲」、一年穀物的收成。言耕種粗惡傷害莊稼，除草草率損失收成，政令酷虐失掉民心。

㈢「薉」、同「穢」，荒蕪。「糴」、音狄，買穀。「糴貴」、糧價昂貴。言田地荒蕪，莊稼長得很壞；糧價昂貴，民衆挨餓。案：此就生產方面說人祆。

㈣「明」、清明，合理。「錯」同「措」。「舉錯不時」，言國家的措施，不合時宜，如在農忙，驅民勞役。「本事」、農桑之事。「理」、治理。

㈤「勉力」等三句，據王據呂本及外傳校，自後移此。或說這三句在「禮義不脩」之前。「勉力」、力役也。「牛馬相生，六畜作祆」，總承上四句而言（王說）。言國家政令混亂，舉措不合時宜，農桑不加治理，力役違背時節，則民衆怨憤，其氣所感，六畜往往生下異類，而有祆異之怪。案：此就政令方面說人祆。

㈥「父子」上「則」字，王謂外傳及治要均無，應刪。鍾謂此「則」字與上「則牛馬相生」之「則」字正相對，似可存。「寇難並至」、言外患（寇）內亂（難）同時並起。案：此就教化方面說人祆。

㈦「祆是生於亂」：左莊十四年傳：「妖由人興也。人無釁焉，妖不自作。人棄常則妖興。」宣十五年傳：「民反德為亂，亂則妖災生。」言祆異是生於人事之混亂。

㈧「三者」、三人祆。「錯」、交錯。言上述三種人事的祆異，如果交錯於國中，國家就無安寧之日了。

(九)「其說」、這種說法。「爾」、借爲「邇」，近也。「菑」、古「災」字。言人祆之說，較自然祆異之說的道理，淺近易明；但由人祆所釀成的災害，卻是很慘毒的。言外人對人祆多不知儆懼，對自然的怪異卻很重視。

(一〇)「不可畏也」，據王校改「不」爲「亦」字，與上文「人祆則可畏也」相應。

(一一)「傳」、指古書。「書」、指六經。言萬物的怪異現象，在六經中是不詳加申說地。

(一二)不切實用的論辯，對生活並無急需的考察，應該棄而不加研究。此皆指自然怪異而言。荀子是實用主義者，故有是論。

(一三)「君臣」、「父子」、皆屬人倫範圍。言至於人倫方面的問題，卻應該天天研究不廢的。案：由此可見荀子所研究的問題是人，不是天；是人文的，不是科學的。（以上兩節爲第三段，說明對自然怪異不必驚疑，對人爲怪異卻應重視。）

雩而雨，何也？曰：無何也，猶不雩而雨也。(一)日月食而救之，天旱而雩，卜筮然後決大事，非以爲得求也，以文之也。(二)故君子以爲文，而百姓以爲神。以爲文則吉，以爲神則凶也。(三)

(一)「雩」、音于，求雨之祭名。周禮司巫：「國大旱，則率巫而舞雩。」「雨」、羊遇反（ㄩˋ），下雨。對曰：與不雩而雨同，是巧合，非因求而得雨也。

(二)「食」、同「蝕」。「得求」、求而有所得。「文」、文飾。此五句大意：在上位者見日蝕月蝕就鳴鼓以救它，天旱了就祈禱以求雨，這表示惶急之情；卜筮然後決定大事，這表示鄭重之意，並非認爲眞是求則有所得，不過用來撫慰民情，以爲政事上的文飾罷了（政治藝術）。

㈢ 俯順民情，以為文飾，倒也無妨，若淫祀求福，卻要誤事了。陳大齊先生以為此論，闡發了自然現象的眞象，破除了根深蒂固的迷信。馮友蘭以為荀子將古代迷信的宗教，修改為詩為藝術，是最大的貢獻。（以上是第四段，說明政府求雨卜筮之類的宗教活動並非眞有求於天。）

在天者莫明於日月，在地者莫明於水火，在物者莫明於珠玉，在人者莫明於禮義。故日月不高，則光明不赫；㈠水火不積，則暉潤不博；㈡珠玉不睹乎外，則王公不以為寶；㈢禮義不加於國家，則功名不白。㈣故人之命在天，國之命在禮。㈤君人者，隆禮尊賢而王，重法愛民而霸，好利多詐而危，權謀傾覆幽險而〔盡〕亡矣。㈥

㈠ 「赫」、強烈。

㈡ 「積」、謂累積得多。「暉」、指火光。「潤」、指水的濕潤。「博」、大也。言水火如不多積，則火的照耀不強，水的濕潤不大。

㈢ 「睹」、王以為應作「睹」、音睹，玉篇：「睹之言著也。」言珠玉的光彩如不顯著於外，則王公貴人不把它當作珍寶。

㈣ 「白」、顯赫。言治國不以禮義，則功績名望不會顯赫。

㈤ 人類的生命是受之於自然，國家的命脈在有禮法。

㈥ 「權謀」、詭譎的政治手段。「傾覆」、猶今言「坑陷」。「幽險」、隱匿其情，而凶虐難測（注）。「盡」、據王先謙據彊國篇及治要校。刪。言人君如以權謀傾覆幽險之道對待人民，就要失掉民心而亡國。

大天而思之，孰與物畜而制之！㈠從天而頌之，孰與制天命而用之！㈡望時而待之，孰與應時而使之！㈢因物而多之，孰與騁能而化之！㈣思物而物之，孰與理物而勿失之也！㈤願於物之所以生，孰與有物之所以成！㈥故錯人而思天，則失萬物之情。㈦

㈠「大天」、以天爲神而尊大之。「思之」、把希望寄託於天。「思」、慕也。「孰與」、何如。「物畜」、視天爲物而不以爲神。「制之」、王謂當爲「裁之」。「裁」與「思」叶韻。下文「頌」與「用」，「待」與「使」，「多」與「化」，古皆叶韻。言與其尊天爲神而希望它賜我福祉，何如把它看作一物而加以裁制呢！

㈡「從」、順從。「頌」、歌頌。「天命」、天之所命，謂天生之萬物。言與其順從天德而歌頌它，何如裁制天生之萬物以爲我用呢！如裁麻以爲衣，裁粟以爲食之類。

㈢「望時」、盼望天時調順，五穀豐收。言與其盼望天時調順年穀豐收，而坐待之，何如應時耕作，役使四時爲我生產呢！

㈣「騁能」、運用智能。「化」、生也，見禮記樂記「百物自化」鄭注。言與其任物類之自然生長，而望其豐足，何如運用人類的智能，助其生長以增產呢！如后稷之播種五穀。

㈤「思物」、思慕（希望）萬物以爲己物。「物之」、徒以爲物，不加治理，而任其自然。「理物」、治理萬物，使得其宜。「失之」、喪失了萬物。言與其盼望萬物以爲己有，而任其自然不加治理，何如治理萬物，皆得其宜，而不失喪它呢！

㈥「願」、思慕。「有」、借爲「右」，助也。「物之所以生」，是天之事。「物之所以成」、是人之事。言與其致力以求瞭解萬物之所以生，何如致力以助萬之所以成呢！案：此即「天生人成」之義。

㊆注：物之生雖在天，成之則在人也。此皆言理平豐富，在人所爲，不在天也。若廢人而妄思天，雖勞心苦思，猶無益也。案：此言：放棄人事的努力，而一味寄希望於天命，那是違背萬物之理的作法。（以上兩節爲第五段，也是本篇的總結——後兩段均與天論無關——說明治國應以禮義爲本，並須善盡人事，利用自然，方不失對萬物之情。又荀子這一節的言論，是以理智主義的態度，對迷信思想之否定，而彰顯「天人之分」一義的。其目的並不是積極的建立其科學思想。言科學則必究心於物之所以生，而後才能致力於物之所以成，荀子卻說：「君子……其於天地萬物也，不務說其所以然，而致善用其材。」（君道篇）這種態度，適是反科學的。因爲荀子的理路雖近乎科學，但他用以解決的問題則是人文的（人倫問題）。故不能向純知識的科學方面發展，而建立純科學的學問。）

百王之無變，足以爲道貫。㊀一廢一起，應之以貫，理貫不亂。㊁不知貫，不知應變。㊂貫之大體未嘗亡也。㊃亂生其差，治盡其詳。㊄故道之所善，中則可從，畸則不可爲，匿則大惑。㊅水行者表深，表不明則陷。㊆治民者表道，表不明則亂。㊇禮者，表也。非禮，昏世也；昏世，大亂也。㊈故道無不明，外內異表，隱顯有常，民陷乃去。㊉

㊀注：「無變」、不易也。百王不易者，謂禮也。言禮可以爲道之條貫。陳大齊先生曰：道能貫通一切，貫乃道之功用，故稱「道貫」，亦簡稱「貫」。案：道以禮義爲實質，禮義之條貫爲「統類」；故「道貫」、卽禮義之統類。言歷代聖王遵行不變的，就是禮義之統類，統類足以統攝貫通一切典章制度，故稱曰「道貫」。

㈡ 注：雖質文廢起，時有不同，然其要歸，以禮爲條貫。案：「廢、起」、猶言損益。「應之以貫」之「之」字，爲「廢起」之代詞。這三句大意：因應時地之宜，禮法不能不有所損益，但損益所據之義理，要必合於道貫（統類），以合於道貫之禮治國，國就自然不亂。

㈢ 注：不知以禮爲條貫，則不能應變。案：知類應變，爲荀子所雅言，此亦其意。言不知道貫（禮義之統類），則只能處常，不能應變。

㈣ 此句大意：應變不能拘守常禮，而不能不有所損益；雖有所損益，但和道貫的基本精神（大體）是不相違背的。

㈤ 兩「其」字，均指「道貫」。「差」、謬也。言國之所以亂者，由於國君對道貫認識錯誤；國之所以治者，由於國君對道貫認識精詳。

㈥ 「畸」、音基，偏也。「匿」、王謂同「慝」，差也，音特，言大惑生於差慝也。此承上兩句言，「道之所善」，應指國君對於道之認識說。此四句大意：國君於道之中所認取以爲善的（韋日春說），此認取如果正確（中），就可以從（卽上文「治生於詳」之意）；如有所偏，就不可以爲；如果差慝，就大大地迷惑錯亂（卽上文「亂生於差」之意）。

㈦ 「表」、標誌也。「陷」、溺也。言要謀渡河安全，須河在上建立表明深淺的標誌，若標誌不明就會淹死人。呂覽察今篇：「荊人欲襲宋，使人先表澭水；澭水益暴，荊人弗知，循表而夜涉，溺死千有餘人。」此水行立表之例。

㈧ 要治民須先建立共同遵守的標準——道；標準不明，社會就會混亂。儒效篇：「君子言有壇宇，行有防表。」

㈨ 禮是治國的標準，治國不以禮，就世道昏闇，世道昏闇，就社會大亂。大略篇：「水行者表深，使人無陷；治民者表亂，使人無失。禮者、其表也。」

⑩注：「隱顯」、卽內外也。「有常」、言有常法也。案：此四句大意：道（禮）永遠是治國的標準；但時有常變，道有隱顯。處常以道，道顯於外而爲典章制度；處變以道，道隱於內而爲非常措施。儘管不守常規，但和道的精神並不相違。外內隱顯雖有不同，要其不離於道則一，這就是所謂「有常」，（解蔽篇：「道者體常而盡變。」）治國有常道，民衆知所遵循，就免於陷溺了。（此段言道（禮）是治國的標準，百世不變。）

萬物爲道一偏，㊀一物爲萬物一偏。愚者爲一物一偏，而自以爲知道，無知也。㊁愼子有見於後，無見於先。㊂老子有見於詘，無見於信。㊃墨子有見於齊，無見於畸。㊄宋子有見於少，無見於多。㊅有後而無先，則羣衆無門。㊆有詘而無信，則貴賤不分。㊇有齊而無畸，則政令不施，㊈有少而無多，則羣衆不化。⑩書曰：「無有作好，遵王之道；無有作惡，遵王之路。」此之謂也。⑪

㊀「萬物」、自然界的萬物。道爲自然世界的主宰，又爲人文世界的主宰。只就自然一面說，萬物自是道之一偏。

㊁「愚者」、指下文諸子。「愚者爲一物一偏」之「爲」，與上二句之「爲」、異義。此「爲」、治也。「一物」卽「一偏」。「爲一物一偏」者，研治一物也。（韋日春說）此數句大意：萬物是道的一偏，一物是一偏中之一偏。愚者只研究了一物一偏之微，而自以爲已知道之全體，其實是一無所知的。解蔽篇：「曲知之人，觀於道之一隅，而未之能識也。」莊子天下篇：「天下之治方術者多矣，皆以其有，爲不可加矣。」皆與此同義。

㊂注：愼到本黃老之術，明不尙賢，不使能之道。故莊子論曰：「塊不失道。」以其無爭先之

意。故曰：見後而不見先也。案：莊子天下篇：「是故愼到棄知去己，而緣不得已。泠汰（郭象曰：「泠汰」、猶「聽放」也。）於物，以爲道理。……而笑天下之尙賢也。舍是與非，苟可以免。（郭象曰：不固執是非，苟且可以免於世之爲也。）不師知慮，不知前後……推而後行，曳而後往，至於若無知之物而已。」據此，可知「先後」猶言「進退」。愼子棄智去己，使自己成無知之物，讓人推着才往前行，拉着才向前進，絕無爭先之意。故荀子批評他說：愼子只見後退的好處，沒見前進的益處。

㈣注：老子、周之收藏吏也。姓李、字伯陽，號稱老聃，孔子師之。著書五千言，其意多以屈爲伸，以柔勝剛，故曰：見詘而不見信也。梁啓超曰：老子務以詘爲敎，而不知「自彊不息」、「日進無疆」之爲美德。案：「詘信」、「屈伸」古今字。老子云：「大直若屈，大巧若拙。」「不敢爲天下先，故能成器長。」「知其榮，守其辱，爲天下谷。」皆有見於屈，無見於伸之義。故荀子批評他說：老子只看到「屈」在人生中的大用，沒有看到「伸」在人生中的大用。

㈤梁啓超曰：「墨子兼愛、尙同以絕對的平等爲至道，不知物之不齊，物之情也。儒家之「親親之殺」，「尊賢之等」，有殺有等，乃適愜其平。案：此指墨子「僈差等」而言。言墨子僅見平等的一面，而不知差等一面在人倫中是必要的。「畸」、不齊也。

㈥注：宋子、名鈃，宋人，與孟子同時。正論篇云：「宋子以人之情欲寡，而皆以己之情欲多，是過也。」據此說，則見少而不見多也。漢書藝文志有宋子十八篇。案：宋子以情欲（動詞）寡爲敎，而不知人之情各有不同，有欲（動詞）寡的，也有欲多的。宋子僅見欲寡的，而不見欲多的。

㈦注：羣衆在上之開導，皆處後而不處先，羣衆無門戶也。案：「無門」、謂無進德之門。言愼子主張後退而不爭先，這樣，民衆就無人領導走進入德之門了。

（八）注：貴者信，賤者詘，則分別矣。若皆貴柔弱卑下，則無貴賤之分。案：人情以屈伏卑下爲賤，以伸展高尙爲貴，只有屈卑的，沒有伸展高尙的，貴賤就沒有分別了。

（九）久保曰：此謂「勢位齊，則政令不行」也。案：王制篇：「分均則不偏（高亨曰：「偏」借爲「辯」，治也。）埶齊則不壹，衆齊則不使……夫兩貴之不能相事，兩賤之不能相使，是天數也。」此言：勢位齊而無差等，不能層層節制，政令便不能推行。

（一〇）注：夫欲多，則可以勸誘爲善，若皆欲少，則何能化之？案：此言利用人類欲多的心理，可以獎勸誘導而化於善。若沒了欲望，還有什麼辦法可勸化他呢？

又案：解蔽篇云：「不以是（王制）爲隆正，然而猶有能分是非治曲直者邪？」故荀子批評諸子思想，莫不以禮義爲惟一的標準。下引書曰，也是表明此一意義。「後」與「先」，「詘」與「信」，「齊」與「畸」，「少」與「多」，皆相反的兩面，四子只見其一面，而不見其另一面，各得一偏而不見其全，故不足以爲治。可與解蔽篇「墨子蔽於用而不知文」一節，同看互發。此以先、門，信、分、畸、施，多、化爲韻。

（一一）書洪範。以喩偏好則非遵王道也。此言：不要有所偏好，要遵循王者大道；不要有所偏惡，要遵循王者的大路。（以上兩段皆與天論之義無關，疑爲錯簡。）

正論篇第十八

此篇共九段，每段爲一說，皆針對世俗及諸子之論，而批判其乖謬，故曰「正論」。末二段批評宋鈃，保存了宋子學說的梗概，可供天論、解蔽及正名等篇批判宋子的參考。

世俗之爲說者曰：㈠「主道利周。」㈡

是不然。主者、民之唱也，上者、下之儀也。彼將聽唱而應，視儀而動；㈢唱默則民無應也，儀隱則下無動也；不應不動，則上下無以相有也。㈣若是，則與無上同也！不祥莫大焉。㈤故上者、下之本也。上宣明，則下治辨矣；㈥上端誠，則下愿愨矣；上公正，則下易直矣。㈦治辨則易一，愿愨則易使，易直則易知。㈧易一則彊，易使則功，易知則明，是治之所由生也。㈨上周密，則下疑玄矣；㈩上幽險，則下漸詐矣；⑪上偏曲，則下比周矣。⑫疑玄則難一，漸詐則難使，比周則難知。⑬難一則不彊，難使則不功，難知則不明，是亂之所由作也。故主道利明不利幽，利宣不利周。故主道明則下安，主道幽則下危。⑭故下安則貴上，下危則賤上。⑮故上易知，則下親上矣；上難知，則下畏上矣。下親上則上安，下畏上則上危。㈥故主道莫惡乎難知，莫危乎使下畏己。㈦傳曰：「惡之者衆則危。」書曰：「克明明德。」㈧詩曰：「明明在下。」㈨故先王明之，豈特玄之耳哉！㈩

㈠本篇前七段，皆以此語發端，言其說爲世俗之鄙見而非眞理名言。「世俗之爲說者」，卽「爲世俗之說者」之倒言。

㈡「主道利周」：「主道」、謂人主自處之道。「利周」、以幽隱周密，使人不知其情爲利。這是法家的道術。管子：「先王貴周，不出於口，不見於色，一龍一蛇，一日五化之謂周。」韓非子：「虛靜無事，以闇見疵（案：如居闇室，內能見外，而使外不我見。），函（案：掩也）其跡，匿其端，下不能原（案：察也。）。去其智，絕其能，下不能意（案：度也。）。」（主道篇）都是「主道利周」說。

㈢「唱」、唱導。「儀」、儀則，準則。言人主是人民的唱導，又是人民的儀型。人民聽他的唱導而響應，看他的儀型而行動。

㈣「有」、楊樹達說，謂親愛也。案：下文云：「故易知則下親上矣，下親上則易安。」正申明此義。大略篇云：「友者所以相有也。道不同，何以相有也?」「有」、亦親愛之意。言人民不應不動，則上下之間無由建立起感情。

㈤這樣，便等於沒有人主了，這是莫大的不祥。

㈥注：「宣」、露。「辨」、別也。下知所從，則明別於事矣。案：荀書「治辨」連文，「辨」亦治義，惟此文應從楊注訓，別也。此文大意：君上是其下的根本，什麼根就長什麼葉。君上正大光明，其下知所從違，自然安分守己（治），而明辨於事之當爲與不當爲了。

㊆「易直」、平易正直。言君上端正誠實，其下就謹愿誠愨；君上公正無私，其下就平易正直。

㊇「易知」、下情容易瞭解。言其下安分守己明別於事，就容易齊一；存心謹愿誠愨，就容易役使；行誼平易正直，下情就容易瞭解。

㊈「易知則明」：「明」、謂看地清楚。言下情易知，就可以看地清楚。「是治之所由生」，言以上這三種情形，是國家平治的根源。

㊉「玄」、注云：或讀爲「眩」、惑也。案：言君上周密難知，其下就疑惑滿腹，不知所從。

⑪「幽」、隱也。「險」、難測也。「漸」、王先謙云：「亦詐也。」言君上幽隱難測，其下就欺詐不誠。

⑫「偏曲」、阿私不正。「比周」、阿黨營私。言君上阿私不正，其下就結黨營私。

⑬疑惑不知所從，就難齊一；欺詐不誠，就難役使，人人懷私親比，下情就不容察知。禮記曰：「下難知則君長勞。」

⑭其下知所從則心安，不知所從則自危。

⑮「故」、豬飼謂衍文。「貴」、猶「愛」也。「賤」、猶「惡」也。

⑯「下畏上則上危」，畏則謀上，故上危。

⑰「惡」、「善惡」之「惡」。下文傳曰：「惡之者衆」之「惡」，烏故友，憎也，疾也。所以人主自處之道，使人難知，是最壞的辦法；使人畏己，是最危險的辦法。

⑱尚書康誥作「克明德」，此多一「明」字。言能昭明聖德。

⑲詩大雅大明之第一章。言文王之德明明在人間。

⑳「明之」、昭明他的聖德。「特」、猶「直」也。「玄」、爲「宣」字之誤。（陶鴻慶說）

言先王務求昭明其聖德於天下，豈僅宣露而已哉！（「主道利周」爲法家基本觀念之一，由此文看來，荀子與法家實大異其趣。荀子主性惡，其影響法家者，無可諱言。然其政治主張與孔孟之隆禮尚賢的舊形態，卻沒有分別。又荀子所尊的君，是「宣明」、「端誠」、「公正」具有理想人格的聖君，與崇拜權威及偶像者，也迥乎不同。可與富國篇「人之生不能無羣」一段同看，以瞭解荀子尊君之由。）

世俗之爲說者曰：「桀紂有天下，湯武簒而奪之。」是不然。以桀紂爲常有天下之籍則然，親有天下之籍則不然，㊀天下謂在桀紂則不然。㊁

古者天子千官，諸侯百官。以是千官也，令行於諸夏之國，謂之王。㊂以是百官也，令行於境內，國雖不安，不至於廢易遂亡，謂之君。㊃聖王之子也，有天下之後也，埶籍之所在也，天下之宗室也，㊄然而不材不中，內則百姓疾之，外則諸侯叛之，近者境內不一，遙者諸侯不聽，令不行於境內，甚者諸侯侵削之，攻伐之。若是，則雖未亡，吾謂之無天下矣。㊅聖王沒，有埶籍者罷不足以縣天下，天下無君；㊆諸侯有能德明威積，海內之民莫不願得以爲君師；然而暴國獨侈，安能誅之，㊇必不傷害無罪之民，誅暴國之君，若誅獨夫。若是，則可謂能用天下矣。能用天下之謂王。㊈湯武非取天下也，㊉脩其道，行其義，興天下之同利，除天下之同害，而天下歸之也。桀紂非去天下也，⑪反禹湯之德，亂禮義之分，⑫禽獸之行，積其凶，全其惡，而天下去之也。天下歸之之謂王，天下去之之謂亡。故桀紂無天下，湯武不弑君，由此效之也。⑬湯武者，民之父母也；桀紂者、民之怨賊也。今世俗之爲說者，以桀紂爲君，而以湯武爲弒，然則是誅民之父母，而師民之怨賊也，不祥莫大焉。⑭以天下之合爲君，則天下未嘗合於桀紂也。⑮然則以湯武爲弒，則天下未嘗有說也，直墮之耳。⑯

故天子唯其人。⑰天下者，至重也，非至彊莫之能任；至大也，非至辨莫之能分；至衆也，非至明莫之能和。此三至者，非聖人莫之能盡。⑱故非聖人莫之能王。聖人備道全美者也，是縣天下之權稱也。⑲桀紂者、其志慮至險也，其〔至〕志意至闇也，其行〔之〕爲至亂也；⑳親者疏之，賢者賤之，生民怨之。禹湯之後也，而不得一人之與；㉑刳比干，囚箕子，身死國亡，爲天下之大僇，後世之言惡者必稽焉，㉒是不容妻子之數也。㉓故至賢疇四海，湯武是也；至罷不能容妻子，桀紂是也。㉔今世俗之爲說者，以桀紂爲有天下，而臣湯武，豈不過甚矣哉！譬之，是猶傴巫跛匡大自以爲有知也。㉕

故可以有奪人國，不可以有奪人天下；㉖可以有竊國，不可以有竊天下也。㉗可以奪之者可以有國，㉘而不可以有天下；竊可以得國，而不可以得天下。是何也？曰：國、小具也，可以小人有也，可以小道得也，可以小力持也；㉙天下者、大具也，不可以小人有也，不可以小道得也，不可以小力持也。國者、小人可以有之，然而未必不亡也；㉚天下者，至大也，非聖人莫之能有也。

㊀「常有」、謂世相及。「親有」、身爲天子也。（皆王先謙說）「籍」、位也，見儒效篇，下文「埶籍」連文可證。「則不然」、王引之謂當作「則然」，涉下文衍「不」字。言認爲桀紂由祖宗傳給他天下之位是對的，說他身有天下之位也是對的。

㈡若說天下之人皆在桀紂卻是不對的。因人心已去桀紂而歸湯武了。

㈢言古代制度，天子設置千官，諸侯設置百官。運用所設千官，政令能施行於諸夏各國的，叫做王。

㈣「遂」、王先謙讀爲「墜」。言運用所設百官，政令能施行於國境以內，國雖不甚安定，卻不至於被廢棄易位而滅亡，叫做君。

㈤「聖王」、指禹湯。「子」、子孫，指桀紂。「有天下」，謂天子。「埶籍」、猶「勢位」。「宗室」、猶「宗主」。言桀紂是禹湯聖王的子孫，天子的後裔，勢位之所在，天下之宗主。條件如是優越。

㈥「中」、王謂「中正」之「中」。「不材」、不成材，無能。言然而不成材，無正行，內而百姓疾恨他，外而諸侯背叛他，近而境內不團結，遠而諸侯不順從，政令不能施行於境內，甚至諸侯侵奪他的土地，攻伐他的都邑：像這樣，就是還沒有滅亡，我以爲天下已非他所有了。案：自「古者諸侯千官」至此，闡釋「天下謂在桀紂則不然」之義。

㈦「聖王」、指禹湯。「有埶籍者」，謂有天子之位者，指桀紂。「罷」、罷弱無行。「縣」同「懸」，權衡以懸爲用，故「縣」卽「衡」之意。「縣天下」，謂權衡天下，卽「治天下」之意。言聖王既沒，子孫繼承王位的，罷弱不足以治天下，天下有君如同無君。

㈧「纍國」、指如桀紂者。「安」、猶「於是」。「能」、猶「乃」也。言當此之時，諸侯中有能明德積威者，天下的人都願擁戴他以爲君長。而暴國獨侈然自大，於是乃起而誅之。

㈨「獨夫」、天下皆去之，若一夫然。書泰誓：「獨夫紂。」言誅暴亂之國，必不傷害無罪之民，誅其君如誅獨夫一般。能如此的，就可算是能用天下的了。能用天下的就是王——湯武是也。

(一〇) 言湯武不是以武力奪取了桀紂的天下，是天下唾棄了桀紂而歸順了湯武。

(一一) 言桀紂不是放棄了天下，是天下背棄了桀紂。

(一二) 「亂禮義之分」、謂言行不遵守禮義之道。

(一三) 「效」、驗也，徵也。言桀紂無天下，湯武不弒君的說法，是根據這番道理來徵驗的。

(一四) 「誅」、弒君當誅。「師」、師長。言世俗以桀紂爲君，湯武爲弒的說法，是以民之父母爲應誅戮，民之怨賊爲應擁戴，眞是是非顚倒，罪過莫大。

(一五) 「合」、歸合。言以天下歸合的是君，那麼天下未曾歸合桀紂，桀紂怎能算是君呢？

(一六) 「天下」二字，王謂衍文。「墮」者，毀也。言那麼以湯武爲弒君的說法，簡直毫無道理，只是妄言詆毀而已。

(一七) 天子唯論其人格，不論其勢位。

(一八) 「辨」、通作「辯」，智也，慧也，見性惡篇末「辯知」注。「至辨」、謂至高的智慧。言天子要具有天子的人格。因爲天下之任至重，沒有極強毅的個性不能勝任；天下幅員至大事務至繁，沒有極高的智慧不能分別恰當；天下民衆至多，情僞難詳，沒有極明察的識力，不能和輯上下。此三者，不是聖人不能具盡。

(一九) 「備道全美」，卽解蔽篇「盡倫」、「盡制」之義，謂其全盡於道而無美不備。言不是聖人不能爲天子。聖人是全盡於道而無美不備的，是足以爲衡量天下之權稱的。「縣」同「懸」，衡也，見前。案：荀子理想中的王，卽備道全美的聖人。故「聖」與「王」異名而同實。荀書有時雙擧「聖王」，有時單擧「聖人」，就是這個緣故。

(二〇) 「至意」、據注校改爲「志意」。「行」下「之」字，據王引之校删。言桀紂思想最邪惡，志意最昏暗，行爲最暴亂。

㉑「與」、助也。言以聖王之後裔，而不得一人之助。

㉒「大僇」、王霸篇作「大戮」，卽「大辱」之意。「稽」、鍾謂猶「計」也。「焉」、猶「之」也，代詞。言桀紂身死國亡，爲天下之大辱，後世說到惡，必定數算到他們。

㉓「容」、劉師培謂有「衞」義。「數」、王謂猶「道」也。言這是連妻子也不能庇護之道啊！

㉔「疇」、俞謂保也。言上賢保衞天下，湯武是也，至弱不能庇護妻子，桀紂是也。

㉕「傴」、郁禹反（ㄩˇ），曲背。「匡」、注讀爲「尪」，殘廢之人。「大自以爲有知」，鍾云：猶言「自以爲大有知」。言這好比曲背巫婆，跛足殘廢，還自以爲大有才智呢。

㉖「人國」、「人天下」、兩「人」字，王先謙謂爲衍文。言國可以力奪，天下不可以力奪。

㉗一國之人易服，可以有竊者；天下之心難歸，故不可以竊取。「竊國」、如齊之田常之屬是也。久保曰：孟子曰：「不以仁而得國者有之，不以仁而得天下者未之有也。」與此全同。

㉘「奪」上「可以」二字，王謂不當有。

㉙「具」、器也。下文「大具」、重器也。「持」、保持。

㉚小人可以竊國，然而易滅亡，明取國與取天下不同。案：上文「誅暴國之君，若誅獨夫。」臣道篇：「奪然後義，殺然後仁，上下易位然後貞。」議兵篇：「仁人之兵，所存者神，所過者化，若時雨之降，莫不悅喜。」與孟子「聞誅一夫紂，未聞弒君也」之義，若合符節。孟荀思想多異，而所具之革命思想則同，此與時代背景有關。孟荀稱頌湯武革命，以其具有「脩其道，行其義」的聖德。若無其德，如後世徒逞其原始生命打天下者，則非所許也。又孟荀之稱湯武，斥桀紂，是以歷史事實，爲其理想的革命論所作的例證，與孔子作春秋，同出於價值的判斷。

世俗之爲說者曰：「治古無肉刑，而有象刑：㊀墨黥，㊁慅嬰，㊂共、艾畢，㊃菲、〔對〕紂屨，㊄殺、赭衣而不純。㊅治古如是。」是不然。以爲治邪？則人固莫觸罪，非獨不用肉刑，亦不用象刑矣。以爲人或觸罪矣，㊆而直輕其刑，然則是殺人者不死，傷人者不刑也。罪至重而刑至輕，庸人不知惡矣，亂莫大焉。㊇凡刑人之本，禁暴惡惡，且懲其未也。㊈殺人者不死，而傷人者不刑，是謂惠暴而寬賊也，非惡惡也。故象刑殆非生於治古，竝起於亂今也。㊉治古不然。凡爵列、官職、賞慶、刑罰，皆報也，以類相從者也。⑪一物失稱，亂之端也。⑫夫德不稱位，能不稱官，賞不當功，罰不當罪，不祥莫大焉。昔者武王伐有商，誅紂，斷其首，縣之赤旆。⑬夫征暴誅悍，治之盛也。⑭殺人者死，傷人者刑，是百王之所同也，未有知其所由來者也。⑮刑稱罪，則治；不稱罪，則亂。⑯故治則刑重，亂則刑輕，⑰犯治之罪固重，犯亂之罪固輕也。⑱書曰：「刑罰世輕世重。」此之謂也。⑲

㊀「治古」、古之治世。「肉刑」、墨、劓、剕、宮，殘及肢體的刑罰。「象刑」、異其章服以辱之。

㊁「墨黥」：「墨刑」一名「黥」，刻面而涅之。此云「墨黥」、謂以墨畫代黥，不加刻涅。王以「墨黥」二字詣意不完，當有脫文。

㊂「慅嬰」：「慅」、即「草」字，音同假借。「嬰」、同「纓」。二字上脫「劓」（一、，刖鼻）字。言用草纓代替劓刑。

㈣「共、艾畢」：「共」、爲「宮」借字。「艾」、讀爲「刈」。「畢」、同「韠」、音必，或作「韠」，釋名云：「蔽膝」。言應受宮刑的，刈其蔽膝以代之。

㈤「菲、對屨」：「菲」爲「剕」之借字。「剕」、音廢，刖足。「對」、爲「紨」之誤。「紨」、方孔反（ㄈㄨㄥ），枲。言以枲鞋代剕刑。

㈥「殺、赭衣而不純」：「殺」、大辟。「赭衣」、以赤土染衣，其色赭。「純」、衣緣也。言以赭衣不緣代替大辟。愼子曰：「有虞氏之誅，以畫跪當黥，以草纓當劓，以屨紨當刖，以刈畢當宮。此有虞之誅也。」

㈦「以爲人或觸罪矣」，陶鴻慶以爲「爲」下當有「輕刑邪」三字，作「以爲輕刑邪？人或觸罪矣！」

㈧「惡」、烏路反，音塢。極重的罪，而懲以極輕的刑，一般人便不以受象刑爲可恥而惡之了。這將是最大的禍源。

㈨「本」、本意，目的。「徵」、讀爲「懲」。「未」、未來。言刑罰的目的，在禁暴止惡，且懲戒未來。

㈩這將是加惠暴徒，而寬容害賊，這不是杜絕禍亂之道。所以，象刑之說，殆非出於古之治世，今之亂世，妄爲此說也。「惡惡」、音塢噩，謂憎惡不善。

⑪「列」、位次。「報」、謂報其善惡。「各以類相從」，謂善有善報，惡有惡報。各以事行的善惡從而定其賞罰。

⑫「失稱」、哀公篇作「失應」，不相當的意思。言一件事物處理不相當，就是禍亂之源。

⑬「縣之赤旆」，史記周本紀作「懸之大白旗。」與此異。解蔽篇亦作「赤旆」。

⑭「征暴誅悍，治之盛也」，劉師培云：漢志引「悍」作「悖」，「盛」作「威」。作「威」

是也。

(一五)殺人的處死刑，傷人的處重刑，古代聖王都是如此，沒有知其來由的了。

(一六)「刑稱罪則治」二句：刑罪相當，則人不敢犯，故世治；刑罪不相當，則人輕於犯，故世亂。——這二句是就刑罰與治亂的關係說。

(一七)「治則刑重，亂則刑輕」二句：治世刑罰必行，人不敢犯，故重刑可期於無刑；亂世刑罰不行，人輕於犯而多，多則不能用重典，故不得不輕。——這二句是就政府之用刑說。

(一八)「犯治之罪固重，犯亂之罪固輕」二句：治世家給人足，犯罪者少，有犯必惡性重大，罪情本來就重；亂世迫於飢寒，犯罪者衆，罪情本來就輕。——這二句是就罪情之本身說，用以說明上二句刑重刑輕進一層的理由。

(一九)尚書甫刑。言世有治亂，故法有輕重也。

世俗之爲說者曰：「湯武不善禁令。」㈠曰：「是何也？」曰：「楚越不受制。」是不然。湯武者、至天下之善禁令者也。㈡湯居亳，武王居鄗，皆百里之地也，天下爲一，諸侯爲臣，通達之屬，莫不振動從服以化順之，㈢曷爲楚越獨不受制也！彼王者之制也，視形埶而制械用，㈣稱遠邇而等貢獻，豈必齊哉！㈤故魯人以榶，衛人用柯，齊人用一革，㈥土地刑制不同者，械用、備飾不可不異也。㈦故諸夏之國同服同儀，㈧蠻、夷、戎、狄之國同服不同制。㈨封內甸服，㈩封外侯服，(一一)侯衛賓服，(一二)蠻夷要服，(一三)戎狄荒服。(一四)甸服者祭，(一五)侯服者祀，(一六)賓服者享，(一七)要服者貢，(一八)荒服者終王。(一九)日祭、月祀、時享、歲貢、終王，(二〇)夫是之謂視形埶而制械用，稱遠近而

等貢獻；是王者之〔至〕制也。㉑

　彼楚越者，且時享、歲貢，終王之屬也，必齊之日祭月祀之屬，然後曰受制邪？㉒是規磨之說也。㉓溝中之瘠也，則未足與及王者之制也。㉔語曰：「淺不足與測深，愚不足與謀智，坎井之鼃不可與語東海之樂。」此之謂也。㉕

㈠「不善禁令」、言禁令不能徧施天下。故下文以楚越不受節制爲證。

㈡「至」、極也。此與上文「大自爲有知也」句法同。言湯武是天下最善於施行禁令的。

㈢「振」與「震」同，恐也。「化順」、服其教化而歸順。言人跡所到之處，沒有不震恐、服從而化順的。

㈣觀察山川形勢與地方風俗，而制定器用，禮記所謂「廣谷大川異制，民生其間者異俗，器械異制，衣服異宜」也。

㈤「稱」、尺證反。「等」、差別。此承上言，王者的制度，是根據地理形勢，而制定其器用；根據路程遠近，而差別其貢獻，那能必定一樣呢！

㈥「榶」、「柯」，未知何物，注引或說方言云：「盌、謂之榶。盂、謂之柯。」「一革」、郝以爲卽鴟夷一類盛酒的革囊。此言魯衞齊各以其土物貢獻朝廷。

㈦「刑制」、增注本作「刑埶」。「刑」通「形」，「刑埶」，卽「形勢」。「備飾」、據漢和辭典似爲精緻的飾物。言土地形勢不同的，貢獻的器物也不可不異。

㈧「服」、古者王畿之外，分地爲五等，謂之五服，服者、謂服事於天子也。書益稷：「弼成五服。」傳云：「五服：侯、甸、綏、要、荒服也。服、五百里。」「同服」、謂同一服域。「儀」、謂制度。「夏」、中國。言諸夏之國，迫近王畿，教化容易一致，故同服的同樣制度。

㊈ 蠻夷戎狄之國地處僻遠，又各一方，雖同一服域，制度不必盡同。案：上言五服是商以前的制度，周更制爲九服：侯服、甸服、男服、采服、衞服、蠻服、夷服、鎭服、藩服。自王畿千里之外，仍以五百里依次爲別。蠻夷之國，卽蠻服、夷服。

㊉ 「封內」、卽王畿之內（周語「封」作「邦」）。禹貢：「五百里甸服。」孔安國曰：「爲天子服治田也。」言王畿以內的國家，要爲天子種田。

⑪ 「封外」、王畿以外。禹貢：「五百里侯服。」孔云：「甸服之外五百里也。侯、候也。斥候而服事王。」「侯服」、取候伺盜賊，爲斥候之意。言王畿以外的國家，要爲天子作斥候。

⑫ 自侯服至衞服，其間凡五服，每服五百里，共二千五百里。此總言中國的疆界。「賓服」、謂以服貢賓見於王。

⑬ 「要服」、卽「蠻服」、「夷服」。周禮職方氏：「衞服之外五百里曰蠻服，又其外五百里曰夷服。」「要」、讀「邀」，謂要束以文教。

⑭ 「荒服」、卽「鎭服」、「藩服」，在九州之外，荒裔之地。「荒」、言其來去荒忽無常。

⑮ 「祭」、供日祭也。言天子日祭用品，由甸服之國供給。

⑯ 「祀」、供月祀也。言侯服之國月有貢。

⑰ 「享」、供時享也。「享」、獻也。言賓服之國四時有貢。

⑱ 「貢」、供歲貢也。言蠻夷要服之國歲有貢。

⑲ 「終王」、謂世終，朝嗣王也。言荒服之國只於世終，嗣王卽位而來見。「終王」之「終」字，顧千里疑爲不當有。若然，「王」爲動詞，奉事天子爲王之意。

⑳ 韋昭曰：日祭、祭於祖考上食也，近漢亦然。月祀於曾高祖也。時享於二祧也（遠廟爲祧，

此謂高祖之父，高祖之祖之廟也。）歲貢於壇墠也。終、謂世終，朝嗣王也。」案：自⑮注釋至此並見於國語韋注。「終王」二字，據王校，補。

㉑「至」、據王校改爲「制」。

㉒楚越是屬於供時享、歲貢、以終世朝王一類的國家，難道一定要他和供日祭、月祀一類的國家一樣，才算是受節制嗎？

㉓「規磨」：郝曰：「磨」、當作「摩」，古今字也。言規畫揣摩，不必無失也。案：意揣、俗謂「估摩」。「估摩」、疑卽「規磨」之音轉。「規磨之說」，謂揣測之詞，無據不足信也。

㉔「溝中之瘠」，謂在溝壑中羸瘠的丐者，以喻智慮淺陋的人。言智慮淺陋的人，是不足以論王者之制的。兪說這兩句應在「東海之樂」下。

㉕「坎井之鼃」，事出莊子秋水，司馬彪曰：「坎井、壞井也。」案：後漢書杜篤傳注：「埳井、喻小也。」「坎」同「埳」，「坎井」應訓小井。「東海」、大海也，正與爲對。「鼃」、同「蛙」。（湯武卽儒效篇所說的得勢之大儒，故曰「聖王」。湯武善禁令卽解蔽篇所說「盡制」之王者。荀子以湯武爲理想中之大儒聖王，有如孔孟之稱堯舜，皆所以立象也。）

世俗之爲說者曰：「堯舜擅讓。」㈠是不然。天子者，埶位至尊，無敵於天下，夫有誰與讓矣？㈡道德純備，智惠甚明，南面而聽天下，生民之屬莫不震動從服以化順之。天下無隱士，無遺善，同焉者是也，異焉者非也。夫有惡擅天下矣。㈢曰：「死而擅之。」㈣

是又不然。聖王在上，〔圖〕決德而定次，㊄量能而授官，皆使民載其事而各得其宜。不能以義制利，不能以僞飾性，則兼以爲民。㊅聖王已沒，天下無聖，則固莫足以擅天下矣。㊆天下有聖，而在後子者，則天下不離，朝不易位，國不更制，天下厭然，與鄉無以異也；以堯繼堯，夫又何變之有矣！㊇聖不在後子而在三公，則天下如歸，猶復而振之矣。㊈天下厭然，與鄉無以異也；以堯繼堯，夫又何變之有矣！㊉唯其徒朝改制爲難。⑪故天子生則天下一隆，致順而治，論德而定次，死則能任天下者必有之矣。夫禮義之分盡矣，擅讓惡用矣哉！⑫

曰：「老衰而擅。」⑬

是又不然。血氣筋力則有衰，若夫智慮取舍則無衰。⑭

曰：「老者不堪其勞而休也。」

是又畏事者之議也。⑮天子者埶至重而形至佚，心至愉而志無所詘，而形不爲勞，尊無上矣。⑯衣被則服五采，雜間色，⑰重文繡，加飾之以珠玉；食飲則重大牢而備珍怪，期臭味，⑱曼而饋，⑲〔代睪〕伐皋而食，⑳雍而徹乎五祀，㉑執薦者百餘人，侍西房；㉒居則設張容，負依而坐，諸侯趨走乎堂下；㉓出戶而巫覡有事，出門而宗〔祀〕祝有事，㉔乘大路趨越席以養安，㉕側載睪芷以養鼻，㉖前有錯衡以養目，㉗和鸞之聲，步中武象，騶中韶護以養耳，㉘三公奉軶、持納，㉙諸侯持輪、挾輿、先馬，㉚大侯編後，大夫次之，小侯元士次之，㉛庶士介而夾道，㉜庶人隱竄，莫敢視望。居如大神，動如天帝。㉝持老養衰，猶有善於是者與？不老者、休也，㉞休猶有安樂恬愉如是者乎？故曰：諸侯有老，天子無老。㉟有擅國，無擅天下，古今一也。㊱夫曰堯舜擅讓，是虛言也，是淺者之傳，陋者之說也，不知逆順之理，小大、至不至之變者也，未可與及天下之大理者也。㊲

(一)「擅」與「禪」同，與「墠」亦同義，謂除地爲「墠」，告天而傳位也。後因謂之禪位。

(二)「讓」是勢位相敵之名，天子勢位至尊，天下無人與敵，又有誰能和他相讓呢？

(三)「惠」與「慧」通。「聽」、治也。言堯舜道德純備，智慧高明，南面而治天下，所有人民沒有不震動服從而化順的。天下沒有隱而不用的賢士，也沒有棄而不用的善人，接受領導的就衆以爲是，不接受領導的就衆以爲非。聖明如此，事無不理，他又何必讓賢禪位呢？案：天子無敵（「敵體」之「敵」），無誰與讓，這是荀子謂堯舜不禪，所持理由之一。

(四)或解說道：因爲堯舜預求聖賢，至死後禪之。

(五)「圖德」無義，盧謂舊校云：一本作「決德」。案：外傳正作「決」。茲據改。儒效篇有詳細考證。

(六)「載」、任也。「僞」與「爲」同，謂人爲。「以僞飾性」，謂以後天的人爲矯飾先天的本性。「兼」、皆也。言人之有德有能的皆令各任其事，各得其宜；其不能以義節制利慾的，不能化性起僞向善的，就一律歸之於平民。才不才各得其所，這是聖王之治。

(七)聖王沒，天下若是沒有聖人足以繼其後，則當然沒有禪讓這會事。

(八)「後」下「子」字，據俞據下文校，補。「後子」、嗣子也。「厭然」、猶「晏然」。「鄉」、亦作「向」。言聖王沒，天下有聖人足以繼其後，而聖德恰在嗣子，則天下翕然歸之（不異），朝廷人事不變，國家制度不更，天下安然和前時一樣。以聖繼聖，那又何變之有呢！

(九)「三公」、宰相。言聖王沒，聖德不在嗣子（如堯之丹朱、舜之商均），而在三公（如舜禹），則天下不歸嗣子而歸三公，天下猶復震動而服從他了。

⑩ 上謂傳子，此謂傳賢，故重言之。傳子傳賢，皆言聖王有傳無讓。

⑪「難」、劉師培謂爲「離」字之訛。「離」、異也。言聖在三公而傳三公，以聖繼聖，天下安然無變，唯改徽號，變制度之不同而已。

⑫「一隆」、陶鴻慶云：「言統於一尊也。」「致」、至也，極也。言天子在世，則天下統於一尊，百姓化道至順而治，朝廷用人以才德而定位次，天子死後則必有足以擔當天下之大任的。只要盡了禮義之分，何須再求禪讓之名呢？案：死而有傳無讓，是荀子謂堯舜不禪，所持理由之二。

⑬ 旣以非死而禪，或又謂因年老氣衰而禪。

⑭「取舍」、指判斷說。呂覽：「人之老也，形益衰而智益盛。」

⑮ 或者又說：「老而不堪勞苦，而要休息啊！」荀子說：這又是怕事的人，自以畏憚勞苦，而認爲聖王也是如此的說法。

⑯「佚」同「逸」。「詘」同「屈」。「形不爲勞」上「而」字，增注本無。言天子勢位至重而形體至逸，心情至愉而志無所屈，形神不勞而尊貴無以復加。

⑰「衣被」、猶言「衣着」。「服五采」，言備五色。「間色」、正色以外，紅碧之類。言衣著五綵之外雜以間色。

⑱「重」、多也。「珍怪」、珍異之食。「期」、讀爲「綦」、極也。「期臭味」、謂極美之味。

⑲「曼」、注云：當爲「萬」，列萬舞而進食。久保讀「曼」爲「縵」。周禮磬氏職有「縵樂」，謂雜聲之和樂者。案：久保說長。「曼而饋」、言奏縵樂而進膳。

(二〇)「代睪」、劉王皆以爲「伐皋」之誤。「皋」與「鼛」通叚。淮南主術訓：「鼛鼓而食，奏雍而徹。」周禮大司樂：「王大食，三侑，皆令奏鐘鼓。」注云：「大食、朔月月半，以樂侑食時也。」上言奏縵樂而食，指日常說；此言伐鼓而食，指朔月月半說，上下並不重複。

(二一)雍、詩周頌樂章名。劉曰：「徹乎五祀」，謂徹於竈也。周禮膳夫職：「王卒食，以樂徹於造。」「造」、「竈」古通用。案：「五祀」：禮月令注以門、房、中霤、竈、行爲五祀。專言之則曰「竈」，連言之則曰「五祀」。此言：食畢、奏雍樂而徹饌於竈。

(二二)「薦」、注謂薦陳之物，籩豆之屬。劉師培以「執薦」爲「執羞」之訛。「羞」、即周禮膳夫職「羞用爲二十品」之「羞」。其曰「百人」者，舉成數言之。劉說長。「侍」、侍立也。「西房」、西廂。

(二三)「居」、安居，聽朝之時。「張」與「帳」同。「容」、牀頭小曲屏風。爾雅：「容、謂之防。」「依」、戶牖之間，亦作「扆」。「坐」、王謂當爲「立」。言安居聽朝之時，設寶帳屏風於戶牖之間，天子背負南面而立，以朝諸侯。

(二四)「出戶」、謂出內門。女曰「巫」，男曰「覡」。「有事」、祓除不祥。「出門」、謂車駕出國門。「宗」、主祭祀之官。「祀」、注云：當爲「祝」。「祝」、大祝，掌祈福祥之官。「有事」、謂祭行神。

(二五)「大路」、天子祭天所乘車。「趨」、爲「蹴」之叚字，蹈也。「越席」、蒲席。「越」、音活。「養安」、恐其不安，以此和養之。

(二六)「載」、安置。「睪」、借爲「澤」。「睪芷」、香草。車上旁側置香草以養鼻。

(二七)「錯衡」、車轅端橫木，涂以金飾。說文：「錯、涂金也。」

(二八)「和」、「鸞」、皆車上鈴。「步」、謂車緩行。「武」、武王樂。「象」、左傳杜注以爲文王樂。「騶」、借爲「趨」，謂車速行。「韶」、舜樂。「護」、湯樂。言車行或緩或疾，鈴聲皆有節奏，足以娛耳。

㉙「軛」、音厄，車轅前木，扼牛馬之頸者。「納」、同「軜」，驂馬內轡繫軾前者。言三公或持軛或執轡。

㉚「持輪」、猶「扶輪」。「挾輿」、在車的左右。「先馬」、導馬。言諸侯有扶輪的，有在車之左右的，有先馬而前驅的。

㉛「大侯」、國稍大在五等之列的。「編後」、列隊在車後。「小侯」、僻遠小國及附庸。「元士」、上士。

㉜「庶士」、軍士。「介而夾道」、被甲夾於道之兩旁，以禦非常。

㉝言人畏敬之甚，安居之時視如大神，行動之時視如天帝。

㉞「不老者」之「不」字，注引或說及王念孫，皆謂爲衍文。俞以爲此當作「猶有善於是者不與」，「不」、讀爲「否」，誤倒。劉師培以爲「夫」字之訛。皆可通，未知孰是。

㉟諸侯須供職貢朝聘，故有筋力衰竭，求致仕者。天子卻不同。

㊱讓者、勢位敵之名，一國事輕，則有請於天子而讓賢，天下則不然。案：天子無老衰，是以理言（智慮無衰），不以氣言（血氣筋力有衰），故無所謂老衰而禪。此荀子謂堯舜不禪所持理由之三。

㊲「小」、謂一國。「大」、謂天下。「至不至」、猶言當不當。「變」、異也。言爲是說者，是不明逆順之理，不知國與天下之不同，不知當與不當之異的，是不足與談天下之大道理的。（堯舜不禪之說，是就天子所以爲天子之純理上說，此與孔孟之稱堯舜者不同。孔孟言堯舜禪讓，乃是表現其天下爲公之政治理想，並從而建立天子應具之道德標準。此皆理想

中事，不是歷史中事。）

世俗之爲說者曰：「堯舜不能教化。」是何也？曰：「朱象不化。」㈠是不然也：堯舜至天下之善教化者也。㈡南面而聽天下，生民之屬莫不振動從服以化順之。然而朱象獨不化，是非堯舜之過，朱象之罪也。㈢堯舜者、天下之英也；朱象者、天下之嵬，一時之瑣也。㈣今世俗之爲說者，不怪朱象，而非堯舜，豈不過甚矣哉！夫是之謂嵬說。㈤羿蠭門者、天下之善射者也，不能以撥弓曲矢中微；㈥王梁造父者、天下之善馭者也，不能以辟馬毀輿致遠。㈦堯舜者、天下之善教化者也，不能使嵬瑣化。何世而無嵬？何時而無瑣？自太皞燧人莫不有也。㈧故作者不祥，學者受其殃，非者有慶。㈨詩曰：「下民之孽，匪降自天。噂沓背憎，職競由人。」此之謂也。㈩

㈠「朱」、堯之子丹朱。「象」、舜之弟。

㈡「至」、見上。以下文「羿、蠭門者」句，「王梁造父者」句及「堯舜者」句例之，此句「堯舜」下應有「者」字。

㈢言過不在堯舜而在朱象。「罪」、亦過也。

㈣「英」、俊選之尤者，見禮記鄭注。「嵬」、狂怪。「瑣」、瑣細。見非十二子篇。此二字與上「英」爲對。言堯舜是天下之英主，朱象天下偶遇之狂怪。

㈤「嵬說」、怪說。

㈥「蠭門」、即「逢蒙」。「蠭」、「逢」音同。「門」、「蒙」古音通用。「撥弓」、不正之弓。「中」下，據陳奐據儒效王霸君道議兵諸篇考證，補「微」字。「中微」與下「致遠」爲對。

㈦「王梁」、卽「王良」。「辟」與「躄」同。「辟馬」、跛足之馬。「毀輿」、破車。

㈧「太皞」、伏羲也。「燧人」、太皞前帝王，始作火化者。

㈨爲此說者不祥，傳述其說者遭殃，非其說而批判之者吉慶。豬飼彥博謂自「故作者不祥」，至下「此之謂也」卅六字爲錯簡，應移篇末「見侮不辱」章之下。

㈩詩小雅十月之交篇第七章。「孽」、災害。「噂」、音「撙」、聚也。「沓」、音「踏」，重複也。「背」、音佩。「職」、主也。「職競」、專用力於競取。言今下民所受災害，不是天之所降，乃由於那些在位小人，相聚的時候，就多言以相悅，相背逆又相憎恨。由於這種人，專用力於相悅相憎之事，以謀私利而不顧國家，結果國亂民窮。（孔孟稱堯舜以其德言，荀子則以其「南面而聽天下，生民之屬莫不振動從服以化順之」外王（政績）一面言，是又其不同處。）

世俗之爲說者曰：「太古薄葬，棺厚三寸，衣衾三領，葬田不妨田，故不掘也；㈠亂今厚葬飾棺，故抇也。㈡」是不及知治道，而不察於抇不抇者之所言也。㈢凡人之盜也，必以有爲，不以備不足，〔足〕則以重有餘也。㈣而聖王之生民也，皆使當厚優猶〔不〕知足，而不得以有餘過度。㈤故盜不竊，賊不刺，狗豕吐菽粟，而農賈皆能以貨財讓。㈥風俗之美，男女自不取於涂，而百姓羞拾遺。㈦故孔子曰：「天下有道，盜其先變乎！」㈧雖珠玉滿體，文繡充棺，黃金充槨，加之以丹矸，重之以曾青，㈨犀象以爲樹，琅玕、龍茲、華覲以爲實，㈩人猶莫之抇也。是何故也？則求利之詭緩，而犯分之羞大也。⑪

夫亂今然後反是。上以無法使，下以無度行；知者不得慮，能者不得治，賢者不得使。(一二)若是，則上失天性，(一三)下失地利，中失人和。故百事廢，財物詘，(一四)而禍亂起。王公則病不足於上，(一五)庶人則凍餒羸瘠於下。於是焉桀紂羣居，而盜賊擊奪以危上矣。(一六)安禽獸行，虎狼貪，故脯巨人而炙嬰兒矣。(一七)若是則有何尤扫人之墓，抉人之口而求利矣哉！(一八)雖此倮而薶之，猶且必扫也，安得葬薶哉！彼乃將食其肉而齕其骨也。(一九)

夫曰：太古薄葬，故不扫也；亂今厚葬，故扫也。是特姦人之誤於亂說，以欺愚者而〔潮〕淖陷之，以偷取利焉。(二〇)夫是之謂大姦。傳曰：「危人而自安，害人而自利。」此之謂也。(二一)

㈠ 注：此蓋言古之人君也。「三領」、三件。「葬田不妨田」，言所葬之地，不妨農耕也。殷以前平葬，無丘壠之識也。案：墨子節葬下：「故古之聖王制爲埋葬之法曰：棺三寸足以朽體，衣衾三領足以覆惡，以及其葬也，下毋及泉，上毋通臭，壟若參耕之畝（閒沽：謂三耦耕之畝也。案：一耦廣一尺，三耦廣三尺。），則止矣。」故荀子此文是斥墨家節葬之說。

㈡ 「亂今」、今之亂世。「扫」、古「掘」字，謂盜墓也。

㈢ 這是不明治國之道，而不察掘不掘之原因的人所說的。

㈣ 「有爲」之「爲」，讀去聲。「足則」之「足」字，盧謝皆以爲衍文，〔據刪。「重」、增多也。言凡人偷盜都是有目的的，不是要彌補生活之不足，就是要增加其有餘的。

㈤ 「當厚」、王謂「富厚」之誤。「優猶」、注云：寬泰。「不」字，據注說刪。言聖王生養人民，都讓他富厚、寬裕而知足，又不准把剩餘的物資過度浪費。

㈥ 「刺」、探取。「吐」、棄也。言爲盜的不偷竊了，作賊的不探取了。農賈讓貨財，狗豕棄菽粟，富厚之極，人畜都不爭。

⑰ 風俗淳美，至於男女自然不取途中財物，人人以拾遺爲可羞。孫詒讓謂「取」、「聚」古字通用。那麼此句應爲男女有別之意，亦通。

⑱ 衣食足，知榮辱，自無須爲盜以犯法。

⑲ 「丹矸」、卽丹砂。「曾青」、銅之精形如珠者。其色極青故謂曾青。「曾」同「層」。言以丹青彩畫棺槨。

⑳ 「琅玕」、似珠。「覲」、注云當爲「瑾」。「華」、光華。郭慶藩以「龍茲」爲珠玉名。言以犀角象牙爲樹，以琅玕龍茲華瑾之類的珠玉以爲實，樹諸壙中以爲美飾。

㉑ 「詭」、注訓詐，郝訓責，茲從郝訓。言人何以不掘？不是怕干犯罪責，而是以犯分爲羞啊！

㉒ 「無法使」、不以禮法使民。「無度行」、行事沒有原則。「不得慮」，不得用其謀慮。「不得治」、不得治國事。「不得使」、不得政府的任使。此文大意：上無道揆，下無法守，智者、能者、賢者皆不得其位。

㉓ 「天性」、天的作用供給四時，「天性」、卽「天時」。

㉔ 「詘」、竭也，盡也。

㉕ 「病不足」、苦於貧困。

㉖ 「焉」、猶「乎」也。「桀紂」、代表惡人。「羣居」、成羣而居，言其多。「擊奪」、卽「劫奪」。「擊」、「劫」同聲互叚。

㉗ 「安」、於是。「脯巨人」、人肉爲脯。此極言其殘暴。

㉘ 「有」、讀爲「又」。「尤」、歸咎之義。「抉」、挑也。謂抉死者之口而取其含斂之珠

玉。言窮人，迫於饑寒，殘暴如此，則又何怪掘人之墓，抉死人之口而取其珠玉以爲利呢？

⑲「雖此」、猶「此雖」。「倮」同「裸」。「貍」、通「埋」。「齕」、（ㄏㄜ）齧也。言此雖裸而埋之，猶且必掘，怎能葬而不掘呢！他要掘出來食其肉而齕其骨啊！案：此言民窮之極。

⑳「潮」、據盧說改爲「淖」，泥也。言這直是姦人謬爲（誤於）亂說，以欺騙愚者，使陷於不仁不義之泥淖中，而不能自拔。「以偷取利焉」，言背棄死者，而苟取節省之利。

㉑傳曰：危害死者，以安利生者。就是這個說法。（晚周世道偸，心術壞，盜墓之風盛行，墨子之徒遂據爲口實，攻擊儒家喪制，而倡墨子節喪之說。荀子疾之，著爲是論，以明掘不掘，不在厚葬薄葬，而在治道之影響風俗人心也。）

子宋子曰：「明見侮之不辱，使人不鬭。人皆以見侮爲辱，故鬭也；知見侮之爲不辱，則不鬭矣。㊀」

應之曰：然則以人之情爲不惡侮乎？

曰：「惡而不辱也。㊁」

曰：若是，則必不得所求焉。㊂凡人之鬭也，必以其惡之爲說，非以其辱之爲故也。㊃今俳優、侏儒、狎徒詈侮而不鬭者，是豈鉅知見侮之爲不辱哉。㊄然而不鬭者，不惡故也。㊅今人或入其央瀆，㊆竊其猪彘，則援劍戟而逐之，不避死傷。是豈以喪豬爲辱也哉！然而不憚鬭者，惡之故也。㊇雖以見侮爲辱也，不惡則不鬭；雖知見侮爲不辱，惡之則必鬭㊈。然則鬭與不鬭邪，亡於辱之與不辱也，乃在於惡之與不惡也。⑩夫今子宋子不能解人之惡侮，而務說人以勿辱也，豈不過甚矣哉！㈡金舌弊口，猶將無益也。㈢不知其無益，則不知；知其無益也，直以欺人，則不仁。不仁不知，辱莫大焉。將以爲有益於人，則與無益於人也，㈢則得大辱而退耳！說莫病是矣。㈣

㈠ 宋子名鈃，見非十二子篇首。莊子天下篇莊子說宋子曰：「見侮不辱，救民之鬥。」尹文子曰：「見侮不辱，見推不矜，禁暴息兵，救世之鬭。此人君之德，可以爲王矣。」宋子蓋尹文弟子。何休注公羊曰：「以子冠氏上者，著其師也。」荀子此言，蓋以難宋子之徒。「見侮」、謂被侮辱。「不辱」、謂不以爲羞辱。此言：宋子說：若能明被侵侮而不以爲羞辱之義，就可以使人不相爭鬭。人都以爲被侵侮爲羞辱，所以才相爭鬭；如不以爲羞辱，就不會爭鬭了。

㈡ 「惡」、讀去聲，憎惡也。言雖憎惡其侵侮，但不認爲是羞辱。案：「惡」、是情感作用。「不辱」、是理智作用。此以理制情也。

㈢ 「所求」、求不鬭。言如此，便一定達不到求不鬭的目的。

㈣ 大凡人之爭鬭，起因必由於憎惡，並不是爲了羞辱的緣故。

㈤ 「俳優、侏儒、狎徒」，皆謂演諧謔雜劇的。「豈鉅知」、「鉅」同「詎」。王曰：「豈鉅知」者，「豈知」也。「鉅」、亦豈也。古人自有複語。「詈」、音「荔」，罵也。言諸優侏儒狎戲之徒，互相謾罵侮辱，而不互相打鬭，難道他們知道「見侮不辱」之說嗎？

㈥ 然而不相鬭者，因爲心中不相惡啊。

㈦ 「央瀆」：鍾泰高亨皆以「央」爲「穴」字之誤。「瀆」、劉師培謂當作「竇」、古通。

㈧ 上舉例以明辱而不惡則不鬭，此舉例以明惡而不辱則亦鬭。

㊈雖認被侵侮爲羞辱，若心中不憎惡，則不至於爭鬭；雖認被侵侮爲不辱，苟心中憎惡，則必出於爭鬭。

〔一〇〕「亡」同「無」。「無於」、不在於。言那麼鬭與不鬭，不在於羞辱與不羞辱，而在於憎惡與不憎惡。

〔一一〕「解」、釋也。「說」、讀爲「稅」。言宋子不能消解人情之惡侮，而硬勸人不要以侮爲辱，認識不清，寧非大錯。案：荀宋意見之歧異，在於對爭鬭起因認識之不同。荀子以爲起於「惡」，宋子以爲起於「辱」。故戒鬭荀主不惡，宋主不辱。

〔一二〕「金舌弊口」、豬飼謂「弊」、當爲「敝」。言宋子以金爲口舌，至其敝壞，說而不已，猶無益於世也。通雅引作「金舌敝口」。

〔一三〕「與」、王讀爲「舉」，皆也。言其說皆無益於人。鍾以爲「與」「則」二字倒。「與」讀「歟」，上屬爲句，作「將以爲有益於人與？則無益於人也。」鍾說是。

〔一四〕宋子倡「見侮不辱」之說，只得大辱懷慚而退耳。這個說法毛病可就大了。

子宋子曰：「見侮不辱。」

應之曰：凡議必先立隆正，然後可也。無隆正則是非不分，而辨訟不決，㈠故所聞曰：「天下之大隆，是非之封界，分職名象之所起，王制是也。㈡」故凡言議期命是非，以聖王爲師。㈢而聖王之分，榮辱是也。㈣是有兩端矣。㈤有義榮者，有埶榮者；有義辱者，有埶辱者。㈥志意脩，德行厚，知慮明，是榮之由中出者也，夫是之謂義榮。㈦爵列尊，貢祿厚，形埶勝，上爲天子諸侯，下爲卿相士大夫，是榮之從外至者也，夫是之謂埶榮。㈧流淫汙僈，犯分亂理，驕橐貪利，是辱之由中出者也，夫是之謂義辱。㈨詈侮捽搏，捶笞臏腳，斬斷枯磔，藉靡舌縪，是辱之由外至者也，夫是之謂埶辱。㈩是榮辱之兩端也。

故君子可以有埶辱，而不可以有義辱；小人可以有埶榮，而不可以有義榮。有埶辱無害為堯，有埶榮無害為桀。⑪義榮埶榮，唯君子然後兼有之；義辱埶辱，唯小人然後兼有之。是榮辱之分也。聖王以為法，士大夫以為道，官人以為守，百姓以〔為〕成俗，萬世不能易也。⑫

今子宋子則不然，獨詘容為己，慮一朝而改之，說必不行矣。⑬譬之，是猶以塼塗塞江海也，以焦僥而戴太山也，⑭蹎跌碎折，不待頃矣。⑮二三子之善於子宋子者，殆不若止之，將恐得傷其體也。⑯

㈠「隆正」、中正的標準。言大凡討論問題，必先建立一個中正的客觀標準，然後才可以辨別是非；否則，是非無法分辨，爭論永遠不能裁決。

㈡「大隆」、卽「大隆正」之省，謂大中至正之標準。「封界」：「封」、「分」一音之轉，「封界」、卽「分界」，謂「界限」，亦有標準之意。禮論篇首段：「求而無度量分界，則不能不爭。」「分職」、謂名分職位。「名象」：「名」、代表物的名。「象」、法象。「王制」，先王的典制，謂「禮」也。這幾句的大意：我聞於前哲說：天下大中至正的標準，事理是非的分界，名分、職位、名言、法象等所由建立的根據，就是先王的禮。換言之，先王的禮是一切事物的最高準則。

㈢「言議」、卽「言論」，此用作動詞，相當於「討論」。「期命」：「期」、會也，合也。

「命」、為物命名。「期命」，把名與所指之物相結合，即「期會名約」之意。詳見正名篇。此言：所以凡是討論問題，期會名約，分辨是非，皆當以聖王（之禮）為法。解蔽篇云：「天下有二：非察是，是察非，謂合王制與不合王制也。天下有不以是為隆正也，然而又有能分是非治曲直者也？」與此文同意。（荀子的「名」包括「命題」，為討論宋子「見侮不辱」一命題是否正確，先立此張本。）

㈣「分」、大分，亦標準義。下文「是榮辱之分也」與性惡篇「是善惡之分矣」句法同。彼「分」讀去聲，義為標準，此與彼同。兩句大意：聖王為人生建立的大分，就是讓人認識什麼是榮，什麼是辱。

㈤「是有兩端」，言榮辱各有兩種。榮有義榮、勢榮，辱有義辱、勢辱。

㈥荀子所謂「義榮」、「勢榮」，猶孟子所謂「天爵」、「人爵」。

㈦志意高遠，德行純厚，智慮清明——這種由自身修養放射出來的榮耀，便是義榮。

㈧「爵列」、爵位。「貢」、謂所受貢賦，謂天子、諸侯。「祿」、謂所受人君之祿，指卿相士大夫。「形埶」、勢位。言爵位尊貴，貢祿優厚，勢位出衆，上為天子諸侯，下為卿相士大夫，這種由外在的權勢所造成的榮耀，便是勢榮。

㈨「汙」、穢行。「僈」、當為「漫」，亦汙也。言放蕩不檢，行為汚漫，作姦犯科，驕暴貪利，這種由自身造成的羞辱，便是義辱。

㈩「捽」、音卒（ㄗㄨˊ），語音昨，抓頭髮。「搏」、手擊。「捶」、「笞」，皆杖擊。「臏」、膝骨。「腳」、古「脚」字。「臏腳」、刖其膝蓋骨。「斬斷」、斬斷其頭項。「枯磔」、即「辜磔」，車裂其體軀。「藉靡舌纏」：「藉」、劉師培據莊子成疏，謂為係頸之刑。「靡」、與「縻」通，亦繫縛之意。「舌纏」、孫貽讓謂當作「后縛」。「后縛」、猶「反縛」。此四字爲拘繫反縛。言遭人詈罵，抓著頭髮，拳打杖繫，臏足，斬首，車裂，拘繫反縛，這種由客觀形勢加於人身的羞辱，便是勢辱。

(一一)「無害爲堯」、言不害爲聖人。「無害爲桀」、言不害爲小人。

(一二)聖王以此（榮辱）爲治國的禮法，士大夫以此爲教化人民的大道，官吏以此爲治事的信守，百姓以此治身而成習俗。趨榮避辱這個原則是萬世不能變的。「爲」字、據王據呂本校，刪。

(一三)「詘」、同「屈」。「詘容爲己」、猶言屈容羞辱，以爲持己之道。「慮」、思也。言宋子獨不守這個原則，而以屈容羞辱爲持己之道，還企圖一下子就改變聖王之道，那是一定行不通的。

(一四)「摶」、盧謂荀書本作「搏」。搏塗泥而塞江海，一定沒有用。「焦僥」、短人，長三尺者。「戴」、負也。

(一五)「蹎」、與「顚」同，躓也。「頃」、少頃。

(一六)「二三子」、慕宋子之道者。「止之」、謂息其說。「得傷其體」之「得」字無義，兪謂當作「復」。「傷其體」、謂受大辱。言宋子此說，非徒無益於人，或反以受辱也。（此段批判宋子「見侮不辱」說，分二節：前一節謂宋子對爭鬪之起因，認識錯誤，故不得所求。次一節以正名的觀點，謂其學說不合王制，故知其謬。）

子宋子曰：「人之情，欲寡，而皆以己之情，爲欲多，是過也。㈠」故率其羣徒，辨其談說，明其譬稱，將使人知情〔欲〕之欲寡也。㈡

應之曰：然則亦以人之情爲〔欲〕目不欲綦色，耳不欲綦聲，口不欲綦味，鼻不欲

綦臭，形不欲綦佚——此五綦者，亦以人之情爲不欲乎？㊂

曰：「人之情，欲是已。㊃」

曰：若是，則說必不行矣。以人之情爲欲，此五綦者而不欲多，譬之，是猶以人之情爲欲富貴而不欲貨也，好美而惡西施也。㊄ 古之人爲之不然。以人之情爲欲多而不欲寡，故賞以富厚而罰以殺損也。是百王之所同也。㊅ 故上賢祿天下，次賢祿一國，下賢祿田邑，愿愨之民完衣食。㊆ 今子宋子以是之情爲欲寡而不欲多也，然則先王以人之所不欲者賞，而以人之欲者罰邪？亂莫大焉。㊇ 今子宋子嚴然而好說，聚人徒，立師學，成文〔曲〕典，然而說不免於以至治爲至亂也，豈不過甚矣哉！㊈

㊀「欲」、動詞，願也。言宋子說：「人情於其所欲，是欲少而不欲多，而一般人卻以爲自己之情是欲多而不欲少，這是錯誤的。」莊子說宋子曰：「以禁攻寢兵（案：卽非攻）爲外，以情欲寡少爲內。」

㊁「談說」、「譬稱」、皆指其學說。「欲之」，據王說乙爲「之欲」。言宋子率領他的徒衆，到處辯論闡明他的學說，要使人知道人之情是欲寡而不欲多。

㊂「爲」下「欲」字，衍文，據盧說刪。「綦」、極也，音「其」。「綦色」、極美之色。下同。言此五極者也，是人情之所不欲的麼？

㊃宋子必答曰：人情是要這些的。

㊄以人情爲欲此五極者，而又謂其爲不欲多，這就好比以人之情爲欲富貴而不要財貨，好美色而惡西施。

㊅「殺」、所介反，減也。「殺損」、如罰款罰俸等。言古人卻以爲人之情欲多而不欲寡，所

㈦以施於政事，賞以富厚而罰以減損。這是百王之所同的。「祿」、受祿，祿食。「完衣食」、謂足衣食。以人之情為欲多，故使德重者受厚祿，下至忠厚老實的人民，豐衣足食，皆所以報其功。

㈧如宋子之說，乃大亂之道。

㈨「嚴」、讀為「儼」。「儼然」、矜莊貌。「好說」、自喜其說。「文曲」、據王說改為「文典」。「文典」、文章，謂作宋子十八篇。非十二子篇云：「終日言成文典。」「治」、「亂」二字似互倒。此言：宋子煞有件事地自矜其說，招收門徒，成立學校，著為文章，大肆宣傳，然而他的學說，是非顛倒，以至亂為至治，豈非大錯特錯！案：宋子屬墨家，「見侮不辱」，「情欲寡淺」，是他的根本主張。莊子天下篇所說，與此相合。「見侮不辱」，故人不鬬；「情欲寡淺」，故「人我之養，畢足而止」。蓋欲為墨子非攻、尚儉諸說，就人情上建立其哲學根據。但是與荀子性惡說卻不合，故斥之。

禮論篇第十九

孔子重仁，而禮以成之。然孔子言禮，皆提擧要凡，未加闡發；孟子亦然。迨荀子著論，廣衍其義，禮之基本理論，至是而始備。

荀子以爲禮之起，由於人之有欲；禮之用，在「明分」以「節欲」「養欲」。本篇首段言禮之起源，卽就此加以申論。所論最精，可與富國篇首段互發。禮於情，除有節的作用外，更有「文」的作用。「文」者、文飾，表達之意。本篇論喪禮祭禮，卽就此兩點（節與文）詳予闡述。喪祭之禮原起於迷信，而荀子以其理智主義的態度，各與以新意義。

荀子隆禮，所論散見於各篇，此爲專論，自屬重要；「然細繹全文，似是湊集而成。」（梁啓超要籍題解）「禮有三本」一段，大戴記采錄爲禮三本篇，「三年之喪，何也」一段，小戴記采錄爲三年問篇。禮記中言喪祭禮者，多與荀子同，當是鈔自荀子，或是荀子後學所作。

禮起於何也？曰：人生而有欲，欲而不得，則不能無求。求而無度量分界，則不能不爭；爭則亂，亂則窮。㈠先王惡其亂也，故制禮義以分之，㈡以養人之欲，給人之求。㈢使欲必不窮於物，物必不屈於欲。兩者相持而長，是禮之所起也。㈣

㈠「度量」、「分界」，謂限度，界限。言人羣共處，爭相滿足他的物質欲望，倘無度量分界以爲限制，則社會必陷於因爭奪而混亂，而困窮。

㈡「分」、去聲，動詞。「分之」：按人倫關係，規定其親疏尊卑；按個人才德，決定其地位職業。同時按其身分，規定其物質享受。凡此規定，即所謂「度量分界」。非相篇云：「分莫大於禮。」禮是「分」的標準。故云：「制禮以分之。」

㈢職業有分，人各趨職，生產自然豐足；按其身分（依其分界），作合理的分配，則人的欲望都可得到相當的滿足，人的需求都可得到相當的供給。

㈣「欲窮乎物」、謂因生產不足，欲望爲物資所困。「物屈於欲」、「屈」、竭也。謂欲望無窮，物資爲欲望所竭。「持」、有「養」義，荀書屢以「持」、「養」並言。史記禮書「持」作「待」，「相待」，猶言相須。皆可通。「長」、知養切，增也。此言，能給求，則必不以物資短絀，而使欲望得不到滿足；能養欲、則必不以欲望無窮，而使物質缺乏。給求之道與養欲之道，兩者相輔相成，是制禮的目的，也是禮的功用。案：荀子主性惡，故論禮之起源，不從宗教上說起，而從人欲上說起。性惡篇云：「古者聖王以人性惡……故爲起禮義而制法度。」

故禮者養也。芻豢稻粱，五味調香，所以養口也；㈠椒蘭芬苾，所以養鼻也；㈡雕琢刻鏤，黼黻文章，所以養目也；㈢鐘鼓管磬，琴瑟竽笙，所以養耳也；疏房檖須，越席牀笫几筵，所以養體也。㈣故禮者養也。

㈠「香」、王以爲當作「盉」，調味也，今通作「和」。言人既不能無欲，就不能不求「養人之欲」，禮的功用，就在於此。譬如牛羊稻粱，五味調和，是用來滿足（養）口腹之欲的。

㈡苾、避免反（ㄅㄧˋ），花草香氣。言椒蘭芳草是用來滿足臭覺之欲的。

㈢雕刻精細的器物，各種彩色花紋的衣物，是用來滿足視覺之欲的。下句倣此。

㈣「疏房」，通明的房屋。「檖須」：「檖」、讀為「邃」。「須」、古「貌」字，借為「廟」。「廟」、宮室，不專指宗廟。「越席」、蒲席，「越」、胡末反，音活。「第」、音滓，牀簀。「筵」、竹席。言敞亮的房屋，深邃的宮室，蒲席、牀第、木几、竹筵是用來滿足身體安佚舒適之欲的。（以上兩節闡明禮與欲的關係及養欲的重要。）

君子既得其養，又好其別。曷謂別？曰：貴賤有等，長幼有差，貧富輕重皆有稱者也。㈠故天子大路越席，所以養體也；側載睪芷，所以養鼻也；㈡前有錯衡，所以養目也；㈢和鸞之聲，步中武象，趨中韶護，所以養耳也；㈣龍旗九斿，所以養信也；㈤寢兕持虎，蛟韅、絲末、彌龍，所以養威也；㈥故大路之馬，必〔倍〕信至教順，然後乘之，所以養安也。㈦孰知夫出死要節之所以養生也！㈧孰知夫出費用之所以養財也！㈨孰知夫恭敬辭讓之所以養安也！㈩孰知夫禮義文理之所以養情也！⑪故人苟生之為見，若者必死；⑫苟利之為見，若者必害；⑬苟怠惰偷懦之為安，若者必危；⑭苟情說之為樂，若者必滅。⑮故人一之於禮義，則兩得之矣；一之於情性，則兩喪之矣。⑯故儒者將使人兩得之者也，墨者將使人兩喪之者也，⑰是儒墨之分也。⑱

㈠「輕重」、猶言多少。「稱」、尺證反，各當其宜，合度。禮是明分的標準，分明然後才能養。故君子既得禮之長養，又愛禮之能以分別。分別什麼？分別人在社會有貴賤的等級，在家庭有長幼的差別，在享受上或貧或富或多或少都能合度得宜。案：中庸：「親親之殺，尊賢之等，禮所生也。」曲禮：「夫禮者，所以定親疏，決嫌疑，別同異，明是非也。」亦均此義。此以下卽列擧天子郊祀時，在禮儀規定中之服御崇飾，以見其養之一斑。

㈡「大路」、天子郊祀時所乘之車。「睪」、音澤。「睪芷」：香草。言天子郊祀之時，乘大路，坐蒲席，是用以滿足身體安佚之欲的。車上旁側插着香草，是用以滿足臭覺之欲的。

㈢「錯」、涂金（卽今之鍍金）。「衡」、車轅端橫木。言車前之衡涂着金色文彩，是用以滿足天子視覺之欲的。

㈣「和」、「鸞」，皆車鈴名。武、象、韶、護皆樂名。車上和鸞之聲，在車徐行的時候，合於武象之節；疾行的時候合於韶護之節，這是用以滿足聽覺之欲的。

㈤「斿」、音留，旌旗之旒，字亦作「游」。「信」、使人見而信之。言儀仗前面掌着垂旒的龍旗，使萬民知道，這是至尊臨幸。旗是用以示信的。

㈥「持」、高亨讀爲「跱」，踞也。「寢兕持虎」、言車輪上畫着伏兕踞虎以爲文飾。「韅」、音顯，馬腹帶。「末」同「幦」，音覓，車覆也。「彌」、借爲「靡」金飾車耳。言車輪畫着伏兕踞虎，馬肚帶以蛟魚皮爲飾，車覆是絲織品，車耳刻爲交龍之形，又飾以黃金。這些文飾都是用來表示天子之威嚴的。

㈦「倍」、據王先謙據史記校，改爲「信」。「教」、「調」音近。「順」、「馴」古通。「信至教順」，卽「信至調馴」。言駕大路的馬，一定訓練的極爲調良，然後用之，以策安全。

㈧「孰」、史記正義訓「審」，索隱訓「誰」，茲從後者。下倣此。貪生怕死，是人之性；守死要節，是禮義之行，二者相反；然禮義之行正所以養生安身。故云：人誰知志士爲國之推誠守死，要立名節，正所以養生安身！

㈨「出」、龍宇純以爲當從史記作「輕」。「用」下奪「財」字，「出費用」，應作「輕費用財」。案：貪多務得，是人之性；輕財濟困，是禮義之行，二者相反；然輕財濟困使人不相侵奪，才能保全其財物。故云：誰知仁人輕財物，濟貧乏，使不相侵奪，正所以養其財物！

(一〇) 言誰知講求恭敬辭讓之禮，使社會秩序安定，正所以養其安佚！

(一一) 放縱情性，將不知其所止，惟遵循禮義文理的節制，情感才可得到正常地抒發。故云：誰知遵循禮義文理的節制，正所以養其情性！

(一二) 「爲見」、謂只見此而不見彼。「若者」、如此者。此言：只是貪生怕死，不能出死要節，如此者必刑戮及身。自此以下四句，都是解釋上四句的。

(一三) 只是愛財重貨，不能濟貧救困，如此者必遇禍害，

(一四) 只是怠惰偷懦，不能恭敬辭讓，如此者必然危殆。

(一五) 「說」、讀爲「悅」。只是恣其情欲，以爲歡樂，而不知節之以禮義文理，如此者必然滅亡。

(一六) 禮義能調和一己自身間諸情欲之衝突，所以凡事完全取則於禮義，則禮義情性兩得其正；完全順從其情性，則禮義情性兩喪其正。

(一七) 墨者不尙禮義，而任儉嗇，僈差等，故使人兩喪之。

(一八) 「分」、扶問反，史記正義云：猶「等」也。言由此可見儒墨兩家學術等次的高下。（以上三節爲一段，論禮之起源——制禮之目的與功用。就羣體說，禮的功用在別異定分，養欲給求，消解人與人之間的衝突；就個人說，在明是非，決嫌疑，消解自身間情欲的衝突。）

禮有三本：㈠天地者，生之本也；先祖者，類之本也；君師者，治之本也。無天地，惡生？無先祖，惡出？無君師，惡治？㈡三者偏亡，焉無安人。㈢故禮、上事天，

下事地，尊先祖，而隆君師。是禮之三本也。㈣

㈠言禮所由出之基本有三：天地生物以養人，人之本出於先祖，故制禮以郊天、社地、禘祖，此祭禮中之最隆重者。君師（師、亦君也）爲政教之本，社會共同生活之秩序，賴以維繫。故制禮以天地、先祖、君師三者爲立法的綱領。此所謂「禮有三本」也。

㈡「惡」、音烏。沒有天地生產萬物，人類生活何以維持？沒有先祖，人類生命將從何來？沒有君師，社會秩序何由安定？

㈢「偏亡」、缺一種。「焉」、猶「則」也。言三者缺一，就無法滿足人類生存安居的願望。

㈣所以制禮上以事天，下以事地，尊敬先祖（此指祭禮），崇隆君師（此指朝聘等禮）。這是禮之所從出的三個基本。

故王者天太祖，㈠諸侯不敢壞，㈡大夫士有常宗，㈢所以別貴始；貴始得之本也。㈣郊止乎天子，而社止於諸侯，㈤道及士大夫，㈥所以別尊者事尊，卑者事卑，宜大者巨，宜小者小也。㈦故有天下者事〔十〕七世，有一國者事五世，有五乘之地者事三世，有三乘之地者事二世，持手而食者不得立宗廟，㈧所以別積厚〔積厚〕者流澤廣，積薄者流澤狹也。㈨

㈠「天」、動詞，謂配天也。太祖爲天所生，德澤延及子孫以王天下，故配天而祭，以示尊崇。如周人以后稷爲太祖。

㈡諸侯之國，始祖所建，子孫感其德，不敢壞其廟。如魯人不敢壞周公之廟。「壞」者，遷其廟之神主於太祖祧廟之意。（祧廟、世數久遠之廟）

(三) 大夫士的家，別子所建，子孫感其德，故有百世不遷之大宗。「常宗」、即「大宗」。案：諸侯適子繼世爲君，其第二子以下卽爲別子，若魯三桓；別子卽庶子，不繼正統，而爲大夫士。其後裔尊別子爲祖。後裔中之嫡系，繼嗣別子者爲大宗，其餘爲小宗。

(四) 「貴始」，尊崇始祖，不忘本（卽論語之「追遠」）。「得」、通「德」。言此三者是禮所規定，用以分別自天子至於士大夫，所尊崇的始祖各有不同。尊崇始祖——不忘本，是培養人類德性的根本。（祭禮是教育，不是迷信）

(五) 「郊」、祭天。「社」、祭地神。言天子郊祭，天子以下無郊。天子諸侯皆有社祭，諸侯以下無社。

(六) 「道及士大夫」：劉師培曰：「道」、卽「禫」之古文。「禫」、除喪之祭，比他祭爲重。三代之時，天子祭天，諸侯祭土，大夫士則祭其先，卽下文所謂「尊者事尊，卑者事卑」也。案：「禫」、惰感反（ㄊㄢˇ）。言自天子、諸侯，下及大夫士皆用除服的禫祭。

(七) 此三者是禮所規定，所以分別地位的不同，所奉事的神祇也不同，大小巨細是各有其宜的。

(八) 「十」、據大戴記及史記改爲「七」。禮記王制：「天子七廟，三昭三穆，與太祖之廟而七。諸侯五廟，二昭二穆，與太祖之廟而五。大夫三廟，一昭一穆，與太祖之廟而三。士一廟，庶人祭於寢。」「昭」、「穆」是古代宗廟的倫序。自太祖（一族始祖）之後，父廟曰昭，居左，子廟曰穆，居右。孫之廟又曰昭，曾孫之廟又曰穆。餘類推。天子七廟之下，雖世代增益，亦不再更置新廟，惟將第一「昭」或「穆」廟中神主遷入太祖之廟，並將第二「昭」或「穆」廟中神主遷入第一廟中，將第三「昭」或「穆」廟中神主遷入第二廟中，把空出的廟，將新死的天子神主祔入。如此遞遷不已，而廟數始終維持七座。「諸侯五廟」：諸侯昭穆之廟比天子少一層，除太祖廟外，僅有父、祖、曾祖、高祖四世。若諸侯新死，也不更立新廟，但將高祖神主遷入太祖廟內，曾祖以下則隨之遞遷，空出的廟，把新死的諸侯的神主祔入。諸侯以下倣此。（禮記今註今譯）「五乘之地者」：古者十里爲成，成出革車一乘。此謂有菜地五成的大夫，得立三廟。「三乘之地者」、指適士。禮記祭法：「適士二廟。」「持手而食者」：「持」、叚爲「恃」。此指靠雙手謀生的農工商。此言：有天下的天子奉事七世宗廟，有國的諸侯奉事五世宗廟，有五成菜地的大夫奉事三世宗廟，有三成菜地的適士奉事二世宗廟，靠勞力謀生的庶人不得立宗廟，祖宗神位設於適子之家。

㈨「積厚」、大戴記及史記此二字不重，據刪下二字。「積」、同「績」，功業也。此言：禮的這些規定，用以分別功業大的遺澤廣遠，功業小的遺澤狹近，其子孫所以奉事先祖者，亦因之不同。（此承上節言「貴始」之義，但在禮制上「貴始」也有區別。）

大饗，㈠尙玄尊，俎生魚，先大羹，貴食飲之本也。㈡饗，尙玄尊而用酒醴，先黍稷而飯稻粱。㈢祭，齊大羹而飽庶羞，㈣貴本而親用也。㈤貴本之謂文，親用之謂理，兩者合而成文，以歸大一，夫是之謂大隆。㈥故尊之尙玄酒也，俎之尙生魚也，〔俎〕豆之先大羹也，一也。㈦利爵之不醮也，㈧成事之俎不嘗也，㈨三臭之不食也，㈩一也。⑪大昏之未發齊也，⑫太廟之未入尸也，⑬始卒之未小斂也，一也。⑭大路之素未集也，⑮郊之麻絻也，⑯喪服之先散麻也，一也。⑰三年之喪，哭之不〔文〕反也，⑱清廟之歌，一唱而三歎也，⑲縣一鐘，⑳尙拊〔之〕膈，㉑朱絃而通越也，㉒一也。㉓

㈠「大饗」、祫祭先王，三年一次。祫祭、合祭先祖親疏遠近也。「祫」、音洽。

㈡「尙」、上也。「玄尊」、上古無酒，以水當酒，因其色玄，故稱玄酒，這是最原始的飲料。「俎生魚」、劉師培以爲應作「俎尚生魚」，脫「尚」字。「先大羹」：「先」、亦上也。「大羹」，不加鹽梅等作料的肉汁。「大」、讀太。「本」、謂造飲食之初。此言：天子祫祭先王，尊用玄酒，俎盛生魚，豆盛不加作料的大羹。這是尊重原始的飲食習慣。

㊂「饗」、與「享」同，四時享廟之祭。「用」、酌獻。言天子四時享廟之祭，仍以玄酒爲上，而獻以酒醴，先陳黍稷，而後供以稻粱之飯。

㊃「祭」、月祭也。「齊」、讀爲「嚌」，至齒淺嘗。「庶羞」、各種美味。言月祭時，尸舉起大羹，至齒而止，至庶羞美味就吃飽。

㊄饗祭、月祭的這些禮儀是一面尊重原始習慣，一面又合乎實際享用。大戴記補注：「玄酒、黍稷、大羹是貴本；酒醴、稻粱、庶羞味美，故親用。」

㊅「大」、讀爲「太」。「大一」、謂太古之時。禮記：「夫禮必本於太一。」言尊重原始習慣是傳統禮文，合乎實際享用是出於情理，兩者相合而得禮之文理。以歸依於太古爲原則，這是禮之最隆盛的。

㊆「俎」、據大戴記及史記改爲「豆」。言尊以玄酒爲上，俎以生魚爲上，豆以大羹爲上，都是仿照太古的生活習慣，以示不忘本之義。

㊇「利」、在祭禮中佐食之人。「爵」、酒器，此作動詞。「醮」、盡也。言利嘗祭酒，小飲不盡而奠之。儀禮有司徹：「利洗爵獻於尸，尸酢（案：尸還酢於利）；獻祝（案：利又獻於祝），祝受祭酒，啐酒奠之。」「啐」、淺嘗也。「啐酒奠之」、言淺嘗祭酒而奠之，表示祭祀已畢。「利爵之不醮」，即「祝受祭酒，啐酒奠之」之意。

㊈「成事」句：史記索隱：「成事、卒哭之祭。故記曰：『卒哭曰成事。』既是卒哭，始從吉祭，故受爵而不嘗俎。」言卒哭之祭，尸受爵而不嘗俎。

⑩「臭」、大戴記及史記均作「侑」。索隱：「禮、祭必立侑以勸尸食，至三飯而後止。每飯有侑一人，故有三侑。既是勸尸，故不自食也。」言三侑勸尸食而不自食。

⑪「一也」、言這三種儀式，都是表示祭禮終結。

⑫「未發齊」之「齊」，俞讀爲「醮」。「醮」、單方面的敬酒，受方不必回敬。「發」、猶「致」也。昏（婚）禮、父親醮子而命之迎。「未發醮」者，未致醮也。大婚，還未致醮，是婚禮之初始。

⑬太廟之祭，尸還未入，是祭禮之初始。

⑭人死還未小殮，是喪禮之初始。「一也」、言此三者都是禮之初始，質而未備。

⑮「素未集」：「素」、謂未加丹漆。「未」、俞謂當作「末」，即「絲末」之「末」，與「幦」同，車蓋。「集」、俞謂「幬」之借字，車帷。言天子郊祭時所乘大路，車蓋車帷都是素色。

⑯「麻絻」、緝麻爲冕。

⑰「散麻」、大戴記作「散帶」。「帶」、腰絰。死者小歛，主人腰絰分散着垂下。既成服，絞散絰成繩。言天子舉行郊天大典時，所乘大路素蓋素帷，頭戴麻冕，喪服腰絰先用散麻。三者都表示衣物從質之義。

⑱「不文」、據大戴記及史記改爲「不反」。「不反」、竭力哭喊，氣一發而盡。禮記間傳：「斬衰之哭，若往而不反…此哀之發於聲音者也。」

⑲「清廟」、詩周頌篇名。言樂工歌周頌清廟之篇，一人唱，三人歎（讚和曰歎，謂歌尾曳聲以助也。），言和之者寡也。

⑳「縣一鐘」、比於編鐘爲簡略。編鐘、小鐘，大小以次，編而懸之，上下皆八，合十六鐘，

懸於簨簴（音筍巨）。

㈡「之」、據大戴證及史記刪。「拊膈」、郝曰：皆樂器名。「拊」者、以韋爲之，實以糠。「膈」、疑亦拊之類。「尙」者、上也。

㈢「朱絃」、練朱絃，取其聲濁。「越」、瑟底孔。

㈣父母之喪，哭號氣一發而盡；樂工歌淸廟之詩，只有一人唱，三個人和；鐘懸一個，還以拊膈爲上，而不取鐘聲之宏大；瑟只有幾條朱絃，下面通着幾個洞。這三者都表示聲之從質之義。（此節言貴始尙質之義）

凡禮，始乎梲，成乎文，終乎悅校。㈠故至備，情文俱盡；其次，情文代勝；其下復情以歸大一也。㈡天地以合，日月以明，四時以序，星辰以行，江河以流，萬物以昌，好惡以節，喜怒以當，㈢以爲下則順，以爲上則明，萬〔物〕變〔而〕不亂，貳之則喪也。㈣禮豈不至矣哉！立隆以爲極，而天下莫之能損益也。㈤本末相順，終始相應，㈥至文以有別，至察以有說，㈦天下從之者治，不從者亂，從之者安，不從者危，從之者存，不從者亡，小人不能測也。㈧

㈠「始乎梲」、史記作「始乎脫」。「梲」、音脫。「終乎悅校」、大戴禮作「終乎隆」。郝曰：「校」、當作「恔」，「恔」者、快也。孟子：「於人心獨無恔乎？」趙注：「恔、快也。」案：言禮是出於人情之不容己，所以不管那種禮，總是其始很脫略，慢慢地成於禮文詳備，終於使情感得到抒發，而感覺滿足。

㈡「情」、內在的情感。如喪主哀，祭主敬之類。「文」、外在的儀式，如禮物威儀。言至備

之禮是情文俱盡，其次、是情勝於文，或文勝於情，二者不能俱盡；其下、是沒有文飾，但反本於情而歸於質素。（禮疏而意誠）

㊂注：言禮能上調天時，下節人情，若無禮以分別之，則天時人事皆亂。

㊃「萬物變而不亂」句，據大戴記刪「物」「而」二字。「貳」、王先謙以為「貳」字之誤，讀為「姦忒」之「忒」。案：「貳」、離也，可不改字。「喪」、去聲，亡也。言以禮持身治事，居下位則和順，居上位則明察，治萬變而不亂。離開禮不論居上居下就無法生存。「天地」以下六句，指天道言；「好惡」以下六句，指人事言。言處理天時人事皆當以禮為極則；否則，必亂。（大戴記錄自「禮有三本」至此，為禮三本篇）

㊄先王建立隆盛之禮，以為人道之極則，任何人是不能有所損益的。

㊅「本」、謂情。「末」、謂文。禮記禮器：「先王立禮有本有文。」情有親疏，禮以隆殺，故禮文與情感必相順應。「本末相順」、殆即此義。下句「終始」與「本末」互文；「相應」與「相順」同意，兩句同義。

㊆曲禮：「夫禮者，所以定親疏，決嫌疑，別同異，明是非也。」此言：禮之至文，有分別倫理親疏尊卑之用；禮之至察，有分說事理是非嫌疑之用。「以」、猶「而」也。

㊇「不能測」、謂不能窺測禮之理也。（此節言禮有三等及其大用。）

禮之理誠深矣，「堅白」「同異」之察入焉而溺；㊀其理誠大矣，擅作典制辟陋之說入焉而喪；㊁其理誠高矣，暴慢恣睢輕俗以為高之屬入焉而隊。㊂故繩墨誠陳矣，則不可欺以曲直；㊃衡誠縣矣，㊄則不可欺以輕重；規矩誠設矣，則不可欺以方圓；君子審於禮，則不可欺以詐偽。㊅故繩者，直之至；㊆衡者，平之至；規矩者，方圓之至；

禮者，人道之極也。㈧然而不法禮，不足禮，謂之無方之民；㈨法禮，足禮，謂之有方之士。禮之中焉能思索，謂之能慮；㈩禮之中焉能勿易，謂之能固。⑪能慮、能固，加好者焉，斯聖人矣。⑫故天者，高之極也；地者，下之極也；無窮者，廣之極也；聖人者，人道之極也。⑬故學者，固學爲聖人也，非特學無方之民也。⑭

㈠ 此斥名家公孫龍、惠施「堅白」、「同異」之說。「溺」、沈滅。

㈡ 此斥法家愼到。

㈢ 此斥它囂、魏牟，皆見非十二子篇。「隊」、古「墜」字，墮也。以禮之理深，故能使主堅白同異之說者沈滅；以禮之理大，故能使擅作典制者喪亡；以禮之理高，故能使暴慢姿睢者墜落。史記索隱：「恣睢、毀訾也。」

㈣ 「誠」、準確。言繩墨準確地拉起來，是直是曲一目瞭然。

㈤ 「衡誠設」、劉師培云：唐律疏義經引作「權衡誠設」。

㈥ 爲政的君子精審於禮，人們的奸詐虛僞，就可一目瞭然。

㈦ 繩墨是直的極致。

㈧ 禮是人道中的最高指導原則。

㈨ 「足禮」、重禮。「方」、道理。

㈩ 「思索」、推求事物之理。推求事物之理，能以禮爲準繩，就是思想正確的。此言禮是思想的標準。

⑪ 「勿易」、不變。以禮爲持身的準繩，而始終不變，就是有堅固德操的。此言禮爲持身的標準。

㉒「者」、史記作「之」，潘重規謂「者」「之」古字通。此言：一個人有正確的思想，堅固的德操，而猶好禮不倦，這就是聖人了。

㉓天是高的極致，地是低的極致，四方是無窮之廣的極致，聖人是道德人格修養的極致。

㉔解蔽篇云：「學也者，固學止之也，惡乎止之？止諸至足，曷謂至足？曰：聖也。」（此節言禮爲人道之最高原則，審於禮則邪說不能蔽，而成就個人道德人格。）

禮者，以財物爲用，①以貴賤爲文，②以多少爲異，③以隆殺爲要。④文理繁，情用省，是禮之隆也。⑤文理省，情用繁，是禮之殺也。⑥文理情用相爲內外表裏，竝行而雜，是禮之中流也。⑦故君子上致其隆，下盡其殺，而中處其中。⑧步驟馳騁厲鶩不外是矣。是君子之壇宇宮廷也。⑨人有是，士君子也；外是，民也；⑩於是其中焉，方皇周挾，曲得其次序，是聖人也。⑪故厚者，禮之積也；大者，禮之廣也；高者，禮之隆也；明者，禮之盡也。⑫詩曰：「禮儀卒度，笑語卒獲。」此之謂也。⑬

①「財物」、謂貢獻問餽所用玉帛之類。以財物爲行禮之用，藉以表達情意。

②禮之用在「別異」，別異則在「文」，文者、文飾。如以衣言「天子袾裷衣冕，諸侯玄裷衣冕，大夫裨冕」（富國），此藉衣飾以別貴賤之例。他如車服旗章，各種排場，都是藉以分別尊卑的。

③「多少」、如以宗廟言，天子七廟，諸侯五廟，大夫三廟，士一廟（見前）。如以棺椁言，天子七重，諸侯五重，大夫三重（見下）。此以多少異制，以別上下之例。

④「隆」、隆盛。「殺」、減降。「要」、恰當。禮文或者隆盛，或者簡單，唯其恰當爲貴。

㊄「文理」、史記作「文貌」，謂外在的威儀，卽上文所謂「文」。「情用」、史記作「情欲」，謂內在的忠誠、情感。如賓主享獻，彼此相拜是「文」；心存誠敬是「情」。此言：如享獻之禮，賓主百拜，禮文隆重，情雖主敬，但文過於情，這是禮之隆盛。

㊅如太古之祭，用玄酒生魚，本於質素，雖禮文簡單，而情感眞摯，（情過於文）這也是禮。案：上文之「隆」，此文之「殺」，只就禮文說，沒有價值意義。

㊆「雜」、王讀爲「集」，會也。言情感與禮文互相爲內外表裏，而配合地恰好，這是禮的中道，「中流」、猶中道。言禮有此三種。

㊇「君子」、知禮者。「致」、極也。「中」、用得其中。言君子於大禮則極其隆厚，小禮則盡其降殺，而中處其中道。都恰到好處，不失其宜。

㊈「厲騖」、疾奔也，史記作「廣騖」。「是矣」之「是」，謂禮之隆殺。這一句是寫君子在禮法中活動的情形。「壇宇宮廷」，此借宇舍爲喻，猶言範圍，見儒效篇末。這一句是說君子的生活領域。此言：君子步驟馳騁，總不出於禮之隆殺之間，禮、就是君子用以自處的壇宇宮廷。

⑩「有」、王讀爲「域」，史記作「域」。「域」、居也。言生活在禮法之中的，就是有道的士君子；自外於禮法的，就是無知草民。

㊁「挾」、注讀爲「浹」、周帀也。「方」、「皇」，皆有廣大意，猶言「周浹」。（鍾說）「次序」、謂禮之隆殺。言生活在禮法中，圓滿周洽（卽「克己復禮」之意），而曲得其隆殺之宜的，就是聖人。

㊂「廣」、廣大禮之理。「盡」、卽勸學篇「全盡」之「盡」，謂盡禮之理。言聖人之所以成其深厚，由於積禮；所以成其博大，由於廣禮；所以成其崇高，由於隆禮；所以成其明察，

由於盡禮。

㈢ 詩小雅楚茨第三章。「卒」、盡也。「度」、法度。「獲」、得其宜也。言禮儀盡合法度，笑語盡得其宜。引此以明有禮則一舉一動無不合宜。（本節言禮有隆殺，君子曲得其宜。）

（以上六節為一段。言禮之三本，教人報本貴始，以培養道德根基。禮是人道的最高原則，隆禮則積益弘廣。）

禮者，謹於治生死者也。㈠生、人之始也，死、人之終也，終始俱善，人道畢矣。故君子敬始而慎終，終始如一，是君子之道，禮義之文也。㈡夫厚其生而薄其死，是敬其有知，而慢其無知也，是姦人之道而倍叛之心也。君子以倍叛之心接臧穀，猶且羞之，而況以事其所隆親乎！㈢故死之為道也，一而不可得再復也，臣之所以致重其君，子之所以致重其親，於是盡矣。㈣故事生不忠厚，不敬文，謂之野；㈤送死不忠厚，不敬文，謂之瘠。㈥君子賤野而羞瘠，故天子棺椁〔十〕七重，㈦諸侯五重，大夫三重，士再重。然後皆有衣衾多少厚薄之數，皆有翣蔞文章之等，以敬飾之，㈧使生死終始若一；一足以為人願，是先王之道，忠臣孝子之極也。㈨天子之喪動四海，屬諸侯；諸侯之喪動通國，屬大夫；大夫之喪動一國，屬脩士；脩士之喪動一鄉，屬朋友；庶人之喪合族黨，動州里；㈩刑餘罪人之喪，不得合族黨，獨屬妻子，棺椁三寸，衣衾三領，不得飾棺，不得晝行，以昏殣，㈡凡緣而往埋之，反無哭泣之節，無衰麻之服，無親疏月數之等，各反其平，各復其始，已葬埋，若無喪者而止，夫是之謂至辱。㈢

㈠ 禮對於養生送死的規定是極為謹嚴的。

(二) 「文」、卽上文之「文理」。「禮義之文」、卽禮義之文理。

(三) 「臧穀」、奴婢，孺子。「隆」、尊也。「所隆」、謂君。「所親」、謂父母。言以忘恩負義之心對待奴婢小兒，尚以爲可羞，而況以事奉其所尊之君所親之父母乎！

(四) 「致」、注訓極，鍾訓盡，玆從後者。言死喪之事，人生只有一次，而不可得再來一次的，臣子所以盡其尊重君親之道，就止於此了。

(五) 「忠厚」、忠心篤厚。「敬文」、恭敬而有禮文。「野人」、未受教化的野人。

(六) 「瘠」、瘠薄，刻薄寡恩。

(七) 「十」、當作「七」，莊子天下：「天子棺椁七重，諸侯五重，大夫三重，士再重。」據改。

(八) 「衣衾」、王謂應作「衣食」。「數」、規定。「翣菨」、注謂當作「蔞翣」，音柳霎，棺之牆飾。「文章」、花紋。「等」、等差。言此外還有衣衾多少美惡的規定，蔞翣所畫文彩的差別，都以虔敬的心情而加以文飾。

(九) 使生死始終如一，都足以使人心裏感覺滿足（沒有遺憾），這是先王順乎人情而制訂的禮法，也是忠臣孝子所以事其君親的極則。

(一〇) 「屬」、合也。「通國」、有邦交的通好之國。「一國」、同在朝之人。「脩士」、士之進脩者，謂上士。言天子之喪，哀動四海，會合天下諸侯以葬；諸侯之喪，哀動同盟之國，皆派大夫來會於葬；大夫之喪，哀動朝中同寅，會合脩士以葬；脩士之喪，哀動一鄉之內的姻親，會合朋友以葬；一般老百姓的喪葬，會合族黨，哀動州里。周禮：「二十五家爲里，二千五百家爲州。」春秋傳曰：「天子七月而葬，同軌畢至；諸侯五月而葬，同盟至；大夫三月，同位至；士逾月，外姻至。」

㈡「刑餘」、遭刑之餘死者，赦徒也。「棺椁三寸」、厚三寸，刑人之棺。「衣衾三領」、喪大記：「士陳衣於序東，三十稱。」今云「三領」，亦貶損之甚。「以昏殣」，於夜晚埋葬。

㈢「凡」、常也。「緣」、因也。言其妻子如常日所服，不加絰杖，而往埋葬。回家之後，無哭泣之禮節，無衰麻之喪服，無親疏月數之等差（謂服喪），一律恢復平常的樣子，已經埋葬，就好像沒有喪事一樣。這是最大的恥辱。注：此蓋論墨子薄葬，是以至辱之道奉君父也。（此節論喪禮）

禮者，謹於吉凶不相厭者也。㈠紸纊聽息之時，則夫忠臣孝子亦知其閔矣，然而殯斂之具，未有求也；㈡垂涕恐懼，然而幸生之心未已，持生之事未輟也。㈢卒矣，然後作具之。㈣故雖備家必踰日然後能殯，三日而成服。㈤然後告遠者出矣，備物者作矣。故殯久不過七十日，速不損五十日。㈥是何也？曰：遠者可以至矣，百求可以得矣，百事可以成矣；其忠至矣，其節大矣，其文備矣。㈦然後月朝卜日，月夕卜宅，然後葬也。㈧當是時也，其義止，誰得行之？其義行，誰得止之？㈨故三月之葬，其貌以生設飾死者也，殆非直留死者以安生也，是致隆思慕之義也。㈩

㈠「厭」、掩也，烏甲反。言禮是謹於吉凶之別，而不使互相侵掩的。事生是吉事，治喪是凶事，人未死不可治喪具，觀下文自明。

㈡「紸」、讀爲注。「注纊」、即「屬纊」。「屬」、著也。「纊」、新緜，易動搖，人瀕死時，置之口鼻上，以驗呼吸之有無。「聽息」、聽其氣息。「閔」、病危。「已」、通「

矣」。言君親疾革之時，忠臣孝子雖知其危殆，然而不去準備殯斂之具。

㊂「持」、養也。言雖然哭泣恐懼，然而盼其復甦之心仍未絕望，養生之事仍未停止。

㊃直到氣絕身死，這才製作具備殯斂之物。

㊄「備家」、富家。說文：「富、備也。」此言：所以雖是富家，也必一天之後才能殯斂，三日之後才能成服。

㊅然後到遠方報喪的可以出發了，置辦殯葬之物的可以工作了。所以停喪最久不過七十天，最少也不可少於五十天。「損」、減也。

㊆遠方來會葬的可以到了，凡爲所求可以齊了，一切事情可以準備好了；其在臣子者，忠誠已達極致了，禮節已至盛大了，喪葬應有的儀制（排場）已完備了。

㊇「月朝」之「月」，應作「日」。劉師培曰：曲禮之言卜筮也，謂「日而行事，則必見之。」是卜筮必於晝，故葬期之卜，必以日朝。「月夕卜宅」者，蓋古人葬親必以夕故。「卜宅」、猶言擇墓地。此言：晝卜葬期，夜卜葬地。

㊈此文大意：聖王制禮以節人情。當喪事進行時，揆諸喪禮的意義，當行的就得行，當止的就得止，誰也不能變更。惟其如此，使賢者勉抑哀情，而不至於過；使不肖者勉強行之，而不得不及。

㊉「須」、古文「貌」字，象也。言三月而後葬者（上文云：「不過七十日」，此云三月，兼首尾言之。），因爲籌辦象其生時所用器物，以飾死者，非三月不能備。殆非只留死者以安撫生者，乃是臣子得以從容盡其隆崇思慕之義啊！（以上兩節爲一段。言君子敬始而愼終，送死必以禮，所以愼終；死三月而後葬，所以愼其事，而致思慕之情。）

喪禮之凡，㊀變而飾，㊁動而遠，㊂久而平。㊃故死之爲道也，不飾則惡，惡則不哀；㊄尒則翫，翫則厭，厭則忘，忘則不敬。㊅一朝而喪其嚴親，而所以送葬之者，不哀不敬，則嫌於禽獸矣，君子恥之。㊆故變而飾，所以滅惡也；動而遠，所以遂敬也；久而平，所以優生也。㊇

㊀「凡」、獨舉其大事也（春秋繁露深察名號篇）。此言喪禮的大原則。

㊁「變」、指喪禮儀式的進展，如含而後小斂，而後大斂，而後殯等。「變而飾」，言儀式進行一次，就對死者文飾一次。

㊂「動」、移動死者，亦指儀式之進行說。「動而遠」，言移動一次就遠去一些。如檀弓子游曰：「飯於牖下，小斂於戶內，大斂於阼，殯於客位，祖於庭，葬於墓，所以即遠也。」

㊃「久而平」，久則哀痛平復如常日。

㊄人死之後，若不加文飾（今謂化裝），就使人厭惡，厭惡就不哀痛。

㊅「尒」與「邇」同。「翫」、音玩，戲狎。「忘」、久保謂當作「怠。」言死者和人太近，就容易輕忽，輕忽了就厭倦，厭倦了就怠慢，怠慢了就不恭敬。

㊆「嚴」、猶尊也；「嚴親」、卽「尊親」；「嚴」、謂君；「親」、謂父母。「嫌」、猶「近」也。

㊇「遂」、成也。言殯斂變動而加文飾，是爲了滅除厭惡之情的；儀式進行逐漸遠去，是爲了成就恭敬之意的；久而哀情平復如常日，是爲了維持生者之健康的。

禮者、斷長續短，損有餘，益不足，達愛敬之文，而滋成行義之美者也。㊀故文飾、麤惡，聲樂、哭泣，恬愉、憂戚；是反也；然而禮兼而用之，時舉而代御。㊁故文飾、聲樂、恬愉，所以持平奉吉也；㊂麤〔衰〕惡、哭泣、憂戚，所以持險奉凶也。㊃故其立文飾也，不至於窕冶；其立麤〔衰〕惡也，不至於瘠弃；其立聲樂、恬愉也，不至於流淫、惰慢；其立哭泣、哀戚也，不至於隘懾傷生，是禮之中流也。㊄

㊀ 喪禮是截長補短，減損賢者哀情之過甚，增益不肖者哀情之不足的。賢者依禮可表達愛敬之情，而不至影響健康；不肖者依禮可助成行義之美，而不至淪於禽獸。「滋」、助也。

㊁ 「文飾」、「聲樂」、「恬愉」，皆對死者之事。「麤惡」、「哭泣」、「憂戚」、皆生者之事。言文飾與粗惡，聲樂與哭泣，恬愉與憂戚，皆是相反的兩種情感，然而在喪禮中，兼而用之，交互代替。「時」、更也。「御」、進用也。

㊂ 「持」、猶「奉」也。「持」、「奉」互文。言文飾、聲樂、恬愉，是把死者視同生時持養而用以奉行吉禮的。

㊃ 「麤衰」、據王據上文校，改爲「麤惡」。下同。「險」、謂喪時。言粗惡、哭泣、憂戚，是生者用以奉行喪時凶禮的。

㊄ 「窕」、讀爲「姚」。「姚冶」、妖美。「隘」、窮也。「懾」、猶戚也。言喪禮的規定，對死者的文飾，不至於妖冶美蕩；生者服食的粗惡，不至於羸瘠自毀；對死者之聲樂恬愉，不至於流淫惰慢；生者之哭泣哀戚，不至於窮戚傷生。——這是禮的中道。案：此所謂「節」也。

故情貌之變，足以別吉凶，明貴賤親疏之節，期止矣。㊀外是，姦也；雖難，君子賤之。故量食而食之，量要而帶之，相高以毀瘠，是姦人之道，非禮義之文也，非孝子之情也，將以有爲者也。㊁故說豫、娩澤，憂戚、萃惡，是吉凶憂愉之情發於顏色者也。㊂歌謠、謸笑、哭泣、諦號，是吉凶憂愉之情發於聲音者也。㊃芻豢、稻粱、酒醴，餰鬻、魚肉、菽藿、酒漿，是吉凶憂愉之情發於食飲者也。㊄卑絻、黼黻、文織，資麤、衰絰、菲繐、菅屨，是吉凶憂愉之情發於衣服者也。㊅疏房、檖貌、越席、牀笫、几筵，屬茨、倚廬、席薪、枕塊，是吉凶憂愉之情發於居處者也。㊆兩情者，人生固有端焉。㊇若夫斷之繼之，博之淺之，益之損之，類之盡之，盛之美之，使本末終始，莫不順比，足以爲萬世則，則是禮也。㊈非順孰脩爲之君子，莫之能知也。㊉

㊀「情」、情感。「貌」、禮文。「期」、當爲「斯」。言情貌的改變（稱情而立文），足以分別吉凶，表明貴賤親疏的界限，就可以了。

㊁上「食」字音嗣。「要」、今作「腰」。言吃飯要稱稱，束帶要量量，而以羸瘠骨露表現自己的純孝，這是姦人的行爲，不合禮義的節文，也不是孝子的眞情，他是另有目的的——欺世盜名。

㊂「說」、讀爲「悅」。「豫」、樂也。「娩」、讀若「問」。「娩澤」、謂顏色潤澤。「萃」與「顇」同。「惡」、謂顏色惡。「發」、表現。言面容喜悅潤澤，或憂戚顦顇，這是吉事快樂之情，或凶事憂戚之情，而表現於顏色的。

㊃「謸」與「傲」同，戲謔。「諦」、讀爲「啼」，古二字通用。

㊄「酒漿」、王謂爲「水漿」之誤。「魚肉」二字，兪謂應在「餰鬻」二字之上。此文應作：「芻豢、稻粱、酒醴、魚肉、餰鬻、菽藿、水漿。」前四者吉事之飲食，後三者凶事之飲食。「餰」與「饘」同。「鬻」、讀爲「粥」。

㈥「卑絻」、注云：「與『裨冕』同，謂衣裨而服冕。」王以爲「卑絻」、卽「弁絻」。「弁」、卽今「弁」字，「絻」同「冕」。「黼黻」、衣物的彩繪。「文織」、有文彩的絲織品。「資」與「齊」（音咨）同，卽「齊衰」。「麤」、粗布。「菲」、薄也。「繐」、細而疏的布。「菅屨」、草鞋。前三者吉事之衣服，後四者凶事之衣服。

㈦「茨」、蓋屋的茅草。「屬茨」、使草相連屬，很疏漏。「倚廬」、倚木爲廬，一邊着地，如倚物者。禮記：「不敢入處室，居於倚廬，哀親之在外也。寢苫、枕塊，哀親之在土也。」前五者吉事之居處，後四者凶事之居處。

㈧「兩情」、謂吉事歡愉之情與凶事憂戚之情。「生」、久保讀爲「性」，甚確，觀下文可證。「端」、卽孟子「四端」之「端」，謂心理情緒。言吉事歡愉之情，凶事憂戚之情，人性中本有此端緒，惟自然之情性，非過卽不及，必須節之以禮，然後合於中道。

㈨十「之」字，皆「兩情」之代詞。「類」、推類，觸類而長。「本末」、「終始」，同義。「情」爲本始，「貌」爲終末。「比」、擇善而從。「順比」下，梁啓雄謂臺州本有「純備」二字，較長。「則」、準則。言使兩情或止或繼，或博或淺，或增或減，或推類以盡之，或隆盛以美之，根據親疏尊卑的人倫關係，讓情貌配合地恰到好處，足以爲萬世之準則的，就是禮了。

㈩「順孰」、鍾謂卽「馴熟」。「脩爲」、脩治也。此謂精於禮者。此言：若不是脩爲馴熟精研於禮的君子，是不懂這番道理的。

故曰：性者、本始材朴也；僞者、文理隆盛也。無性則僞之無所加，無僞則性不能自美。㈠性僞合，然後成聖人之名，一天下之功於是就也。㈡故曰：天地合而萬物生，陰陽接而變化起，性僞合而天下治。天能生物，不能辨物也，地能載人，不能治人也；宇中萬物生人之屬，待聖人然後分也。㊂詩曰：「懷柔百神，及河喬嶽。」此之謂也。㊃

㊀「朴」、當爲「樸」。「文理隆盛」、謂禮也。此承上文言：性是原始素材，僞是加之以禮的文飾；沒有樸素的性，則禮的文飾無從加；沒有禮的文飾，則性不能自行成就美好。案：此數語與性惡說，頗有出入。

㊁今本此文作「然後聖人之名一，天下之功於是就也。」茲據久保愛據宋本韓本校，於「聖」上補「成」字，「一」字改屬下句。此言：先天樸素的人性，加上後天禮義的人爲，兩者相合，然後完成聖人之名，齊一天下之功於是才能成就。言成已成物皆在禮義之僞。

㊂「辨」、亦治也。此以「辨」、「治」互文。言天能生萬物，卻不能治萬物；地能載人，卻不能治人；宇宙中的萬物和人類，必待聖人創制禮義以治（教育）人，以受治之人治萬物，然後人得其成而物得其宜。案：此卽所謂「人文化成」——荀子基本原則。

㊃詩周頌時邁之篇。「懷柔」、懷安柔慰。「河」、黃河。「喬嶽」、高山。懷安柔慰百神，及於黃河喬嶽。喻聖人能并治之。

喪禮者，以生者飾死者也，大象其生以送其死也。㊀故〔如〕事死如生，〔如〕事亡如存，終始一也。㊁始卒，沐浴、鬠體、飯唅，象生執也。㊂不沐則濡櫛三律而止，不浴則濡巾三式而止。㊃充耳而設瑱，㊄飯以生稻，唅以槁骨，反生術矣。㊅〔說〕設褻衣，襲三稱，縉紳而無鉤帶矣。㊆設掩面儇目，鬠而不冠笄矣。㊇書其名，置於其重，則名不見而柩獨明矣。㊈薦器：則冠有鍪而毋縰，㊉罋廡虛而不實，㊁有簟席而無牀笫，⑫木器不成斲，陶器不成物，薄器不成內，⑬笙竽具而不和，琴瑟張而不均，⑭輿藏而馬反，告不用也。⑮具生器以適墓，象徙道也。⑯略而不盡，須而不功，⑰趨輿而藏之，⑱金革轡靷而不入，明不用也。⑲象徙道，又明不用也，是皆所以重哀也。⑳故生器文而不功，明器須而不用。㉑凡禮，事生，飾歡也；送死，飾哀也；祭祀，飾敬也；師旅，飾威也。是百王之所同，古今之所一也，未有知其所由來者也。㉒故壙壠、其須象室屋也；㉓棺椁、其須象版蓋斯象拂也；㉔無帾絲歶縷翣，其須以象菲帷幬尉也。㉕抗折，其須以象槾茨番閼也。㉖故喪禮者，無他焉，明死生之義，送以哀敬，而終周藏也。㉗故葬埋，敬藏其形也；祭祀，敬事其神也；其銘誄繫世，敬傳其名也。㉘事生，飾始也；送死，飾終也；終始具，而孝子之事畢，聖人之道備矣。㉙刻死而附生謂之墨，刻生而附死謂之惑，殺生而送死謂之賊。㉚大象其生以送其死，使死生終始莫不稱宜而好善，是禮義之法式也，儒者是矣。㉛

㈠ 喪禮是以生人之道而文飾死者的，儘量仿效其生時以送死者啊。

㈡ 「如死」、「如亡」兩「如」字，據俞據篇末「哀夫敬夫！事死如事生，事亡如事存」句校訂，改爲兩「事」字。

㈢ 「鬠」、音括、束髮也。「體」、修翦指甲之類。「飯唅」、以米貝實死者之口。「唅」、爲「含」借字，說文作「琀」。「象生執也」、謂象徵生時所執持之事。此指上述括髮、翦指、諸事。

㈣ 「律」、理髮。「式」同「拭」。若不洗頭，就沾濕梳子梳理三下而止；若不洗身，就沾濕浴巾擦拭三下而止。

㈤「瑱」、土見反（ㄊㄧㄢ）。士喪禮：「瑱用白纊。」鄭云：「瑱、充耳。纊、新緜。」言用新緜塞耳。

㈥「生稻」、生米。「槁骨」、劉師培以爲應作「皜貝」。言以新緜塞耳，以生米白貝實口，這又違反生人之道了。案：前說象其生，是感情活動；此以下說反於生道，是理智活動。荀子的喪禮是情感與理智互相調和的活動，而不同於宗教之全任情感而不講理者。

㈦「說」、據宋本臺州本改作「設」。「褻衣」、親身之衣。「縉」與「搢」同，插也。「紳」、大帶。「縉紳」、插笏於帶。言飯唅之後，穿上貼身的褻衣，又加三套外衣，佩上大帶，插笏於帶，帶卻不設鉤了。（鉤是用以弛張帶的，今不再解脫，故不設鉤。）

㈧「掩面」、用以裹頭。士喪禮：「掩用練帛，廣終幅，長五尺。」鄭注：「掩、裹首。析其末，爲將結於頤下，又還結於項中。」「儇」、借爲「幎」。「幎目」、覆面所用之布。士喪禮：「幎目、用緇，方尺二寸，䞓裏，若組繫。」「幎」、讀如「縈」。「鬠而不冠笄矣」，但束髮而不加冠和笄了。按士喪禮：「笄用桑。」與此異。

㈨書死者之名於銘旌，置於重，則名僅見於柩前，不見於他處了。「重」、除容切，以木爲之，士長三尺，大夫以上各有等。

㈩「薦器」、謂所陳墓中明器。送死的器物叫「明器」，意謂把死者當作神明來侍奉。「鍪」、音謀，用以冒首，形如兜鍪。「縰」、音徙（ㄙㄧ），韜髮之緇帛。此言：所陳明器，則冠有如兜鍪加首之形，而無韜髮之縰。

⑪「廡」、借爲「甒」，瓦器，瓶一類器。注云：喪禮陳鬼器、人器；鬼器虛，人器實。

⑫此言棺中不設牀笫。

⑬「釿」、雕琢。「薄器」、竹葦之器。「內」、同「納」，或謂「用」字之誤。言木器不加細工，陶器不成器物，竹葦之器不成用。

⑭笙竽雖具備而不調和（不能吹），琴瑟雖張了絃而不調均（不能彈）。

⑮「輿」、支棺用的軼軸。士喪禮鄭注：「軼狀如牀，軸其輪，輓而行。」言把載棺的軼軸埋掉，把駕軼軸的馬牽回來，表示不用了。

⑯「生器」、生人所用器物，弓矢盤盂之屬。言具備生人所用器物送往墓中，好像搬家一樣。案：此出於情感。

⑰器物省略而不盡備，但有形貌而不加工求其精美。

⑱用車載去，而藏於墓中。

⑲「金革」、王云：卽「鋚革」，轡首銅也。「靷」、引軸所用。「不入」、不放在墓中。表示死者不用這些器物了。案：此出於理智。

⑳陪葬的器物，有生時所用的，如弓矢盤盂之屬，就像移居的樣子；有爲死者特設的，如「木器不成釿，陶器不成物」的明器，又表示不再使用了。二者皆所以盡孝子無盡之哀思啊！「重」、除容切、申也。

㉑「生器」、生時所用器物。「明器」、鬼器。此言：所以生器有文飾而不精好，明器有其形而無其用。

㉒大凡禮都是用以表達情意的：事生之禮用以表達歡愉之情，送死之禮用以表達哀痛之情，祭祀之禮用以表達誠敬之情，師旅之禮用以表達威嚴之情。以禮飾情，是歷代聖王，古今社會，所共同遵守的理則，不知從什麼時候傳下來的（言其久也）。

㉓「壙」、墓穴。「壠」、塚也。「䫉」、形相。下同。言壙穴壠塚其形，像生人所居房屋。

㉔ 句中下「象」字衍。「版」、車轓。「轓」、音翻，遮在車之兩旁。「蓋」、車蓋，遮在車上。「斯」，俞謂「靳」之誤。「靳」、借爲「靷」，「靷」、音痕，車前革製裝飾。「拂」、卽「茀」，車後革製裝飾。言棺槨其形象車之版蓋靷茀。

㉕ 「無」、讀爲「幠」，音呼。「帾」同「褚」。「幠帾」、王云：皆所以飾棺，幠在上象幕，帾在下象幄。「絲歶」、未詳。「縷翣」、爲「蔞翣」之誤，音柳霎，棺牆之飾，見前。「菲」、讀爲「扉」，戶扇。「幬」、讀爲「帳」。「尉」、讀爲「罻」。「罻」、音鬱，網也(？)。言飾棺之幠帾、絲歶、蔞翣，其形、象扉帷帳罻。

㉖ 「抗」、用以禦止土者。「折」、用以承抗。士喪禮鄭注：「折如牀，……無簀，窆事畢，加之壙上，以承抗席。」「槾」、杇也。「茨」、以茅葦蓋屋。「槾茨」、猶「墍茨」，以茅蓋屋之後，仰塗其內，俗謂墁屋巴。「番」、讀爲「藩」。「藩」、籬也。「閼」、音遏，遮止也。言以折加之壙上，以承抗席，其形、象墍茨藩籬壅閼風塵。

㉗ 所以喪禮沒有別的意義，只是表明死生之道，送以哀敬之情，而終以周藏其遺體的。

㉘ 「銘」、謂書其功於器物。「誄」、爲誄其行狀以爲謚也。「繫世」、謂書其傳襲，若今之譜諜。皆所以敬傳其名於後世也(皆楊注)。

㉙ 「飾始」、表達敬愛之情。「飾終」、表達哀戚之情。此言：奉養父母是表達其敬愛之情，喪葬父母是表達其哀戚之情，養生送死備於禮而曲得其宜，則孝子應作的都作了，而聖人之道也就具備了。

㉚ 「刻」、減損；「刻死」、謂薄葬。「附」、增益；「附死」、謂厚葬。「墨」、注云：「墨子之法」。此字解釋，頗有爭議，此與「儒者」爲對，應從注說。此言：薄其葬而厚其生是墨子之道，薄其生而厚其葬是迷惑不明，殺生人而殉葬是盜賊之行。

㊂「好善」、猶「盡善」。言儘象其生以送死者，使養生送死曲得其宜而盡善，是禮義的法式，儒者之道便是如此。（以上五節為一段，言喪禮的原則，「禮者、斷長續短，損有餘，益不足，達敬愛之文，而滋成行義之美者也」，是一段綱領。）

三年之喪，何也？㊀曰：稱情而立文，㊁因以飾羣，別親疏貴賤之節，而不可益損也。㊂故曰：無適不易之術也。㊃創巨者其日久，痛甚者其愈遲，三年之喪，稱情而立文，所以為至痛極也。㊄齊衰、苴杖、居廬、食粥、席薪、枕塊，所以為至痛飾也。㊅三年之喪，二十五月而畢，㊆哀痛未盡，思慕未忘，然而禮以是斷之者，豈不以送死有已，復生有節也哉！㊇凡生天地之間者，有血氣之屬必有知，有知之屬莫不愛其類。㊈今夫大鳥獸則失亡其羣匹，越月踰時，則必反鉛；㊉過故鄉，則必徘徊焉，鳴號焉，躑躅焉，踟躕焉，然後能去之也。⑪小者是燕爵，猶有啁噍之頃焉，然後能去之。⑫故有血氣之屬莫知於人，故人之於其親也，至死無窮。⑬將由夫愚陋淫邪之人與，則彼朝死而夕忘之；然而縱之，則是曾鳥獸之不若也，彼安能相與羣居而無亂乎！⑭將由夫脩飾之君子與，則三年之喪，二十五月而畢，若駟之過隙，然而遂之，則是無窮也。⑮故先王聖人安為之立中制節，一使足以成文理，則舍之矣。⑯

㊀所問雖為三年之喪的根據，觀下文是包括五服之義。

㊁「稱」、去聲（ㄔㄥˋ），各當其宜。此言：喪服是隨着親屬內心輕重不同的哀情，而制定的隆殺之禮文。

㊂注以「飾羣別」為句，今從禮記三年問注疏，以「飾羣」斷句。「羣」、謂五服之親。言藉

此表明親屬的關係，分別親疏貴賤的界限，而不能任意增減的。

㈣「適」、往也。「術」、道也。這是不管到什麼地方不能變更的原則。

㈤三年之喪，就是配合孝子內心的創痛而制定的禮文，這是爲極度的哀痛而制定的。

㈥「齊衰」、音咨崔；禮記作「斬衰」，是也。斬衰是不縫邊的麻衣。「苴杖」、黑色竹杖。這種衣食居處都是用爲極度哀痛之表示的。

㈦喪二十五月爲大祥，此以大祥爲斷。古人於大祥之後，卽爲喪畢。

㈧三年喪期，二十五個月結束，孝子哀痛之情並未盡，思慕之心並未已，然而禮的規定，服喪至此而止，豈不以對死者的哀痛要有終止的時候，對生者恢復正常的生活要有個期限嗎！

㈨「有血氣之屬」、謂高等動物。「知」、謂感性的知覺。「類」、種類。案：此說與性惡論，似頗有出入。

㈩「則失亡其羣匹」：「則」、猶「若」也。「羣匹」、伙伴，配偶。「越月踰時」，經過一月或一季。「則必反鉛」：「鉛」同「沿」，循也，禮記作「反巡」。謂一定返回舊地，巡繞一番。

⑪「故鄉」、謂老巢。「徘徊」、回旋飛翔貌。「躑躅」與「踟躕」本通用，都是不能去之貌，此文「躑躅」、注云：「以足擊地也。」「踟躕」、仍用原意。言失去伙伴或配偶的鳥獸，回到老巢，一定盤旋着，哀鳴着；跺着蹄子，徘徊一番，然後才能離去。

⑫「小者是燕爵」，禮記作「小者至於燕雀。」「爵」與「雀」同。「啁噍」與「啁啾」同，悲鳴也。（此借「噍」爲「啾」）言卽使小如燕雀，若失去伴侶，還會悲鳴一會，然後才飛去。

⑬「知」、讀爲「智」。言高等動物中，人類最有靈性，對父母應該終生不忘的。

㊃「夫」、彼也。「淫邪」、放蕩不檢，心術不正。此言：若依着那種愚陋淫邪之人嗎，那早上死了父母，晚上就全忘了。要是一任他們的心意作去，那就連禽獸也不如了。那樣的人怎能和大家共營羣體生活而不搗亂呢？

㊄「遂」、與上「縱」義近，皆順的意思。此言：若依着道德修養高尚的君子嗎，那麼服喪三年，二十五個月就結束，就像奔馬過隙那麼快；要是順着他們的心情，那就沒有除喪的時候了。

㊅「安」同「案」，乃也。「一」、皆也。此言：所以先王乃為之建立合乎中道的喪禮，以為節制的準繩，讓大家（君子、小人）都能作的合乎情理，成個體統，也就夠了。

然則何以分之？㊀曰：至親以期斷。㊁是何也？曰：天地則已易矣，四時則已徧矣，其在宇中者莫不更始矣，故先王案以此象之也。㊂然則三年何也？㊃曰：加隆焉，案使倍之，故再期也。㊄由九月以下何也？㊅曰：案使不及也。㊆故三年以為隆，緦麻、小功以為殺，期、九月以為間。㊇上取象於天，下取象於地，中取則於人，人所以羣居和一之理盡矣。㊈故三年之喪，人道之至文者也，夫是之謂至隆。㊉是百王之所同也，古今之所一也。(一一)

㊀問者又道：那麼根據什麼分別親疏以定服喪年月呢？

㊁答道：最親近的人（指父母之喪），本應週年除喪。

㊂因為一週年，天地運行已循環一週了，四時已換過一輪了，天地間的草木莫不更新再始了，所以先王比照這自然現象，規定週年除喪。

㊃問者又道：既定週年除喪，那麼父母之喪為什麼要延至三年呢？

㈤答道：為了表示恩情深重，乃使加倍，所以要滿兩週年。

㈥「由」、從也。問者又道：從大功服九月以下，而小功五月，緦麻三月，根據什麼規定的呢？

㈦答道：由於關係不是至親，乃使喪服不滿週年。

㈧所以三年斬衰之服表示恩情最重，緦麻、小功最輕，齊衰週年，大功九月是在兩者（隆殺）之間。案：喪服五等：為父母斬衰，三年。為祖父母齊衰，一年。為堂兄弟大功，九月。為曾祖父母，叔伯祖父母小功，五月。為高祖父母及小功以下者緦麻，三月。

㈨這些規定，上而取法於天時，下而取法於地文（草木榮枯變化），中而取則於人情，維繫社會人羣和睦團結的道理，盡在於此了。

㈩「文」、美善也。言三年之喪，是人道中之最完美的，也可說這是最隆重的禮文。

⑪這是歷代聖王，古今社會所共同遵守的準則，由來久遠，不知其始。（以上兩節禮記錄為三年問。以問答方式，說明喪服期限的道理——稱情而立文——而以三年之喪為主。）

君之喪，所以取三年，何也？曰：君者、治辨之主也，文理之原也，情貌之盡也，相率而致隆之，不亦可乎？㈠詩曰：「愷悌君子，民之父母。」㈡彼君子者，固有為民父母之說焉。㈢父能生之，不能養之；㈣母能食之，不能教誨之；君者，已能食之矣，又善教誨之者也。㈤三年畢矣哉！乳母、飲食之者也，而三月；慈母、衣被之者也，而九月；君曲備之者也，三年畢乎哉！㈥得之則治，失之則亂，文之至也。得之則安，失之則危，情之至也。㈦兩至者俱積焉，以三年事之，猶未足也，直無由進之耳。㈧故社，祭社也；稷、祭稷也；郊者，並百王於上天而祭祀之也。㈨

(一)「辨」與「治」同義，見儒效篇。「文理」、注：法理條貫。「原」、本也。「情」、忠誠。「貌」、恭敬。「致」、極也。言人君是治道的主宰，是法度的本原，是臣下盡其忠誠恭敬的對象；君喪，臣下一致爲他服喪三年，而表示至隆之情，不是應該的嗎？

(二)詩大雅泂酌第一章。禮記表記引此詩云：「詩曰：『凱弟君子，民之父母。』凱以強敎之，弟以說安之……使民有父之尊，有母之親，如此而後可以爲民父母矣。」與荀子意合。「愷」、快樂。「悌」、和易。言快樂和易的君子，是人民的父母。他以快樂敎人，使人自強不息；以和易感人，使人喜悅心安。使人尊之如父，親之如母，如此而後可以爲民父母。

(三)「君子」、俞謂「子」字衍文。言由此看來，人君本有爲民父母之說。

(四)「養」、哺乳，王謂應作「食」，音嗣，下兩「食」字皆承此言。

(五)「食」、謂俸祿。「敎誨」、謂法度、政令。言人君對臣下，旣養之以俸祿，又敎誨之以法度政令。

(六)「慈母」、庶母之育己者。「曲備」、周備，謂飲食衣服而兼敎誨。言乳母是給以飲食的，爲她服緦麻三月；慈母是予以衣服看顧的，爲她服大功九月；人君是飲食、衣服、敎誨而無所不至的，爲服三年之喪，怎能盡此恩情呢！

(七)「文」、謂法度。「情」、謂忠厚。就國家言，得之則治，失之則亂，所以是法度敎化之極至；就人民言，得之則安，失之則危：所以是恩情忠厚之極至。案：「文之至」、似有「王者盡制」之義。

(八)「兩至者」、謂「文」與「情」。兩者積於一身，以父母三年之喪來報答他，還仍然覺得不夠，只是無法再進一步罷了。

(九)「社」、土神，以句龍配之（句龍、共工氏之子）。「稷」、百穀之神，以棄配之。「百王」、百世之王，皆前世之君。言祭社、祭稷都只配一人，至郊天，則并百世之王而祭之，可見王之尊之至也。郭嵩燾疑此數語應在下「尊尊親親之義至矣」下。

三月之殯，何也？㊀曰：大之也，重之也。所致隆也，所致親也，㊁將舉措之，遷徙之，離宮室而歸丘陵也，先王恐其不文也，㊂是以繇其期，足之日也。㊃故天子七月，諸侯五月，大夫三月，皆使其須足以容事，事足以容成，成足以容文，文足以容備，曲容備物之謂道矣。㊄

㊀「殯」、停喪。上文云：「殯久不過七十日，速不損五十日。」楊注引士喪禮謂「首尾三月。」下文：「大夫三月。」即三月之殯也。問者曰：既殯之後，爲什麼三個月才安葬呢？

㊁「大之」、「重之」、鄭重其事，不敢草率。「所致隆」、謂所最尊崇的國君。「所致親」，謂所最親愛的父母。

㊂「不文」、禮文不備，不成體統。

㊃「繇」、王引之讀爲「遙」。「遙其期」、謂遠其葬期。「足之日」，謂足其日數。「其」「之」、互文。

㊄「須」、王引之曰：「遲也。」「容事」、謂時間容許籌辦喪事。言使喪期延遲，時間充裕，足以容許籌辦喪中事物，籌辦事物足以從容完成，完成之後足以從容再加文飾，文飾足以從容美備——事事物物辦得從容美備是治喪原則。

祭者、志意思慕之情也。㊀悼詭唈僾而不能無時至焉。㊁故人之歡欣和合之時，則夫忠臣孝子亦悼詭而有所至矣。彼其所至者，甚大動也；㊂案屈然已，則其於志意之情者惆然不嗛，其於禮節者闕然不具。㊃故先王案爲之立文，尊尊親親之義至矣。㊄故曰：祭者、志意思慕之情也。㊀忠信愛敬之至矣，禮節文貌之盛矣，苟非聖人，莫之能知也。㊅聖人明知之，士君子安行之，官人以爲守，百姓以成俗；其在君子以爲人道也，其在百姓以爲鬼事也。㊆故鐘鼓管磬，琴瑟竽笙，韶夏護武，汋桓箾簡象，是君子之所以爲愅詭其所喜樂之文也。㊇齊衰、苴杖、居廬、食粥、席薪、枕塊，是君子之所以爲愅詭其所哀痛之文也。㊈師旅有制，刑法有等，莫不稱罪，是君子之所以爲愅詭其所敦惡之文也。⑩卜筮視日、齋戒、脩涂、几筵、饋薦、告祝，如或饗之。⑪物取而皆祭之，如或嘗之。⑫毋利舉爵，主人有尊，如或觴之。⑬賓出，主人拜送，反易服，即位而哭，如或去之。⑭哀夫！敬夫！事死如事生，事亡如事存，狀乎無形，影然而成文。⑮

㊀ 祭祀的意義是在表達志意思慕之情的。

㊁ 「愅」、音革，變也；「詭」、異也，皆變異感動之貌。「悒僾」、音邑愛，心情憤鬱貌。「不能無時至」，言有待而至。此言：人類的情感，常因外在的刺激，而有所反應，不是無緣無故而變異或憤鬱的。

㊂ 所以當大家歡欣和樂團聚的時候，忠臣孝子想到君親不得同樂，心情上便因環境的刺激，而有所變動。這種情感的變動是極其強烈的。

㊃ 「屈」、竭也。「屈然」、空然也。「惆然」、悵然也。「不嗛」、心中感覺不滿足。此言：這時節，若沒有一點表示，讓它空空地過去，在他的心情上便有悵然不足之感，在禮節上又有缺然不備之憾。

㊄ 所以先世聖王乃爲之創制了祭祀之禮，以發抒忠臣孝子志意思慕之情，然後尊尊（謂君）親

親（謂父母）之義才表達盡致。

⑥ 所以說：祭禮的意義是在表達志意思慕之情的。由祭禮之行，忠信（對君）愛敬（對父母）之情得以表達至盡，禮節儀式之文得以表現至盛，這番道理，如果不是聖人是不明白的。

⑦ 聖人知（知其意義）而行之，士君子安而行之，政府以此爲法守，社會以此成風俗。在明理的君子看來，這是含有教育意義的人道（故安而行之），在無知的百姓看來，卻以爲祈福消災的神道（故畏而奉之）。案：此與天論篇「雲而雨」一節意義同。

⑧ 「韶」、舜樂。「夏」、禹樂。「護」、同「濩」，湯樂。「武、汋（音勺）、桓」、皆周頌篇名。「箾（音朔）、象」，皆文王樂。「簡」、王以爲「箾」之誤衍。言鐘鼓韶夏之屬，是君子爲喜悅的事物所感動，而用以表達其喜悅之情的。「文」、文飾，表達也。注云：因說祭，遂廣言喜悅、哀痛、敦惡之意，本皆因於感動，而爲之文飾也。

⑨ 言齊衰、苴杖之屬，是君子爲哀痛的事物所感動，而用以表達其哀痛之情的。

⑩ 「制」、人數。「有等」、輕重不同。「敦」、古通「惇」，「惇」、亦作「憞」，與「憎」形近致誤。「憎惡」、與「喜悅」、「哀痛」皆兩字義同平列。注釋「敦」爲厚，非。言討伐有罪的師旅有定制，懲治罪人的刑罰有差等，莫不和罪人的罪情相應相當，這是君子（政府）爲憎惡的事物所感動，而用以表達其憎惡之情的。

⑪ 「涂」、王讀爲「除」。「告祝」、尸命祝（贊禮的人）以嘏（向主人祝福之辭）於主人。言祭祀之前，卜筮選定吉日，主人齋戒，掃除廟中庭除，几筵設在室中東面。到了祭祀吉時，饋獻牲體，薦進黍稷，尸命祝向主人致辭祝福，好像神靈眞正歆享其祭一般。

⑫ 祝命佐食的人，從俎豆之上，一一取下當祭之物，授給尸，尸一一祭之。有的祭品尸還輕輕地咬一口，好像神靈眞吃了一般。

（一三）「利」、見上。不讓佐食的人舉爵，而由主人親自設尊斟酒獻給尸，尸飲酒，好像神靈眞喝了一般。

（一四）若在喪中，祭畢賓出，主人拜送之後，回來脫下祭服，換上喪服，就位而哭，好像神靈眞走了一般。

（一五）「影」字，楊注上屬爲句，與「形」字連文。久保愛、鍾泰皆下屬爲句，謂應作「景」、大也。茲從後說。「狀」、類也。言祭禮進行，哀敬如此之眞誠！事奉死者如事生者，事奉奉亡者如事存者，所祭神靈似乎沒有形跡，祭祀之事卻盛大地成就了人道中的禮文。（以上五節爲一段，言喪服的根據，停喪的原因及祭祀的意義。「稱情而立文」，爲本段立論的中心。）

樂論篇第二十㈠

孔子論學曰：「興於詩，立於禮，成於樂。」（論語泰伯）可見孔子重禮又重樂。禮以理爲質，用以建立秩序；樂以和爲德，用以調和人情。禮樂兼施，表裏相濟，才可充分發揮敎育的功能，而形成人羣的和諧。儒家主張以禮樂治天下，原因在此。

孔子雖重視樂，但有關樂的理論，如樂的起源及樂對於人生的關係，直至荀子才有詳細的討論。本篇是荀子爲墨子非樂而發，故文中一再插入「墨子非之奈何」一類辭句。又本篇部分采入小戴記樂記篇及史記樂書，末「鄉飲酒」段，采入小戴記鄉飲酒義篇。

夫樂者、樂也，人情之所必不免也。㈡故人不能無樂，樂則必發於聲音，形於動靜；㈢而人之道，聲音動靜，性術之變盡是矣。㈣故人不能不樂，樂則不能無形，形而不爲道，則不能無亂。㈤先王惡其亂也，故制雅頌之聲以道之，使其聲足以樂而不流，使其文足以辨而不諰，㈥使其曲直繁省廉肉節奏，足以感動人之善心，使夫邪汚之氣無由得接焉。是先王立樂之方也，㈦而墨子非之奈何！㈧

㈠本篇無注，惟禮記樂記，史記樂書可供參考。

㈡上「樂」字、「禮樂」之「樂」，名詞；下「樂」字、「喜樂」之「樂」，下「無樂」、「樂則」、「不樂」、「以樂」皆同。言樂是表達快樂之情的，情具於性，所以快樂之情是人生所不能免的。

㈢心中快樂，就必發於聲音，而爲嗟歎詠歌；表現於動態，而爲手舞足蹈。

㈣「性術」、抒發情感的方法。言人類的行爲，不外聲音動靜，而抒發情感變化的方法，也不外於此了。

㈤「道」、讀「導」，下同。言人不能沒有快樂的時候，有了快樂之情就不能不表現於外，表現於外而不予以節導，就難免不有慌亂之行。

㈥「流」、放淫，放蕩。「文」、歌辭。「辨」、明也。「諰」、(ㄒㄧˊ)，邪思、妄念。禮記史記均作「息」。言先王怕因快樂而致荒亂，所以制作雅頌之樂章以爲節導。讓樂聲足以使人快樂而不至於放蕩不檢，讓歌辭足以使人領悟而不至於使人胡思亂想。

㈦樂記孔疏：「曲、謂聲音廻曲。直、謂聲音放直。繁、謂繁多。廉、謂廉稜。肉、謂肥滿。節奏、謂或作或止；作則奏之，節則止之。」案：「繁省」、禮記史記皆作「繁瘠」。「廉肉」、舊謂肥瘠，似謂聲之清濁；清、謂清脆；濁、謂渾厚。言讓樂聲或廻曲，或放直，或繁複，或簡省，或清脆，或渾厚，或作或止的節奏，足以激發人的善心，讓人們的心靈接觸不到邪汚之氣。這是先王建立樂敎的宗旨。

㈧墨子有非樂篇。「奈何」、爲什麼。「非之奈何」爲「奈何非之」的倒文。（此節論樂之起源。荀子論禮樂之起源，皆不從宗敎儀式上說，而從人之情性上說，而尤着眼於教育的意義，是其獨特處。）

故樂在宗廟之中，君臣上下同聽之，則莫不和敬；閨門之內，父子兄弟同聽之，則莫不和親；鄉里族長之中，長少同聽之，則莫不和順。㈠故樂者審一以定和者也，比物以飾節者也，合奏以成文者也；㈡足以率一道，足以治萬變。是先王立樂之術也，㈢而墨子非之奈何！

㈠君臣主「敬」，父子主「親」，鄉黨主「順」，樂的性能主「和」，故能使人感情融洽而謹於其分。「族長」、百家爲「族」，二百五十家爲「長」。此言：所以先王之樂，在宗廟中演奏，君臣一同欣賞，就感情融洽而相恭敬；在家門中演奏，父子兄弟一同欣賞，就感情融洽而相親愛；在鄉黨中演奏，老老少少一同欣賞，就感情融洽而相順從。

㈡「審一」之「一」，指音樂的基調。舊以五聲下不過宮，高不過羽，過此皆非所謂和。基調、卽指宮言，衆聲皆以此爲標準而定其高下。「比物」、謂比合於樂器。此言：音樂是審定一個基調，衆聲以此爲準而求其諧和；再比合於各種樂器，而表現其節奏。於是五聲八音配合演奏，而形成一部諧和的樂章。案：「和」是樂的本質，「節」是樂的組織，「文」、是樂的完成。「文」、指五聲八音配合地諧和。

㈢「足以率一道」二句，禮記史記均作「所以合和父子君臣，附親萬民也。」「一道」、大道也。言音樂有「和」的作用，足以統率大道，足以治理萬變。這是先王建立樂教的目的。（自此以下盛言樂的功用。）

故聽其雅頌之聲，而志意得廣焉；㈠執其干戚，習其俯仰屈伸，而容貌得莊焉；㈡行其綴兆，要其節奏，而行列得正焉，進退得齊焉。㈢故樂者、出所以征誅也，入所以揖讓也；征誅揖讓，其義一也。㈣出所以征誅，則莫不聽從；入所以揖讓，則莫不從服。㈤故樂者、天下之大齊也，中和之紀也，人情之所必不免也。㈥是先王立樂之術也，而墨子非之奈何！㈦

㈠「雅頌之聲」、樂記孔疏：「雅以施正道，頌以贊成功。」「而志意」之「而」猶「則」，下同。此承上文「足以率一道，足以治萬變」而言。言耳聽雅頌之聲，則淫邪不入（卽第一節「邪汚之氣無由得接」之義），志意得以廣大。

㈡「干」、盾也，「戚」、斧也，皆武舞所執。言手執干戚，練習俯仰屈伸，動止依禮，則儀容得以莊重。

㈢樂記鄭注：「綴、表也，所以表行列也……兆、域也，舞者進退所至。要、猶會也。」此言：踏着舞蹈的位置，則行列整齊；隨着音樂的節奏，則進退畫一。

㈣音樂有齊一的作用，故出而用於軍旅，可以征誅有罪；音樂可以消人鄙吝，廣人志意，故入而用於宗廟，可以使人揖讓不爭。揖讓、征誅是兩種不同的情感，但都可用音樂來啓發，而達到同樣目的——齊一人心。「其義一也」、謂目的相同。

㈤出而用於征誅，則人人聽從命令；入而用於揖讓，則人人從服禮節。此釋上文「一也」之義。

㈥「齊」、合同齊一。「紀」、總要。言音樂是齊一天下的要術，致人羣中和的總要，是人羣之必不可缺的。

㈦這是先王建立樂教的道理，墨子爲什麼攻擊它！

且樂者、先王之所以飾喜也；軍旅鈇鉞者，先王之所以飾怒也。㈠先王喜怒皆得其齊焉。是故喜而天下和之，怒而暴亂畏之。㊁先王之道，禮樂正其盛者也。㊂而墨子非之。故曰：墨子之於道也，㊃猶瞽之於白黑也，猶聾之於淸濁也，猶欲之楚而北求之也。

㊀「鈇鉞」、大斧。言樂是先王用以表達其喜悅之情的，軍旅鈇鉞是先王用以表示其憤怒之情的。

㊁「齊」、見上。先王喜怒中節，故收和齊之效。「而」、猶「則」。「和」、去聲。言先王或喜或怒都可以使天下和齊，所以喜則天下喜而和之，怒則暴亂者畏而敬之。「喜而和之」是「齊」，「畏而敬之」也是「齊」。此申上文「樂者天下之大齊也」意。

㊂先王治國平天下之道，禮樂教化正是其最重要的。

㊃「墨子之道」、言墨子對於治國平天下之道。（以上兩節言樂教在治道中之重要性。）

夫聲樂之入人也深，其化人也速，故先王謹爲之文。㊀樂中平則民和而不流，樂肅莊則民齊而不亂。民和齊則兵勁城固，敵國不敢嬰也。㊁如是，則百姓莫不安其處，樂其鄉，以至足其上矣。㊂然後名聲於是白，光輝於是大，四海之民莫不願得以爲師，是王者之始也。㊃樂姚冶以險，則民流僈鄙賤矣；流僈則亂，鄙賤則爭；㊄亂爭則兵弱城犯，敵國危之㊅如是，則百姓不安其處，不樂其鄉，不足其上矣。故禮樂廢而邪音起者，危削侮辱之本也。故先王貴禮樂而賤邪音。其在序官也，曰：「脩憲命，審〔誅賞〕詩商，禁淫聲，以時順脩，使夷俗邪音不敢亂雅，太師之事也。」㊆

㊀「文」、指樂章。聲樂感人能直入心靈深處，它變化人的氣質最快。所以先王制定樂章十分謹愼。譬如雅頌。

㈡如樂聲中正和平，則人心無所陷溺，和敬而不放蕩；樂聲肅穆莊嚴，則人心不生鄙賤之思，齊一而不紛亂。人心和敬齊一，則兵力強勁而城防鞏固，敵人不敢侵犯，「嬰」同「攖」，犯也。

㈢「足」，重也。「至足其上」、猶言極尊重其君上。

㈣「師」、長也，長猶君也。「是王者之始也」，言聲光遠被，天下歸心，這是王者統一四海的始基。

㈤「姚冶」、妖美也，見非相篇。「以」、猶「而」，「險」、邪也。「優」、劉師培謂當作「湎」，兩字通用。「流湎」、謂人心有所陷溺。此言：若樂聲妖艷而邪汚，則人心陷溺於聲色，而生鄙賤之思；人心陷溺則悖亂，思念鄙賤則爭奪。

㈥「危」、「犯」二字，龍宇純謂爲互倒，此文應作「兵弱城危，敵國犯之。」

㈦「序官」、似篇名。此以下數語見王制篇。「審誅賞」、爲「審詩商」之誤；「商」、讀爲「章」。「太師」、樂師之長，掌六詩。序官云：「修訂學宮的法令，審查民間的詩歌，不准淫蕩的聲樂羼雜，按時修治，使夷狄邪汚之音不敢淆亂中國雅正之樂。這是太師的職掌。」（樂聲感人至深，足以影響民心士氣，故應提倡雅樂而排除俗樂。）

墨子曰：「樂者、聖王之所非也，而儒者爲之過也。」㈠君子以爲不然。樂者，聖王之所樂也，而可以善民心，其感人深，其移風易俗。㈡故先王導之以禮樂，而民和睦。㈢夫民有好惡之情，而無喜怒之應則亂；先王惡其亂也，故修其行，正其樂，而天下順焉。㈣故齊衰之服，哭泣之聲，使人之心悲。帶甲嬰軸，歌於行伍，使人之心傷；㈤姚冶之容，鄭衛之音，使人之心淫；紳、端、章甫，舞韶歌武，使人之心莊。㈥故君子耳不聽淫聲，目不視〔女〕邪色，㈦口不出惡言，此三者，君子愼之。

㈠墨子說：「樂是聖王所不取的，而儒者偏偏提倡，是錯了。」案：墨子所說，見墨子非樂上篇及公孫篇。

㈡「其移風易俗」下，據漢書禮樂志脫「易」字。禮記史記與此同。言有道的君子，卻反對墨子的批許。因樂是聖王所喜歡的，它可以改善人類的心志，它感動人深刻，它轉移社會風俗容易。

㈢所以先王以禮樂教化人民，而人羣和睦。

㈣人性中具有好惡的情感，好則喜，惡則怒，喜怒若無適當辦法來節導，就會形成暴亂。先王怕形成暴亂，所以制禮以修治人的行爲，正樂以和善人的性情，於是天下順從而社會和諧。

㈤「嬰」、加也。「軸」、是「胄」字古文。「傷」、于省吾讀爲「壯」。言披甲加胄，歌於行伍之間，使人心情悲壯。

㈥「紳」、大帶。「端」、玄端服，大夫私朝之服。「章服」、殷代禮冠。「韶」、舜樂。「武」、武王樂。古人樂必舞蹈。

㈦「女色」、據王叔岷據類纂本校，改爲「邪色」。

凡姦聲感人而逆氣應之，逆氣成象而亂生焉；正聲感人而順氣應之，順氣成象而治生焉。㈠唱和有應，善惡相象，故君子愼其所去就也。㈡君子以鐘鼓道志，以琴瑟樂心；動以干戚，飾以羽旄，從以磬管。㈢故其清明象天，其廣大象地，其俯仰周旋有似於四時。㈣故樂行而志淸，禮脩而行成，耳目聰明，血氣和平，移風易俗，天下皆寧，美善相樂。故曰：樂者、樂也。㊄君子樂得其道，小人樂得其欲；以道制欲，則樂而不亂；以欲忘道，則惑而不樂。㊅故樂者，所以道樂也，金石絲竹，所以道德也；樂行而民鄉方矣。故樂也者，治人之盛者也，㊆而墨子非之。

㊀「逆氣」、悖逆的心理。「成象」、表現於外，成爲具體行爲。此言：凡不正當的聲樂刺激人心，就會引起悖逆的心理反應；這種反應表現於外，而爲現實的行爲，就是暴亂的來源。中正和平的聲樂刺激人心，就會引起和順的心理反應；這種反應表現於外，而爲現實的行爲，就是秩序的來源。

㊁「唱」、指聲樂的刺激。「和」、讀去聲，指心理的反應。刺激、反應，一唱一和，善唱則善心應，惡唱則惡心應；善應就形成善行，惡應就形成惡行。所以有修養的人對聲樂的去取，是極其謹慎的。

㊂有修養的人所取的聲樂，是以宏大的鐘鼓來誘導志意，以和靜的琴瑟娛樂心靈；武舞就動以干戚，文舞就飾以羽旄，再以磬管相從伴奏。

㊃像這樣的聲樂，歌聲之清和明朗就象天，鐘鼓聲之廣大厚重就象地，舞蹈的俯仰周旋，終而復始，有似四時之循環。案：此言樂象徵自然的和諧。

㊄所以推行樂教，人的志意就會清明；修治禮教，人的德行就會完成。樂的作用就個人說，能使人感官得其正，血氣保持和平；就社會說，能轉移風氣，改善習俗，使天下安寧。它是在娛樂中，以美善涵養人的性靈。所以說：樂是可喜悅的。

㊅「以道制欲」、是心的理智活動。「欲」、是情的自然反應。言君子所樂是大道的認取，小人所樂是慾望的滿足。以道節制慾望，就可得到快樂而不致迷亂；若一任慾望的汎濫，失去

理智的約束，就沉迷於聲色，以致身敗名裂，而得不到快樂。

㈦兩「道」字，皆讀「導」。「鄉」、讀「向」。樂是用以誘導人走向大道而享受快樂的，金石絲竹是用以誘導人成就道德人格的。發揚樂教，民衆就歸向大道了。所以發揚樂教是在治道中最重要的一環。

且樂也者，和之不可變者也；禮也者，理之不可易者也。㈠樂合同，禮別異，禮樂之統，管乎人心矣。㈡窮本極變，樂之情也；著誠去僞，禮之經也。㈢墨子非之，幾遇刑也。明王已沒，莫之正也。愚者學之，危其身也。㈣君子明樂，乃其德也。亂世惡善，不此聽也。於乎哀哉！㈤不得成也。弟子勉學，無所營也。㈥

㈠「和」、禮記史記皆作「情」，「和」亦指情言。言樂爲和合人情而作，故和的作用永遠不可改變；禮是據理而制，故所言之理永遠不可移易。

㈡「管」、禮記鄭注：「包也。」史記作「貫」。「禮樂之統」、謂禮樂的性能，禮在別異，樂在合同。「別異」、屬於理智方面的事；「合同」、屬於情感方面的事。人心不外理智與情感，因禮樂的教化，而兩者得到平衡。此言：樂的功用在合同人羣情感，禮的功用在區別人倫關係，禮樂的性能管包了人心。案：此言禮樂相互間的功用，禮樂記言之尤詳：「樂者爲同，禮者爲異；同則相親，異則相敬。樂勝則流，禮勝則離；合情飾貌者，禮樂之事也。」又曰：「樂自中出，禮自外入。」二者一內一外，相互調劑，於是理智與情感，皆得其平。故樂記又曰：「樂至則無怨，禮至則不爭，揖讓而治天下者，禮樂之謂也。」

㈢「本」、謂心。聲樂能直入人心深處，故曰：「窮本」。「變」、謂情。聲樂能激發各種不同的情感，故曰：「極變」。此言窮極人心的本源，極盡情感的變化，是樂的性能；表現誠敬的情操，消除虛僞的行爲，是禮的常度。

㈣「幾」、殆也。言墨子非樂，邪說惑世，應該處以刑罰，可惜明王不作，沒有人糾正他。若是愚人信而學之，則將危及其身。

㈤君子彰明樂教，乃所以成就其道德人格，可惜亂世之人不喜善言，不聽這話。不重樂教，不得成德，眞是可悲啊！

㈥「營」、通「熒」，惑也。荀子勉其弟子，不要爲墨子所惑。

聲樂之象：㈠鼓大麗，㈡鐘統實，㈢磬廉制，㈣竽笙簫和，㈤筦籥發猛，㈥塤篪翁博，㈦瑟易良，琴婦好，㈧歌淸盡，㈨舞意天道兼。㈩鼓其樂之君邪。⑪故鼓似天，鐘似地，磬似水，⑫竽笙簫和筦籥，似星辰日月，⑬鞉柷、拊鞷、椌楬似萬物。⑭曷以知舞之意？⑮曰：目不自見，耳不自聞也，然而治俯仰、詘信、進退、遲速，莫不廉制，盡筋骨之力，以要鐘鼓俯會之節，而靡有悖逆者，⑯衆積意謘謘乎！⑰

㈠言聲樂諸器，皆有象徵的意義。

㈡「麗」、高亨讀爲「離」；「離」、遠也。言鼓聲大而所聞者遠。

㈢「統」、劉師培謂當作「充」；「充」、「實」同義。言鐘聲博而厚。

㈣「廉」、指磬之隅稜。「制」、謂裁斷。磬以明貴賤親疏長幼之節，是有裁制。（王先謙說）言磬有隅稜而主裁斷。

㈤「簫」、王引之謂當爲「肅」。「肅和」、謂笙竽之聲肅而和。王叔岷謂「簫」非錯字，「和」爲小笙。「笙竽簫和」爲四種樂器，與下「筦籥發猛」共爲一句。可備一說。

㈥「筦」、同「管」，「發猛」、發揚猛起。言管籥之聲發揚猛起。

(七)「塤」、(ㄒㄩㄣ)，與「壎」同，土製樂器，有六孔，形如鵝卵。「篪」、(ㄔˊ)，竹製樂器，如七孔笛。「翁博」、俞云：猶「滃渤」。劉師培謂「翁」與「泱」同。左傳服注：「泱泱舒緩深遠，有大和之義。」案：「翁博」、若從俞說，應爲沉悶不揚。若從劉說，應爲舒緩博大。似前說長。

(八)「易良」、兩字同義，謂樂易也。「婦好」、與賦篇「女好」同義。言瑟聲樂易，琴聲柔婉。

(九)歌聲清明，反復以盡意。

(一〇)「秉」、同也。言舞蹈俯仰周旋，終而復始，其意象有似天道的寒來暑往，四時的循環不息。

(一一)鼓聲大而遠，但無當於五聲，五聲不得不配合它，所以說鼓是樂中之君。(日人說)

(一二)鼓聲遠大似天無不覆，鐘聲博厚如地無不載，磬廉稜主裁斷，有似水之淡而平。

(一三)「簫和」二字，王先謙以爲衍文。元百子本無此二字。言笙竽筦籥有似天上點綴的星辰日月。

(一四)「鞉」、徒刀反(ㄊㄠˇ)，小鼓，持柄搖之，旁耳自擊。「柷」、音祝，形方似斗，用以止音爲節。「拊鞷」、即「拊膈」，革製，實以糠，見禮論篇注。「椌楬」、(ㄎㄨㄥ、ㄐㄧㄝˊ)長柄木椎，用以擊柷止樂。言這些樂器，有似附著在地上的萬物。

(一五)以上言各種樂器的配合，有似大自然的和諧。以下中言舞的意義。此以自問發意。

(一六)「詘信」、同「屈伸」。「要」、會也，合也。「俯會」、俯仰會合。言載歌載舞的時節，眼看不見自己，耳聽不見自己，然而俯仰、屈伸、進退、遲速，莫不規規矩矩而有裁制，用盡了筋骨之力，讓舞步配合(要)鐘鼓俯仰會合的節奏，而沒有一個人違背的。

㈦「積」、習也。「謘」、（ㄔˊ），說文作「謘」。「謘謘」、猶「諄諄」，厚也。言何以沒有違背的？因爲衆人習此歌舞，而心意諄厚了。（以上九節，舊爲一段，樂論篇止此。由音樂的起源，而盛言音樂對社會政治軍事等之深厚的教育力量。中間插入駁墨子數語。荀子之禮是對制「欲」的，樂是對制「情」的；情、欲皆屬於「性」，既主性惡，自然重視「禮樂」。）

吾觀於鄉，而知王道之易易也。㈠主人親速賓及介，而衆賓皆從之。至於門外，主人拜賓及介，而衆賓皆入；貴賤之義別矣。㈡三揖至於階，三讓以賓升。拜至、獻、酬，辭讓之節繁，㈢及介省矣。㈣至於衆賓，升受、坐祭、立飲，不酢而降；隆殺之義辨矣。㈤工入，升歌三終，主人獻之；㈥笙入三終，主人獻之；㈦間歌三終，㈧合樂三終，㈨工告樂備，遂出。㈩二人揚觶，乃立司正，焉知其能和樂而不流也。⑪賓酬主人，主人酬介，介酬衆賓，少長以齒，終於沃洗者，焉知其能弟長而無遺也。⑫降，說屨升坐，脩爵無數。⑬飲酒之節，朝不廢朝，莫不廢夕。⑭賓出，主人拜送，節文終遂，焉知其能安燕而不亂也。⑮貴賤明，隆殺辨，和樂而不流，弟長而無遺，安燕而不亂，此五行者，〔是〕足以正身安國矣。⑯彼國安而天下安。故曰：吾觀於鄉，而知王道之易易也。

㈠禮記鄉飲酒義首有「孔子曰」三字，所以這是孔子的話。「鄉」、鄉飲酒之禮。古者、三年大比，諸侯之鄉大夫獻賢者能者於其君，將行之時，以賓禮待之，與之飲酒，謂之鄉飲酒禮。儀禮有鄉飲酒禮篇。「易易」、甚易，謂人人能知能行。敎化之本，不過尊賢尙齒而已。此言：孔子說：我參觀了鄉飲酒之禮後，而知王者之政是不難推行的。

㈡「主人」、諸侯之鄉大夫。鄉中凡七十致仕的，大夫爲父師，士爲少師，教於鄉學，儀禮謂之「先生」。鄉大夫就鄉先生而謀賓介，鄉先生就所知以告。賢者爲「賓」，其次爲「介」（賓副），餘則「衆賓」，與之飲酒，是亦將獻之。「速」、敦促。鄭注：「謂就家召之。」「自入」者，揖而不拜。此言：鄉飲酒之前，主人親到主賓及賓副家中敦請，其餘衆賓不須往請。主人先歸。賓副和衆賓就到主賓家中，跟隨着前往。至主人門外，主人拜迎主賓和賓副，而揖其他衆賓入內。貴賤的身分，從這些禮數的差異，就可分明了。

㈢「以賓升」，主人先升階，引導賓升。「拜至」、拜賓至也。「獻」、主人先酌酒獻賓也。「酬」、賓飲酒，酌酒報主人也。「繁」、盛也。言主人與賓三揖，然後走到階前，彼此三讓，然後主人先升，引導賓升。主人北面拜賓來至，酌酒獻賓，賓回敬主人，主人酌酒自飲，洗爵又酌酒以勸賓飲。辭讓的禮節極爲繁盛。

㈣至於主人和賓副之間的禮節，便稍爲減少了。如不拜洗，不自酌之類。

㈤賓之禮最隆，賓副殺於賓，衆賓又殺於賓副，此卽隆殺之義。「辨」、猶「別」也。言至於衆賓，升階而接受獻爵，坐着祭，站着飲酒，不回敬主人而降階。禮儀的隆殺，從這些節文的差異，就可以辨明了。

㈥「工」、樂正，樂隊領班。「升歌三終」、謂升堂歌鹿鳴、四牡、皇皇者華三詩。「終」、每一篇爲「一終」。「主人獻之」、謂主人獻酒給樂正。言樂正領着樂隊進來，升堂唱了三首詩，主人獻酒給樂正。

㈦吹笙的人，入於堂下，奏南陔、白華、華黍三詩，每篇一終。「主人獻之」、謂主人獻酒給吹笙的領班。

㈧「間」、(ㄐㄧㄢˋ)，相互間代。「間歌三終」、堂上歌魚麗，堂下就吹由庚，爲一終。堂上歌南有嘉魚，堂下就吹崇丘爲二終。堂上歌南山有臺，堂下就吹由儀，爲三終。堂上堂下，一歌一吹，相代而作。由庚、崇丘、由儀三詩已亡。

㈨「合樂三終」、工歌關雎，則笙吹鵲巢合之；工歌葛覃，則笙吹采蘩合之；工歌卷耳，則笙吹采蘋合之。堂上堂下，歌吹同時並作。以上歌吹各詩皆據儀禮而言。

(十)「備」、完備。樂正報告主賓，樂歌已經演奏完備，遂下堂而出。

(十一)「觶」、(ㄓˋ)，飲酒爵，受四升。「二人」、禮記作「一人」，儀禮與荀子同，主人之吏。「司正」，監酒的人。行禮之始，謂之「相」，將旅酬(衆賓以酒交錯相酬)，恐飲多失儀，則立爲「司正」以監視。「流」、放肆失禮。「焉」、下屬爲句，「焉」、「安」通用，「安」猶「乃」也。下同。此言：禮樂既成，主人屬下二人，舉觶於賓，這表示大家可以隨便飲酒了。恐酒多失儀，於是立二人爲司正，監察在座的儀態。從這些禮數看，乃知鄉飲酒之禮，使大家和諧安樂，而不至放肆失禮。

(十二)「齒」、年齡。「沃洗者」、主人屬下，澆水以供賓主盥洗的。「弟」、少也。此言：賓先飲以勸主人飲，主人又勸賓副飲，賓副又勸衆賓飲，以年齒的長幼爲序飲，直至沃洗之吏爲止。此所謂旅酬禮。由此乃知鄉飲酒之禮，少長以次，不會遺漏。

(十三)「說」、讀爲「脫」。宋本韓本臺州本皆爲「脫」。孔疏云：「以前皆立而行禮，故未脫屨，此徹俎之後，脫屨升堂坐。」此言：徹俎之後，大家下堂脫鞋，再升堂就坐，開始互相勸飲，不計杯數。此所謂無算爵禮。至是鄉酒禮始畢。鄉飲酒禮約分四階段：㈠獻賓；㈡樂以樂賓；㈢旅酬；㈣無算爵。

㈣晨出治事曰「朝」；日入治事曰「夕」。言飲酒的節限，早不誤朝，暮不誤夕。

㈤「終遂」、猶充備也，見鄭注。「遂」、成也。言飲酒完畢，賓離去，主人拜送，依照節目程序，進行完畢了。乃知鄉飲酒之禮能使人人安和燕樂而又規規矩矩。

㈥「是」、盧云元刻無，與禮記同。王叔岷云百子本亦無。今據刪。言這五種德行，就個人言就足以修正身心，就人羣言就足以安定國家了。

亂世之徵：㈠其服組，其容婦。其俗淫，其志利，其行雜，㈡其聲樂險，其文章匿而采，其養生無度，其送死瘠墨，賤禮義而貴勇力，貧則爲盜，富則爲賊；治世反是也。㈢

㈠亂世的象徵。

㈡「組」、孫貽讓云：「華麗也。」言亂世的人，服裝華麗，容飾摹仿女人，社會風俗淫蕩，人人貪利好貨，行爲沒有一定原則。

㈢「匿」、王先謙讀爲「慝」，邪也。聲樂邪汙不正，服飾妖豔多彩，生活沒有規律，送死刻薄寡恩，輕視禮義，重視勇力，貧則爲盜搶人，富則依勢害人。平治的盛世則與此相反。（此段論亂世之徵，與樂無關，應係錯簡。）

解蔽篇第二十一

人性惡而可以爲善者，以別有心在。「心者，形之君也，而神明之主也，出令而無所受令。……是之則受，非之則辭。」（本篇）言心體獨立自主，意志絕對自由，它支配一切，而不受任何支配。故天論篇稱曰：「天君」。天君者，人類自然之主宰也。

「心生而有知。」（本篇）言心有認識的作用。有認識斯有辨別。辨飢寒，辨黑白，辨清濁是感性之知（知覺）。這種作用，荀子謂之性，而不謂之心。辨是非，辨善惡，辨曲直是理性之知，荀子謂之「知慮」，知慮出於心，故不謂之性。人類於自利的物質的生活以外，而有道德的精神的生活者，卽以此理性之知，荀子所恃以化性起僞者，亦此理性之知。

心雖生而有知，但所知未必正確。因爲心只有認識的作用，並沒有認識的標準。不正確的認識構成成見，便是蔽塞的根源。所以要認識正確，言行合理，必先認取規正認識的標準，這標準是外在的，荀子稱之爲「道」。「道者，古今之正權也，離道而內（心）自擇，則不知禍福之所託。」（正名篇）在荀子的人生哲學中，這是他的根本觀念。

心何以能認識道？因心的本質有虛壹而靜的功能。心生而有知，知而有誌（記憶），這是藏，卻又能虛；不以舊識拒受新知謂之虛。心生而有知，同時可以兼知不同的事物，這是兩，卻又能壹

（專一）；不以求知彼一事物而妨礙求知此一事物謂之壹。心無時不動，卻又能靜；不以胡思亂想的雜念，妨礙心知的特定運作謂之靜。臧、兩、動和虛、壹、靜是相反的兩面，善加運用，不獨不足以相害，適足以相成。這是心體的特性。

由虛心可以入道，由專心可以盡道（全盡之「盡」），由靜心可以察（明察）道。虛壹而靜是求道者應具的心境，是知道可道的先決條件，是強化心知的三條指導原則。以虛壹而靜的心求道，加日懸久，積學不息，則易蔽的人心，轉化爲不蔽的道心；道心就是大清明的聖心。心有人心、道心、天心三等。荀子論心只及人心、道心，而不及天心。因爲荀子的道，不是天道，不是地道，而是聖人因應人羣的需要而制作的禮義之道。（老莊以虛靜破除知識，荀子法之以成就知識，是同而不同。）

荀子言心之狀態及作用，由科學的心理學，進而爲哲學的心理學，辨析精微，無可與比，故本篇作者，從來無人懷疑。

凡人之患，蔽於一曲，而闇於大理。㊀治則復經，㊁兩疑則惑矣。㊂天下無二道，聖人無兩心。㊃今諸侯異政，百家異說，則必或是或非，或治或亂。㊄亂國之君，亂家之人，此其誠心，莫不求正而以自爲也。㊅妬繆於道，而人誘其所迨也。㊆私其所積，唯恐聞其惡也。㊇倚其所私，以觀異術，唯恐聞其美也。㊈是以與治雖走，而是己不輟也。㊉豈不蔽於一曲，而失正求也哉！⑪心不使焉，則白黑在前而目不見，雷鼓在側而耳不聞，況於使者乎？⑫德道之人，亂國之君非之上，亂家之人非之下，豈不哀哉！⑬

㊀「蔽」、不能通明全體，所見滯於一隅，如有物壅蔽之也。莊子天下篇：「不該不徧，一曲

之士也。」「一曲」、卽「一偏」、「一隅」之意。下文云：「曲知之人，觀於道之一隅，而未之能識也。」卽「一曲」之確解。「理」、道也，見廣雅釋詁。「大理」、猶大道、至道。言一般人在思想上的通患，是蔽於道之一隅，而不見大道之全。此三語，總論蔽之爲害。

㈡「治」：注云：言治世用禮義，則自復經常之正道。劉師培云：「治」、卽專一之謂，與下「兩疑」對文。案：此「治」字卽下文「主其心而愼治之」之「治」，謂治其心也。言知曲說足以爲蔽，而治其心，則復經常之正道。

㈢「兩疑則惑矣」：兪云：「兩」、與「匹」、「耦」義同。「疑」、讀如管子「疑妻」、「疑適」之「疑」，字亦作「擬」。謂邪正不分也。此言：若以曲說與大道相敵（兩）相亂（疑），而正邪不辨，則思想上的迷惑從此而起。下文「天下無二道，聖人無兩心」，卽承此而言。呂覽：「一則治，兩則亂。」與此義同。皆言曲說之害大理，而教人唯精唯一，以撥亂反治也。

㈣久保曰：此二句結上文，以益明執一之美，而起下文是非治亂，以論兩而蔽者。

㈤「異術」、指政治上所採治術不同。「異說」、指學術上思想不同。

㈥「亂家之人」、指卿大夫。「求正」、求得正道的人。或謂「正」爲正道，觀下文未確。「自爲」、自助也。言亂國之君，亂家之大夫，沒有不是誠心想求得正道之君子，幫助他把國家治好的。

㈦「妬繆」、妬嫉迷繆。「繆」、音謬，誤也。「迨」、借爲「殆」、近也；「近」、謂所好也。言只因他心有所偏，嫉人之美，謬己之非，夤緣小人投其所好，引誘他走上邪路。如好儉則墨氏誘之，好辯則惠氏誘之。

㈧「私」、偏愛。「積」、素所積習。言偏愛他所積習的，惟恐有人批評它的缺點。此句承上文「繆」字來。

㈨「倚」、偏也。「其美」、指異術之美。言偏執其所愛，以觀不同的道術，惟恐有人贊美它的長處。此句承上文「妬」字來。文心雕龍知音篇：「會己則嗟諷，異我則沮棄。」與此同義。此皆成見之蔽。

㈩「雖」、注謂或作「離」，郝王皆謂作「離」者是。「與治離走」、謂與治道背離而馳，卽常語「背道而馳」。「是己不輟」、謂自以爲是，而不停止。

⑪「蔽於一曲」、言爲一曲之見所蔽。「而失正求」，而失於得道君子之求。

⑫「雷鼓」、大鼓聲如雷者。「使」、役使，俞謂「蔽」字之誤，茲不取。四句大意：不用心去聽去看，雖雷鼓之聲在側、白黑之色在前，不聞不見（非無聞見，只是印象模糊而不清晰。），若役心於其他事物，則更不聞不見。以喻：不役心於道，則不見道；若役心於曲說，則更難見道。

⑬「德道」、王謂卽「得道」也。言得道之人，上下共非之，豈不可傷！（此段極言蔽之爲害，蓋就當時政治與學術兩方面立說。下一段亦就此兩面舉例說明。）

故爲蔽：㈠欲爲蔽，惡爲蔽，始爲蔽，終爲蔽，遠爲蔽，近爲蔽，博爲蔽，淺爲蔽，古爲蔽，今爲蔽。㈡凡萬物異則莫不相爲蔽，此心術之公患也。㈢

㈠「故」、郝云：語詞。此句爲下十句總冒。

㈡注：此其所知所好，滯於一隅，故皆爲蔽也。案：此十蔽共五組；每組都是相反的兩面，這表示只見其一面，不見其另一面，則生蔽。「惡」、讀去聲，厭惡。「欲」「惡」、指感情，感情最易生蔽，然欲惡得其正則不蔽。欲而不知其惡，惡而不知其美則生蔽。「始」「終」、指事物。終始貫徹而不懈，所謂全始全終則不蔽。止於始而不知終，或止於終而不知始則生蔽。「遠」「近」，指空間。務遠而遺近，或執近而遺遠則生蔽。「博」「淺」、指知識。博而不能反於約則雜，雜博則生蔽；淺則陋而無知，無知則生蔽。「古」「今」、指時間。言古不能驗於今則蔽於古，言今而不徵於古則蔽於今。

㊂「心術」、謂人類運用思想的方法。上述十蔽，並非蔽止於此，故又概括地說：萬事萬物，沒有絕對的，都是相對的。凡事物性質之相反者，都足以互相爲蔽。這是人類思想活動的共同錯誤。案：不苟篇末云：「凡人之患，偏傷之也。」言偏於此，卽蔽於此，而無視於彼；偏於彼，卽蔽於彼，而無視於此。有其不同面，而不能面面俱到，就生蔽。

昔人君之蔽者，夏桀殷紂是也。桀蔽於末喜斯觀，而不知關龍逢，以惑其心，而亂其行。㊀桀蔽於妲己、飛廉，而不知微子啓，以惑其心，而亂其行。㊁故羣臣去忠而事私，百姓怨非而不用，賢良退處而隱逃，㊂此其所以喪九牧之地，而虛宗廟之國也。㊃桀死於〔亭〕鬲山，㊄紂縣於赤旆。㊅身不先知，人又莫之諫，此蔽塞之禍也。成湯監於夏桀，故主其心而愼治之，是以能長用伊尹，而身不失道，㊆此其所以代夏王而受九有也。㊇文王監於殷紂，故主其心而愼治之，是以能長用呂望，而身不失道，此其所以代殷王而受九牧也。遠方莫不致其珍；故目視備色，耳聽備聲，口食備味，形居備宮，名受備號，㊈生則天下歌，死則四海哭。夫是之謂至盛。詩曰：「鳳凰秋秋，其翼若干，其聲若簫。有鳳有凰，樂帝之心。」此不蔽之福也。㊉

㈠ 末喜、又作末嬉、妹喜、妹嬉。桀伐有施，有施人進末喜以爲妃。斯觀：注引韓侍郎云：「斯」、或當爲「斟」；斟觀、夏同姓國。蓋其君爲桀佞臣。關龍逢、一作豢龍逢。桀爲酒池糟丘，關龍逢進諫，立而不去朝，桀囚而殺之。案：桀親小人，則蔽於小人，而不見君子。此欲惡之蔽的實例。

㈡ 「妲己」、紂妃。紂伐有蘇，有蘇氏以妲己女焉（見國語）。「飛廉」、紂佞臣，惡來父，善走，秦之始祖。「微子」、紂庶兄。「微」、國名。「子」、爵也。「啓」、其名也。

㈢ 「事」、任也。「非」、「誹」古今字。「不用」、不爲上用。言羣臣不肯公忠體國，而追求個人私利；百姓皆怨言誹謗，而不肯爲政府所用；賢良如伯夷太公之流，皆退居山林而隱遁。

㈣ 「九牧」、九州州牧所轄土地，亦卽全國。「虛」、讀爲「墟」。這就是他喪失天下，而使宗廟之國成爲廢墟的原因。

㈤ 亭山、注謂或本作鬲山。王據御覽引尸子，謂作鬲山者是，茲據改。「鬲」、讀與「歷」同。

㈥ 「赤旆」、史記作「太白旗」，見正論篇。

㈦ 「主其心」、言不爲邪佞所惑。「監」、通「鑑」，亦作「鑒」，察也。「而愼治之」，謂愼治其心使不生蔽。言成湯鑑於夏桀之亡國在心知蔽塞而不辨忠邪，故專主其心而愼治之，使不生蔽，是以不爲邪佞所惑，而長用伊尹身不失道。

㈧ 夏王、謂紂。「九有」、卽「九域」，謂「九州」也。「有」「或」通用。「或」、卽古「域」字。

㈨ 「備」、有完美之意。

㊉逸詩。「有鳳有凰」、王謂本作「有凰有鳳」。「秋」「簫」爲韻，「鳳」「心」爲韻。「秋秋」、猶「蹌蹌」，謂舞也。「干」、盾也，狀其翼。「帝」、謂堯。堯時鳳凰巢於阿閣。言堯能用賢不蔽，天下和平，故有鳳凰來儀之福。（此節引歷史上人君爲例，以明蔽者之禍與不蔽者之福。）

昔人臣之蔽者，唐鞅奚齊是也。㊀唐鞅蔽於欲權而逐載子，㊁奚齊蔽於欲國而罪申生；㊂唐鞅戮於宋，奚齊戮於晉。逐賢相而罪孝兄，身爲刑戮，然而不知，此蔽塞之禍也。故以貪鄙、背叛、爭權而不危辱滅亡者，自古及今，未嘗有之也。鮑叔、甯戚、隰朋仁知且不蔽，㊃故能持管仲，而名利福祿與管仲齊。㊄召公、呂望仁知且不蔽，㊅故能持周公而名利福祿與周公齊。傳曰：「知賢之爲明，輔賢之謂能，勉之彊之，其福必長。」此之謂也。此不蔽之福也。㊆

㊀唐鞅、宋康王佞臣。論衡雷虛篇：「宋王問唐鞅曰：吾殺戮甚衆，而羣臣愈不畏，何也？對曰：王之所罪，盡不善者也，罪不善者，善者胡爲畏？王欲羣臣之畏也，不若無辨其善與不善，一時罪之，則羣臣畏矣。宋王從之。」奚齊、晉獻公驪姬之子。

㊁載子、卽戴不勝，使薛居州傅王者，見孟子滕文公篇。「載」、注讀爲「戴」

㊂申生、晉獻公太子，奚齊之兄，爲驪姬所譖，獻公殺之，立奚齊，其後奚齊亦爲晉里克所殺。

㊃鮑叔、甯戚、隰朋皆齊大夫，皆扶翼管仲，共成霸業者。「知」、讀「智」。仁者無私，智者不惑，故不爲權勢所蔽。

㊄「持」、扶翼也。言三人既仁且智，不爲權勢所蔽，不獨不與管仲爭權，反而扶持他共成霸業，結果，三人也和管仲享受同樣的名利福祿。

㊅「召公」、名奭，文王庶子，食采於召，武王滅殷，封於燕。「呂望」、本姓姜，名尙，隱於釣，文王出獵，遇之，大喜曰：「吾太公望子久矣！」故稱姜太公望。其先王封於呂，故又冒姓呂。

㊆「勉之彊之」、注云：言必勉彊於知賢輔賢，然後其福長也。王曰：「知賢之爲明」，承上文「仁知且不蔽」而言。「輔賢之謂能」，承上文「能持管仲」，「能持周公」而言。「勉之彊之，其福必長」，承上文「名利福祿與管仲齊，……與周公齊而言。」（這一節引歷史上人臣爲例。）

昔賓孟之蔽者，亂家是也。㊀墨子蔽於用而不知文。㊁宋子蔽於欲而不知得。㊂愼子蔽於法而不知賢。㊃申子蔽於埶而不知知。㊄惠子蔽於辭而不知實。㊅莊子蔽於天而不知人。㊆故由用謂之道，盡利矣。㊇由〔俗〕欲謂之道，盡嗛矣。㊈由法謂之道，盡數矣。⑩由埶謂之道，盡便矣。⑪由辭謂之道，盡論矣。⑫由天謂之道，盡因矣。⑬此數具者，皆道之一隅也。⑭夫道者體常而盡變，一隅不足以舉之。⑮曲知之人，觀於道之一隅，而未之能識也。⑯故以爲足而飾之，⑰內以自亂，外以惑人，上以蔽下，下以蔽上，此蔽塞之禍也。孔子仁知且不蔽，故學亂術足以爲先王者也。⑱一家得周道，舉而用之，不蔽於成積也。⑲故德與周公齊，名與三王竝，此不蔽之福也。⑳

㊀「賓孟」：兪讀「孟」爲「萌」。呂覽高義篇：「比於賓萌。」高注：「萌、民也。」戰國

時，遊士往來諸侯之國，謂之「賓萌」。下文墨子、宋子、愼子、申子、惠子、莊子皆其人矣。荀子稱曰「亂家」。「亂家」、猶言雜家。上文就政治上言人君人臣之蔽者，此就學術上言賓孟之蔽者。

㈡「用」、功用。「文」、文飾，指禮樂對人生的功用說。墨子「尙功用」，論善惡皆以有用無用爲標準。「諸加費不加利於民者，聖人弗爲。」（節用中）故於禮樂皆加非議。其蔽在但知物質對人生功用之一面，而不知禮樂對人類精神生活之功用之又一面。

㈢「欲」、意欲，動詞。宋子言「人之情，欲寡。」（正論篇）以爲人情都是欲少而不欲多。「得」、「貪得無厭」之「得」。宋子之蔽，在於只見人情之有欲寡的，而不知人情更有貪得無厭的。卽「有見於少，無見於多」（天論篇）之義。

㈣愼子：注云：愼子名到，本黃老，歸刑名，多明不尙賢，不使能之道。故其說曰：「多賢不可以多君，無賢不可以無君。」其意，但明得其法，雖無賢亦可爲治，而不知法待賢而後舉也。案：愼子主法治，排斥人治，不知「徒法不足以自行」。故其蔽在於只見法之重要，而不知法必待賢才能貫徹。

㈤申子：注云：名不害，河南京縣人，韓昭侯相也。其說：但賢（案：賢、勝也。）得權勢，以刑法馭下，而不知權勢待才智然後治。亦與愼子意同。下「知」音智。案：「埶」、權勢、權力。申子之蔽，在於只見權勢之重要，而不知權勢必須利用智士才能治世。戰國法家分三派：商鞅主法，申不害主術，愼到主勢，（韓非兼取之）荀子約略言之而已。

㈥惠子：梁曰：惠子之說，往往不顧事物之實相，例如「山與澤平」，此惠子所持說也。據吾人目之所接，山實高於澤，澤實低於山，今強指曰平，辭雖辯，顯乖其實也。案：惠施以超常識純理的觀點言名（辭），荀子以常識的經驗觀點批評他，故譏曰：蔽於虛辭，而不顧事實。

(七)「天」、無爲自然之道。「人」、人爲。莊子宗天，因任自然而薄人文，荀子主人，崇尚禮樂而重人爲，天論篇曰：「措人而思天，則失萬物之情。」正所以解莊子之蔽。此言：莊子以因任自然爲道之極軌，而不知人力之足以制天用天。萬物固由天生，成之則在人也。梁啓雄曰：功用對禮文，欲寡對貪得，法治對賢治，勢治對智治，辭令對實物，天然對人爲，都是矛盾的兩方面，六子僅知其一，不知其二，故各有所偏蔽。

(八)此句「道」字，注下屬爲句，王先謙上屬爲句，茲從王說然皆有所不足。趙金海謂古書疑義舉例有以一字作兩讀例，「道」字當重讀，此說爲允。「道」、治道。「由」、從也。梁曰：墨子經上：「義、利也。」墨子以有用無用爲善惡標準，故以利、不利爲義、不義。實用主義必流於功利主義，理固然也。案：言以爲實用就是道（義、利也。）則治國之道盡於功利，而無復有仁義了。荀子亦頗有功利思想，惟以爲道止於功利則過矣。此一偏之蔽也。

(九)「俗」、據注說改爲「欲」。「嗛」、注謂同「慊」，快也。鍾謂「嗛」、足也。「盡嗛」者，謂足欲可以盡道也。「嗛」、猶老子之「知足」。案：若從注說，此句大意：若以欲言道，則治道僅限於快意了（梁從之）。若從鍾說，此句大意：若以欲言道，則使人足欲就可以盡治道之一切了。以宋子「人情欲寡，不欲多」之說推之，鍾說爲長。

(一〇)「數」：梁曰：「數」、度數，猶言條款節目。以法言道，則道僅成爲機械。案：「數」、即「不知法之義，而正法之數」（君道篇）之「數」，謂法律條文。此言：若說法就是道，則治道僅限於機械的法條了。

(一一)「便」、注云便宜。從勢而去智，則盡於逐便，無復修立。案：此言：若說權勢就是道，則治道僅限於因利乘便（便己）了。

(一二)「論」、辯說。若說虛辭就是道，則治道僅限於辯說議論了。

(一三)「因」：注云：因任其自然，無復治化也。案：爲鼠肝，爲蟲臂，一切隨緣任化，不復致力，卽「因」之義。言若以自然爲道，則隨緣任化，不盡人事，就盡於治道之一切了。

(一四)「具」、久保訓術。「此數具者」、謂墨宋等六家學說。這六家學說，都是只見道之一隅，而未見道之全。所見卽其所蔽。

(一五)「體常而盡變」、梁云：言道以常爲體，而極盡其變化也。案：荀子之道，就是禮義，爲人文世界之最高價值，它統攝一切理論，綱紀一切行爲，萬變而不離其宗。「體常」、謂道以常理爲體。「盡變」、謂道之用又變化無窮。故處常要根據道，應變也要根據道。「一隅不足以舉之」：「舉」、盡也，見管子牧民注。謂墨宋等一隅之學不足以盡道之全。

(一六)「曲知」、謂蔽於一曲，不通於大道。言墨宋等只見道之一偏，而未見其全。文心雕龍知音篇：「各執一隅之解（見解），欲擬萬端之變，所謂東向而望，不見西牆也。」

(一七)「以爲足」、卽莊子天下篇「皆以其有，爲不可加矣」之義。「飾」、僞言誇飾，然而持之有故，言之成理。此言：自以爲其學說圓滿無缺，而巧言文飾。

(一八)「亂」：郝云「亂」者，治也，學治天下之術。豬飼云「亂」當作「乿」，古「治」字。劉師培謂涉上「自亂」而衍。王叔岷謂類纂本無「亂」字，與劉說合，茲從之。言孔子仁而無私，智而不惑，不偏不蔽，所以他的學術是足以爲先王之治的。劉師培云：「爲先王」之「爲」，疑爲「象」之譌，「象」、效也。

(一九)「家」、劉師培云：卽「亂家」之「家」，指儒家言。「周道」、對「一曲」而言。「一家得周道」，言一家而得道之全。「成積」、謂一成不變之積習。此「積」字根上文「私其所積」而來（鍾說）。此文大意：只有孔子一家得道之全，並曾經舉而用之（此殆指孔子爲魯司寇言），他是不以舊習構成成見而生蔽的。

⑳荀子宗孔，偏於禮的一面，故論孔子多就外王一面立說，此以周公三王比之，即其顯例。（以上三節就政治歷史上論君臣之蔽，就學術思想上論諸子之蔽，其論諸子皆以禮義爲準據，一一剖析而明辨之。以下進而言解蔽之道。）

聖人知心術之患，見蔽塞之禍，故無欲、無惡、無始、無終、無近、無遠、無博、無淺、無古、無今，兼陳萬物而中縣衡焉。㊀是故衆異不得相蔽以亂其倫也。㊁

㊀「無欲、無惡」等句：不是沒有「欲」「惡」等情感，或「終」「始」等觀念，只是不預存成見（滯於一隅），而保持心知虛靜（頭腦冷靜）的意思。「中」、謂心中。「縣」、同「懸」。「衡」、權衡、量輕重之具，此喻客觀標準，據以辨是非。此文大意：聖人知心知活動的通患，和蔽塞之爲害，所以對任何事物，不預存成見，但於萬物紛陳之中，心內建立一個客觀的標準，據以衡量一切事物，而各如其分地肯定其價值。（如就學術思想說，衡量它在整體文化中所佔之地位，而予以適切的評價。）

㊁「倫」、理也。上文云：「萬物異莫不相爲蔽。」此云：「衆異不得相蔽。」這是一理就正反兩面立說。心中不預存成見，心知虛靜，根據標準，衡量事物（包括學術），各種不同的事物，自不致互相爲蔽，而迷亂其眞象（理）。

何謂衡？曰：道。㊀故心不可以不知道；心不知道，則不可道，而可非道。㊁人孰欲得恣，而守其所不可，以禁其所可？㊂以其不可道之心取人，則必合於不道人，而不〔知〕合於道人。㊃以其不可道之心與不道人論道人，亂之本也。㊄夫何以知？㊅曰：

心知道，然後可道；可道然後守道以禁非道。以其可道之心取人，則合於道人，而不合於不道之人矣。以其可道之心與道人論非道，治之要也。㈦何患不知？㈧故治之要在於知道。㈨

㈠「道」、謂禮義。儒效篇云：「先王之道，仁之隆也，比中而行之。曷謂中？曰：禮義是也。」荀子以禮義爲道之實質，故以道爲衡，卽以禮義爲衡。荀子批評諸子皆以此爲準據。

㈡「可」、許可，合意，信仰。「非道」、邪道。言不認識道就不可道而可邪道。

㈢「得恣」、謂意志自由，不受拘束。言人皆守其所可而禁其所不可，旣意志自由，不受拘束，誰欲守其所不可而放棄（禁）其所可呢？

㈣「知」、據俞校刪。「不道人」、梁啓雄謂臺州本，作「不可道之人」。亦卽小人。「道人」、謂以道爲可之人，卽君子。言以不可道之心去選人，則必選取（合）不可道之小人，而不選取可道之君子。

㈤以不可道之心與不可道之小人評論可道之君子，則君子必被排斥，（小人必被援引），這是國家混亂的本源。

㈥問何以知道人？俞讀「知」爲「智」，又刪下「曰」字，非。以上就反面說，此下就正面說，上下皆相對爲文。

㈦「非道」、係「非道人」之省，或「道」下脫「人」字。「非道人」、卽上文之「不道人」。言以可道之心與可道之君子評論不可道之小人，小人必被斥退，（君子必陟升）這是治國的要點。

㈧心苟知道，何患不知可道之君子。

㈨以上兩節論「道」與「心」的關係。「知道」是「可道」的前提；「可道」是正確認識的前提。認識正確，才能辨別是非善惡，而不爲所蔽。故曰：治國之要，首在「知道」。換言之：以禮義爲準據，衡量各種事物，則是非善惡，可以立判，所以禮義就是解蔽的客觀標準。（荀子論道偏於治道，故以上兩節，層層轉進，而歸結於治亂，以下中論心何以知道，始進入心論核心。）

人何以知道？曰：心。㈠心何以知？曰：虛壹而靜。㈡心未嘗不臧也，然而有所謂虛；㈢心未嘗不〔滿〕兩也，然而有所謂壹；㈣心未嘗不動也，然而有所謂靜。㈤人生而有知，知而有志；志也者，臧也；㈥然而有所謂虛；不以所已臧害所將受謂之虛。㈦心生而有知，知而有異；異也者，同時兼知之；同時兼知之，兩也；㈧然而有所謂一；不以夫一害此一謂之壹。㈨心臥則夢，偷則自行，使之則謀；故心未嘗不動也；㈩然而有所謂靜；不以夢劇亂知謂之靜。⑪未得道而求道者，謂之虛壹而靜。⑫作之：則將須道者之虛則人，將事道者之壹則盡，盡將思道者靜則察。⑬知道察，知道行，體道者也。⑭虛壹而靜，謂之大清明。⑮萬物莫形而不見，莫見而不論，莫論而失位。⑯坐於室而見四海，處於今而論久遠。⑰疏觀萬物而知其情，參稽治亂而通其度，⑱經緯天地而材官萬物，制割大理而宇宙裏矣。⑲恢恢廣廣，孰知其極？⑳睪睪廣廣，孰知其德？㉑涫涫紛紛，孰知其形？㉒明參日月，大滿八極，㉓夫是之謂大人。夫惡有蔽矣哉！㉔

㈠心有認識道的作用，心之中卻沒有道，道是外在的。以此規定的心，稱做「認識心」。孟子謂心中自有道德原理（四端），此種心就稱做「道德心」。

㈡「虛」、虛心。「壹」、專一。「靜」、靜心。三者是人心的特性，也是工夫。以這三種工夫清明心體，強化認識，就能知道。此句總持地說，以下分層地說。

㈢「臧」、讀爲「藏」，古字通，謂心能收藏一切感覺。下同。「虛」、謂心之收藏之無限量。言心體能收藏由感官所得到的一切感覺，然而有所謂虛心之說。

㈣「滿」、據楊注改爲「兩」。「兩」、謂同時可以兼知不同的事物。如同時可以學科學，又可以學文學。言心體同時可以兼知不同的事物，然而有所謂專一之說。

㈤「動」、謂心無時不在活動，亦卽意念永不停止。下文所謂「夢」、「行」、「謀」是也。言心體永遠活動不停，然而有所謂靜心之說。

以上爲第一層，言心體的功能有此三種相反的兩面，這是心的特色。

㈥「知」、認識，辨別。「志」、與「誌」、「識」通，記憶也。「人生」與下文「心生」互文。言人心生來就有認識客觀事物的本能，認識了就記在心裏；記在心裏就是藏。案：心有藏的作用，故能成就淵博的知識；但也容易造成偏見和成見。

㈦「所已臧」、謂舊識，注謂「積習」，是也。「害」、妨害，排斥。「所將受」、謂新知。舊識構成偏見或成見，就排斥新知，這就是蔽。此言：然而有虛心之說；不讓舊識妨害新知的接受，就叫做虛心。前文云：「私其所積，唯恐聞其惡也；倚其所私，以觀異術，唯恐聞其美也。」卽「以所已臧害所將受」之適例。

㈧「異」、辨別事物的不同。言人心生來就有認識客觀事物的本能，能認識就能辨別各種事物的不同；不同的事物可以同時去認識它（兼知之）；同時去認識它，就是兩。案：心有兩的作用，故一人可以有多方面的成就；但也分散心力，使人一事無成。

㈨「夫」、王先謙謂猶「彼」也。「彼一」、那一件事物，指選定的目標以外的事物。「此一」、這一件事物，指選定的目標。言然而有事一之說；不要以認識（修習）那一件事物，而妨害此一件事物（選定目標）之認識，就叫做專一。下文云：「類不可兩也，故知者擇一而壹焉，」正可作此文注脚。「有所謂一」之「一」，似應作「壹」。

⑩「偷」、偷惰，懶散。「自行」、胡思亂想。「使」、役使。「謀」、謀畫。言人在睡覺的時候就作夢，人在懶散意志不集中的時候就胡思亂想，若用它的時候就爲人計畫謀慮，所以心老是活動不停的。

⑪「夢」、注：想象也。「劇」、注：囂煩也。「夢劇」、胡思亂想之雜念也。雜念有自起他起之別。「夢」是自起的雜念，故注釋爲「想象」。「劇」是他起的雜念，故注釋爲「囂煩」。「囂煩」、起自外界。禪宗六祖壇經云：「本性自定自淨，只爲見境、思境則亂。」「思境」、卽此文所謂「夢」；「見境」、卽此文所謂「劇」。此言：然而有所謂靜。不要使自起或他起的雜念擾亂心體的知慮（思辨）作用，就叫做靜。

以上爲第二層，指示虛壹而靜的方法和工夫。

⑫「謂之」、告訴他。未得道而想求道的人，就告訴他虛壹而靜的方法，去下工夫。

⑬此文多譌舛，句讀亦不同，注以「作之則將」爲句，非。胡適先生以「作之則」爲句，「則」、準則。王引之、劉師培、鍾泰諸氏皆以「作之」爲句，茲從之。又姑從王引之說，改「人」爲「入」字，據增注本及劉師培說刪一「盡」字，「思道者」下補「之」字，整理如下：「作之：則將須道者之虛則〔人〕入，將事道者之壹則盡，〔盡〕將思道者之靜則察。」「作之」：「作」、用也。「之」、爲「虛壹而靜」之代詞。「將」、猶欲也。「須」、待也。「事」、致力也。「思」、「愼思明辨」之「思」。「察」、明通。此言：若用虛壹而靜之心求道，則要求道的人可由虛心而入道之域；要事道的人，可由專一而窮盡道

之極；要思道的人，可由靜心而通明道之理。

(一四)「知道察」、言認識道而能明通。「知道行」、言認識道而能實踐。「體道者也」、這是能行道的。「體」、行也。此「行之明也」（儒效篇）之「行」，與「不知亦能行」之「行」不同。又梁啓超解釋此文云：「知道者何？其明察足以知道，其力行足以體道之謂也。」那麼，此文應標點如下：「知道：察，知道，行，體道者也。」亦符合荀旨。

(一五)「大清明」之心，是心體修養的最高境界——就是聖心。這是以虛壹而靜的工夫明道以後的心靈境界，不是只保持虛壹而靜就可大清明。此荀子異於道家之言虛靜處。是由科學的心理學而進入哲學的心理學，以下即言大清明者之德象。

(一六)既心體清明，則通明於萬物，故有形者（現象）無不見，見則無不能論說，論說則無不得其宜。文心雕龍知音：「目瞭則形無不分，心敏則理無不達。」

(一七)「論」、盧謂元刻作「聞」。王叔岷謂類纂本、百子本亦作「聞」。此言：不出戶天下之事無不知，居今世而古昔之事無不聞。大清明者聞見不受空間時間的限制。老子四十七：「不出戶，知天下，不窺牖，見天道。」

(一八)「疏」、通也。「參」、驗也。「稽」、考也。「度」、制度。此言：通觀萬物而知其情理，參考治亂而知其制度。言大清明者觀察敏銳，由現象而知其本質，上文云：「莫論而失位」，卽以此故。

(一九)「經緯」、猶言「經理」。「材」、通「裁」、成也。「官」、謂任之各當其用。「制割大理」、謂主宰大道。「裏」、注云當爲「理」，條理也。此言：大清明者經理天地，而裁成萬物並善用（官）萬物。他主宰大道，宇宙在他的調理下有條不紊。天論：「聖人清其天君……天地官而萬物役矣。」與此文之義略同，都是盛贊大清明之心的功能。

⑳「恢恢」、「廣廣」，皆廣大貌。「極」，至也。言大清明者之人格，大至人不知其極。

㉑「睪」、讀爲「皥」。「廣」、顧千里讀爲「曠」。「皥皥」、「曠曠」，皆廣遠貌。言大清明者之德，大至人所不能知。

㉒「涫涫」、「紛紛」，紛雜貌，形容其變化無方，使人莫測之象。顧千里謂「形」字不入韻，疑當作「則」。

㉓「八極」、八方極遠之處。

㉔大清明之心，通於神明，又安能有蔽！（本節言虛壹而靜是心體的三種作用，是爲學求道的三條指導原則。）

心者，形之君也，而神明之主也，出令而無所受令。㈠自禁也，自使也，自奪也，自取也，自行也，自止也。㈡故口可劫而使墨云，形可劫而使詘申，心不可劫而使易意，是之則受，非之則辭。㈢故曰：心容——其擇也無禁，必自現，其物也雜博，其情之至也不貳。㈣詩云：「采采卷耳，不盈傾筐。嗟我懷人，寘彼周行。」㈤傾筐易滿也，卷耳易得也，然而不可以貳周行。㈥故曰：心枝則無知，㈦傾則不精，㈧貳則疑惑。㈨以贊稽之，萬物可兼知也。㈩身盡其故則美。⑪類不可兩也，故知者擇一而壹焉。⑫

㈠「形」、形骸。「神明」、精神，意識。天論篇稱心爲「天君」；「天君」者，自然之主宰也。此亦其義。言心是形骸的人君，又是意識的主宰，它支配四體百骸，而不受四體百骸支配（性自在支配之下）。

㊁ 此言意志絕對自由。六者、皆心使之然，所以爲形之君也。案：此數語在荀子思想系統中最重要，也最奇特，說者每據爲孟荀言心並無不同之證。按孟子就四端以言性，肯定心爲萬善之源。盡心就能知性，心性一體。荀子就心能知道能治性之效用處見心之善，善不屬於心之本身，道不在心之內，心是理智的。迨積學成德，心化於道始轉化爲道德心。故就原始之心言，孟荀是不相同的。

㊂ 「劫」、迫也。「墨」與「默」同。「云」、言也。「詘」同「屈」。此承上文申明意志自由義。言口可以外力劫持使之說話或不說話，形體可以外力劫持使之屈曲或伸直，心卻不能以外力劫持使之變更意志，它認爲對的就接受，不對的就拒絕。

㊃ 「心容」、二字乃下文各句總提（鍾說），猶言心靈狀態也（梁說）。「其擇也無禁」，言意志自由，它的選擇不受限制。「必自現」、必定自動地表現出來。「見」、音「現」。「其物也雜博」，它接受事物紛雜繁博（卽上文所謂「兩」。）「情」、盧謂元刻作「精」。王叔岷謂類纂本百子本並作「精」。「精」、精誠。言心理活動是這樣的：它選擇不受限制，所選擇的必定自動地表現出來；它接受事物紛雜繁博，但精誠所至則專一不二（卽上文所謂「壹」。此以下卽暢論專一之美。）。

㊄ 詩周南卷耳第一章。「卷耳」、卽苓耳、嫩葉可食。「頃筐」、畚屬，易盈之器。「懷」、思也。「寘」、置也。「周行」、大道。「彼」、語詞。言採卷耳的女子，懷念遠人，嗟歎憂傷，不能復採，乃置筐於大道，故不能滿。（此不采毛傳說）

㊅ 「貳」、分心，不專一。「貳周行」，謂以懷念遠人分心，而置筐於大道。至易之事，以分心而不能完成，可見貳之爲害。

㊆ 「枝」、旁引如樹枝。「心枝」、謂心不能一而分散。言心志分散而不專一則無所知。

㈧ 心別有所傾嚮則不能專精。

㈨ 心不專一於道，則疑惑不明。這三句皆申上文「貳」之害道，反襯專一之要。

㈩ 「以贊稽之」句與上文不相承接，陶鴻慶謂句上當有「壹於道」三字，下文云：「君子壹於道而以贊稽物。」「贊」、助也。「稽」、考也。言專一於大道，以爲考察萬物之助，萬物都可以看得清楚，而不致生蔽。

㈡ 「故」、事物之理。身盡其道，物盡其理，則完成人格之美矣。

㈢ 「類」、事類。言任何事物都不可以二心處之，故智者擇一而專一之。

農精於田，而不可以爲田師；賈精於市，而不可以爲〔賈〕市師；㈠工精於器，而不可以爲器師。有人也，不能此三技，而可使治三官。㈡曰：精於道者也。㈢精於物者也。㈣精於物者以物物，精於道者兼物物。㈤故君子壹於道，而以贊稽物。㈥壹於道則正，以贊稽物則察；以正志行察論，則萬物官矣。㈦昔者舜之治天下也，不以事詔而萬物成。㈧處一危之，其榮滿側；養一之微，榮矣而未知。㈨故道經曰：「人心之危，道心之微。」㈩危微之幾，惟明君子而後能知之。㈡故人心譬如槃水，正錯而勿動，則湛濁在下，而清明在上，則足以見鬒眉而察理矣。㈢微風過之，湛濁動乎下，清明亂於上，則不可以得大形之正也。㈢心亦如是矣。故導之以理，養之以清，物莫之傾，則足以定是非決嫌疑矣。㈣小物引之，則其正外易，其心內傾，則不足以決〔庶〕麤理矣。㈤故好書者衆矣，而倉頡獨傳者，壹也；㈥好稼者衆矣，而后稷獨傳者，壹也。㈦好樂者衆矣，而夔獨傳者，壹也；㈥好義者衆矣，而舜獨傳者，壹也。倕作弓，浮游作矢，而羿精於射；⑲奚仲作車，乘杜作乘馬，而造父精於御：⑳自古及今，未嘗有兩而能精者也。㉑曾子曰：「是其庭可以搏鼠，惡能與我歌矣！」㉒

㈠「賈師」、據王據呂錢本校，改爲「市師」。「市師」、市場管理。

㈡「三官」、謂田師、市師、器師也。

㈢「技」、可以治物，不可以治人，故農不可爲田師，賈不可爲市師，工不可爲器師。「道」、可盡萬事之理，故知道可以理萬事治萬民。

㈣「精於物者也」句，盧謂當在上文「不可以爲器師」下，誤脫在此。「精於物」、謂精於治物；治物需技術，故「精於物」卽「精於技」之意。

㈤「物物」、上「物」字，動詞，治也。「兼物物」、謂兼治各治其一物者。言精於治物之技者以治物，精於治人之道者兼治各治其一物之人。

㈥「物」、事物，與上諸「物」字不同。解見上節注釋㈩

㈦「論」、在心爲志，發言爲論。言專一於道，則思想正確；以道觀物，則認識清明；以正確的思想執行清明的言論（計畫），則天地萬物各當其任而無差錯了。

㈧「詔」、告也。大略篇：「主道知人，臣道知事。故舜之治天下，不以事詔而萬物成。」言舜一於道而知人善任，不告以治事之道，而事無不成。如使禹治水，未嘗告以方略而水平。

㈨此承上文言道之大用——治事養心皆以爲準——而舉舜以爲例證。「處一」、謂處事專一於道。「危之」、謂危其心時加戒懼。（這是有意識的修持）「養一」、謂養心專一於道。「微」、謂養心之認識力至於精微。卽心化於道之意。此言：舜處事專一於道，且時加戒懼之心，故事無不當，安榮充滿身邊；舜養心專一於道，至於精微之境界而心化於道，其心安榮，則人不知也。言舜之治國養心，皆以道爲準據，不使異端蔽之，故內外無不安榮，惟人但見其外，不知其內耳。

(一〇) 注：今虞書有此語，而云「道經」、蓋有道之經也。引此以明舜之治，在精一於道。案：尚書大禹謨作「人心惟危，道心惟微。」此仍當以荀子意釋之。「人心」、謂常人之認識心。此心易蔽，惟專一於道，時加戒懼，則不蔽。「道心」、謂化於道之道德心。由戒懼其心，道心日長，至於涵養純熟，認識精微，而化於道，卽爲道心。此言：由人心之戒懼，可至道心之精微。（這是說養心的層次，觀下文「空石」一段可知。）

(一一) 「幾」、兆萌也，與「機」同。「危」、「微」是兩種不同的心理活動，其兆微眇，惟有此修養經驗的明道君子方能辨別。

(一二) 「槃」與「盤」同。「錯」與「措」通，置也。「湛」、讀爲「沈」，泥滓也。下同。「鬒」、郝云古止作「須」，今俗作「鬚」。「理」、郝云上脫「膚」字。此以盤水比心。盤水放的正，比擬心放的正。心如何放的正？專一於道則正。不動搖盤水，則泥沙下沈，清明可鑑鬚眉而察肌膚文理，比擬心若虛靜，則清明在躬，足以定是非決嫌疑。

(一三) 「大形」、形之大者，鬚眉膚理皆形之細者，此對彼言。

(一四) 「理」、「大理」之「理」，謂道也。「是非」、指事理言。「嫌疑」、疑似也，亦指事理言。此言：心和盤水是一樣的，導之以道使其正（卽上文之「正錯」），養之以虛靜使其清（卽上文之「勿動」），則異端不能傾移其正志。（卽不能蔽之），則足以定事理之是非，決事理之相似而可疑者了。

(一五) 「小物」、指異端。「庶理」、據盧據宋本校，改爲「麤理」，「麤」、通作「粗」。言心志如爲異端所引誘，則外在的正確標準（道）移易，內在的心志爲所傾奪（蔽），則事理之粗淺者亦不能決矣。（自「人心譬如槃水」至此，論知識之正確或誤謬的原因。）

(一六) 倉頡、黃帝史官。言古亦多有好書者，不如倉頡一於其道，異術不能亂之，故獨傳也。

(一七) 后稷、名棄、姬姓，好稼穡，因地制宜，民衆效之，堯命爲稷官。稷爲農官之君長，故號「后稷」。后稷、猶言農師。

(一八) 夔、舜之樂正。夔正六律，和五聲，以通八風，天下大服。

(一九) 倕、舜之共工。世本云：「夷牟作矢。」宋衷注云：「黃帝臣。」此云浮游，或聲近而誤。言倕、游雖作弓矢，而未必能射，而羿精之也。弓矢舜以前已有之，此云倕作弓，當是改制精巧，故亦言作也。

(二〇) 奚仲、夏禹時車正。黃帝時已有車服，故謂之軒轅。此云奚仲者，亦改制耳。乘杜：世本云：「相土作乘馬。」「杜」與「土」同。「乘馬」、四馬也。四馬駕車，起於相土，故曰：「作乘馬。」以其作乘馬之法，故謂之乘杜。王云：乘杜、蓋桑杜之誤。

(二一) 上舉數例以證專一之功後，故結之曰：自古及今未有不專一而能精於其事的。

(二二) 此文不得其解。

空石之中有人焉，其名曰觙。㊀其爲人也，善射以好思。㊁耳目之欲接，則敗其思；蚊蝱之聲聞，則挫其精。是以闢耳目之欲，而遠蚊蝱之聲，閑居靜思則通。㊂思仁若是，可謂微乎？㊃孟子惡敗而出妻，可謂能自彊矣，未及思也；㊄有子惡臥而焠掌，可謂能自忍矣，未及好也；㊅闢耳目之欲，〔可謂自彊矣，未及思也。〕而遠蚊蝱之聲，〔聞則挫其精〕可謂危矣，未可謂微也。㊆夫微者，至人也。至人也，何忍！何彊！何危！㊇故濁明外景，清明內景，㊈聖人縱其欲，兼其情，而制焉者理矣；㊉夫何

彊！何忍！何危！故仁者之行道也，無爲也；聖人之行道也，無彊也。㈡仁者之思也恭，聖者之思也樂。此治心之道也。㈢

㈠「空石」、石穴。孫詒讓以爲地名，疑卽「窮石」之借字。案：孫說非，如爲地名，其下不當綴「之中」二字。觙字及事未詳，或假設喻耳。

㈡「射」、兪謂卽「射策」、「射覆」之「射」。漢志著龜家有隨曲射匿五十卷。「射匿」、疑卽「射覆」。覆而匿之，人所不知，以意懸揣而期其中，此「射」之義也。此言：石穴中有人名觙，善於射覆，而喜靜思射術之妙。「覆」、音副。

㈢「挫」、損也。「精」、精誠也。「闢」、屏除。言閑居靜思，不接外物，故能通射術之妙。卽上文「不以夢劇亂思謂之靜」之義。

㈣此假設問之辭。言思仁如觙之思射，可以算養心達到精微的境界了嗎？

㈤此以下答辭。孟子惡敗其德而出其妻，可算彊於修身了；但修身之功在己而不在人，孟子不求於己而委咎於人，還沒有達到思仁的境界。

㈥有子、卽有若。「焠」、音翠，灼也。以火灼掌，與蘇秦刺股意同。有子讀書惡臥而灼其掌，可算能忍於其身了；但不能算是好學，好學就不思寢臥了。「好」、讀去聲。論語：「知之者，不如好之者；好之者，不如樂之者。」

㈦此段文句有誤倒，有衍文，姑從郝郭（嵩燾）二氏說刪「可謂能自彊矣」及「聞則挫其精」十一字，移「未及思也」四字於上文「可謂能自彊矣」句下，而增「而遠」二字於「蚊䖟之聲」上。此言：空石中人，屏除耳目之欲，遠離蚊䖟之聲，可算操心戒懼，但沒有達到精微的境界。

㈧心的認識力，修養到精微的境界，便是從容中道，不勉而行的至人；至人心道冥合，何待忍耐、勉彊、戒懼呢！（以上舉例以明修養的等第。）

㈨「濁明」二句：豬飼曰：淮南子曰：「火曰外景，水曰內景。」言明之濁者，其景照外；明之清者，其景內含。蓋以「外景」喻「危」、「內景」喻「微」。案：「景」同「影」、光色。「濁明」、外明內濁，譬如火，其明亦足見物，故曰「外景」；此以喻「危」，戒懼其心之觙是也。「清明」、內外通明，譬如水，光影內含，外足以見物，內足以見幾，故曰「內景」；此以喻「微」，至人（舜）是也。又大戴記曾子天圓篇：「火日外景，金水內景」，義同。

㈩「縱」、據王先謙校，當改作「從」。「兼」，盡也。言聖人（至人）從心所欲，兼盡其情，而裁制萬物莫不當理。

(十一)養心以道，虛壹而靜，至於認識精微，便心化於道，知行合一。內而一念之動，外而一言一行，都是從容中道，自然不需要有意去行道（無爲），勉彊去行道了（無彊）。所以說：仁者行道是自然而然的，聖人行道是不須勉彊的。

(十二)「思」、慮也。「恭」、朝夕戒懼，不敢懈怠。「樂」、性與天通，無所不適。結上之辭。

（自「故爲蔽」至此爲第二段，共八節，是本篇最重要部分，暢論蔽塞之由及解蔽之道。）

凡觀物有疑，中心不定，則外物不清。吾慮不清，未可定然否也。㈠冥冥而行者，見寢石以爲伏虎也，見植林以爲後人也：冥冥蔽其明也。㈡醉者越百步之溝，以爲蹞步之澮也；俯而出城門，以爲小之閨也：酒亂其神也。㈢厭目而視者，視一爲兩；掩耳而聽者，聽漠漠而以爲哅哅：埶亂其官也。㈣故從山上望牛者若羊，而求羊者不下牽也：

遠蔽其大也。㊄從山下望木者，十仞之木若箸，而求箸者不上折也：高蔽其長也。水動而景搖，人不以定美惡：水埶玄也。㊅瞽者仰視而不見星，人不以定有無：用精惑也。㊆有人焉以此時定物，㊇則世之愚者也。彼愚者之定物，以疑決疑，決必不當。㊈夫苟不當，安能無過乎？㊉

㊀「定」、靜也。此因目官有蔽，而影響心官。心官疑惑不靜，卽不能作客觀之認識，對所接之事物，卽不能釐清而成爲明察之對象。故曰：「外物不清。」內有所疑，外有所惑，心神恍惚，幻覺（夢）亂知（不靜），則認識活動無由正確，故曰：「未可定然否也。」此本段總冒。

㊁「冥冥」、暮色。「寢石」、臥地之石。「後人」、兪謂應作「立人」。此因暮色蔽目，心不能知物，遂生謬誤。

㊂「蹞」與「跬」同，半步也。「澮」、田間小溝。「閨」、宮門之小者。「小之閨」、孫詒讓據淮南氾論疑當作「七尺之閨」。「酒亂其神」、內外感官皆失其常，故生謬誤。

㊃「厭」、音壓，指按也。「漠漠」，無聲也。「哅哅」、喧聲也。「埶」、情勢，謂外物干擾。「官」、官能，指視覺、聽覺。此因外物干擾，迷亂了官能，致生謬誤。

㊄高遠的空間，使影像縮小，而有此錯覺；但人皆有此經驗，故不爲所蔽。

㊅「玄」、讀爲「眩」，迷亂也。此以水之動搖，比喻心之不定（不靜）。

㊆「精」、目之明也。「用精惑」、意謂眼睛有毛病。

㊇「此時」、指中心不定（承「水動影搖」言），外物不清（承「用精惑也」言）之時。

㊈彼愚者判斷事物，是以疑眩不定之心，判斷疑眩不清之物，判斷（認識）一定是謬誤的。

(一〇) 判斷（認識）謬誤，行爲怎能沒有過失？「生於其心……害於其事。」（孟子）

夏首之南有人焉；曰涓蜀梁。㊀其爲人也，愚而善畏。㊁明月而宵行，俯見其影，以爲伏鬼也；仰視其髮，以爲立魅也。㊂背而走，比至其家，失氣而死。豈不哀哉！㊃凡人之有鬼也，必以其感忽之間，疑玄之時〔正〕定之。㊄此人之所以無有而有無之時也，㊅而己以〔正〕定事。㊆故傷於濕而痺，痺而擊鼓〔鼓痺〕烹豚，則必有敝鼓喪豚之費矣，而未有俞疾之福也。㊇故雖不在夏首之南，則無以異矣。㊈

㊀ 夏首：楚辭王逸注：「夏首，夏水口也。」涓蜀梁，未詳。御覽及記纂淵海皆引「蜀」作「濁」。

㊁ 「善」，猶喜也。「善畏」，好有所畏。

㊂ 「卬」與「仰」同。「魅」，鬼怪也，音媚。

㊃ 反身而逃，等跑到家，困甚氣絕而死。

㊄ 「感忽」，注：猶「慌惚」也。案：「感忽」，疑卽「奄忽」。「奄忽」，猶「倏忽」，謂時之疾也。「疑玄」，卽「疑眩」，謂心中疑惑迷亂。「正」，據王據上文校，改爲「定」。言倏忽之間，精神迷亂之時，而後定其有鬼。

㊅ 「無有」，謂以有爲無。「有無」，謂以無爲有。此皆人疑惑之時也。

㊆ 「己以定事」，謂人於此以有爲無，以無爲有之時定事。梁啓雄謂此下有佚文，或是「豈不惑哉！」等句。

㊇ 此文脫誤不可讀，茲據王據楊注校改正。「痺」、冷疾。「俞」，讀「愈」。言傷於濕而患

痺，不知求醫診療，而擊鼓烹豚以禱神，徒費而無益於愈疾。案：此與涓蜀梁皆愚惑之蔽的實例。

㈨ 愼墨之徒，亦猶是也。（以上兩節，爲第三段，論知識謬誤的形成。外物困擾感官，官能失其作用，又思慮（心）迷亂不清，不能知物，於是形成種種謬誤。）

凡以知，人之性也；可以知，物之理也。㈠以可以知人之性，求可以知物之理，㈡而無所疑止之，則沒世窮年不能徧也。㈢其所以貫理焉雖億萬，已不足浹萬物之變，與愚者若一。㈣學、老身長子，而與愚者若一，猶不知錯，夫是之謂妄人。㈤故學也者，固學止之也。惡乎止之？曰：止諸至足。㈥曷謂至足？曰：聖〔也〕王。㈦聖也者，盡倫者也；王也者，盡制者也；兩盡者，足以爲天下極矣。㈧故學者以聖王爲師，案以聖王之制爲法，法其法以求其統類，㈨以務象效其人。㈩嚮是而務，士也；類是而幾，君子也；知之，聖人也。⑪故有知非以慮是，則謂之懼；⑫有勇非以持是，則謂之賊；⑬察孰非以分是，則謂之篡；⑭多能非以脩蕩是，則謂之知；⑮辯利非以言是，則謂之詍。⑯傳曰：「天下有二：非察是，是察非。」⑰謂合王制不合王制也。⑱天下不以是爲隆正也，然而猶有能分是非、治曲直者邪？⑲

㈠ 以性惡篇「仁義法正有可知可能之理……塗之人也，皆有可以知仁義法正之質」句例此句，「凡以知」，應作「凡可以知」，脫「可」字。「可以知」、應作「可知」，衍「以」字。胡適先生校，正如此。梁曰：此卽佛家所謂「能」「所」之理。人之性爲「能知」，物之理爲「所知」。蓋人有能知之性，物有可知之理也。

㈡「求可以知物之理」、「知」上「以」字衍文，說見上一條。

㈢「疑」、讀「凝」，定也，與「止」同義。詩桑柔：「靡所止疑。」傳云：「疑、定也。」（俞說）此文「性」字，意爲理性，指「人生而有知」之「心」言。言人有能知之性，物有可知之理；以能知之人性，求可知之物理，若不確定一個目標，以爲研究的範圍，雖老死也不能偏知。儒效篇云：「君子之所謂知者，非能偏知人之所知之謂也，有所止矣。」孟子云：「堯舜之智，不能遍知，急先務也。」均可與此文相發。

㈣「貫」、古患切，亦作「慣」，習也。「浹」、周徧也。「已」、俞謂猶「終」也。言他所學的道理雖然多至億萬，但對於萬物之無窮變化，終不足以肆應周洽，而與不學的愚人一般無二。

㈤「錯」、棄置。言如此爲學，至於身老子長猶不知廢，就叫做愚妄之人。

㈥「固學止之」，猶言「當學止之」，謂學當有個正確的目標。「惡」、讀「烏」。「至足」、謂圓滿無缺之道，卽上文「一家得周道」之「周道」。「止諸至足」、猶大學之「止於至善。」

㈦「聖也」、據梁據下文校，改爲「聖王」。言爲學當學聖道及王道，不學異術也。

㈧「盡」、卽勸學篇「全之盡之」之「盡」，謂表裏精粗無不到也。「倫」、物理。「制」、禮法。「兩盡」、謂聖人之道與王者之制。「極」、極則，謂大中至正之標準。言聖人窮盡萬物之理，王者窮盡禮法之制，聖人之道與王者之制足以爲天下萬世之極則。禮論篇云：「聖人者，道之極也。」孟子云：「規矩方圓之至也，聖人人倫之至也。」皆可作此文注脚，都是標準的知識論。

㈨「法其法以求其統類」句：下「法」字謂禮法，卽聖王之制。聖王之制是各類事物的具體規範，具體規範都是依據抽象義理而制訂的。學者從各類事物具體規範中，推求其所潛在的抽象義理。體察各類事物的規範所具的義理，就可會通而成道，知道則既可以處常，又可以處變。此卽荀子所謂「知統類」。此與孔子「下學而上達」之義頗相合。

(一〇)「以務象效其人」句：「以」、猶「且」也。「象」、效也，見廣雅釋詁；又虞書傳：「象，法也。」故「象效」，卽效法之意。言且務要效法聖王是如何作人。上一句言「知」，此一句言「行」，卽勸學篇「思索以通之，爲其人以處之」之義。

(一一)「嚮」、同「向」。「是」、指聖王之制，禮法。下同。「務」、致力。「類」、法也，見方言。「類是」、謂以禮爲行爲的規範。「幾」、近也。「知之」、知禮法之統類。大略篇：「禮者、衆人法而不知，聖人法而知之。」知類、就可盡倫，故曰聖。言學者以禮爲務的，就是士；言行以禮爲法而近之的，就是君子；行禮而又深知其統類的，就是聖人。

(一二)「知」、讀爲「智」。「懼」、王引之謂當爲「攫」，意謂攫取。鍾以爲此「懼」字與下「賊」字互舛。此說爲長。言有才智而不以治禮，則謂之賊。「賊」、害也，言其足以害道。

(一三)「持」、持守。言有勇而不以守禮，則謂之懼。「懼」、謂非眞勇。（此從鍾說）

(一四)「孰」、讀爲「熟」，精熟也。「分」、分辨。「篡」、逆取也，見說文。言觀察精熟而不以分辨禮，則謂之篡。「篡」、謂其不忠。

(一五)「能」、材能。「脩」、修習。「蕩」、多以爲衍文，梁啓雄讀爲「盪」，推盪、宣揚之意，茲從前說。「知」、謂巧智，莊子：「知詐漸毒」之「知」。（于省吾說）言多能而不修禮，則謂之巧智。

(一六)「辯利」、辯說利口。「詍」、音曳，多言。言口齒伶俐，而不以言禮，則謂之多言。「多言」、謂其言而無用。

㈦ 言天下之理有二：「是」與「非」而已。人以為非者，察其有無是處；人以為是者，察其有無非處。是非應審慎觀察，不可人云亦云。

㈧ 「合」、符合。所以「非察是，是察非」者，察其符合王制與不符合王制也。慎墨之屬，皆察而不合王制的，故知其非。

㈨ 「隆正」、大中至正的標準。（兼含標準與鵠的二義，此只有標準義。）正論篇云：「無隆正，則是非不分，而辨訟不決。」這是名學上的演繹法。

若夫非分是非，非治曲直，非辨治亂，非治人道，雖能之無益於人，不能無損於人；㈠案直將治怪說，玩奇辭，以相撓滑也；㈡案彊鉗而利口，厚顏而忍詬，㈢無正而恣睢，妄辨而幾利；㈣不好辭讓，不敬禮節，而好相推擠：此亂世姦人之說也，則天下之治說者，方多然矣。㈤傳曰：「析辭而為察，言物而為辨，君子賤之。㈥博聞彊志，不合王制，君子賤之。」㈦此之謂也。

㈠ 「非辨治亂」、不是辨別治亂之道的（政治問題）。「非治人道」、不是研究人倫之道的（人生問題）。這類的學說，能之無益於人羣，不能也無損於人羣。

㈡ 「撓滑」、猶擾亂。「滑」、音骨。「案」、同上，乃也。乃只是研治怪說，玩弄奇辭，來擾亂人的正確思想而已。

㈢ 「鉗」、鉗制，謂能勝人之口也。王據方言謂「鉗」為惡。「詬」、恥也。言利口彊鉗，而人不能屈；厚顏忍詬，而不知羞恥。

㈣ 「恣睢」、矜夸。「無正而恣睢」，言不識正道，而狂妄自大。「幾」、祈也。「幾利」、求利（鍾說）。「妄辨而幾利」，言妄為辨說（胡說），而所求惟利。

㈤「則」、猶「而」也。以上種種，都是亂世姦人之邪說，而當今天下所謂學者，正多數如此呢。謂愼墨之屬。

㈥「析辭」、分析言辭，如公孫龍之堅白論白馬論。「言物」、指惠施十事及辯者「卵有毛」，「鷄三足」一類言物之說。莊子天下篇譏之云：「徧爲萬物說……益之以怪。以反人爲實，而欲以勝人爲名，是以與衆不適也。」辯者言物違背常識，所以不能和適於世。這三句大意：辯者分析言辭，論說萬物，全不依一般常識，亂名改作，而自以爲明察善辨。其實，這種學說是無益於人羣的，所以「君子賤之。」

㈦所知雖多，而不合王制（禮義），也是無益於治道的，所以「君子賤之」。（有人批評，這是一種狹義的功用主義的知識論。）

爲之無益於成也，求之無益於得也，憂戚之無益於幾也，㈠則廣焉能棄之矣，不以自妨也，不少頃干之胸中。㈡不慕往，不閔來，無邑憐之心，㈢當時則動，物至而應，事起而辨，治亂可否，昭然明矣。㈣

㈠「幾」、劉師培據說文及爾雅訓爲危殆。言爲之無益於事物之成功，求之無禆於事物之獲得，憂戚之無助於事物之危殆。

㈡「廣」、注讀爲「曠」，遠也。「能」、王讀爲「而」。「干」、犯也。那麼就應該把它遠遠地丢開，不讓它妨害心知的活動，不讓它頃刻之間干犯於胸中。

㈢「往」、古昔。「閔」、亦作「憫」，憂慮。「來」、將來。「邑」與「悒」同，快也。「憐」、讀爲「吝」、惜也。言不追慕古昔，不憂慮未來，永無悒快吝惜之心。案：以上所說，都是教人滅絕閒思雜念，而保持心體的虛靜。

㈣「當」、讀去聲。「當時」、謂適時也。「則」、猶「而」也，與下互文。「事起而辨」，卽儒效篇「倚物怪變，所未嘗聞也，所未嘗見也，卒然起一方，則舉統類而應之，無所儗㤿」之義。亦卽上文：「莫形而不見，莫見而不論，莫論而失位」之義。「辨」、辨別，或訓爲治、殆非。這幾句的大意：一切措施，都能把握時機；事物到來，都能肆應恰當；事變突發，由表象而認知其本質，國家的治亂，事理的可否，都看的清清楚楚。案：此解蔽後，大清明之心從容應物而無所疑滯之象。又荀子之大清明之心，頗似佛家之大圓鏡智。以此心應世，事來則應，事過則空，不執不著，無罣無礙。此節所述，卽此德象。（以上三節，爲本篇之末一段。旨在勉勵學者以「聖」「王」爲師法，以王制（禮）爲隆正，庶免於邪說之蔽。此承上文「君子壹於道而以贊稽物」一義而來。）

周而成，泄而敗，明君無之有也。宣而成，隱而敗，闇君無之有也。㈠故人君者，周則讒言至矣，直言反矣；小人邇而君子遠矣！㈡詩云：「墨以爲明，狐狸而蒼。」此言上幽而下險也。㈢君人者，宣則直言至矣，而讒言反矣；君子邇而小人遠矣！詩云：「明明在下，赫赫在上。」此言上明而下化也。㈣

㈠「周」、周密。「泄」、泄漏。「無之有」、猶言「未有之」。下同。「宣」，宣露，公開。「隱」、隱蔽。言以周密而成功，泄漏而失敗，明君沒有這樣的事。（明君如日月之照臨，何用周密！）以宣露而成功，以隱蔽而失敗，闇君亦沒有這樣的事。鍾曰：此卽正論篇「主道不利周」之說。

㈡「反」、還也。「直道反」、言直道遠去了。

㈢逸詩。「幽」、幽暗。「險」、傾邪。「墨」、幽闇之意。詩言：以闇爲明，以黃爲蒼，所

謂玄黃易色，馬鹿易形也。趙高欲爲亂，以青爲墨，以黑爲黃，民言從之。此正上幽下險之事。（郝說）

㈣大雅大明之篇。引此詩以喻人君赫赫在上，故臣民明明在下也（久保說）。案：此段與解蔽之旨無關，疑係錯簡。

正名篇第二十二

荀子的名相當於邏輯的概念或名言。名是在吾人之言語思想中，用以代表客觀事物的。換言之，名是客觀事物的符號。所以用名的恰當與否，足以影響言語思想的內容。

孔子論政，首在正名，欲使「君君，臣臣，父父，子子。」要人顧名思義，各如其分。這是屬於倫理方面的正名，不是邏輯的。迨入戰國，墨家、辯者論名實，演推理，紛然並起，蔚爲顯學。荀子生當戰國之末，旣學宗仲尼，深惡辯者之亂名改作，故作正名篇。

荀子分周代所制之名爲：刑名（法律之名）、爵名（政治之名）、文名（禮儀之名）、散名等四類。散名是加於萬物，爲社會所習用之名，卽尹文子所謂「名物」之名。名學言名，大都以此爲主，不及前三者。

本篇重要理論，集中在「所（何也）爲有名，與所緣以同異，與制名之樞要」三個問題。「所爲有名」，論制名的目的。「所緣以同異」，論同名異名之所由起。「制名之樞要」，論制名的原則，名的類別和名的用法。此三者，是制名用名應嚴格遵守的指導原則。

名的效用，在政治上可以利治道，在學術上可以辨正邪。故確立三條原則之後，卽據以破各家立言之惑。此亦分三種：卽用名以亂名，用實以亂名，及用名以亂實之惑。此處所說的名，實際是判斷，荀子於此二者，沒有明確的分別。

正名原是爲了辯說，破三惑之後，卽論列辯說之任務、態度及其等第。這一部分應與非相篇最後三段合看，方得荀子辯說論之全。斥宋子寡欲說一段，闡述以道正心，以心制欲（性）的理論最精切，可補性惡解蔽之所不及。

綜觀荀子之正名說，卽今所謂知識論。追溯名言本原，論列共別同異，理論周詳，系統明密，在先秦諸子中，實無出其右者。特荀子隆禮義，重實用，以王制爲隆正，以聖王爲極則，凡與此不合者，莫不目爲僻言邪說，故於名家——惠施公孫龍等——純理論之概念推求，不能予以客觀評價。這是爲儒家傳統的道德思想所囿而勢所必然。荀子以智者的心靈，而開不出科學來，也是這個原因。

後王之成名：㈠刑名從商，爵名從周，文名從禮，㈡散名之加於萬物者，㈢則從諸夏之成俗曲期，遠方異俗之鄉，則因之而爲通。㈣

散名之在人者：㈤生之所以然者謂之性；㈥性之和所生，精合感應，不事而自然謂之性。㈦性之好、惡、喜、怒、哀、樂謂之情。㈧情然而心爲之擇謂之慮。㈨心慮而能爲之動謂之僞；㈩慮積焉，能習焉，而後成謂之僞。(十一)正利而爲謂之事。(十二)正義而爲謂之行。(十三)所以知之在人者謂之知；知有所合謂之智。(十四)〔智〕所以能之在人者謂之能；能有所合謂之能。(十五)性傷謂之病。(十六)節遇謂之命：(十七)是散名之在人者也，是後王之成名也。(十八)

㈠「後王」、指周代開國之王，與非相、儒效等篇指文武之「後王」同。「成名」、既定之名，亦卽舊制之名，此句是本節總冒，以下一一列舉。

㈡「刑名從商」：左傳昭六年：「叔向曰：商有亂政而作湯刑。」竹書紀年：「祖甲二十四年，重作湯刑。」呂覽孝行覽：「商書曰：刑三百莫重於不孝。」並商有刑書之證。（高亨說）「爵名從周」：謂公侯伯子男五等諸侯，三百六十官。「文名從禮」：「文名」、謂節文威儀之名。「禮」、周之儀禮，案：刑名、爵名屬於政治，文名屬於教化。此三者皆在歷史文化之演進中，所形成的典章制度之名。「從」者、言歷史文化前人累積而成，後人應隨之而進，不可隨意變更。此言：後王制定之名：刑罰之名是遵循商朝所定，爵位官制之名是遵循周朝所定，節文威儀之名是遵循周朝所行儀禮。

㈢「散名」、劉念親謂：猶言雜名。刑名、爵名、文名爲政府專用之名。散名是社會通用之衆名。名學言名，大都以此爲主，不包括典章制度之名。

㈣「曲期」：楊注斷此二字上屬，清儒下屬，近賢多從之，茲從楊注。劉念親曰：「曲」、周也；「周」、徧也。荀書「曲」字多有周徧義。「期」、要也，約也。「成俗」、言習俗之既成者。「曲期」、言要約之周徧者。「成俗曲期」與下文「約定俗成」相應。案：此言加於萬物的雜名，就從中國社會上既成習俗，要約周徧（人人皆知此名所指之事物）的。遠方異俗之鄉人，取則於此，就可因之而互相溝通意志。

㈤此以下列舉屬於人這一方面的散名以爲例，其他萬物之名則從略。

㈥性惡篇：「凡性者，天之就也。」言生而自然如此的，叫做性。此性指生理的本能，如食色。

㈦此性指感官的本能。「性之和」、注云：「性之和氣。」此殆指生理機能。「精」、感官的精靈，謂視覺、聽覺等。「合」、接觸。「精合」、感官的精靈與外物相接觸，如耳目之精靈與聞見之物相接觸。「感應」、感官與外物相接觸，主觀上就引起反應，如白黑之辨，清濁之別等。「不事而自然」，謂不待學習而自然如此。「事」、致力，學習。此言：由生理機能所生感官的精靈與外物相接觸，就引起主觀的反應。這種反應，不待學習而自然如此，這也是性。

(八) 人性感物之後，就有好、惡、喜、怒、哀、樂等反應，這叫做情。

(九) 「然」、如是，這般。「慮」、思考。言性感於物，有了如是之情（如飢而見物思食），而心爲之別擇可否，這叫做慮。案：情是性的自然反應。慮是心的理智活動。

(一〇) 「能」、即天論篇「耳目鼻口形能」之「能」。言心爲別擇之後，由能發動成爲現實的行動，叫做僞。「僞」、行爲。

(一一) 此「僞」、即性惡篇「可學而能，可事而成之在人者，謂之僞」之「僞」，謂積慮習能（人爲）所養成的結果——即人格。此言：經過多次地思考鍛鍊，經過多次地學習實行，而養成的行爲，也叫做僞。

(一二) 「正」、正鵠，此用作動詞，謂意志之所向。「事」、事業，如農工賈。此言：以利爲目標的行爲叫做事。「爲」、依荀書例可作「僞」，下句同。

(一三) 以義爲目標的行爲叫做行。「行」、去聲，德行。如賢哲君子。

(一四) 「知」、即解蔽篇「心生而有知」之「知」，謂人心之認識作用。「在人者」、謂藏於心也。「謂之知」之「知」，盧讀作「智」，此指知的作用。「知有所合」、謂認識清楚，而有當於事物之理。「謂之智」之「智」，依荀書例，亦當同上句作「知」，讀作「智」，此指知的結果。此言：存在於人心的認識作用，叫做智；認識地清楚而有當於事物之理，也叫做智。案：人心之知，分感性之知與理性之知，此指理性之知。

㉕ 句首「智」字，衍文，據盧說刪。「能有所合」、謂處理事物而有當於理。「謂之能」之「能」，才能也。上句「所以知之在人者」之「知」，與此句「所以能之在人者」之「能」，卽性惡篇「塗之人也，皆有可以知仁義法正之質，皆有可以能仁義法正之具」之「知」、「能」，皆先天之本能，與孟子良知、良能說頗相近。上句「知有所合」之「知」，與此句「能有所合」之「能」，是積慮習能所養成的智慧和才能。這兩句承上「慮積焉，能習焉」一義而來，故上加「所以」二字。

㉖ 荀子以自然生命識性，故「性傷」，卽生理有所損傷。

㉗ 「節」、適也。「節遇」、偶然遇上了。此與命由天定說不同。案：自「生之所以然者」至此，所說都是屬於人身的散名，荀子一一爲下定義。一名一定義，由此可知名之所以成。天論篇亦對天職、天功、天情、天官、天君、天養、天政等各下定義。此正理智心靈的當行表現。

㉘ 此結上文。言這是後王所制定的舊名，可供後人效法的。（此節言舊名之類別及名之所以成。）

故王者之制名，名定而實辨，道行而志通，則愼率民而一焉。㊀故析辭擅作名，以亂正名，使民疑惑，人多辨訟，則謂之大姦。㊁其罪猶爲符節度量之罪也。㊂故其民莫敢託爲奇辭以亂正名，㊃故其民愨；愨則易使，易使則公。㊄其民莫敢託爲奇辭以亂正名，故壹於道法，而謹於循令矣。㊅如是則其迹長矣。迹長功成，治之極也。㊆是謹於守名約之功也。㊇今聖王沒，名守慢，奇辭起，名實亂，是非之形不明，則雖守法之吏，誦數之儒，亦皆亂也。㊈若有王者起，必將有循於舊名，有作於新名。㊉然則所爲有名，與所緣以同異，與制名之樞要，不可不察也。㈡

㈠「道行」、制名之道施行。「志通」、志意互相通曉。荀子主張名由政府制定，民間嚴格遵守。此言：王者制名，名定之後，它所代表的實（事物）就可以辨別；制名之道既行，上下的志意就可以溝通。對於名的含義，政府謹愼地領導民衆一律遵守，不得有所變更。

㈡「析辭擅作名」：王云「名」字，衍文。「析辭」、分析言辭，歪曲正解，如公孫龍堅白論。「擅作」、擅自制作新名。「辨訟」、辯論是非。此言：所以凡是分析言辭，擅自作名，以亂正名，使人疑惑，而致辯論不休的，就謂爲大姦。

㈢「爲」與「僞」同。「符節」、古出行者所持節之一種。此言：他的罪和僞造符節度量是相同的。禮記王制：「析言破律，亂名改作，執左道以亂政，殺。」與此同意。

㈣「託爲奇辭」：「爲」、猶「於」。「奇辭」、詭異之辭。

㈤「慤」、音確，誠謹。「公」、借爲「功」。此言：所以民衆不敢託於詭異之辭以亂正名，因而民衆人人誠謹，誠謹就容易役使，容易役使就能建立功業。

㈥「道法」、從法，「道」、動詞。此言：民衆不敢託於詭異之辭以亂正名，故民衆一致服從法律，而謹遵政令。

㈦「迹」、功業。「長」、進也。此言：民風如此，國家的各種建設，就有進展；建設進展，功業完成，是治國的極致。

㈧「約」、要約。劉師培謂卽今之「界說」。「名約」、名是約定俗成的，故「名約」，卽名的定義。此言：這是嚴守名約的功效。案：此言名在政治上的功用，也是荀子正名的最終目的。名是約定俗成的，人皆嚴守名約，不敢擅作亂名，則名之定義明晰，是非善惡之標準正確，民衆言行就有所依據，而不致混亂。蘇格拉底欲使概念明晰，定義正確，以糾正當時紛亂之道德思想，明辨是非善惡的標準，俾人有所依據，與荀子此意完全一樣。

(九)「慢」、輕忽。「名守慢」、輕忽名約，用名不守常規。「守法之吏」、指只知法之數，而不知法之義的官吏。「誦數之儒」，指誦讀經書文字，而不能通曉其義理的俗儒。此言：今聖王不作（政府無能），姦邪之徒，不遵守用名的常規，隨意造作怪異之辭（如惠施、公孫龍所說），混亂了名實之間的關係，是非善惡的標準沒有了，就是守法之吏也迷其所守，讀書未通的儒者也疑其所習了。於是形成道德思想的紛亂。案：此荀子正名之由。

(十)言循舊名，作新名，都是政府的責任。歷史文化的成規不可廢，故「必將有循於舊名」。典章制度不能無損益，社會人事不能不進步，舊名不敷用，故必將「有作於新名」。（王先謙釋「作」爲「變」，非。）

(十一)王者興（賢明的政府），既「有循於舊名，有作於新名」，而對於用名制名不可不知者有三事：㈠「所爲有名」：「所爲」，卽何爲，爲什麼？此言制名的原因和目的，亦卽名之起源。物無名就不可分辨，所以必須有名。㈡「所緣以同異」：「緣」、因也。此言同名異名之所由起。既不可無名，但又不可一貫，故因感官對事物之分辨，而制同名異名。㈢「制名之樞要」：「樞要」，注云：大要。此言制名用名的原則，兼及名的種類（上言名有四種，是就名所代表的事物之性質而分的，此則就名之本身而言。）——此卽所謂三標，以下分節詳加闡釋。（本節言謹守名約之功，與奇辭亂名之害，並提供制名用名的三大原則。）

異形離心交喩，異物名實玄紐，貴賤不明，同異不別；㈠如是，則志必有不喩之患，而事必有困廢之禍。㈡故知者爲之分別制名以指實，上以明貴賤，下以辨同異。㈢貴賤明，同異別，如是則志無不喻之患，事無困廢之禍，此所爲有名也。

㈠「異形」、不同形狀的事物。「離心」之「離」，近賢或讀爲「羅」，或讀爲「麗」，都比楊注爲佳。「羅」是遭遇的意思。「麗」是附著的意思，都與「接觸」之意相近。「異形離心」、言不同形狀的事物（透過外感官）接觸人心。「共喻」、人所共曉。「玄」、即「眩」字，亂也。「紐」、糾結。「名實玄紐」：名是代表實的，名實之間的關係沒有明確規定，便眩亂糾結不清。此言：人心接觸了各種不同形狀的事物，而共同認識了這些事物，若不分別制名以稱呼它，則名實之間的關係眩亂糾結（如異形，我說此圓彼方，人說彼圓此方。異物，我說此馬彼牛，人說此牛彼馬。），而貴賤的差別，同異的界限就無從分辨了。又此文前十二字注分三句，每句四字，茲從清儒說。

㈡這樣，志意必定表達不清，事情必定無法進行。論語：「名不正則言不順，言不順則事不成。」

㈢「知者」、即「智者」，謂聖王。「別同異」之名，指事物之名而言，即上文所說的「散名」。其功用在分別同與異，即一名必對應一實——同名對應同實，異名對應異實。「明貴賤」之名，指人倫之間人與人各種關係之名而言，上文所謂「刑名」、「爵名」、「文名」是也。其功用在分別貴賤，如君、臣、父、子等名，皆指此人與彼人的關係（孔子所謂「正名」，即專正此等之名）。所以制名的目的，在使名實之間建立一定不易的關係，藉令貴賤同異，皆有所分別，而不相混淆（玄紐）。「上」「下」，表價值意義，人爲重，物爲輕，故有上下之別。

然則何緣而以同異？曰：緣天官。㈠凡同類同情者，其天官之意物也同。㈡故比方之疑似而通，是所以共其約名以相期也。㈢形體、色理以目異；㈣聲音清濁、調竽、奇聲以耳異；㈤甘、苦、鹹、淡、辛、酸、奇味以口異；㈥香、臭、芬、鬱、腥、臊、〔洒酸〕漏庮、奇臭以鼻異；㈦疾、癢、滄、熱、滑、鈹、輕、重以形體異；㈧說、故、喜、怒、哀、樂、愛、惡、欲以心異。㈨心有徵知。㈩徵知，則緣耳而知聲可也，緣目而知形可也。(十一)然而徵知必將待天官之當簿其類，然後可也。(十二)五官簿之而不知，心徵知而無說，則人莫不然謂之不知。(十三)此所緣而以同異也。(十四)

㈠「天官」：耳、目、鼻、口、心、體。心是內感官，耳目等是外感官。「緣天官」、因自然的感官。此承上節而問道：事物的同異，何所根據而區別之？曰：根據感官，感官認爲同的就是同，認爲異的就是異。

㈡「同類」、「同情」，皆指人說。「同情」、謂感官情形相同。「意物」、攝取物象。此言：凡同爲人類，（感官）情形相同者，其感官接受了外在事物的刺激，所攝取的物象是相同的。

㈢「方」、亦「比」之意。「疑」、同「擬」；「擬似」、謂名不能指實所全有之性質，僅能擬似而已。「通」、曉也，明白。「約名」、即名約。「期」、即上文「曲期」之「期」，會也，合也。「相期」、把名與實互相期會（結合）。此言：感官接物，所得物象，大抵相同，故「制名以指實」，名足以比方實之擬似之點，就可使人明白此名所指爲何物。人之所以能把共所約定之名與所指之物互相期會（知此名所指爲何物，或知此物爲何名。）就是這個道理（天官意物同）。

㈣「形體」、形狀。「色」、顏色。「理」、膚理。「以目異」、以視覺區別它。以下列舉感官之「意物」。

㈤「調竽」、不詳，疑有脫誤。「奇聲」、萬物奇異之聲。

㈥「奇味」、萬物奇異之味。

㈦「芬」、花草香氣。「鬱」、草木腐臭。「洒酸」，據注及王據周禮校，改爲「漏庮」。「漏」、音婁，臭味。「庮」、音酉，惡臭。

㈧「疾」、痛也。「養」與「癢」同。「滄」、寒也。「鈹」、當爲「鈒」；「鈒」與「澀」同。此八者以形體的感覺區別它。

㈨「說」同「悅」；「故」、讀爲「固」；「悅」者心情舒暢，「固」者、心情鬱結。五官各有專司，心爲天君，指揮五官之外，又自有其作用，故有喜、怒、哀、樂之感。

㈩「有」、讀爲「又」，言心於上所舉九事而外，又能「徵知」。「徵知」：注：「徵」、召也。言心能召萬物而知之。吳康曰：謂心爲主體，能喚起知覺作用，以辨物象也。案：此以下論知識（或謂「知覺」。）的成立。感官接物，而有感覺，如心官無意於認識它，則此感覺是朦朧的，而沒有系統和意義，不能形成知識。解蔽篇云：「心不使焉，則白黑在前而目不見，雷鼓在側而耳不聞。」不是不見不聞，只是感覺朦朧，沒有意義而已。「心不使焉」、即心之不「徵知」，故「徵知」、即心指揮感官，攝取物象，而加以辨識。這是出於心的主動而與感官的連合活動，是心的理智作用，也是成知的先決條件。（胡適之先生釋「徵」爲「證」，近人多從之，可備一說。）

⑪註：「緣」、因也。以心能召知萬物，故可因耳而知聲，因目而知形，心雖有知，不因耳目亦不可也。案：心徵知必須憑藉感官，因爲感官所受的物象，乃心官所欲辨識的對象的符

號，沒有符號就無所依據加以解釋而獲得有關對象的知識。故感官是成知的又一條件。此言：心徵知的時候，所欲知者是聲，則因耳官而知之；所欲知者是形，則因目官而知之。餘類推。

㉒「天官」、卽五官，見天論篇。「當」、正也，適也。「簿」郭嵩燾云：記錄。「當簿其類」：謂正有這一類的記錄。天官所感覺過的，都留有印象，如同記錄在簿書一般。記錄上有過鐘聲，耳官一聞鐘聲，心官根據記錄，就可斷定這是鐘聲。如耳官未曾聽過鐘聲，未有這一類的記錄，雖聞鐘聲，不知其爲鐘聲也。故「徵知」必以經驗爲基礎，始可比類而通；否則，不能成知。經驗是成知的第三條件。心官徵知、感官接物、過去經驗是成知的三個條件，缺一不可。

㉓「五官簿之而不知」：五官接物，記錄了它的形貌，但不知其爲何物。這是因爲心不徵知，所以不能成知。「心徵知而無說」：五官記錄了，心也徵知了，卻說不出其爲何物。這是因爲沒有經驗的基礎，所以不能成知。「無說」、說不明白。「莫不然」、卽「莫不」，「然」字、語詞。

㉔五官簿之而知，心徵之而說，則事物的同異，就可以區別了。（此節言同異之所由辨）

然後隨而命之，㈠同則同之，異則異之。㈡單足以喻則單，單不足以喻則兼；㈢單與兼無所相避則共；雖共不爲害矣。㈣知異實者之異名也，故使異實者莫不異名也，不可亂也，㈤猶使〔異〕同實者莫不同名也。㈥

故萬物雖衆，有時而欲徧舉之，故謂之物；物也者，大共名也。㈦推而共之，共則有共，至於無共然後止。㈧有時而欲〔徧〕偏舉之，故謂之鳥獸。㈨鳥獸也者，大別名也。（一〇）推而別之，別則有別，至於無別然後至。（一一）名無固宜，約之以命，（一二）約定俗成謂之宜，異於約則謂之不宜。（一三）名無固實，約之以命實，約定俗成，謂之實名。（一四）名有固善，徑易而不拂，謂之善名。（一五）物有同狀而異所者，有異狀而同所者，可別也。（一六）狀同而爲異所者，雖可合，謂之二實。（一七）狀變而實無別而爲異者，謂之化。有化而無別，謂之一實。（一八）此事之所以稽實定數也。（一九）此制名之樞要也。（二〇）後王之成名，不可不察也。

（一）此以下說明制命之樞要。「命之」、爲事物制名。言既由感官分別了事物的同異，隨卽爲之分別制名以呼之。

（二）此制名的根本原則。言同類的事物就命以相同的名，異類的就命以不同的名。「同」、「異」，皆指類言。類之形成，依其共相。

（三）「單」、單名，如牛、馬。「兼」、複名，如白馬、黃牛。「喩」、表明。單名足以表明的就用單名，單名不足以表明的就用兼名。如「馬」之一名，只表明物之爲馬；兼及其色，就謂之白馬。

（四）言單名兼名同指此一物而不能避免，就共同保留；雖共同保留，而不相妨礙。譬如：命馬爲「馬」，兼及其色，又須命爲「白馬」。「馬」、「白馬」同指此一物，而兩不相妨。

（五）「知」、謂人心知之。「實」、名所指的事物。「同實」、同類事物。「異實」、異類事物。言心官知道不同的事物應該命以不同的名，所以使不同的事物沒有不命以不同之名的。同異之間是決不可混亂的。

（六）「異實」、爲「同實」之訛，據楊注或說改。言不同的事物命以不同的名，其不可相亂，就如同使相同的事物莫不命以相同的名一樣。

(七) 萬物雖衆，「物」這個名可以普偏地包括一切。「大共名」、卽邏輯上之範疇，它是無所不包涵之最普偏的概念。

(八) 「共則有共」之「有」，讀爲「又」。名由類起，類有大小之別。共名是大類。譬如：鳥、獸、草、木是它這一類的共名。又共鳥、獸曰動物，共草、木曰植物。又共動、植曰生物。如此層層上推，推到沒有異類可以再共，曰物。共名至此而止，故曰大共名。「共名」、卽邏輯上之上位概念。

(九) 「偏」、是「偏」字之訛，據俞說改。共名是大類，別名是小類，小類包涵於大類。「偏舉」，卽從大類中單舉一小類。如獸與動物，獸是動物的別名。「別名」、卽邏輯之下位概念。

(一〇) 「大別名」、上推它是別名，下推它是共名。如鳥獸上推是動物的別名，下推是燕雀、虎豹的共名。故雖別名而稱之曰「大」。「大別名」、卽邏輯上之中間概念，一面是下位概念，一面又是上位概念。

(一一) 「別則有別」之「有」，讀爲「又」，同上。共名是大類，別名是小類，從大類的共名，析別小類的別名，一層層地往下推，直至單兼名沒有異類可以再析別。「單兼名」、卽邏輯之個體概念；個體概念永遠是下位概念，不能轉爲上位概念。

(一二) 此就制名說。言制名之初，名實之間本來沒有一定關係，故名無所謂宜與不宜，名是大家相約以命定的。

(一三) 此就用名說。言名實之間的關係既經確定，成爲習俗，用名遵守名約就是宜，不遵守就是不宜。

㈣言制名之初，此名不一定命此實，但大家相約以此名命此實後，已成習俗，就只有此實是此名了。「命實」之「命」字是用來界定此實的，言只此一實乃所命定的。

㈤「徑」、直接。「易」、平易。言名雖無固宜，卻有固善。直接平易而不違拂，一聽就明白的，就是善名。

㈥「所」、處所，空間。荀子定數以「所」為標準。言物有同狀而不在同一處所的，如兩馬同狀而各一所之類。有異狀而同處一所的，如老幼異狀，同是一身；蠶蛾異形，同是一體之類。因此就可加以區別（區別其數）。

㈦「可合」、謂名可合，卽同名之意。如此馬彼馬，雖同名為馬，因各在一處，故為二實。

㈧「別而為異」之「異」，指所言。言形狀變了，而實沒有別為異所的，叫做「化」。如蠶化蛹，蛹化為蛾，雖狀有變異，而其所不異，以數言之，猶是一實。

㈨這就是稽考事物之實，以定其數的道理。

㈩以上制名之樞要，言制名用名的原則，和名的種類（此種類是就名之本身說，不指名所代表的事物說，如篇首所言。）（自篇首至此為一段，共五節。前二節言名的類別及名在政治上之功效與正名之由。後三節立三標，為制名用名建立三項指導原則，為本篇最重要部分。）

「見侮不辱」，「聖人不愛己」，「殺盜非殺人也」，此惑於用名以亂名者也。驗之所〔以〕為有名，而觀其孰行，則能禁之矣。㈠「山淵平」，「情欲寡」，「芻豢不加甘，大鐘不加樂」，此惑於用實，以亂名者也。驗之所緣〔無〕以同異，而觀其孰調，則能禁之矣。㈡「非而謁楹」，「有牛馬非馬也，」此惑於用名以亂實者也。驗之名約，以其所受，悖其所辭，則能禁之矣。㈢

㈠ 既建立制名用名的三原則，以下即據以駁斥違反此原則的邪說，此即所謂破三惑，於以見名在學術上的功效。「驗之所」下「以」字，衍文，據王引之校，删。「見侮不辱」、爲宋子（名鈃，孟子作牼）學說，詳正論篇。「聖人不愛己」，「殺盜非殺人」，爲墨者學說。墨子大取篇：「愛人不外己，己在所愛之中。己在所愛，愛加於己。倫列之愛己，愛人也。」此謂倫列之愛己，就是愛人。故曰：「聖人不愛己。」墨子小取篇：「盜人、人也。多盜、非多人也。惡多盜，非惡多人也。不愛盜，非不愛人也。殺盜人，非殺人也。」荀子以爲這三種說法，是違反了「所爲有名」的原則而起的錯誤。有名的目的是「明貴賤，辨同異」。「見侮」一名之內涵原含有見辱之義。「盜」之名之內涵原含有人之義。「己」之名與「人」之名之內涵外延原義都不同。若說：「見侮不是見辱」，「愛己還只是愛人」，「殺盜不是殺人」，是「以名亂名」，而使同異混淆也。「觀其孰行」，言此三說與原來的說法，那一種行得通？驗之以「所爲有名」的原則而知其行不通，故知其爲錯誤。

㈡ 「山淵平」，即惠施所謂「山與澤平」，見莊子天下篇。「情欲寡」，是宋子學說，見正論篇。「芻豢不加甘，大鐘不加樂」，是墨者爲擁護其尚儉非樂之說而發的議論。荀子以爲這都是違反了「所緣以同異」而起的錯誤。「驗之所緣無以同異」之「無」字，衍文，據王引之說刪。同異之起，緣天官。惠施說：「山和淵一樣平。」我們眼睛所見，卻是山高淵低。宋子曰：「人之情，欲少不欲多。」我們切身體驗，卻是欲多而不欲少。墨家說：「肉不格外好吃，樂不格外好聽。」我們口耳的感受，卻是肉香樂美。固然高地的淵可能與低地山一樣平。知足的人可能欲少而不欲多；也有人吃素不吃肉，喜靜不喜樂；但這是特殊。此三說是以特殊情形之實，而亂代表一般情形之名。故曰：「以實亂名。」「驗之所緣「無」以同異，而觀其孰調」，言以我們的內外感官直接體驗之所得，來證驗三者之所說，看看那種說法是順當的，就可發現其錯誤。

㊂ 此文訛舛，茲採孫詒讓說，以「牛馬非馬也」爲句。此句上四字存疑。墨辯經說下：「故曰：『牛馬，非牛也』，未可。『牛馬，牛也』，未可。則或可或不可。而曰：『牛馬，牛也，未可』，亦不可。且牛不二，馬不二，而牛馬二。則牛不非牛，馬不非馬，而牛馬二。則牛不非牛，馬不非馬，無難。」此言：若以「牛馬」爲一詞，則謂「牛馬」爲牛，不可；因「牛馬」一詞中之牛固是牛，而「牛馬」一詞中之馬則非牛也。但謂「牛馬」非牛亦不可，因「牛馬」之中固有牛也。然「牛不二，馬不二，而牛馬二」，則可謂非牛非馬也。荀子以爲「牛馬」一詞，既是「牛」與「馬」的組成，自然也是牛也是馬。「驗之以名約」、言以名約的原則來證驗。名約的原則是「約定俗成謂之宜，異於約謂之不宜。」約定俗成的說法：「牛馬」一詞是牛是馬。今曰：「牛馬，非牛非馬」，不守名約，將事實陷於混亂，故曰：「以名亂實。」「以其所受，悖其所辭。」之「所受」、「所辭」，卽「所是」、「所非」之意。言墨家此說從名約的原則看，他所辭而非的「牛馬是馬」一詞正是事實，所是而受的「牛馬非馬」卻和事實相悖。故以其所受之理，驗之以所辭之事實，卽知其爲錯誤——這是違反了名約的錯誤。

（本節言三惑皆由「名實亂」之過，故舉三標以破之；此卽所謂正名。荀子基於經驗的常識的觀點以言名，故於以超經驗的純理的觀點言名者多所非難。）（此節解釋多採馮友蘭說）

凡邪說辟言之離正道而擅作者，無不類於三惑者矣。㊀故明君知其分而不與辨也。㊁夫民易一以道，而不可與共故。㊂故明君臨之以埶，道之以道，申之以命，章之以論，禁之以刑。㊃故民之化道也如神，辨〔埶〕說惡用矣哉！㊄今聖王沒，天下亂，姦言起，君子無埶以臨之，無刑以禁之，故辨說也。⑥實不喻，然後命，命不喻，然後期，期不喻，然後說，說不喻，然後辨。⑦故期命辨說也者，用之大文也，而王業之始也。⑧名聞而實喻，名之用也。累而成文，名之麗也。用麗俱得，謂之知名。⑨名也者，所以期累實也。⑩辭也者，兼異實之名以論一意也。⑪辨說也者，不異實名以喻動靜之道也。⑫期命也者，辨說之用也。⑬辨說也者，心之象道也。⑭心也者，道之工宰也。⑮道也者，治之經理也。⑯心合於道，說合於心，辭合於說。⑰正名而期，質請而喻，⑱辨異而不過，推類而不悖。⑲聽則合文，辨則盡故。⑳以正道而辨姦，猶引繩以持曲直。是故邪說不能亂，百家無所竄。㉑有兼聽之明，而無矜奮之容；有兼覆之厚，而無伐德之色。㉒說行則天下正，說不行則白道而冥窮。㉓是聖人之辨說也。詩曰：「顒顒卬卬，如圭如璋，令聞令望，豈弟君子，四方爲綱。」此之謂也。㉔

① 「辟」、讀爲「僻」，邪也。凡邪僻之說，不守正道，而擅自杜撰的，大都不出上述三惑的範疇。

② 明君守其國君之名分，但以法令禁止之，而不與辨說是非。

③ 「故」、事物之所以然，理由。墨子小取：「以說出故」言民衆愚而難曉，可以大道來領導、團結，而不可能把理由向他們說個明白。所謂「民可使由之，不可使知之」也。

④ 此明君對邪說之處理辦法。「道之以道」上「道」字，讀爲「導」。「申」、重也。「章」、明也。言明君臨之以權勢，導之以正道，申之以命令，曉之以理論，禁之以刑罰。

⑤ 「埶」、爲「說」字之誤，據盧說改。所以人民之化於道非常神速，那裏用得着辨說呢！

案：「辨說」、說明理由，破妄立眞。

㊅ 此荀子自明正名及辨說之意也。韓非子問辯篇：「上不明，則辯生焉。」孟子曰：「予豈好辨也哉！予不得已也。」皆言君子辨說，皆仁心之不容已。

㊆ 「喻」、知曉也。「命」、爲事物命名，卽「制名以指實」之意。「期」、會也，合也，把名與所指之物相結合，卽所謂期會名約。「說」、說明，意在立眞。「辨」、借爲「辯」，荀書多以「辨」爲「辯」；反覆辨論，立眞以外，有破妄之意。言有物（實）於此，而人不知，然後命之以名，使人知曉；命名以後，或因此名尚未通行，或因其人尚未及知，仍不能收有名的效果，故命名之後，須繼之以期，俟其知道此名之所指，就可藉以達意了；若期而不知，就須加以說明；說仍不知（甚至有所誤會），就須反覆辨析，務求其眞切瞭解。

㊇ 「期命」、謂期會名約。無名以達意，萬事不能行，爲物命名，令人人期會，以爲辨說之用，這是人類文化的大作用，也是政府施政的起點。

㊈ 「麗」、與「儷」同，謂配合聯綴。言聞名而知所指之實，這是名的功用。結合幾個名而成文辭，在名之配合聯綴。用名既能正確，綴名成辭又能恰當，這可算是知道用名的了。

⑩ 「期」、會也，合也。「累」、亦結合之意。墨子小取：「名以舉實。」義同此文。「期累實」、猶言「舉實」。言名是用以期會實的。

⑪ 「論」、王以爲「諭」字之誤。「諭」、明也，亦作「喻」。這是「辭」的定義。「辭」、卽邏輯之命題——表諸言辭的判斷。孟子萬章篇：「不以文（字）害辭（句），不以辭害志。」墨子小取：「辭、以辭抒意。」「辭」、皆命題之意。一語必有一意，一意非一名所能表明，必兼異實之名以明之。故曰：兼異實之名以明一意的，叫做「辭」。

⑫ 「動靜」、是非也。「動靜之道」、謂世間一切事物是非之理。「不異實名」、謂辨說中所

用的名，始終同義，不可前後涵義有別。言辨說是用始終同義的名言，來闡明事理的。

⑬ 爲物制名，而名通曉，是爲了辨說之用。

⑭ 辨說的任務在明道。下文「心合於道」，卽此文之「心之象道」。「象」、法也，效也，見解蔽篇。心有見於道，故辨說以明之，藉以破迷妄而見眞理。

⑮ 「工宰」、陳奐謂猶言「主宰」，近賢多以「工」爲「主」字之誤。言心是大道的主宰。

⑯ 「經」、常也。「理」、條貫。言道是治國經常不變的條貫。

⑰ 「心合於道」，言心的認識符合大道（猶言思想正確）。「說合於心」，言口中所說（卽辨說）符合心中所見。卽論語「辭達而已矣」之「辭達」。「辭合於說」、言每一句話符合全篇的意旨。卽孟子「不以辭害志」之義。

⑱ 「質」、王曰：本也。「請」、王讀爲「情」，實也。言辨說時所用之名旣正確而又爲人所通曉，所舉之實亦爲人所共喩。

⑲ 辨論同異而不超越主題範圍，依類推度而不乖悖其類之共理（條貫）。

⑳ 「聽則合文」與下文「以學心聽」義近。「故」、理由。「盡故」方足「以喩動靜之道」。言聽人辨說態度要恭謹而合乎禮文，自己辨說要把理由說得詳盡。案：荀子所謂辨說，有主張（喩道），有理由（盡故），相當今日所謂論證（推理）。

㉑ 「正道」、大道，謂禮義也。「持」、制也。「竄」、匿也。荀子以爲「凡議必將立隆正。」（正論篇）。又說：不以王制（禮）爲隆正，不能辨非是治曲直（解蔽篇）。故此言：以大道爲準據而辨姦邪之說，猶引繩墨以定曲直之一目瞭然，所以邪說不能淆亂人的思想，雜家不能藏匿其邪惡的形跡。

㉒ 「兼聽」、謂百家曲說，無不在明鑒之中。「兼覆」、謂百家之人，無不在愛護敎誨之下。

雖有此明此德，而無矜奮之容，伐德之色。「是時百家曲說，皆競自矜伐。」（楊注）故荀子述聖人辨說以斥之。

㊂「白道」、猶言明道。「冥」、幽隱也。「窮」、俞讀爲「躬」。言他的辨說如爲政府所採用，天下就正理平治；否則，就彰明其道，而幽隱其身。（如孔子泗上設教）

㊃詩大雅卷阿第六章。「顒」、音永（ㄩㄥˊ）。「顒顒」、溫貌，此狀其不矜不伐。「卬」、音昂。「卬卬」、盛貌，此狀其兼聽兼覆。「圭」、「璋」，皆玉名，比喻人品高潔。「令」、善也。「聞」、音問，聲譽。「望」、聲望。「豈弟」、音愷悌，樂易也。「四方」、四方之國，「綱」、綱紀。詩說：態度溫恭，志氣昂揚，人品如圭如璋，更有美善的聲譽，這般和樂平易的君子，所以四方以爲綱紀。引詩以喻聖心樂易，其辨說兼聽兼覆，而不矜不伐。（本節言聖王以政治力量制裁邪說；聖王沒，賢者即應辨說以闢之。因及期命辨說之爲用，與聖人辨說之德象。又本節幾條界說皆甚精須細看。）

辭讓之節得矣，長少之理順矣；忌諱不稱，祅辭不出。㊀以仁心說，以學心聽，以公心辨。㊁不動乎衆人之非譽，㊂不治觀者之耳目，㊃不賂貴者之權埶，㊄不利傳辟者之辭。㊅故能處道而不貳，〔吐〕咄而不奪，利而不流㊆，貴公正而賤鄙爭，是士君子之辨說也。詩曰：「長夜漫兮，永思騫兮，大古之不慢兮，禮義之不愆兮，何恤人之言兮！」此之謂也㊇

㊀與人辨說，辭讓之禮節得當，對象少長之理能順應。應忌諱的話不稱說，怪異之辭不出諸口。「祅」、同「妖」。

㊁「以仁心說」，言務於開導，不騁辭辨。「以學心聽」，謂敬慎而聽他人之說，不爭辨也。

「以公心辨」，謂以至公辨他人之說是非也。（以上注說）牟宗三曰：此三語見出荀子靈魂之高。說之根於人心之不容己也，故能聽之以謙虛；虛者所以喻他人之意，知其是非之所在，而期委曲以引轉之也。故其辨也，公而無私。佛家說：以大悲心轉大法輪。

㊂此卽莊子逍遙遊稱宋子「舉世譽之而不加勸，舉世毀之而不加沮」之義。

㊃「治」、飾也。言不飾觀者之耳目，以苟悅於人也。（劉念親說）

㊄言不爲貴者之權勢所賄賂。「賂」、音路，財貨，此有收買義。

㊅「傳」、近人多以爲「便」字之誤。言不利用貴人便辟近習的美言，以博取貴人的喜歡稱譽。

㊆「吐」、兪以爲「咄」字之誤，「咄」者、詘之叚字，據改。言意志堅強，故能守正道而無二心（不動搖），雖困詘而志不奪，雖通利而不流蕩（謂腐化）。

㊇所引爲逸詩。「漫」、謂漫漫，長夜貌。「騫」、咎也。「大」、讀「太」。「大古」、太古之道，卽大道之意。「慢」、輕忽。引此以明辨說苟得其正，不憂人之多言。案：此節舊爲一段，茲併入上段，荀書例以士君子聖人比類而言，上言聖人之辨說，此言士君子之辨說，不當分爲二段。（以上三節爲一段，旨在正名辨惑以明道。）

君子之言，涉然而精，俛然而類，差差然而齊。㊀彼正其名，當其辭，以務白其志義者也。㊁彼名辭也者，志義之使也，足以相通，則舍之矣。苟之，姦也。㊂故名足以指實，辭足以見極，則舍之矣。㊃外是者，謂之訒，是君子之所棄，而愚者拾以爲己寶。㊄故愚者之言，芴然而粗，嘖然而不類，誻誻然而沸，㊅彼誘其名，眩其辭，而無深於其志義者也。㊆故窮藉而無極，甚勞而無功，貪而無名。㊇故知者之言也，慮之易知也，行之易安也，持之易立也，成則必得其所好，而不遇其所惡焉。㊈而愚者反是。詩曰：「爲鬼爲蜮，則不可得。有靦面目，視人罔極。作此好歌，以極反側。」此之謂也。㊉

㊀「涉然」、鍾謂淺也。「俛然」、俯就貌。「類」、禮義之統類。「差」、讀如雌。「差差」、不齊貌。言君子之言，辭淺而意精，俯近於人而有條理，論事理之是非似若不齊，而終歸於齊一。如孔子之論仁。

㊁「當」、丁浪切，去聲。「白」、明白。言君子辨說，用名正確，措辭恰當，而務求表明心中之志義的。

㊂彼名與辭原是爲傳達志義之用的。人我志義，用名與辭，能夠互相溝通，也就夠了。若違此準則與限度，就是別有用心的姦邪。

㊃「見」、讀爲「現」。「極」，至也，心之所至也。（劉念親說）言所用之名足以指實，所用之辭足以表現心中所想的，也就夠了。

㊄「訒」、難也，音刃。言過此限度，就是故爲艱深，使人不懂。這是君子之所鄙棄，而愚者卻拾取以爲寶。

㊅「芴」、與「忽」同。「忽」者，細微之稱。「嘖」、與「賾」通。「嘖」者，幽深之意。此言：愚者之言與君子之言恰相反。似微妙而實粗，似深賾而無類，多言而沸亂也。（以上潘重規說）「誻誻」、多言也。「誻」、音沓。

㊆「誘」、欺誑。「眩」、惑也。言愚者之言，用名則欺誑不正，用辭則迷亂不實，其志義並無深義之可言的。案：殆所謂「淺入深出」之意。

㈧「藉」、布陳也（豬飼說）。「窮藉而無極」，言窮陳其辭而心中並無所見。「貪而無名」，言貪於立名而實無名可言。

㈨「知」、讀爲「智」。「成」、猶終也。言智者之言，思慮之而容易明白，實踐之而容易安泰，操持之而容易站得住，最後必得到你所希望的，而不至遭遇你所厭惡的。

⑩引詩小雅何人斯第八章：已見儒效篇。「蜮」、短狐也。含沙以射水中人影，其人就生病，而不見其形。「靦」、音腆，面對人也。「視人罔極」、言人相見無盡時。「極」、究也。「反側」、反覆不定。言眞爲鬼爲蜮，其能害人，則人不得而見。若此人者，面對衆人之前，不自慚愧。然人之相見，無窮盡之時，彼終必與我相見，那時不知彼將何以爲顏？因作此好歌，以究極其反覆無常之行爲。引詩以喻小人辨說，鬼蜮伎倆，是見不得人的。

凡語治而待去欲者，無以道欲而困於有欲者也。㈠凡語治而待寡欲者，無以節欲而困於多欲者也。㈡有欲無欲，異類也，生死也，非治亂也。㈢欲之多寡，異類也，情之數也，非治亂也。㈣欲不待可得，而求者從所可。㈤欲不待可得，所受乎天也；求者從所可，所受乎心也。㈥所受乎天之一欲，制於所受乎心之多，固難類所受乎天也。㈦人之所欲生甚矣，人之惡死甚矣；㈧然而人有從生成死者，㈨非不欲生而欲死也，不可以生而可以死也。故欲過之而動不及，心止之也。⑩心之所可中理，則欲雖多，奚傷於治？⑪欲不及而動過之，心使之也。⑫心之所可失理，則欲雖寡，奚止於亂？⑬故治亂在於心之所可，亡於情之所欲。⑭不求之其所在，而求之其所亡，雖曰我得之，失之矣。⑮

㈠「去欲」、劉念親謂當作「無欲」，以下文「有欲無欲異類也」爲證。然下一節三言「去欲」，似不改爲是。「道」、讀爲「導」，疏導、化導。此言：凡討論治道而主張去人民之欲，然後才可正理平治的，都是沒有辦法疏導人欲，而爲人欲所困擾的。

㈡凡討論治道而主張必使人民寡欲，然後可望正理平治的，都是沒有辦法節制人欲，而爲多欲所困擾的。案：「導欲」、謂以禮爲據，化導欲望使之合理。「節欲」、謂以禮爲據，節制欲望使之合度。兩者動力則在心之知慮。墨家宋子主張去欲寡欲，荀子以爲欲具於性，不可能去，而主張以禮導欲節欲。

㈢生死異類。有欲無欲，因類而異，生則有欲，死則無欲，古今如此，非治亂之所在。

㈣欲之多寡，因類而異，譬如人禽異類，人則多欲，禽則寡欲。人之多欲，是人情必然之數，古今如此，非治亂之所在。

㈤「欲」是性的自然反應，「可」是心的理智判斷，此卽前文所謂「情然而心爲之擇」。此文大意：「欲」出於情性，它不管可得不可得，只是盲目的反應。「可」出於心知，它是理智的選擇。欲望形成求的行爲，是經過理智的選擇認可的。

㈥「受乎心也」上，據俞校補「所」字。「所受乎天」、謂欲望的反應是受之於人的天性。「所受乎心」，謂欲望形成行爲是受之於心知的選擇。

㈦「天之一欲」、言出於先天之性的欲，是盲目的自然反應，它不管可與不可。如「飢而欲食，寒而欲煖」，人人皆然，故曰「一」。「心之多」：言心之思慮是多方面的。「欲」一而已，而所欲有可有不可，可之中又有輕重、緩急之分，這些都須要心的思慮、計度，故曰「心之多」。梁啓雄謂元本作「心之計」。「計」、亦多方面的考慮之意。「難類所受乎天」者，言出於天性的欲旣受制於心，故行爲和欲望難以相類似（不能一致）。

⑧此舉例言之。言人所欲，莫甚於生；人之所惡，莫甚於死。

⑨「從」、龍宇純謂當作「縱」。說文：「縱、舍也。」「成」、就也，見說文。「從生成死」、猶曰：「舍生就死。」

⑩欲望超過了心之所可的限度，而行動沒有超過限度，是心制止了它。

⑪「中理」、合理。「中」、去聲。言心之所可如果合理，雖然多欲，曷害於治道？

⑫言欲望沒有達到心之所可的限度，而行動卻超過了欲望，是心驅使它如此啊！

⑬言心之所可如不合理，雖然寡欲，曷助於亂世？

⑭「亡」、同「無」。「亡於」、不在於。言國之治亂在於心的判斷合理與不合理，不在於情欲之是多是寡。

⑮言治亂的關鍵在心不在欲，論治道不求之於心，而求之於欲，雖自以為得之，其實是失之了。（此一節言心與欲的關係，亦卽心與性的關係。性雖惡而可以為善者，卽以心故。）

性者、天之就也；情者、性之質也；欲者、情之應也。㈠以所欲為可得而求之，情之所必不免也。㈡以為可而道之，知所必出也。㈢故雖為守門，欲不可去，性之具也。㈣雖為天子，欲不可盡。㈤欲雖不可盡，可以近盡也。㈥欲雖不可去，求可節也。㈦所欲雖不可盡，求者猶近盡；欲雖不可去，所求不得，慮者欲節求也。㈧道者、進則近盡，退則節求，天下莫之若也。㈨

㈠性成於先天之自然，情是性的本質，欲是情的反應，三位一體，有生命就有欲望。

㈡認為所欲可以得到滿足，就去求得滿足，這是人情所不能免的。

㈢「道」、行也。「知」、讀為「智」。言準之於理，以為可而行之，這是智慮所必計度的。

「以為可」、指上句求得滿足之動機言。

㈣ 欲望自力不能去，他力不能去（雖堯舜不能去民之欲利——大略篇），所以雖賤為守門，欲望也去不掉，因為欲具於性是與生俱來的。

㈤ 雖貴為天子，欲望也不可以盡情滿足。

㈥ 此指天子說。「近盡」、接近滿足。天子大欲，仍不過求美、求樂；然極美而必有其度，極樂而必有其節。有度之美，有節之樂，是「近盡」之義。（劉念親說）此言：天子的欲望雖不可以盡情滿足，但是可以接近滿足的。

㈦ 此指守門者說。守門者的欲望雖不可能去掉，但所求之欲是可以加以節制的。

㈧ 所欲雖不可盡情滿足，求之者猶有時可以接近滿足（如天子）。欲雖不可去，但在所求不可得的時候，能深慮的就要節制所求了。「欲節求也」之「欲」，為心之欲。上諸「欲」字，為情之欲。

㈨ 「進」、「退」，謂貴賤。道（禮法）是貴者近盡的標準，也是賤者節求的標準，所以有道君子，貴則惟求近盡，賤則知所節求。天下再也沒有比道足以節制人欲的了。（本節言欲具於性，不可能去，而可以道節。）

凡人莫不從其所可，而去其所不可。知道之莫之若也，而不從道者，無之有也。㈠假之有人而欲南，無多；而惡北，無寡，豈為夫南之不可盡也，離南行而北走也哉！㈡今人所欲，無多；所惡，無寡，豈為夫所欲之不可盡也，離得欲之道，而取所惡也哉！㈢故可道而從之，奚以損之而亂？㈣不可道而離之，奚以益之而治？㈤故知者論道而已矣，小家珍說之所願者皆衰矣。㈥

㈠「無之有」、猶言「未之有」。知節欲無過於道，則人必從道。

㈡「假之」、猶言「假若」。「多」、「寡」，謂路途遠近。言有人欲往南去，不論路途多遠，而必南往；不欲北去，不論路途多近，而不北往。其人既南而不欲北，豈能因爲南去之不能盡達，就不往南走而掉頭北行！

㈢此文「多」、「寡」，謂取之難易。言今人之情，所欲者不論多難必取，所惡者不論多易必不取。今人既欲正道而惡非道，豈肯因取正道之不能盡欲，就捨棄正道，而取所惡之非道！（如踰東牆而摟其處子之類）

㈣所以信仰正道，而遵從正道，有欲可，無欲可，多欲可，寡欲可，有什麼足以損壞國家而使之亂？

㈤不信仰正道，而揚棄正道，有欲不能治，無欲亦不能治，有什麼足以幫助國家而使之治？

㈥「知」、讀爲「智」。「珍說」、注云：自珍貴其說。近人多釋爲異說。此言：所以智者論治亂，只在知道與不知道而已，不在欲之有無多寡。苟明此理，宋墨之徒——自珍貴其說者之願望（願人去欲、寡欲），可以衰息了。（此節言可道則從道，從道則不待去欲、寡欲而自治。）

凡人之取也，所欲未嘗粹而來也；其去也，所惡未嘗粹而往也。故人無動而不可以不與權俱。㈠衡不正，則重縣於仰，而人以爲輕；輕縣於俛，而人以爲重；此人所以惑於輕重也。㈡權不正，則禍託於欲，而人以爲福；福託於惡，而人以爲禍；此亦人所以惑於禍福也。㈢道者，古今之正權也；離道而內自擇，則不知禍福之所託。㈣易者，以一易一，人曰：無得亦無喪也，㈤以一易兩，人曰：無喪而有得也。以兩易一，人曰：無得而有喪也。計者取所多，謀者從所可。㈥以兩易一，人莫之為，明其數也。從道而出，猶以一易兩也，奚喪！離道而內自擇，是猶以兩易一也，奚得！㈦其累百年之欲，易一時之嫌，然且為之，不明其數也。㈧

㈠「粹」、全也，下同。「權」、稱之錘，量輕重之器，此以喻道。「俱」、偕也。「無動」、一切舉動。「不可以不與權俱」，猶言「應與權俱」。此言：凡人意有所取，所欲未嘗全來；意有所去，所惡未嘗全去。因為禍福利害都是相對的，不是絕對的。故於福利則取其大，禍福則取其小。大小取去之間，必須有個標準，然後才能辨別正確，而不為禍福所惑。客觀的「道」就是正確的標準，所以任何行動，都不可以離開道。

㈡「衡」、稱桿。「俛」、亦作「俯」。「縣」、「懸」本字。稱如正確，物重就低懸，物輕就仰懸。稱如不正確，物重反而仰懸，物輕反而低懸，此人所以惑於物之輕重。

㈢「權不正」、謂不知「道」而以偏見用事，如以不正之衡稱物，則不知禍福之所在也。「託」、寄也。「禍託於欲」、謂心之所欲，或為禍之所託。「福託於惡」、謂心之所惡，或為福之所託。言不知「道」，則惑於倚伏之理。

㈣「內」、猶心也，見禮記禮器疏。「內自擇」，猶言心自擇。道為禍福之準，猶權為輕重之準。離道而心自擇，則不知禍福之正，猶離權則不知輕重之正。案：荀子之心為認識心（只有知的作用），故其道為客觀之道。認識心不可信賴，必賴客觀之道來規正。解蔽篇謂知道則不蔽，正是此一道理。胡適先生說：「這是荀子人生哲學的根本觀念。」

㈤「易」、謂以物相交換。「喪」、失也，下同。

㈥計利的人，取利之多者；謀道的人，從道之可者。

㈦「道」、謂儒術，禮義是也。言從道而行，則所得者多，所失者少，猶以一易兩，何喪！離道而心自擇，則無所得，宋墨是也。

㈧「累」、損累。「百年之欲」、謂終身之大計。「嗛」、讀爲「慊」，音愜，快也，足也。（豬飼說）此言：妨害百年之大計，換取一時之快意，而竟爲之，這是不識其數呵。此指離道而內自擇者說的。（此節言道爲古今之正權，以道爲衡，則不爲禍福所惑。）

有嘗試深觀其隱而難〔其〕察者：㈠志輕理而不重物者，無之有也；外重物而不內憂者，無之有也；㈡行離理而不外危者，無之有也；外危而不內恐者，無之有也。㈢心憂恐，則口銜芻豢而不知其味，耳聽鐘鼓而不知其聲，目視黼黻而不知其狀，輕煖平簟而體不知其安。㈣故嚮萬物之美而不能嗛也。㈤假而得〔問〕間而嗛之，則不能離也。㈥故嚮萬物之美而盛憂，兼萬物之美而盛害，如此者，其求物也，養生也？粥壽也？㈦故欲養其欲而縱其情，㈧欲養其性而危其形，㈨欲養其樂而攻其心，欲養其名而亂其行，如此者，雖封侯稱君，其與夫盜無以異；乘軒戴絻，其與無足無以異。㈩夫是之謂以己爲物役矣。㈡

㈠「有」、讀爲「又」。「隱而難其察」之「其」，王云衍文，據刪。「隱而難察者」，卽下文所述四事。上旣述「離道而內自擇」之害，此再就不重道者之心理加以分析。此言：又嘗試深深地觀察其隱而難察之心理。

㈡上句「而不」下，顧千里以爲脫「外」字。「理」、謂道也，理爲道之精微。「物」、可供享受之物質。心不能重道以節欲，欲必逐物以求足。逐物則患得患失，而常懷憂懼。

㊂心不重道，行必違道，違道則外危，外危則內恐。

㊃「輕煖」、謂輕裘煖衣。「平」、兪謂蒲席。「簟」、竹席。

㊄「嚮」、讀爲「享」。「嗛」、音愜（ㄑㄧㄝˋ），通「慊」，滿足，快活。言雖享受萬物之美，而內心並不快活。

㊅「得問」、王謂當作「得間」，謂暫時憂恐去心。此言：卽使暫時偶得一快，而憂恐之情仍然不能離絕於心。

㊆「粥」、同「鬻」，賣也。「鬻壽」、出賣壽命，謂促其生也。「也」、同「耶」，疑問辭。言這樣的人，對外物的追求，是養生呢？還是促壽呢？

㊇情欲宜節，而不可縱；縱其情以養欲，則欲終不可養。

㊈「性」與「生」通。欲養其生而危其形體，則其生必促。

㊉「軒」、軒車。「絻」與「冕」同，「無足」、猶言「不足」，謂無以爲養。言這樣的人，縱然封后稱君和盜賊沒有分別；乘軒戴冕和窮人沒有分別。盜賊是「縱其情」，「危其形」，「攻其心」，「亂其行」的，故以爲比。

⑪「役」、役使。以尊嚴之人格而爲外物所奴役。修身篇曰：「君子役物，小人役於物。」（此節言心不知道——輕理，則欲惡無節，已爲物役，而不得其養。）

心平愉，則色不及傭而可以養目，㊀聲不及傭而可以養耳，蔬食菜羹而可以養口，麤布之衣，麤紃之履，而可以養體。㊁〔屋〕局室、〔廬庾葭〕蘆簾、稾蓐、〔尙〕俯机筵，而可以養形。㊂故雖無萬物之美而可以養樂，無埶列之位而可以養名。㊃如是而加天下焉，其爲天下多，其〔和〕私樂少矣。㊄夫是之謂重己役物。㊅

㈠「心平愉」，謂心情平和愉快。此知道者之象。「傭」、孫詒讓謂與「庸」通；「庸」、常也。「色不及傭」、不及平常的色。
㈡「紃」、音旬，又音穿。「麤紃之履」，粗麻編成的履。
㈢「屋室、廬庾葭」，據王據初學記引校，改為「局室、蘆簾」。「局室」、謂促狹之室。「蘆簾」、謂以蘆所為之簾。「藁蓐」、謂以藁為蓐。「尙」、高亨謂當作「俶」，即古「敝」字。據改。「俶机筵」、謂破爛器物。以上皆貧賤之所服用。
㈣「埶列」、謂勢位班列。「名」、美名。
㈤「和」、據王校改為「私」。言這樣重道不重物的人，如果加以天下的重任，則其為天下之公利而致力者必多，其為個人私樂之追求者必少。
㈥心知道則欲惡有節，物不能動，故能重己而役物。（上一節論不知道而輕己重物者，這一節論知道而重己輕物者。重己重物關鍵只在知道與不知道。）

無稽之言，不見之行，不聞之謀，君子愼之。

注：「無稽之言」、言無考驗者。「不見之行，不聞之謀」、謂在幽隱人所不聞不見者，君子尤當愼戒。說苑作：「無類之說，不戒之行，不贊之辭，君子愼之。」此三句不似此篇之意，恐誤在此耳。（自「凡語治而待去欲者」，至此為一段，分七節。言欲具於性，不可能去，處之之道，惟在導與節；導與節的動力在心；心之準據在道；道是古今之正權。本段於道、心、欲（性）三者關係，言之最為詳明，應與解蔽篇合看。）

性惡篇第二十三

自然論（天論篇）和心性論（本篇及解蔽篇）爲形成荀子人爲主義的基本觀點，他的道德哲學、教育思想、政治理論，皆由此發，故學者首當精心研究。

論人性當溯源於孔子。孔子曰：「性相近也，習相遠也。」「唯上知與下愚不移。」（陽貨）是上智行爲必善，下愚行爲必惡，初本相近其後漸習漸遠者，殆指一般常人而言。

至戰國先有孟子告子之論戰，後有荀子之性惡說，人性論的波瀾，至是而壯濶。

孟子主性善，告子主性無善無惡。告子曰：「生之謂性。」又曰：「食色性也。」「性猶湍水，人性之無分於善惡，猶水之無分於東西。」告子的性是中性的。荀子主性惡與孟子爲兩極；然其說實導源於告子。其後言性者雖多，總不出此二途。

「周人世碩以爲人性有善惡，舉人之善性養而致之，則善長；舉人之惡性養而致之，則惡長。」（王充論衡本性）董仲舒以「性如繭如卵，卵待覆而爲雛，繭待繅而爲絲，性待教而後善。」（春秋繁露深察名號篇）性爲原料，敎爲加工，善是成品，是承荀子之說。

揚雄以爲「人之性善惡混，修其善則爲善人，修其惡則爲惡人。」（法言修身篇）其說似世碩。

王充以爲「人性有善惡，猶人才有高下。」「孟軻言人性善者，中人以上者也；荀卿言人性惡者，中人以下者也；揚雄言人性善惡混者，中人也。」（論衡本性篇）其說本孔子，而於孟荀揚皆有所不足。韓愈「性有上中下三品」之論，蓋承仲任說。李翺復性書謂「情不作，性斯充矣。」言人本具清明之性，只以情感的惑亂而至昏溺。是以心爲性，遠承孟子而兼採釋氏說。「宋儒言性，雖主孟子，然必分義理與氣質而二之，則已兼取孟荀二義。至其教人，以變化氣質爲先，實暗用荀子化性之說。」（錢大昕跋荀子）

總之：性是稟諸自然的本質，本無所謂善惡；善惡是後天的人爲的價值判斷，不是先天的本然。先天的本然之性包括自然生命與能思之心兩部分。有此生命就必謀所以維護之（食），延續之（色），此卽所謂情欲。就此而言，與一般動物同，人是自利的。有能思之心，故能辨別是非善惡，此卽所謂理性。就此而言，與一般動物異，人是可以超越追求自利的境界的。故人性應是矛盾的統一體。

孟子就四端之心以言性，心性一體，而生理欲望（口之於味，目之於色）不謂之性，蓋純就理性一面而言性也。循理性發展，精純無瑕，故謂之曰善。荀子就自然生命（食色）以言性，而能思之心不歸於性，蓋純就情欲一面而言性也。循情欲發展，不加檢束，則合於犯分亂理，故謂之曰惡。故孟荀之性，爲名則一，而所指不同，所以處之之道亦因之而異。按說荀子之性也是中性的，而必謂其惡者，殆欲人提高其警覺而勉於爲善耳。

人之性惡，其善者僞也。㈠——今人之性，生而有好利焉，順是，故爭奪生而辭讓亡焉；㈡生而有疾惡焉，順是，故殘賊生而忠信亡焉；㈢生而有耳目之欲，有好聲色焉，順是，故淫亂生而禮義文理亡焉。㈣然則從人之性，順人之情，必出於爭奪，合於犯分亂理，而歸於暴。㈤故必將有師法之化，禮義之道，然後出於辭讓，合於文理，而

歸於治。㊅用此觀之，人之性惡明矣，其善者僞也。㊆

㊀「性」、天性。「僞」、人爲，與「爲」古字通。論衡本性篇：「荀子有反孟子作性惡之篇，以爲『人性惡，其善者僞也。』性惡者，以爲人生皆得惡性也。僞者，長大之後勉使爲善也。」黃氏日抄釋此文云：「蓋彼所謂僞者，人爲之爲，……殆類中庸之所謂矯。」此二句一篇主旨。

㊁「今」、發端語詞，無意，荀書多用之。「利」、名利、貨利。「順是」、謂順此好利之本性。此二字重要。言人類有好利的本性，順此好利之性自然發展，而不加節制，於是發生爭奪之行，而無辭讓之德。

㊂「疾」與「嫉」同。「疾惡」，嫉害憎惡。「惡」，烏路反。「殘賊」、傷害。案：「好利」、「疾惡」，皆感性的心理反應，不是智性的合理判斷。

㊃「有好聲色焉」之「有」，讀「又」。耳目之欲，聲色之好，代表生理反應，卽告子「食色性也」之義。「文理」、禮義的節文條理。

㊄「分」、名分，界限。「犯分」、違反應守的分際（禮）。「亂理」、紊亂條理，卽破壞社會秩序。上述「爭奪」、「殘賊」、「淫亂」，都是犯分亂理的行爲。

㊅「道」同「導」。修身篇云：「禮者所以正身也，師者所以正禮也。無禮何以正身？無師安知禮之爲是也？」故化性爲善，必須「重師法」、「隆禮義」。「師法」有二義：一爲師說，一爲師說與禮法。多隨文而定。

㊆荀子言性大體以生物之自然本能爲根據，榮辱篇言之最具體：「凡人有所一同：飢而欲食，寒而欲煖，勞而欲息，好利而惡害，是人之所生而有也……目辨白黑美惡，耳辨聲音清濁，

口辨酸鹹甘苦……是又人之所「常」生而有也。」「飢而欲食」是生理的反應。「好利而惡害」是心理的情緒。「目辨黑白美惡」是感官的本能。這都是生理層的動物性。（此節是以人類行爲之惡，反映人性之惡，由行爲的結果論行爲的動機，是荀子性惡論中直接論證之一例。）

故枸木必將待檃栝、烝矯然後直；㈠鈍金必將待礱厲然後利；㈡今人之性惡，必將待師法然後正，得禮義然後治，㈢今人無師法，則偏險而不正；無禮義，則悖亂而不治，㈣古者聖王以人性惡，以爲偏險而不正，悖亂而不治，是以爲之起禮義，制法度，以矯飾人之情性而正之，以擾化人之情性而導之也，始皆出於治，合於道者也。㈤今人之化師法，積文學，道禮義者爲君子；㈥縱性情，㈦安恣睢，而違禮義者爲小人。用此觀之，人之性惡明矣，其善者僞也。

㈠「枸」、讀爲「鉤」，曲也。下皆同。「檃栝」、正曲木之木。「烝」、謂烝之使柔。「矯」、謂矯之使直。

㈡「鈍金」、不快的刀劍。「厲」同「礪」。「礱厲」，皆磨也。

㈢人性本惡，一定要透過師法，瞭解禮義，實踐禮義，然後身行才歸於端正；社會國家一定要透過禮義的教化，法度的治理，社會秩序才歸於安定。

㈣「險」、邪也。「悖」，亂也，逆也。

㈤「矯」、彊抑也。「矯飾」、矯正文飾。「擾」、馴也。「擾化」、馴順變化。「始」、久保愛謂爲「使」之訛。「情性」、荀子之性以「情」爲實質，上節情性分言，此文情性連文，意義不變。「合於道」、謂行爲合於禮義。

㈥「化師法」、謂情性擾化於師法禮義。「積文學」、謂累積知識。勸學篇：「始乎誦經，終乎讀禮」是也。「道禮義」、謂實踐禮義 。「積文學」則智明，「道禮義」則行修；智明行修則爲君子。

㈦「縱」、鍾謂當作「從」。（上節謂惡行出於先天的本性，此節言善行出於後天的人爲——禮義師法。）

孟子曰：「今之學者，其性善。」㈠

曰：是不然。是不及知人之性，而不察乎人之性僞之分者也。㈡凡性者，天之就也，不可學，不可事。㈢禮義者，聖人之所生也，人之所學而能，所事而成者也。㈣不可學，不可事，而在人者，㈤謂之性；可學而能，可事而成之在人者，謂之僞。是性僞之分也。㈥今人之性，目可以見，耳可以聽；夫可以見之明不離目，可以聽之聰不離耳，目明而耳聰，不可學明矣。㈦

㈠言人之爲學，適所以成其天性之善。其說見孟子告子篇。

㈡「不及知」、謂智慮淺近，達不到瞭解的程度。言此說是不對的。孟子智慮淺近，不能夠認識人性之所以爲性，而又沒有明察「性」與「僞」的分別。

㈢「就」、成也。「事」、爲也，謂致力也。言性是先天自然生成的，不用學而能，不用事而成的。

㈣禮義是聖人所創造（不是性分所具有的），爲一般人所學而能，所事而成的。「能」、謂能知禮義，能行禮義。「成」、謂養成合於禮義的人格。

㊄「而在人者」、顧千里疑當作「之在天者」，是也。

㊅此「性」與「僞」的定義。正名篇云：「心慮而能爲之動，謂之僞；慮積焉，能習焉而後成，謂之僞。」陳大齊先生據以解釋云：「僞有二義：一爲僞之作用，二爲僞之結果。就作用言，僞、卽人爲，亦卽行爲；就結果言，僞爲人爲所養成之人格；性、抽象，爲生來所固具；僞、具體，爲人爲所養成。」善出於僞，而不出於性，爲荀子根本主張，必於此二者善加分別，方可理解此一主張。

㊆以感官的本性來說，目生而可以見，耳生而可以聽；可以見之「明」不離目，可以聽之「聰」不離耳。目明耳聰不是透過學習而後能的，這是明顯的事實，這是天性。（此節批評孟子不識性僞之別。）

孟子曰：「今人之性善，將皆失喪其性故也。」㊀

曰：若是則過矣。今人之性，生而離其朴，離其資，必失而喪之。㊁用此觀之，然則人之性惡明矣。所謂性善者，不離其朴而美之，不離其資而利之也。㊂使夫資朴之於美，心意之於善，若夫可以見之明不離目，可以聽之聰不離耳，故曰目明而耳聰也。㊃今人之性，飢而欲飽，寒而欲煖，勞而欲休，此人之情性也。㊄今人見長而不敢先食者，將有所讓也；勞而不敢求息者，將有所代也。㊅夫子之讓乎父，弟之讓乎兄，子之代乎父，弟之代乎兄，此二行者，皆反於性而悖於情也；然而孝子之道，禮義之文理也。㊆故順情性則不辭讓矣，辭讓則悖於情性矣。用此觀之，人之性惡明矣，其善者僞也。

㊀此句有訛誤。劉師培以「將」爲「惡」字之誤。梁啓雄謂「故」下脫「惡」字，皆可通。孟

子告子篇：「富歲子弟多賴，凶歲子弟多暴。非天之降才爾殊也，其所以陷溺其心者然也。」荀子所引，殆指此言。（荀引孟子語，皆不見今本孟子，蓋約其意而言之耳。）此言：孟子說：「人性本來是善良的，惡是由於失喪了他的本性。」

(二)「朴」、質也。郝云當作「樸」。「資」、材也。二者代表善。言人之性，一生出來就離其質朴，離其資材，那麼，其質朴之美與資材之利的喪失是必然的。

(三)「美之」、謂用之以美其身。「利之」、謂用之以利其行善。言所謂性善者，應該是性不離其朴而以之美其身，性不離其資而以之利其行啊。

(四)使彼性中資質之於美，心意之於善，如彼生而可見之明之不離於目，可聽之聰之不於耳，這樣才可稱爲目明而耳聰啊！案：此以「善」與「性」並無不可離之關係，以證明性之惡。茲再總述其大意：目生而能見，耳生而能聽，故曰目明耳聰。假若人人生而喪其明與聰，則目明耳聰之說，自不能成立。人性亦然。如孟子所說，人性本善，而生來就離其質朴之美，資材之利，必皆失喪其善，則只可稱之爲惡，不得稱之爲善。

(五)此三者皆生理的自然反應。

(六)「代」、代替尊長，即下文所謂父兄。「讓」、亦然。

(七)「悖」、悖違。人性好利而欲得，故性中無「讓」。人性好逸而惡勞，故性中無「代」。「讓」與「代」是合乎文理的美德，而皆出於後天的人爲，不出於先天的本性。（以上四節，爲本篇第一段，論證人性本惡，而善出於人爲，兼闢孟子性善說。就這一段看，荀子所說的性：㈠包括情與欲，不包括知與慮；㈡是生來所固具，不受外力的影響而後然的；㈢必須保持而不喪失的。——都是先天的動物性，而不包括先天的理性。）

問者曰：「人之性惡，則禮義惡生？」㈠

應之曰：凡禮義者，是生於聖人之僞，非故生於人之性也。㈡故陶人埏埴而爲器，然則器生於〔工〕陶人之僞，非故生於人之性也。㈢故工人斲木而成器，然則器生於工人之僞，非故生於人之性也。聖人積思慮，習僞故，以生禮義而起法度，然則禮義法度者，是生於聖人之僞，非故生於人之性也。㈣若夫目好色，耳好聽，口好味，心好利，骨體膚理好愉佚，是皆生於人之情性者也；㈤感而自然，不待事而後生之者也。㈥夫感而不能然，必且待事而後然者，謂之生於僞。是性僞之所生，其不同之徵也㈦

㈠「惡」、音烏。此承上文而言。有人問：既然人性惡，則使人爲善的禮義，何由而生？

㈡「僞」、人爲，下文「積思慮，習僞故」，即此「僞」字的正解，故「僞」、即「積學」、「積習」之意。「故」、本也，有根原之意。「人之性」、聖人之性與衆人同，故不曰「聖人之性」，而曰「人之性」。言禮義是生於聖人後天之積學，不是根原於先天之性啊。

㈢「陶人」、瓦工。「埏」、音羶（ㄕㄢ），擊也，以水和土也。「埴」、音植（ㄓ），黏土。「工人」、爲「陶人」之誤，據楊注或說及王叔岷據喻林一一二引說，改。言瓦匠和黏土而製陶器，那麼陶器是生於瓦匠後天的學習，不是本生於瓦匠先天之性啊。此以陶人比聖人，以陶器比禮義。禮義生於聖人之學，猶陶器生於陶人之學。下句同。

㈣「僞故」：「僞」、名詞，即正名篇「慮積焉，能習焉，而後成，謂之僞」之「僞」，謂積慮習能所成就的知識。「故」、即韓非子「去智與舊」之「舊」，謂故事、經驗。「僞故」、由祖宗累積的經驗得來的人生規範，即後世所謂之禮。「積思慮」則心智清明。「習僞故」則知識豐富。此文大意：聖人積學而至智明識博，因應人類社會需要，而創制禮義，又根據禮義而制訂法度。由此可知，禮義法度是生於聖人後天之積學，不是生於先天之本性。

㊄「體」、四肢。「膚理」、皮膚、肌理。「佚」同「逸」。「目好色，耳好聲，口好味」，謂感官的本能，「心好利」、謂心理的欲望。「骨體膚理好愉佚」，謂生理的反應。此亦指性的內涵。

㊅有所感受，就自然如此，這些作用不是經由學習而後生出來的。

㊆有所感受（如目見陶器），而不能如此（而手不能製造陶器），必須經過學習，而後才能如此的（必須經過學習而後才能製造陶器），就稱之為生於偽。——這是「生於性」和「生於偽」不同的徵驗。（本節言禮義不生於人之性，而生於人之偽。又上一節是說「性」和「偽」的分別，此節是說「性之所生」和「偽之所生」的分別。）

故聖人化性而起偽，㊀偽起而生禮義，禮義生而制法度；然則禮義法度者，是聖人之所生也。故聖人之所以同於衆，其不異於衆者，性也；㊁所以異而過衆者，偽也。㊂夫好利而欲得者，此人之情性也。假之〔人〕有弟兄資財而分者，㊃且順情性，好利而欲得，若是，則兄弟相拂奪矣；㊄且化禮義之文理，㊅若是，則讓乎國人矣。故順情性則弟兄爭矣，化禮義則讓乎國人矣。

㊀「起偽」、與起矯偽，謂積學也。言聖人為變化其本性而興起矯偽（積學為善）。

㊁「其不異於衆者，性也。」俞謂當作「而不過於衆者，性也。」「其」為「而」訛，「異」為「過」訛。

㊂聖人過衆，在能起偽——積學。案：荀子以為㈠先天之性人人皆同，後天之偽因人而異；㈡聖人成於後天之偽，不成於先天之性；㈢偽是塑造人格的動力。㈣人格高下不繫於性而繫於

僞。

㊃「之」、猶「若」也。「人」：增注本無「人」字。王叔岷云：元本、百子本並無「人」字，喻林三引，同。茲據刪。「弟兄」二字，王先謙以爲衍文。

㊄「且順情性」之「且」，發語詞下同。「拂奪」、違戾（乖背）爭奪。

㊅「化禮義之文理」，猶言爲禮義之文理所化，不苟篇云：「長遷而不反其初則化矣。」

凡人之欲爲善者，爲性惡也。㊀夫薄願厚，㊁惡願美，狹願廣，貧願富，賤願貴，苟無之中者，必求於外。㊂故富而不願財，貴而不願埶，苟有之中者，必不及於外。㊃用此觀之，人之欲爲善者，爲性惡也。㊄今人之性，固無禮義，故彊學而求有之也；性不知禮義，故思慮而求知之也。㊅然則〔生〕性而已，則人無禮義，不知禮義。㊆人無禮義則亂，不知禮義則悖。然則〔生〕性而已，則悖亂在己。㊇用此觀之，人之性惡明矣，其善者僞也。㊈

㊀因爲性惡，所以欲爲善。此本節主旨，以下舉證。

㊁「薄」、少也。「厚」、多也。

㊂「無之中」之「之」，猶「於」，與下「於」字互文。

㊃「及於外」之「及」，久保謂爲「求」之訛。言既有富貴於中，所以不求財勢於外。

㊄無於中，故求之於外，亦猶貧願富，賤願貴之比。孟子曰：「仁義禮智非由外鑠我也，我固有之也。」與此義適相反。

㊅性無禮義，故必賴後天經驗之學，求知禮義，求行禮義。

㈦「生而已」、盧云元刻本作「性而已」，下同。王叔岷云百子本亦然。茲據改。「性而已」，謂一任性之自然發展，而不加化導。「人無禮義」、指行爲說。「不知禮義」、指認識說。

㈧「亂」、指行爲說。「悖」、指認識說。言一任性之自然發展，不去彊學而求行禮義，思慮而求知禮，則悖亂之過失，必發生在自己身上。

㈨本節以「苟無之中者，必求於外」，「苟有之中者，不及於外」二語爲前提，以推論人性之惡。假定人性中有禮義，則必不外求禮義。今人彊學以求禮義，足證性中沒有禮義。禮義是善，沒有禮義是惡，今性中無禮義，所以性是惡的。此一論證，是假定人性善，以推論其結果，又援推得之結果與事實不相符合，反證假定之不能成立。這叫間接論證（陳大齊先生說）。（以上三節爲第二段，承上文善生於僞之義，言禮義法度是生於聖人之僞，不生於聖人之性，聖人之性同於衆，聖人之僞則異於衆，於以見僞之重要性。末復以間接論證證明人性之惡。」

孟子曰：「人之性善。」

曰：是不然。凡古今天下之所謂善者，正理平治也；所謂惡者，偏險悖亂也：是善惡之分也矣。㈠今誠以人之性固正理平治邪，則有惡用聖王，惡用禮義哉？㈡雖有聖王禮義，將曷加於正理平治也哉？今不然，人之性惡。㈢故古者聖人以人之性惡，以爲偏險而不正，悖亂而不治，故爲之立君上之埶以臨之，明禮義以化之，起法正以治之，重刑罰以禁之，使天下皆出於治，合於善也。是聖王之治而禮義之化也。㈣今當試去君上之埶，無禮義之化，去法正之治，無刑罰之禁，倚而觀天下民人之相與也。㈤若是，則夫彊者害弱而奪之，衆者暴寡而譁之，㈥天下悖亂而相亡，不待頃矣。用此觀之，然則人

之性惡明矣，其善者僞也。㈦

㈠「分」、扶問反，有標準之意。由「正理平治」言善，即由客觀之表現以言善，孟子是以主觀之動機以言善，二者亦相反。

㈡「有」、讀爲「又」。言人性中果眞本來就有正理平治的美德，那麼又何必要聖王之治（指政治），何必要禮義教化呢？言外不用聖王，不用禮義，社會自然就會正理平治的。

㈢「今不然」者，不如是也，謂必用聖王，必用禮義也。必用聖王，必用禮義，是人之性惡也。故接曰：「人之性惡。」（鍾說）案：此承上言，人性中誠有正理平治的美德，雖有聖王、禮義，對正理平治還有什麼用處？現在卻不是這樣，必須用聖王來治，用禮義來教，足證性中沒有正理平治，而是偏險悖亂的。「今不然」句，與上「今誠以人之性固正理平治邪，則又惡用聖王，惡用禮義哉？」正相呼應。

㈣「法正」、卽「法制」。「正」、「制」同義通叚。言所以爲天下建立君上之勢以監臨之，昌明禮義以化導之，制訂法度以治理之，設置重刑以禁止之，才使天下出於治理，合於美善。這就是聖王之治道，禮義之教化，是不可一日而廢的。

㈤「當」、王先謙以爲是「嘗」之借字。「當試」、卽「嘗試」。「倚」、王曰：立也，言立而觀之。「相與」、謂彼此相交接。言我們嘗試着廢除政治和教化，立於一旁而觀天下人民相處之情形，是個什麼樣子？

㈥「譁之」：兪云：曲禮鄭注：「華、中裂之。」此「譁」字當讀爲「華」，從「中裂」之訓。陵暴於寡而分裂之。案：此「譁」字不得其確解，姑錄兪說備考。

㈦此亦間接論證。

故善言古者，必有節於今；善言天者，必有徵於人。㈠凡論者貴其有辨合，有符驗。故坐而言之，起而可設，張而可施行。㈡今孟子曰：「人之性善。」無辨合符驗，坐而言之，起而不可設，張而不可施行，豈不過甚矣哉！㈢故性善則去聖王，息禮義矣。㈣性惡則與聖王，貴禮義矣。㈤故檃栝之生，爲枸木也；繩墨之起，爲不直也；立君上，明禮義，爲性惡也。用此觀之，然則人之性惡明矣，其善者僞也。

㈠「節」、猶驗也。「徵」、亦驗也。言善於談論古事的，必有徵驗於今世；善於談論天道的，必有徵驗於人事，必須兩相符合，這言論才可成立；否則，便是欺人之談。

㈡「辨」、別也；「別」、劵據，合同。周禮小宰鄭司農注云：「別之爲兩，兩家各執其一。」「符」、以竹爲之，亦相合之物。言任何言論，其可貴處，在於證之於事實，能如辨符之相合。所以坐而言之成理，起而張設施行，可以行得通。

㈢孟子言性善，而現實中，人羣所表現的卻與所論恰相反。這種沒有辨合符驗的言論，坐在那裏說說可以，起而施行卻行不通。案：「辨合符驗」、皆就經驗之實效說，故荀子是站在經驗主義的立場以言性的。

㈣假定人性善，就不需要聖王之治與禮義之化。

㈤「與聖王」，謂從聖王也。「與」、從也，見齊語韋注。（王說）言人性惡，就得順從聖王之治，與重視禮義之化。（此節批評孟子性善說無辨合符驗，不足採信。）

直木不待檃栝而直者，其性直也。枸木必將待檃栝烝矯然後直者，以其性不直也。今人之性惡，必將待聖王之治，禮義之化，然後始出於治，合於善也。用此觀之，人之

性惡明矣，其善者僞也。㈠

㈠ 荀子以枸木喻性，猶告子之以杞郁喻性。告子曰：「性猶杞柳也，義猶桮棬也。以人性爲仁義，猶以杞柳爲桮棬也。」（孟子告子篇）朱注云：「性者，人生所稟之天理也。」（案：此承孟子之說）告子言人性本無仁義，必待矯揉而後成，如荀子性惡之說。」（以上三節爲本篇第三段，以問接論證證明人性之惡，兼斥孟子性善說之不足信。言人性善，則不待聖王禮義而自治，今無聖王禮義則亂，足證人性惡。）

問者曰：「禮義積僞者，是人之性，故聖人能生之也。」㈠

應之曰：是不然。夫陶人埏埴而生瓦，然則瓦埴豈陶人之性也哉？工人斲木而生器，然則器木豈工人之性也哉？㈡夫聖人之於禮義也，辟則陶埏而生之也。然則禮義積僞者，豈人之本性也哉！㈢凡人之性者，堯舜之與桀跖，其性一也；君子之與小人，其性一也。今將以禮義積僞爲人之性邪？然則有曷貴堯禹，曷貴君子矣哉！㈣凡貴堯禹君子者，能化性，能起僞，僞起而生禮義。㈤然則聖人之於禮義積僞也，亦猶陶埏而爲之也。用此觀之，然則禮義積僞者，豈人之性也哉！所賤於桀跖小人者，從其性，順其情，安恣睢，以出乎貪利爭奪。㈥故人之性惡明矣，其善者僞也。「天非私曾騫孝已而外衆人也，然而曾騫孝已獨厚於孝之實，而全於孝之名者，何也？以綦於禮義故也。㈦天非私齊魯之民而外秦人也，然而於父子之義，夫婦之別，不如齊魯之孝〔具〕共敬〔父〕文者，何也？㈧以秦人從情性，安恣睢，慢於禮義故也，豈其性異矣哉！㈨

㈠「積僞」、與「積學」、「積善」同意。問者的意思，乃謂禮義積僞，正爲人之性，所以聖

㈡人能生禮義。欲以禮義積僞歸之人性，以破性惡說。陶人和土而成瓦，那麼土瓦難道是生於陶人之性？木工斫木而成器，那麼木器難道是生於工人之性？意謂不是生於性，而是生於僞（學習）。

㈢「辟」、讀爲「譬」，「則」、猶「之」也。言聖人之創制禮義和陶人之製造瓦片，道理是完全相同的，那麼，禮義積僞怎能是生於人之性？此以陶人比聖人，瓦比禮義。瓦不生於陶人之性，比禮義不生於聖人之性。

㈣榮辱篇云：「材性知能，君子小人一也。」與此同義。言人性是相同的，如禮義積僞是人性，人人將都是聖人，那麼堯禹君子又有什麼可尊貴的？

㈤堯、禹、君子能化性起僞，而衆人則不能，此其所以可貴也。「僞起而生禮義」、言積學化性而生禮義。這是禮義的由來。

㈥桀、跖、小人順其情性之自然發展，而安於放恣不加檢束，而至貪利爭奪，這才是人性的本色。

㈦曾、曾參。騫、閔子騫。孝己、殷高宗太子。皆有至孝之行。「私」、私愛。「外」、不愛。天並未偏愛三人，言三人之性與衆同。然而何以三人獨有至孝之實，而全於至孝之名呢？因三人努力於知禮義行禮義的緣故啊！「綦」、極也。「綦於禮義」、即上文「彊學而求有之……思慮而求知之（禮義）」之意。

㈧「孝具」、據王說改爲「孝共」，「共」、即「恭」字。「敬父」、據楊注改爲「敬文」，「敬文」與「孝恭」對。就「父子之義」說，秦人不如齊魯之孝恭；就「夫婦之別」說，秦人不如齊魯之敬而有禮。

㈨「慢」、怠忽，輕視，與上「綦」爲對。綦禮義則爲曾閔，慢禮義則爲秦人。明性同於惡，惟在所化耳。若以爲性善，則曾閔不當與衆人殊，齊魯不當與秦人異也。（此爲第四段，破「禮義出於人性」說。）

「塗之人可以爲禹。」曷謂也？㈠

曰：凡禹之所以爲禹者，以其爲仁義法正也。㈡然則仁義法正有可知可能之理。㈢然而塗之人也，皆有可以知仁義法正之質，皆有可以能仁義法正之具，㈣然則其可以爲禹明矣。㈤今以仁義法正爲固無可知可能之理邪？然則唯禹不知仁義法正，不能仁義法正也。㈥將使塗之人固無可以知仁義法正之質，而固無可以能仁義法正之具邪？然則塗之人也，且內不可以知父子之義，外不可以知君臣之正。㈦〔不然〕今不然。㈧塗之人者，皆內可以知父子之義，外可以知君臣之正，然則其可以知之質，可以能之具，其在塗之人明矣。㈨今使塗之人者，以其可以知之質，可以能之具，本夫仁義法正之可知可能之理，〔可能之具〕，然則其可以爲禹明矣。㈩今使塗之人伏術爲學，專心一志，思索孰察，加日縣久，積善而不息，則通於神明，參於天地矣。㈡故聖人者，人之所積而致矣。㈢

㈠「塗」、同「途」。「塗之人」、謂一般人。舊有此語，今引以自難。言若性惡，何以有人人可以爲禹（聖人）之說呢？

㈡「爲」、行也。「仁義」、外在規範，猶言禮義，與孔孟之仁義不同。「法正」、猶言「法制」。言禹之所以爲禹，因爲他能實踐仁義法正。

㈢此以下就主體之人，客體之仁義法正，分析人之所以能仁義法正之由。就客體之仁義法正言，仁義法正有可知之理，可行之理。

㈣「然而」之「然」字無義。「質」、本質，指人之聰明。「具」、才具。此二者亦先天之本然，但出於心而不出於性。就主體之人言，人皆有可以知仁義法正的聰明，人皆有可以行仁義法正的才具。

㈤此結束上文。就仁義法正說，既有可知可能之理；就人說，人又有可以知仁義法正之聰明，可以能仁義法正的才具，那麼，人皆可以爲禹的說法，是無容置疑的。案：朱子格物之義，頗與此論相似。

㈥「唯」、讀爲「雖」。假如仁義法正本無可知可能之理，那麼，就是禹也不能知仁義法正，也不能行仁義法正。

㈦假如人本無可以知仁義法正之聰明，本無可以能仁義法正之才具，那麼，在家庭將不知父子之義，在國家將不知君臣（代表政治）之正。「且」、將也。「正」、是也。

㈧「不然」二字，據俞校移「今」字下。

㈨今不然：人人在家而知父子之義，在國而知君臣之正，那麼，人人具有能知能行仁義法正之聰明才具是不容置疑的。

㈩據陶鴻慶說，「仁義」下補「法正」二字，「可知」下補「可能」二字，删「可能之具」四字。言以人可以知可以能的聰明才具，本着仁義法正可知可能之理，去求知求行，那麼，人皆可以爲禹是不容置疑的。

㈡「伏」與「服」通，「服」者、事也。「術」者、道也。「伏術」、猶言事道，致力求道。「孰察」、精熟地體察。「加日」、累日也。「縣久」、懸繫以長久。「積善」與「積學」同意。「通於神明」、就其智能說。「參於天地」、就其功業說。言任何一個人，致力爲學求道，專心一志，愼思明辨，長年累月，積學不息，他的智能可達到神明的境界，他的功業可與天地並列。

㊂ 性雖惡，若積習可以爲聖人。案：荀子勸學，除「重師法」外，又「隆積習」。孟荀對人性的看法雖不同，而目的則同，皆謂人皆可以爲聖人。惟看法不同，故爲學方法亦異。孟主「自得」、「擴充」，荀主「積習」、「漸靡」。

曰：「聖可積而致，然而皆不可積，何也？」

曰：可以而不可使也。㊀故小人可以爲君子，而不肯爲君子；君子可以爲小人，而不肯爲小人。小人君子者，未嘗不可以相爲也，㊁然而不相爲者，可以而不可使也。故塗之人可以爲禹，則然；塗之人能爲禹，則未必然也。㊂雖不能爲禹，無害可以爲禹。足可以偏行天下，然而未嘗有偏行天下者也。㊃夫工匠農賈，未嘗不可以相爲事也，然而未嘗能相爲事也。㊄用此觀之，然則可以爲，未必能也；雖不能，無害可以爲。然則能不能之與可不可，其不同遠矣，其不可以相爲明矣。㊅

㊀ 「可以」、就理言，亦卽就先天條件言。「不可使」、就意志言，亦卽就後天人爲言。言人皆有可以積學爲聖的本質，而不肯者不可強使積學也。

㊁ 「相爲」、謂君子爲小人，小人爲君子，互相交換。

㊂ 「可以爲」、就理言。「能爲」、就現實言。現實繫於意志。言人人可以爲禹，這話是不錯的；人人能不能爲禹，這就不一定了。這是有關意志問題的。

㊃ 「雖不能爲禹」、就現實言。「無害可以爲禹」，就理論言。言現實上雖不能人人爲禹，但無害於人人可以爲禹的理論。譬如說：兩足可以行偏天下，然而卻沒有這樣的一個人。雖沒

有這個人，卻不能否定這個理論。案：此亦無辨合符驗之說也。

㈤「相爲事」、謂工爲農事，賈爲匠事。「事」、事業。此意志問題之實例，榮辱篇有類似句，可參看。

㈥「可不可」、是理論問題。「能不能」、是現實上的意志問題。「其不可以相爲」、言「可」與「能」兩者意義迥乎不同，是不可以混爲一談的。

堯問於舜曰：「人情何如？」舜對曰：「人情甚不美，又何問焉！妻子具而孝衰於親，嗜欲得而信衰於友，爵祿盈而忠衰於君。人之情乎！人之情乎！甚不美，又何問焉！唯賢者爲不然。」㈠

㈠ 引此以明性之惡（注）。「妻子具」以下數語，見管子樞言（日人鹽谷溫說）。（以上三節爲第五段。前二節兩問兩答，剖析人皆可以爲聖人的根據及未必能爲聖人的原因。末一節一問一答言人情只有利用，頗似法家言。）

有聖人之知者，有士君子之知者，有小人之知者，有役夫之知者。㈠多言則文而類，終日議其所以，言之千舉萬變，其統類一也：是聖人之知也。㈡少言則徑而省，論而法，若佚之以繩：是士君子之知也。㈢其言也謟，其行也悖，其舉事多悔：是小人之知也。㈣齊給便敏而無類，㈤雜能旁魄而無用，㈥析速粹孰而不急，㈦不恤是非，不論曲直，以期勝人爲意：是役夫之知也。㈧

㈠「知」、同「智」。智有此四等。

㈡「文」、注云：謂不鄙陋也。「類」、條貫、系統，謂禮義之統類。此文大意：多言而言詞有文彩內容有條理。終日討論事物之所以然之理（此承「多言」說），而所言者雖千舉萬變，卻終始條貫如一（此承「而類」說）。這是聖人之智。「統類」爲荀子取言之最高原則，故言而符合此一原則的，就是聖言。非十二子篇云：「多言而類，聖人也。」與此文同義。

㈢注：聖人經營事廣，故曰「多言」。君子止恭其所守，故曰「少言」。案：「徑而省」、言其所言徑直而簡略。「論」、猶「倫」。「論而法」、言其所言有倫理而合乎禮法。「佚」、兪謂當作「秩」；「秩」與「程」聲義俱相近。「秩之以繩」，言其言之直可程之以繩。非十二子篇云：「少言而法，君子也。」

㈣「諂」、音滔，荒誕。「悖」、悖亂。「多悔」、多過、多咎。

㈤「齊」、疾也。「給」、音急，言辭捷給。「便」、輕巧。「敏」、速也。「類」、統類。言言辭敏捷而不合乎禮法。

㈥「雜能」、多異術也。「旁魄」、廣博（郝謂卽「旁薄」、皆謂大也）。「無用」、增注本據宋本元本改爲「毋用」，謂不合於用。此言：雜能廣博而不合於實用。

㈦「析」、謂剖析言辭，若公孫龍之堅白論。「速」、謂發言捷速。「粹孰」、謂所論精熟。「不急」、不急於實用。此言：析辭捷速，論辯精熟，而不急於實用。非十二子篇云：「甚察而不惠（急），辯而無用。」

㈧「恤」、顧也。注云：期於必勝人，惠施之論也。徒自勞苦爭勝，而不知禮義，故曰：役夫之知也。

有上勇者，有中勇者，有下勇者。㈠天下有中，敢直其身；先王有道，敢行其意；

㈡上不循於亂世之君，下不俗於亂世之民；㈢仁之所在無貧窮，仁之所亡無富貴；㈣天下知之，則欲與天下同苦樂之；天下不知之，則傀然獨立天地之間而不畏：是上勇也。㈤禮恭而意儉，大齊信焉，而輕貨財；㈥賢者敢推而尙之，不肖者敢援而廢之：是中勇也。㈦輕身而重貨，恬禍而廣解苟免，㈧不恤是非然不然之情，以期勝人爲意：是下勇也。

㈠ 言勇有此三等。

㈡ 「中」、中道（禮義）。「敢」、果決。「直其身」、謂中立而不倚。此四句大意：天下有道，就中立不倚，正直而行；天下無道，先王之道猶在，敢於獨行其意，而不疑惑。下文「上不循於亂世之君」二句，卽詳述「敢行其意」之義。

㈢ 「循」、順從。「俗」、與「習」雙聲，習染也。言天下無道，他上而不順從亂世之君，下而不習染亂世之俗。

㈣ 言仁之所在，雖貧窮甘之；仁之所亡，雖富貴去之（盧說）。

㈤ 「傀」與「塊」同，獨居貌。言人知之，因而得其位以行其道，則與天下人同休戚。人不之知，則獨立天地之間而無所畏。王云：御覽引作「欲與天下共樂之。」茲不取，仍從楊注。

㈥ 「禮」、久保謂當作「體」，修身篇曰：「體恭而心忠信。」「儉」、約也，不敢放侈之意。「大」、重視。「齊」、王云：中也。「大齊信」、卽「重忠信」之意，與下「輕貨財」對文。言體貌恭謹而心意歛約，重視忠信而輕忽貨財。

㈦ 「尙」、上也。「援」、牽引。言對賢能的他敢於推薦而置之上位，對不肖的他敢於牽持而廢棄之。

㈧ 「苟免」上，盧謂脫三字。鍾謂「苟免」應上屬爲句，作「廣解苟免」。茲從鍾說。「

恬」、安也。「恬禍」者，禍未至而恬然慢之。「廣解苟免」者，禍已至廣自解脫而求倖免。（以上兩節論智勇等第，舊與上下文共爲一段，茲以其義與性惡不相屬，鍾疑不苟榮辱儒效等篇文竄入於此，故別爲一段。）

繁弱、鉅黍古之良弓也；然而不得排檠則不能自正。㊀桓公之葱，太公之闕，文王之錄，莊君之曶，闔閭之干將、莫邪、鉅闕、辟閭，此皆古之良劍也；然而不加砥厲則不能利，不得人力則不能斷。㊁驊騮、騹驥、纖離、綠耳，此皆古之良馬也；㊂然而「前」必前有銜轡之制，後有鞭策之威，㊃加之以造父之駛，然後一日而致千里也。夫人雖有性質美而心辯知，必將求賢師而事之，擇良友而友之。㊄得賢師而事之，則所聞者堯舜禹湯之道也；得良友而友之，則所見者忠信敬讓之行也。身日進於仁義而不自知也者，靡使然也。㊅今與不善人處，則所聞者欺誣詐僞也，所見者汙漫淫邪貪利之行也，身且加於刑戮而不自知者，靡使然也。傳曰：「不知其子視其友，不知其君視其左右。」靡而已矣！靡而已矣！

㊀「繁弱」、弓名，左傳定四年：「封父之繁弱。」「鉅黍」、亦弓名。「排檠」、輔正弓弩之器。「檠」、巨京反（ㄑㄧㄥˊ）。

㊁「葱」、「闕」、「錄」、「曶」，齊桓公、齊太公、周文王、楚莊王之劍名。「曶」、音忽。「干將」、「莫邪」、「鉅闕」，皆吳王闔閭劍名。「辟閭」、未詳。言寶劍不加磨礪就不能銛利，不得人力就不能斷物。

㊂「驊騮」等，皆周穆王八駿名。「騹」、讀爲「騏」，王叔岷云：類纂本、百子本皆作「

駬」。「纖離」、卽列子之「盜驪」。「綠耳」、廣雅作「騄駬」。

㈣「前必有」、據王據治要初學記及御覽引校，乙爲「必前有」。「銜轡之制」、謂銜與轡的控制。「鞭策之威」、謂鞭策的威脅。

㈤「辯知」：「辯」者，慧也，智也。「知」、同「智」。言人物一理，雖生有質美之性，智慧之心，一定拜求賢師向他學習，選擇益友和他交往。

㈥「靡」、叚借爲「摩」、「摩」、古音若「靡」，故相通。見說文通訓定聲。禮學記：「相觀而善之謂摩。」春秋繁露天道施：「積習漸靡，物之微者也，其入人不知，習忘乃謂常然。」「靡使然也」、謂積習漸靡而使之如此。（本段言積靡成德在於愼選賢師友，強調「積靡」之重要性，以結全文。又本篇主旨，在論證人性本惡，而善出於人爲（僞），其目的在透顯「自然之質」之不足，必待師法之化，禮義之導，始合於文理而歸於治。綜觀所論，大體以心理情緒，生理反應，感官本能，以爲根據。是皆就生物層之動物性以言性。此動物性之自然生命，本無所謂惡，特順之而無節則流於惡耳。此荀子所謂性惡也。孟子就四端之心以言性，是就人之心理層之道德性以言性。此亦自然而具者；然此自然爲人所獨具，所謂良知良能也。孟子「心」「性」合言，故就四端之心，以明人性之異於禽獸。荀子「心」「性」分言，人禽之辨，則在心而不在性。兩賢論性之差紐，端在於此。故讀本篇之後，必須卽讀，解蔽篇及正名篇首段與「言治而待去欲者」段，非相篇「人之所以爲人者……以其有辨也」段，王制篇「水火有氣而無生」段，對荀子之心性論方可瞭然於胸中。）

君子篇第二十四

註：凡篇名多用初發之語名之，此篇皆論人君之事，卽（案：「卽」猶「則」。）「君子」當爲「天子」，恐傳寫誤也。

天子無妻，告人無匹也。㈠四海之內無客禮，告無適也。㈡足能行，待相者然後進；㈢口能言，待官人然後詔。㈣不視而見，不聽而聰，不言而信，不慮而知，不動而功，告至備也。㈤天子也者，埶至重，形至佚，心至愈，志無所詘，㈥形無所勞，尊無上矣。詩曰：「普天之下，莫非王土；率土之濱，莫非王臣。」此之謂也。㈦

㈠ 注：「告」、言也。「妻」者，齊也。天子尊無與二，故無匹也。劉師培曰：此卽左氏之說。五經異義：「左氏說：天子至尊無敵，故無親迎之禮。」今據荀子之文觀之，言「天子無妻」，卽天子至尊，無親迎禮之證也。案：言天子無親迎之禮，表示天子至尊，沒有可以和他匹敵的。

㈡劉師培曰：荀子一書多采左傳之說。左傳成十二年：「周公出奔晉。」又曰：「凡自周無出。」僖二十四年傳：「天王出居于鄭。」注：「天子以天下爲家，故天子無外。」蓋天子無外，故其臣出奔者，亦不書國境。以彼證此，則此文「無適」之「適」，卽訓「往」。然天子以天下爲一家，所經之境，所往之國，均不得謂之「適」，故曰：「告無適也。」又禮記郊特牲：「天子無客禮，莫敢爲主也。君適其臣，升自阼階（案：主人的臺階。）不敢有其室也。（案：因爲臣子的家也是屬於國君的）所謂「不敢有其室」者，卽表明「天子無適」之義。案：言天子在四海之內無「客禮」，因爲他是天下的共主，無人敢爲他的主人。所往之處，均不得謂之「適」。表示他以四海爲家。

㈢「相」、贊禮者。周禮司儀注：「出接賓曰擯，入贊禮曰相。」言天子雖然有脚，但一定要贊禮的引導才能行進。

㈣注：「官人」、掌喉舌之官。案：言天子雖然有口，但有事詔誥必待官人。

㈤久保愛曰：「見」疑當作「明」。案：言天子不用看就看地明白，不用聽就聽地清楚，不用說話就言而有信，不用思慮就知道地周詳，不用親自動手動脚就有功績，因爲一切委任臣下，所以一切至爲完備。

㈥注：「愈」，讀爲「愉」。王叔岷云：「百子本「正」作「愉」。案：「詘」與「屈」同。言天子勢位最尊重，形體最安逸，心情最愉快，志意無所委屈，形骸無所勞苦，是再尊貴沒有的。

㈦詩小雅北山第二章。「率」、循。「濱」、涯。言普天之下都是天子的土地，四海以內，都是天子的臣民。

聖王在上，分義行乎下，則士大夫無流淫之行，百吏官人無怠慢之事，衆庶百姓無姦怪之俗，無盜賊之罪，㈠莫敢犯〔大〕上之禁，㈡天下曉然皆知夫盜竊之〔人〕不可以爲富也，皆知夫賊害之〔人〕不可以爲壽也，㈢皆知夫犯上之禁不可以爲安也。由其道則人得其所好焉，不由其道則必遇其所惡焉。㈣是故刑罰綦省而威行如流，世曉然皆知夫爲姦則雖隱竄逃亡之由不足以免也，故莫不服罪而請。㈤書云：「凡人自得罪。」此之謂也。㈥

㈠ 言聖王在上，對吏民的職業和身份都有合理的裁定，所以士大夫沒有漫無檢束（腐化）的敗行，官吏沒有怠忽職守的事，一般老百姓沒有姦邪怪誕的習俗，沒有強盜竊賊的罪行。

㈡ 據王先謙據治要校刪「大」字。「敢」集解譌爲「取」。

㈢ 據王據治要校刪兩「人」字。

㈣ 久保愛曰：「道」謂禮義法制。「好」謂安、富、壽長。「惡」反是。

㈤ 「隱竄逃亡之由不足以免也」之「之」字，王懋竑謂爲衍文。盧云：「由」與「猶」通。俞云：「請」當讀爲「情」，實也。「莫不服罪而情」，言服罪而不敢虛誕也。案：此言：所以刑罰極減省而德威自然流行如水一般，世人皆明明白白地知道，作奸犯科，雖隱藏逃亡仍然免不了災禍，所以如果犯法沒有不自服其罪而敢於虛妄的。

㈥ 注：言人人自得其罪，不敢隱也，與今康誥義不同。

故刑當罪則威，不當罪則侮；爵當賢則貴，不當賢則賤㈠。古者刑不過罪，爵不踰德。故殺其父而臣其子，殺其兄而臣其弟。㈡刑罰不怒罪，爵賞不踰德，分然各以其誠通。㊂是以爲善者勸，爲不善者沮；刑罰綦省，而威行如流，政令致明，而化易如神。㊃傳曰：「一人有慶，兆民賴之。」此之謂也。㊄

㊀言刑當罪則人畏威其刑，不當罪則人輕侮其刑；爵當賢則人貴重其爵，不當賢則人卑賤其爵（官位）。

㊁注：言當罪而用賢，歸于至公也。謂若殛鯀興禹，殺管叔封康叔之比者。劉師培曰：此即用左傳咎季舉郤缺，祁奚救叔伯之語。

㊂王曰：「怒」、「踰」皆過也。「分」、當爲「介」，「介然」、堅固貌。言誠心介然，上下相通也。案：王說見儒效篇。言刑賞恰如其分，上下都很堅定地以其誠心相通達。

㊃「致明」、極明。俞曰：「易」讀爲「施」。「化易如神」者，與上「威行如流」一律。

㊄尚書甫刑之辭。

亂世則不然：刑罰怒罪，爵賞踰德，以族論罪，以世擧賢。㊀故一人有罪，而三族皆夷，德雖如舜，不免刑均，是以族論罪也。㊁先祖當賢，〔後〕子孫必顯，行雖如桀〔紂〕，列從必尊，此以世擧賢也。㊂以族論罪，以世擧賢，雖欲無亂，得乎哉！詩曰：「百川沸騰，山冢崒崩，高岸爲谷，深谷爲陵。哀今之人，胡憯莫懲！」此之謂也。㊃

㊀注：泰誓所謂：「罪人以族，官人以世。」劉師培曰：五經異義引左氏說曰：「卿大夫得世祿，不得世位。父爲大夫死，子得食其故采，而有賢才則復升其父位，故傳曰：官有世功，則有官族。」是左傳之誼，亦以世位爲譏。惟賢才之人，乃得世位，仍以賢擧，非以世族擧

也。故荀子述其義。案：言以全族論罪刑，以世位舉賢才。「世位」猶「世卿」，父死子繼，春秋譏之。

㈡「三族」，其說不一：楊注：父母妻族也。士昏禮鄭注：「謂父昆弟、己昆弟、子昆弟。」又周禮小宗伯，禮記仲尼燕居注皆云：「父、子、孫。」「夷」、滅。「均」、同。言一人有罪，三族皆滅，雖賢德如舜，也不免同被其刑。此卽以全族論罪刑。

㈢「當賢」、嘗賢。「當」、借字。據治要刪「後」「紂」二字。「列從」、謂行列相從。言先祖嘗賢，子孫必然顯達，雖無行如桀，列位必然尊貴。此卽以家世舉賢才。

㈣小雅十月之交第三章。毛云：「沸」、出也。「騰」、乘也。山頂曰「冢」。「崒」者，崔嵬。「高岸爲谷，深谷爲陵。」言易位也。鄭云：「憯」（案：同曾）、曾也。「懲」、止也。變異如此，禍亂方至，哀哉今在位之人，爲什麼曾無人以道德止之？

論法聖王，則知所貴矣；㈠以義制事，則知所利矣。㈡論知所貴，則知所養矣；事知所利，則動知所出矣。㈢——二者是非之本，得失之原也。故成王之於周公也，無所往而不聽，知所貴也。㈣桓公之於管仲也，國事無所往而不用，知所利也。㈤吳有伍子胥而不能用，國至於亡，倍道失賢也。㈥故尊聖者王，貴賢者覇，敬賢者存，慢賢者亡，古今一也。故尚賢，使能，等貴賤，分親疏，序長幼，此先王之道也。㈦故尚賢使能，則主尊下安；貴賤有等，則令行而不流；㈧親疏有分，則施行而不悖；㈨長幼有序，則事業捷成而有所休。㈩故仁者，仁此者也；⑪義者，分此者也；⑫節者，死生此者也；⑬忠者，惇愼此者也；⑭兼此而能之備矣；⑮備而不矜，一自善也，謂之聖。⑯不矜矣，夫故天下不與爭能，而致善用其功。⑰有而不有也，夫故爲天下貴矣。⑱詩曰：

「淑人君子，其儀不忒；其儀不忒，正是四國。」此之謂也。(一九)

㊀注：論議效法先王。案：「論」、論道，謂謀慮治國的政令。言策畫治國的政令，能效法先世的聖王，就知道治國所應尊貴（恪守）的是什麼了（禮義）。

㊁以義理爲裁定事物的標準，就知道什麼事是對國家有利的了。（合理的就是有利的。）

㊂陳奐曰：「知所養」，知所取法也。俞曰：四句相對成文，「動」字衍。注：「所出」、所從。案：言策畫政令知所尊貴，就知道應該取法什麼了；知道什麼事物是對國家有利的，就知道應該去作些什麼了。

㊃陶曰：「無」上當有「論」字。案：言成王對周公治國的謀議沒有不聽從的，成王知道這都是治國所應尊貴的。

㊄陶曰：「國」字衍。案：言桓公對管仲國事的計劃沒有不採用的，桓公知道這都是對國家有利的。

㊅「倍道失賢」，違背治道，不用賢才。

㊆尊尚賢人，任使能者，等差貴賤，分別親疏，次序長幼，這五者是先世聖王治國之道。

㊇貴賤有差等，則各安其分，上令而下從，故政令貫徹而不留滯。王曰：「流」、讀爲「留」。治要正作「畱」。

㊈「施」、恩惠。親疏有分別，則恩惠的施行，親者厚疏者薄而不乖悖。

㊉「捷」、速。長幼有次序，則各任其力，故事業速成，而亦有所休息之時。

(一一)「仁」、愛悅。「此」、謂尚賢、使能、等貴賤、分親疏、序長幼。言愛悅此五者的就是仁。

(一二)分別此五者，能使各得其宜的就是義。

（一三）生死皆不出此五者的就是有節操。

（一四）「愼」、誠。言能惇厚誠信於此五者的就是忠。（從郝說，說見不苟篇。）

（一五）兼此仁、義、忠、節而能之的，就是道德純備了。

（一六）仁、義、忠、節皆聖人行以自善，而無所容其矜伐（陶說。）所以備此四者而不矜伐都用以自善的就是聖人。「一」、皆。

（一七）注：不矜而推衆力，故天下不敢爭能，而極善用於衆功。矜則有敵，故不尊也。

（一八）有能而不自以爲有，所以爲天下所尊貴。

（一九）詩曹風尸鳩第三章。「忒」、差。「四國」、四方之國，謂天下。言善人君子，他的儀度不差，故能正四方之國，以喻正身待物，則四國皆化；若恃才矜能，則所得者小也。（本篇舊不分段，茲分爲三段：第一段言天子無匹，至備至尊。次段分爲三節，言「分義行乎下」，則政平而俗美，刑賞得其平，則善者勸而不善者沮。因譏亂世「以族論罪，以世舉賢」之非。三段言聖王之治道，「尚賢、使能、等貴賤、分親疏、序長幼」五者而已。本篇皆論人君之事，蓋王制、君道等篇之餘緒，故楊注以爲篇名「君子」爲「天子」之誤。）

成相篇第二十五

「成相」、禮記樂記注：「成，猶奏也。」禮記曲禮：「鄰有喪，舂不相。」注：「相，謂送杵聲。」又檀弓注：「相、謂以聲音相勸。」朱子云：「相、助也，舉重勸力之歌。史記所謂『五羖大夫死，而舂者不相杵』是也。」（楚辭後語）明方以智通雅亦謂助力之歌。其言曰：「荀子有成相三章。相者，助也。舉重勸力，以申其邪許（讀爲哈呼）噓喻之聲也。」盧文弨曰：「審此篇音節，卽後世彈詞之祖。……首句『請成相』，言請奏此曲也。漢藝文志：『成相雜辭十一篇。』惜不傳。大約託於瞽矇諷誦之詞，亦古詩之流也。」俞樾曰：「此『相』字卽『舂不相』之『相』，……蓋古人於勞役之事，必爲歌謳以相勸勉，亦舉大木者呼『邪許』之比。其樂曲卽謂之『相』。『請成相』者，請成此曲也。漢志有成相雜辭，足徵古有此體。」豬飼彥博以本篇屢言「基」字，因謂「成相」，蓋相杵築基之歌。當時有此辭，荀子擬而作之，故曰：「託於成相以喻意。」案：以杵築基，北方叫做「打夯」：打夯必歌，一以齊力，一以忘勞。故「成相」蓋古代人民集體舉重時所唱助力之歌，荀子擬而作之，以宣傳他的政治思想。

請成相：㊀世之殃，愚闇愚闇墮賢良！㊁人主無賢，如瞽無相，何倀倀！㊂
請布基，愼聖人，愚而自專事不治。㊃主忌苟勝㊄，羣臣莫諫，必逢災。㊅
論臣過，反其施，㊆尊主安國尚賢義。㊇拒諫飾非，愚而上同，國必禍。㊈
曷謂「罷」？國多私，比周還主黨與施。㊉遠賢近讒，忠臣蔽塞主埶移。⑪
曷謂「賢」？明君臣，上能尊主下愛〔下〕民。⑫主誠聽之，天下爲一海內賓。⑬
主之孽，讒人達，賢能遁逃國乃蹷。⑭愚以重愚，闇以重闇，成爲桀。⑮
世之災，妬賢能，飛廉知政任惡來。⑯卑其志意，大其園囿高其臺。⑰
武王怒，師牧野，紂卒易鄉啟乃下。⑱武王善之，封之於宋立其祖。⑲
世之衰，讒人歸，比干見刳箕子累。⑳武王誅之，呂尚招麾殷民懷。㉑
世之禍，惡賢士，子胥見殺百里徙。㉒穆公任之，強配五伯六卿施。㉓
世之愚，惡大儒，逆斥不通孔子拘㉔。展禽三絀，春申道綴，基畢輸。㉕
請牧基，賢者思，堯在萬世如見之。㉖讒人罔極，險陂傾側此之疑。㉗
基必施，辨賢罷，㉘文武之道同伏戲，由之者治，不由者亂，何疑爲？㉙
凡成相，辨法方，㉚至治之極復後王。㉛〔復〕愼墨季惠，百家之說誠不詳。㉜
治復一，脩之吉，㉝君子執之心如結，衆人貳之，讒夫棄之，形是詰。㉞
水至平，端不傾，心術如此象聖人。㉟□而有埶，直而用抴必參天。㊱
世無王，窮賢良，暴人芻豢，仁人糟糠；㊲禮樂息滅，聖人隱伏，墨術行。㊳
治之經，㊴禮與刑，君子以脩百姓寧。明德愼罰，㊵國家既治四海平。

治之志，後埶富，㊶君子誠之好以待。㊷處之敦固，有深藏之，能遠思。㊸思乃精，志之榮，好而壹之神以成。㊹精神相反，一而不貳、爲聖人。㊺治之道，美不老，君子由之佼以好。㊻。下以教誨子弟，上以事祖考。㊼成相竭，辭不蹷，君子道之順以達。㊽宗其賢良，辨其殃孽，□□□。㊾

㊀「請成相」，解見上，言請唱成相曲，這是表面意思，而暗喻：請讓賢臣輔佐明主成就治國的大業。「成」有就意，「相」有治意。

㊁「隨」（ㄏㄨㄟ），毀壞，俗作「墮」，言人世的不幸，都是由於君主愚暗，把賢良毀壞了。案：君道篇：「人主無左右足信者謂之闇。」「愚闇愚闇」，重言足句，無特別意義。

㊂「倀倀」（ㄔㄤ），不知所往的樣子。「相」、扶持盲者的人。言人主如無賢良爲佐，就如同盲人無相，將無所適從。

㊃「布」、陳說。「基」、國基。下文「基必輸」、「請牧基」、「基必施」、「道古聖賢基必張」、「明有基」，諸「基」字，都和此「基」字同義。「愼」，楊讀爲「順」。兪以「人」與「基」不入韻，疑「愼聖人」爲「愼聽之」之誤。劉師培謂「人」與「基」協，是眞支通轉。堯問篇亦以「人」與「治」「時」叶韻，可證。茲從楊劉說不改字。言請讓我陳說治國之基本原則，在順從聖人之道；愚昧而又專斷獨行，政事必然不能治。

㊄「忌」、禁忌。「苟勝」，以苟且之道取得勝利，卽僥倖地勝利。言人主治國最怕僥倖地成功。僥倖成功必越發妄自尊大而不接納忠言，故下云「羣臣莫諫必逢災」。「莫諫」，謂莫敢諫。

㊅「災」，古讀如「茲」，與「基」、「治」叶韻。

(七)「施」，王先謙謂爲施行，卽行爲；陶鴻慶釋爲宜。茲從陶說。言臣子之過，在違反了臣道之所宜。案：下文「尊主」句卽爲臣道所宜，反之則爲過失。

(八)「義」、俞讀爲「儀」，儀亦賢也。尊崇人主，安定國家，崇尚賢能之士。「施」、古讀莎。「儀」、古讀俄。上與「過」，下與「禍」叶韻。

(九)「拒諫」二句非臣道所宜。「上」、與「尙」同。己本愚暗，又欲使人同於己（朱子說），必然禍國殃民。

(一〇)「罷」、音疲，弱不任事，無能。「私」、奸邪。「比周」、結黨營私。「還」、王讀爲「營」，惑也。「黨與」、同黨的人。「施」、張。言怎樣叫做劣弱無能（此指人主說）？答道：國中多奸邪，他們結黨營私以惑人主，只求擴張其黨徒的勢力。

(一一)人主疏遠賢人而親近讒佞，使忠臣進諫之路蔽塞，人主的權勢就將轉移了。

(一二)「愛下民」、據王校改爲「下愛民」。言怎樣叫做賢臣？答道：賢臣上而能尊君，下而能愛民。

(一三)人主如能誠心接納他的話，天下就會統一，海內的人民都會賓服。

(一四)「孽」、災。「達」、進。「蹷」、顚覆。言人主的災禍，就是讒佞得志上達，賢能遠禍逃避，這樣，國家就要傾覆滅亡了。

(一五)「重」（ㄓㄨㄥˋ）。言人主本已愚暗，再加愚暗的左右的營惑，而更愚暗，終於成爲夏桀一樣的亡國之君。

(一六)「能」、古讀爲「乃」，與「災」、「來」叶韻。「惡來」、飛廉之子，秦之先祖。父子皆以材力事紂。「知政」、猶言「執政」。言紂王以飛廉執政，又任用他的兒子惡來。案：史記：「惡來善讒毀，諸侯以此益疏。」

⑰言飛廉父子不鼓勵紂奮發上進，而誘導他志意卑下，只圖享受，一味地擴充園囿，建築高臺，以爲遊觀之樂。

⑱「牧野」，在殷都朝歌（故城在今河南淇縣東北）以南七十里。書稱武王與紂戰於此。「鄉」、讀爲「向」。「易向」、卽「倒戈」。「啓」、紂之庶兄，卽微子。「下」、投降。言武王恨紂之昏暴，一怒而興師牧野，紂王士卒倒戈助周，微子也投降了武王。

⑲「祖」、宗廟。言武王敬重微子，以宋地封他爲諸侯，又爲他建立殷人的宗廟。

⑳「歸」、集中，歸附。「累」、讀爲「縲」，卽「縲絏」，引申爲囚禁。言殷世之衰，在於讒佞之人都集中於朝廷，賢如比干被剖心而死，箕子也被囚禁起來。

㉑「之」、讒人。「招麾」，猶言「指揮」。「麾」同「揮」。「懷」、歸附。言武王誅戮了這些讒佞，太公姜尙撫輯流亡，殷民都來歸附。

㉒「子胥」，吳大夫伍員字，爲夫差所殺。「百里徙」：「百里」、卽百里奚，原爲虞臣，有智謀，而不爲虞君所用。「徙」、遷徙。史記秦紀：「晉滅虞、虜虞君與百里奚，以爲秦繆公夫人媵於秦。」言人世災禍，在於惡賢，如子胥爲夫差所殺，百里奚被俘而遷於秦。

㉓「任」、臺州本作「得」。「伯」、讀爲「霸」，「施」、設也。言秦穆公任用百里奚之後，國家強盛，比於五霸，而設置六卿比於天子。

㉔「逆斥」、逆拒、斥逐。言世之愚人，不喜大儒，如孔子大聖有時被拒絕入境，有時被斥逐出境，有時不允通行而被拘禁（指畏於匡，困於陳、蔡等事）。

㉕「展禽」、卽柳下惠，名獲，字季，居柳下，謚惠。嘗仕爲士師（司法官），三黜而不去。「絀」，同黜。「春申」、卽楚相春申君黃歇。（劉師培謂「春申」當作魯申，卽魯僖公，與展禽同時。）「綴」、與「輟」同。「輸」、墮也。言柳下惠爲士師而三次被黜，春申君

死，道亦中絕，國家的基業，也就完全毀壞了。

㉖「牧」、治也。言請讓我談談治國的基本原則，賢者如能考察我之所說，堯雖去我已遠，而其治道如目擊一般。

㉗「罔極」，無止境。「陂」、亦作「詖」，音「皮」去聲。「險陂」、「傾側」，皆陰險邪惡不正之意。言讒人為惡無所不至，他心術邪惡，雖聞堯之治道，猶疑而不信。

㉘「施」、張也。言必欲張大其基業，當先辨別人之賢罷。

㉙「伏戲」、即伏羲。言文武之道和伏羲之道沒有兩樣，用此道的則天下治，不用此道的則天下亂，有什麼可懷疑的？

㉚「方」、術也。言大凡要想把國家治好，當先辨別治術之正邪。

㉛「復」、恢復。「後王」、謂文王武王。要想把國家治理到極至，須要恢復後王之道。

㉜「復」、據劉師培校及增注本刪。「季」，不詳。「詳」與「祥」古通用。言慎到、墨翟、惠施等雜家的學說，確是一些不祥之論。

㉝「之」、謂後王之道，下同。言至治之道在復一於後王，凡是修治後王之道的就得到吉祥。

㉞「形」、與「刑」同，「詰」、治也。言君子堅持後王之道，心如繩結一般之不可解；衆人就三心二意，讒佞小人就棄而不顧，惟刑罰是治了（言治國不以德化而以刑罰）。

㉟言水性至平，只要容器放得端正，就不會傾溢，聖人用心正是如此。王叔岷云：「端」、元本作「滿」。

㊱「而有埶」上，郝云：疑脫「人」字。「拽」、音曳（一），非相篇楊注云：當為「枻」。案：「枻」、楫也，意謂舟。舟必有容，且以濟渡為用，故以為寬容兼輔導前進之喻。言人既有權勢，律己則正直如繩，接人則用枻，其功業必可參於天。

㊲此當七字句，王引之謂下「人」字涉上「人」字而衍。言世無聖王，賢良窮困，暴人吃牛羊，仁人吃糟糠。

㊳「墨術行」言墨翟之道術盛行於世。

㊴「經」、常道、常法。

㊵「明德」，承上「禮」言；「愼罰」，承上「刑」言。

㊶「後」，不急之意。言治國者的心中，不可存著急於追求權勢財富的念頭。

㊷君子心誠此意，而善自修飾以待徵用。

㊸「敦」、厚也。「有」、讀爲「又」。言君子心存此意既厚且固，而又能深藏遠慮。

㊹「乃」、猶「若」（釋詞六）。「榮」、光明。言思慮若能專精，心志便會光明，好而專一不二的，智慧就通於神明。

㊺「相反」、王引之謂爲「相及」之誤。注云：謂反覆不離散。于省吾從注說，並解釋道：「相反」，謂精反於神，神反於精，二者不離。今從于說。言精與神集中而不分散，終始如一的就成爲聖人。

㊻「不老」、不衰老（鍾說）。「佼」、亦好也，音絞。言若行聖王之道，心中便沒有憂患，健康就美好不衰。所以君子行之美而好。

㊼言此道下可以教誨子弟，上而可以奉事祖考。

㊽「蹙」、短也，引申意爲盡。言成相曲雖然完了，而諷勸之辭則沒有盡。君子若照著此言行事，必然順當通達。

㊾君子信奉成相之辭，必能宗其賢良以致治，辨其殃孽以遠禍。案：劉師培謂「宗」當作「尊」，顧千里謂此句應十一字。又顧云：本篇之例：兩三字句，一七字句，一十一字句，爲

一章。每章凡四句，每句有韻。（王念孫氏以末十一字爲兩句，卽一四字句，一七字句，共五句爲一章。）其十一字句，或上八下三，如「愚以重愚，闇以重闇，成爲桀」之屬，是也。或上四下七，如「主誠聽之，天下爲一海內賓」之屬，是也。唯「下以教誨子弟，上以事祖考」，又「孰（郭）公長父之難，厲王流於彘」兩處則上六下五，雖變例，正可推知其十一字句矣。

請成相，道聖王，㈠堯舜尙賢身辭讓，許由善卷，重義輕利行顯明。㈡
堯讓賢，以爲民，㈢氾利兼愛德施均。㈣辨治上下，貴賤有等明君臣。㈤
堯授能，舜遇時，尙賢推德天下治。雖有聖賢，適不遇世，孰知之？㈥
堯不德，舜不辭，妻以二女任以事。㈦大人哉舜，南面而立萬物備。㈧
舜授禹，以天下，尙得推賢不失序。㈨外不避仇，內不阿親，賢者予。㈩
禹勞心力，堯有德，⑪干戈不用三苗服。舉舜甽畝，任之天下，身休息。⑫
得后稷，五穀殖；夔爲樂正鳥獸服；⑬契爲司徒，民知孝弟尊有德。⑭
禹有功，抑下鴻，辟除民害逐共工。⑮北決九河，通十二渚，疏三江。⑯
禹傅土，平天下，躬親爲民行勞苦。⑰得益、皋陶、橫革、直成、爲輔。⑱
契玄王，生昭明，居於砥石遷於商。⑲十有四世，乃有天乙是成湯。⑳
天乙湯，論舉當，身讓卞隨舉牟光。㉑□□□□，道古賢聖基必張。㉒

㈠ 注：前章意未盡，故再論之。王曰：「道聖王」，從聖王也。案：以下各章皆言堯舜禹湯諸聖王之事。

㈡ 莊子讓王：「堯讓天下於許由，許由不受。……舜讓天下於善卷，善卷不受。」「行顯明」，言兩人高潔的德行顯明於天下，爲人所共仰共知。

㈢ 注：爲萬民求明君，所以不私其子。案：此卽所謂「天下爲公」。

㈣ 「氾利」、猶「普利」。言堯對天下無人不利，無人不愛，布施德惠無不均平。

㈤ 儒效篇云：「分不亂於上，能不窮於下，治辯之極也。」此文「辨治」卽彼文之「治辯」。「辨」亦「治」的意思。「辨治上下」，言上下無不治也。具體言之：卽在上位的用人恰當，在下位的才德稱職。「貴賤有等明君臣」，言貴賤在名分上皆有了等差，章明了君臣之義。

㈥ 堯要授位給賢能，舜恰好遇上這個時代，堯推重賢德，於是天下平治。雖有聖賢之德，不遇重賢之世，誰能認識他？（注：蓋以自歎）。

㈦ 堯不以爲讓位給舜是恩德，舜受位也不加推辭。「任以事」，謂任以天下之事。

㈧ 舜確也眞偉大，他知人善任，南面無爲，而萬事皆治。解蔽篇云：「昔者舜之治天下也，不以事詔而萬物成。」

㈨ 「得」、通「德」。言舜也以天下授禹，崇尚有德，推尊賢人，而不失其次序（不失其宜）。

㈩ 「外不避仇」，指舜殛鯀而舉禹。「內不阿親」，指舜不傳位給其子商均。「阿」、阿私。「賢者予」，指傳位給禹，「予」、讀爲「與」，給也。

⑪ 劉師培曰：此下二章皆言堯事，「禹有功」以下，方言禹事。此文「禹」字疑衍，或當作「堯有德，勞心力」，與下「禹有功，抑下鴻」對文。

⑫ 三苗、國名，書舜典：「竄三苗于三危。」以爲舜事。「甽」與「畎」同。言堯的德化廣被天下，不用征伐三苗就順服。又舉舜於農田之中，傳位給他，自己退休。

㉓ 堯得到后稷，敎民稼穡，五穀蕃殖，人民有了飯吃。又命夔爲樂正，夔作樂，就是百獸都相率舞蹈馴服。呂覽古樂：「堯命質（夔）爲樂，質乃效山林谿谷之音以歌，乃以麋鞈置缶而鼓之，乃拊石擊石以象上帝玉磬之音，以致舞百獸。」

㉔ 命契爲司徒，廣施敎化，於是民衆皆知孝悌之道而尊崇賢德。契、高辛之子，封於商，爲商之祖。

㉕ 「抑」、阻遏。「下鴻」：「下」、使水歸下。「鴻」、卽洪水。「辟」、借爲「闢」。今尚書：「舜流共工於幽州。」戰國策秦策：「禹伐共工。」未知孰是。言禹治洪水使歸江海，又逐共工闢除民害，有大功於天下。

㉖ 禹貢：「北播爲九河。」孔傳云：「北分爲九河，以殺其溢。」「渚」、水中小洲。韋昭曰：「三江：松江、錢塘、浦陽江也。」案：「三江」、「九河」、「十二渚」，未必實有其數，極言其多而已。

㉗ 「傅」、讀爲「敷」。「敷」、分也，見禹貢馬注。言禹分治九州之土，平定天下，親自爲民衆服行勞苦之事。

㉘ 盧曰：困學紀聞曰：「呂氏春秋：『得陶、化益、眞窺、橫革、之交五人佐禹。』陶、卽臯陶也。化益、卽伯益也。眞窺、卽直成也。併橫革、之交二人，皆禹輔佐之名。」案：「竀」、與「成」同音，與「窺」形似。呂氏春秋蓋本作「竀」，傳寫誤爲「窺」耳。「直」、與「眞」亦形似。呂氏語，見求人篇。王曰：此句例當用七字，今本脫一字，或在「爲」上，或在「爲」下，俱未可知。

㉙ 詩商頌玄鳥：「天命玄鳥，降而生商。」又長發：「玄王桓撥。」皆謂契也。史記殷本紀：「契爲堯司徒封於商。契卒，子昭明立。」砥石、地名。言商人的始祖玄王契生子昭明，初

時居於砥石，後來遷到商丘。

⑳湯、名乙，亦名履。史記索隱：「湯名履，又稱『天乙』者，譙周云：『夏殷之禮，生稱王，死稱廟，皆以帝名配之。天亦帝也。殷人尊湯，故曰天乙。』」又史記志疑：「湯、非名也，以地爲號，故稱成湯，武湯。」路史發揮注：「湯、特商國中一邑名，成湯，猶成周也。」（梁啓雄）自契至湯共十四代，詳見史記殷本紀。

㉑莊子：「湯讓天下於卞隨務光，二人不受。」「牟」與「務」同。俞曰：下「舉」字，讀爲「與」。言商湯對人的認識和推舉都是恰當的，他曾讓位給卞隨和務光，二人不受。

㉒王曰：「道」、從也。「道古聖賢」上當有一四字句，而今本脫之。案：言有國者若遵從聖賢之言行以治其國家，國家的基業必然開張。

願陳辭，㈠□□□，㈡世亂惡善不此治。㈢隱諱疾賢，良由姦詐鮮無災。㈣
患難哉！阪爲先，聖知不用愚者謀。㈤前車已覆，後未知更，何覺時？㈥
不覺悟，不知苦，迷惑失指易上下。㈦中不上達，蒙揜耳目塞門戶。㈧
門戶塞，大迷惑，悖亂昏莫不終極；㈨是非反易，比周欺上惡正直。㈩
正直惡，心無度，邪枉辟回失道途。⑪已無郵人，我獨自美，豈獨無故？⑫
不知戒，後必有，⑬恨後遂過不肯悔。⑭讒夫多進，反覆言語生詐態。⑮
人之態，不如備，爭寵嫉賢利惡忌；⑯妒功毀賢，下斂黨與上蔽匿。⑰
上壅蔽，失輔埶，任用讒夫不能制。⑱〔孰〕郭公長父之難，厲王流於彘。⑲
周幽厲，所以敗，不聽規諫忠是害。嗟我何人，獨不遇時當亂世！⑳

欲衷對，言不從，恐爲子胥身離凶；㉑進諫不聽，剄而獨鹿棄之江。㉒
觀往事，以自戒，治亂是非亦可識。㉓□□□□，託於成相以喻意。㉔

㈠ 此章與上章合爲一章，方與楊注「成相之章。」之說合，故約注從之。然按其意義應另爲一章，故集解及增注均提行，今從之。

㈡ 「願陳辭」下脫一三字句。胡元儀郇卿別傳考異謂「願陳辭」上，脫「請成相」三字。梁云：「請成相」，本篇凡三見，「相」字皆諧韻，今此處若加「請成相」三字，與下文不諧韻，胡說似非。

㈢ 前兩章意猶未盡，欲再有所陳述。混亂之世，不喜善人，當今竟無人糾正這種歪風。

㈣ 「諱」、陶據楊注謂爲「過」字之誤。「良」、王據楊注謂爲「長」字之誤。于云：廣雅釋詁：「良、長也。」不必改字。案：此承上句說，隱諱過惡，嫉害賢良，長用姦詐之謀，很少不遇災禍。「由」、用也。

㈤ 「阪」、與「反」同，反側頗僻（郝說）。言人世的患難，就在人主治國以反側僻邪之術爲先，聖智之人不用，而和愚人圖謀國事。

㈥ 前車已經傾覆，後車還不知改轍，什麼時候才覺悟呢？

㈦ 「失指」、謂指示錯誤。「易上下」，謂上下顚倒。言不知覺悟，不知艱苦，必致迷惑不明，指麾失宜，上下顚倒。

㈧ 「中」與「忠」古通用。「揜」、蔽也。君道篇：「便嬖左右者，人主之所以窺遠收衆之門戶牖向也。」言忠臣之言不能上達人主，則耳目蒙蔽，如同門戶堵塞了一般。

㈨ 「莫」、同「暮」，昏闇。「不終極」、無已時。言門戶既塞，心中沒了光亮，則行爲的悖亂黑暗將無終止之時了。

(一〇)「反易」、顛倒。言人主之所以是非顛倒，都是由於臣下結黨欺瞞而致憎惡正直之士。

(一一)「辟」、讀爲「僻」。「僻」、「回」，意皆爲邪。言既憎惡正直之士，心中便沒了法度，於是邪僻曲枉迷失了正途。

(一二)「郵」、通「尤」、怨尤。下「獨」字因上「獨」字而衍。「故」、事也。言不要責怪別人，而自美其身，難道迷失正途不干自己的事嗎？

(一三)盧曰：「有」，讀曰「又」，所謂貳過也，古音戒。

(一四)王曰：「恨」、與「很」同。「後」、當爲「復」，字之誤也，「復」與「愎」同。言很愎不從諫，以遂其過也（案：「遂」、成也）。莊子漁父：「見過不更，聞諫愈甚，謂之很。」

(一五)王曰：「態」、讀爲「姦慝」之「慝」。言言語反覆，則詐慝從此生也。

(一六)「如」、注云：當爲「知」。「利」、王謂「相」之誤。案：「利惡忌」，謂銳於憎惡，正承上「爭寵妬賢」而言，似不必改字。言人臣姦慝，如不知防備，必致爭寵妬賢而銳於忌惡正人。

(一七)「歙」、聚也。言既妬功害賢，就必下而結黨營私，上而蒙蔽人主。

(一八)人主既被壅蔽，就失掉輔佐和權勢，所任用的讒人也就不能控制了。

(一九)「孰」、爲「郭」之誤。盧云：古「郭」、「虢」字通。郭公長父、卽呂覽當染之「虢公長父」也。「彘」、地名，在河東。

(二〇)周代幽王厲王所以失敗，只因不聽規諫，而殘害忠良。可歎我（荀子）是怎樣的一個人？偏生不遇時而當亂世！

㉑「衷對」，朱子謂當作「對衷」，乃與韻叶。「離」、遭也。言我（荀子）欲以衷誠相諫，無奈言之不從，又恐像子胥一般身遭凶禍。

㉒「獨鹿」，卽「屬鏤」，吳王夫差賜子胥之劍名。「而」、猶「以」。言子胥進諫吳王不從，反被迫以獨鹿之劍自殺，屍體還被抛在大江裏。

㉓「識」、如字，言觀察往事，以儆戒自己，國家的治亂，事理的是非，由往事就可以認識清楚了。

㉔顧曰：亦疑尚少四字。案：言借著成相曲來表明我的意見。

請成相，言治方，①君論有五約以明。②君謹守之，下皆平正，國乃昌。③

臣下職，莫游食，務本節用財無極。④事業聽上，莫得相使，一民力。⑤

守其職，足衣食，厚薄有等明爵服。⑥利往卬上，莫得擅與，孰私得？⑦

君法明，論有常，表儀既設民知方。⑧進退有律，莫得貴賤，孰私王？⑨

君法儀，禁不爲，莫不說教名不移。⑩脩之者榮，離之者辱，孰它師？⑪

刑稱陳，守其銀，下不得用輕私門。⑫罪禍有律，莫得輕重威不分。⑬

請牧〔祺〕基，明有〔基〕祺，⑭主好論議必善謀。⑮五聽脩領，莫不理續主執持。⑯

聽之經，明其請，參伍明謹施賞刑。⑰顯者必得，隱者復顯，民反誠。⑱

言有節，稽其實，信誕以分賞刑必。⑲下不欺上，皆以情言，明若日。⑳

上通利，隱遠至，觀法不法見不視。㉑耳目既顯，吏敬法令莫敢恣。㉒

君教出，行有律，吏謹將之無鈹滑。㉓下不私請，各以宜，舍巧拙。㉔

臣謹脩，君制變，公察善思論不亂。㉕以治天下，後世法之成律貫。㉖

㈠論治國的方術。

㈡「君論」、卽君道。「以」、猶「而」。言人君治國之道有五項，簡約而明白。所謂五，卽下文：臣下職、守其職、君法明、君法儀、刑稱陳。

㈢人君謹守此五者，則臣下治事平正合理，國運自然昌隆。

㈣「本」、農桑。「極」、盡也。言要臣下各盡其職，不得游手好閑，尸位素餐；同時努力生產，節約消費，財貨就不虞匱乏了。

㈤國家興辦事業，一律聽國君的命令，各級官吏不得擅相役使民衆，這樣，民力就可集中使用了。禮記：「用民之力，歲不過三日。」

㈥人盡其職，便衣食豐足，再從爵祿章服表明貴賤的等差。

㈦「卬」、與「仰」同。「往」、王引之云當爲「隹」，隹、古「唯」字。下「得」、劉師培謂與「德」同。言爵祿之利唯仰賴君上的賜與，臣下不得擅自授受，這樣，誰敢以國家的名器市個人的私德？

㈧「論」、論士。「表儀」、猶儒效篇末之「防表」，標準之意。言君上的法度明盛，則論士之才德功過皆有常規，這就如同建立了行爲的指標，人民就有個正確的方向了。

㈨官吏的進退都有規定，貴賤皆以其才德，不得任意升降，誰還再去私佞君上？

㈩「儀」、卽上文「表儀」之儀，而用作形容詞。「說」、讀爲「悅」。言君上的法度明盛，足爲臣民行爲的儀表，則不合此表儀的（卽「不爲」）得予以制止。臣民也都喜悅君上之教，各守其名分而不隨便轉移了。「名」、注釋爲「名器」，或釋爲「名分」，今從後者。

⑪遵行君上之法的就尊榮，不遵行的就屈辱，誰敢再以其他的爲師法？（皆歸王道，不離貳也

——注）

（一二）「稱」、謂當罪。「銀」、與「垠」同，界限。言刑法的規定，各當其罪而布陳於國人，臣下用刑就得守其分限，而不得用爲作威作福的工具，私門就不爲人民所重視了。

（一三）陶曰：「禍」、與「過」通，罪言其重，過言其輕。案：此言懲處罪過，皆按照法律的規定，臣下不得任意輕重，則權威就不下分了。

（一四）「基」、「祺」兩字誤倒，據俞校互易。言請言治國的基本原則，君上如能明察就必然得到吉祥。

（一五）君上如喜歡和臣下討論問題，就必然善於謀國。

（一六）「聽」、聽政、執政。「五聽」、上述五章的原則。王曰：「領」、猶治也，理也。「續」、當爲「績」，爾雅：「績、事也。」「主執持」、當爲「孰主持」。案：言上述五項爲政的原則，如人主皆能脩治實踐，則百官莫不各理其事，因爲人主把握了這五個原則，誰還能支配他？（謂權不旁落）

（一七）「經」、道也。「請」、與「情」通。「參伍」、猶「錯雜」。言爲政之道，在明察情實，要錯綜地清明謹愼地研究分析，以求其眞僞，然後施行賞刑。

（一八）這樣，顯明的事固然必得其情，就是幽隱的也明顯了，人民自然由詐僞而反於誠實了。

（一九）「節」、謂法度。「稽」、考也。言要使人言有法度而不欺瞞，再稽考他的行實，分淸信實或誕妄而後信賞必罰。

（二〇）這樣，在下的人就不敢欺騙君上，報告必然誠實，態度光明如同白日了。

（二一）若君上耳目通達敏利，則幽隱的遙遠的都可觀察得到，他可以「觀法於法不及之地，見視於視不到之鄉」（郝說。）

㉒ 耳目既然如此顯明，官吏自然敬守法令，不敢放恣。

㉓ 「鈹滑」：「鈹」、爲「鈒」字之誤，應讀爲「澀」。「澀」、謂拘滯。「滑」、謂流蕩（于說）。案：「澀」謂太嚴。「滑」謂太寬。言國君的教令頒布之後，臣民的行爲就有了規律（方向），官吏持法謹愼，也就不致太嚴、太寬了。「將」、持也。

㉔ 「下不私請」，注釋云：「羣下不私謁。」鍾云：「請」、當讀作「情」。今從後說。言臣下治事沒了私心，該怎麼辦就怎麼辦，也就不用心機了。盧曰：「巧拙」之句中脫一字，或當作「各以所宜舍巧拙」。

㉕ 「脩」、王謂「循」之誤。言人臣只有謹愼地遵循法度，變更法度則由人君制訂。人君如能公正地觀察，明善地思考，論人論事就不致錯亂了。

㉖ 「律貫」、法律的條貫，猶天論篇末之「道貫」。言以此道治理天下，後世法之，就成爲法度的條貫（禮義之統）。

賦篇第二十六

賦篇包括：禮賦、知賦、雲賦、蠶賦及箴賦等五篇，末附佹詩。漢書藝文志：「孫卿賦十篇。」這五篇或者就是漢志所說十篇之半。賦是一種鋪陳描寫的文體；但本篇所描寫的，却很像迷語，即用種種的譬喻代替直說，把事物暗示出來，讓讀者揣摩猜度，最後才揭出謎底。與「遯詞以隱意，譎譬以指事」的「隱」很相似。又文中用君臣問答的口吻，來描繪事物的形象或功能，實開漢賦體製的先河。

爰有大物，㈠非絲非帛，文理成章；㈡非日非月，爲天下明。㈢生者以壽，死者以葬。㈣城郭以固，三軍以強。㈤粹而王，駁而伯，無一焉而亡。㈥臣愚不識，敢請之王？㈦

王曰：此夫文而不采者歟？簡然易知，而致有理者歟？㈧君子所敬，而小人所不者歟？㈨性不得則若禽獸，性得之則甚雅似者歟？㈩匹夫隆之則爲聖人，諸侯隆之則一四海者歟？㈡致明而約，甚順而體，請歸之禮。㈢——禮。

㈠「爰」、曰也，語詞。「大物」、謂禮。禮是人道中之要者，故曰「大物」。

㈡言不是絲也不帛，但文理組成黼黻文章。比喻禮以持身，則行有條理文彩。

㈢「明」、音茫。言不是日月，卻是人間的光輝。

㈣修身篇云：「以（禮）治氣養生，則後彭祖。」又：「食飲衣服居處動靜，由禮則和節。」此言：以禮養生就健康長壽，以禮送葬就圓滿無憾。

㈤禮是強國之本，故此言：以禮教民，守城則城郭堅固；以禮治軍，征伐則軍威強盛。

㈥「粹」、精純，謂治國專一於禮。「駁」、駁雜，謂不能專一於禮而雜以他術。「伯」、讀霸。「無一焉」句，言完全放棄了禮就要亡國。

㈦禮之功用甚大，時人不知，故荀子託爲隱語，以問王者道：臣愚笨，但見其功用，而不知其名字，不揣冒昧，求教於君王。

㈧王道：這是人生最美的文飾，卻無色彩可見的吧？是簡單明瞭，卻極有條理的吧？

㈨「不」、補靡切，音彼，鄙薄也。言這是君子所認眞修治，卻爲小人所鄙薄的吧？

㈩「似」、肖也，見正韻。老子：「若肖久矣。」河上公註云：「肖、善也。」故「雅似」，猶言「雅善」，與上「禽獸」虛實相對。言人性沒有它的修飾就和禽獸一般，得到它的修飾就雅正而善良的吧？

⑪平常人重視它就可成爲聖人（言禮可以修身），諸侯重視它就可以統一天下的吧？（言禮可以治國平天下）

⑫它是極其明白而又簡約，所以易知；極其順當而有原則（體），所以易行。這些偉大的功用，讓我們歸之於禮。

皇天隆物，以〔示〕施下民，或厚或薄，〔帝〕常不齊均。㊀桀紂以亂，湯武以賢。㊁涽涽淑淑，皇皇穆穆。㊂周流四海，曾不崇日。㊃君子以脩，跖以穿室。㊄大參乎天，精微而無形，㊅行義以正，事業以成。㊆可以禁暴足窮，百姓待之而後〔寧〕泰寧。㊇臣愚不識，願問其名。

曰：此夫安寬平而危險隘者邪？㊈脩潔之爲親，而雜汙之爲狄者邪？㊉甚深藏而外勝敵者邪？⑪法禹舜而能弇迹者邪？⑫行爲動靜待之而後適者邪？⑬血氣之精也，志意之榮也，⑭百姓待之而後寧也，天下待之而後平也，明達純粹而無疵也，夫是之謂君子之知⑮——知。

㊀「隆」、王謂與「降」同。「示」、本作「施」；「帝」、本作「常」，皆據王據藝文類聚校，改。「物」、指「智」言。言上天降下一種東西（智）給所有的人，但有人得到的多，有人得到的少，常是不齊一均平的。

㊁桀紂憑著它擾亂天下成爲惡人，湯武憑著它平治天下成爲賢人。

㊂「涽涽」：「昏」、「昆」古音同屬「屯」部，「涽涽」、疑即「混混」。孟子離婁：「源泉混混。」朱注：「混混、湧出之貌。」此處用以比喻智之活動，如同流水之不絕。「淑淑」、說文訓爲淸湛，此處用以比喻智之靜止，如同止水之澄澈。「皇皇」、猶「煌煌」，言智者之有光儀。「穆穆」、敬也，言智者之儀容敬謹。「涽涽淑淑，皇皇穆穆」，皆用以贊智的美辭。

㊃「崇」、終也。言運用智慮周徧天下，還用不了一天的時間。此言智慮周流之速。

㊄君子用以修己成德（荀子以智成德），盜跖（小人）用以穿窬行竊。此用智不同之例。「穿

室」、猶「穿窬」。

㈥智慮大則高達於天，小則精微到無形象可見。

㈦「義」、通「誼」。「行義」，即「行誼」，謂品行。言品行以智而端正，事業以智而成功。

㈧「足窮」、使窮者富足。「寧泰」、據楊注乙作「泰寧」叶韻。

㈨君王答道：這是明辨利害，能知寬平之爲安，險隘之爲危的吧？

㈩「親」、近也。「狄」、讀爲「逖」，遠也。「爲」、猶「是」也。這是明辨好惡，惟修潔之是近，而雜汙之是遠的吧？

⑪這是深藏胸中不露，發之於外就可克敵致勝的吧？

⑫「弇」、弇襲。這是效法禹舜，而可重建禹舜之功業的吧？

⑬「適」、當也，見漢書賈誼傳師古注。此句與上文「行義以正」義同。言人類的行爲動靜，有了它而後才能適當的吧？

⑭這是人類血氣的精靈，志意的榮華。

⑮它是清明通達沒有一點瑕疵的，這就叫做君子之智（明小人之智不然——注）。王引之云：類聚無「也」字。「疵」、「知」爲韻。

有物於此，居則周靜致下，動則綦高以鉅，㈠圓者中規，方者中矩，㈡大參天地，德厚堯禹，㈢精微乎毫毛，而〔大〕充盈乎大寓。㈣忽兮其極之遠也，攭兮其相逐而反也，㈤卬卬兮天下之咸蹇也。㈥德厚而不捐，五采備而成文，㈦往來惛憊，通于大神，㈧出入甚極，莫知其門。㈨天下失之則滅，得之則存。弟子不敏，此之願陳，君子設

辭，請測意之。(十)

曰：此夫大而不塞者與？(十一)充盈大宇而不窕，入郄穴而不偪者與？(十二)行遠疾速，而不可託訊者與？(十三)往來惛憊，而不可為固塞者與？(十四)暴至殺傷，而不億忌者與？(十五)功被天下，而不私置者與？(十六)託地而游宇，友風而子雨，冬日作寒，夏日作暑，廣大精神，請歸之雲(十七)——雲。

㈠「居」、謂水未成雲而靜止的時候。「周」、密也。言有這麼一種東西，當它渟聚的時候，就周密靜止而趨下，活動起來（變而為雲），就升得極高而又大。

㈡此就「天圓地方」說。它上而瀰漫天空，其圓中規；下而籠罩大地，其方中矩。

㈢「參」、注云：「謂與天地相似。」它形體之大與天地相似，德澤之厚超過堯禹。注云：「雲所以致雨，生成萬物。」

㈣「大盈」、據王據類聚校，改為「充盈」，與上句「精微」為對。「寓」、同「宇」。言它有時細微的如同毫毛（此言水氣），有時又充塞於宇宙之間。

㈤「忽」、遠貌。「極」、至也。「攭」、音麗，雲氣旋轉貌。「反」、亦旋轉之意。言有時飛馳到極遠的天空，有時互相追逐滾滾旋轉。

㈥「卬卬」、高貌。「蹇」、俞讀為「攓」。方言：「攓、取也。」言它高高在上，而天下人生活所需，皆因它而有所取給。

㈦言厚德被於萬物而無所捐棄，五色具備而幻成各種文彩。

㈧「惛憊」、猶「晦暝」。言往來在天空，天地為之晦暝，而又變化莫測和偉大的神靈一般。

⑨「極」、讀爲「亟」，急也。它來來去去非常地快，來也不知從那裏來，去也不知到那裏去。

⑩「意」、猜度。請有德的君子，用言辭測度一番。

⑪「不塞」、雲氣無實，故曰「不塞」。言這種東西不是形體極大卻又無所阻擋的嗎？

⑫「窕」、音佻，間隙。「郄」、通「隙」。「偪」、音逼，不容也。它能瀰漫天空不留一點間隙，進入小小的洞穴卻又不嫌逼仄的嗎？

⑬它走得遠而且速，卻不可託它捎帶書信的吧？

⑭往來天地晦暝，掩蔽萬物，卻不可使它牢固地蔽塞任何空間的吧？

⑮「億」、王讀爲「意」，疑也。言猝然暴至，雖有所殺傷，卻不猜疑妬忌的吧？

⑯「置」、王讀爲「德」。言功被天下，卻不私其德的吧？

⑰「託」、附也。言它下附於地，而上游於天，與風爲友，而以雨爲子，冬日凝寒，夏日蒸暑，這種變化無方的廣大精神，請歸之於雲。

有物於此，儽儽兮其狀，屢化如神，①功被天下，爲萬世文。②禮樂以成，貴賤以分，③養老長幼，待之而後存。名號不美，與「暴」爲鄰。④功立而身廢，事成而家敗。⑤棄其耆老，收其後世。⑥人屬所利，飛鳥所害。⑦臣愚不識，請占之五泰。⑧五泰占之曰：此夫身女好，而頭馬首者與？⑨屢化而不壽者與？⑩善壯而拙老者與？⑪有父母而無牝牡者與？⑫冬伏而夏游，食桑而吐絲，⑬前亂而後治，⑭夏生而惡暑，喜濕而惡雨，⑮蛹以爲母，蛾以爲父，⑯三俯三起，事乃大已，⑰夫是之謂蠶理。⑱——蠶

(一)「儵」、讀如禮月令「其蟲倮」之「倮」（同裸）。「儵儵」、無羽毛之貌。「屢化」、謂三俯三起，成蛹成蛾之類。言有這麼一種東西，形體光滑，無羽無毛，三俯三起，變化如神。

(二)絲帛之利及於人人，萬世衣冠，以爲文飾。

(三)行禮必用帛，琴瑟必用絲。貴者衣帛，賤者衣布。

(四)「蠶」與「殘」音近，「殘暴」連文，人所習用，故曰：「與暴爲鄰」。

(五)「功立」、謂成繭。「事成」、謂繭繅爲絲。「家敗」、指絲窮繭盡。

(六)「耆老」、謂蠶蛾。「後世」、謂蠶種。

(七)「人屬」、人類。廣韻：「屬、類也。」言它爲人類所利用，而爲飛鳥所殘害。

(八)「五泰」、劉師培謂爲神巫之名，與「巫咸」、「巫陽」同，「請占之五泰」，爲「請五泰占之」之倒文。

(九)「女好」、柔婉。言這是身體柔婉而頭像馬首的吧？案：俗謂蠶神爲「馬頭娘」，或本此文。

(一〇)屢次蛻化，而壽命卻不長的吧？

(一一)它壯時爲人所善而得養，老則拙於自謀而見殺的吧？

(一二)它有父有母，本身卻無牝牡之別的吧？

(一三)「游」、注云：謂化而出也。俞云：「游」字不入韻，疑「滋」字之誤。滋、長也。「食桑」、劉師培云：御覽引作「食葉」，義長。

(一四)「前亂」、謂繭。「後治」、謂絲。言先時紛亂，後來就成條理。

(一五)生長在夏天，卻怕炎熱；未生之前須水浴其種，既生之後卻不喜歡下雨。

(十六)蛹化爲蛾，就爲父爲母，交尾生子。

(十七)「俯」、謂臥而不食。「已」、止也。言三俯三起之後，化而成繭，任務才算完畢。

(十八)這就是有關於蠶的一些道理。

有物於此，生於山阜，處於室堂。㈠無知無巧，善治衣裳。㈡不盜不竊，穿窬而行。㈢日夜合離，以成文章。㈣以能合從，又善連衡。㈤下覆百姓，上飾帝王。功業甚博，不見賢良。㈥時用則存，不用則亡。㈦臣愚不識，敢請之王。

王曰：此夫始生鉅，其成功小者邪？㈧長其尾而鋭其剽者邪？㈨頭銛達而尾趙繚者邪？㈩一往一來，結尾以爲事。(十一)無羽無翼，反覆甚極。(十二)尾生而事起，尾邅而事已。(十三)簪以爲父，管以爲母。(十四)既以縫表，又以連裏：夫是之謂箴理。(十五)——箴

㈠「箴」、卽古「鍼」字，今通作「針」。箴爲鐵製，鐵產於山阜。言這樣東西，生在山阜，卻住在人類家裏。

㈡它沒有智慧，也沒有技巧，卻善於擔任縫衣的工作。

㈢「穿」、穿壁。「窬」、借作「踰」，謂踰牆，見論語朱注。此文比喻運針穿來繞去地情形。

㈣「合離」、把分散的布帛縫合。言日夜不停的，把分散的布帛縫合成有文彩的衣物。

㈤「以」、通「已」，既也。「從」、供爲「縱」。「衡」、供爲「橫」。劉師培云：御覽引作「橫」。「合縱」、「連橫」本當時外交術語，此處「縱」、「橫」是指直縫橫縫。

㈥「見」、賢顯反，猶「顯」也。不自顯其功伐。言用針製成衣服，可下而供百姓覆蔽身體；

製成錦繡，可上而供帝王文飾袞服。功業很大，卻不自顯其賢能。

㈦用它的時候，它就出現；不用的時候，它就隱藏。

㈧「始生」、指未磨成針的鐵。「成功」、指已磨成的針。言這樣東西，初生的時候很粗大，製成之後卻又很小巧的吧？

㈨「長其尾」、謂線。「剽」、音飄，末也，謂針尖。

㈩此句與上句同義。「銛」、音忝，利也。「銛達」、尖銳。「趙」、讀爲「掉」。「掉繚」、長貌。言它是頭部銳利易入，而尾巴拖地很長的吧？

⑪「結尾」、在線末打個結。言它是先在尾末打個結，然後穿來穿去地從事工作。

⑫「極」、讀爲「亟」，急也。言它沒有羽翼，卻反來覆去地快的很。

⑬「邅」、音纏，廻繞盤結之意。言生了尾巴（穿上線）就開始工作，尾巴廻轉盤結，工作就結束。

⑭針未磨礪成品以前，粗大如簪，故曰「爲父」，謂針是由簪而來的。「管」、用以藏針，故曰「爲母」。

⑮這就是有關於針的一些道理。案：賦篇至此而止，以下佹詩應爲本篇附錄。

天下不治，請陳佹詩：㈠天地易位，四時易鄉。㈡列星殞墜，旦暮晦盲。㈢幽〔晦〕闇登昭，日月下藏。㈣公正無私，〔反〕見謂從橫。㈤志愛公利，重樓疏堂。㈥無私罪人，憼革貳兵。㈦道德純備，讒口將將。㈧仁人絀約，敖暴擅彊。㈨天下幽險，恐失世英。㈩螭龍爲蝘蜓，鴟梟爲鳳凰。⑪比干見刳，孔子拘匡。⑫昭昭乎其知之明也，郁郁乎其遇時之不祥也，拂乎其欲禮義之大行也，闇乎天下之晦盲也，⑬皓天不復，憂無疆也。(一四)千歲必反，古之常也。弟子勉學，天不忘也。(一五)聖人共手，時幾將矣。(一六)與愚以疑，願聞反辭。(一七)

其小歌曰：(一八)念彼遠方，(一九)何其塞矣，仁人絀約，暴人衍矣。(二〇)忠臣危殆，讒人服矣。(二一)

(一) 注：荀卿請陳佹異激切之詩，言天下不治之意。楊樹達云：「佹」、叚為「恑」，說文：「恑、變也。」「變詩」猶「變風」、「變雅」。此可備一說。

(二) 言天地換了位置，四時變了方位。「鄉」，方位、如字。春主東，夏主南，秋主西，冬主北。此喻賢愚易位。

(三) 「列星」、二十八宿（音秀，次序）有行列的。「殞」、同「隕」，類聚引作「隕」。「晦盲」、猶「晦瞑」。言天上的星宿隕落了，日夜不見一點光明。此喻百官廢弛，人間沒有片刻清明的時候。

(四) 「幽晦」、據王據元刻校，改作「幽闇」。類聚引作「幽暗登照」。「暗」與「闇」同。言幽闇的小人登上昭明的高位，明如日月的君子反而隱藏不彰。

(五) 「反見」、據王據類聚校，改為「見謂」。言公正無私的君子反被誣為縱橫捭闔無恥的小人。

(六) 「愛」、猶「貪」也。「重樓」、猶「高樓」。「疏堂」、猶禮論篇之「疏房」，謂通明之大廈。言存心侵佔公利以為私有的人，不但不為法律所制裁，反而安居在高樓大廈，過著豪華的生活。

(七) 「憼」、朱駿聲謂為「儆」之別體，備也。「革」、甲也。「貳」、副也，益也，見說文段注。「兵」叶補芒反。言君子無私而繩罪人以法，乃爲讎人所銜，不得不備甲益兵以自衞。

(八)「將將」、王讀「鏘鏘」，集聚之貌。言道德精純完備的人，反而讒言叢集在他身上。

(九)「絀」、讀爲「屈」。「絀約」、絀退窮約。「敖」、同「傲」。「擅」、專也。言仁德純備者絀退窮約，而暴戾恣睢者專權稱彊。此與上文「幽闇登昭，日月下藏」，義同。

(一〇)「英」、叶音央。言天下如此的黑暗凶險，世上的英傑恐怕不被延攬了。

(一一)「螭」(ㄔ)，似龍而黃，見說文。「蝘蜓」(ㄧㄢˇ ㄊㄧㄥˊ)壁虎。言把螭龍認爲壁虎，把貓頭鷹認作鳳凰。

(一二)「剞」、劉師培云：類聚引作「剖」。

(一三)「郁郁」、有文章貌。「拂」、違也。「郁郁乎」與「拂乎」，楊注以爲互倒，當爲「拂乎其遇時之不祥也，郁郁乎其欲禮義之大行也。」「知」、讀爲「智」。「晦盲」、言人不認識他。此四句大意：比干孔子皆有昭昭之明智，化於禮義之高行，可惜拂違不順，生於不祥之世，天昏地暗，竟沒有人認識他。「知」、讀爲「智」。

(一四)「皓天」、清明的天。言在這昏暗的時代，天竟無清明之時，眞叫人憂思無邊。

(一五)復自寬慰道：亂久必反於治，亦古之常道啊！弟子們仍應勉力積學，天不會忘記善良之人的。

(一六)「共」、讀爲「拱」。「聖人共手」，言不得用。「幾將」、將然之意。這兩句是希望之辭。言聖人生於今世，也不會被用，只好拱手而待罷了。但亂久必反，平治的日子將不會太遠了。

(一七)「反辭」、反覆敍說之辭，猶楚辭的「亂曰」。此指下面的「小歌」。弟子承荀子勉學之訓後問道：弟子皆愚且疑，希望聽聽您的反辭。潘重規云：「與」與「舉」通。

⑱「曰」、盧謂各本多作「也」。梁啓雄云：增注及臺州本並作「也」。

⑲俞曰：此章蓋亦爲遺春申君者。下文「仁人約絀，暴人衍矣」諸句，其意實譏楚也。不敢斥言楚國，故姑託遠方言之。若謂彼方之國，有如此耳。

⑳「蹇」、盧謂或「寋」字之誤。「衍」、饒也。案：以上四句大意：想到遠方之國，怎麼如此其蹇劣！朝廷上，仁人絀退窮約，暴人卻很多。

㉑「服」、注云：「本或作『般』，『般』、樂也，音盤。」言忠臣個個處境危險，小人們卻都快快樂樂。此以「蹇」、「衍」、「般」爲韻。

琁、玉、瑤、珠，不知佩也，㈠雜布與帛，不知異也。㈡閭娵子奢，莫之媒也；㈢嫫母力父，是之喜也。㈣以盲爲明，以聾爲聰，以危爲安，以吉爲凶。嗚呼！上天！曷維其同！㈤

㈠「琁」、音旋，赤玉，郝以爲卽「瓊」字。「瑤」、美玉。

㈡珠玉美飾，不知佩帶；布帛雜陳，不知別異，都是不辨美惡之意。

㈢閭娵、古之美女。「娵」、音諏（ㄗㄡ）。子奢、當爲子都，鄭之美男。

㈣嫫母、醜女，黃帝時人。力父、未詳。

㈤這幾句的大意：以醜陋爲美好，以殘廢爲正常，以危殆爲平安，以吉祥爲凶險，這樣是非不分的人，天啊！怎麼能和他意見一致呢！楊注云：「曷維其同」，後語作「曷其與同」。此章卽遺春申君之賦也。案：據楚策荀子被讒離楚後，客諫春申君請其返，荀子書遺春申君，而末附此賦。

大略篇第二十七

據楊注，本篇是荀卿弟子雜錄他的話，皆略舉其要，文字很短，不可以某一事來定篇名，所以籠統地謂之「大略」。本篇有些已見於他篇，有些好像是鈔錄的，不特荀子語也。（久保）

大略：——

君人者，隆禮尊賢而王，重法愛民而霸，好利多詐而危。欲近四旁，莫如中央，故王者必居天下之中，禮也。㈠

㈠ 言要和四方都接近，最好是中央，所以王者建都一定在天下的中心，這是合乎禮制的。按：居中央，則諸侯朝貢道路平均。

天子外屏，諸侯內屏，禮也。㈠外屏、不欲見外也；內屏、不欲見內也。㈡

㈠「屏」、郝云：如今之照壁。「外屏」、立屏於門外。「內屏」、立屏於門內。

㈡ 注：不欲見內外，不察泉中魚之義也。案：「不欲見外」、似言天子對於諸侯，不以察察爲明。「不欲見內」、言諸侯對於大夫也是如此。

諸侯召其臣，臣不俟駕，顛倒衣裳而走，禮也。㊀詩曰：「顛之倒之，自公召之。」㊁天子召諸侯，諸侯輦輿就馬，禮也。㊂詩曰：「我出我輿，于彼牧矣。自天子所，謂我來矣。」㊃

㊀言諸侯召見臣子，臣子不等駕車，衣服穿的顛顛倒倒的就趕快跑，這是合乎禮的。
㊁詩齊風東方未明第一章句。言「衣裳穿的顛顛倒倒，因爲公事宮中在召喚他，以致過於匆忙了。」
㊂「輦輿就馬」，謂不及牽馬來駕車，就拉着車去駕馬。
㊃詩小雅出車第一章。毛詩「輿」作「車」。言「我拉着車去就馬於牧地，因爲有人自天子所來，以王命召喚我。」這是諸侯奉事天子之禮。

天子山冕，㊀諸侯玄冠，㊁大夫裨冕，㊂士韋弁，㊃禮也。

㊀「山冕」、謂畫山於衣，而服冕，卽「袞冕」也。取其龍，就謂之「袞冕」；取其山，就謂之「山冕」。
㊁「玄冠」、富國篇作「諸侯玄裷（袞）衣冕。」久保愛因疑「冠」爲「冕」字之誤。
㊂「裨」、音脾。鄭注覲禮云：「裨之言埤也。天子六服，大裘爲上，其餘爲裨，以事尊卑服之，諸侯亦服焉。」
㊃「韋弁」、謂以爵韋（赤而微黑的熟皮）爲韠（音必，蔽膝）而戴弁。

天子御珽，諸侯御荼，大夫服笏，禮也。㊀

㊀「御」、服用。「珽」、大珪，長三尺。「荼」、與「瑹」通，廣雅釋器：「瑹、珽，笏也。」「瑹」、上圓下方的玉笏。「笏」、大夫用竹笏。

天子彫弓，諸侯彤弓，大夫黑弓，禮也。㊀

㊀「彫弓」、有彫畫文飾的弓。「彤弓」、朱弓。此明貴賤服用之禮。

諸侯相見，卿爲介，㊀以其教〔出〕士畢行，㊁使仁居守。㊂

㊀「介」、副也，替賓主傳話的人。主君會見聘使，就以卿爲上擯（通儐）；出會就以卿爲上介。此言：諸侯出國相會，就以卿爲介（按禮聘義：上公七介，侯伯五介，子男三介。），以便傳話。

㊁「敎出」，王據大戴禮謂當作「敎士」，謂常所教習之士。「畢行」、一師（二千五百人）畢行。此言：以訓練有素的部隊一師隨行，以備不虞。

㊂使世子之有仁厚之德者居守。春秋傳：「一子守，二子從。」此明諸侯出疆之禮，又穀梁傳：「智者慮，義者行，仁者守，然後可以會矣。」

聘人以珪，㊀問士以璧，㊁召人以瑗，㊂絕人以玦，反絕以環。㊃

㊀諸侯派人聘問諸侯，就以珪璋爲禮品。

㊁「問士」、阮廷卓曰：記纂淵海引作「問人」。言以國事向人請教就以璧爲贄。

㊂國君召喚人，就用瑗。「瑗」、大孔之璧。

㈣「玦」（ㄐㄩㄝˊ），玉佩，如環而缺。璧孔和邊同樣大的叫做「環」。古者臣有罪，待於境，三年不敢去。與之環則還，與之玦則絕。「反絕」、返還將要斷絕的臣子。此明諸侯以玉接人臣之禮。

人主仁心設焉，知其役也，禮其盡也，故王者先仁而後禮，天施然也。

㈠「設」、設施，具備。「知」、讀爲「智」。「知其役」，「禮其盡」兩「其」字皆指「仁」言（鍾說）。言人主治國須先具備仁心，仁心具備，然後智爲仁心而役使，禮爲仁心而盡善。所以聖王治國先仁而後禮，這是自然的道理。「天施」、天道之所設施。此明治國以「仁」爲先。

聘禮志曰：「幣厚則傷德，財侈則殄禮。」㈠禮云禮云，玉帛云乎哉！㈡詩曰：「物其指矣，唯其偕矣。」㈢不時宜，不敬〔交〕文不驩欣，雖指非禮也。㈣

㈠儀禮聘禮記曰：「多貨則傷于德，幣美則沒禮。」「殄」、傷也。「幣」：玉、馬、皮、圭、璧、帛古皆稱「幣」。言儀禮聘禮記曰：「諸侯相聘好，若所餽幣帛太厚就傷德，財貨太多就傷禮。」禮記：「不以美沒禮。」禮是主體，玉帛是末節，不可以末節掩沒了主體。

㈡見論語陽貨篇。言所謂禮，難道是指的玉帛嗎？意義與此相同。

㈢詩小雅魚麗第五章。「指」、與「旨」同，美也。「偕」、齊也。言「各物美好，齊陳於前。」

㈣「時」、謂得時。「宜」、謂得宜。「敬交」，據俞據勸學禮論等篇校，改爲「敬文」。言聘好不得時，不得宜，不能恭敬而有文飾，不能兩情歡欣，所餽雖美也是不合於禮的。此明聘好輕財重禮之義。

水行者表深，使人無陷；治民者表亂，使人無失，禮者，其表也。先王以禮義表天下之亂；今廢禮者，是棄表也，故民迷惑而陷禍患，此刑罰之所以繁也。㊀

㊀「表」、標誌。天論篇：「水行者表深，表不明則陷；治民者表道，表不明則亂。」此文作「表亂」，謂表明什麼行爲足以擾亂社會，使人不敢犯而免於罪。此明治國，當示民以禮。

舜曰：「維予從欲而治。」㊀故禮之生，爲賢人以下至庶民也，非爲成聖也；㊁然而亦所以成聖也，不學不成。㊂堯學於君疇，舜學於務成昭，禹學於西王國。㊃

㊀郝曰：此語今書以入大禹謨。「維」字作「俾」。兪曰：孔子「七十而從心所欲，不踰矩」，可釋此文「從欲」之義。案：此言：舜說：我從心所欲而自然合於治理。（此明聖人不須以禮制欲）

㊁「成聖」、卽勸學篇之「成人」，謂成德的聖人。言禮是爲了賢人以下至於庶民而制訂的，不是爲了已成德的聖人。

㊂然而禮是用以成就聖人之道德人格的，聖人不學禮也不會有所成就。

㊃「君疇」、漢書古今人表外傳三及新序雜事篇均作「尹壽」。因「君」從「尹」聲，古通用。「疇」「壽」形近而誤。「務成昭」，漢志小說家有務成子十一篇。「昭」是他的名。尸子有務成昭教舜的記載。「西王國」，楊注引或曰：大禹生於西羌，「西王國」、西羌之賢人也。此明聖人亦資於教。

五十不成喪，七十唯衰存。㊀

㊀「不成喪」、不備哭踊（跳脚）之禮節。「衰（ㄘㄨㄟ）存」、但服縗麻而已，其禮皆可略。禮記：「七十唯衰麻在身。」

親迎之禮，父南向而立，子北面而跪，醮而命之㊀：「往迎爾相，成我宗事，隆率以敬先妣之嗣，若則有常。」㊁子曰：「諾！唯恐不能，敢忘命矣！」㊂

㊀男女結婚，男方行親迎之禮：父親面向南站着，兒子面向北跪着，父親以酒敬兒子並吩咐道。「醮」、單方面的敬酒，受方不必回敬。

㊁「相」、助也。「宗事」、宗廟之事。「隆率」、儀禮作「勗率」，「勗」、勉也。「先妣」、遠祖之妣，亦稱「先妣」。「若」、猶「汝」。言「去迎娶助你的新婦，成就咱家傳宗接代事奉宗廟之事。勉勵她遵守婦道，敬爲先妣之嗣。你作事也要有原則。」

㊂兒子答道：「是！只怕作不到，怎敢忘記您的訓示！」

夫行也者，行禮之謂也。㊀禮也者，貴者敬焉，老者孝焉，長者弟焉，幼者慈焉，賤者惠焉。㊁

㊀所謂德行，就是實踐禮的意思。

㊁禮是對地位尊貴的就敬重他，對年老的就孝順他，對年長的就恭順他，對年幼的就慈愛他，對地位卑下的就恩惠他。

賜予其宮室，猶用慶賞於國家也；㊀忿怒其臣妾，猶用刑罰於萬民也。㊁

㈠家長對家人如有所賜予，就如國君用慶賞於國人一般。劉師培說：此節見曾子立事篇，立事篇無「家」字。

㈡對於家人忿怒責備，就如同國君用刑罰於萬民一般。此言治家猶治國。

君子之於子，愛之而勿面，使之而勿視，道之以道而勿彊。㈠

㈠有修養的人，對待兒子是：愛憐他而不現於顏色，役使他而不優以辭色，以大道誘導他前進，而不彊其所難。

禮以順人心爲本，故亡於禮經而順於人心者，皆禮也。㈠

㈠言禮以順乎人心之理爲原則，所以禮經所不載，而合乎人心之理者，仍是禮之所取的。

禮之大凡：——事生、飾驩也，送死、飾哀也，軍旅、施威也。㈠

㈠言禮的基本原則：事奉生者表示歡娛之情，送葬死者表示哀慟之情，治理軍旅施張威嚴之情。

親親、故故、庸庸、勞勞，仁之殺也；㈠貴貴、尊尊、賢賢、老老、長長，義之倫也。㈡行之得其節，禮之序也。㈢仁、愛也，故親；義、理也，故行；禮、節也，故成。㈣仁有里，義有門；㈤仁、非其里而〔虛〕處之，非〔禮〕仁也；義，非其門而由之，非義也。㈥推恩而不理，不成仁；㈦遂理而不〔敢〕節，不成義；㈧審節而不〔知〕和，不成禮；㈨和而不發，不成樂。㈩故曰：仁義禮樂，其致一也。㈡君子處仁以義，然後仁也；行義以禮，然後義也；⑪制禮反本成末，然後禮也。⑫三者皆通，然後道也。⑬

㊀ 周禮：「民功曰庸，事功曰勞。」「殺」、差等。言親愛親人，敬愛故舊，酬報有功勞的人，這是出於仁恩（情感）的等差。禮記曰：「仁者人也，親親爲大。」

㊁ 尊敬貴者、尊者、賢者、老者、長者，這是出於義理（理性）的倫次。禮記曰：「義者宜也，尊賢爲大。」

㊂ 行仁行義得其節度（恰到好處），是出於禮的次序。禮記曰：「親親之殺，尊尊之等，禮所生也。」

㊃ 仁是情愛，故表現爲親敬；義是合理，故能行得通；禮是節度，故能成仁成義。

㊄ 「里」、謂義。「門」、謂禮（鍾說）。（案：上文「禮」雙承仁、義而言，自此以下，則就仁、義、禮三者關係而言。）言行仁有一定的處所（義），行義有一定的門路（禮）。

㊅ 「虛」、「禮」、據王據下文校，改爲「處」，「仁」。言心存仁恩而行之不得其處，不是仁；事屬義舉而行之不得其門，不是義。

㊆ 推恩（行仁）而不合乎義理，不能成就仁德。

㊇ 「遂」、達也。「敢」、據豬飼彥博據下文校，改爲「節」字。言合於義理而行之不合乎禮之節度，不能成就義行。

㊈ 「知」、據或說改爲「和」。言明審於禮之節度，而行之不能和諧，不能成就禮儀。

⑩ 注：「雖和順積中，而英華不發於外，無以播於八音，則不成樂。」案：言和諧之情，而不發之於外，不能成就樂章。

⑪ 仁、義、禮、樂，相輔相成，互有關連，所以四者的極致是相同的。

⑫ 有道的君子，行仁以義爲根據，然後成其仁；行義以禮爲依歸，然後成其義。

㊂「反」、復也。「本」、謂仁義。「末」、謂禮節。言制禮返本於仁義，而成就於禮節，然後成其禮。

㊃對仁、義、禮三者相互的關係，能夠明通，然後成爲一個有道之士。

貨財曰賻，輿馬曰賵，衣服曰襚，玩好曰贈，玉貝曰唅。㊀賻賵、所以佐生也，贈襚、所以送死也。㊁送死不及柩尸，弔生不及悲哀，非禮也。㊂故吉行五十，犇喪百里，賵贈及事，禮之大也。㊃

㊀注：此與公羊穀梁之說同。「玩好」、謂明器，琴瑟竽笙之屬。「唅」、王叔岷謂元本、類纂本，百子本，並作「含」、「唅」、俗字。

㊁送貨財輿馬是用以幫助生者，送衣服明器是用以送葬死者。

㊂出殯的時候，送葬不到柩尸之前，弔唁喪家沒有悲哀之情，都是不合乎禮的。

㊃「吉」、吉禮，謂祭也。言爲了前去參加祭禮，要日行五十里；爲了奔喪，日行百里。送喪家的貨財輿馬等，要趕上舉事，這都是助生送死禮之大者。

禮者、政之輓也；爲政不以禮，政不行矣。㊀

㊀注：如輓車然。案：「輓」、拉車，動詞，此處用爲名詞，言禮是治國的輓車，治國不以禮，政令就行不通了。

天子卽位，上卿進曰：「如之何憂之長也？能除患則爲福，不能除患則爲賊。」授天子一策。㊀中卿進曰：「配天而有下土者，先事慮事，先患慮患。先事慮事謂之接，接則事優成。先患慮患謂之豫，豫則禍不生。㈡事至而後慮者謂之後，後則事不舉。患至而後慮者謂之困 困則禍不可禦。」㈢授天子二策。㈣下卿進曰㈤：「敬戒無怠，慶者在堂，弔者在閭。㈥禍與福鄰，莫知其門。㈦豫哉！豫哉！萬民望之。」㈧授天子三策。

㈠「上卿」、在周朝，冢宰是上卿。「策」、編竹爲之，後易爲玉。把要講的話寫在策上，讀之而授天子。言天子初即位，上卿進而獻言道：「爲什麼天子慮患是那麼長遠呢？因爲他是天下安危之所繫啊。能爲天下除患，就百福歸之，不能除患，就反爲賊害。」授給天子一支簡策。

㈡「中卿」、如周朝宗伯。「接」、讀爲「捷」，速也。「豫」、先事曰豫。言德配上天而有下土的（天子），要事未發生就要想到，患未發生就要想到；事未發生就想到叫做「捷」，捷則事情容易成功。患未發生就想到叫做「豫」（預備），豫則災禍不發生。

㈢「後」、後時。「困」、困阨。「禦」、抵禦。

㈣「二策」、第二支簡策。

㈤「下卿」、如司寇。

㈥言因喜事而來慶賀的人還在堂上未去，而因禍事來弔問的人已在門口了。言禍福無門，而相接之速。

㈦言禍與福常是相鄰近的，誰也不知道它的來路，惟有小心謹愼罷了。

㈧「豫哉！豫哉！」王先謙謂治要作「務哉！務哉！」「務」、勉也。言勉之哉！萬民都仰望着您啊！授給天子第三支簡策。

禹見耕者耦、立而式，過十室之邑、必下。㊀

㊀「耦」、兩人共耕曰耦。言禹坐車行在路上，若看見兩個人同在田中耕作，就一定站起來，兩手扶在軾上。經過十來戶人家的小村莊，一定下車走過去。此言禹之敬，見曾子制言下篇（劉師培說）。

殺大蚤，㊀朝大晚，非禮也。治民不以禮，動斯陷矣。

㊀「殺」、注謂田獵禽獸；久保愛謂「祭」之誤。似後說長。「蚤」、通「早」。

平衡曰拜，下衡曰稽首，至地曰稽顙。㊀

㊀「平衡」、注：謂磬折頭與腰如衡之平。郝曰：拜者必跪，拜手、頭至手也，不至地，故曰「平衡」。「稽首」、亦頭至手，而手至地，故曰「下衡」。「稽顙」、則頭觸地。

大夫之臣，拜不稽首，非尊家臣也，所以辟君也。㊀

㊀「辟」、讀爲「避」。「家臣」、即大夫之臣。言大夫家裏臣僕，對大夫不叩頭，這不是尊重他們（家臣），而是他們見到國君亦只叩頭。大夫爲了廻避國君，故免了這一禮。語亦見禮記郊特牲。

一命齒於鄉，再命齒於族，三命，族人雖七十不敢先。㊀上大夫，中大夫，下大夫。㊁

㊀「一命」、謂公侯之士。「再命」、謂公侯之大夫。「三命」、謂公侯之卿。言鄉飲酒的時

侯，公侯之士同鄉里之人論年次定坐立；公侯之大夫同族人論年次定坐立；公侯之卿，不唯不與少者論年次，就是族人中年七十之老者，也不敢先於他。

㈡注：此覆一命、再命、三命也。豬飼彥博曰：此下疑有缺文。

吉事尚尊，喪事尚親。㈠

㈠「吉事」、謂祭祀。古者五禮，以祭事爲吉禮（久保愛說）。言祭事尊尚爵位，位高者在先；喪事重視親屬關係，親近者在先。

〔君臣不得不尊，父子不得不親，兄弟不得不順，夫婦不得不驩，少者以長，老者以養。故天地生之，聖人成之。〕㈠

㈠據汪中說，移此四十一字於後文「國家無禮不寧」之下。

聘、問也。享、獻也。私覿、私見也。㈠

㈠注：使大夫出，以圭璋聘，所以相問也。聘享奉束帛加璧，享所以有獻也。享畢，賓奉束錦以請覿，所以私見也。聘享以賓禮見，私覿以臣禮見，故曰私見。案：此言聘禮是國君派大夫到與國相問候的意思。享禮是受聘的國君宴享來聘的大夫，大夫以玉帛奉獻的意思。私覿是宴享之後，大夫以私人身分請見的意思。「覿」、（ㄉㄧˊ）見也。

言語之美，穆穆皇皇。㈠朝廷之美，濟濟鎗鎗。㈡

㈠注：爾雅：「穆穆、敬也。皇皇、正也。」案：此言：言語之美在敬謹而正大。

㈡注：「濟濟」、多士貌。「鎗」與「蹌」同。「蹌蹌」、有行列貌。案：此言：朝廷之美，在人才衆多而有秩序。

爲人臣下者，有諫而無訕，有亡而無疾，有怨而無怒。㊀

㊀「訕」、謗上。「亡」、去也。「疾」同「嫉」、惡也。言爲人臣的，如國君有過只可以諫正而不可以訕謗。國君如有所不諒解，可以離去而不可以嫉惡，可以怨慕而不可以憤怒。

君於大夫，三問其疾，三臨其喪；於士，一問，一臨。諸侯非問疾弔喪不之臣之家。㊀

㊀按禮：大夫有病，國君可以三度下臨問候；如死亡，可以三度下臨喪居弔唁。對於士問疾弔喪各只有一次。諸侯不是問疾弔喪是不應該到臣子之家的。

旣葬，君若父之友食之則食矣，㊀不辟粱肉，有醴酒則辭。㊁

㊀按禮：父母之喪已葬，國君和父執以飲食相款，他就可以吃。「若」、猶「及」、「與」。上「食」字音寺。

㊁不避粱肉，但不能喝酒。喝酒臉紅，是不可以的。

寢不踰廟，〔設〕讌衣不踰祭服，禮也。㊀

㊀日常起居的堂屋，再好也不可超過宗廟，日常穿的衣服，再好也不可超過祭祀用的禮服。

湯之咸，見夫婦。㊀夫婦之道，不可不正也，君臣父子之本也。㊁咸、感也，以高下下，以男下女，柔上而剛下㊂。

㈠注：易咸卦，艮下兌上。艮爲少男，兌爲少女，故曰：「見夫婦」。案：言由易之咸卦，可以看出夫婦相處之道。

㈡注：易說卦：「有天地，然後有男女；有男女，然後有夫婦；有夫婦，然後有父子；有父子，然後有君臣。」案：言夫婦之道不可以沒有正確的認識，因爲夫婦是君臣父子五倫的根本。

㈢咸，就是互相感應的意思。咸卦是艮下兌上，艮爲山，爲少男；兌爲澤，爲少女。這表示以高（艮）下下（兌），以男（艮）下女（兌），柔（兌）在上而剛（艮）在下。故能和樂相處。

聘士之義，親迎之道，重始也。

㈠聘士要安車束帛，以高下下，這和結婚親迎之禮，意義是相同的，都是重始之意。

禮者，人之所履也，失所履，必顚蹷陷溺。所失微而其爲亂大者，禮也。㈠

㈠禮是人所踐履的，若踐履不正，必然跌跤陷溺於險地。所失很小而爲亂無窮的就是禮。

禮之於正國家也，如權衡之於輕重也，如繩墨之於曲直也。故人無禮不生，事無禮不成，㈠國家無禮不寧。君臣不得不尊，父子不得不親，兄弟不得不順，夫婦不得不驩，少者以長，老者以養。㈡故天地生之，聖人成之。㈢

㈠「生」、成也。「事」、謂祭祀和戎事。言人不學禮不能成就道德人格，祭祀和用兵不依禮不能成功。

㈡「不得」、不得聖王的禮法。「驩」、同「歡」。「以長」、「以養」，以禮而成長，以禮而得養。

㈢天地生人及萬物，聖人以禮成人成萬物，按「天生人成」爲荀子之基本原則，富國篇有同句。又案：自「君臣」而下四十一字，據汪中說由上文移此。

和〔樂〕鸞之聲，步中武象，趨中韶護。㈠君子聽律習容而後〔士〕出。㈡

㈠「樂」、據顧據正論禮論校，改爲「鸞」字。「和」「鸞」、車上鈴。武象韶護，皆樂名，見正論禮論。

㈡「士」、據王先謙說改爲「出」。「君子」、謂在位者。「聽律」、謂聽佩玉之聲，使中音律。言君子一定要舉止中節，環佩之聲有致，再仔細檢點一下自己的儀容，然後才出門上朝。

霜降逆女，冰泮殺內，十日一御。㈠

㈠「內」、卽「納」字。言霜降之後就親迎結婚，冰解之後結婚的就要減少了。男女交合十天一次。

坐視膝，立視足，應對言語視面。㈠立視前六尺而大之——六六三十六，三丈六尺。㈡

㈠父親坐着，兒子在他面前就注視他的膝部，若是站着就注視他的足部（注意他的行起），應對言語的時候要看着他的臉（注意他的表情）。

㈡「大」、王引之謂爲「六」字之誤。言人臣立於人君之前，向前看不超過六尺的六倍——六

六三十六，是三丈六尺，

文貌情用，相爲內外表裏。㈠禮之中焉，能思索謂之能慮。㈡

㈠「文貌」、即禮論篇之「文理」，謂表現於外的禮文。「情用」、謂含蘊於內的情感。「文」在外，「情」在內，故曰「相爲內外表裏。」

㈡合於禮義的思考叫做「慮」。此言禮爲思想之標準。見禮論篇。

禮者，本末相順，終始相應。

禮者，以財物爲用，以貴賤爲文，以多少爲異。㈠

㈠並見於禮論篇。

下臣事君以貨，中臣事君以身，上臣事君以人。㈠

㈠最壞的臣子是爲國君聚斂財貨及珍異，高一等的是犧牲性命保衞國家，最上等的是爲國家推舉賢才。

易曰：「復自道，何其咎？」㈠春秋賢穆公，以爲能變也。㈡

㈠易小畜卦初九之辭。「復」、返也。「自」，從也。言本來雖有所失誤，但回過頭來而服從大道，還有什麼過錯呢？

㈡注：公羊傳：「秦伯使遂來聘。遂者何？秦大夫也。秦無大夫，此何以書？賢穆公也。何賢乎穆公？以爲能變也。」謂前不用蹇叔之言，敗於殽函而自變悔，作秦誓，詢茲黃髮，是也。

士有妒友，則賢交不親；君有妒臣，則賢人不至。㊀蔽公者謂之昧，隱賢者謂之妒，奉妒昧者謂之交譎。㊁交譎之人，妒昧之臣，國之薉孽也。㊂

㊀士有妒嫉之友，賢德的朋友就不親近了。國君有妒嫉之臣，賢德之人就不來了。

㊁掩蔽公道叫做昧，隱蔽賢人叫做妒，奉行妒昧叫做狡譎。「交」、通「狡」，與「譎」同義。（俞說）「譎」、詐也。

㊂「薉」、與「穢」同。「孽」、妖孽。言狡譎妒昧的人臣是國之汚穢妖孽，終必災害國家。

口能言之，身能行之，國寶也。㊀口不能言，身能行之，國器也。㊁口能言之，身不能行，國用也。㊂口言善，身行惡，國妖也。治國者敬其寶，愛其器，任其用，除其妖。

㊀口能言禮義之理，身能行禮義之道的人是國寶（大儒）。

㊁注：如器物雖不言而有行也。案：言口不能言禮義之理，而身能行禮義之道的是國器。器不能言，而有其用，故以爲喻。

㊂注：國賴其言而用也。案：言身雖不能行禮義，而卻能言禮義，採其言可以治國，故曰「國用」。

不富無以養民情，不教無以理民性。㊀故家五畝宅，百畝田，務其業，而勿奪其時，所以富之也。㊁立大學，設庠序，修六禮，明〔十〕七教，所以道之也。㊂詩曰：「飲之食之，教之誨之。」王事具矣。㊃

㈠「衣食足而後知榮辱」，所以不使人民富足，就不能養其情而使之正。性是惡的，不施教化就不能化其性而歸於理。

㈡一人有五畝地的居處，百畝可耕之田，督導他勤勉工作，而不要剝奪他耕種的時節，這就是富民之道。

㈢久保愛曰：在國中之謂「大學」，在鄉黨之謂「庠」，在郊遂之謂「序」。禮樂志：「立大學以敎於國，設庠序以化於邑」，是也。注：「六禮」：冠、昏、喪、祭、鄉、相見。「十」，或爲「七」。王曰：王制：「司徒脩六禮以節民性，明七敎以興民德。」「七敎」：父子、兄弟、夫婦、君臣、長幼、朋友、賓客。則作「七敎」者是也。案：「道」、讀爲「導」。

㈣詩小雅緜蠻卒章。「王事具矣」，言聖王之政具備於此了。

武王始入殷，表商容之閭，㈠釋箕子之囚，哭比干之墓，天下鄉善矣。㈡

㈠「表」、表彰，顯揚。孔安國曰：商容、殷之賢人，紂所貶退。

㈡武王崇敬善人，天下皆化而向善。

天下國有俊士，世有賢人。㈠迷者不問路，溺者不問遂，亡人好獨。㈡詩曰：「我言維服，勿用爲笑。先民有言，詢於芻蕘。」言博問也。㈢

㈠注：天下之國，皆有俊士，每世皆有賢人。

㈡「遂」、徑隧，水中可涉之徑。「獨」、謂自用其計。言迷途的人由於不問路，溺死的人由於不問水中之徑，亡國的人由於剛愎自用。

㊂詩大雅板第三章。今毛詩「用」、作「以」。「服」、事也。「芻蕘」、音「雛饒」，采薪者。言我所言是今之急事，不要以爲笑談。先賢有言：「有事可向打柴的人請教。」這就是說多問的道理。

有法者以法行，無法者以類舉。㊀以其本知其末，以其左知其右，凡百事異理而相守也。㊁慶賞刑罰，通類而後應；政教習俗，相順而後行。㊂

㊀「類」、兪曰：古所謂「類」，今所謂「例」。史記屈原賈誼傳：「吾將以爲類。」正義：「類，例也。」案：「類」、卽「統類」、「倫類」之「類」。言禮法有明文規定的，就按禮法之規定去執行，如無明文規定的，就推同類事物之理去處理。易曰：「觸類而長。」卽此之謂。

㊁注：其事雖異，其守則一。謂若爲善不同，同歸於理之類也。案：此申明「以類舉」（推理）之道。言由其根本可推知其枝末，由其左面可推知其右面，凡百事物道理雖不相同，而相守以處之之道則一，總不外「合理」而已。

㊂「類」、卽「以類舉」之「類」。「通類」、合理。言政治上的功過賞罰，必合乎事理而後百姓響應；政治教化，社會習俗，必順乎人心而後行得通。

八十者一子不事，九十者舉家不事，㊀廢疾非人不養者，一人不事，㊁父母之喪，三年不事，齊衰大功，三月不事，㊂從諸侯〔不〕來，與新有昏，朞不事。㊃

㊀「事」、注謂力役。久保愛據禮記謂「不事」，卽不從政。玆從後說。

㊁有殘疾不能獨立生活的，不論其年齡，一人不事。

㊂ 服喪不事，所以重其哀戚。

㊃ 注：「不」當爲「來」，謂從他國來，或君之人入采地。新昏不事，所以重其嗣續。

子謂子家駒續然大夫，不如晏子；㊀晏子功用之臣也，不如子產；㊁子產惠人也，不如管仲；㊂管仲之爲人，力功不力義，力知不力仁，野人也，不可爲天子大夫。㊃

㊀ 注：「子」、孔子。「謂」、言也。子家駒、魯公子慶之孫，公孫歸父之後，名羈，駒、其字也。不能與功用，故不如晏子也，郝曰：「續」、古作「賡」，「賡」之爲言「庚」也。「庚然」、剛強不屈之貌。案：此言：孔子說：魯子家駒是位剛強不屈的大夫，他爲政卻不如齊國的晏子（嬰）。

㊁ 言晏子是位與功致用的大臣，他爲政卻不如鄭國的子產。

㊂ 言子產是位於民有恩惠的人，治國卻不如管仲之有才略。

㊃ 管仲作事，尚功不尚義，尚智不尚仁，雖然九合諸侯，一匡天下，總不免是個識見不夠的野人，不足爲天子之佐。

孟子三見宣王，不言事。㊀門人曰：「曷爲三遇齊王而不言事？」孟子曰：「吾先攻其邪心。」㊁

㊀ 「不言事」、不和他討論國事。

㊁ 以正色攻去他的邪心，然後才可和他討論國事。

公行子之之燕，㊀遇曾元於塗，曰：「燕君何如？」曾元曰：「志卑。志卑者輕物，輕物者不求助；苟不求助，何能舉？㊁氐羌之虜也，不憂其係壘也，而憂其不焚也。㊂

利夫秋毫，害靡國家，然且為之，幾為知計哉！」㊃

㊀ 注：孟子離婁下：「公行子有子之喪，右師往弔。」趙岐云：「齊大夫也。」子之，蓋其先也。

㊁ 曾元、曾參之子。此言：曾元道：燕君志趣卑陋；志趣卑陋必然輕慢事物，輕慢事物的必不求賢以自助；若不求助，怎能舉賢？案：「舉」、注訓為「勝任」，豬飼彥博訓為「舉賢」（子之往燕，志在求仕，故曾元告之如此），今從後說。

㊂ 「虜」、譏之之辭。謂燕君乃如氐羌之人（鍾說）。「壘」、讀為「纍」。氐羌之俗，死則焚其屍。此言：氐羌人被俘於中國的，不憂其被俘纍繫，而憂其死後不焚。（此言其愚）

㊃ 「靡」、累也（陳奐說）。言利不過秋毫之微，而其害卻累及國家，然而尚且去作，這種人怎能算是識數的！「幾」、古「豈」字。

今夫亡箴者，終日求之而不得；其得之也，非目益明也，睟而見之也。㊀心之於慮亦然。㊁

㊀ 「睟」：俞曰：當讀為「瞀」，說文：「瞀、低目視也。」鍾曰：此謂有心不如無心也。「睟而見之」者，謂瞀而見之也。案：此即「踏破鐵鞋無覓處，得來全不費工夫」之義，故後說長。

㊁ 百思不解的事，可能一旦豁然貫通。所以心之慮物正如目之得針一樣。

「義」與「利」者，人之所兩有也。㊀雖堯舜不能去民之欲利；然而能使其欲利不克其好義也。㊁雖桀紂不能去民之好義；然而能使其好義不勝其欲利也。㊂故義勝利者爲治世，利克義者爲亂世。上重義則義克利，上重利則利克義。故天子不言多少，諸侯不言利害，大夫不言得喪，㊃士不通貨財。㊄有國之君不息牛羊，錯質之臣不息鷄豚，㊅冢卿不脩幣，㊆大夫不爲場園，㊇從士以上皆羞利而不與民爭業，樂分施而恥積藏；㊈然故民不困財，貧窶者有所竄其手。㊉

㊀好義和欲利是人類所具備的兩種相反的心理。

㊁「克」、勝也。言雖堯舜之聖君不能去民欲利之心；然而能教化其民使其欲利之心不致勝過其好義之心。

㊂言雖桀紂之暴君也不能去民好義之心；然而不能教化其民使其好義之心勝過其欲利之心。

㊃「多少」、「利害」、「得喪」，皆指貨財說。

㊄劉師培謂外傳「不」下有「言」字，以上文例之當補。言士不說怎樣作買賣。

㊅「息」、繁殖、「錯質」：「錯」、置也。「質」、讀爲「贄」。「置贄」、謂執贄而置於君。言有國之君不養牛羊，置贄爲臣的不養鷄豚。

㊆「冢卿」、上卿。言上卿不作販息財幣的勾當。

㊇「場園」：王謂外傳作「場圃」者是。治稼穡曰「場」，樹菜蔬曰「圃」。言大夫不種田養菜。

㊈士以上的官吏都以謀利爲可恥，而不與民爭利，樂於周濟貧困，而恥於積藏貨財。

㊉「然故」、王曰：猶「是故」。治要作「然後民不困財。」「有所竄其手」，猶言「有所措其手」。外傳作「貧窮有所懽，孤寡有所措其手足。」此言：所以一般民衆都能過得去，貧苦的也有辦法維持生活。

文王誅四，武王誅二，周公卒業，至成康則案無誅已。㈠

㈠ 並解在仲尼篇。言文王誅四惡，武王誅二惡，周公終王業，還不得無誅伐，至成康才刑措無誅殺。

多積財而羞無有，㈠重民任而誅不能，㈡此邪行之所以起，刑罰之所以多也。

㈠ 「無有」、謂貧窮。言爲政多積貨財而以貧窮爲羞。

㈡ 加重人民的負擔，不勝負擔就加誅戮。

上好〔羞〕義，則民闇飾矣！上好富，則民死利矣！二者治亂之衢也。㈠民語曰：「欲富乎？忍恥矣！傾絕矣！絕故舊矣！與義分背矣！」㈡上好富，則人民之行如此，安得不亂！

㈠ 「羞」、據王校改爲「義」字。「亂」上據劉台拱校補「治」字，言國君如果好義，人民就不聲不響地修飾自愛了。如好富，人民就拚命地爭奪財利了。這兩者是治亂的分歧處。「衢」、歧路。

㈡ 「分背」、如人分背而行（注）。民間諺語道：「你要富有嗎？那就要不顧廉恥，傾敗絕命，不要故舊，與『義』分背而行。」「傾絕」：鍾云：「絕」从「節」聲，或假「絕」作「節」，亦通。

湯旱而禱曰：「政不節與？使民疾與？何以不雨至斯極也！㈠宮室榮與？婦謁盛與？㈡何以不雨至斯極也！苞苴行與？㈢讒夫興與？何以不雨至斯極也！」

㊀商湯在大旱的時候，向天禱告道：我在政治上的措施沒有調節好嗎？使人民有疾患痛苦嗎？為什麼上天不下雨，到了這種地步？「節」、猶「適」也。「疾」、疾苦。

㊁「宮室榮」，謂宮室修建地太榮盛。「謁」、請也。「婦謁盛」，謂太聽婦人的話。

㊂「苞苴」：注：貨賄必以物苞裹，故總謂之「苞苴」。「興」、起也。

天之生民，非為君也；天之立君，以為民也。故古者，列地建國，非以貴諸侯而已；㊀列官職，差爵祿，非以尊大夫而已。㊁

㊀分列土地，建立國家，是為了治理人民，並非為了尊貴諸侯而已。

㊁設官分職，差等爵祿，是為了為民服務，並非為了尊榮大夫而已。

主道知人，臣道知事。㊀故舜之治天下，不以事詔而萬物成。㊁農精於田，而不可以為田師，工賈亦然。㊂

㊀人君治國之道，在於知人善任；人臣報國之道，在於知其職守，善盡其責。「人」、賢良。「事」、職守。

㊁「詔」、告也。舜知人善任，不以事詔告，但委派人而萬物皆有所成。

㊂自「舜之治天下」至此，皆見解蔽篇。農精於田而不知道，故不可為田師。

以賢易不肖，不待卜而後知吉。以治伐亂，不待戰而後知克。

㊀注：無人禦敵，故知必克。

齊人欲伐魯，忌卞莊子，不敢過卞。㊀晉人欲伐衛，畏子路，不敢過蒲。㊁

㊀「卞」、魯邑。「莊子」、卞邑大夫，有勇名，故齊人畏之。

㊁「蒲」、衞邑。子路、蒲宰。

不知而問堯舜，無有而求天府。㊀——曰：先王之道，則堯舜已；六貳之博，則天府已。㊁

㊀劉師培曰：「不知」者，愚昧之人。「無有」者，淺陋之人。案：「天府」、形勝富庶之處。言有所不知，就去問堯舜；知識淺陋，就求之於天府。

㊁盧云：「貳」，當作「藝」，聲之誤也。「六藝」、即六經。案：因解釋道：先王傳下來的道，就是睿智的堯舜；六藝之淵博，就是知識的天府。

君子之學如蛻，幡然遷之。㊀故其行效，其立效，其置顏色、出辭氣效。㊁無留善，無宿問。㊂

㊀「幡」、與「翻」同。「翻然」、變動貌。言君子之學如蟬蛻一般，老是變動遷化的。

㊁注：「效」、倣也。「置」、措也。言造次皆學而不捨也。鍾曰：廣雅：「學、效也。」「學」訓「效」，則「效」亦訓「學」。案：鍾說直捷，今從之。言君子行路時學，站立時學，入座時學，顏面表情，言語聲調（氣）無往而不學。

㊂聞善就行，沒有留滯；有疑就問，不待經宿。

善學者盡其理，善行者究其難。㊀

㊀注：非知之艱，行之惟艱。故善行之者是究其難。案：言善於爲學的一定窮盡事物之理，

於實行的一定究原事物之所以難。

君子立志如窮，㊀雖天子三公問正，以是非對。㊁

㊀注：似不能變通，至尊至貴對之唯一。故曰：「如窮」也。

㊁鍾曰：「正」、讀爲「政」。「問正」者，「問政」也。「以是非對」，是則是之，非則非之也。案：舊以「三公問」句，「正」字下屬爲句，茲從鍾說，上屬爲句。

君子隘窮而不失，勞倦而不苟，臨患難而不忘細席之言。㊀歲不寒無以知松柏，事不難無以知君子無日不在是。㊁

㊀「隘窮」、卽「扼窮」。（盧說）「細席」、爲「茵席」之訛。（郝說）「茵席之言」，昔日之言，卽論語所謂「平生之言」。（王說）言君子在窮困之中而守道不失，勞倦之時而不求苟免，臨患難之際而不忘平生之言。

㊁天氣不冷看不出松柏之耐寒，事情不難看不出君子沒有一天而不懷道。

雨小，漢故潛。㊀夫盡小者大，積微者箸，德至者色澤洽，行盡而聲問遠，㊁小人不誠於內而求之於外。㊂

㊀「故」、乃也（見釋詞五）。「潛」、深也。言雨滴雖小，然積少成多，漢水乃爲之深。

㊁「洽」、潤也，見淮南要略高注。「行盡而」，王先謙以爲爲「行盡者」之誤。按「而」猶「則」，不改字亦可通。「問」、通「聞」。「聲聞」，猶言名譽。言積小就能成大，積微就能成著，道德深至的就色澤溫潤，行爲盡善的就聲名遠播。

㊂誠於中形於外，小人不求之於中而求之於外。

言而不稱師謂之畔，教而不稱師謂之倍。㊀倍畔之人，明君不內，㊁朝士大夫遇諸塗不與言。

㊀郝曰：「言」、謂自言。「教」、謂傳授。「倍」者，反也。「畔」與「叛」同，「叛」者「反」之半也。

㊁「內」、接納。

不足於行者，說過；不足於信者，誠言。㊀故春秋善胥命，而詩非屢盟，其心一也。㊁善爲詩者不說，善爲易者不占，善爲禮者不相，其心同也。㊂

㊀「說過」、言過其實。「誠言」、貌言若誠。言行爲不足的，其言必過其實；誠信不足的，其言必示其誠。

㊁「胥命」、「兩君相見，約言而不歃血，故稱胥命。」（左傳會箋）春秋之時，約言必有盟，不盟者特書「胥命」，以示區別。詩小雅巧言篇：「君子屢盟，亂是用長。」言春秋對兩君相見，約言而不歃血爲盟的特別稱道。詩經抨擊「屢盟」，觀點都是相同的。以下四句，舊另爲一章，據陶鴻慶說併入本節。

㊂「相」、爲人贊相，言精於詩的不說詩，精於易的不占卜，精於禮的不爲人贊相。其用心都是相同的。（眞有其中的就不表現在形跡上，以證「過言」、「誠言」者之不足於其中。）

曾子曰：「孝子言爲可聞，行爲可見。㊀言爲可聞，所以說遠也；行爲可見，所以說近也；近者說則親，遠者悅則附；親近而附遠，孝子之道也。㈡」

㈠ 曾子說：孝子的言語眞誠可信，行爲光明可見。

㈡ 「說」、皆讀爲「悅」。言語誠信，就可以取悅遠人；行爲光明，就可取悅近人；近人悅就親敬，遠人悅就親附。近的親敬，遠的親附，就盡了孝子之道了。（無人毁辱其親）

曾子行，晏子從於郊，㈠曰：「嬰聞之：君子贈人以言，庶人贈人以財。嬰貧無財，請假於君子，贈吾子以言：㈡乘輿之輪，太山之木也，示諸檃栝，三月五月，爲幬采，敝而不反其常。㈢君子之檃栝，不可不謹也。愼之！㈣蘭茝稾本，漸於蜜醴，一佩易之。㈤正君漸於香酒，可讒而得也。㈥君子之所漸，不可不愼也。㈦」

㈠ 「從」、送也。見呂覽節喪注。曾子行，晏子送他到郊外。按晏子在孔子之前，曾子之父猶爲孔子弟子。此云送曾子，大概後人妄言（注）。

㈡ 「假於君子」、謙辭，言嬰貧無財可贈，請讓我假託於君子，贈給你幾句話。

㈢ 「示」、讀爲「寘」。「檃栝」、矯煣木之器，見勸學篇。「幬采」，未詳。注引或說：「菜」、讀爲「菑」，謂轂與輻也。言車上的輪子，是太山之木造的。這木材放在檃栝上加以處理，經過三五個月之後，作成的轂和輻就是破爛了，也不再恢復原來的樣子。

㈣ 後天的人爲足以移先天之本性，君子的檃栝（比擬爲學的方向）是不可不謹愼的。

㈤ 「茝」（ㄔㄞˇ）、香草。「稾」、亦「本」之意。言蘭茝之本若浸以甘醴，一塊佩玉才可買到它。言香草漸於甘醴則加貴。

㈥ 「香酒」、喻甘言。言一位端正的人君若浸潤於甜言蜜語，則讒邪就可得而入。此言人君漸於甘言則易惑。

㈦所以君子之所漸染是不可不愼的。

人之於文學也，猶玉之於琢磨也。詩曰：「如切如磋，如琢如磨。」謂學問也。㈠和之璧，井里之厥也，玉人琢之，爲天子寶。㈡子贛季路故鄙人也，被文學，服禮義，爲天下列士。㈢

㈠詩衞風淇澳第一章。治骨曰「切」，象曰「瑳」（同磋），玉曰「琢」，石曰「磨」。言好像治骨治角的切磋，又像治玉治石的琢磨，說的就是作學問的工夫。

㈡「和之璧」、楚人卞和所得之璧。「井里」、里名。「厥」、盧謂同「橛」，即門限。「天子」、王謂晏子春秋作「天下」，義長。

㈢「故鄙人」、本是鄙野之人。「被文學，服禮義」，接受了學問，服習了禮義。「列士」，尸子及外傳皆作「顯士」。

學問不厭，好士不倦，是天府也。㈠

㈠注：言所得多。

君子疑則不言，未問則不〔立〕言，㈠道遠日益矣。㈡

㈠據王據曾子立事篇校，改「立」爲「言」字。言君子疑惑則不言，不問他則不言。皆言君子說話不隨便。

㈡注：爲道久遠，自日有所益。

多知而無親，博學而無方，好多而無定者，君子不與。㈠

㈠「親」、至也。情意懇到曰「至」（說文段注）。故「親」，有所專重之意。「方」、注訓方法，似言方向。「定」、止也，專一之意。此言：多知而無所專重，博學而無一定方向，多好而不能專一，這樣爲學的人，君子是不嘉許的。

少不諷誦，㈠壯不論議，雖可，未成也。㈡

㈠據王據大戴禮校補「誦」字。「諷誦」、謂就學誦讀詩書。

㈡「論議」、講論。言人年少的時候不讀書，年壯又不肯和人講論學問，縱有美好的資質，也不能成就他的道德人格。

君子壹教，弟子壹學，亟成。㈠

㈠君子專一於教，弟子專一於學，很快就有成就。

君子進則益上之譽，而損下之憂。㈠不能而居之，誣也；無益而厚受之，竊也。㈡學者非必爲仕，而仕者必如學。㈢

㈠「進」、仕。「損」、減。言君子進而仕則增益君上的聲譽，而解除下民的痛苦。

㈡無能而居其位，這是欺誣君上；無補於國家而受厚祿，這是盜竊公庫。

㈢「如」、注訓往，郝訓肖似，今從郝說。言爲學不必是爲了作官，作官卻必須不負其所學。劉師培曰：此節分見曾子制言及立事篇。

子貢問於孔子曰：「賜倦於學矣，願息事君。」㈠孔子曰：「詩云：『溫恭朝夕，執事有恪。』事君難，事君焉可息哉！」㈡「然則，賜願息事親。」孔子曰：「詩云：『孝子不匱，永錫爾類。』事親難，事親焉可息哉！」㈢「然則賜願息於妻子。」㈣孔子曰：「詩云：『刑于寡妻，至于兄弟，以御於家邦。』妻子難，妻子焉可息哉！」㈤「然則賜願息於朋友。」㈥孔子曰：「詩云：『朋友攸攝，攝以威儀。』㈦朋友難，朋友焉可息哉！」「然則賜願息耕。」孔子曰：「詩云：『晝爾于茅，宵爾索綯，亟其乘屋，其始播百穀。』㈧耕難，耕焉可息哉！」「然則賜無息者乎？」㈨孔子曰：「望其壙，皋如也，嵮如也，鬲如也，此則知所息矣。」㈩子貢曰：「大哉！死乎！君子息焉，小人休焉。」㈡

㈠ 子貢向孔子請示道：賜爲學疲倦了，希望從政事君，藉以休息休息。

㈡ 詩商頌那之篇。「恪」、音客，敬也。「有恪」、卽「恪然」，恭敬貌。言孔子道：詩經說：「永遠保持着溫恭的態度，作事恪然有禮。」可見事君很難，事君怎麼容得你休息呢！

㈢ 詩大雅旣醉第五章。「匱」、竭也。「永」、長也。「錫」、賜也。「類」、善也。此言：那麼，賜願回家事親，藉以休息休息。孔子道：詩經說：「孝子事親的孝行，沒有窮盡之時，所以天長賜以美善。」可見事親很難，事親怎麼容得你休息呢！

㈣ 那麼，賜願回家和妻子過過日子，休息休息。

㈤ 詩大雅思齊第二章。「刑」、借爲「型」，儀法也。「寡妻」、嫡妻。「御」、音迓，治也。言「（文王）先立禮法於其妻子，以至于兄弟，於是家乃得齊，因以能治其家邦。」可見和妻子同居亦不易。

㈥交交朋友，休息休息。
㈦大雅既醉第四章。「攸」、所也。「攝」、佐也。言「朋友所互相佐助的，就是佐助以威儀。」足證交友也不易。
㈧詩豳風七月第七章。「爾」、語詞。「于茅」、整理茅草。「宵」、夜也。「索」、搓製。「綯」、音陶，繩也。「亟」、急也。「乘屋」、以茅覆於屋頂。說文：「乘、覆也。」「其」、將然之詞。言「白天治理茅草，晚上搓製繩索。趕快拿茅草把屋頂覆好，因不久又將耕田種穀了。」
㈨那麼，我就沒有休息的機會了嗎？
㈩見孔子家語困誓篇、列子天瑞篇，文詞與此小異。「壙」、丘壠。「皋」、猶「高」。「嵮」、卽「顚」字。「鬲」、音歷，鼎屬。此皆形容墳墓的形狀。此言：看看那丘壠，高高的，像個小山頂，又圓圓地像個鬲，到這時就可以休息了。
⑪郝曰：子貢始言願得休息，孔子四言「焉可息哉」！必須死而後已。於是子貢悚然警悟，始知大塊勞我以生，逸我以死，作而歎曰：「大哉死乎！君子息焉，小人休焉。」言人不可苟生，亦不可徒死也。

國風之好色也，傳曰：「盈其欲而不愆其止。㈠其誠可比於金石，其聲可內於宗廟。㈡」小雅不以於汙上，自引而居下，㈢疾今之政以思往者，其言有文焉，其聲有哀焉。㈣

㈠注：「好色」、謂關雎樂得淑女也。「盈其欲」、謂好仇（逑）寤寐思服也。「止」、禮也。鍾曰：「止」、容止也。「不愆其止」，謂容止不愆也。案：鍾說與楊注並無很大的出入，「容止不愆」，即容止不愆於禮之意。此文大意：國風關雎之義在樂得淑女，傳解釋道：君子求得淑女的願望雖然強烈（盈），他的容止卻不失（愆）於禮。

㊁他以禮自防的誠意可比於金石之堅，這種不淫不傷的樂章可納於宗廟之中演奏。

㊂「以」、用也。「汙上」、驕君也。言作小雅的人，不欲爲驕矜的國君所用，甘願引退而居下位。

㊃他不滿於當時之政，而懷念文武之道。這些詩言其文辭則很有文采，言其聲調則很哀傷。「有」、猶「則」，見經辭衍釋。

國將興，必貴師而重傅，貴師而重傅，則法度存。㊀國將衰，必賤師而輕傅；賤師而輕傅，則人有快；㊁人有快則法度壞。

㊀兪據下文，謂「貴師而重傅」下，疑有闕文。

㊁「則人有快」，謂人有放肆之意。

古者匹夫五十而士。天子諸侯子十九而冠，冠而聽治，其教至也。㊁

㊀卿、大夫、元士之適子四十而仕，五十而爵。匹夫則五十而仕，有十年之差。（兪說）

㊁十九而冠，先臣下一年。「聽治」、爲政。「其教至也」、他學業完成了。雖人君之子，猶年長而冠，冠而後聽治，以明教至然後治事，不敢輕易。（注）

君子也者而好之，其人也；㊀其人〔也〕而不教，不祥。㊁非君子而好之，非其人也；非其人而教之，齎盜糧，借賊兵也。㊂

㈠據王校移下句「也」字於此。

㈡言好君子的，就是可敎之人；可敎而不敎之，是爲不祥。

㈢若所好不是君子，就是不可敎之人；不可敎而敎之，是送糧食，借兵器給盜賊，而助其爲惡啊！

不自嗛其行者，言濫過。㈠古之賢人，賤爲布衣，貧爲匹夫，食則饘粥不足，衣則豎褐不完；然而非禮不進，非義不受，安取此？㈡

㈠「嗛」、足也。言小人自知所行有虧，故爲夸誕之辭，冒取富貴。（陶鴻慶說）

㈡「豎褐」、卽「裋褐」、勞役所着之粗衣。言古之賢人，潔身自愛，行無所虧，雖貧賤而爲布衣匹夫、吃稀飯、穿破衣，非以禮不進而仕，非以義不接受富貴，他何取於夸誕之言？按舊本自「古之賢人」以下另爲一條，茲從陶說併入上條。

子夏家貧，衣若縣鶉。㈠人曰：「子何不仕？」曰：「諸侯之驕我者，吾不爲臣；大夫之驕我者，吾不復見。㈡柳下惠與後門者同衣，而不見疑，非一日之聞也。㈢爭利如蚤甲，而喪其掌。」㈣

㈠據劉師培據書鈔事類賦及御覽校，補「家」字。「縣」、讀「懸」、「懸鶉」，喻破衣。正字通：「鶉尾特禿，若衣之短結，故凡敝衣曰衣若懸鶉。」

㈡諸侯對我驕而無禮的，我不願作他的臣；大夫對我驕而無禮的，我不願見他第二次。

㈢注：柳下惠，魯賢人，公子展之後，名獲，字禽。居於柳下，謚惠，「後門」者，君之守後門，至賤者。子夏言：「昔柳下惠，衣之敝惡，與後門者同。時人尙無疑怪者。」言安於貧賤，渾迹而人無不知也。（案：據豬飼彥博說，注「而人」下補「無」字）「非一日之聞也」，言聞之久矣。

㈣ 注：「蚤」與「爪」同。仕亂世驕君，縱得小利，終喪其身。

君人者不可以不愼取臣，匹夫不可不愼取友。友者、所以相有也。道不同，何以相有也？㈠均薪施火，火就燥；平地注水，水流濕。㈡夫類之相從也，如此其著也，以友觀人，焉所疑？㈢取友善人，不可不愼，是德之基也。㈣詩曰：「無將大車，維塵冥冥。」言無與小人處也。㈤

㈠「有」、叚爲「右」，助也。言交友是爲了互相輔助的，如友而不同道，怎能互相輔助呢？

㈡以同樣的薪柴去點火，乾的先著。向平坦的地上注水，水向濕處流。

㈢物之以類相從是如此其明著，根據他的朋友，觀察他的人格，有什麼可懷疑的？性惡篇：「不知其子，觀其友。」

㈣爭取朋友，求交善人，不可以不謹愼，這是成德的基礎啊。

㈤詩小雅無將大車第二章。「將」、扶進也。「大車」、平地任載之車，是駕牛的。言不要扶進大車，扶進大車，塵埃昏晦，蔽人目明，令無所見。與小人處也是如此。

藍苴路作，似知而非。㈠偄弱易奪，似仁而非。㈡悍戇好鬭，似勇而非。㈢

㈠上四字不知其確解。

㈡「偄」與「儒」同。（盧說）「易奪」、無執守之謂。（注）言儒弱而沒有主見的，其不爭似仁，其實非仁。

㊂「悍」、兇戾。「戇」、愚也，音壯。

仁義禮善之於人也，辟之若貨財粟米之於家也，多有之者富，少有之者貧，至無有者窮。故大者不能，小者不爲，是棄國捐身之道也。㊀

㊀仁義禮善之大者不能爲，小者又不屑爲，這是有國者棄其國，有身者捐其身的作法。

凡物有乘而來，乘其出者，是其反也。㊀

㊀下「乘」字王以爲衍文。「乘」、因也。言凡事物之來，一定有它的原因，現在出於我的，就是將來人之返於我的。「無言不報，無德不讎」之義。

流言滅之，貨色遠之。㊀禍之所由生也，生自纖纖也。是故君子蚤絕之。㊁

㊀無根之言要消滅它，財貨女色要疏遠它。

㊁「纖纖」、細微。「蚤」、叚作「早」。言禍患生自細微，所以君子早絕其萌。注云：此語亦出曾子。

言之信者，在乎區蓋之間。㊀疑則不言，未問則不〔立〕言。㊁

㊀「區蓋」、二字不詳，解者皆疑似之言，不足採。

㊁據郝據上文校，改「立」爲「言」字。

知者明於事，達於數，不可以不誠事也。㊀故曰：「君子難說，說之不以道，不說也。」㊁

㈠「誠」、忠誠。言智者對於事物看的明白，對於道理看的通達，故不可以虛妄事奉他。

㈡「說」、借爲「悅」。言君子是不容易討喜歡的，要討他喜歡而不以正道，他是不喜歡的。

語曰：「流丸止於甌臾，流言止於知者。㈠」此家言邪說之所以惡儒者也。㈡是非疑，則度之以遠事，驗之以近物，參之以平心，流言止焉，惡言死焉。㈢

㈠注：「甌」、「臾」、皆瓦器也，謂地之拗坎如甌臾者也。案：言流丸止於凹坎之地，流言止於智者之口。

㈡「家言」、謂偏見自成一家之言如宋墨者。（注）「家」、卽解蔽篇「亂家」之「家」。（劉師培說）言這就是雜家邪說不喜歡儒者的原因（儒者智足以辨其非）。

㈢事理之是非，疑惑不明者，就遠取歷史上的事物來度量，近取當前的事物來驗證，以客觀公平的心靈參互錯綜以求之，那麼，流言就會停止了，惡言就會息滅了。

曾子食魚，有餘，曰：「泔之。」門人曰：「泔之傷人，不若奧之。」㈠曾子泣涕曰：「有異心乎哉！」傷其聞之晚也。㈡

㈠「泔」、盧訓爲米汁。「泔之」、謂以米汁浸漬之。王謂「泔」當爲「洎」。「洎之」、謂添水以漬之。茲取前說。「奧」、音郁，與「鬱」通，「鬱之」、謂以鹽醃之。此文大意：曾子教門人把剩下的魚用米汁泡起來。門人道：用米汁泡起來，容易腐爛，吃了傷人，不如用鹽醃起來，藏在陰涼處。

㈡曾子事親孝，親在時或以米汁浸的魚進膳，而不知這種魚會傷人。親歿才聽到這個說法，所以傷心地說道：難道我有異心嗎！

無用吾之所短，遇人之所長。㈠故塞而避所短，移而從所仕。㈡疏知而不法，辨察而操僻，勇果而無禮，君子之所憎惡也

㈠「遇」、當也。「短」、「長」，皆指才藝說。言如和別人爭辨，不要以我才藝之所短，去當人才藝之所長。

㈡「塞」、掩也。「移」、就也。「仕」、兪疑「任」字之誤。「任」、能也。此言：要掩藏而避免我之所短，移就而從事吾之所能。

㈢「疏」、通也。言通達多智而沒有法守，聰察明辨而操持邪僻，勇敢果決而不守禮法，都是君子所憎惡的。

多言而類，聖人也；少言而法，君子也；多言無法而流〔喆〕湎然，雖辯，小人也。㈠㈡

㈠「喆」、據楊注校，改爲「湎」字。「流」讀「沈」。「流湎」、陷溺。此言：言（包括制作）多而皆合於禮義之統類的是聖人（性惡篇：「千舉萬變，其統類一也」。）不敢自造言說，所言皆謹守禮法的是君子。言雖多而不合禮法，如沈溺於水者，一往不返，雖巧辯，也是小人。「而流湎然」之「而」同「如」。非十二子篇有同文。

國法禁拾遺，惡民之串以無分得也，㈠有〔夫〕分義，則容天下而治；無分義，則一妻一妾而亂。㈡

㈠「串」、習也。言國法禁止拾遺，是怕人民習於非其分而得。

㊁「夫」、據久保愛據元本校，刪。「容」、王先謙訓爲受，陶鴻慶讀爲「庸」，用也。茲從後者。言人知分義，則用天下之大而可治；否則，一妻一妾也要亂。

天下之人，唯各特意哉，然而有所共予也。㊀言味者予易牙，言音者予師曠，言治者予三王。㊁三王既以定法度，制禮樂而傳之，有不用而改自作，何以異於變易牙之和，更師曠之律？㊂無三王之法，天下不待亡，國不待死。㊃

㊀「唯」、王謂卽「雖」字。「特意」、謂人人殊意。「予」、讀爲「與」、許也。言天下的人，對任何事物，雖各有不同的意見，然而也有爲大家一致所推許的。

㊁「易牙」、齊桓公宰夫，知味者。「師曠」、晉平公樂師，知音者。言譬如談到烹調，一致推許易牙，談到音樂，一致推許師曠，談到治道，一致推許禹湯文武。

㊂「變易牙之和」、變更易牙調味的方法。「律」、音律。

㊃言不用禹湯文武之道，天下國家不必等待就要滅亡（速之甚也）。

飲而不食者，蟬也；不飲不食者，浮蝣也。㊀

㊀此二語舊與上文爲一條，茲據汪中說別爲一條。

虞舜、孝己孝而親不愛，比干、子胥忠而君不用，仲尼、顏淵知而窮於世。劫迫於暴國而無所辟之，則崇其善，揚其美，言其所長，而不稱其所短也。㊀

㊀「辟」，讀爲「避」。言賢者不遇時，則危行言遜。

惟惟而亡者，誹也；㊀博而窮者，訾也；清之而俞濁者，口也。㊁

㈠「惟」、讀爲「唯」。「唯唯」、聽從貌。常聽從人而不免敗亡的，由於退後而又誹謗人。

㈡此二語見榮辱篇第一段。言詞博辯而不免窮蹷的，由於好毀訾人，欲潔其身行，而反愈汚濁的，由於口說之過。

君子能爲可貴，不能使人必貴己；能爲可用，不能使人必用己。㈠

㈠注：脩德在己，所遇在命。案：非十二子篇有同句。

誥誓不及五帝，㈠盟詛不及三王，㈡交質子不及五伯。㈢

㈠注：「誥誓」、以言辭相誡約。禮記：「約信曰誓。」又曰：「殷人作誓，而民始畔。」

㈡「盟詛」：殺牲歃血，誓於神叫「盟」；請神加殃叫「詛」。「盟詛」：謂殺牲歃血告神以盟約。

㈢「伯」、讀曰「霸」。言兩國「誥誓」，五帝時候沒有；「盟詛」、三王時候沒有；「交換質子」五霸時候還沒有。注：此言後世德義不足，雖要約轉深，猶不能固也。穀梁傳亦有此語。

宥坐篇第二十八

「宥坐」、是無義之題，以首句孔子觀於廟，見欹器，曰宥坐之器，故以名篇。注云：「此以下皆荀卿及弟子所引記傳雜事，故總推之於末。」本篇雜記孔子言行。此以下亦以記孔子及弟子言行者爲多。

孔子觀於魯桓公之廟，有欹器焉，㈠孔子問於守廟者曰：「此爲何器？」守廟者曰：「此蓋爲宥坐之器，」㈡孔子曰：「吾聞宥坐之器者，虛則欹，中則正，滿則覆。」㈢孔子顧謂弟子曰：「注水焉。」弟子挹水而注之。中而正，滿而覆，虛而欹，孔子喟然而歎曰：「吁！惡有滿而不覆者哉！」子路曰：「敢問持滿有道乎？」㈣孔子曰：「聰明聖知，守之以愚；功被天下，守之以讓；勇力撫世，守之以怯；㈤富有四海，守之以謙：㈥此所謂挹而損之之道也。」㈦

㈠　「魯桓公廟」、外傳說苑皆作「周廟」（久保說）。「欹」爲「攲」（ㄑㄧ音欺）之俗字，實爲「攲」，「攲器」傾攲不正之器。

㈡「宥」與「右」同。言人君可置於左右以爲警戒的器具。

㈢聽說這個器具，空著就傾攲，注水不淺不滿就正當，過滿了就傾覆。

㈣冒昧請問，保持滿而不傾覆，也有辦法嗎？

㈤「撫」、掩也。「撫世」、猶「蓋世」。言聰明聖智就守身以愚；功被天下，就守身以讓；勇力蓋世，就守身以怯。

㈥「謙」與上「讓」複，劉師培疑當讀「慊」，「慊」與「儉」同。

㈦「挹」、亦退也。「挹而損之」，猶言「損之又損」。退而損之就是持滿之道啊！

孔子爲魯攝相，朝七日而誅少正卯。㈠門人進問曰：「夫少正卯魯之聞人也，夫子爲政而始誅之，得無失乎，」㈡孔子曰：「居，吾語女其故。人有惡者五，而盜竊不與焉：㈢一曰：心達而險；㈣二曰：行辟而堅；㈤三曰：言僞而辯㈥；四曰：記醜而博；㈦五曰：順非而澤㈧——此五者有一於人，則不得免於君子之誅，而少正卯兼有之。故居處足以聚徒成羣，言談足飾邪營衆，強足以反是獨立，此小人之桀雄也，㈨不可不誅也。是以湯誅尹諧，文王誅潘止，周公誅管叔，太公誅華仕，管仲誅付里乙，子產誅鄧析史付，㈩，此七子者，皆異世同心，不可不誅也㈡。詩曰：『憂心悄悄，慍於羣小。』小人成羣，斯足憂也。」㈢

㈠孔子爲司寇而攝行相事，聽朝（爲政）七天就殺了少正卯。

㈡「聞人」、有名爲衆所周知的人。「而始誅之」，而先殺掉他。

(三)「居」，坐下。人之惡行有五種，而盜竊不在其數。

(四)思慮通達，而心術凶險。

(五)「辟」、讀「僻」。行爲僻邪而心志堅定不移。

(六)言論（思想）僞詐，而說來巧妙好聽。

(七)記得極多的醜惡事物。

(八)文過飾非，而文飾得光滑無跡。案：非十二子篇有類似的句子。

(九)「營」、讀爲「熒」。「熒衆」、惑衆。「強」、剛愎。家語「強」下有「禦」字。「反是」，以非爲是。「獨立」人不能傾之。言他剛愎自用，足以反非爲是，而人不能傾移。「桀」、「傑」古今字。

(一〇)「尹諧」、事迹不詳。「潘止」卡氏考異引作「潘正」（于說。）尹文子聖人篇、家語始誅篇並作「潘正」。說苑指武篇作「潘阯」。「止」「正」「阯」形似，未知孰是。「華仕」、家語始誅篇、論衡非韓篇、文選罪王何論並作「華士」。「仕」「士」古通。「太公誅華仕」說，楊注引韓子述其事。「付里乙」、家語作「管仲誅付乙」（盧說）說苑貴德篇作「符里乙」。漢書古今人表有「鮒里乙」、通志氏族略：「齊有忖乙，管仲誅之。」淮南氾論篇：「管仲誅史附里。」各書所載，疑爲一人。「子產誅鄧析」事，見漢志師古注、列子力命篇及呂覽離謂。然據畢沅據左傳考證鄧析、子產並不同時。張湛列子注：「子產卒後二十年，而鄧析死也。」是殺鄧析的不是子產。「史付」家語始誅篇作「史何」，「付」「何」形近易誤。

(一一)尹諧等這七個人所生的時代雖然不同，而心術卻都是不正的，應該殺掉。

(一二)詩邶風柏舟第四章。「悄悄」憂貌。「慍」怒也。詩云：「憂心悄悄，因爲羣小所怒啊！」小人若成了羣，就可憂慮了。

孔子爲魯司寇，有父子訟者，孔子拘之，三月不別。其父請止，孔子舍之。㊀季孫聞之，不說，曰：「是老也欺予。語予曰：爲國家必以孝。今殺一人以戮不孝！又舍之。」㊁冉子以告。㊂孔子慨然歎曰：「嗚呼！上失之，下殺之，其可乎？不教其民，而聽其獄，殺不辜也。㊃三軍大敗，不可斬也；獄犴不治，不可刑也，罪不在民故也。㊄嫚令謹誅，賊也。㊅今生也有時，斂也無時，暴也㊆；不教而責成功，虐也。——已此三者，然後刑可卽也。㊇書曰：『義刑義殺，勿庸以卽，予維曰未有順事。』言先教也。㊈故先王既陳之以道，上先服之；若不可，尚賢以綦之；若不可，廢不能以單之；㊉綦三年而百姓〔往〕從風矣。⑪邪民不從，然後俟之以刑，則民知罪矣。⑫詩曰：『尹氏大師，維周之氐；秉國之均，四方是維；天子是庳，卑民不迷。』⑬是以威厲而不試，刑錯而不用，此之謂也。⑭今之世則不然：亂其教，繁其刑，其民迷惑而墮焉，則從而制之，是以刑彌繁，而邪不勝。⑮三尺之岸而虛車不能登也，百仞之山任負車登焉，何則？陵遲故也。⑯數仞之牆而民不踰也，百仞之山而豎子馮而游焉，陵遲故也。⑰今之世陵遲已久矣，而能使民勿踰乎，⑱詩曰：『周道如砥，其直如矢。君子所履，小人所視。睠焉顧之，潸焉出涕。』豈不哀哉！」⑲

㊀「別」、猶「決」，言有父親告他兒子的，孔子就把兒子拘留起來，經過了三個月，沒有判決兒子的罪。父親請求結束這個案子，孔子就把兒子開釋。

㊁「老」、大夫之尊稱。季孫聽到，很不高興，道：此老欺騙我。他曾對我說：「治國一定提

倡孝道。」現在應該殺掉這個人，以儆辱不孝，卻又把他開釋了。

㈢冉子、名求，字子有，時爲季氏宰。

㈣「獄」、梁啓雄謂臺州本作「訟」。言在上的不盡教化之道，下民有罪就乾脆殺掉，怎麼可以呢？不教人以孝，不孝就判罪，這是誅殺無辜。

㈤「犴」亦獄也。「獄」字從二「犬」，象所以守者。「犴」、胡地野犬，亦善守。故「獄」謂之「犴」。注：「獄犴不治」，謂法令不當。言全軍敗退，就不可斬敗退的人了；法令不當，就不可處罰犯法的人了，因爲過在上而不在下啊！

㈥「嫚」與「慢」同。輕忽法令，而嚴於誅戮，這是賊害人民。

㈦「今」字王謂當在「嫚令謹誅上」，總下三事言之。家語始誅篇作「夫嫚令謹誅」，「夫」亦總下之詞。言生產有一定之時，而賦歛沒有定時，這是陵暴人民。

㈧「已」止也。「卽」、就也。不教育而要求成功，這是虐待人民。改正這三種（賊、暴、虐）作法，再有犯法的才可以用刑罰。

㈨注：書康誥。言周公命康叔，使以義刑義殺，勿用以就汝之心。不使任其喜怒也。維刑殺皆以義，猶自謂未有人可順守之事，故有抵犯者。自責其教之不至也。案：致仕篇引此文，「予維」作「女維」、注亦與此多不同。

㈩「服」行也。「綦」，久保愛謂當作「惎」、左傳杜注：「惎，教也。」「單」，借爲「憚」，懼也。言先王治國，既以作人之道布陳天下，在上者首先實踐，以爲倡導；若人民猶未從行，就崇尚賢德以勸導之；若仍不從，就廢棄不能以儆懼之。

⑪「綦」、極也。「往」，據王據御覽、外傳、說苑校，改爲「從」，又補「風」字。言如此施政，至多三年，而人民必然從化了。

⑫ 至此而猶不從，就是冥頑不化的邪民，然後誅之以刑，人民就知罪而不敢爲非作歹了。

⑬ 詩小雅節南山第三章。「大」音「太」，「氐」、本也。「均」、平也。「維」、持也。「庳」、讀爲「毗」（毛詩作「毗」）、輔也。「卑」讀爲「俾」，（毛詩作「俾」）使也。言尹氏大師，是周朝的根本，他秉持國家的均平，來維持四方的安定；能輔佐天子爲國，使人民認識正道而不迷惑。案：此詩是刺大師尹氏的，言尹氏爲國應該如此，而事實卻不然。荀子引此，斷章取義；說他「秉國之均」，能施教化，故民不犯刑。

⑭ 議兵篇有此二語，王云：「厲」、猛也。「錯」、置也。「置」，設也。言威雖猛而不試，刑雖設而不用也。

⑮ 久保愛曰：「制」當作「刑」。家語「墮」作「陷」，是也。案：言今世教化混亂、刑罰繁重，人民不識正道，而迷惑墮落，就從而刑罰他，所以刑罰雖然繁重，而奸邪不能消滅。「邪不勝」猶言「不勝邪」。

⑯ 「任負車」：王曰：「負」、亦任也。魯語注：「任、負荷也。」阮廷卓曰：「任負車」、御覽引作「負車」，與上「虛車」對文。「陵遲」、盧曰：猶「迆邐」、陂陀之謂。劉師培曰：「陵遲」略與「委蛇」同。凡物之斜迆者，其音均近於「委蛇」，故山之中高旁下者，亦曰「陵遲」。下文又言：「世之陵遲已久」者，蓋世運由盛而衰，與山勢由高而下傾者略同。案：言三尺之高的小崖，空車上不去；百仞之高的大山，載重的車爬得上，什麼原因？山坡斜傾的緣故啊。

⑰ 「馮」、音憑，登也。外傳作「登而遊」，說苑作「升而遊」。言數仞之牆，大人過不去，百仞之山，小兒登而遊玩，山坡斜傾之故啊！

⑱ 當今世道，由盛而衰，逶迆斜傾已久，怎能使人不犯法呢？「踰」、踰法。外傳及說苑政理

(一九) 篇均作「今是仁義之陵替久矣。」「陵替」與「陵遲」同。
詩小雅大東第一章。注：言失其砥矢之道，所以陵遲，哀其法度墮壞。案：「周道」、大道。「砥」磨刀石。「如砥」、言貢賦平均。「如矢」、言賞罰不偏。「潸」、涕下貌。此詩大意：大道如砥之平，如矢之直，這是在上之君子所遵行的，也是在下之人民所共見的。如今失其如砥如矢之道，世運日漸陵遲，眷焉回顧往昔，不禁潸然流涕了。

詩曰：「瞻彼日月，悠悠我思。道之云遠，曷云能來。」(一)子曰：「伊稽首不其有來乎？(二)」

(一) 詩邶風雄雉第三章。「瞻」、視。「悠悠」、言思之長。「道」、道路。「云」、句中助詞。「曷」、何也。言視彼日月的更迭往來，歎時光之流逝，而人遠難晤，使人悠悠長思。道路遠阻，怎麼能來呢？

(二) 「伊稽首」、猶孟子之「若崩厥角稽首」，言其歸順也。「不其有來乎」，即「其有不來乎」之倒文。（于省吾說）言孔子道：人之不來，由上失其道。若施德化，人將稽首歸向，雖道遠，怎有不來的呢？

孔子觀於東流之水。子貢問於孔子曰：「君子之所以見大水必觀焉者，是何？」(一)孔子曰：「夫水〔大〕偏與諸生而無爲也，似德。(二)其流也埤下，裾拘必循其理，似義，(三)其洸洸乎不淈盡，似道。(四)若有決行之，其應佚若聲響，其赴百仞之谷不懼，似勇。(五)主量必平，似法。(六)盈不求概，似正(七)。淖約微達，似察。(八)以出以入以就鮮絜，似善化。(九)其萬折也必東，似志。(一〇)是故見大水必觀焉。」

㈠「是何」、初學記云御覽五十八引作「何也」說苑雜言篇、家語三恕篇同。

㈡「大」、據王據初學記、大戴記勸學篇、說苑雜言篇、家語三恕篇校、刪。「諸生」、猶言「羣生」。「與」、予也。言水徧生萬物而不自以爲功，有似上德之不德。

㈢「埤」通「卑」。「裾拘」：家語三恕注：「倨同裾。」集韻：「拘或句。」是「裾拘」卽「倨句」。初學記六及天中記九並引作「卑下倨句」可證。說文句部段注：「凡曲折之物，侈爲倨，斂爲句。凡地名有句字者，皆謂山川紆曲。」纂詁：「倨、直也。句、曲也。古人言曲直之度，必以倨句磬折狀之。」是此文之「裾拘」，蓋謂地形之曲折。言水的流動，趨向卑下曲折，一定順著地形的脈理，有似義之必循於理。

㈣「洸洸」、王謂當從家語作「浩浩」。「淈」讀爲「屈」，竭也。言水流浩浩乎永不竭盡，有似道之無窮。

㈤「決行」、決之使行。「佚」、王讀爲「呹」（音逸）、疾貌。「若聲響」，言若響之應聲。言積水如果決通使行，它相應之疾，如響之應聲，它奔赴百仞之谷沒有絲毫畏懼，有似人之勇敢果決。

㈥「主量」、謂以水爲準（鍾說）。言以水爲測量的標準一定平；它的作用有似於法。

㈦「概」、平斗斛之木板。言水盈於容器，不用概就自然求平，很像有修養的人，不須刑法之禁而自然端正。

㈧「淖」、當作「綽」。「約」、弱也。「綽約」、柔弱。言水質雖然柔弱，而浸淫漸入可通達於物之深處，有似人之明察足以見微。說苑作「綽弱微達」。

㈨萬物出入於水中，就必鮮潔，有似善於感化人者之使人去惡就美。說苑作「不淸以入，鮮絜以出。」

㈩ 它萬曲千折最後必向東流，有似志之堅定不移。

孔子曰：「吾有恥也，吾有鄙也，吾有殆也：㈠幼不能彊學，老無以教之，吾恥之，㈡去其故鄉，事君而達，卒遇故人曾無舊言，吾鄙之㈢；與小人處者，吾殆之也。」㈣

㈠ 我有以爲可恥的事，我有以爲可鄙的事，我有以爲可怕的事。

㈡ 年輕的時候，不能努力爲學，年老了無才藝以教人，我以爲可恥。

㈢ 「舊言」、平生之言。離開家鄉，作了達官，忽然碰到故鄉的老友，沒有一句敍舊的親熱話，我以爲可鄙。

㈣ 和小人糾纏在一起的，我以爲可怕。

孔子曰：「如垤而進，吾與之；如丘而止，吾已矣。」㈠今學曾未如肬贅，則具然欲爲人師。㈡

㈠ 「垤」、音迭，蟻塚，形似小土堆。「已」、貶退。孔子說：學問雖然僅如蟻塚之微，但精進不已，這樣的人我嘉許他。學問雖然已如山丘，但不求進步了，這樣的人我斥退他。

㈡ 「肬贅」、結肉。「肬」音尤。「具然」、居然也。「居然」、安然也，引申爲躊躕滿志之辭。言今人之學還不如人身上的贅肬，就躊躇滿志要爲人師表。案：此以垤、丘、贅喻學之高下，贅肬和山丘相比，大小懸絕，如丘而止，已不可取，而況如贅肬？

孔子南適楚，戹於陳蔡之間，㈠七日不火食，藜羹不糝㈡，弟子皆有飢色。子路進而問之曰：「由聞之：爲善者天報之以福，爲不善者天報之以禍，今夫子累德積義懷美，行之日久矣，奚居之隱也？」㊂孔子曰：「由不識，吾語女。㊃女以知者爲必用邪？王子比干不見剖心乎！㊄女以忠者爲必用邪？關龍逢不見刑乎！㊅女以諫者爲必用邪？吳子胥不磔姑蘇東門外乎！㊆夫遇不遇者，時也；㊇賢不肖者，材也；君子博學深謀，不遇時者多矣！由是觀之，不遇世者衆矣，㊈何獨丘也哉！且夫芷蘭生於深林，非以無人而不芳。君子之學，非爲通也，㊉爲窮而不困，憂而意不衰也⑪，知禍福終始而心不惑⑫也。夫賢不肖者，材也；爲不爲者，人也⑬；遇不遇者，時也；死生者，命也。今有其人，不遇其時，雖賢，其能行乎？苟遇其時，何難之有！故君子博學深謀，修身端行，以俟其時。」孔子曰：「由！居！吾語女。昔晉公子重耳霸心生於曹⑭，越王句踐霸心生於會稽，⑮齊桓公小白霸心生於莒⑯。故居不隱者思不遠，身不佚者志不廣；⑰女庸安知吾不得之桑落之下？」⑱

㈠ 呂覽愼人篇，莊子讓王篇、家語在厄篇皆載此事，與史記孔子世家多不合，可參看。

㈡ 「糂」、與「糝」（ㄕㄢˇ）同，以米和羹。此言：藜羹沒有米粒。

㈢ 「懷美」、懷有美善之行。「隱」、窮約。家語作「窮」，言夫子積善懷德，行之已久，爲什麼還生活如此困難呢？

㈣ 「家語作「由未之識也」。言你不明白，我告訴你。

㈤ 「比干」、商紂諸父。四書逸箋引孟子雜記云：「王子干，封於比，故曰比干。」

㈥ 見解蔽篇、因諫夏桀而被殺之忠臣。

㈦ 「磔」音折（ㄓㄜˊ），謂張其尸也（漢書師古注），舊謂車裂。「姑蘇」，吳都。

㈧ 「遇」、遇合，待用者得所投契。「時也」，時運。

㈨ 「不遇時者衆矣」句，劉師培疑涉上文而衍。

㈩ 「通」、通達，謂顯貴。言君子爲學，不是爲了作官。

⑪ 「窮而不困」，記纂淵海六十二引作「窮而志不困」，與「憂而意不衰」對文。（阮廷卓說）

⑫ 注：皆爲樂天知命。

⑬ 注：爲善不爲善，在人也。

⑭ 「重耳」、晉公子名，流亡過曹，曹共公聞其駢脅（肋骨連成一片），使其裸浴，薄而觀之。公被激怒，立志爲霸。

⑮ 謂爲吳所敗，以甲盾五千棲於會稽之時。

⑯ 「小白」、齊桓公名。齊亂奔莒，立志復國。

⑰ 「佚」、遺佚、遺失，卽論語「人不知而不慍」之「人不知」。言生活不窮困的思慮不能遠大，本身不被社會遺忘的志趣不會廣濶。

⑱ 「桑落」、注以爲桑葉凋落時節（九月）。劉師培以爲地名，惟其地不可考。似後說長，或卽孔子被困之地。

子貢觀於魯廟之北堂，㈠出而問於孔子曰：「鄉者賜觀於太廟之北堂，吾亦未輟，還復瞻被九蓋皆繼，被有說邪？匠過絕邪？」孔子曰：「太廟之堂亦嘗有說，官致良工，因麗節文，非無良材也，蓋曰貴文也。」㈡

㈠ 「北堂」、神主所在之處。「輟」、停止。「吾亦未輟」、元本作「未既輟」。「既」、盡也，言未參觀完就停了，兩「被」字皆「彼」之誤。「九」爲「北」之誤。「蓋」音盍，戶扇。「皆繼」注云：「謂其材木斷絕相繼。」王云：「繼」、當爲「㡭」，說文：「㡭，古文絕。」家語作「北蓋皆斷」，「斷」、亦絕也。案：注與王說雖不同，但事實則無異，茲仍取注說。言子貢參觀了魯廟的北堂之後，向孔子請教道：「剛才我去參觀魯廟的北堂，沒有參觀完就停止了。回頭來的時候，看見那北面的戶扇，都是用斷了的木材互相拼湊而成的，那是有說法呢？還是出於工匠的錯誤？」

㈡「嘗」、讀爲「當」（注），家語作「尙」、「尙」猶「必」也。（劉師培）「麗」施也。言孔子道：「太廟的建造，不會隨便，這一定是有個說法的。當時政府找的是最好的工匠，而加之以節文（文飾）的。不是沒有好的木材，而是貴其另有一番文飾啊。」此蓋明夫子之博識也。

子道篇第二十九

本篇雖以子道名篇，然言子道者僅前三段。「從義不從父」，是子道的要點。後四段或言孔子答弟子之問，或言孔子就事以教誨子弟，皆與子道無關。

入孝出弟，人之小行也。㊀上順下篤，人之中行也；㊁從道不從君，從義不從父，人之大行也。㊂若夫志以禮安，言以類使，則儒道畢矣。㊃雖堯舜不能加毫末於是矣。

孝子所不從命有三：從命則親危，不從命則親安，孝子不從命乃衷；㊄從命則親辱，不從命則親榮，孝子不從命乃義；從命則禽獸，不從命則脩飾，孝子不從命乃敬。㊅故可以從命而不從，是不子也；㊆未可以從而從，是不衷也；明於從不從之義，而能致恭敬，忠信、端慤、以愼行之，則可謂大孝㊇矣。傳曰：「從道不從君，從義不從父。」此之謂也。故勞苦、彫萃而能無失其敬，災禍、患難而能無失其義，則不幸不順見惡而能無失其愛，非仁人莫能行。㊈詩曰：「孝子不匱。」此之謂也。㊉

㈠「弟」與「悌」同，謂自卑如弟。言在家庭中孝順父母，到社會上善事長上，這是小的德行。

㈡上而對君父順從，下而對卑幼篤愛，這是中等德行。

㈢服從大道而不服從君之亂命，服從正義而不服從父之亂命，這是大德行。

㈣「言以類使」、盧謂元刻作「言以類接」。「類」、卽非十二子篇「多言而類」，性惡篇「多言則文而類」之「類」，蓋謂禮義之統類。言心志安於禮義的規範，行爲不隨便，言論合於禮義的精神，不作怪說，儒者之道就俱備於此了。

㈤「衷」、通「忠」。言從命其親就危險，不從命就平安，那麼孝子不從命乃是忠於其親。

㈥從命就陷其親於禽獸之行，不從命就使其親爲修飾之君子，那麼孝子不從命乃是敬於其親。

㈦「不子」，不孝之子。

㈧如果瞭解「從命」「不從命」的道理，能以極其恭敬、忠信、端誠的心情而謹愼地去盡人子之職，就可以說是大孝了。

㈨「彫」、傷也。「萃」與「顇」同。言勞苦、彫傷，憔顇之時事親而不失其敬，災禍、患難之中事親而不失其義，就是（「則」與「卽」同。）不幸以不順於親而見惡，而能夠不失其愛心（愛其親之心），不是仁人辦不到。

㈩詩大雅既醉第五章，言孝子的孝心永遠沒有匱竭的時候。

魯哀公問於孔子曰：「子從父命，孝乎？臣從君命，貞乎？」三問，孔子不對。㈠孔子趨出以語子貢曰：「鄉者，君問丘也，曰：『子從父命，孝乎？臣從君命，貞乎？』三問而丘不對，賜以爲何如？」子貢曰：「子從父命，孝矣。臣從君命，貞矣，夫子有奚對焉？」㈡孔子曰：「小人哉！賜不識也！昔萬乘之國，有爭臣四人，則封疆不削；千乘之國，有爭臣三人，則社稷不危；百乘之家，有爭臣二人，則宗廟不毀。父有爭子，不行無禮；士有爭友，不爲不義。故子從父，奚子孝？臣從君，奚臣貞？審其所以從之之謂孝、之謂貞也。」㈢

㈠久保愛曰：哀公失其問，故不對。

㈡「有」讀爲「又」。謂顯而易見，不必對。

㈢盧曰：家語三恕篇「四人」作「七人」，「三人」作「五人」，「二人」作「三人」。末句作「夫能審其所從之謂孝之謂貞」。案：此言：要觀察他所服從的是否正當才可說他是孝，說他是貞啊。

子路問於孔子曰：「有人於此，夙興夜寐，耕耘樹藝，手足胼胝，㈠以養其親，然而無孝之名，何也？」孔子曰：「意者身不敬與？辭不遜與？色不順與？㈡古之人有言曰：『衣與！繆與！不女聊。』㈢今夙興夜寐，耕耘樹藝，手足胼胝，以養其親，無此三者，㈣則何〔以〕爲而無孝之名也？意者所友非人邪？」㈤孔子曰：「由志之，吾語女。雖有國士之力，不能自舉其身。非無力也，勢不可也。㈥故入而行不脩，身之罪也；出而名不章，友之過也。故君子入則篤行，出則友賢，何爲而無孝之名也！」

㈠「樹」、栽植。「藝」、播種。「樹藝」，栽樹種田。「胼胝」，音駢氐，手足因勞動所生之厚皮。

㈡我猜想或者對其親不恭敬吧？言辭不謙遜吧？顏色不和順吧？

㊂「繆」，注訓「紕繆」，或曰：「綢繆」，劉師培說：或曰「醪」字之訛。外傳作「衣歟！食歟！曾不爾卽。」盧謂「卽」疑「聊」之譌。「聊」，賴也。茲據外傳姑從劉說，言古人說：「衣啊！食啊！都不依賴你。」這是說人子若不敬不順，父母就不願意賴以生活了。

㊃「無此三者」，沒有身不敬，辭不遜，色不順三種行爲。

㊄據王據外傳校，刪「以」字，補「意者所友非仁人邪。」一句。言沒有上述三種不敬、不遜、不順的行爲，怎麼沒有孝順之名呢？在我猜想，大概所交的朋友沒有仁者的緣故吧？

㊅雖有國士之力，不能自己舉起自己的身體來，不是力量不夠，是限於形勢之不可啊！

子路問於孔子曰：「魯大夫練而牀，禮邪㊀？」孔子曰：「吾不知也。」子路出，謂子貢曰：「吾以爲夫子無所不知，夫子徒有所不知㊁。」子貢曰：「汝何問哉？」子路曰：「由問：『魯大夫練而牀，禮邪？』夫子曰：『吾不知也。』」子貢曰：「吾將爲女問之。」子貢問曰：「練而牀，禮邪？」孔子曰：「非禮也。」子貢出，謂子路曰：「女謂夫子爲有所不知乎！夫子徒無所不知。女問非也。禮：居是邑不非其大夫。」㊂

㊀「練」、小祥。禮記閒傳：「期而小祥，居堊室，寢有席。又期而大祥，居復寢。中月而禫，禫而牀也。」言魯大夫居喪，小祥之後就睡牀，這是合乎禮的嗎？

㊁「徒」，乃也。

㊂停在這個國裏，就不批評它的大夫，這是禮。「邑」，家語作「國」。

子路盛服而見孔子，孔子曰：「由，是裾裾何也？㊀昔者江出於岷山，其始出也，其源可以濫觴，及其至江之津也，不放舟，不避風，則不可涉也。㊁非維下流水多邪？

㊂今女衣服既盛，顏色充盈，㊃天下且孰肯諫女矣！〔由〕」㊄子路趨而出，改服而入，蓋猶若也。㊅孔子曰：「由志之！吾語汝：奮於言者華，奮於行者伐，色知而有能者，小人也。㊆故君子知之曰知之，不知曰不知，言之要也；能之曰能之，不能曰不能，行之至也。㊇言要則知，行至則仁；既仁且知，夫惡有不足矣哉！」㊈

㊀「裾裾」、衣服盛貌。由！爲什麼衣飾這樣美盛啊！阮廷卓云：藝文類聚八、御覽六十引「裾裾」下並有「者」字。外傳、說苑、家語同。

㊁「濫觴」：「觴」是用以盛酒的，「濫觴」言其微小。「放」讀爲「方」。「方」、併船。言長江之源，水流微小，及至江之渡口、不併舟，不避風，就渡不過去。

㊂「維」與「唯」同。「多」御覽六十引作「大」。言豈不以下流水大，故人畏之嗎？此喻盛服色厲亦如江水之使人生懼。

㊃「充盈」，猛厲。

㊄「由」，據俞據外傳校移此「由」字於下文「孔子曰」下。

㊅「猶若」、舒和之貌。

㊆「奮」、振矜，驕矜。（王叔岷謂說苑雜言篇「奮」作「賁」，「賁」飾也。）「華」，俞謂「譁」之省文。「色知」，所知表現在顏色上。「有能」，自有其能。言以能言驕矜自恃的人，必然嘵嘵多言，以能行驕矜自恃的人必然自伐其功，把所知道的表現在眼皮上而自以爲了不起的人必然是小人。

㊇「言之要也」，這是說話得要。「行之至也」這是作事恰當。正論篇楊注：「至不至，猶言當不當也。」

㈨說話知要就是智，作事能當就是仁，一個人既仁且智，還有什麼缺陷。

子路入，子曰：「由！知者若何？仁者若何？」子路對曰：「知者使人知己，仁者使人愛己。」子曰：「可謂士矣。」㈠子貢入，子曰：「賜！知者若何？仁者若何？」子貢對曰：「知者知人，仁者愛人。」子曰：「可謂士君子矣。」顏淵入，子曰：「回！知者若何？仁者若何？」顏淵對曰：「知者自知，仁者自愛。」子曰：「可謂明君子矣。」㈡

㈠注：「士」者，脩立之稱。

㈡子路子貢言智言仁，皆就人說，顏淵則只就自己說，故孔子特別嘉許他。

子路問於孔子曰：「君子亦有憂乎？」孔子曰：「君子其未得也，則樂其意，既已得之，又樂其治。㈠是以有終生之樂，無一日之憂。㈡小人者其未得也，則憂不得；㈢既已得之，又恐失之。是以有終身之憂，無一日之樂也。」

㈠「得」，得位作官。言有修養的人，未得位的時候，心中自有其可樂之事物（道）；得位之後，又樂於得行其治道，而展布其抱負。

㈡所以君子不管境遇如何，終身都是快樂，而沒有一天憂愁。

㈢御覽引「小人」下無「者」字，與上「君子」對文。「不得」下有「之」字，與下「失之」對文。

法行篇第三十

本篇述孔子及子貢曾子等論君子持身行己之道。「法」、謂禮義。「行」、謂如何行禮義。

公輸不能加於繩墨㊀，聖人不能加於禮。禮者，衆人法而不知，聖人法而知之。㊁

㊀ 據顧據楊注及宋本校，於「繩」下補「墨」字。「公輸」、名班，魯之巧人，或以爲魯昭公之子，見孟子朱注。墨子作「公輸盤」，史記集解，後漢書注，文選注均作「公輸般」，因「盤」、「般」、「班」音近通用。言雖以公輸子之巧，繩墨之外，亦不能有所加。（繩墨是工匠的最高標準）

㊁ 雖以聖人之智，禮義之外，亦不能有所加（禮是人文的最高標準）。一般人以禮爲行爲的準則，卻不明白其中道理（義），聖人是既能行之又能知其理的。

曾子曰：「無內人之疏而外人之親，㊀無身不善而怨人，無刑已至而呼天。㊁內人之疏而外人之親，不亦〔遠〕反乎！身不善而怨人，不亦〔反〕遠乎！㊂刑已至而呼天，

不亦晚乎！詩曰：『涓涓源水，不雝不塞。轂已破碎，乃大其輻。事已敗矣，乃重太息㈣。』其云益乎！」㈤

㈠「無」、禁止之辭。「內人」、家人，親人。「之疏」、「之親」，猶「是疏」、「是親」。言不要疏遠親人，而親近外人。

㈡不要本身不善而責怪別人，不要刑己加身而呼天求助。

㈢據王據外傳校，互易「遠」「反」二字。「反」、乖悖。「遠」、迂遠。言疏遠親人而親近外人，不是乖悖人情嗎？本身不善而責怪別人，不是迂遠不切嗎？

㈣逸詩。「涓涓」、小流。「源水」、水之泉源。「雝」、讀爲「壅」。「轂」、在車輪的中央，中貫軸，周承輻。老子：「三十輻共一轂。」此詩大意：涓涓細流，若不加壅塞，等到成爲江河，壅塞就沒用了。轂已經破碎，才來加大車輻，車輻就無所施了。事情已經敗壞，才重重地歎氣懊悔，已經無法挽回了。

㈤「云益」、有益（王先謙云：見儒效篇）。這是曾子下的結論，言育德須愼始。

曾子病，曾元持足，㈠曾子曰：「元！志之！吾語汝。夫魚鼈黿鼉猶以淵爲淺而堀其中㈡，鷹鳶猶以山爲卑而增巢其上，及其得也必以餌。㈢故君子能無以利害義，則恥辱亦無由至矣。」

㈠「曾元」、曾子之子。「持足」、把著他的脚。

㈡「堀」、與「窟」同。據俞校其下當有「穴」字。「堀穴其中」，「增巢其上」，相對爲文。

㉓魚鼈鷹鳶爲安全打算，不爲不周到，只因貪於餌而爲人所得。

子貢問於孔子曰：「君子之所以貴玉而賤珉者，㈠何也？爲夫玉之少而珉之多邪？」孔子曰：「惡！賜！是何言也！㈡夫君子豈多而賤之，少而貴之哉！夫玉者，君子比德焉㈢。溫潤而澤，仁也；㈣栗而理，知也；㈤堅剛而不屈，義也㈥；廉而不劌，行也；㈦折而不撓，勇也；㈧瑕適竝見，情也；㈨扣之，其聲清揚而遠聞，其止輟然，辭也㈩。故雖有珉之雕雕，不若玉之章章。⑪詩曰：『言念君子，溫其如玉。』此之謂也。」⑫

㈠「珉」、似玉之石。按家語問玉篇及禮記聘義亦載此文，文句稍異。

㈡「惡」、音烏，不然之歎辭。孟子公孫丑：「惡！是何言也！」

㈢言君子以玉比擬人的美德。

㈣玉色溫潤而有光澤，像仁者之德。

㈤禮記作「縝密以栗」。鄭云：「栗」、堅貌。王引之云：「栗」者，秩然有條理之謂。茲從鄭說。言玉體堅實而有文理，像智者之德。

㈥言玉質堅貞剛烈而永不屈曲，像義者之德。

㈦「廉」、稜也。「劌」、傷也。言玉雖方正有稜，然而不傷物，像有德行者之不傷害人。

㈧言寧碎折而不撓屈，像勇者之德。

㈨「適」、王讀爲「謫」。「謫」、與「瑕」，皆謂玉之病。「情」、實也。言玉之瑕疵都表現在外面，有似誠實者之德，無所掩飾。按楊注釋「適」爲「玉之美澤調適之處」。劉師培謂「美善而無疵者謂之『適』」，亦皆可通。禮記作：「瑕不掩瑜，瑜不掩瑕，忠也。」

㈩「扣」、同「叩」。「輟然」、禮記作「詘然」，鄭云：絕止貌。言敲它一下，聲音清脆發揚而聽得很遠。聲盡，一下子就停止，絕無餘音。像有德者的言辭，聽來悅耳，言畢更無繁辭。

㊁「雝雝」、猶「昭昭」，見議兵篇盧說。「章章」、文彩宣著貌。言雖然珉之質素明潔，卻不如玉之文彩明著。

㊂詩秦風小戎第一章。「言」、助詞。「溫其」、即「其溫」之倒文。言真想念君子啊！他溫柔像玉一般。引此以明君子以玉比德。

曾子曰：「同游而不見愛者，吾必不仁也；㊀交而不見敬者，吾必不長也；㊁臨財而不見信者，吾必不信也。㊂三者在身曷怨人！怨人者窮，怨天者無識。㊃失之己而反諸人，豈不亦迂哉！」㊄

㊀和人交游而不被喜愛，一定由於我之不仁。（注：仁者必能使人愛。）

㊁「長」、郝云：敬長。案：「長」、即「長長」之長，敬也。孟子曰：「敬人者人恒敬之。」言相交而不見敬，一定由於我不敬人。

㊂注：廉潔不聞於人。

㊃言三者之過皆在本身，爲什麼怨恨別人？怨人者窮困，怨天者沒有志氣。梁云：「識」、同「志」，謂志氣也。

㊄「反」、求也。「迂」、遠也。言過失在自己而求之於人，豈不太迂遠了嗎！

南郭惠子問於子貢曰㊀：「夫子之門何其雜也？」㊁子貢曰：「君子正身以俟，欲來者不距，欲去者不止。㊂且夫良醫之門多病人，檃栝之側多枉木，是以雜也。」㊃

㈠「南郭惠子」、不詳。大概因居南郭，遂以爲號。莊子有「南郭子綦」。尙書大傳略說作「東郭子思」，說苑雜言篇作「東郭子惠」。

㈡「夫子」、謂孔子。「雜」、謂賢不肖都有。

㈢「距」、借作「拒」。言君子正身以待來者求教，要來的不拒絕，要去的不留止。

㈣郝云：尙書大傳略說及說苑雜言篇並有「砥厲之旁多頑鈍」句。

孔子曰：「君子有三恕：有君不能事，有臣而求其使，非恕也；㈠有親不能報，有子而求其孝，非恕也；有兄不能敬，有弟而求其聽令，非恕也。㈡士明於此三恕，則可以端身矣。」

㈠言有爲臣而不能事奉其君，及至爲君而求其臣之爲我役使，這是不合乎恕道。

㈡「報」、養也。「聽令」、服從命令。

孔子曰：「君子有三思而不可不思也㈠：少而不學，長無能也；老而不教，死無思也；㈡有而不施，窮無與也。㈢是故君子少思長，則學；老思死，則教；有思窮，則施也。」

㈠言君子有三件事情要早早想到，這是不可不注意的。

㈡年老不教誨人，死後沒有門人思念。

㈢「有」、富有。「與」、施也，助也。言富有的時候不施捨，窮乏之時將無人救助。

哀公篇第三十一

本篇共七段：前六段言孔子論取人爲政之道；末一段言顏淵假東野畢之馭而論使民之道。

魯哀公問於孔子曰：「吾欲論吾國之士，㊀與之治國，敢問如何取之邪？」孔子對曰：「生今之世，志古之道：㊁居今之俗，服古之服；舍此而爲非者，不亦鮮乎！」㊂哀公曰：「然則夫章甫絇屨，紳帶而搢笏者，此賢乎？㊃」孔子對曰：「不必然，夫端衣玄裳，絻而乘路者，志不在於食葷；㊄斬衰菅屨，杖而啜粥者，志不在於酒肉。生今之世，志古之道；居今之俗，服古之服；舍此而爲非者，雖有，不亦鮮乎！」哀公曰：「善！」

㊀「論」、選擇，見王霸篇「若夫論一相」，楊注。

㊁「志」、記識。言生在當今之世，而念念不忘古人修治之道。

㊂「舍」、陶讀去聲，訓爲「處」。「此」、謂古道古服。此句大意：以古道古服自處者，爲非作歹的就少了。

㊃「夫」、彼也。「章甫」、殷冠。「絇屨」：「絇」、音劬，屨頭飾，狀如刀衣鼻，以爲行

戒。「絇屨」、有絇飾的屨。「紳」下、據王據大戴記及家語校補「帶」字。「此」、兪謂當作「比」，皆也。言那些頭戴章甫，足登絇屨，身佩紳帶而插笏板的，都是賢人嗎？

㈤「端衣玄裳」、齋服。「絻」、與「冕」同。「路」、祭天時所乘之車。「葷」、葷物，齋者所禁。言服其服，就不思食其所禁。

孔子曰：「人有五儀：㈠有庸人，有士，有君子，有賢人，有大聖。」哀公曰：「敢問何如斯可謂庸人矣？」孔子對曰：「所謂庸人者，口不道善言，心不知〔色色〕邑邑；㈡不知選賢人善士託其身焉以爲己憂；㈢〔勤〕動行不知所務，止〔交〕立不知所定；㈣日選擇於物，不知所貴；從物如流，不知所歸；㈤五鑿爲正，心從而壞：㈥如此則可謂庸人矣。」哀公曰：「善！敢問何如斯可謂士矣？」孔子對曰：「所謂士者，雖不能盡道術，必有率也；雖不能徧美善，必有處也。㈦是故知不務多，務審其所知；言不務多，務審其所謂；行不務多，務審其所由。㈧故知既已知之矣，言既已謂之矣，行既已由之矣，則若性命肌膚之不可易也。㈨故富貴不足以益也，卑賤不足以損也：如此則可謂士矣。㈩」哀公曰：「善！敢問何如斯可謂之君子矣？⑪」孔子對曰：「所謂君子者，言忠信而心不德，仁義在身而色不伐，思慮明通而辭不爭，故猶然如將可及者，君子也。⑫」哀公曰：「善！敢問何如斯可謂賢人矣？」孔子對曰：「所謂賢人者，行中規繩而不傷於本，⑬言足法於天下而不傷於身，富有天下而無怨財，⑭布施天下而不病貧：⑮如此則可謂賢人矣。⑯」哀公曰：「善！敢問何如斯可謂大聖矣？」孔子對曰：「所謂大聖者，知通乎大道，應變而不窮，辨乎萬物之情性者也。⑰大道者，所以變化遂成萬物也；情性者，所以理然不取舍也。(一八)是故其事大辨乎天地，明察乎日月，(一九)總要萬物於風雨，(二〇)繆繆肫肫，其事不可循，(二一)若天之嗣，其事不可識，(二二)百姓淺然不識其鄰：(二三)若此則可謂大聖矣。」哀公曰：「善！」

(一)「五儀」、五等。

(二)「色色」、據盧據大戴禮校改爲「邑邑」。郝云：「邑邑」與「悒悒」同，憂逆短氣貌。劉師培謂「悒悒」卽謙退之義。按劉說亦可通，然以下文「不知選賢人善士託其身以爲己憂」觀之，再證以曾子立事篇「君子終身守此悒悒」之言，「悒悒」，蓋憂念也。此言：所謂庸人，口裏沒有好話，心裏沒有遠慮。

(三)庸人無遠慮，不知託身賢人爲自己分憂擔勞，一旦遇上憂患，但有自己憂慮而已。王懋竑云：「憂」猶「慮」也。

(四)「勤」、「交」、據郝據大戴禮及外傳校，改爲「動」、「立」。言動起來不知其所務，靜下來也不知其所據。言動靜皆失其據。

(五)對外在的事物，天天在計較，卻分辨不出什麼是應該貴重的。爲外在的事物所誘蕩，如流水之一去不返，不知道什麼是歸宿。

(六)「五鑿」、卽「五官」。「爲正」、猶「爲政」。（皆鍾說）言五官支配了一切，心知（理性）失其作用，心術因而變壞。

(七)「率」、循也。言對道術雖不能全之盡之，但持身必有所遵循（客觀規範）；行爲雖不能盡美盡善，但作事必有所執守（有原則）。

(八)所以所知不求其多，但要省察所知之是否正確；所言不求其多，但要省察所言之是否的當；

所行不求其多，但要省察所行是否遵從正道。「謂」、猶「言」。「由」、從也。

(九) 經省察之後，所知既是正確，所言既是的當，所行既是正道，就固守所見，如同愛惜其性命肌膚一般，不可以富貴權勢來移易。

(一〇) 意志堅定，卑賤富貴都不足以有所損益。——有了這樣的修養，就可以算是一個士人了。「士」、修立之稱。

(一一) 「之」、王叔岷云：元刻百子本及大戴禮並無「之」字，與上下文句一律。

(一二) 「猶然」、郝云：即「油然」。孟子「油油然與之偕。」言無以異於凡人也。劉師培云：大戴記作「如將可及也，而不可及也。」家語作「若將可及，而終不可及者。」疑此句有脫。案：此言：言說必合於忠信，心中卻不自以爲有德；行爲必合於仁義，臉上卻沒有矜伐之色；思慮明通於事理，言辭卻不與人爭勝負。從表面看，油油然無異於凡人，好像人人都可以作得到的樣子。這就是君子。

(一三) 「於」、猶「其」。「本」、猶「質」，謂性的本質。此言：行中規矩準繩，然皆出於自然（心化於道），不假斲削而喪失其本眞。（據郝說，略加修改）

(一四) 「怨」、讀爲「蘊」，蓄積。「怨財」、蘊蓄私財。「富有天下」、謂王者。此言：言足以爲天下法，而身行能副之，不致自打嘴吧。雖富有天下，而沒有蓄積的私財。

(一五) 廣施德澤，加惠貧窮，使家給人足，而上不患貧乏。（百姓足，君孰與不足）

(一六) 「賢」者，亞聖之名。說文：「賢、多才。」

(一七) 「知」、讀「智」。言所謂大聖人，智慧明通大道，肆應變局而不窮困（因明倫類，能推理），對萬物的情性辨別的清楚。

(一八) 「遂」、亦「成」之意。「然不」、猶「然否」。言大道是用以化成萬物的，情性是用以理萬物之然否取捨的（根據萬物之情性，以定其是非取捨）。

⑲「其事」、聖人所理之事。「辨」、王讀爲「徧」。言聖人所治之事大則徧乎天地，聖人之明則察乎日月。

⑳「總要」、猶「統領」。「於風雨」、言如風雨。言聖人統領萬物（廣施化育），如和風之拂煦，如時雨之霑潤，以生成萬物。

㉑「繆繆肫肫」：郝云：大戴記作「穆穆純純，其莫之能循。」「穆穆」，和而美也。「純純」、精而密也。「穆」、「繆」古字通。「純」、「肫」聲近相借。案：言聖人的德象是穆穆純純，其事（德象）是不可得而循的。

㉒「嗣」、王讀爲「司」，主也。大戴記正作「司」。言聖人之化育萬物，如天之主司萬化，其事（治化）是不可得而知的。

㉓聖人之德，人莫能知，上已言之，此文「淺然」當依大戴記作「淡然」。此言百姓不知其澤厚，卽孟子「王者之民皞皞如也」之義。惟「鄰」字不知其確解。

魯哀公問舜冠於孔子，孔子不對。三問不對。㈠哀公曰：「寡人問舜冠於子，何以不言也？」孔子曰：「古之王者，有務而拘領者矣，其政好生而惡殺焉。㈡是以鳳在列樹，麟在郊野，烏鵲之巢可俯而窺也。㈢君不此問，而問舜冠，所以不對也。」

㈠哀公不問舜德，徒問舜冠，所以不對。

㈡「務」：楊注讀爲「冒」，梁讀爲「鍪」，淮南氾論訓：「古者有鍪而綣領以王天下者矣。」「冒」、「務」、「鍪」、古音同通用。「拘」、與「句」（ㄍㄡ）同，曲的意思。「句領」、卽曲領。故淮南氾論之「鍪而綣領」卽此文之「務而拘領」。言古之王者，雖衣冠拙朴而行仁政。

㊂ 鵲不畏人，築巢甚低，可俯身而窺。

魯哀公問於孔子曰：「寡人生於深宮之中，長於婦人之手，寡人未嘗知哀也，㊀未嘗知憂也，未嘗知勞也，未嘗知懼也，未嘗知危也。」孔子曰：「君之所問，聖君之問也，丘、小人也，何足以知之？㊁」曰：「非吾子無所聞之也。」孔子曰：「君入廟門而右，登自胙階，仰視榱棟，俯見几筵，其器存，其人亡，君以此思哀，則哀將焉而不至矣？㊂君昧爽而櫛冠，平明而聽朝，一物不應，亂之端也，君以此思憂，則憂將焉而不至矣？㊃君平明而聽朝，日昃而退，諸侯之子孫必有在君之末庭者，君以思勞，則勞將焉而不至矣？㊄君出魯之四門，以望魯四郊，亡國之虛則必有數蓋焉，君以此思懼，則懼將焉而不至矣？㊅且丘聞之，君者，舟也；庶人者，水也。水則載舟，水則覆舟，㊆君以此思危，則危將焉而不至矣？」

㊀ 久保愛曰：「未」上「寡人」二字元本無。王叔岷云百子本及御覽引並無。

㊁ 注：美大其問，故謙不敢對。

㊂ 「胙」、與「阼」同。榱、（ㄘㄡˋ）椽也。「焉而」，盧讀為「焉能」。下同。「矣」、疑詞，論語季氏篇：「則將焉用彼相矣？」下同。言祭祀的時候，君進入宗廟大門右行，登上阼階，進入大殿，仰視棟椽，俯視几筵，只看見了一些器物，卻不見祖宗人影，君以此思念哀傷，哀傷之情怎能不生於心中？

㊃ 「昧」、闇。「爽」、明。「昧爽」、將明尚暗之時。「不應」、不當，家語作「失理」。言

君不明就起來梳洗，黎明就去聽朝，一件事物處理不當，就是國家禍亂之端，君以此思念憂愁，憂愁之情怎能不生於心中？

㊄君聽朝的時候，必定看到諸侯的子孫因國亡奔魯而臣仕的，他們自黎明至日西，在末庭（位低）修臣禮，可算是勞苦了。君若想到國亡臣仕的勞苦，勞苦之情怎能不生心中？（以喻哀公亦諸侯之子孫，若不戒慎修德，亦將有奔亡之勞也）

㊅「虛」、讀爲「墟」。「數蓋」、盧謂：猶言「數區」。郝云：蓋者、苫也。言故墟羅列，其間必有聚族而居者焉。觀此易興亡國之感。案：小爾雅廣言及左氏成二年傳杜注並云：「蓋、覆也。」說文：「蓋、苫也。」李巡曰：「編菅茅以覆屋曰苫。」故「蓋」字作動詞，就是編茅覆屋（今俗謂建屋爲蓋屋，猶存古義）；作名詞，就是廬舍。禮記王制注：「今時喪葬築蓋。」疏云：「蓋、謂宇舍。」是其例證。「數蓋」、猶言幾所廬舍。郝說近之。言君出城郭，遙望四郊，看到亡國的舊墟之中必然有幾所遺民的廬舍，君以此想到國亡之可懼，恐懼之情怎能不生於心中？

㊆「則」、猶「能」也。見王制篇。

魯哀公問於孔子曰：「紳委章甫有益於仁乎？」㊀孔子蹴然曰：「君號然也？㊁資衰苴杖者不聽樂，非耳不能聞也，服使然也。㊂黼衣黼裳者不茹葷，非口不能味也，服使然也。㊃且丘聞之，好肆不守折，長者不爲市。㊄竊其有益與其無益，君其知之矣。」㊅

㊀「紳」、大帶。「委」、委貌，周冠名。「章甫」、殷冠。言佩大帶、戴古冠有助於仁德之修養嗎？

㈡「蹴然」、變色貌。「號」、讀爲「胡」，家語作「胡」。言孔子變色而言道：君爲什麼說這樣的話呢？

㈢「資」、同「齊」，「資衰」、家語作「衰麻」，是。「苴杖」、死竹子作的杖。言穿喪服的不聽樂，非耳不能聽，是服飾限制了他。

㈣「黼衣黻裳」、祭服。白與黑爲「黼」，黑與青爲「黻」。禮：「祭致齋不茹葷。」「非不能味」，謂不是不能知味。

㈤「好」、喜也。言喜爲市肆之行者，就不讓所守貨財耗損，人爲長者之行者，也不去作市肆之事。（喻好此者則不爲彼）

㈥「竊」、楊注屬上讀，王肅家語注以爲宜作「察」，屬下讀。久保愛謂「竊」與「察」通。莊子齊物：「竊竊然」，音義以爲「察察」可證。茲從王讀。這句的大意：觀察服飾對於心理的影響，君就知道披紳戴委對於仁德的修養有益無益了。

魯哀公問於孔子曰：「請問取人。」㈠孔子對曰：「無取健，無取詌，無取口啍。㈡健、貪也；詌、亂也；口啍、誕也。㈢故弓調而後求勁焉，馬服而後求良焉，士信愨而後求知能焉。㈣士不信愨而有多知能，譬之其豺狼也，不可以身尒也。㈤語曰：『桓公用其賊，文公用其盜。㈥故明主任計不信怒，闇主信怒不任計。計勝怒則彊，怒勝計則亡。』」㈦

㈠問取人之術。

㈡「健」、注云：健羨之人。案：說文通訓定聲：「健、叚借爲羨。」「羨」、貪欲也，見說文。「貪」、謂貪功。「詌」、家語作「鉗」、王肅云：「謂妄對不謹誠者。或曰：捷給鉗人之口者。」茲從家語王注或說。「口啍」，外傳作「口讒」，說苑作「口銳」，「啍」與「諄」同，說文：「諄、告曉之熟也。」故劉師培云：「口啍」、即出言圓熟之人也。此言：不要取健羨的人，不要取利口鉗人的人，不要取出言圓滑的人。

㊂ 健羨的人，多貪功；利口鉗人的人，多顛倒是非以致亂；出言圓熟的人，多誕妄不誠實。

㊃ 弓必先求其調適而後求其強勁，馬必先求其馴服而後求其善駕車，士必先求其忠信誠愨而後求其多智能。「知」、讀爲「智」。

㊄ 「有」、讀爲「又」、「尒」、與「邇」同，近也。

㊅ 注：「盜」、亦賊也。以喻士信愨則仇讎可用，不信愨則親戚可疏。案：郝云：「賊」、謂管仲。「盜」、謂里鳧須。言桓公任用曾經害過他的管仲，文公任用曾經害過他的里鳧須。

㊆ 「計」、計謀，計謀出於理智。「怒」、謂感情。「信」亦任也。言明主用人是憑理智的選擇，不憑感情的好惡；闇主則反是。理智勝過感情的國就彊，感情勝過理智的國就亡。

定公問於顏淵曰：「東野〔子〕畢之善馭乎？㊀」顏淵對曰：「善則善矣，雖然，其馬將失。」㊁定公不悅，入謂左右曰：「君子固讒人乎！。」㊂三日而校來謁，㊃曰：「東野畢之馬失。兩驂列，兩服入廄。」㊄定公越席而起曰：「趨駕召顏淵！」㊅顏淵至，定公曰：「前日寡人問吾子，吾子曰：『東野畢之駛善則善矣，雖然，其馬將失。』不識吾子何以知之？」顏淵對曰：「臣以政知之。昔舜巧於使民，而造父巧於使馬；舜不窮其民，造父不窮其馬；是以舜無失民，造父無失馬也。㊆今東野畢之馭，上車執轡銜，體正矣；步驟馳騁，朝禮畢矣；歷險致遠，馬力盡矣；然猶求馬不已，是以知之也。」㈧定公曰：「善，可得少進乎？」㈨顏淵對曰：「臣聞之，鳥窮則啄，獸窮則攫，人窮則詐。自古及今，未有窮其下而能無危者也。」㈩

㈠「東野子」，據王據外傳新序及下文校，改爲「東野畢」。「之」，猶「其」（鍾說）。「之善馭」，猶言「其善馭」。「馭」與「御」同。

㈡「失」、讀爲「逸」、奔也。下同。家語作「馬將佚」。

㈢君子也說人的壞話嗎？

㈣「校」、「校人」、掌養馬之官。

㈤「驂」、駕車在兩旁的馬。「列」、同「裂」。「服」、駕車在中央夾轅的馬。言東野畢的馬跑了，兩驂絕鞅而去，兩服回到馬廄裏。

㈥「越」、離也，見方言。「越席」、離席而立，與正論篇之「越席」不同。「趨」、讀爲「促」，速也。言定公忙站起來，吩咐左右道：「趕快駕車召顏淵來。」

㈦「窮其馬」、謂既盡其馬之力而猶鞭策不已。「是」下據盧王校補「以」字。「失民」、逃亡的民衆。「失」、讀爲「逸」，見上，亦作「佚」。

㈧郝曰：此讀宜斷「體正」、「禮畢」相屬，上句言馭之習，下句言馬之習。「朝」、與「調」古字通。毛詩言「調飢」卽「朝飢」。此言馬之馳驟皆調習也。案：楊注「銜」下屬爲句「銜體」連言，茲姑從郝說。「禮」、似爲「理」之訛；「朝理」，卽「調理」。言東野畢馭車的時候，他上車手執轡銜，身體坐得正，馬跑起來或緩或急也調理地全合規矩，但是，跑了很遠難走的路，馬力已竭，而猶鞭策不已，因此知其馬要出問題。

㊈ 能再進一步解說一下嗎？

㊉ 鳥勢窮（急了）就啄人，獸勢窮就抓人，人勢窮就欺人，從古至今有國者未有窮逼其人民而不危殆的。

堯問篇第三十二

此以首二字名篇，亦無義之題。除末段外，多「引記傳雜事。」

堯問於舜曰：「我欲致天下，爲之奈何？」㊀對曰：「執一無失，行微無怠，忠信無勌，而天下自來。㊁執一如天地，行微如日月，㊂忠誠盛於內，賁於外，形於四海，㊃天下其在一隅邪！夫有何足致也！㊄」

㊀ 我要招致天下之人歸嚮於我，應該怎樣作去？

㊁ 注：「執一」專意也。「行微」、行細微之事也。言精專不怠，天下自歸。案：「執一無失」，即「擇善固執」之義。言專一於道而無違失，行細微之事而不怠惰，忠信接物而不厭倦，天下之人自然來歸。

㊂ 專一無違如天地之永不變易，行微不怠如日月運行之永不停止（日月之行，人所不見，似細微安徐，然而無怠止之時——注）。

㊃ 「賁」、「僨」、「奮」古通。廣雅訓「奮」爲舒，史記集解訓「奮」爲發。「賁於外」，

卽發舒於外之義。（劉師培說）言忠誠之情如充沛於內心，自然表現於外，形著於四海。

㊄「邪」、歎詞，不是疑詞。「有」、讀爲「又」。言行道如此，則天下雖大卻像在室內之一隅，天下之人又何足以招致呢！

魏武侯謀事而當，羣臣莫能逮，退朝而有喜色。㊀吳起進曰：「亦嘗有以楚莊王之語，聞於左右者乎？」武侯曰：「楚莊王之語何如？」吳起對曰：「楚莊王謀事而當，羣臣莫能逮，退朝有憂色。申公巫臣進問曰：『王朝而有憂色，何也？㊁』莊王曰：『不穀謀事而當，羣臣莫能逮，是以憂也。其在中蘬之言也，㊂曰：「諸侯自爲得師者王，得友者霸，得疑者存，自爲謀而莫己若者亡。」㊃今以不穀之不肖，而羣臣莫能逮，吾國幾於亡乎！㊄是以憂也。』楚莊王以憂，而君以憙。」武侯逡巡再拜曰：「天使夫子振寡人之過也。」㊅

㊀「武侯」、晉大夫畢萬之後，文侯之子。

㊁「巫臣」、楚申邑大夫。

㊂「中蘬」、與「仲虺」同，商湯左相。「中蘬之言」，謂尙書仲虺之誥。

㊃「疑」、劉師培曰：此「疑」字當作「擬」。「疑」、「擬」古通。蓋「師」者、識之高出於己者也；「友」者，可以匡正己失者也；「擬」者、與己相等之人也；「莫己若者」、不若己之人也。「擬」居師友及不若己者之間，則「擬」卽若己之人矣。案：今書仲虺之誥作「予聞曰：能自得師者王，謂人莫己若者亡。」無「爲」字。「自爲」二字似涉下句而衍。言仲虺之誥說：諸侯得人足以爲師的王天下，足以爲友的霸天下，得人和自己相等的可以生

存，事事都由自己謀畫而羣臣不能及的就要滅亡。

㊄「幾於亡」、近於滅亡。

㊅「逡巡」、卻退貌，「振」、救也。言武侯卻行再拜而謝道：「天讓夫子來救正寡人之過啊。」

伯禽將歸於魯，㊀周公謂伯禽之傅曰：「汝將行，盍志而子美德乎？」㊁對曰：「其爲人寬，好自用以慎。此三者，其美德也。」㊂周公曰：「嗚呼！以人惡爲美德乎？君子好以道德，故其民歸道。彼其寬也，出無辨矣，女又美之！㊃彼其好自用也，是所以窶小也。㊄君子力如牛，不與牛爭力；走如馬，不與馬爭走；知如士，不與士爭知。彼爭者均者之氣也，女又美之！㊅彼其慎也，是其所以淺也。㊆聞之曰：『無越踰不見士。』㊇見士問曰：『無乃不察乎？』不聞卽物少至，少至則淺。㊈彼淺者，賤人之道也，女又美之！㊉吾語女：我、文王之爲子，武王之爲弟，成王之爲叔父，⑪吾於天下不賤矣；然而吾所執贄而見者十人，⑫還贄而相見者三十人，⑬貌執之士者百有餘人，⑭欲言而請畢事者千有餘人，⑮於是吾僅得三士焉，以正吾身，以定天下。⑯吾所以得三士者，亡於十人與三十人中，乃在百人與千人之中。⑰故上士吾薄爲之貌，下士吾厚爲之貌，⑱人人皆以我爲越踰好士，然故士至；⑲士至而後見物，見物然後知其是非之所在。⑳戒之哉！女以魯國驕人，幾矣！㉑夫仰祿之士猶可驕也，㉒正身之士不可驕也。彼正身之士，舍貴而爲賤，舍富而爲貧，舍佚而爲勞，顏色黎黑而不失其所，㉓是以天下之紀不息，文章不廢也。」㉔

㊀「伯禽」、周公子，成王封爲魯侯。「將歸」、謂初歸其封地魯國。

㊁「而子」、猶言「汝君」。廣雅釋詁：「子、君也。」（劉師培說）言你們將要走了，何不記錄（報告）一下汝君的美德？

㊂「好自用」，遇事以身先人。其傳以爲美德，而周公以爲爭。（王先謙說）「以」、猶「而」。「愼」、謹密。伯禽的師傅答道：「他爲人寬厚，遇事以身先人，而又謹愼。這三者是他的美德。」

㊃周公歎道：你怎麼以人的缺點爲美德呢？君子好以道德教人，所以人民歸服道德。今伯禽既無道德以教人，但務寬容人民，這是出於善惡無別，你怎麼又以此讚美他？

㊄「窶小」、王云：「窶」、亦小也。言伯禽遇事以身先人，這正是他器局狹小的所在。

㊅「士」、謂臣下任事的。「不爭」、委任臣下。言君子雖智如臣下，卻不與臣下爭智。以身先人的，必不肯委任臣下，而與臣下爭事。爭事是地位相等的人尚氣之行爲，這不是大君之量，你怎麼又以此讚美他？

㊆伯禽持身謹愼，不肯廣接士類（知識分子），這正是使他知識淺陋的原因。

㊇「越踰」、謂超越士所應得的禮遇。言我聞古人說：人君不要自嫌其越踰等位而不延見士人。久保愛云：「不」字當在「無」字下，作「無不越踰見士」。言賢君沒有不越踰等位而見士人的。亦通。

㊈「聞」、王曰卽「問」字。言見了士人就問道：「我有沒注意到的事物嗎？」不問，就知道的事物少，知道的少就淺陋。

㊉淺陋是卑賤之人的象徵，你怎麼又稱美他！

⑪「之」、劉師培云：與「以」同。

⑫「贄」、音至，初次見面所送的禮品，大者玉帛，小者禽鳥。依禮，見所尊敬的人，雖人君亦執贄。「十人」、謂公卿之中。

⑬依禮，臣見君則不還贄，身分相等的不敢當則還其贄，所謂禮尚往來。「三十人」、謂羣大夫之中。

⑭「執」、接待。「者」、王先謙說衍文。「百人」、謂羣士之中。言我以禮貌接待的士一百多個。

⑮「欲言而請畢事」：「欲言」、謂士欲言。「請畢事」、謂周公請其畢辭。周公延見卑賤之士，怕他畏懼言不盡意，就先鼓勵他，有話盡情地說。周公接見這類的士一千多個。

⑯如此求賢，乃僅得三人。賴此三人，正身行，定天下。

⑰「亡於」，不在於。十人（公卿）與三十人（大夫）雖尊敬，猶未得賢，至百人千人（上士下士），然後乃得三人，足證接士不廣，無由得賢。

⑱注：上士中誠重之，故可薄爲之貌；下士既無執贄之禮，懼失賢士之心，故厚爲之貌，尤加謹敬也。

⑲「然故」、俞謂卽「是故」。言人人認爲我不顧身分越位下士，殊不知，因此士自然來了。

⑳有了賢士，才有了耳目，而後可見天下的事物，看見事物，然後才可辨別事物的是非之所在。

㉑「幾」、危也。周公說：我以天下之貴，不敢驕士，汝以魯國之小，而乃驕人，魯國危險了。

㉒「仰祿」、貪戀祿位。

㉓有修養的人，不慕富貴安樂，而安於貧賤勞苦，雖勞苦至面目黧黑而不失其處身之道。「

黎」、梁啓雄讀爲「黧」。

㉔賴這些守道不苟徇的士人，天下的綱紀文章才得以長存。

語曰：繒丘之封人，㈠見楚相孫叔敖曰：「吾聞之也：處官久者士妒之，祿厚者民怨之，位尊者君恨之。爲相國有此三者，而不得罪於楚之士民何也？」孫叔敖曰：「吾三相楚而心瘉卑，每益祿而施瘉博，位滋尊而禮瘉恭，㈡是以不得罪於楚之士民也。」

㈠「語曰」、社會傳說。「繒丘」、注以爲卽「鄫丘」。劉師培以爲卽「寢丘」。寢丘爲孫叔敖桑梓之鄉，又爲叔敖子封邑。故繒丘之封人，見叔敖而進以直言。劉說長。「封人」、掌封疆之官。

㈡「瘉」、同「愈」，元刻作「愈」。「施瘉博」，謂施與益廣。

子貢問於孔子曰：「賜爲人下而未知也。」㈠孔子曰：「爲人下者乎？其猶土也。深抇之而得甘泉焉，㈡樹之而五穀蕃焉，㈢草木殖焉，禽獸育焉；生則立焉，死則入焉；㈣多其功，而不「息」悳。㈤爲人下者其猶土也。」

㈠注：「下」、謙下也。子貢問：欲爲人下，未知其益也。案：「賜爲人下而未知」下，當有「爲人下之道」五字。說苑臣術篇：「賜爲人下，而未知所以爲人下之道也。」韓詩外傳七：「請問爲人下之道奈何？」家語困誓篇：「賜既爲人下矣，而未知爲人下之道。」皆可爲證。觀楊注，是所見本，已脫此五字，故訓「下」爲「謙下」，非是。「爲人下」、爲人臣下。

㈡「也」、鍾泰讀爲「耶」。

㊂「抇」、胡兀切（ㄏㄨˊ），音斛，通「搰」、掘也。

㊃言人生則立於土上，死則葬於土中。

㊄「息」、據王引之據御覽校，改為「悳」，「悳」、古「德」字，言土地有很多的功德卻不自以為有德。

昔虞不用宮之奇而晉并之，萊不用子馬而齊并之，㊀紂刳王子比干而武王得之。不親賢用知，故身死國亡也。

㊀宮之奇、虞賢臣，諫不從，以其族行。子馬、未詳。

為說者曰：「孫卿不及孔子。」是不然。孫卿迫於亂世，鰌於嚴刑，㊀上無賢主，下遇暴秦，禮義不行，教化不成，仁者絀約，天下冥冥，㊁行全刺之，㊂諸侯大傾。當是時也，知者不得慮，能者不得治，賢者不得使。故君上蔽而無覩，賢人距而不受。㊃然則孫卿懷將聖之心，㊄蒙佯狂之色，視天下以愚。㊅詩曰：「既明且哲，以保其身。」此之謂也。㊆是其所以名聲不白，徒與不眾，㊇光輝不博也。今之學者，得孫卿之遺言餘教，足以為天下法式表儀。所存者神，所過者化，㊈觀其善行，孔子弗過。世不詳察，云非聖人，奈何！㊉天下不治，孫卿不遇時也。德若堯禹，世少知之；方術不用，為人所疑；其知至明，循道正行，足以為紀綱。嗚呼！賢哉！宜為帝王。天地不知，㊁善桀紂，殺賢良，比干剖心，孔子拘匡，接輿避世，箕子佯狂，田常為亂，闔閭擅強。㊂為惡得福，善者有殃。今為說者，又不察其實，乃信其名。⑬時世不同，譽何

由生？不得爲政，功安能成？志修德厚，孰謂不賢乎！(一四)

㈠「鰌」、迫也，見議兵篇。

㈡「冥冥」、昏晦，與勸學篇「冥冥」之義不同。

㈢「行全刺之」：于省吾曰：謂行爲純全，反受刺之。案：此句不得其解，姑錄于說，以備參考。

㈣所以人君被蒙蔽而無所見，賢者被排拒而不爲人所接受。「距」借爲「拒」。

㈤「然則」、猶「然而」。「將聖」、大聖。論語子罕：「固天縱之將聖。」正義：「將、大也。」（梁啓雄）

㈥「視」、通「示」。言孫卿懷抱大聖之心，僞裝狂人之態，向世人表示他是個愚者。

㈦詩大雅烝民第四章。

㈧「徒與」、弟子。

㈨此二語見孟子盡心篇，但句位顚倒，作「所過者化，所存者神。」朱注云：「所過者化」，言身所經歷之處，無人不化。「所存者神」，言心所存主處，便神妙不測。

㈩鍾曰：奈何世不詳察，而言非聖人乎？倒句也。案：樂論篇有同類句法。

(一一)「天地」、梁啓雄謂當作「天下」。

(一二)「接輿」、楚人，姓陸名通，字接輿。昭王時，政令無常，乃被髮佯狂不仕，時人謂之楚狂。見論語微子皇疏。「箕子」、紂叔父，佯狂爲紂奴。「田常」、陳敬仲之後，傾齊者。

(一三)言批評荀子的人，不詳察其實情，竟乃迷信聲名，以之爲判斷的根據。

(一四)注：自「爲說者」已下，荀卿弟子之辭。

荀子年表

施之勉

周顯王三十三年　趙肅侯十四年　一　歲　史記荀卿傳，荀卿，趙人，約於是年前後生。胡元儀曰，古郇國，在今山西猗氏縣境，其地於戰國正屬趙，故曰趙人。

魏惠王卅五年　史記六國年表，孟子來，王問利國。對曰，君不可言利。孟子梁惠王篇，孟子見梁惠王。王曰，叟，不遠千里而來，亦將以利吾國乎。孟子對曰，王，何必曰利，亦有仁義而已矣。趙岐注，叟，長老之稱。方言，傁、艾、長，老也。東齊魯衞之間，凡尊老謂之傁，或謂之艾。釋名，五十曰艾。劉向孫卿書錄，孫卿後孟子百餘年，非也。孫卿蓋後孟子五六十年耳。

三十五年　燕文公廿八年　三　歲　六國年表，蘇秦說秦。

四十一年　秦惠文王十年　九　歲　六國年表，張儀相。

周愼靚王元年　燕王噲元年　十七歲

五年　五年　廿一歲

周赧王元年　七年　廿三歲

五年　魏襄王九年　廿七歲

二十八年　齊湣王十五年　五十歲

史記燕召公世家，燕噲既立，齊人殺蘇秦。六國年表，君讓其臣子之國，願爲臣。韓非子難三篇，燕子噲賢子之而非荀卿，故身死爲僇。是荀卿游齊之前，已先游燕矣。

燕召公世家，孟軻謂齊王曰，今伐燕，此文武之時，不可失也。王因令章子將五都之兵，以因北地之衆以伐燕，士卒不戰，城門不閉，燕君噲死，齊大勝燕。子之亡。集解，徐廣曰，年表云，君噲及太子，相子之，皆死。駰案汲冢紀年曰，齊人禽子之而醢其身也。孟子外書，孫卿子自楚至齊，見孟子而論性。

六國年表，張儀死於魏。荀子臣道篇，人臣之論，有態臣者。用態臣者亡。齊之蘇秦，秦之張儀，可謂態臣者也。楊倞曰，皆變態媚佞之臣。孫卿書錄，蘇秦張儀，以邪道說諸侯，以大貴顯。孫子退而笑之曰，夫不以其道進者，必不以其道亡。

荀卿傳，年五十，始來游學於齊。索隱，名況，仕齊爲祭酒。秦策，王獨不聞吳人之遊楚者乎。高誘注，遊，仕也。廣韻，遊同游。說文，仕，學也。段玉裁注，訓仕爲入官，此今義也。古義官訓仕，仕訓學。許說其故訓。是游學，卽仕官也。索隱說仕齊爲祭酒，是矣。風俗通謂十五來學於齊，非也。荀卿年二十餘，已游於燕，何以十五始來游學於齊耶。顏氏家訓以爲五十遊學，早迷晚寤，亦非。

二十九年　十六年　五十一歲

六國年表，齊滅宋。荀子王伯篇，齊湣用強齊，中足以舉宋。又，彊國篇，荀卿子說齊相曰，今巨楚縣吾前，大燕鰌吾後，勁魏鉤吾右，西壤之不絕若繩。楚人則乃有襄賁開陽，以臨吾左。是一國作謀，三國必起而乘我。如是，則齊必斷而爲四，三國若假城然耳。注中曰，其言正當齊湣王之世。湣王再攻破燕魏，留楚太子橫以割下東國，故荀卿爲是言。其後五國伐齊，燕入臨菑，楚魏共取淮北，卒如荀卿言。鹽鐵論論儒篇，齊宣之時，顯賢進士，國家富強。威行敵國。及湣王，奮二世之餘烈。南舉楚淮北，并巨宋、苞十二國。西摧三晉，卻彊秦。五國賓從，鄒魯之君，泗上諸侯，皆入臣。矜功不休，百姓不堪。諸儒諫不從，各分散。愼到捷子亡去，田駢如薛，而孫卿適楚。

三十一年　十八年　五十三歲

六國年表，五國共擊湣王，王走莒。荀子仲尼篇，湣王毀於五國。又，王伯篇，燕趙起而攻之，若振槁然。身死國亡，爲天下大僇。又，臣道篇，人臣之論，有篡臣者。篡臣用，國必危。齊之孟嘗，可謂篡臣也。楊倞注，史記曰，齊湣王既滅宋，益驕，欲盡滅孟嘗。孟嘗君恐，乃如魏。魏昭王以爲相，西合於秦趙，與燕共伐破齊。湣王亡在莒，遂死焉。後齊襄王立，孟嘗中立爲諸侯，無所屬。襄王新立，畏孟嘗，而與連和。是篡臣也。

三十二年　齊襄王元年　五十四歲

荀卿傳，田駢之屬皆已死，齊襄王時，而荀卿最爲老師。齊尚脩列大夫之缺，而荀卿三爲祭酒焉。梁啓超曰，荀卿復游齊，三爲祭酒，當在齊襄元年至十七年十餘年間。

三十六年　五年　五十八歲

六國年表，殺燕騎劫。荀子議兵篇，齊之田單，世俗所謂善用兵者。燕能幷齊，而不能凝也，故田單奪之。

四十九年　秦昭王四一年　七十一歲

史記范睢傳，秦封范睢以應，號爲應侯。當是時，秦昭王四十一年也。荀子儒效篇，載秦昭王與荀卿問答之語。彊國篇，載應侯與荀卿問答之語，皆當在本年以後。

五十三年　楚考烈王元年　七十五歲

史記春申君傳，考烈王元年，以黃歇爲相，封爲春申君。

五十八年　趙孝成王九年　八十歲

六國年表，秦圍我邯鄲，楚魏救我。荀子臣道篇，平原君之於趙也，可謂輔矣。信陵君之於魏也，可謂弼矣。又，爭然後善，戾然後功，出死無私，致忠而公者，是之謂通忠之順，信陵君似之矣。

秦昭王五十二年　楚考烈王八年　八十二歲

荀卿傳，齊人或讒荀卿，荀卿乃適楚，而春申君以爲蘭陵令。春申君傳，春申君相楚八年，以荀卿爲蘭陵令。孫卿書錄，或謂春申君曰，湯以七十里，文王以百里，孫卿，賢人也，今與之百里地，楚其危守。春申君謝之，孫卿去之趙。楚策，趙以爲上卿。後語，上卿作上客。荀子議兵篇，臨武君與孫卿子議兵於趙孝成王前。楚考烈王八年，趙孝成王之十一年。與臨武君議兵，當在荀卿返趙時。

孫卿書錄，後客或謂春申君曰，伊尹去夏入殷，殷王而夏亡。管仲去魯入齊，魯弱而齊強。故賢者所在，君尊國安。今孫卿，天下賢人，所去之國，其不安乎。春申君使人聘孫卿。孫卿遺春申君書，刺楚國。因爲歌賦，以遺春申君。春申君恨，復固謝孫卿。孫卿乃行，復爲蘭陵令。蓋荀卿留趙，不久，即返楚也。

秦始皇元年

十七年　九十一歲

史記李斯傳，李斯，楚上蔡人也，從荀卿學帝王之術。學已成，欲西入秦，辭於荀卿。至秦，會莊襄王卒。李斯乃求爲秦相文信侯呂不韋舍人。不韋賢之，任以爲郎。李斯因以得說秦王，秦王乃拜斯爲長史。聽其計，陰遣謀士，齎持金玉，以游說諸侯。諸侯名士，可下以財者，厚遺結之。不肯者，利劍刺之。離其君臣之計，秦王乃使其良將隨其後。秦王拜李斯爲客卿。卒用其計謀，官至廷尉，二十餘年，竟幷天下，尊王爲皇帝，以斯爲丞相。始皇紀，斯爲丞相，在三十四年。鹽鐵論毀學篇，李斯之相秦也，始皇任之，人臣無二。然而荀卿爲之不食，覩其罹不測之禍也。此所謂斯之相秦，蓋謂斯爲長史客卿廷尉二十餘年，相秦而幷天下，非謂三十四年斯爲丞相。是概而言之也，不可泥。

史記韓非傳，韓非者，韓之諸公子也。喜刑名法術之學，樂其歸，本於黃老。非爲人，口吃，不能道說，而善著書。與李斯俱事荀卿，斯自以爲不如非。非見韓之削弱，數以書諫韓王，韓王不能用。人或有傳其書至秦，秦王見孤憤五蠹之書曰，嗟乎，寡人得見此人，與之游，死不恨矣。李斯曰，此韓非之所著書也。秦因急攻韓，韓王始不用非，及急，迺遣非使秦。秦王悅之，未信用。李斯姚賈害之，毀之曰，韓非，韓之諸公子也。今王欲幷諸侯，非終爲韓不爲秦，此人之情也。今王不用，久留而歸之，此自遺患也，不如以過法誅之。秦王以爲然，下吏治非。李斯使人遺非藥，使自殺。韓非欲自陳，不得見。秦王後悔之，使人赦之，非已死矣。始皇紀，韓非使秦，秦用李斯謀，留非，非死雲陽。黃式三曰，韓李之才，正用之，卽聖門之文學也。楊墨

九年　楚考烈王廿五年　九十九歲

德行，蘇張言語，申商政事，推之皆誤用，可惜。

六國年表，楚考烈王二五年，李園殺春申君。荀卿傳，春申君死，而荀卿廢，因家蘭陵。荀卿嫉濁世之政，亡國亂君相屬，不遂大道，而營於巫祝，信禨祥。鄙儒小拘，如莊周等，又滑稽亂俗。於是推儒、墨、道德、之行事興壞，序列著數萬言而卒。

重要參考文獻

書經　詩經　周禮　禮記　儀禮　左傳　穀梁傳　國策　國語　爾雅　管子　韓詩外傳　莊子集解
呂氏春秋　淮南子　孔子家語　史記　春秋繁露　說文　說文通訓定聲　經傳釋辭　經辭衍釋
羣書治要　藝文類聚　太平御覽　新方言
王先謙：荀子集解（世界書局）
久保愛：荀子集解增注（簡稱增注本）（漢文大系）
梁啓雄：荀子約注（世界書局）
孫詒讓：札迻（世界書局）
陶鴻慶：讀諸子札記（國學叢刊二卷二號）
劉師培：荀子斠補　荀子補釋（臺北大新書局）
梁啓超：要籍題解及其讀法　諸子考釋　先秦政治思想史（中華書局）
鍾　泰：荀子訂補（商務印書館）
于省吾：荀子新證（世界書局）

潘重規：荀子集解訂補（師大學報第一期）

龍宇純：荀子集解補正（大陸雜誌第十一卷八、九、十期）

胡　適：中國古代哲學史（商務印書館）

陳大齊：荀子學說（文物出版社）

牟宗三：荀學大略（文物出版社）才性與玄理（臺灣學生書局）

吳　康：孔孟荀哲學（商務印書館）

馮友蘭：中國思想史

泰順書局：先秦文學史參考資料

熊公哲：荀子今註今譯（商務印書館）

王叔岷：荀子斠理（中央研究院史語所集刊第三十四期）

國家圖書館出版品預行編目資料

荀子集釋

李滌生著. － 初版. － 臺北市：臺灣學生，1979
面；公分

ISBN 978-957-15-0285-4(精裝)
ISBN 978-957-15-0286-1(平裝)

1. 荀子 － 註釋

121.271　　80003611

荀子集釋

著作者	李滌生
出版者	臺灣學生書局有限公司
發行人	楊雲龍
發行所	臺灣學生書局有限公司
地址	臺北市和平東路一段 75 巷 11 號
劃撥帳號	00024668
電話	(02)23928185
傳真	(02)23928105
E-mail	student.book@msa.hinet.net
網址	www.studentbook.com.tw
登記證字號	行政院新聞局局版北市業字第玖捌壹號
定價	精裝新臺幣九五〇元 平裝新臺幣六五〇元

一九七九年二月初版
二〇二四年九月初版十刷

12112　